周易今注今译

陈鼓应 赵建伟 注译

2020年·北京

图书在版编目(CIP)数据

周易今注今译 / 陈鼓应，赵建伟注译. —北京：商务印书馆，2005(2020.2 重印)
(道教诠释书系)
ISBN 978-7-100-04270-3

Ⅰ.①周… Ⅱ.①陈…②赵… Ⅲ.①周易—译文②周易—注释 Ⅳ.①B221.2

中国版本图书馆 CIP 数据核字(2004)第 101569 号

权利保留，侵权必究。

周 易 今 注 今 译
陈鼓应　赵建伟　注译

商 务 印 书 馆 出 版
(北京王府井大街 36 号　邮政编码 100710)
商 务 印 书 馆 发 行
北京艺辉伊航图文有限公司印刷
ISBN 978 - 7 - 100 - 04270 - 3

2005 年 11 月第 1 版　　　开本 880×1230 1/32
2020 年 2 月北京第 7 次印刷　印张 24⅝
定价：65.00 元

北京商务印书馆重排版序

一

《周易》这部形式特殊的典籍，如今已成为珍贵的人类公共文化遗产。在中国典籍中，世界各国学界翻译和解释《周易》的数量仅次于《老子》。

三玄是中国古典哲学最重要的思想来源，从文化史的角度来看，《论语》的影响力可能超过《易经》和《老子》，但从哲学史的观点来看，《易》、《老》、《庄》三玄的重要性则远远胜过《论》、《孟》、《大学》。

《易》、《老》、《庄》三玄思想成为历代哲学体系建构之不可或缺的理论依据。兹举数例以明之：（一）天人关系可以说是中国古代哲学的中心议题，天道与人道在思想上的紧密联系，具见于《易》、《老》、《庄》著作中。而"罕言天道"的孔儒，其视线则仅限于人事。（二）宇宙论与人生论上的变动观，也在《易》、《老》、《庄》作品互放异彩；而孔孟思想，从不思考万物变动之情事，更不探讨宇宙变动之法则问题。（三）阴阳学说为构成《周易》之核心观念，《易传》的"阴阳"说及其动静性能则主要来自老、庄。而《论》、《孟》、《学》、《庸》——宋儒尊为四书的儒典中，"阴阳"概念不及一见。（四）老子的道论成为历代哲学理论的基石,而《易传》的道论,见于〈系辞〉者两条,一曰"一阴一阳之谓道",一曰"形而上者谓之道,形而下者谓之器"。前者乃对老子〈四十二章〉道与阴阳关系所作综合的诠释;后者则以命题形式对老子道器概念所作概括性的表述。老子以本体界之"道"为无形迹,而现象界之"器"则为有形迹。道与物的关系——本体与现象,两者之区别及其统属关系,为老庄哲学所恒言之,而孔孟则从来没有形上道论这类的哲学问题意识。

我们之所以在诠释《老》、《庄》典籍之后,着意于《周易》经、传的解释,原因在此。

二

《易经》为古典哲学之源头,经文虽为占筮之书,但具有丰富的人生哲理。《易经》的形象思维及其辩证思维方式,对老子有诸多的启迪。而《易传》,则在诸子思潮的冲击下,将占筮之书逐渐转化而为富有哲学内容的著作,《易传》的哲学化,继承老、庄思想脉络。鼓应近十年来撰写成《易传与道家思想》与《道家易学建构》两部专书,即是对此思想脉络进行探讨。

《周易》经和传写作的年代,首尾相差少则五、六百年,多则七、八百年。而历代易学者多是以传解经,我们认为经传当分别解读。例如占辞之"元亨利贞",原意乃大亨通有利于占问,由于大量甲骨文出土,得知"贞"乃作"占"解,然而不少学者仍囿于以传解经,误以"正固"释"贞"。另一占辞"孚"字,经文全书出现达40次之多,学者多依传文作"信"解,实欠妥。我们认为"孚"当作卦兆及应验解。

　　此次北京商务印书馆重排的简体版，对原台湾商务印书馆繁体版中存在的一些讹误作了全面的订正，个别如〈咸卦〉，作了部分调整。原书名为《周易注译与研究》改为现名《周易今注今译》。本书参考和征引了帛书《周易》。另外也从易学史、思想史、出土简帛资料以及文字、音韵、训诂等多方面对《周易》经、传作出注译。全书力求思想脉络清晰，诠释系统完整，译文通俗易懂，卦象解说分明，义例辨析清楚，占筮方法介绍简明等，可供初学者及广大《周易》爱好者参考。

陈鼓应

赵建伟

2005 年夏季

目　　录

前言 …………………………………………………………… 1
一、乾　䷀（下乾上乾）………………………………………… 1
二、坤　䷁（下坤上坤）………………………………………… 34
三、屯　䷂（下震上坎）………………………………………… 52
四、蒙　䷃（下坎上艮）………………………………………… 62
五、需　䷄（下乾上坎）………………………………………… 71
六、讼　䷅（下坎上乾）………………………………………… 81
七、师　䷆（下坎上坤）………………………………………… 89
八、比　䷇（下坤上坎）………………………………………… 96
九、小畜　䷈（下乾上巽）……………………………………… 103
一〇、履　䷉（下兑上乾）……………………………………… 112
一一、泰　䷊（下乾上坤）……………………………………… 120

一二、否 ䷋（下坤上乾）……………………128

一三、同人 ䷌（下离上乾）……………………135

一四、大有 ䷍（下乾上离）……………………143

一五、谦 ䷎（下艮上坤）……………………150

一六、豫 ䷏（下坤上震）……………………159

一七、随 ䷐（下震上兑）……………………168

一八、蛊 ䷑（下巽上艮）……………………175

一九、临 ䷒（下兑上坤）……………………184

二〇、观 ䷓（下坤上巽）……………………192

二一、噬嗑 ䷔（下震上离）……………………200

二二、贲 ䷕（下离上艮）……………………209

二三、剥 ䷖（下坤上艮）……………………218

二四、复 ䷗（下震上坤）……………………226

二五、无妄 ䷘（下震上乾）……………………236

二六、大畜 ䷙（下乾上艮）……………………245

二七、颐 ䷚（下震上艮）……………………………253

二八、大过 ䷛（下巽上兑）………………………261

二九、坎 ䷜（下坎上坎）…………………………270

三〇、离 ䷝（下离上离）…………………………277

三一、咸 ䷞（下艮上兑）…………………………285

三二、恒 ䷟（下巽上震）…………………………294

三三、遁 ䷠（下艮上乾）…………………………302

三四、大壮 ䷡（下乾上震）………………………309

三五、晋 ䷢（下坤上离）…………………………318

三六、明夷 ䷣（下离上坤）………………………325

三七、家人 ䷤（下离上巽）………………………333

三八、睽 ䷥（下兑上离）…………………………341

三九、蹇 ䷦（下艮上坎）…………………………350

四〇、解 ䷧（下坎上震）…………………………358

四一、损 ䷨（下兑上艮）…………………………366

四二、益 ☲☲（下震上巽）……………………… 375

四三、夬 ☲☲（下乾上兑）……………………… 385

四四、姤 ☲☲（下巽上乾）……………………… 394

四五、萃 ☲☲（下坤上兑）……………………… 403

四六、升 ☲☲（下巽上坤）……………………… 410

四七、困 ☲☲（下坎上兑）……………………… 417

四八、井 ☲☲（下巽上坎）……………………… 426

四九、革 ☲☲（下离上兑）……………………… 437

五〇、鼎 ☲☲（下巽上离）……………………… 447

五一、震 ☲☲（下震上震）……………………… 455

五二、艮 ☲☲（下艮上艮）……………………… 465

五三、渐 ☲☲（下艮上巽）……………………… 474

五四、归妹 ☲☲（下兑上震）…………………… 485

五五、丰 ☲☲（下离上震）……………………… 495

五六、旅 ☲☲（下艮上离）……………………… 506

五七、巽 ䷸（下巽上巽）………………………… 515

五八、兑 ䷹（下兑上兑）………………………… 522

五九、涣 ䷺（下坎上巽）………………………… 529

六〇、节 ䷻（下兑上坎）………………………… 536

六一、中孚 ䷼（下兑上巽）………………………… 545

六二、小过 ䷽（下艮上震）………………………… 554

六三、既济 ䷾（下离上坎）………………………… 562

六四、未济 ䷿（下坎上离）………………………… 571

系辞 ……………………………………………… 580

说卦 ……………………………………………… 701

序卦 ……………………………………………… 739

杂卦 ……………………………………………… 754

校后记 …………………………………………… 764

前　　言

对《周易》经、传注译与研究的学术著作浩如烟海,成就斐然。随着帛本《易经》及〈系传〉及帛书《易》说〈二三子问〉、〈易之义〉、〈要〉、〈缪和〉、〈昭力〉等释文的公布及其研究的推进,对《周易》经传进行全面整理省思的时机也渐趋成熟。我们不揣鄙陋,在前人研究成果的基础上,历时两载,撰成了这部书稿。

关于《周易》的研究,历来存在着三个问题:第一,学派归属问题。许多人都始终笃信司马迁关于《周易》儒家传承谱系的拟说,《周易》是一部儒家学派著作的先期假说便成为不刊之论,这样一来,使得《周易》的研究一直被局限在狭隘的范围内,对《周易》经传研究的肤浅、片面甚至曲解都与此相关。第二,以传解经问题。在把《周易》理解为儒家学派著作的同时,便是以儒家思想解《传》,再用这种儒家化了的《易传》解经,这样一来,不仅《易经》儒家说无法成立,而且也使得对《易经》的解释龃龉难通。第三,文字训诂问题。《周易》一书包含有丰富的哲学内蕴,为古今哲学家所特别关注,以《易》为载体寓托各自的哲学思考本是极自然的事,但由于忽略了对文字训诂的讲求,加之前两种原因,使得《周易》本文日渐隐晦,沦为一部无法读懂的天书。近年来陆续公布了大量的考古文献资料(如《周易》的经、传和各种《易》说以及《黄帝四经》、《文子》

等),使我们有可能对《周易》的研讨做出新的认知和厘正,具体就体现在对上述三个问题的全新阐释。在我们整理《周易》的过程中发现很多问题,下面便择其一、二,以求教于方家。

一、今本《易经》与帛本《易经》

(一)关于成卦法与卦序

《晋书·束晳传》载《汲冢竹书》与《易》相关者为:"其《易经》二篇,与《周易》上下经同"、"《易繇阴阳卦》二篇,与《周易》略同,其繇辞则异"。所谓"二篇",即〈系辞〉"大衍之数"章"二篇之策"的"二篇",指今本《周易》分上、下经。今本《易经》六十四卦的成卦和排序,是立足于爻画,即以"非覆(卦爻翻覆)即变(卦爻反对)"为原则,将六十四卦分为两两相对的三十二组。其成卦是有序的,其排次则是随意的。帛本《易经》则立足于三画的单卦重组,即以"分阴分阳"为原则,将八经卦重组为阴阳各三十二组的六十四别卦。所谓"经卦皆八,别卦皆六十有四"当即指帛书《周易》和《归藏》而说。《汲冢竹书》所记"《易繇阴阳卦》二篇,与《周易》略同,其繇辞则异",这指的应该不是帛本《周易》,因为帛本《周易》的卦爻辞与今本《周易》基本相同,而且也不分上下篇。

(二)关于《易传》的读本

〈彖传〉、〈象传〉、〈系辞传〉、〈文言传〉、〈说卦传〉、〈序卦传〉、〈杂卦传〉都分别是以何种《易经》为读本?〈序卦传〉以今本《易经》为读本,这是显而易见的。〈杂卦传〉虽将今本《周易》的卦序错杂打散,但仍以卦爻"非覆即变"为原则而两两相对,可知也是以今本《周易》为读本。〈象传〉、〈文言传〉以天地为统绪,应该也是今本《易经》的系统。今本〈系辞传〉"三陈九德"章所论九卦的次序与今本《易经》相同,"大衍之数"章论揲蓍成卦法,也明标"二篇之策",可证是以今本《易经》为读本;但有些章节却也透露出作者参读了其他《易经》本子的迹象。帛本〈系传〉无"三陈九德"与"大衍之数"章,当不是今本《易经》的系统。〈说卦传〉所陈说之卦序及卦象,无论是"顺数"还是"逆数",都是"分阴分阳"的,应是以帛本《易经》为读本的。〈彖传〉以"乾元"阳及"坤元"阴为统绪,大概也是帛本《易经》的系统。

(三)易与乾——六十四卦总名与首卦名称的关系

近人黄振华撰有〈论日出为易〉一文,认为"易"字的本义为"日出",象征阴阳变化(《哲学年刊》第五辑,一九六八年,台湾商务印书馆)。这种说法很有道理。日之上出,运行移易,周而复始,六十四卦变易周环,亦不外此理,故题其名为《易》。而卦名"乾"字的本义,我们认为也恰恰是指日之上出,与"易"字之义正相合,所以才把它列于六十四卦的卦首。前人认为"易"字为"阳",故以纯阳之〈乾〉列居卦首(朱骏声《说文通训定声》),这种提法虽然有问题,但其思路却是很有启发意义的。

二、关于《归藏》

《归藏》也叫《坤乾》,从这个名目看,大概也如同帛本《周易》一样是"分阴分阳"编排的，或许与《元包》的次序相近，《汲冢竹书》中的"《易繇阴阳卦》二篇"可能指的就是《归藏》。它分阴分阳编排，阴卦居阳卦前，经卦皆八、别卦皆六十四，而有些卦名及繇辞（即卦爻辞）则与《周易》略有区别。《归藏》的卦序及编排方式可能即保存在〈说卦〉中，而所谓"繇辞则异"则可从〈系辞〉中略见一斑。如〈系下〉二章"服牛乘马，引重致远，以利天下，盖取诸〈随〉"、"上古结绳而治，后世圣人易之以书契，百官以治，万民以察，盖取诸〈夬〉"。《周易》中〈随〉卦的卦名、卦象、卦爻辞与"服牛乘马"颇有距离，〈夬〉卦的卦名、卦象、卦爻辞与"书契"同样相去甚远。然而，《归藏》中〈随〉作〈马徒〉，〈夬〉作〈规〉。"马徒"这一卦名与"服牛乘马"相合，"规"有刻画之义，与"书契"亦相合。可以猜想《归藏》中〈马徒〉卦及〈规〉卦的卦爻辞与《周易》中〈随〉卦及〈夬〉卦有异，而与"服牛乘马"、"书契"相关。

《归藏》的卦爻辞与《周易》有异，但很多可能都相近，这从大部分的卦名与《周易》都相同或相关这一事实中可以得知。如：〈说卦〉说〈坤〉为大舆"，《归藏》中〈坤〉作〈奥〉，其音义当与"舆"相关。〈需〉卦爻辞说"需于酒食"，〈象传〉说"君子以饮食宴乐"，〈序卦〉说"物稚不可不养也，故受之以〈需〉，需者，饮食之道也"，似皆读"需"为"濡泽"之"濡"。《归藏》作〈溽〉，亦沾濡滋养之义。帛本〈少蓺〉卦，今本作〈小畜〉，〈归藏〉作〈小毒畜〉。"蓺"、"畜"同音，"毒"与"蓺"同音（《老子》"亭之毒之"，河上公本、严遵本"毒"作"孰"），《归藏》之〈小毒畜〉为帛本〈少蓺〉及今本〈小畜〉之复合。又如帛本〈林〉卦，今本作〈临〉。"林"训"君"，"临"训"治"，本卦象为君主临治民众。《归藏》作〈林祸〉。"祸"与"辖"同音，"辖"亦有"治"义；

"祸"又与"夥"古通,有"众"义。总之亦谓君主治众,似亦为帛本、今本之复合。又〈坎〉卦之"坎"字,本义为陷牲之阱陷,《归藏》作〈荦〉,"荦"与"牢"通。在地下陷牲为坎,在地上关牲为牢,二者有联系。后天图中,〈坎〉为劳卦,居正北,万物归藏(见〈说卦〉);而"荦"与"牢"、"劳"音通,干宝引《归藏》作〈初荦〉,将万物至此倦劳归闭(《周礼·地官·司徒·充人》注"牢,闲也","闲"即关闭之义)的方位亦已标明。

三、关于"逸象"

〈象传〉的创作一部分是来源于散见在先秦古籍中的一些对爻辞解释的文字,我们姑且称之为"逸象"。然而,由于所谓"国各为繇"以及随着〈象传〉承乘比应等释说体系的逐渐严密,今之〈象传〉与古之"逸象"亦有一定的差异。今试举三例以证之:〈归妹〉上六爻辞"女承筐无实,士刲羊无血",〈小象〉说"上六无实,承虚筐也",《左传·僖公十五年》记〈归妹〉上六说"其繇曰:士刲羊,亦无衁也。女承筐,亦无贶也"。"繇"是指卦爻辞。但我们知道,《左传》中凡所征引之卦爻辞,一律不以"也"字煞尾,帛本、今本《易经》亦复如此;反之,〈象传〉解释卦爻辞,一律都以"也"字煞尾,作为一种解释性的判断。因此,这里的"繇曰"应该是兼繇辞和对繇辞解释的文字而言(帛书〈易之义〉:"是故〈乾〉之亢龙……〈丰〉之盈虚,五繇者,刚之失也",此"繇"即兼卦爻辞和〈象传〉而说)。就〈归妹〉卦而说,二至上爻的〈小象〉均协阳部韵,与《左传》"亦无衁也"、"亦无贶也"协韵相同,可见二者有内在联系。从今本〈象传〉的角度说,我们可以称《左传》所存之对爻辞解释的文字为"逸象"。〈困〉卦六三爻辞"困于石,据于蒺藜,入于其宫,不见其妻,凶",〈小象〉解释说"据于蒺藜,乘刚也。入于其宫,不见其妻,不祥也"。《左传·襄公二十五年》记武子筮得〈困〉卦六三爻辞,陈文子说"困于石,往不济也。据于蒺藜,所恃伤也。入于其宫,不见其妻凶,无所归也"。此所载陈文子之释六三爻辞文亦可以"逸象"视之,亦为今本〈象传〉的来源之一。"据于蒺藜,所恃伤也"与〈小象〉"据于蒺藜,乘刚也"显然有内在联系,只是〈象传〉更明确地以严格的爻位承乘刚柔说之。〈乾·文言〉第三部分:"潜龙勿用,下也。见龙在田,时舍也。终日乾乾,行事也。或跃在渊,自试也。飞龙在天,上治也。亢龙有悔,穷之灾也。乾元用九,天下治也",〈乾〉、〈坤〉的〈文言传〉不释用九、用六。其释说体例皆不合,当非〈文言传〉之原文;其以"也"字煞尾,释说体例与〈象传〉全同,其文义亦与〈乾·象〉接近,当是古之逸象窜入〈乾·文言〉中的。

四、验辞与"有孚"

以龟甲占卜,其兆位有头、腹、尾(见《史记·龟策列传》);以蓍草占筮,其爻位有天、人、地之"三极"或"三才"。卜辞有贞辞、占辞、验辞,筮辞当亦复如此。《周礼·春官·宗伯·占人》"凡卜筮,既事则系币以比其命,岁终则计其占之中否",其所计之中与不中,即为验辞,当在《周易》的卦爻辞中有所保留。

研读《易经》,我们认为出现高达四十次之多的"孚"或"有孚"便是验辞。但它与卜辞中作为纯粹验辞的"允"字又有区别,它兼有二义：一为占辞，指征兆；一为验辞，指征验。其用法与"征"字略同。

"孚"字帛书均作"复"。孚、复均有信验之义，如〈解〉卦程颐、朱熹训"孚"为"验"，《论语·学而》皇侃疏"复犹验也"。

《易经》专讲征兆、应验之事，但全部经文却不见征、兆、应、验等字样，我们将"孚"字释为征兆、征验，便解决了这一疑问。这就如同《易经》是专讲吉凶祸福的，但却不见"祸"字，因此我们有理由认为"祸"是以"害"字为之的；这也如同《易经》是占卜之书而经文却不见"占"字（仅一见，即〈革〉卦九五"未占有孚"，这个"占"字也很可疑），因此我们有理由将经文出现六七十次之多的"贞"字释为"占"。

"孚"字旧皆训为"信"，"兆"字也有"信"义（《淮南子·本经训》注"兆，信也"）。可知"孚"本与兆坼相关。"孚"是"孵"的音假，《说文》之释"孚"字可施之于"孵"。徐锴《说文系传》："孚，卵孚也"，段玉裁《说文解字注》据玄应书补"即"字，说："孚，卵即孚也；一曰信也"。卵将孵化，表明事物之征兆，从这个意义上说，"孚"或"有孚"可以解释为筮得的卦兆、事物的征兆及迹象等；卵已孵化，则表明事物之征验，从这个意义上说，"孚"或"有孚"可以解释为事物发展已有或必有信验、应验、报应、结果等。

卵壳坼裂与龟甲兆坼是同一道理，故古人据此预测吉凶。古有龟卜，亦有鸡卜。鸡卜又有鸡骨卜、鸡卵卜等多种方法，盖古人亦有以卵之孵化占卜吉凶之法。

"孚"字也有写作"旉"的。"旉"谓植物开花，与卵之孵化、龟甲之坼裂相类。《正义》释〈说卦〉"震为旉"时说："为旉，取其春时气至,草木皆吐荸布而生也";而〈解〉卦(下坎上震)的〈彖传〉说"天地解而雷雨作,雷雨作而百果草木皆甲坼"。〈震〉为东方春分雷乃发声、蛰虫开户、品物开坼之时;《文子·上德》也说"雷之动也万物启"("启",开坼),因此《归藏》中〈震〉作〈釐〉,"釐"从"荸"声,当即用为"荸",《说文》:"荸,坼也。果熟有味亦坼"。此皆可见《易》中孚、复、荸之内蕴。

"有孚"也可单言"孚",二者相同。它们在经文中位置很随意,可置于爻辞之首,亦可在卦爻辞中间,也可居末尾,有时看上去还带宾语,但在训释时不可过泥。

五、〈乾〉、〈坤〉与〈离〉、〈坎〉

〈乾〉卦以龙之潜、现、飞、亢取象日之升落;〈坤〉本作〈川〉,指川水;〈离〉本作〈罗〉,指以罗网兽(帛本〈系传〉也说"作结绳而为网罟,以佃以渔,盖取诸〈罗〉");〈坎〉谓以阱陷兽。但是,这四个卦的意象却多有重合,如"〈离〉为日,为乾卦"、"〈坎〉为水"、〈坤〉为众、〈坎〉亦为众等等。

我们认为这种意象分流的现象与八卦图中这四个卦的相互错位有关,即先天图中〈乾〉、〈坤〉居南、北位置,而在后天图中〈离〉、〈坎〉取代了〈乾〉、〈坤〉位置而居于南、北。可能由于这个缘故,〈乾〉、〈坤〉的部分意象也随之分流到〈离〉、〈坎〉中。

我们知道,《元包》的卦序及宋人的先天图、后天图皆非杜撰,其不但可在〈说卦〉中找到依据,而且从出土的帛本《易经》中可以得到验证。同时,也说明〈说卦〉确实保存了十分原始的《易》学材料;换言之,〈说卦〉中的分阴分阳的"天地定位"卦位图及"帝出乎震"的卦位图是古已有之的。因此,我们认为〈离〉、〈坎〉分流〈乾〉、〈坤〉意象的说法是有依据的。

今本《周易》经、传错讹之处很多,而帛本经、传舛漏之处亦夥。然而两相对勘互校,则诸多疑难之处颇可疏通。相信大家览读这本书的时候,会有这种印象的。

由于有些观点我们在其他地方已经讲过了,所以在本书中没有再重复展开,请大家参读《易传与道家思想》一书以及刊在《道家文化研究》上的〈先秦道家易学发微〉、〈乾坤道论〉及载于《中国人民大学学报》上的〈说乾〉等文章。

本书在写作过程中主要参考了以下著作:孔颖达《周易正义》(包括王弼、韩康伯注)、李鼎祚《周易集解》、司马光《太玄经注》、程颐《易程传》、朱熹《周易本义》、叶适《习学记言序目》、陈梦雷《周易浅述》、朱骏声《六十四卦经解》、高亨《周易古经今注》、《周易大传今注》、《周易杂论》、黄寿祺《周易译注》、《文物》一九八四年第三期〈马王堆帛书周易六十四卦释文〉、张立文《帛书周易注译》等。

著　者
一九九八年夏

一、乾 ☰（下乾上乾）

乾[1]。元亨,利貞[2]。

初九。潛龍,勿用[3]。

九二。見龍在田,利見大人[4]。

九三。君子終日乾乾,夕惕若,厲無咎[5]。

九四。或躍在淵,無咎[6]。

九五。飛龍在天,利見大人[7]。

上九。亢龍,有悔[8]。

用九。見群龍無首,吉[9]。

【今译】

筮得〈乾〉卦,大通顺,占问有利。

筮得初爻,龙潜伏于渊底,不可施用于世。

筮得二爻,龙出现在地上,将得贵人相助。

筮得三爻,君子白天勤勉于事,夜晚惕惧省思,如此则虽有危险,亦无咎害。

筮得四爻,将欲跃出渊池,没有咎害。

筮得五爻,龙翔于天空,有贵人相助。

筮得上爻,龙飞过高,将有悔恨之事。

筮得六爻皆为阳九,群龙涌现不见上下首尾,吉利。

【注释】

[1] 乾,卦名。通行本及马王堆出土汉墓帛书本皆为第一卦。

九三爻辞有"乾"字,故取以为卦名(犹〈未济〉六三爻辞有"未济"字,故取以为卦名);然卦名〈乾〉字之义与九三"乾"字之义有别,卦名之〈乾〉用其本义,九三之"乾乾"用其引申义。

《说文》释"乾"为"上出也",所从之"倝"释为"日始出光倝倝也"。日之升落表现为日出、日中、日昃,与六爻所取象的现龙、飞龙、亢龙、潜龙相同,〈象传〉"大明终始"正与此相合。

古人以日为阳精之气所聚,日气、云气即是龙的创想来源之一。虹蜺也是日气、云气的一种,与龙同象。〈乾〉卦可能就是古人根据日光气的不同形状和亮度而占筮吉凶的筮辞记录,盖即《周礼·春官·宗伯·视祲》中的"占煇"一类。

"乾"字本为日之上出、光气升腾,因与"天"字音近,又因为"天乃积诸阳气而成",所以后来说《易》者便有了"乾为天"的说法;又因为阳气所为之"龙"健行不息,周行环流,加之乾、健声近,说《易》者又有了"乾,健也"的说法,并且有的本子如帛本,索性把〈乾〉卦的卦名写成了"键"。

有人认为《周易》之《易》,其本义指日出(黄振华〈论日出为易〉,载《哲学年刊》第五辑,一九六八年十一月,台湾商务印书馆),此有一定道理,其与六十四卦首卦的〈乾〉构成内在联系。

卦名〈坤〉本写作"川",谓水流穿地而行。首卦〈乾〉、〈川〉,一说上出,一说下注;上出者积阳成天,下注者积阴成地(坤)。日出可干燥万物,段玉裁《说文解字注》说"上出为干,下注则为湿,故干与湿相对"。上出之日气与下注之川水为对,亦是此理。

[2] 元亨,利贞:经文中"元亨"、"元吉"之"元"皆当从〈彖传〉训为"大",谓大顺("亨",通顺)、大吉。经中之"贞"皆训为"占",而《易传》中之"贞"皆释为"正"。"利贞",占问有利。

[3] 初九,潜龙,勿用:"初九"为爻题。《左传·哀公九年》(公元前四八六年)尚用"遇某之某"的方法表示所占之爻,则爻题之发明当在此后。"初"表示爻位,由下往上数,依次为初、二、三、四、五、上。"九"为爻数,表示爻性。"九"是老阳,为变数,代表阳爻;"六"是老阴,也是变数,代表阴爻。揲蓍求卦,经过多次揲数演算,最后所得不外乎六、七、八、九四个数。奇数七、九为阳数,如同今天所说的正数;偶数六、八为阴数,如同今天所说的负数。正七小于正九,所以正七称少阳,正九称老阳;负八小于负六,所以负八称少阴,负六称老阴。或者正数,或者负数,其由少至老皆不属于质变;而由正至负或者由负至正(即老阳至少阴或者老阴至少阳)皆为质变。阳爻以九为代表,阴爻以六为代表,即是这个原因。这四个数的变与不变,也是受四季递嬗的启发,即七九八六配以春夏秋冬。由七至九,犹如从春暖至夏热;由八至六,犹如从秋凉至冬寒,此皆不发生根本之变化。而由九至八,犹如从夏热至秋凉;由六至七,犹如从冬寒至春暖,此皆发生根本之变化。《周易》皆占变爻,所以阳爻皆称九,阴爻皆称六(可参读高亨《周易古经今注》)。"潜龙"谓龙潜伏于渊底(〈恒〉卦初六虞翻注说"〈乾〉初为渊")。此初九潜龙在渊与九五飞龙在天相对。《说文》谓龙

"春分而登天,秋分而潜渊",《管子·内业》"是故此气也,杲乎如登于天,杳乎如入于渊",其相对例与此同)。"用",为,作为。"勿用"谓不可有为。《周易》爻辞分两部分,前半部分为筮辞,后半部分为占验之辞。筮辞又可大致分为筮象之辞与述事之辞,如"潜龙"即是筮辞中筮象类,〈坤〉卦"括囊"即是筮辞中的述事类;而"勿用"、"无咎"则为占验之辞。通常筮辞入韵而占辞不入韵。

[4] 见龙在田,利见大人:"见"同"现";"田"谓地。这是说龙已浮出渊池出现在地上。"利见大人"即见大人有利。"大人"犹后世算命先生所谓的"贵人"(〈蹇〉卦上六〈小象〉"利见大人,以从贵也",即以贵人释大人)。"利见大人"于经文中屡见,皆是得贵人相助之义。

[5] 君子终日乾乾,夕惕若,厉无咎:"君子"一词在《易》中习见,其与"小人"对举时,意思比较复杂(或指有德者,或指有位者),要看具体语言环境;而凡单言者,则都是指对方,即问卦者,犹言"君"、"足下",如"君子有攸往"、"君子征凶"、"君子几不如舍"、"利君子贞"等。"终日"犹"终朝",整个白天。"乾乾",勤勉的样子(《吕览·士容》注"乾乾,进不倦也")。"惕"谓惕惧反省。"若",语辞。"厉",危。"咎",害。"厉无咎"、"凶无咎"、"厉吉"、"吉有悔"等为相反之占,它包含有开局不好(或好)而终局无害(或有害)、卦象不好(或好)而经过人为努力而无害(或有害)等多种涵义。此句或句读为"君子终日乾乾,夕惕若厉,无咎",两通。九三居下卦之终,故当有所惕惧。《诗·十月之交》"四方有羡,我独居忧;民莫不逸,我独不敢

休"，〈北山〉"或王事鞅掌"、"或惨惨畏咎"皆此"乾乾"、"惕若"之谓。

[6] 或跃在渊，无咎："或"是将然之辞。"或跃"谓将欲跳跃而尚在犹疑。九四在上卦之初，故当有所犹疑；而既已入上体，理当跃跃欲试而有所图进。九三阳爻居刚位，故戒之以惕惧；九四阳爻居柔位，故有跳跃之志而又能犹疑三思。如此则可保前景无忧害。

[7] 飞龙在天，利见大人：此君子显达之象。"利见大人"是有贵人相助之义，亦表示外部客观环境之有利。战国秦汉人所谓的阳气"登于天"、"入于渊"（《管子·内业》）及龙之"登天"、"潜渊"（《说文》）可能都与〈乾〉卦初九、九五爻辞相关。

[8] 亢龙，有悔："亢"，过（〈小过〉卦上六说"过之"，〈象传〉释为"已亢也"）。"亢龙"即龙飞得太高。"有悔"，有不好的事情（"悔"之言"晦气"之"晦"）。〈小过〉卦辞"飞鸟遗其音，不宜上，宜下"即此"亢龙有悔"。又"亢"当犹"颃"，谓高飞不下。〈中孚〉上九"翰音登于天，贞凶"与此爻同。《易》之三爻、上爻多言"悔"，与月终、年终之言"晦"同。

[9] 用九，见群龙无首，吉：六十四卦每卦皆六爻，只〈乾〉、〈坤〉两卦多出一爻，即"用九"、"用六"，表示此两卦所筮得的六爻皆为可变之爻阳九（即老阳）或可变之爻阴六（即老阴）。"用九"、"用六"之"用"字帛书作"迵"，有人认为"迵"为"用"之借字，或释"迵"为"同"。然《易》中"用"字、"同"字习见，帛书均如字作，可见"迵九"，"迵六"别有他义。"迵"即"通"（《太玄·摛》注"迵，通也"），谓变、变通。就实际操作而言，演卦时，遇

到通卦皆为可变的老阳、老阴时,则多设此一爻象,命其爻题为"通九"、"通六",筮占时即占此爻。就哲学内蕴而言,此多出的一爻置于〈乾〉、〈坤〉的上九、上六之上,包含着"《易》终则变,通则久"的哲学底蕴。其他六十二卦虽无"通九"、"通六",但在观照其上九、上六时亦当作此理解。如〈明夷〉上六"初登于天,后入于地"即包含位至上爻,需要变通的意思。又如〈升〉卦上六"冥升,利于不息之贞","冥升"即沉迷于升进必有凶险,犹"亢龙有悔";而"利于不息之贞"即犹〈坤〉卦通六的"利永贞"。"见"同"现",谓群龙涌现不见上下首尾。此即所谓"始卒若环",即老子"迎之不见其首,随之不见其后",亢极知返,所以说"吉"。

〈彖〉曰[1]:大哉乾元,萬物資始,乃統天[2]。雲行雨施,品物流形;大明終始,六位時成;時乘六龍以御天[3]。乾道變化,各正性命;保合大和,乃利貞[4]。首出庶物,萬國咸寧[5]。

【今译】

〈彖传〉说:乾元之气太美妙了,它使万物得以萌生,并且统领主宰大自然的运作过程。云雨以时兴降,各类物种在大气的流动中随之长成;太阳终而复始地周天运动,宇宙上下四方之位于是确定;这就好像太阳按时乘驾着六龙有规律地运行于天空。由乾元之气所决定的天道有规律地运动变化,使得万物各得其所;乾元之气恒久维持至为和谐的状态,所以它能施利于万物并使万物正常运作。天道生长万物终始相续,天下万物都可宁定安吉。

【注释】

[1] 〈彖〉曰:〈彖〉是指〈彖传〉,它是对卦名、卦体、卦义予以解说的文字,其后亦指〈彖辞传〉。"彖"字音近"断",本是指裁断一卦吉凶的卦爻辞。如〈系上〉三章"彖者言乎象者也"(这是说"彖"是裁断卦象吉凶的卦辞),〈系下〉三章"彖者,材也"("材"通"裁",裁断),八章"爻象以情言",这里的"彖"都是指卦辞;〈系下〉九章"知者观其彖辞,则思过半矣",这里的"彖辞"兼指卦辞和爻辞;〈易之义〉"〈巽〉(原讹为〈涣〉)之彖辞,武而知安",〈巽〉卦初六爻辞说"进退,利武人之贞",所以这里的"彖辞"是指爻辞。这些"彖"或"彖辞"与十传中作为解释卦名、卦体、卦义的〈彖传〉有别。

[2] 大哉乾元,万物资始,乃统天:"大"谓大美,太美妙了(《庄子·知北游》"天地有大美而不言",《释文》"大美,谓覆载之美也"。《诗·椒聊》笺"大,谓德美广厚")。"乾元",指发生万物的美好纯阳之气("乾"谓纯阳,"元"谓善,至美)。"资",依赖。"始",万物肇端发萌。"统",统领,主宰。"天"指大自然的运作。乾阳主宰自然,圣人亦借之以驾驭自然规律,《列子·天瑞》"圣人因阴阳以统天地",即此之谓。

[3] 云行雨施,品物流形;大明终始,六位时成,时乘六龙以御天:"行",兴起飘动。"施",降落。"品物",众物,各类物种(《说文》"品,众庶也")。陈梦雷说:"资始之初,浑沦未辨,故曰万

物；此则形质可别，故曰品物"(《周易浅述》)。"流形"，是说各类生物在大气的自然流动中得以生长成形，即《庄子·天地》的"流动而生物"。"大明"，太阳。"终始"，太阳东升西落的周天运动。"六位时成"，宇宙上下四方之位于是确定("时"，是，于是)。《易经》常常使用两套语言，即朱熹所谓"或言《易》以及造化，或言造化以及《易》"。"六位"也可说成六合，六虚(〈系下〉八章"周流六虚")，指上下四方之位或天地四时(即两仪四象)；而卦有六爻六位以象宇宙，所以"六位"亦指六爻所在的六个位置，即〈说卦〉所谓"六位而成章"、"六画而成卦"。就造化而言，谓乾元大明终始有序，宇宙六合于是确定(《文子·自然》"上执大明……化为四时"，《庄子·天道》"日月照而四时行，若昼夜之有经，云行而雨施矣")；就《易》而言，谓乾元大明之德圆而神，由于它的终始有序的运动而使得六十四卦各卦的爻位因之确定。"时乘六龙以御天"一句，就象而言，是说太阳乘驾六龙有规律地运行于天；就意而言，是说圣人凭借〈乾〉卦六爻的往复规律而驾御自然，此即朱子《本义》所说的"圣人大明乾道之终始，则见卦之六位各以时成，而乘此六阳以行天道，是乃圣人之元亨也"。

[4] 乾道变化，各正性命；保合大和，乃利贞："乾道"，由乾元之气所决定的天道。"正"，指得其所。"性"，万物本然之性。"命"，万物终极之命运。〈说卦〉一章"穷理尽性以至于命"之"性命"与此同。"保合"，保持，维持。"大和"也作"太和"，即至和，至为和谐的状态。"利"，施利于万物。"贞"，正，指能够使万物正常运作。

[5] 首出庶物，万国咸宁："首"，始。"出"，发生。"庶物"，众物，万物。"首出"呼应开篇之"资始"，"庶物"呼应开篇之"万物"。〈彖传〉以万物、品物、庶物贯穿始、中、终，其"资始"之"万物"是乾元生物的肯定阶段，"流形"之"品物"是乾元生成物之否定阶段，"首出"之"庶物"则是乾元再生物的否定之否定阶段，它标志着第一个循环期的结束和第二个循环期的开始，表示天道生长万物的终始相续，揭出"群龙无首"的哲学底蕴。"万国"，包括自然生物王国和人类社会王国。"咸宁"，都能宁定安吉。"首出庶物，万国咸宁"正释用九"见群龙无首，吉"。

〈象〉曰[1]：天行，健[2]。君子以自强不息[3]。

潛龍勿用，陽在下也[4]。

見龍在田，德施普也[5]。

終日乾乾，反復道也[6]。

或躍在淵，進無咎也[7]。

飛龍在天，大人造也[8]。

亢龍有悔，盈不可久也[9]。

用九，天德不可爲首也[10]。

【今译】

〈象传〉说，天道运动不止，这便是〈乾〉卦的意象。君子因此要自觉奋勉，永无止息。

龙潜于渊底不施用于世，这是因为阳气微弱时境不利。

龙出渊底而显现于地上,这意味着君子可以广施才德。

整日勤奋于事,惕惧省思而免于咎害,这说明进退动静皆合于正道。

将欲跳跃图进而能犹疑三思,这意味着向上进取必无咎害。

龙翔于天空,这是说大人可以大有作为于天下。

龙飞过高而有悔恨之事,这是因为凡事过极都不可能长久。

通九说群龙不见首尾则吉利,这是因为天道运行是不可能有端际的。

【注释】

[1] 〈象〉曰:〈象〉是指〈象传〉,它是对卦爻辞予以诠释的文字。因为是据卦象和爻象以立说,所以称为〈象传〉。据卦象立说的部分称为〈大象〉,据爻象立说的部分称为〈小象〉。六十四卦的〈大象〉一律分为两部分,前一部分解释卦象(即卦名的由来)并点出卦名;后一部分则是由卦象引发出对"君子"或"先王"在修身或治国上的告诫或者评说。

[2] 天行,健:此三字旧注皆标点为"天行健",译为天道刚健。按:此三字为〈大象〉的第一部分,是用来解释卦象并点出卦名。所以按照〈象传〉义例应当标点为"天行,〈健〉"。"健"本当作"乾",后音通而作"健"。"天行,〈乾〉",谓天道运动不止,这便是〈乾〉卦的意象。六十四卦是由八经卦依次重组而来,重组后的六十四卦称为六十四别卦。〈大象〉在释说上,是通过分析上下两单卦相重后所组成的意象来点出卦名并引发告诫和议论,如〈大畜〉卦(下乾上艮)内卦为乾天,外卦为艮山,所以

〈大象〉说"天在山中(解释卦象,即卦名的由来),〈大畜〉(点出卦名);君子以多识前言往行,以畜其德(引发出告诫和议论)"。〈乾〉、〈坤〉两卦的〈大象〉亦当准此义例,并且两卦〈大象〉所说的"天行,乾"、"地势,坤"也恰好相对;而"天行地势"即古人所谓的"天动地静"、"天运地处"。说详〈坤·象〉注。

[3] 君子以自强不息:此为〈大象〉的第二部分,即由卦象引发出修身治国的告诫和议论。六十四卦〈大象〉的后半部分都是"君子以"、"先王以"、"后以"、"大人以"、"上以"的句式,其中"大人以"、"上以"各一例,"后以"两例,"先王以"七例,其余五十三条〈大象〉均是"君子以"的句式。〈象传〉把〈彖传〉的"圣王"中心论改变为"君子"中心论,进一步强化了《易》学的修身之道和《易》之用的普泛化。〈象传〉中的"君子"都是"有才德之人之称,无论其有爵位与无爵位"(高亨《周易大传今注》)。"以"犹是以,所以,因此。"以"训为所以,是因为〈大象〉前一部分(即"天行,乾")是本卦所显示于人的具体意象,它是后一部分("君子以自强不息")"君子"采取何种行动的原因和根据。

[4] 潜龙勿用,阳在下也:六十四卦中的〈小象〉也都一律分为两部分,前一部分是引爻辞,后一部分则一律用"也"字煞尾以构成判断句。此又可分为两种情况:一种是侧重于因果性的判断,如〈坤〉卦用六〈小象〉的"用六永贞,以大终也"。"用六永贞"是果,"以大终"是因,即之所以用六永贞,是因为以大终的缘故;另一种是侧重于解释或说明性的判断,如〈坤〉卦上六〈小象〉"龙战于野,其道穷也",谓龙战于野,这意味着其道已穷。

"阳在下",阳气微弱,喻君子(潜龙)所处之客观环境不利、行动的时机不成熟。

[5] 见龙在田,德施普也:阳气升至二位,二又居下卦之中位,君子龙现而任仕,可以广施才德。

[6] 终日乾乾,反复道也:"终日乾乾"是"君子终日乾乾夕惕若厉无咎"的省型,〈小象〉多此用法。"反复"犹言进退、动静。"道"谓合于正道。九三处上下体之间,最多戒辞,所以这里强调"反复道也"。

[7] 或跃在渊,进无咎也:九四阳爻已入上体,有跃进之志;居于柔位,在上体之初,能犹疑三思。故此刚柔得宜、审时度势,上进必然无咎害。〈象传〉于〈乾〉四说"进无咎",于〈坤〉四说"慎不害",令人玩味。

[8] 飞龙在天,大人造也:"大人",君子之有爵位者。"造",有所作为。爻已至五,龙飞于天,君子际会风云,成为获得显爵之大人,可大有作为于天下。

[9] 亢龙有悔,盈不可久也:"盈",盈满,过极,此释"亢"字。《后汉书·方术列传》"盈满之咎,道家所忌"即此之谓。

[10] 用九,天德不可为首也:"用九"即"用九之吉"的省文。"天",天道。"德",性,特点。"为",有。"首",端际。用九说群龙不见首尾则吉利,是因为天道运行的特点是永远不可能有端际的。其必然是始卒若环,终始相续,穷极阳于上,必返初阴于下,即乾阳之德(天德)不可有端之谓。

〈文言〉曰[1]:元者善之長也,亨者嘉之會也,利者義之和也,貞者事之幹也[2]。君子體仁足以長人,嘉會足以合禮,利物足以和義,貞固足以幹事[3]。君子行此四德者,故曰乾元亨利貞[4]。

初九曰:潛龍勿用,何謂也?子曰:龍德而隱者也[5]。不易乎世,不成乎名,遯世無悶,不見是而無悶,樂則行之,憂則違之,確乎其不可拔,潛龍也[6]。

九二曰:見龍在田,利見大人,何謂也?子曰:龍德而正中者也[7]。庸言之信,庸行之謹,閑邪存其誠,善世而不伐,德博而化[8]。《易》曰見龍在田,利見大人,君德也。

九三曰:君子終日乾乾,夕惕若,厲無咎,何謂也?子曰:君子進德修業[9]。忠信所以進德也,修辭立其誠,所以居業也[10]。知至至之,可與言幾也;知終終之,可與存義也[11]。是故居上位而不驕,在下位而不憂[12]。故乾乾因其時而惕,雖危無咎矣[13]。

九四曰:或躍在淵,無咎,何謂也?子曰:上下無常,非為邪也;進退無恆,非離群也;君子進德修業,欲及時也[14],故無咎。

九五曰:飛龍在天,利見大人,何謂也?子曰:同聲相應,同氣相求[15]。水流濕,火就燥,雲從龍,風從虎,聖人作而萬物睹;本乎天者親上,本乎地者親下,則各從其類也[16]。

上九曰:亢龍有悔,何謂也?子曰:貴而無位,高而無民,賢人在下位而無輔,是以動而有悔也[17]。

潛龍勿用,下也[18]。見龍在田,時舍也[19]。終日乾乾,行事也[20]。或躍在淵,自試[21]也。飛龍在天,上治[22]也。亢龍有悔,窮之災也[23]。乾元用九,天下治也[24]。

潛龍勿用,陽氣潛藏[25]。見龍在田,天下文明[26]。終日乾乾,與時偕行[27]。或躍在淵,乾道乃革[28]。飛龍在天,乃位乎天德[29]。亢龍有悔,與時偕極[30]。乾元用九,乃見天則[31]。

乾,元者,始而亨者也[32]。利貞者,性情也[33]。乾始能以美利利天下,不言所利,大矣哉[34]。大哉乾乎,剛健中正,純粹精也[35];六爻發揮,旁通情也[36];時乘六龍,以御天也[37];雲行雨施,天下平也[38]。

君子以成德爲行,日可見之行也[39]。潛之爲言也,隱而未見,行而未成,是以君子弗用也[40]。

君子學以聚之,問以辨之,寬以居之,仁以行之[41],《易》曰:見龍在田,利見大人,君德也。

九三重剛而不中,上不在天,下不在田,故乾乾因其時而惕,雖危無咎矣[42]。

九四重剛而不中,上不在天,下不在田,中不在人,故或之,或之者,疑之也,故無咎[43]。

夫大人者,與天地合其德,與日月合其明,與四時合其序,與鬼神合其吉凶[44]。先天而天弗違,後天而奉天時;天且弗違,而況於人乎,況於鬼神乎[45]?

亢之爲言也,知進而不知退,知存而不知亡,知得而不知喪;其唯聖人乎,知進退存亡而不失其正者,其唯聖人乎[46]?

【今译】

〈文言传〉说:元是众善之首,亨是美的会合,利是义的体现,贞是治事的根本。君子履行仁善则足以为人君长,会合众美则足以符合礼,施利于万物则足以体现义,坚守正道则足以治事。君子能履行这四种美德,所以说〈乾〉卦元亨利贞。

初九爻辞说龙潜于渊而勿施用,这是什么意思?孔子说:这讲的是君子有美好的才德而不得不暂且隐敛。他不为世俗所改变操守,不汲汲于成就功名,自甘隐遁,不被世人称许亦不苦闷,世道公正而使人心乐则入世有为,世道不公而使人心忧则离世隐匿,这种坚定不移的志节便是潜龙的品格。

九二爻辞说龙出渊池而显现于地上,出现大人而使天下获利,这是什么意思?孔子说:这讲的是人有美好的才德而又能行中正之道,他始终能做到言必守信,行必谨慎,防范邪僻而保持诚信,为善于世而不自夸,德泽广施以感化天下。《周易》所说的龙现于地上而出现可使天下获利的大人,这正是指君主的德行而言。

九三爻辞说君子白天勤勉,夜晚惕惧,虽危无害,这是什么意思?孔子说:这讲的是君子如何增进美德和修养功业。追求忠信可以增进美德,修治言论而立足于诚挚可以积蓄功业。能预知事物如何进展而采取相应的行动，这样的人才可以讨论几微之理；能预知事物发展的终极结果而采取相应的措施，这样的人才可能保有适宜之行。所以说能居高位而不骄横，在下位而不忧愁。勤勉于事而随时惕惧，虽有危险亦可无害。

九四爻辞说跃动于渊池而或飞或潜犹疑不定，没有咎害，这是什么意思？孔子说：或上或下无常则，这并非有违正道；或进或退无定规，这并非随波逐流，君子增进美德修养功业，应该抓住时机，所以就没有什么过失。

九五爻辞说龙飞于天，出现大人而有利于天下，这是什么意思？孔子说：这讲的是同类的声音相互应和，同类的气息彼此聚合的道理。水向低湿处流，火往干燥处烧，云随龙吟而兴，风随虎啸而起，圣人兴起而万众仰观；立足于天的趋附于上，立足于地的趋附于下，其去就皆依其类别而定。

上九爻辞说龙飞过高而有倒楣之事，这是什么意思？孔子说：这是讲由于身居尊位却没有居于尊位的美德，高高在上却得不到人民拥戴，贤人居于下位而得不到他们的辅佐，因此他的行动必然招致悔恨之事。

龙潜于渊而勿施用，这是说阳气微弱时机未至。龙出现于地上，这是说阳气舒发时机已到。整日勤勉，这是说要修治道德和功业之事。跃动于渊池而犹疑三思，这是说要自我检验估量。龙飞在天，这是说大人居上位而治理天下。龙飞过高而有悔恨，这是说穷极必有灾难。乾之美德至上九而能变通，这样天下便可以大治。

龙潜于渊而不能施用，因为阳气潜藏时机未到。龙出现于地上，因为世道光明时机大好。终日勤勉行事而又惕惧省思，意思是进退随时。跃动于渊池而又犹疑三思,因为此时正是天道变化之际。龙飞在天,是说九五居君位而德可配天。龙飞过高而有悔恨,是说时值没落而上九随之穷困。乾德至上九而能变通,始能体现天道法则。

乾天有元亨之德,是说它能发生万物并使之亨通。它施利于万物并使万物正常运作,这是它先天就蕴含着的美德。乾元之德以嘉美的惠利泽及万物,而它却不自伐其德,这真是太伟大了。伟大的乾天,刚强劲健适度信实,纯阳不杂精妙至极;六爻运动变化,曲尽万物情理;乾德有规律地运移其六爻,如同乘驾六龙而健行于周天;云雨因而以时兴降,使得天下安泰。

君子以成就德业为立身行事的目的,所谓的行事是指要付诸实践并见诸事功的。所谓龙潜,是说君子为世道所障蔽而未能耀现,虽欲行动而时机尚不成熟,所以此时君子不能施用于世。

九二君子能够通过博学以积累知识,审问疑难以辨明事理,以宽阔胸怀来待人处事,以仁爱之心来指导行事,《周易》所说的见龙在田,利见大人,是说九二君子已具备了君主的德行。

九三上下皆为阳刚而又居位不中,上不着天,下不挨地,所以要勤勉于事并随时警惕,这样才能化险为夷。

九四上下皆为阳刚而居位又不中不正,上不着天,下不挨地,中又不在人之所宜位置,所以此时行事须强调"或"。所谓"或",即是指进退犹疑审慎,这样才能避免祸患。

九五大人,美德可配天地,贤明能比日月,政教法度如四时有序,察知吉凶如鬼卜神断。在几先之兆未明朗前采取行动而能与天道契合,在秉承天意之后采取行动而能恭敬地顺合天时,既然能与天道契合，那么同样也可以契合人道和神道了。

所谓龙亢，是说只知一味求进而不知思退，只知现状的安存却不知将会出现的危亡，只知眼下的索得而不知他日的丧失。大概只有圣人才能懂得进退存亡之理而不离失正道，这恐怕也只有圣人才能做到罢？

【注释】

[1] 〈文言〉曰：〈文言〉即释说〈乾〉、〈坤〉两卦的〈文言传〉，为"十翼"（十传）之一。为什么称为"文言"？《集解》引姚信说："〈乾〉、〈坤〉为门户，文说〈乾〉、〈坤〉，六十二卦皆仿焉"；《周易正义》引庄氏说："〈乾〉、〈坤〉德大，故特为文饰以为〈文言〉"。按：〈系上〉一章"天尊地卑，乾坤定矣"，此当为〈文言〉所本。六十四卦只〈乾〉、〈坤〉有〈文言传〉，可知"文"字源出〈系上〉"天地之文"，《左传·昭公二十八年》、《周书·谥法》等也说"经天纬地曰文"。"言"，释说。对〈乾〉、〈坤〉两卦（天、地）予以释说，所以称〈文言传〉。然研读六十二卦，当一皆仿此而"观其德义"（〈要〉）。

[2] 元者善之长也，亨者嘉之会也，利者义之和也，贞者事之干也："长"，首。众善不一，"元"为之首。"元"者何？即下文之"仁"也。"嘉"，美。"会"，会合。美者，即下文之"礼"也。"和"，反应、体现（《说文》"和，相应也"）。利为义的体现。"贞"，正。"干"，主干，根本。此袭《左传·襄公九年》所载穆姜语（见欧阳修《易童子问》）。

[3] 君子体仁足以长人，嘉会足以合礼，利物足以和义，贞固足以

干事:"体",高亨读为"履",履行。下文也说"仁以行之"。又"体"为"体用"之"体","体仁"谓主之以仁,立足于仁。仁为善之首,故以"仁"释"元"。"长人",为众人之君长。能会合于礼则可使众美会合于己,所以说"嘉会足以合礼"。"义"为体,"利"为用,利为义的体现,所以说施利于物可体现义。此"利物"与老子"水善利物"同。"固"谓坚,"贞"谓正,守持正道坚固则足以治事。"干",治也。

[4] 君子行此四德者,故曰乾元亨利贞:"四德"即上文的行仁、合礼、表现义、守正。高亨说"〈彖传〉以天德释〈乾〉之元亨利贞,属于天道观之范畴;〈文言〉以君子之德释〈乾〉之元亨利贞,属于人生观之范畴"。

[5] 初九曰潜龙勿用,何谓也?子曰:龙德而隐者也:"子",孔子。"龙德",指君子有美好的才德。按:自此至"是以动而有悔"皆以师生问答形式立说,与〈系辞〉及帛书〈二三子问〉、〈易之义〉、〈要〉、〈缪和〉、〈昭力〉等立说形式相近,有些文字还与之重合。所谓"子曰"乃《易》学经师之言而假托孔子者。

[6] 不易乎世,不成乎名,遁世无闷,不见是而无闷,乐则行之,忧则违之,确乎其不可拔,潜龙也:"易",改变,言不为世俗所改变操守。"不成乎名",不汲汲于成就功名。"无闷",谓甘心于隐遁。"不见是",不被世人所称许。《礼记·中庸》"遁世不见知而不悔",《庄子·逍遥游》"举世誉之而不加劝,举世非之而不加沮"即其意。"乐则行之,忧则违之"可有二解。一解:"乐"谓天下有道使人心乐,"忧"谓天下无道使人心忧。"行"犹"用之则行"之"行",谓行用于世;"违",离去,犹"舍之则藏"

之"藏"(见《论语·述而》)。"乐则行之,忧则违之"即"天下有道则现,无道则隐"的意思(《论语·泰伯》)。二解:"乐"犹"回也不改其乐"之"乐",指以贫贱自守为乐;"忧"即"忧贫"之"忧",指以贫贱自守为忧。"违",弃,不用。此谓以贫贱自守为乐者可行用隐遁之道,若以贫贱自守为忧者不必行用此道。"确",坚定。"拔",转移,动摇。

[7] 九二曰:见龙在田,利见大人,何谓也?子曰:龙德而正中者也,"利见大人",谓出现大人而能使天下获利,义与经义不同。九二居下卦中位,所以说"正中",指能行中正之道。

[8] 庸言之信,庸行之谨,闲邪存其诚,善世而不伐,德博而化:"庸",常,恒,犹言始终,一贯。"言之信",言必守信。"行之谨",行必谨慎。此与《礼记·中庸》"庸德之行,庸言之谨"当同出一源。"闲",防范。"存",保持。亦可训为"思"。"诚"是指天地人心的一种真实状态,《孟》、《庄》、《中庸》常言之。"善世",为善于世,亦可训为治世。"伐",夸耀。"德博",德泽广被。"化",感化天下。九二君子能如此,是已具备君主之德行,所以下文说"君德也"。

[9] 子曰:君子进德修业,孔子认为九三爻辞是讲君子如何增进美德和修养功业。

[10] 修辞立其诚,所以居业也:"修",修治。"辞",言论。言语为君子之枢机,故当修治之。"立"训立足,亦可训为确立。"其"字疑涉"诚"字之"言"旁而衍。"居",积蓄(《国语·晋语》注)。

[11] 知至至之,可与言几也;知终终之,可与存义也:"知",预知。

上"至"字谓进往、进展,指事物如何进展。下"至"字谓自己的行动如何进展,指采取相应的行动。"与"(及下"与"字)犹"以"。"言几",讨论几微之理。上"终"字谓事物发展的终极结果,下"终"字谓自己行动的终极走向。"存义",使自己的行动保持适宜。

[12] 居上位而不骄,在下位而不忧:九三处下卦之上位,又居上卦之下,所以说居上不骄,在下不忧。

[13] 乾乾因其时而惕,虽危无咎矣:"因时"即随时。从"虽危无咎"看,〈文言〉"厉"字属下读。又"乾乾"亦可训为敬惧的样子,作"惕"的状语。

[14] 上下无常,非为邪也;进退无恒,非离群也;君子进德修业,欲及时也:九四处上下卦之间,因而理当上下进退犹疑不定。"无常"、"无恒"谓无常则,无定规。"为",是。"邪"谓违离正道。"离"当用为"丽",依附、趋附。"群"犹言世俗,虽说进退理应犹疑,但进德修业之功不可一刻荒废。

[15] 同声相应,同气相求:"求",追求,召引。又"求"与"俅"、"仇"同,训为合、聚合。《文子·上德》"火上炎,水下流,圣人之道以类相求"与此近。

[16] 水流湿,火就燥,云从龙,风从虎,圣人作而万物睹;本乎天者亲上,本乎地者亲下,则各从其类也:"万物睹",万人仰观。"本"谓立足、依托。"亲",附。日月星辰本乎天,故亲附于上;九五天位,龙飞在天是从其类,即合乎自然法则的("类"兼有法则之义)。草木池泽本乎地,故亲附于下;初九地位,龙潜在下是从其类,即合乎自然法则的。按:〈文言〉本段释

说九五的文字,意在说明九五龙飞的必然性、合理性。

[17] 贵而无位,高而无民,贤人在下位而无辅,是以动而有悔也:"贵"谓身居尊贵之位。"无位"指没有居于尊位的美德。此与〈系上〉八章文字重复。

[18] 潜龙勿用,下也:"下"即〈小象〉的"阳在下也",指阳气微弱、时机未至。按:"潜龙勿用,下也"及"潜龙勿用,阳气潜藏"两段文字与〈小象〉接近,盖为古之逸象。

[19] 时舍也:"舍"通"舒"(《史记·律书》"舍,舒气也"),谓阳气舒发,时机已到。

[20] 终日乾乾,行事也:"行事"谓修治道德和功业之事。上段"乾乾因其时而惕"强调戒惧,此则强调勤勉。

[21] 自试:"试",验,检验估量。

[22] 上治:居于君主之位而治理天下。

[23] 亢龙有悔,穷之灾也:"穷"释"亢",亢极,穷极。"灾"释"悔",灾祸。

[24] 乾元用九,天下治也:"元",善。"乾元"即乾德、乾之美德。乾德至上九,能及时变通,穷上返下,不至于盈满之颠覆,如此则天下大治。或以此为君主无为而天下自治。

[25] 阳气潜藏:此与"阳在下也"、"下也"意思相同。

[26] 天下文明:世道光明,时机大好。此与"时舍"接近。

[27] 终日乾乾,与时偕行:"乾乾"兼勤勉、惕戒而说。"偕",同。言进退与时机同步,即时至则进,时未至则止。

[28] 或跃在渊,乾道乃革:"乾道"即天道。"革"变化。九四已出于下卦而入于上卦,是乾道变革之时。逢变必慎,故或之;变

则有机遇出现,故当跃以自试。

[29] 飞龙在天,乃位乎天德:此谓九五居于君位而其德可配天,古语所谓"德乃配天"(如《黄帝四经·十大经·立命》等)即此,下文"夫大人者,与天地合其德"与此同。

[30] 与时偕极:"极",穷极,穷困。爻位至上则时已穷,上九亢极则行必困。

[31] 乾元用九,乃见天则:"天则",自然法则,客观规律。乾德至极而能通其变,不为盈满,及时退返,和光同尘,此乃最能体现天之法则的。

[32] 乾,元者,始而亨者也:自此至"天下平也"释说〈乾〉卦卦辞和〈乾·象〉。此段"乾,……"与〈坤·文言〉首段的"坤,……"相对。盖涉〈乾·象〉的"大哉乾元"而于"元"下脱"亨"字(王念孙亦以为"元"下当脱"亨"字)。又按:"始而亨"的"亨"疑当作"通"。"始"释"元","通"释"亨"。"乾,元亨者,始而通者也",是说乾天有元亨之德,乃谓它能发生万物并使之亨通。

[33] 利贞者,性情也:"利",施利于万物。"贞",正,使万物正常运作。"性情",指乾元本就蕴涵着的德行。陈梦雷说"溯性之本言之则曰性命,推性之用言之则曰性情"(《周易浅述》)。如将"性情"再析言之,则"性"谓乾德先天之体,"情"谓乾德后天之用。

[34] 乾始能以美利利天下,不言所利,大矣哉:"始"释"元亨利贞"之"元","乾始"即乾元之德。"能"字与"始"、"以"音义同,古通用,故疑涉"始"或"以"而衍。"美利"释"亨"("嘉之会也"

之"嘉"即此),指美好的利益恩惠。"利天下"释"利",谓施利于万物,泽及天下。"不言"谓不自夸伐。施美利于万物而不自言夸,即《庄子·知北游》"天地有大美而不言"之义;《论语》"天何言哉"亦此之类。

[35] 刚健中正,纯粹精也:"正"释"贞"。元、亨、利三德一出于贞,故以下着重释说贞德。"刚健"一词出于〈象传〉("刚健"于〈象传〉三见,即〈需·象〉、〈大有·象〉及〈大畜·象〉)。"刚"为"阳"的转译,"健"是"乾"的音转和意义引申,《易传》中"健"字十四见(〈象传〉"天行健"之"健"当作"乾"),〈象传〉十见,〈系传〉一见,〈文言〉一见,〈说卦〉两见。凡出现"健"字均与〈乾〉相关。也就是说,任何一卦的阳爻均可称"刚",而只有〈乾〉卦(或包含单卦的〈乾〉)才可称"刚健"。"刚"是说其必然如此的顽强精神;"健"是说其至极而返、始终有序的健行不已;"中"是说其适中有度;"正"是说其正定信实。"刚健中正"即《黄帝四经》的"适者,天度也;信者,天之期也;极而反者,天之性也;必者,天之命也"(《经法·论》)。"纯粹"说〈乾〉卦之体,"精"言〈乾〉卦之用。两卦不杂为"纯"(六十四卦皆为单卦两两相重,只〈乾〉、〈坤〉等八卦为相同的单卦自重,所以叫"八纯卦"),六爻纯阳为"粹"。"精"即《黄帝四经·道原》"精微之所不能过"的"精微",指乾天精妙微奥的作用。

[36] 六爻发挥,旁通情也:"发",动,运动。"挥",移(《太玄·玄告》注),移动,变化。"旁通"犹言曲尽(《本义》)。"情",天地万物的情理。

一、乾　25

[37] 时乘六龙,以御天也:"时",按时,有规律。"六龙"指〈乾〉卦六爻。此言乾德有规律地运移六爻于卦中,如同驾御六龙健行于周天。"时乘六龙"言乾之"至动","以御天"言乾之"德圆",此与〈坤·文言〉"坤至静而德方"相对。

[38] 云行雨施,天下平也:此言阴阳调谐,上下和睦,故天下安泰。

[39] 君子以成德为行,日可见之行也:"成德",成就德业。"为行",作为立身行事之目的。"日",俞樾说当作"曰"。"日可见之行",这是说要把这种理想体现于具体的行动上。又"日"如字解释亦通(谓每日都要见之于具体行动,含"日新其德"之义)。

[40] 潜之为言也,隐而未见,行而未成,是以君子弗用也:"潜之为言也"与结尾"亢之为言也"前后相照。"潜"谓龙潜,君子隐敛。"隐而未见,行而未成"似兼含二义。就外部环境而言,是说君子为世道障隐而不能耀现,虽欲行动而时机未至;其就主观条件而言,是说君子学问才华尚隐微未著,德行素养尚修而未成(《论语》说君子所忧者在于"学之不讲,德之未修",而下文释九二即说学讲德修之事)。

[41] 君子学以聚之,问以辨之,宽以居之,仁以行之:"聚",积累知识。"问",审问疑难(包括自问、问人)。"辨",辨明事理。"宽",宽宏包容。"居",处(《广雅·释诂》),处人、处事(又"居"谓容蓄,"宽以容之"即《礼记·中庸》"宽裕温柔,足以有容也")。"仁以行之"即以仁爱之心指导行事,《中庸》"力行近乎仁"即此。《礼记·中庸》所谓"博学之,审问之,慎思之,明辨之,笃行之"与此文相近。前文《易》曰:见龙在田,利见

大人,君德也",与此文"《易》曰"等文字重复。

[42] 九三重刚而不中,上不在天,下不在田,故乾乾因其时而惕,虽危无咎矣:"刚"指阳爻。"重刚"谓此爻之上下前后均为阳爻。〈乾〉卦之"重刚"者为二、三、四、五爻,然二与五处下卦与上卦之中位,故只有九三、九四为"重刚而不中"。初、二为地位,三、四为人位,五、上为天位,所以这里说"上不在天,下不在田(地)"。前文"故乾乾因其时而惕,虽危无咎矣"与此文重。

[43] 九四重刚而不中,上不在天,下不在田,中不在人,故或之,或之者,疑之也,故无咎:《正义》解释"中不在人"说"三之与四,俱为人道,但人道之中,人下近于地,上远于天。九三近二,是下近于地,正是人道,故九三不云'中不在人'。九四则上近于天,下远于地,非人所处,故特云'中不在人'"。〈文言〉读"或"为"惑",释为犹疑三思。

[44] 夫大人者,与天地合其德,与日月合其明,与四时合其序,与鬼神合其吉凶:与天地合德谓德配天地,与日月合明谓贤明比日月,与四时合序谓政教法度如四时有序(《文子·精诚》、《淮南子·泰族训》作"与四时合信"。"有序"即"有信",《黄帝四经》"信者,天之期也"即是。若作"信",则谓九五大人之政教法度皆如四时代序之有信)。与鬼神合其吉凶(《文子》、《淮南子》作"合灵"),谓其断事之灵验可比鬼神。按:《文子》、《淮南子》言及此段文字未标"《易》曰"(《淮南子》引《易》之经、传皆标明"《易》曰"),则此段文字盖袭自《文子》;而东汉王充《论衡·自然》引此段文字已明标"《易》曰"了。

[45] 先天而天弗违,后天而奉天时;天且弗违,而况于人乎,况于鬼神乎:"先天"谓上天垂象示人之先而采取行动,意即在几先之兆未明朗前即采取行动。"天弗违"当为"弗违天"之倒装。不违背天即与天道契合。"后天"谓上天垂象示人之后采取行动,意即秉承天意后采取行动。"奉天时",顺合天时。"天且弗违,而况于人乎,况于鬼神乎",谓能契合天道、人道、神道;《黄帝四经·十大经·前道》"圣人举事也,阖(合)于天地,顺于民,羊(祥,顺也)于鬼神"与此三句完全相同。

[46] 亢之为言也,知进而不知退,知存而不知亡,知得而不知丧;其唯圣人乎,知进退存亡而不失其正者,其唯圣人乎:"亢之为言也"与释初九的"潜之为言也"相呼应。"亢"指上九亢龙,是"知进而不知退"等的主语。李鼎祚认为"其唯圣人乎"至结尾四句是解"用九"的,含"乾元用九而天下治"之义(《周易集解》)。然〈坤·文言〉结尾不释"用六",可知此〈乾·文言〉结尾亦不释"用九"。王肃本第一个"其唯圣人乎"的"圣人"作"愚人",以为与第二个"其唯圣人乎"的"圣人"相对,其实不然。此重言之以加重对圣人的盛赞,此种句法典籍习见,如〈系传〉"子曰天下何思何虑,天下同归而殊途,一致而百虑,天下何思何虑";又如《论语·阳货》"子曰天何言哉,四时行焉,百物生焉,天何言哉"。"不失正"谓不离失正道。又"失"读为"佚"(《庄子·徐无鬼》释文:"失,司马本作佚")。"不佚正"谓不超过正常准度。

▶ 通　说

《周易》六十四卦的首卦以"乾"为卦名,"乾"本是指日出及日光气,而"龙"又本是日气的创想物,〈乾〉卦爻辞以"龙"的升跃象日光的上出,这可能与古人的筮占日气相关,即以龙的潜、现、惕、跃、飞、亢所体现出的不同时间日光上达的各种景象来占筮吉凶。传说中的伏羲与龙及日密切相关,〈乾〉卦取得《周易》六十四卦冠首之位,可能与伏羲画卦的传说相联系,其时间的发生应该也大致相近,随着爻题的发明,尤其是"用九"、"用六"(通九、通六)的创制,使得《周易》开始从原始筮占向哲学领域过渡。

以上便是我们对〈乾〉卦经文的总体印象,下面做一下具体阐述。

通行本及马王堆出土汉墓帛书本〈乾〉卦均居六十四卦之首位,但有三点差异:其一,帛书本"乾"字作"键";其二,通行本每卦于卦图旁标下、上卦之卦名,帛本则不标(宋石经残本亦不标);其三,通行本每卦六爻间距相同,而帛本下卦与上卦(即三爻与四爻)之间有明显间距,明确地标示着下、上卦的相重关系,保留着民间实用占筮的原始痕迹。

关于〈乾〉卦的日、龙与《周礼》"占辉"及伏羲画卦之间的关系,我们在《说〈乾〉》一文中已经讨论过(载《中国人民大学学报》一九九七年三月),这里不再重复。

〈乾〉本指日光上出,〈坤〉(本作"川")本指水流穿地,但〈离〉卦(本作"罗",指罗网)后来却有了日象,〈坎〉卦(亦作"欿",本指陷阱)后来却有了水象。这种意象的转移是如何发生的尚待研究,我们初步怀疑这与后天图中〈离〉、〈坎〉二卦取代了先天图中〈乾〉、〈坤〉的位置有关；换言之，先、后天图当是古已有之的。另外，当〈乾〉、〈坤〉两卦将日、水意象分离出去而专门承担其包含主辅尊卑意义的天、地意象后，《周易》的哲学及社会学意义逐渐取得主导地位，而其原始自然宗教意义便退居次要地位。

爻题通九、通六（用九、用六）的创制，在《易》学史上具有重要意义。初、上、通与哲学上的正、反、合三段式十分相像，其与老子哲学的始、后、反尤相切近。关于这一点，我们在〈先秦道家易学发微〉一文中也已详论过（载《道家文化研究》第十二辑），请参看。

〈乾·彖〉盛赞天道，亦双关人事，即从客体自然现象中汲取主体人文教训，继老庄之后进一步确立了"道家天人说"。尤为重要的是，它将经文的物质形下概念的日气转换成抽象形上意义的乾元阳气，并通过乾元、坤元在化生万物的异质功能的区分上，确立了乾元至尊的尚阳观念。

〈乾·彖〉乾元、坤元之"元"即老子的"一"、"恍惚"及庄子的"混沌"、《黄帝四经》的"困"；乾元、坤元则分别为老子的恍、惚及庄子的鲦、忽及《黄帝四经》的阳、阴；而"大和"则分别为老子的"和"、"三"及庄子的阴阳之和、天合人合。〈乾·彖〉"乾元资始"、"坤元资生"的生养万物过程即老子的"恍兮惚兮"及"道生之，德蓄之"。其关于物质运动的"资始—咸亨—首出"的辩证观与老子的"观徼"、"观复"一脉相承。庄子的"万物皆出于几，皆入于几"、"始卒若环，莫得其伦"的"天均"说（《至乐》、《寓言》），尹文子的"穷则徼终，徼终则反始，始终相袭"的"无穷极"说，文子的"天圆而无端，故不得观其形"的"天道体圆"说（《自然》），并与之同宗。总之，〈乾·

象〉所体现出的宇宙本体论、物质发生论及辩证法均属道家一系，关于这一点，详见〈乾坤道论〉一文（载《道家文化研究》第十二辑）。

〈乾〉有元、亨、利、贞四德，贞犹上九，研《易》者恐人疑其极而不返，故创为通九，以示"贞下起元"，而〈乾·彖〉之"首出"即此通九。扬雄《太玄·玄文》更创直（物之生殖）、蒙（物之茂盛）、酋（成熟收聚）、冥（闭藏）、罔（无形，无极）之五德说。"罔"即直与冥之合，即贞下起元、徼终反始，即〈彖〉之"首出"。

〈乾·彖〉首先将〈乾·彖〉的"乾阳至尊说"转换成更具社会学意义的"乾天至尊说"，其次将卦爻辞及〈象传〉的"圣王中心论"向"君子中心论"转移，并最终完成了《易》在王宫向《易》在私门的过渡，也真正使功能狭隘的诸侯《易》成为功能普泛化的士人《易》。

《周易》六十四条〈大象〉，其中五十三条是讲君子的修齐治平之学。从每卦的〈小象〉可以发现，〈大象〉中的君子实为"自天子以至于庶人"（《礼记·大学》）的统称。如《文子·上德》论〈家人〉卦说"大人之言必有信"，而〈大象〉则说"君子以言有物"；《文子》论〈晋〉卦说"王公居民上以明道德"，而〈大象〉则说"君子以自昭明德"。

《易传》的〈彖〉、〈象〉二传释说六十四卦的卦象及卦爻辞，〈系传〉则为通论，《易传》已备；后人更为之〈文言〉、〈说卦〉、〈序〉、〈杂〉，以更完备之。〈文言〉犹如读《易》释例，〈说卦〉犹如《易》象引得，〈序卦〉犹目录，〈杂卦〉则犹提要。〈文言〉—〈说卦〉—〈序〉〈杂〉是乾坤—八纯—六十四卦的放射式结构，标示着《易》之创制经历了观法象于天地—始生八卦—重为六十四卦的过程。〈文言〉是〈彖〉、〈象〉、〈系〉与〈说〉、〈序〉、〈杂〉相联系的结合点，是《易经》发展两大阶段的过渡层,占有重要位置。总之,后四传一皆出于〈彖〉、〈象〉、〈系〉。

〈文言〉之作,有示范之用,它启发人们玩味其他六十二卦,皆当仿此读法,即帛书〈要〉所说的"观其德义"。

〈乾·文言〉释九五有"先后"说(即"先天而天弗违,后天而奉天时")。此本为先秦道家之常见论题,如《黄帝四经》"先亦不凶,后亦不凶,是恒备雌节存也;先亦不吉,后亦不吉,是恒备雄节存也"(〈十大经·雌雄节〉)、"正道不殆,可后可始"(〈十大经·前道〉)、"执道以耦变,先亦制后,后亦制先"(《淮南子·原道训》)等。道家的可先可后偏重于对雌节的存守和"执道耦变",而〈文言〉的可先可后则似乎更侧重于尚阳观念,如〈乾·文言〉强调先后皆吉,而〈坤·文言〉则强调后而不先。

〈乾·文言〉释九五可分为两部分:前一部分说"夫大人者,与天地合其德,与日月合其明,与四时合其序,与鬼神合其吉凶",这四"合"便是可先可后的依据,这与黄老道家所论相同(本与《文子·精诚》相重);而后一部分又说"先天而天弗违,后天而奉天时,天且弗违,而况于人乎,况于鬼神乎"。如果将"天弗违"理解为"弗违天",则这后五句文字与《黄帝四经·十大经·前道》的"圣人举事也,阖(合)于天地,顺于民,羊(祥,顺也)于鬼神"完全一致;但反之,则是天、人、鬼神不违背大人的意思,如此便与战国末季的人定胜天思想接近。

〈乾·文言〉可分为五部分:从"元者善之长也"至"故曰乾元亨利贞"为第一部分;从"初九曰潜龙勿用,何谓也"至"是以动而有悔也"为第二部分;从"潜龙勿用,下也"至"乾元用九,天下治也"为第三部分；从"潜龙勿用，阳气潜藏"至"乾元用九，乃见天则"为第四部分；从"乾，元者，始而亨者也"至结尾为第五部分。由于这五部分文字在释说体例等方面可疑之处很多，尤其是通过与〈坤·文言〉相比较，我们怀疑只有第五部分文字为〈乾·文言〉的原有文字，可以称为原本〈文言传〉，而其他四部分文字可能是后来陆续增扩进去的，其理由如下：

（一）〈坤·文言〉共分七段，首段推衍〈坤〉卦卦辞及〈坤·象〉，以下六段则分别衍述六爻。〈乾·文言〉第五部分也分为七段，首段也是推衍卦辞和〈象传〉，以下六段则分述六爻，与之完全相同。而今本〈乾·文言〉第一部分首段却只谈卦辞而不及〈象传〉，当为后人杂袭《左传》文字增入原本〈文言传〉中的。

（二）〈坤·文言〉首段开篇即说"坤……"，〈乾·文言〉第五部分首段开篇也说"乾……"，与之一致；而今本〈乾·文言〉首段开篇却说"元……"，体例不一致。

（三）〈坤·文言〉非问答体，也不释"用六"，〈乾·文言〉第五部分与之相同；而今本〈乾·文言〉第二部分为问答体，第三、第四部分均释"用九"，体例亦不合（按：帛书〈系传〉亦未有释说"用九"、"用六"的文字，而〈易之义〉却有两处释"用九"、"用六"。帛书〈系传〉早于〈易之义〉，〈乾·文言〉第五部分文字亦当早于第三、第四部分）。

（四）〈坤·文言〉首段为整齐的协阳声韵的韵文，即刚、方、常、光、行协阳部韵，〈乾·文言〉第五部分首段也是整齐的协阳声韵的韵文，即情、正、精、情、平协耕部韵；而今本〈乾·文言〉首段却不协韵。

今本〈乾·文言〉第二部分释六爻及用九皆以"也"字煞尾,与〈小象〉相近,盖后人辑古之逸象而增入之。

最后,我们考察〈乾〉卦,发现〈象传〉在协韵上都是用阳声韵(即元、真、耕合韵)。检之他卦的〈象传〉,竟有五十多个卦的〈象传〉也是协阳声韵(这与《黄帝四经》及《楚辞》等协韵习惯相同);而〈坤·文言〉及原本〈乾·文言〉(即今本〈乾·文言〉第五部分)也是协阳声韵。这一现象值得注意,它对我们研究〈象传〉及原本〈文言传〉的作者籍属可能会提供些帮助。

二、坤 ䷁（下坤上坤）

坤[1]。元亨,利牝馬之貞[2]。君子有攸往,先迷後得,主利[3]。西南得朋,東北喪朋[4]。安貞吉[5]。

初六。履霜,堅冰至[6]。

六二。直方大,不習無不利[7]。

六三。含章,可貞[8]。或從王事,無成有終[9]。

六四。括囊,無咎無譽[10]。

六五。黃裳,元吉[11]。

上六。龍戰于野,其血玄黃[12]。

用六。利永貞[13]。

【今译】

筮得〈坤〉卦,大通顺,对乘驾母马出行的占问有利。问著者行有所往,起初可能会迷路,但随后就会找到正路,此事主于吉利。行往西南方向就会赚钱,行往东北方向就会赔本。占问平安与否则吉利。

筮得初爻,踩在秋霜上,冰封大地的冬季就要到来。

筮得二爻,正直端方,虽不熟悉也无所不利。

筮得三爻,怀有美德,宜于占问。如或追随君王做事,虽无功业,亦能有好结果。

筮得四爻,扎紧口袋,没有灾患,亦无称誉。

筮得五爻,穿上华贵鲜亮的黄色衣裳,吉庆无比。

筮得上爻,二龙相战与野外,流淌出暗红的液体。

筮得用六,占问长远之事则吉利。

【注释】

[1] 坤:卦名。通行本为第二卦,帛书本为第三十三卦。

　　"坤"字帛书作"川"。六十四卦所题卦名之字基本都见于卦爻辞,其卦名不见之于卦爻辞者,则是根据卦爻之义题之。〈坤〉卦卦爻辞与地及川水无明显联系,但卦爻辞的"攸往"、"得朋"、"丧朋"等与出行贸易有关,而水泉之性流通遍布,货币流通似之,所以〈说卦〉说"坤为布"(布,货币);川水穿地而行,为阴,阴积而为地;故卦名之〈川〉后又作〈坤〉,指地;《归藏》作〈巛〉,此字未明为何字,其音义盖与"舆"有关。坤为地,地方,车舆似之(〈说卦〉"坤为大舆")。

　　〈乾〉谓日光上出,上出者积阴为天;〈坤〉谓水流下注,下注者积阴为地,两相对待。

[2] 元亨,利牝马之贞:"牝马",母马。经文"牝"字两见,〈离〉卦卦辞"畜牝牛吉"。下文说"君子有攸往",谈出行之事,所以"利牝马之贞"是指占问出行乘驾母马有利。盖牝马性柔,又能生殖,取柔顺处世、和气生财之义。

[3] 君子有攸往,先迷后得,主利:"君子"指问卦者,"有攸往",有所行往。"先迷",起初会迷路。"后得",随后会找到正路。"主利",出行主于吉利。术士常言之"主吉"、"主凶"即此之

类。〈坤·文言〉"后得主而有常",〈易之义〉"先迷后得主,学人之谓也","主"字均属上读,与经文不同。

[4] 西南得朋,东北丧朋:"朋"在《易》中有二义:一为"朋贝"(货币),二为朋友。在此指货币、钱财(〈说卦〉也说"坤为布","布"即货币)。〈蹇〉卦、〈解〉卦说"利西南,不利东北"。西南方对人有利,所以能赚钱;东北方对人不利,所以会赔本。西南指代南方,东北指代北方。南为向阳之方,温暖和易,故古人尚之(《素问·异法方宜论》:"南方,天地所长养,阳之所盛处也");北为背阳之方,寒冷肃杀(《诗·巷伯》毛传:"北方寒凉而不毛"。《后汉书·臧宫传》注:"人喜阳而恶阴,北方,幽阴之地,故军败者皆谓之北"。《诗·北门》"出其北门,忧心阴阴",毛传:"北门,背明向阴"。古人出征作战,谓之"凿凶门以出"。"凶门"即北门)。所谓利西南,是泛指到平安的地方去做稳妥的事情;所谓不利东北,是泛指不宜到险阻的地方去做冒险的事情。后天图中〈坤〉在西南,为顺;〈艮〉在东北,为阻。便是这个意思。

[5] 安贞吉:占问平安与否则吉利。《史记·龟策列传》记龟卜有"呈兆若横吉安"之语,可知卦兆与龟兆有密切联系(按:所谓"横吉安"者,盖其兆坼不仰不俯,平横而出,其象如"卜"字)。

[6] 履霜,坚冰至:履践秋霜,知冬日坚冰将顺次而至。此谓初六当察事之几,依事之理,谨慎行事。〈象传〉、〈文言〉所释甚确。

[7] 直方大,不习无不利:"直方",正直端方。"方"与霜、章、囊、裳、黄协阳部韵,〈象传〉、〈文言〉亦不释"大"字,故有人认为是衍字,闻一多疑其涉"不"字而讹衍(按:可能"大"字形、义与

"方"相近而衍。"方"有"大"义)。"习",熟悉、娴熟。六二之爻位居中得正,能行中正之道,虽未娴熟于事,然亦无所不利,此所谓"不习"之事,经商、从宦等皆属之。

[8] 含章,可贞:"含",怀有。"章",文采,指美德。"可贞"即宜贞、利贞,谓宜于占问、占问有利(《后汉书·皇甫规传》注"可犹宜也"。〈谦〉卦上六"可用行师",〈小象〉释为"利用行师")。

[9] 或从王事,无成有终:"有终",有好结果(《易》之"终"字皆指好结果,好结局)。内怀美德,占问经商之事有利;如或弃商从宦,虽无功业,亦能有好结果。

[10] 括囊,无咎无誉:"括",结扎、扎紧(《广雅·释诂》"括,结也")。"囊",大口袋(《诗·公刘》毛传"小曰橐,大曰囊")。六四居上卦之初,当慎其行,故括其囊,含而不露(其指贸易所得之财货,亦指人之才德)。"无咎无誉",没有过咎,亦无称誉,即《诗·斯干》"无非无仪"("仪",善)的意思。六四处上卦之下,阴居柔位,不求有誉,但求远害而已。

[11] 黄裳,元吉:六五居中位,黄为中色,亦为华贵之象。"裳",泛指衣裳(《诗·东方未明》孔疏"裳亦称衣也")。此"黄裳"义犹〈讼〉卦上九的"或锡之鞶带",喻升迁显贵。

[12] 龙战于野,其血玄黄:"龙",雌雄龙。"战",交合(《小尔雅·广言》"战,交也",《国语·郑语》:"夏之衰也,褒人之神化为二龙以同于王庭",《论衡》将此说成"二龙战于庭",而《史记·夏本纪》记此事说"夏后氏德衰,诸侯畔之,天降龙二,有雌雄")。"血",二龙交合后所遗下的精液,即〈系辞〉"男女构精"之"精"(《国语》记载"二龙同于王庭"时说"遗漦而去",旧

注释"滕"为血、为"津"、为"精气")。"玄黄",暗红色(《诗·七月》"八月载绩,载玄载黄;我朱孔阳,为公子裳")。古人以雌雄龙、雌雄蛇、雌雄虹之"昼合"、"昼降"为凶兆,故上六虽只言象,而有悔之占已寓其中。

[13] 用六,利永贞:"用六"帛书作"迵六",即通六(说详〈乾〉卦)。"利永贞",占问长远之事则吉利。"利"与"吉"同,〈益〉卦"永贞吉"与此同。"永"字本义为水流长远,正好施之于〈坤〉(〈川〉)卦之通六。《说文》"永,长也,象水巠理之长",《尔雅·释诂》"永,远也"。〈益〉卦(下震上巽)互六二、六三、六四为〈坤〉,虞注"坤为永",老子"大曰逝,逝曰远,远曰反",以川水之性喻道,正与〈坤〉卦通六至极则反相合。另外,〈乾〉、〈坤〉之用九、用六均不入韵,似乎反映出用九、用六可能是六十四卦在后来操作实践中最后补入的。《周礼·春官·宗伯·太祝》有"求永贞",与此相联系。

〈彖〉曰:至哉坤元,萬物資生,乃順承天[1]。坤厚載物,德合無疆;含弘光大,品物咸亨[2]。牝馬地類,行地無疆,柔順利貞[3]。君子攸行,先迷失道,後順得常[4]。西南得朋,乃與類行;東北喪朋,乃終有慶[5]。安貞之吉,應地無疆[6]。

【今译】

〈彖传〉说:美妙至极的坤元之气,它使万物得以长养,并且顺奉大自然的运作规律。坤地厚重,载育万物,德性和合,无与伦比;它涵容宽裕,德施广溥,各类物种因之畅达成就。母马属阴类,其持久的耐性使其在大地上健行不已,其柔顺的品格使其利于持守正道。君子有所行往,贸然先行必迷惑而失正路,谨慎随后则顺利而得正道。行往西南阳明之方,会得到朋友而与众偕行;行往东北阴暗之方,会丧失朋友,但终有吉庆。安守正道而获得吉祥,是说要应合坤地的美德而永远保持下去。

【注释】

[1] 至哉坤元,万物资生,乃顺承天:"至哉"与"大哉"相近,谓大美,至美(《庄子·田子方》"得至美而游于至乐谓之圣人")。"坤元",指长养万物的至美纯阴之气。"生",长养。老子说"道生德蓄",〈象传〉说乾元纯阳资始而坤元纯阴资生,其后则为天施地养。"承",奉,遵奉。"天",自然运作规律。坤元所顺奉的这个自然规律是由乾元所主宰的(即〈乾·彖〉的"乃统天")。乾元主宰自然规律,而坤元则顺承由乾元所主宰的这个自然规律,这是从天道的角度理解"乃统天"、"乃顺承天";〈彖传〉特点是推天道以明人事,因此从人事的角度去理解"乃统天"、"乃顺承天",便是说圣人因借乾道以驾御自然,同时凭借坤道以顺奉自然,这即是所谓的"圣人因阴阳以统天地"(《列子·天端》)、"圣人承天之明"(《新语·道基》)。

[2] 坤厚载物,德合无疆;含弘光大,品物咸亨:"坤厚",兼坤元淳厚、坤地厚重而言。"载",兼长育容载而说。"厚载物"在〈象传〉及《文子》中则专就地而言了(〈坤·象〉"地势坤,君子以厚

德载物",《文子·上德》"地广厚……无不载")。"合",和合。"含弘"指涵容宽裕(老子所谓"含德之厚"),"光大"指德施广溥("光"同"广")。"亨",通,指使万物畅达成就(《义海撮要》引魏征《易注》说"遂万物为亨")。

[3] 牝马地类,行地无疆,柔顺利贞:"地类"指阴类(〈泰〉卦内卦乾天而外卦坤地,〈泰·彖〉即释为"内阳而外阴")。"利贞",利于持守正道(按:以上论坤德自然之道,以下则论坤德人事之道)。

[4] 君子攸行,先迷失道,后顺得常:"先"即先动,谓贸然先行。"后"即后动,谓谨慎随后。坤主柔节,故宜后不宜先。"常"即常道,正道。

[5] 西南得朋,乃与类行;东北丧朋,乃终有庆:"西南"谓阳方。"朋"指得阳为友。"类",众(《淮南子·要略训》注)。阴无阳不行,南行得阳以为友,故可与众偕行,〈解·彖〉"利西南,往得众也"即其义。"东北"谓阴方,行往阴方则失阳以为友。行往阴方,穷极必反(〈蹇·彖〉"不利东北,其道穷也"),反则得还复于正道(〈解·彖〉"其来复者,往得中也"),如此则终有吉庆(《本义》"东北虽丧朋,然反之西南,则终有庆矣")。

[6] 安贞之吉,应地无疆:"安贞",安守正道(《黄帝四经·称》"地之德安徐正静"即此)。"应地",应合效法坤地美德。此即老子所谓"人法地",陈梦雷也说"应地无疆,人法地之无疆也"(《周易浅述》)。"无疆",永远保持下去。此二句释用六"利永贞"及卦辞"安贞吉"。

〈象〉曰：地勢，坤[1]。君子以厚德載物[2]。

履霜堅冰，陰始凝也；馴致其道，至堅冰也[3]。

六二之動，直以方也；不習無不利，地道光也[4]。

含章可貞，以時發也；或從王事，知光大也[5]。

括囊無咎，慎不害也[6]。

黃裳元吉，文在中也[7]。

龍戰于野，其道窮也[8]。

用六永貞，以大終也[9]。

【今译】

〈象传〉说：大地宁定静处，这便是〈坤〉卦的意象。君子因此宽厚美德，容载万物。

初六履践秋霜，这意味着冬日的阴气已开始凝结；依照循序积渐的规律，坚冰必然到来。

六二的举动行止，正直而端方；无所修习却能无所不利，是因为效法了广大的地道。

内怀美德而可以守正，这是说六三同时也能够抓住时机发挥才能；或许还会追随君王做事，说明其智虑明智而远大。

扎紧袋口而无咎害，这是说此时六四必须谨慎言行方能免害。

衣裳华贵而吉祥无比，这是因为六五内有美德而又能居守中正之道。

二龙交战于野外，这意味着阴道盛极而走向困穷。

用六持久守正而吉利，这是因为其终局是穷极阴于上而返初阳于下。

【注释】

[1] 地势，坤：此三字旧皆释读为"地势顺"。按此当与〈乾·象〉的"天行，乾"相对（帛书经文"乾"作"键"，盖受此影响，〈乾·象〉的"天行，乾"后来被抄讹为"天行，健"）。"地势"当本作"地埶"，因形近"执"而讹为"势"，后又作"势"（《说文》"势，经典通用埶"。《庄子·人间世》"将执而不化，外合而内不訾"，《释文》说"执，简文作埶"。《说文通训定声》："埶，又为蓺之误字"。《黄帝四经》中的"故执"，"人执"等"执"字即讹为"埶"）。"地埶"即地处，地静（《礼记·乐记》注"埶犹处也"。"埶"又通"蛰"，《淮南子·天文训》注"执，蛰"，《尔雅·释诂》"蛰，静也"）。《黄帝四经》说"天动地静"（〈十大经·果童〉"天正名以作，地俗德以静"，"作"，动也），庄子说"天运地处"（《庄子·天运》"天其运乎，地其处乎"，郭向注"不运而自行也，不处而自止也"，成玄英疏"天禀阳气，清浮在上，无心运行而自动；地禀阴气，浊沉在下，亦无心宁静而自止"），《文子·道原》说"天运地滞"（"滞"即静处），并与〈乾〉、〈坤〉二象的"天行地埶"相同。

[2] 君子以厚德载物：大地安宁宽裕，无物不载，无物不容，君子当效法之。《黄帝四经》"地俗（读为'裕'）德以静"、《文子·上德》"地定宁……定宁无不载，广厚无不容"并为此义。广载物而能厚其德，即《书·君陈》"有容，德乃大"之谓。

[3] 履霜坚冰，阴始凝也；驯致其道，至坚冰也："履霜坚冰"当从《三国志·魏志·文帝纪》所引〈象传〉作"初六履霜"。"驯致

其道,至坚冰也"即"坚冰之至,驯致其道也",为协韵而倒其语序,〈象传〉多此例。"驯"同顺、循,就客体而言,是说其自然积渐之规律;就主体而言,是说察知几微而因循之。

[4] 六二之动,直以方也;不习无不利,地道光也:六二居中得正,有正直端方之德,故动止皆和合于道而不忤于物。《老子·五十八章》"圣人方而不割,直而不肆",《庄子·人间世》"内直者,与天为徒",《文子·微明》"行方者,立直而不挠",《淮南子·主术训》"行方者,有不为也"(注"非正道不为也"),并此"直方"之义("以",连词,"直以方"即"直方")。"习",修习,研习。"光",广。地道安静无为,故不习亦无不利。

[5] 含章可贞,以时发也;或从王事,知光大也:"贞",守正。"以时发",依据时机而及时发挥才能。所谓"贞"者,内有美德,知时而含亦知时而发也。"或从王事"即所谓的"发"。"知",智虑。"光",明智。既知时敛,又知时发,方足以称为智虑明远;仅知其一,非智也。

[6] 括囊无咎,慎不害也:〈象传〉之"括囊"即老子之"塞其兑,闭其门"、"多言数穷,不如守中"之义。

[7] 黄裳元吉,文在中也:"黄裳"喻显贵。"文"谓美德。"在",存也(《说文》)、居也(《广雅》)。"在中"谓依凭居守正中之道。

[8] 龙战于野,其道穷也:二龙交战,为不祥之象;其不祥源于阴道至极走向困穷。上六阴穷与初六阴始相照。

[9] 用六永贞,以大终也:"永贞"即"利永贞",永久守正则吉利。"大"指阳(〈彖〉、〈象〉之"大"多指阳)。老子说"大曰逝,逝曰远,远曰反",而此则谓〈坤〉之终局必是穷极阴于上而返初阳

于下,与〈乾·象〉用九的穷极阳于上而返初阴于下相对。阳极返阴,阴极返阳,即古之太极图模式。

〈文言〉曰:坤,至柔而動也剛,至靜而德方[1]。後得主而有常,含萬物而化光[2]。坤道其順乎,承天而時行[3]。

積善之家,必有餘慶;積不善之家,必有餘殃。臣弒其君,子弒其父,非一朝一夕之故,其所由來者漸矣,由辯之不早辯也。《易》曰:履霜堅冰至,蓋言順也[4]。

直其正也,方其義也,君子敬以直內,義以方外,敬義立而德不孤[5]。直方大,不習無不利,則不疑其所行也[6]。

陰雖有美,含之以從王事,弗敢成也[7]。地道也,妻道也,臣道也,地道無成而代有終也[8]。

天地變化,草木蕃,天地閉,賢人隱[9]。《易》曰:括囊,無咎無譽,蓋言謹也。

君子黃中通理,正位居體[10]。美在其中而暢於四支,發於事業,美之至也[11]。

陰疑於陽必戰[12]。爲其嫌於無陽也,故稱龍焉;猶未離其類也,故稱血焉[13]。夫玄黃者,天地之雜也,天玄而地黃[14]。

【今译】

〈文言传〉说:坤地之德,婉曲柔顺而又耿介方正,宁定静处而又运动刚健。它后而不先,得乾德以为主宰而能保有久常之道,含蕴万物而化育广大。它随天而动,这是最大的柔顺。

积累善德的人,后代子孙必有福庆;积累恶德的人,后代子孙必有祸殃。臣子弑杀国君,儿子弑杀父亲,这不是突然发生的,它有一个逐渐积累的过程,关键在于能否及早意识到。《周易》所说的踩在秋霜上意味着坚冰就要凝成,恐怕就是在指明这个循渐的过程罢。

直,指的是内心恭敬;方,指的是行事合义;作为君子,恭敬使得他内心正直,合义使得他行事端方不苟;一旦做到了内心诚敬,行事合义,就会得到人们普遍的信赖。能够如《周易》所说的正直端方,无所修习而所往皆利,那么他在行动上也就可以无所疑虑了。

阴柔虽有美德,但须时时含敛,追随君王做事,不敢占有其功。坤阴对乾阳来说是处于从属地位的地道、妻道和臣道,它们本无所谓成功,而仅仅是替乾阳成就事功罢了。

天地变化,草木蕃盛,天地闭塞,贤人隐遁。《周易》所说的扎紧袋口,没有咎害亦无称誉,大概说的就是谨慎言行的意思。

君子修美于内而通达于外,时位正当而居中得体。内在的美德,流通于四肢,发挥于事业,这真是完美至极了。

阴势盛极而欲等同于阳则必然发生交战。因为坤阴要胜过乾阳,所以姑且称它为龙;但仍未脱离附属地位的阴性,所以用代表阴性的血字来表述它。至于玄黄,那是指天地混杂之色,也是指最终的结局依然要维持天的深青色和地的土黄色。

【注释】

[1] 坤,至柔而动也刚,至静而德方:这两句应当作"至柔而德方,至静而动刚"来理解。"柔",委曲柔顺;"方",耿介方正。"动刚",运动刚健。这里的"柔方"即《庄子·人间世》的"外曲而内直"及《文子·微明》的"智欲圆而行欲方"。这里的"静动"即〈系辞〉的"静翕动辟"。之所以错置语序,可能是对应〈象传〉"牝马地类(至柔),行地无疆(动刚),安(至静)贞(德方)之吉……"的序次。

[2] 后得主而有常,含万物而化光:"后"谓后而不先。"得主"谓得乾阳以为之主。"化光",化育广大。

[3] 坤道其顺乎,承天而时行:"时",是。"行",动。"承天是行"即随天而动。《文子·上德》也说"地承天"。

[4] 履霜坚冰至,盖言顺也:〈象传〉"顺"作"驯",朱熹疑"顺"当作"慎"。按:此"顺"字兼驯(循)、顺、慎而言。就客体现象而说,坚冰之至有循次积渐之过程;就主体教训而说,谓当因依其理而慎行之。〈文言〉释初六之"积"及"弑"与释上六之"疑"(拟)及"战"字相照。

[5] 直其正也,方其义也,君子敬以直内,义以方外,敬义立而德不孤:"敬以直内"、"敬义立"都是承"直其正也,方其义也"而说,所以"直其正也"当作"直其敬也","正"为"敬"声之误。《礼记·曲礼上》疏"在心为敬",所以说"敬以直内"("内"谓心,《礼记·杂记下》疏"内犹心也")。两个"其"字训为"乃"(高亨

说)。直乃是内心恭敬,方乃是行事合义。前者由里说,后者从外看。"直内"、"方外"都是使动用法,谓使内心正直,使外在行为端方。《新语·道基》有"以义行方"一语,疑当作"义以行方"与〈文言〉同。《文子·微明》(及《淮南子·主术训》)也有"直立"、"行方"共文例,疑"直立"皆当作"直内"与〈文言〉同。《左传·僖公二十二年》说"敬,德之聚也"。内心诚敬,行事合义者为有德,有德之人必然得到普遍拥戴而不会孤立,即《论语·里仁》"德不孤,必有邻",《孟子·公孙丑下》"得道多助"。

[6] 直方大,不习无不利,则不疑其所行也:六二居中得正,内直外方,无所修习而所往皆利,故其行止不需疑虑而无所滞碍(按:〈象传〉最喜用"疑"字,如〈贲〉、〈升〉、〈兑〉等)。孔广森《经学卮言》读"疑"为"碍",实则此"疑"字兼疑虑、滞碍二义,谓去其智虑而无所滞碍。〈乾·文言〉释九二强调积学,〈坤·文言〉释六二强调顺任不习。因乾阳主动与有为,坤阴主静与无为。

[7] 阴虽有美,含之以从王事,弗敢成也:于"含之"处当读断,谓虽有内美,当时时含敛之;但若时境有变,亦当以此内美服务于王事。虽服务于王事,但不可占有其功("成"谓有其成、占有其功)。坤道在客观上是"成物"的(〈系辞〉"乾知大始,坤作成物"),但在主观上要不以为"成"、不自居其"成"。老子认为功成于自然故圣人弗居之,〈文言〉认为功归于阳道故阴道不有之。若不知含美、葆光,自伐自居,则离患不远(《庄子·人间世》所谓"积伐而美者以犯之,几矣")。

[8] 地道也,妻道也,臣道也,地道无成而代有终也:此即〈序卦〉天

地、夫妇、君臣的次序。乾阳为天、夫、君，坤阴则处从属地位的地道、妻道、臣道。"地道无成"之"地道"兼妻道、臣道而说，指坤道。"无成"不是无所成，而是虽然"成物"但不以为成、不居其成。"代"，替。"有"同"为"（《诗·瞻卬》"妇有长舌"，《大戴礼·本命》卢注引作"妇为长舌"）。"终"犹"成"（《国语·周语》注）。"代为成"即替乾阳成就事功而功归于乾阳。黄老道家说"君无为而臣有为"，功成于有为之臣而归于无为之君，因为老子说"有生于无"。

[9] 天地变化，草木蕃，天地闭，贤人隐："蕃"，蕃盛，茂盛。"闭"，闭塞不通。此四句是省文的写法。〈系辞〉说"变通配四时"、"变通者，趣时者也"、"一阖一辟谓之变"、"变化者，进退之象也"，天地变化，于是有春夏，阴阳交通，草木蕃盛，君子道长；天地再变，于是有秋冬，阴阳否闭，草木凋零，贤人隐退。

[10] 君子黄中通理，正位居体："理"指美在其中而见之于外的文理（《礼记·乐记》"理发诸外"，郑注"理，容貌之进止也"），"黄中通理"，是说修美于内而通达于外。此与下文"美在其中而畅于四支"义同。"正位"，时位正当。"居体"犹言得体（《礼记·王制》注"居犹当也"。"体"亦兼合礼、得体而言，《释名·释典艺》"礼，体也，得其事体也"）。六五居中处尊，所以说时位正当而居中得体。

[11] 美在其中而畅于四支，发于事业，美之至也："支"同"肢"。"美在其中而畅于四支"犹《管子·内业》"定心在中，四肢坚固"、"人能正静，皮肤裕宽"。"黄中通理"、"美在其中而畅于四支"是美，"发于事业"则为至美。既是"至"，则可"观止

矣",否则将"拟阳"、"兼阳",结果便是"其道穷"。

[12] 阴疑于阳必战:《集解》引孟喜说"阴乃上薄,疑似于阳,必与阳战也",似读"疑"为"拟";然王弼注说"辩之不早,疑盛乃动,故必战",则读"疑"为"凝"。按:"疑"当读为"拟",谓阴势盛极欲等拟于阳则必然与阳发生交战。《黄帝四经·称》"立天子者,不使诸侯疑焉;立正嫡者,不使庶孽疑焉;立正妻者,不使婢妾疑焉。疑则相伤,杂则相方"(《慎子·德立》与此文同),《韩非子·说疑》有与此相近的文字(而标有"故曰",似即征引本文),诸"疑"字均作"拟"。阴本从属于阳,无论怎样强盛都应该顺承乾阳,而现在却要与乾阳等拟并驾,则相战便不可避免了。

[13] 为其嫌于无阳也,故称龙焉;犹未离其类也,故称血焉:《集解》本"嫌"作"兼",无"无"字(盖"无"涉"于"音而衍)。"兼"是兼胜、胜过之义(《论语·先进》"由也兼人,故退之",郑玄训"兼"为"胜尚")。"兼于阳"是"拟于阳"的更进一步。兼阳之事非牝马所任,有阳龙之势,故称为龙;但仍未脱离阴类附属的地位,所以还要用代表阴性的血字来称呼(九家注"血以喻阴")。初六说防范子弑父、臣弑君之积渐,上六阴积拟阳,战、兼之事果险,遥遥相照,君子当慎于"观积"。

[14] 夫玄黄者,天地之杂也,天玄而地黄:天地色杂,是坤阴与乾阳等拟混杂而相伤的结果(《慎子·德立》"拟则动,两则争,杂则相伤"与此相类)。但其终局依然要天地各正其位、玄黄各正其色,亦即乾天依然维持深青色的主宰地位,坤阴还要保持其"黄中"、"承天"的附属地位。〈文言〉结尾的"天玄而

地黄"是就终局而说，隐含有〈象传〉"用六永贞，以大终也"的意思。

➡ 通 说

〈坤〉在帛本《易经》中作"川"，为第三十三卦，率领〈兑〉、〈离〉、〈巽〉三组阴卦，为整齐的分阴分阳的排列方式。

《周易》爻辞大体上分为筮辞和占辞两部分，筮辞又可分为筮象和述事两大类，〈乾〉卦为筮象类的代表，〈坤〉卦则为述事类的代表，开六十四卦之例。

〈川〉变为〈坤〉，水转为地，在先秦典籍中这种转译现象随处可见。比如老子说"水善利物而不争"，《黄帝四经·称》说"地之德善与不争"；《管子·水地》篇亦联类述说二物之性。这种转译现象也包含着文化观念、文化主流的更革和转移的趋势。

《淮南子·原道训》说"土处下，不在高；水下流，不争先"，而〈坤〉卦"先迷后得"、"括囊"等包含有柔退的思想；而因顺水地柔退之性，便是"不习无不利"，老子则称为"绝圣弃智，民利百倍"。宽容的精神常常寓于不争和柔退之中，《文子·上德》说"地定宁，圣人法之，德无不容"、〈象传〉说"地执，坤。君子以厚德载物"。

忧患意识是柔退的主要表现形式，"括囊，无咎无誉"在〈易之义〉、〈二三子问〉中都理解为缄口不言，《论语·为政》也说"慎言其余则寡尤"，这与老子"多言数穷"是一致的。《庄子·山木》说"无誉无訾，一龙一蛇"，《论语》也说"无适无莫"。当然，"括囊"也有反观内视的意味。

人之"括囊"与"天地闭"相关联，《管子·宙合》说"天地，万物之橐也"，天地橐囊括结之时，人亦当葆光养晦。

〈文言〉于〈乾〉卦讲扶阳之微，而于〈坤〉卦则讲防阴之渐。这便是"积"的学说。《黄帝四经·十大经·雌雄节》："德积者昌，殃积者亡，观其所积，乃知祸福之向"；〈称〉中又说"贞良而亡，先人余殃；猖獗而活，先人之烈"。微渐之积贯穿于事物运动的整个过程，所以老子说"合抱之木，生于毫末……慎终如始"；《淮南子·齐俗训》说"《易》曰：履霜坚冰至，圣人之见，终始微矣"。

三、屯䷂（下震上坎）

屯[1]。元亨，利貞[2]；勿用有攸往，利建侯[3]。

初九。磐桓[4]。利居貞，利建侯。

六二。屯如邅如[5]，乘馬班如[6]，匪寇婚媾[7]。女子貞不字，十年乃字[8]。

六三。即鹿無虞，惟入於林中[9]。君子幾不如舍，往吝[10]。

六四。乘馬班如，求婚媾。往吉[11]，無不利。

九五。屯其膏[12]。小貞吉，大貞凶[13]。

上六。乘馬班如，泣血漣如[14]。

【今译】

筮得屯卦，则大通顺，占问有利；但不可有所行往，利于建国封侯。

筮得初爻，进退徘徊。占问安居有利，利于建国封侯。

筮得二爻，迟疑不定，乘马徘徊，并非抢劫，是求婚姻。女子占问的结果是不能出嫁，十年才可出嫁。

筮得三爻，逐鹿而缺乏谋度，误入于林莽中，君子见几不如放弃，去追逐是不利的。

筮得四爻，乘马徘徊，欲求婚姻。去是吉利的，没有什么不好。

筮得五爻,屯置肥肉。女子占问吉,男子占问凶(或译为:占问小事吉,占问大事凶)。

筮得上爻,抢亲者乘马回旋,被抢女子哭泣不止(或译为:乘马徘徊,心中悲戚)。

【注释】

[1] 屯:卦名。通行本为第三卦,帛书本为第二十三卦。

《周易》六十四卦,先有卦辞而后有卦名。卦名多出自卦爻辞,此〈屯〉卦的卦名即出自六五爻辞的"屯其膏"。有些卦名可概括该卦主旨,有些则否。〈屯〉卦则属前者。

"屯"字用为动词谓"聚",用为名词则谓"聚落"(《汉书·陈胜传》集注"人所聚曰屯"),即村落、部落。其义与"村"同,《一切经音义》引《字书》"屯,亦邨也"(即村),《广雅·释诂四》"邨,国也"。

"利居贞"、"利建侯"即说明"屯"之用为"邨"。建立部落而定居下来,必有酋长,即此"建侯";部落之兴在于家族之兴,故必有婚姻,而〈屯〉卦六爻均与婚姻之事相关。

〈彖传〉、〈象传〉、〈说卦〉对〈屯〉卦卦名的阐释与经义不同,说见后。

[2] 元亨,利贞:此与"乾"卦卦辞的"元亨利贞"稍有区别。"乾"卦卦辞仅"元亨利贞"四字,是无条件的,绝对的;而本卦(及〈随〉、〈临〉、〈无妄〉等卦)则是有条件的,有限制语,即在"勿用有攸往,利建侯"的前提下方可"元亨利贞"。

[3] 勿用有攸往,利建侯:"用"字在《周易》中出现频率极高,很难

以一个确定的词汇与之对译。总体说来,"用"谓可行,"勿用"谓不可行(《说文》:"用,可施行也"),其义与"可"大致相应。"侯",本义指通过比试射技而选出部落酋长,后指方国之君主。〈屯〉卦上卦为〈坎〉,"坎,险也",故不可有所行往,宜定居立长。

[4] 磐桓:即盘桓,进退徘徊。

[5] 屯如邅如:"如",语辞。"屯邅"即"迍邅",行进迟疑。

[6] 班如:"如",语辞。"班"同"般",即"盘",进退回旋的样子。

[7] 匪寇婚媾:"匪"同"非",帛本即作"非"。"寇",寇抢,盗劫。在族内婚被禁止(《左传》"同姓不婚,惧不殖也")而初行族外婚时,即以抢的形式,被称作掠夺婚或劫夺婚。

[8] 女子贞不字,十年乃字:"字",出嫁。"十年",《正义》云"十者,数之极;数极则复,故云十年也"。疑"十年"为"七年"之讹。七年,为六爻的一个往复,"周易"所谓"七日来复"。

[9] 即鹿无虞,惟入于林中:"即鹿",就鹿,追鹿。"虞",谋度,虑度(或可释为虞人,掌山林之官,在此指向导)。此处"即鹿无虞"是比兴的写法,是就男方抢亲而说。亦可泛指为追求好的东西。

[10] 君子几不如舍,往吝:"几"也作"机",谓见机行事。"吝",不利。"往吝",指继续去追鹿则不利。

[11] 往吉:有两种解释,一说与"往吝"一样都是就男子而说;一说"往吉"是就女子而言,女子出嫁曰"适人",与往同义。

[12] 屯其膏:"屯",屯聚,置办。"膏",肥肉。《周易》"膏"字两见,〈鼎〉卦九三"雉膏不食",此"膏"疑即谓"雉膏"。古代婚娶要

以雉雁等为聘礼,"屯其膏",盖谓男方置办雉膏以备婚礼之用。《仪礼·士婚礼》:"婚礼,下达纳采,用雁。"

[13] 小贞吉,大贞凶:"小"指"阴",谓女子。"大"指"阳",指抢亲的男方。小亦指小事,大指大事。

[14] 泣血涟如:"泣血",泪淌如血。"涟如",泪流不止的样子。此是古代掠夺婚的写照。《礼记》尚有"嫁女之家三夜不息烛"的说法,亦是女方被抢后亲人思念的写照。"血"为阴忧之象,此上面虽无占辞,而其占自明,〈坤〉卦上六"其血玄黄"与此同。

〈彖〉曰:屯,剛柔始交而難生[1]。動乎險中[2],大亨貞。雷雨之動滿盈[3],天造草昧[4],宜建侯而不寧[5]。

【今译】

〈彖传〉说:〈屯〉卦象征着阴阳相交而艰难随之而生。在艰难中萌动孕育生机,因此大通而正。萌动酝酿中的雷雨充满天地之间,如同造化的力量正处于初创冥昧之时,此时应当建立主宰才能平安度过艰难。

【注释】

[1] 屯,刚柔始交而难生:"刚柔"指阴阳。从卦画看,〈屯〉卦下卦为〈震〉,〈震〉为一乾入坤(☳)。从卦序看,〈屯〉卦紧承〈乾〉、〈坤〉二卦之后,即〈序卦〉所谓"有天地然后有万物"。从〈象传〉看,〈乾〉、〈坤〉两卦的〈象传〉分别说:"乾元资始万物"、"坤

元资生万物"，因此，"刚柔相交"即阴阳相交。同时，可见"难生"是说物生之难；而物生之难也正是〈彖传〉对〈屯〉卦卦名的解释，《说文》也说"屯，难也，象草木之初生，屯然而难"。

[2] 动乎险中："动"，萌动、孕育。〈屯〉卦下卦为〈震〉，"震，动也"(〈说卦〉)，上卦为〈坎〉，坎，险陷(〈习坎〉卦的〈象传〉说"习坎，重险也")。

[3] 雷雨之动满盈：〈震〉为雷，〈坎〉为雨。雷雨萌动，象征生命的培育。"满盈"，充塞，充盈，充满。

[4] 天造草昧："天造"，自然的造化力量，生命力。"草昧"，草创冥昧。

[5] 宜建侯而不宁："侯"，主宰。就国家兴建来说，主宰指君长；就个人创业来说，主宰指信心、信仰。黄庆萱说"培养好习惯，建立道德的据点；结交好朋友，建立事业的据点。都可以视为'利建侯'"(《周易读本》)，有启发意义。"不"通"丕"，大(高亨等说)。"而"，乃。"宁"，平安。

〈象〉曰：雲雷，屯。君子以經綸[1]。

雖磐桓，志行正也[2]。以貴下賤，大得民也[3]。

六二之難，乘剛也[4]。十年乃字，反常也[5]。

即鹿無虞，以從禽[6]也。君子舍之、往吝，窮也[7]。

求而往，明也[8]。

屯其膏，施未光也[9]。

泣血漣如，何可長也[10]。

【今译】

〈象传〉说:云雷聚集,这便是〈屯〉卦的意象。君子应懂得如何经营筹划。

开始时虽然艰难,但志意行为都能守正。尊贵而甘居卑贱之下,这样就能大得民心。

第二爻之所以艰难,是因为冒犯了尊贵。十年才能出嫁,是说经过长期的磨难,才能归于正常。缺乏谋度而去逐鹿,这说明被猎物所牵制。君子见机而止,否则不利,说明已意识到执迷下去将走入困境。

尊上有求则欣然前往,这是明智的。

藏积货财,这是不懂得君子应广施其德。

艰难到了极点,便意味着困境的终结已经不远了。

【注释】

[1] 云雷,屯,君子以经纶:〈屯〉卦上〈坎〉下〈震〉,震为雷。坎在震雷上为云,在雷下为雨。坎在雷上为云者,〈屯〉卦是也;坎在雷下为雨者,〈解〉卦是也。坎在雷上,为雨之将兴者;坎在雷下,为雨之已施者。君子观〈屯〉卦云雷聚集,雨之将兴,当知未雨绸缪与经营筹划之道,此即"云雷,屯,君子以经纶"之意。下文"志行正"、"贵下贱"等皆是"经纶"之事。

[2] 虽磐桓,志行正也:此释初九。"磐桓"谓起步艰难、初创艰难。此阳爻居阳位,故云"正"。于初创艰难之时而志意操行能够守正,此正是经文"建侯"(建立信念)之推衍。此为"经纶"重要内容。

［3］以贵下贱，大得民也：初九为阳爻，又为〈屯〉卦之主爻，而居二、三、四阴爻之下，故云"以贵下贱"。谦恭聚民亦为"经纶"之重要内容。

［4］六二之难，乘刚也："刚"指阳爻初九。阳为尊，阴爻六二凌乘于初九之上，有恃才傲物、冒犯尊贵之义。

［5］十年乃字，反常也："反"同"返"。懂得知雄守雌的常理，是需要经过长时期的磨难。

［6］从禽："从"，贪纵、贪图。贪于猎物，即是被猎物所牵制。

［7］君子舍之，往吝，穷也："穷"，困穷，困境。三爻居下卦之终，故言"穷"。三爻又为下卦〈震〉卦之终，震为动；动之极，则须时止则止，否则便是困穷之道。

［8］求而往，明也：六四与初九为正应，阴四虽在阳初之上，但初九为主爻，仍为尊。初九求辅，四应而往，这是明智的。

［9］屯其膏，施未光也："屯其膏"，是经文"屯其膏，小贞吉，大贞凶"的省文。"膏"，膏泽，货财。"小"指小人，"大"指大人、君子。小人志在致富，故"屯其膏"而贞吉；大人志在济世，故"屯其膏"而贞凶，"光"，广普。贪聚货财，不能广施，是事业之败。

［10］泣血涟如，何可长也：上六为坎难之终，亦为〈屯〉卦之极。故"泣血涟如"在此形况艰难之极点。屯难之极，离出险已经不远，所谓"物极必反"。

➡ 通 说

〈屯〉卦卦爻辞是讲婚媾、安居、立国建侯之事，它们都有内在的联系。然而从卦爻辞中，看不出它与〈乾〉、〈坤〉有何必然联系，帛书本列于第二十三卦,而不是紧承〈乾〉、〈坤〉两卦;在这一点上,二者是一致的。

〈屯·彖〉说"刚柔始交而难生"、〈序卦传〉说"有天地然后万物生焉……屯者物之始生也",这显然与通行本的卦序相一致;也就是说,〈彖传〉、〈序卦传〉在写作之前,通行本《易经》的卦序就已经有了,它们形成了另一个体系。

从〈屯〉卦卦爻辞来看,通行本卦序在编定之前,可能另有一种或一种以上的卦序,而这个卦序是否就是帛本的卦序,当然还不敢肯定。

总之,在理解、注释卦爻辞时,不应该被〈彖传〉、〈卦序传〉限制住,这样才不至于使经文的原始内涵模糊起来。

〈屯〉卦雷动于下,含雨之云聚集于上,所以〈屯〉为聚集、屯聚之象。

阴阳未交之前,万物不通,是为〈否〉;阴阳既交之后,万物亨通,是为〈泰〉;阴阳始交之时,生物艰难,是为〈屯〉。

阴阳初交之时,宇宙芒芴一气,天地浑沌一团,故可谓"屯"者,沌也;沌者,即所谓"天造草昧"。"屯"字象草芽萌育之形,"子"字象胚胎躁动于母腹。二字构形极为相似。芽之破土与子之出生都要经历一番艰难,故可谓"屯"者,孕也、育也,此即"刚柔始交而难生,动于险中"。推而言之,一切新事物、新观念之诞生,无不有险难。创造的力量、生命的力量必然有一个积蓄培育的过程。就自性而言,它充满生气;就过程而言,它要冲破郁塞阻滞;就终结而言,它必然大通而正,这即是"雷雨之动满盈"、"大亨贞"。国之立基、人之创业,亦有艰难险阻,其首要即须建立主宰,以为度过艰险之柱石。国无主宰,则一盘散沙,无力济坎为通;人无坚定之信念,则新的主张亦极易被坎险所陷没,这即是"宜建侯而不宁"。

下震上坎,下动上险,动而无险或险而不动,皆不足以显新生力。新生命之力量即存在于动与险中,这即是〈屯·彖〉所揭示的。

〈序卦〉说:"有天地然后万物生焉,盈天地之间者唯万物,故受之以〈屯〉。屯者盈也,屯者物之始生也"本于〈屯·彖〉"刚柔始交而难生"、"雷雨之动满盈"。

艰难时世,正是君子经治之时。这是〈大象〉"云雷,屯,君子以经纶"所传达的信息。

建立信念、谦恭聚民,是经纶之第一要著。"以贵下贱"是老子之思想,而《黄帝四经·经法·四度》"以贵下贱,何人不得"与〈象传〉完全相同。《列子·力命》亦云"以贤下人者,未有不得人者也"。此为初象之意。

知雄守雌,韬光养晦是经纶之第二事。此二象之意。

屯难之时,不是一味地卤莽向前,有进有退,有行有止,此是经纶之三事。此三象之意。

择贤而辅,是经纶之四事。此四象之意。

布财施德,是经纶之五事。此五象之意。

在险难至极时,光明已经不远。在最艰难的时刻,抱定必胜的信念,这是经纶之六事。此上象之意。我们前面说过,〈乾〉、〈坤〉两卦之"通九"、"通六"开其他六十二卦之义例。〈屯〉卦上六坎险之极,便是将通之际。

〈乾〉卦上九,〈象传〉戒之以"盈不可久";〈屯〉卦上六,〈象传〉示之以"何可长也"。君子于顺境中如何处身,于逆境中如何处身,此二句已尽之。

〈彖传〉释〈屯〉卦说"动乎险中"、"雷雨之动",此是释卦德,故由下(内卦)往上(外卦)说;〈象传〉称〈屯〉卦则说"云雷,屯",是释卦象,故由上往下说。因此二者有此区别。在〈彖传〉释卦象时,亦是由上往下说,与〈象传〉相同。

四、蒙 ䷃（下坎上艮）

蒙[1]。亨。匪我求童蒙，童蒙求我[2]。初筮告，再三瀆，瀆則不告[3]。利貞。

初六。發蒙[4]。利用刑人，用說桎梏[5]。以往吝[6]。

九二。包蒙[7]。吉。納婦吉，子克家[8]。

六三。勿用取女[9]。見金夫，不有躬[10]，無攸利。

六四。困蒙[11]。吝。

六五。童蒙。吉[12]。

上九。擊蒙[13]。不利爲寇，利禦寇[14]。

【今译】

筮得〈蒙〉卦，通顺。并非我往求蒙昧的问筮者，而是蒙昧的问筮者来求我。初次问筮，我将告之以吉凶，反复问筮，则是轻亵神灵，轻亵则不复有所告。此卦有利于占问。

筮得初爻，启发蒙昧。利于用刑法警戒人，利于使众人免于犯罪。有所行往则不利。

筮得二爻，包容蒙昧。很吉利，具体说，娶老伴吉利，儿子也可以成家。

筮得三爻，不可娶女。这样的女人遇到别的男人就会失身，娶之无所利。

筮得四爻,困于蒙昧。不利。

筮得五爻,像幼童一样的蒙昧,吉利。

筮得上爻,促使蒙昧觉悟。主动攻取强寇不利,抵御强寇有利。

【注释】

[1] 蒙:卦名。通行本为第四卦,帛书本为第十三卦。此卦名取字于卦爻辞。

天地开辟之初谓之鸿蒙,物生之初谓之芽萌,人之初谓之童蒙,道德智力开发之初谓之蒙昧;引而申之,愚昧、野蛮、强暴皆谓之蒙。山下有险,前途暗昧不清,故名"蒙"。

[2] 匪我求童蒙,童蒙求我:"匪"同"非"。"我",指筮者。"童蒙",指问筮者,问筮者有所不明,故曰"童蒙"。

[3] 初筮告,再三渎,渎则不告:"告",即《诗·小旻》"我龟既厌,不我告犹"之"告",谓筮者告之以吉凶休咎。帛书本作"吉",当是"告"字之讹。"匪我求童蒙"及"初筮告"云云是占筮之原则(高亨说)。

[4] 发蒙:"发",启发。启发人觉悟,有多种形式。"利用刑人"即本文"发蒙"的具体措施之一。"蒙"是启发的对象,然"蒙"有多种,有稚幼之蒙、有愚昧无术之蒙、有野蛮触犯刑律之蒙。

[5] 利用刑人,用说桎梏:"利用"义犹利于。"用说桎梏"为"利用说桎梏"之省文。"刑",刑法、法律,在此作动词用。"刑人",谓以刑法警戒、教戒人。"说"同"脱",免也。"桎梏",拘系犯人的脚镣手铐。"利用说桎梏",指利于使众人免于犯罪或利

于赦免罪人。为官者占得此爻,当作如上解释。若普通人占得此爻,则可作如下解释:"发"谓去掉。"蒙",昏晦不明,喻困境。"刑人",指身陷囹圄或处于困境的问蓍者。"利用说桎梏",指获得赦免或摆脱困境。

[6] 以往吝:"以",用。用此卦有所行往则不利。

[7] 包蒙:此是筮得的爻象,"纳妇吉,子克家"是据此爻象所得的占辞;"包蒙"下之"吉"字疑为衍字。包容蒙昧,也是教化之一种。

[8] 纳妇吉,子克家:"妇"是女人之通称,亦有专指"媳妇"者。然《易》"妇"字多见,却无专指"媳妇"(儿媳)者。此"纳妇吉,子克家"是说老头娶老伴吉利,儿子娶媳成家亦吉利。此二者均就"包"字而言。"克",成也。

[9] 勿用取女:六三乘九二,阴乘阳,故此女不可娶。〈姤〉卦一阴乘五阳,故曰"女壮,勿用取女",则此卦"勿用娶女"亦因"女壮"。"勿用",不可。

[10] 见金夫,不有躬:虞翻注"阳称金"。"躬",身。此言见到别的男人,就会失身。按:"夫"是成年男子之称,盖"勿用取女"是就"童蒙"而言。童子娶壮妇,而壮妇见到其他成年男子即会失身,此于古籍中多有记载。又解:"勿用娶女"与"见金夫,不有躬,无攸利"可能分别为两条占辞。因此,"见金夫"等是就问蓍者而说。"金夫",强有力者,指于己不利的对手、小人等。"不有躬",自身难保("有"犹"保")。占得此爻,不宜娶女成家,又将遇强敌陷害。

[11] 困蒙:此"蒙"谓愚昧强蛮者,指六三、六五。六四为六三、六

　　　　五阴毒愚昧所困,又无应援,故云"吝"。

[12] 童蒙,吉:六五虽处尊位,但处蒙之时,能敛其睿智、愚若童蒙,故"吉"。

[13] 击蒙:使蒙觉悟。"击蒙"也是"发蒙"的一种方式。《说文》"击,攴也"、"攴,小击也","敎"字从"攴",《说文》云"敎,觉悟也。从教冂,冂,尚蒙也"。

[14] 不利为寇,利御寇:"为",是攻取之义。不利攻寇而利御寇,即老子"用兵有言:不敢为主,而为客"之义。

〈彖〉曰:蒙,山下有險[1]。險而止,蒙[2]。蒙亨,以亨行,時中也[3]。匪我求童蒙,童蒙求我,志應[4]也。初筮告,以剛中也[5]。再三瀆,瀆則不告,瀆蒙也[6]。蒙以養正,聖功也[7]。

【今译】

　　〈彖传〉说:〈蒙〉卦的卦象是高山之下有险阻。遇险而止,这是〈蒙〉卦的卦德。〈蒙〉卦卦辞所说的亨通,是说依据亨通之道而行动,这即是适时中正。不是我往求于童蒙,而是童蒙来求于我,这是说志意在于因应。第一次问筮而能客观地告之以吉凶,这需要筮人有刚健中正之德。反复问筮便是亵渎,亵渎便不再有所告,这是说在蒙昧之时过于轻渎。在蒙昧之时应蓄养纯正之德,这样才能最终成就圣人功业。

【注释】

[1] 蒙,山下有险:此释〈蒙〉卦卦象。〈蒙〉卦是上〈艮〉下〈坎〉,艮为山,坎为险,故云"蒙,山下有险"。释卦象由上往下说,〈象传〉与〈彖传〉体例相同。

[2] 险而止,蒙:此释〈蒙〉卦卦德。内卦(即下卦)为〈坎〉,坎为险;外卦(上卦)为〈艮〉,艮为止,故云"险而止,蒙"。下有坎险,上有山阻,此为遮塞遏阻、前途不明之时,故为〈蒙〉卦。释卦德由下(内卦)往上(外卦)说,〈象传〉亦多仿此。

[3] 以亨行,时中也:"以",用,依据。"亨",亨通之道。"时中",是对亨通之道的具体说明。"时",谓知时、适时。"中",适中,适度。

[4] 志应:志意在于因应。处蒙之时,应该不先物动,事至而后应。此是〈彖传〉对卦辞"匪我求童蒙,童蒙求我"的哲学诠释。此即前文所谓的"时"。

[5] 初筮告,以刚中也:处蒙之时,并非一味地"止",也要适时而动,这即是对"初筮告"的诠释。其动又必须以刚健中正之德为条件,行动必须刚果速决。

[6] 再三渎,渎则不告,渎蒙也:处蒙之时,若反复贸然行动,则有失适"中",是蒙时轻渎之举。

[7] 蒙以养正,圣功也:处险阻蒙暗之时,应蓄养纯正之德,为最终成就圣功做准备。

〈象〉曰:山下出泉,蒙[1]。君子以果行育德[2]。利用刑人,以正法也[3]。

子克家,剛柔接也[4]。

勿用取女,行不順也[5]。

困蒙之吝,獨遠實也[6]。

童蒙之吉,順以巽也[7]。

利用禦寇,上下順也[8]。

【今译】

〈象传〉说:高山下奔涌出泉水,这便是〈蒙〉卦的意象。君子应该行动果决、培育其德。

利于用刑律教戒人,这是为了严正法律。

儿子可以娶媳成家,这是说阴阳和谐。

不可娶女,是说行动不顺当。

困蒙不利,这是说缺乏刚健笃实的精神。

童蒙吉利,这是说顺应事物而谦卑恭逊。

抵御强寇有利,这是说进退之节顺当。

【注释】

[1] 山下出泉,蒙:此释卦象。〈蒙〉卦上〈艮〉下〈坎〉,艮为山,坎为泉。由上往下说,与〈象传〉同。然〈象传〉释〈坎〉为"险",〈象传〉则释为"泉",此其异。然泉瀑历险而行,则又与"险"相含。

[2] 君子以果行育德:此释卦德。由下(内卦)往上(外卦)说,与〈象传〉一致。"果行"是就坎泉而说,泉瀑必须果决而行,方可化险为夷;此"果行"由〈象传〉"以刚中也"而来。"育德"是就

山险而说,处蒙暗之时,须静养其德,方可济险为夷;此"育德"由〈象传〉"蒙以养正"而来。〈蛊〉卦下巽上艮,〈象传〉说"巽而止",〈象传〉说"振民育德",与此一致。

[3] 利用刑人,以正法也:利于以刑律来教戒人,这是为了正定法度。

[4] 子克家,刚柔接也:九二与六五为应,谓之阴阳相接。

[5] 勿用取女,行不顺也:六三乘九二,谓之行不顺。

[6] 困蒙之吝,独远实也:六四为重阴,为二阴所困,与九二、上九远隔,不能济之以刚健笃实。"实",指阳。

[7] 童蒙之吉,顺以巽也:六五为童蒙,顺应九二而动,有谦逊之德。"巽",逊也。

[8] 利用御寇,上下顺也:"上下"谓进退。通行本〈乾·文言〉"上下无常,非为邪也;进退无恒,非离群也",是"上下"犹"进退"。位居上九高位,而能持守势,是得进退之节者。

▶ 通 说

读〈蒙〉卦,首先卦辞与爻辞之间似无必然联系。高亨说"以上五句(指"匪我求童蒙"等五句)乃筮人之守则,因有蒙字,故系在〈蒙〉卦"。其次,〈蒙〉卦各爻辞之间联系松散,无一中心内容或主旨。张立文说"虽然本卦除六三外,都直接论蒙,但不像〈艮〉、〈渐〉、〈乾〉等卦有次序,而无系统性和整体性"。第三,通行本〈蒙〉卦次列于〈屯〉卦之下,〈序卦〉所谓"物生必蒙",这在卦爻辞及〈彖〉、〈象〉中似乎也不能得到验证。但有一点值得注意,那就是通行本〈乾〉、〈坤〉两卦之后,紧接着的六个卦都有单卦的〈坎〉,而再接下去的六个卦,都有单卦的〈乾〉,这很值得研究。它是否与传说的《归藏易》之"坤(川)乾"次序有一定关系呢?

本卦爻辞中的"蒙"字是一个很抽象的概念,鸿蒙、芽萌、蒙稚、朦胧、蒙暗、愚蒙等均可说蒙。不清楚、不明白,便是本卦"蒙"字之义,〈象传〉的理解是正确的。

有人认为〈蒙〉卦是讲教育的,这样的理解似乎狭窄了一些,也过于凿。它本是筮辞的记录和集结,不一定有系统的联系。

"勿用取女,见金夫,不有躬",这反映的可能是古代童子娶长妇的习俗,这在《诗经·卫风·芄兰》中也有记载。

"童蒙"之"吉",与古人认为童子可与天地神明交往的观念有关。古俗中之"童谣"最为灵验,即是这种观念的折射。而老子所推崇之"赤子",也应是对古俗的改造。

〈蒙〉卦次列于〈屯〉之下,是〈屯〉卦卦爻翻覆,即所谓"非覆即变"的"覆",在卦名的内在涵义上无必然联系。

〈象传〉以"山下有险"、"险而止"释〈蒙〉,则"蒙"谓险恶蒙暗。当蒙之时,需要"止"。所谓"止",并非静止不动,而是蓄养纯正之德,以便最终济蒙而成就圣功。

而济蒙亨通之道,即是"时中",要因时应物,不妄动,不先物而动,童蒙求我,方可因而应之。抓住时机,以刚果的精神冒险犯难,也是因时应物的范畴,"初筮告,以刚中也"便是这个意思。这里的"刚中养正"被〈象传〉明确地标示为"果行育德"。

〈象传〉对卦名"蒙"字的理解与〈象传〉相近,皆取蒙暗险恶之义。

于蒙暗险恶之时,行则果决,止则育德。泉瀑之性在于流动,故〈象传〉强调"果行";泉之流行,必经艰险,非果决不能奔泻千里,故〈象传〉赋予"坎"以泉、险、果三义。前有艮山遮阻,故须积蓄力量、养蓄美德,方能跋山涉险,最终成就圣功。

〈彖传〉更强调"险而止",〈象传〉则更突出"果行"。

这里顺便谈谈《周易》占筮守则问题。考察典籍,可知占筮规则大略有四:其一,不邀筮。从事占卦者不主动邀人问蓍以牟取利益,此即〈蒙〉卦卦辞所谓的"匪我求童蒙,童蒙求我"。此意在维护《易》的非营利性和《易》占尊严。其二,不渎筮。占卦者不为问蓍者就同一事情重复占筮,此即〈蒙〉卦卦辞所谓的"初筮告,再三渎,渎则不告"。此意在维护《易》的神秘性和权威性。其三,先蔽志。问蓍者问卦之前,先将欲占之事告知占筮者,此即《尚书·大禹谟》所谓的"官占,惟先蔽志"("蔽",断也,犹言决定、考虑好。"志",意也,指所要占问之事。例如《左传·昭公七年》:"……孔成子以《周易》筮之,曰:'元尚亨卫国,主其社稷'。遇〈屯〉……史朝曰:'元亨,又何疑焉'"。这里的"元尚亨卫国,主其社稷"为命辞,亦即所欲占问之事)。此意在防止占筮者牵强附会以维护《易》占的精确性。其四,不占险。占筮者不为问蓍者占卜危险、罪恶之事,此即《左传·昭公十二年》所谓的"《易》不可以占险"。此意在维护《易》占的纯洁性,使得《易》占能够世代传承;同时,也使得《易》占躲过被扼杀的劫难。

五、需 ䷄（下乾上坎）

需[1]。有孚[2]，光亨[3]，貞吉，利涉大川[4]。

初九。需于郊[5]。利用恆，無咎[6]。

九二。需于沙[7]。小有言[8]。終吉。

九三。需于泥[9]。致寇至[10]。

六四。需于血[11]。出自穴[12]。

九五。需于酒食[13]。貞吉。

上六。入于穴，有不速之客三人來[14]。敬之，終吉[15]。

【今译】

筮得〈需〉卦，显示的卦兆是大通顺、占问有利、利于涉渡大河。

筮得初爻，稽留于郊外。利于持久，没有灾害。

筮得二爻，稽留于沙滩。略有不利，但终归无害。

筮得三爻，稽留于泥泞中，导致了寇盗来到。

筮得四爻，稽留于沟洼中，最终要从穴洞中逃出。

筮得五爻，稽留于酒食中，占问是吉利的。

筮得上爻，陷入坑穴中，又有几位不速之客来至。礼貌待之，最终无害。

【注释】

[1] 需：卦名。通行本为第五卦，帛书本为第十八卦。

　　"需"字本为从"雨"从"天"之字，与本卦上坎下乾正相合。坎为雨、为云、为水，乾为天、为云气。天上有雨水，雨水下浸，云气上蒸，则是濡泽、浸润之义；故"需"字当为"濡"之本字。帛本作"襦"，为"需"（即"濡"字）字之假。《史记·刺客列传》索隐"濡，润也"。由滋润而引申有滋养之义，〈大象〉"君子以饮食宴乐"即取"需"（濡）之滋养义。《归藏》作"溽"，谓沾润、润溽。

　　由濡渍而引申有滞留、稽留之义。《诗·匏有苦叶》毛传"濡，渍也"，又《孟子·公孙丑下》注"濡滞，犹稽也"。爻辞之"需"（濡）即取稽留之义；〈小象〉同。

　　〈彖传〉则读"需"为"须"（额），等待。

[2] 有孚："孚"有二义：一为卦兆、征兆；一为征验、应验。此云"有孚，光亨、贞吉、利涉大川"，谓卦兆显示的是大通顺、占问有利、涉险渡川顺利。帛书"孚"作"复"。〈彖〉、〈象〉均释"孚"为诚信。

[3] 光亨："光"，大。又"光"训气运，谓气运亨通（参〈观〉卦、〈未济〉卦注）。

[4] 利涉大川：经文"涉大川"屡见。"利涉大川"、"不利涉大川"，犹言利出行、不利出行。亦衍申有涉险之义。

[5] 需于郊：稽留于野外而远离坎险。

[6] 利用恒，无咎："利用"，利于。"恒"，持久。持久滞留于一地本来不利，但因初九前面有坎险，故可无害。

[7] 需于沙：上卦为〈坎〉，坎为水、为险，九二稽留于沙滩近水之地，故占辞说"小有言"。

[8] 小有言："言"读若"辛"或"愆"：《说文》"言，从口辛声"、"辛，读若愆"、"愆，过也"；《广韵》"辛，古文愆"。"小有愆"，即小有咎，略有不好。

[9] 需于泥：九三稽留于泥泞中，已濒临坎险。

[10] 致寇至：导致外面的强寇来到。"寇"指外卦〈坎〉，《左传·文公七年》"于外为寇"。

[11] 需于血："血"读为"洫"（吴汝纶等说），沟坎。六四已入坎，故云"需于血"（〈说卦〉"坎为沟渎"）。

[12] 出自穴：此是六四预测性占辞。言六四虽入坎陷中，但最终会从穴洞中逃脱出。

[13] 需于酒食：九五为坎陷深处，当以酒食滋养，以积蓄出坎之力量。古俗，守丧之期，忌饮酒，但身体极度衰弱时，可以破戒。可见酒本为滋养之物。又此"需"即濡溉之义，有酒食濡溉滋养，自是吉兆。此"需（濡）于酒食"与〈困〉卦九二的"困于酒食"相反。

[14] 入于穴，有不速之客三人来："穴"，指坎陷最深处，故上六云"入于穴"。"速"，邀请。不请自来，指未有戒备的陌生人。"三人"，虚指，谓几位，犹《论语》"三人行必有我师"之"三人"。或谓"三人"指下卦的三阳爻。

[15] 敬之，终吉：身在坎陷深处，对突如其来者又无戒备，况且是"几位"，人在屋檐下，怎能不低头？故只有恭敬，庶几无害。

〈彖〉曰:需,須也,險在前也[1];剛健而不陷,其義不困窮矣[2]。需,有孚,光亨,貞吉,位乎天位,以正中也[3]。利涉大川,往有功也[4]。

【今译】

〈彖传〉说:需,是有所等待的意思,因为危险就在前面。但由于刚健之德不会沉陷,所以理当最终不会困穷。〈需〉卦卦辞说有诚信、大通顺、守正则吉,这是因为主爻九五处于契合天道的位置,行为端正、内心和谐。所谓利涉大川,是说勇往直前,必能建立功业。

【注释】

[1] 需,须也,险在前也:"须"用为"頿",等待。〈需〉卦上卦为〈坎〉,坎,险也,故云"险在前"。

[2] 刚健而不陷,其义不困穷矣:〈需〉卦内卦为〈乾〉,乾为健,故云"刚健"。"陷",沉陷、沉沦。"义"同"宜",理当、理所当然。"需,须也,险在前也;刚健而不陷,其义不困穷也"兼释卦象、卦德,与他卦卦象、卦德分释不同。

[3] 位乎天位,以正中也:此释主爻九五,九五阳爻居阳位,又处上卦之中,故云"正中";九五为"天位",故云"位(同"立")乎天位"。立于天位,谓与天道冥通契合。"正",谓行为端正,此自外看;"中",谓内心和谐,此从内说。

[4] 利涉大川,往有功也:"往",谓乾德刚健,勇往直前。

〈象〉曰：雲上于天，需[1]。君子以飲食宴樂[2]。

需于郊，不犯難行也；利用恆，無咎，未失常也。

需于沙，衍在中也[3]；雖小有言，以吉終也[4]。

需于泥，災在外也；自我致寇，敬慎不敗也[5]。

需于血，順以聽也[6]。

酒食貞吉，以中正也[7]。

不速之客來，敬之終吉，雖不當位，未大失也[8]。

【今译】

〈象传〉说：云在天上，这便是〈需〉卦的意象。君子应该饮食宴乐以滋养身心。

稽留于郊外，这是说不冒险而行；利于持久而无害，这是说因为未失常理。

稽留于近水的沙地，这是说患害已在酝酿中；不过虽然小有不利，最终还是没事的。

稽留于泥泞中，灾害将自外而来；自己招来强寇，恭敬谨慎可避免危败。

稽留于沟坎中而最终必能从穴洞逃脱，这是说能顺听天命。

稽留于酒食而守正吉利，是说九五居中得正。

不速之客来到，敬之终吉，这样做虽有不妥，但总体上不算失误。

【注释】

[1] 云上于天，需：〈需〉卦上〈坎〉下〈乾〉，〈坎〉为云、为水，〈乾〉为

天，故云"云上于天，需"。云，是含雨的水气，可以滋润万物（《后汉书·郎𫖮传》"云者，雨之具也"，《易略例》注"云，水气也"，《文选·东京赋》注"云雨者，天之膏润"）。可证〈大象〉释〈需〉卦卦名为"濡泽"之"濡"。

[2] 君子以饮食宴乐：前释卦象，此释卦德。此言君子观〈需〉卦云雨之滋润万物，当以饮食宴乐滋养身心。饮食所以滋身，宴乐所以养心。

[3] 愆在中也："愆"读为"愆"（孔广森、高亨说），过也。与"小有言（辛）"之"言（辛）"换文同义，且下文"灾在外也"与此相对。此言愆咎已在酝酿中。

[4] 虽小有言，以吉终也："言"读若"辛"若"愆"，说已见前。"吉终"原讹为"终吉"，据阮元《校勘记》改。九二处下卦〈乾〉卦之中，处于阴位，是其刚健适中，而又不乏阴柔，故虽小有愆，其终则吉。

[5] 需于泥，灾在外也；自我致寇，敬慎不败也：九三处下卦之终，已濒临外卦之坎险，故云"灾在外"。又古人认为自外而来谓之寇，故以寇比外卦之〈坎〉。九三近坎而稽留，是"自我致寇"；而意识到九三为凶地而能恭敬谨慎，则终无危败，此〈乾〉卦九三所谓"君子终日乾乾，夕惕若，厉无咎"也。

[6] 需于血，顺以听也："血"读为"洫"，说已见前。"需于血"后省经文"出自穴"。六四为柔爻，又处阴位，故云"顺以听"。此言六四已入沟坎中而终能从陷穴中逃脱出，是因能持守柔顺而听从天命的缘故。

[7] 酒食贞吉，以中正也：此是经文"需于酒食贞吉"之省文。稽留

于酒食之中,谓以酒食滋养身形。"以中正"有三义:一谓九五居中得正;二谓养心使和谐("中",和也),养形使端正;三谓九五深入坎陷,无为待时,不急不躁。

[8] 虽不当位,未大失也:屈翼鹏以为"位"字衍,可从。盖"位"涉"未"音而衍("位"与"未"同为物部字)。不速之客来,理当"御寇";虽"不利为寇"(攻取强寇),但亦不宜"敬之",因上六为坎陷最深处。今"敬之"虽有不妥,但毕竟没有不顾时境而贸然去攻取,故云"未大失也"。

▶ 通 说

〈需〉卦卦名之义为濡泽、浸润,卦名"需"为"濡"之本字;爻辞之"需"用为稽留,是"濡"之引申义;由滋润而引申有滋养之义,〈大象〉即用其滋养之义;〈彖传〉则取其"须"(颊)之假借义;〈说卦〉"需者,须也。物初蒙稚,待养而成",则是合〈彖〉、〈象〉二传而为之折中立说。

〈需〉卦在通行本中,其卦序次例于〈蒙〉卦之下,二者既非"覆"(卦爻翻覆)亦非"变"(卦爻相应变化);盖〈蒙〉、〈需〉皆含〈坎〉卦,故二者相比次;其于帛本中列于第十八卦,入〈坎〉宫,是属重卦成卦法的系统。

〈需〉卦六爻排列整齐,逻辑有序,由远及近,是较有系统的一卦,盖经后人笔削整理过。

〈彖传〉从三个方面对〈需〉卦做观照。首先是将"需"破读为"须",要观察等待,理由便是"险在前也";其次是"刚健而不陷",持守刚健之德,培育力量;第三是顺应天道,须时而往,即"位乎天位"、"往有功也"。

刚健之〈乾〉在下,险难之〈坎〉在上,勇往有功,正显英雄本色。若反之,险难之〈坎〉在下,刚健之〈乾〉在上,〈乾〉已济险至上,仍复刚健不已,则不利矣。〈讼〉卦所谓"入于渊也"即其义。

〈象传〉以"饮食宴乐"、"以中正"观照〈需〉卦,主张刚健之德遇逢险难时,应炼养心形,无为待时。〈小象〉中的"不犯难行"、"敬慎不败"、"顺以听",进一步强调刚健之德必须以柔节调适,方能最终涉险济难。

最后我们讲一讲"有孚"这两个字。"孚"字在《易经》中出现四十次之多,研究《易》的人对此字一直困惑不解。

这个"孚"字有没有一个确定的涵义?李镜池《周易筮辞考》(见《古史辨》第三册)认为这个字"《易》文中屡见,却不能以一个意义解得通,我们也用不着深究它的通义",他认为这个字大概是"表示吉凶的占辞"。这似乎是说它没有一个确定的具体涵义。但后来他在《周易通义》里改变了他的说法,给了它一个"通义",这就是一律都读为"俘",训为俘虏、俘获、收获。但是,我们知道,《周易》中(包括通行本和帛书本)没有"俘"字,凡表示俘获之义的都用"获"字。因此将"孚"字一律读为"俘"是有问题的。

高亨则训"孚"为三义:一是读为"俘";二是读为"浮",训为罚;三是训为"信"。这种读训法显得过于随意,也很难令人信服。

多数注家则从旧注一律训"孚"为诚、信、诚信。其实,有很多字在经文、传文中用法是不一样的,如"贞"字,在经文中一律用为"占",而在传文中则一律用为"正"。至于"孚"字也是一样的,其在传文中一律用为诚、信、诚信,而在经文中却似乎另有他义。

"孚"为"俘"的本字,这是近人研究的成果,它在甲骨文中已得到证实。而《易》中的"孚"字应该是"孵"字的假借,《说文》对"孚"字的解释其实是在解释"孵",这恰是《周易》中"孚"字的意义。徐锴《说文系传》:"孚,卵孚也"。段玉裁《说文解字注》据玄应书补"即"字,谓"孚,卵即孚也,一曰信也"。卵将孵化是其本义,卵之必然孵化为鸡,故有信验之义,此为其引申义。那么,《易》中的"有孚"正用此二义。卵将孵化,表明事物之征兆,因此"有孚"可以解作筮得卦兆、事物的征兆及迹象等义。此是其一义。卵已孵化,表明事物之征验、结果、报应、应验,这是它的第二种用法。〈解〉卦中的"孚"字,程、朱一改他卦之诚、信等训释,而明确释此字为"验"。这是非常正确的。因为第二义的"孚"近似于卜辞中的"允",是验辞。如卜辞常说"允雨"、"不允雨"等,意思是数日后所占下雨之事果然有验,或者未有应验,这恰可以和爻辞的"有孚"、"罔孚"相对照。《周礼·春官》:"占人……凡卜筮,既事则系币以比其命,岁终则计其占之中否"。《周易》源于早先之筮书,盖"有孚"即筮书中保留下来的"岁终计其中否"的验辞。

鸡之伏卵、卵之破壳孵化与龟甲兆坼是同样的道理,人们据以预测吉凶。所以古有龟卜,亦有鸡卜。鸡卜有鸡骨卜、鸡卵卜等多种方法,恐古人亦有"见卵而求时夜"的以卵之孵化占卜吉凶之法。

总之,"孚"或"有孚"一为占辞,可释为卦兆、征兆、迹象等;一为验辞,可释为征验、应验、报应、结果等。

《周易》讲事之征兆及应验之事,却无"兆"、"验"等字样,皆以"孚"字为之也。

"孚"也作"勇",〈需〉卦《释文》"孚又作勇"。"勇"谓植物开花,此与卵之孵化都是象征龟甲兆坼的。〈说卦〉正义解释"震为旉"说:"为旉,取其春时气至,草木皆吐旉布而生也",〈解〉卦(下坎上震)〈象传〉说"天地解而雷雨作,雷雨作而百果草木皆甲坼",正可释此"震为旉"。

"孚"及"有孚"在帛书中均作"复"、"有复"。"复"是报验、信验之义(《汉书·谷永传》注"复亦报也",《论语·学而》皇侃疏"复犹验也"),与"孚"音义相近。

六、讼 ䷅（下坎上乾）

讼[1]。有孚，窒惕[2]，中吉，終凶[3]。利見大人，不利涉大川。

初六。不永[4]所事。小有言，終吉。

九二。不克訟[5]。歸而逋，其邑人三百戶，無眚[6]。

六三。食舊德，貞厲，終吉[7]；或從王事，無成[8]。

九四。不克訟。復即命渝[9]，安貞吉。

九五。訟。元吉[10]。

上九。或錫之鞶帶[11]，終朝三褫之[12]。

【今译】

筮得〈讼〉卦，卦兆显示的是问蓍者应时时忧惧警惕，事情发展的开始和前半段会顺利，事情发展的后半段和结局会不好。见大人有利，涉渡大河不利。

筮得初爻，没有把事情长久地做下去。虽小有不利，但终归吉祥。

筮得二爻，争讼没有胜诉。回来以后要躲藏起来，这样他和他城邑的三百户人家都不会遭祸。

筮得三爻，坐享祖上的荫禄，占问不利但最终获吉；抑或追随君王做事，不会有成功。

筮得四爻,争讼没有胜诉。回来以后要唯命是从;占问安否则大吉利。

筮得五爻,诉讼,大吉。

筮得上爻,或许能得到大带之赐,但将一日之内数次被剥夺。

【注释】

[1] 讼:卦名。通行本为第六卦,帛书本为第五卦。通行本〈讼〉卦次列于〈需〉卦后,是因为二者在爻画上是卦爻翻覆或上下卦颠倒的关系。

考之〈需〉卦,下乾上坎,乾为云气,坎为水,云气上出,坎水下注,二者相濡泽,故卦辞云"利涉大川"。〈讼〉卦与之反对,乾在上而坎在下,云气上蒸,坎水下注,二者相背而行,故有争讼之意,故"不利涉大川"。〈需〉之与〈讼〉的关系犹如〈泰〉之与〈否〉的关系。故〈需〉云"利"而〈讼〉云"不利",〈泰〉云"吉"而〈否〉云"不利"。

[2] 窒惕:"窒"读为"怪",惧也(闻一多等说)。

[3] 中吉,终凶:"中"指前半段,"终"指后半程。《易》通常以"初"、"终"相对,如"初吉终乱"、"无初有终"。"初"与"中"皆指事物进展前半段。

[4] 永:长,长久,彻底地做下去。

[5] 克讼:犹言胜诉。

[6] 归而逋,其邑人三百户,无眚:"逋",逃匿、躲藏。"其",指代"归而逋"的败诉者。"邑",城邑,为败诉者凭祖上恩荫所受封的领地。"人三百户",喻城邑不大。"眚",灾患。"无眚",指

"归而逋"的败诉者及其领地中的三百户人家均无灾祸。

[7] 食旧德,贞厉,终吉:"食",享用、安享。"旧",释为"恭祖旧"之"旧"。"旧德",指因祖上恩荫所享受的俸禄。"贞厉",占问不利。"终吉"二字帛本无,然〈象传〉说"食旧德,从上吉也",可知〈象传〉所据本有"终吉"二字。

[8] 或从王事,无成:"或",抑或、假若。"无成",不会有成功。"食旧德"喻无为,"从王事"喻有为。六三居下卦之终,处不当位,为二阳所摄,故无为则"吉",有为则"无成"。

[9] 复即命渝:"即"犹"则"。"复即"犹九二之"归而"。"命",命令,上级命令下属。"渝"当从帛本作"俞"。《礼记·内则》"男唯女俞","俞"是唯喏之义,"命俞"谓唯命是听。

[10] 讼,元吉:"元",大。九五居中得正,喻诉讼适可而止,则可获吉。或谓"讼"非指诉讼者,而是指决讼者、断案者,可备一说。

[11] 或锡之鞶带:"或",或许。"锡",赐。"鞶带",男子腰间所系革制大带。《礼记·内则》"男唯女俞,男鞶革,女鞶丝"。

[12] 终朝三褫之:"终朝",一日之内。"三",喻多次。"褫",夺,剥夺。"或锡之鞶带,终朝三褫之",盖谓上九居卦之终,刚勇不已,诉讼不止,或许一时因胜诉而有受赏鞶带之荣,但终有被夺回赏物之辱。

〈彖〉曰:訟,上剛下險,險而健,訟[1]。訟,有孚,窒惕,中吉,剛來而得中[2]也。終凶,訟不可成[3]也。利見大人,尚中正[4]也。不利涉大川,入于淵[5]也。

【今译】

〈彖传〉说：〈讼〉卦是阳刚居上，险陷在下，临险而强健，必有争讼之事。〈讼〉卦卦辞说有诚信、心怀惕惧、守中得吉，这是因为刚爻来居下卦中位、其德适中的缘故。卦辞所谓终凶，是说诉讼的结果不会成功。利见大人，是因为崇尚中正之德。不利涉大川，是说刚健至极会陷入深渊。

【注释】

[1] 上刚下险，险而健，讼：〈讼〉卦是上卦〈乾〉刚，下卦〈坎〉险，故云"上刚下险"。此释卦象，由上往下说。虽遇险而仍强健，故必有争讼之事，故云"险而健，讼"。此释卦德，由下往上说。

[2] 刚来而得中："刚"谓刚爻九二，"中"指下卦之中位。关于"来"字，注家多以卦变说之；而卦变之说又有多种。要而言之，大凡言"来"，一是就异类而言，若上卦或下卦皆为阳爻或阴爻，则无所谓"来"；二是就寡者而言，若下卦或上卦为二阳一阴，则谓之"柔来"，若下卦或上卦为二阴一阳，则谓之"刚来"。

[3] 讼不可成：此有二义，其一是就告诫而言，谓诉讼不宜终久进行下去（"可"犹宜、"成"犹终），即〈象传〉初六之"讼不可长"；其二是就终局结果而说，谓诉讼的结果是不会成功的。

[4] 尚中正：崇尚中正之德，喻诉讼适可而止。此既释卦辞"利见大人"，又释九五爻辞"讼，元吉"。九五之讼，之所以大吉，是因为居中得正，恰得适度。〈讼〉卦卦辞及六条爻辞皆就讼者而说，故或以为"尚中正"指"决讼者"，似不确。

[5] 入于渊：九五为适中，过此则为强健之极，讼而不已，故终必

"入于渊"。此既释卦辞"不利涉大川",又释上九"或锡之鞶带,终朝三褫之"。

〈象〉曰:天与水违行,讼[1]。君子以作事谋始[2]。
不永所事,讼不可长[3]也。虽小有言,其辩明也[4]。
不克讼,归逋窜也[5]。自下讼上,患至掇也[6]。
食旧德,从上吉也[7]。
复即命渝,安贞不失也[8]。
讼,元吉,以中正也[9]。
以讼受服,亦不足敬也[10]。

【今译】

〈象传〉说:天气上出,水流下注,二者相背而行,这便是〈讼〉卦的意象。君子应该懂得做事要在开始时就筹划好。

不把事情长久地做下去,这是说肇讼之事不宜使之滋长。虽小有不利而终归吉祥,是因为诉讼之事以辩明为止,而不以胜诉为终。

没有胜诉而逃归,这是隐匿避祸的意思。下属与上争讼,本来就是自取其祸。

坐享祖上的恩荫,是说安分守己、顺从上司则获吉利。

败讼而归便安于天命,这是说安守正固则不会有差误。

诉讼大吉,是因为适度恰当。

因讼而受到赏赐,这是不值得羡慕的。

【注释】

[1] 天与水违行,讼:〈讼〉卦上〈乾〉下〈坎〉,〈乾〉为日气上出,〈坎〉为水流下注;二者相背而行。其志相背,则是肇讼之端,故成〈讼〉卦。

[2] 君子以作事谋始:〈乾〉、〈坎〉之志相背而成肇讼之端,故诫君子之行事,察其几微,谋其初始,杜患于未然。

[3] 讼不可长:"讼",指肇讼之事。"可"犹"宜"(《后汉书·皇甫规传》注)。"长",滋长蔓延。

[4] 虽小有言,其辩明也:此足文当为"虽小有言,终吉,其辩明也",节引经文,是〈象传〉体例。此言虽小有不利而最终获吉,是因为君子不得已而为讼,但仅以辩明是非为止,而不以胜诉为终。

[5] 不克讼,归逋窜也:"不克讼,归逋"是引经文,"窜也"是〈象传〉。"窜",隐匿也(《荀子·儒效》注)。未胜诉而逃归,是隐匿避祸的最好方法。九二处柔位,藏于二阴之间,故有"窜"象。

[6] 自下讼上,患至掇也:二与五敌应,九五处中得正,故九二有"自下讼上"之象。"掇",自取(朱熹注)。

[7] 食旧德,从上吉也:"上",或谓统指六三以上之阳爻,或谓指与六三相应的上九。〈象传〉以坐享恩荫为安分守己、不争随上之义。

[8] 复即命渝,安贞不失也:〈象传〉释"渝"为"俞",与帛本同,训为"安",故云安守正固("安贞")则无失误。

[9] 讼,元吉,以中正也:九五居中得正,讼不失度,故得"元吉"。

[10] 以讼受服,亦不足敬也:"服"谓"或锡之鞶带"之"鞶带",泛指赏赐。因讼得赏,已潜伏着祸患,故不足敬;而上九已亢,讼而不已,终入于渊,则不但不足敬,亦可畏也。

▶ 通 说

〈讼〉卦为下坎上乾,而〈需〉卦为下乾上坎。坎为水流下注,乾为日气上出,上出与下注相濡泽者为〈需〉;反之,上出与下注相乖背者则为〈讼〉。〈坤〉最初为〈川〉,则〈泰〉卦与〈否〉卦的关系就恰好和〈需〉卦与〈讼〉卦的关系完全一样。

〈讼〉卦卦象为乖背,由乖背而产生争讼,故〈讼〉卦大体是讲争讼之事。

〈讼〉卦所讲争讼之事,其讼者,从"归而逋,其邑人三百户,无眚"及"复即命渝"来看,似乎为小邑的邑官与其上司相诉讼。其主旨大约是讲人最好无讼,即便讼也要适可而止,而不要以讼逞强,讼而不已。因为理想之世,应该是无讼的;因争而讼,那是下策。《黄帝四经·称》说得好:"善为国者,太上无刑,其次〔正法〕,其下斗果讼果"。

〈彖传〉对〈讼〉卦的理解,不是简单地否定诉讼,而是因为〈讼〉卦是由刚、险、健组合而成。若是刚柔、险易、健顺相互协调则有利,若是纯为刚、险、健,则为不利。

〈彖传〉以"刚来而得中"释卦辞"有孚窒惕中吉",同时也是在解释九二爻辞"不克讼,归而逋"。视败诉归逋为吉,仍包含着对刚、险、健纠偏的意味。〈彖传〉末尾"入于渊"三字,表现作者对〈讼〉卦终局的清醒认识和关注。

〈象传〉明确揭示了"作事谋始"在事情进展的全过程中的重要作用,与〈系辞〉"察几知微"是同一个道理。

七、师䷆（下坎上坤）

師[1]。貞丈人吉，無咎[2]。

初六。師出以律[3]。否臧[4]凶。

九二。在師中[5]。吉無咎，王三錫命[6]。

六三。師或輿尸[7]，凶。

六四。師左次[8]，無咎。

六五。田有禽[9]，利執言[10]，無咎。長子帥師，弟子輿尸[11]。貞凶。

上六。大君有命，開國承家，小人勿用[12]。

【今译】

筮得〈师〉卦，大人占问则吉，没有灾害。

筮得初爻，师旅出征必遵军纪。不遵军纪则有凶祸。

筮得二爻，主帅居于中军，吉利无灾，并能受到王的多次嘉奖。

筮得三爻，师旅或许会载尸而还，这是凶象。

筮得四爻，军队避退驻扎，没有灾害。

筮得五爻，田野中有猎物，利于捕获，没有灾害。长子统率军队，次子载尸而归，这是不吉之占。

筮得上爻，天子有所赏赐，有功之人受国封为诸侯或受家封为大夫，但小人不可施用。

【注释】

[1] 师：卦名。通行本为第七卦，帛书本为第三十七卦。此与〈屯〉、〈蒙〉、〈需〉、〈讼〉等卦皆含〈坎〉卦，故次列于〈讼〉卦之下。

按照〈序卦传〉的说法"讼必有众起，故受之以师；师者，众也"。但帛书六十四卦并不如此排列。六十四卦的排列次序当有两大系列：一大系列是出于上下卦的重叠排比关系，帛书六十四卦即是代表；一大系列是由各卦的卦名涵义而定，今本《易经》即是代表；但从今本六十四卦上下卦的前后关系来看，似仍是脱胎于前者。

"师"字，经文为师旅之义；〈彖传〉为"众"义；〈象传〉为容畜之义。无众则无师旅，无畜则无众；畜养之则民众归聚，归聚则可成师旅。古之民，无战事则为农众，有战事则为兵众。《黄帝四经·经法·论》所谓"以其有事，起之则天下听；以其无事，安之则天下静"，朱熹亦云"古者寓兵于农"。

[2] 贞丈人吉，无咎："贞"，占问。经文"贞"字基本为占问之义，传文"贞"字大体为正或正固之义。"丈人"，《子夏传》作"大人"。按：当以作"大人"为是。《易》中"丈人"仅此一见，似颇可疑。《易》中"大人"或谓五，或谓二，总之皆当居中。此处"大人"即指九二。《易》中"某某贞吉"与"贞某某吉"意思相同。如〈履〉卦九二"幽人贞吉"、〈恒〉卦六五爻辞"贞妇人吉"，〈小象〉云"妇人贞吉"；又如〈困〉卦卦辞"贞大人吉，无咎"。〈彖传〉说"贞大人吉，以刚中也"，此指九二，与〈师〉卦同。

[3] 师出以律："以"，用，遵守。"律"，音律、号令，犹言军纪。

七、师

[4] 否臧：不善，犹言不遵守军纪。〈象传〉的"失律"即是对"否臧"的转译。

[5] 在师中："师中"即"中军"，言大人居于中军以为统帅。又九二之大人居于下卦之中，此为"中"之第二义。

[6] 王三锡命："王"即上六的"大君"，指天子。"三锡命"，指王多次奖赏九二大人。"锡"同赐。"命"与"赐"同（《小尔雅·广言》"命，予也"，赐予）。"王三锡命"是对"吉无咎"的说明。

[7] 师或舆尸："或"，或许。"舆尸"，用车子运载战死士兵的尸首。此是大凶之象。

[8] 师左次："左次"，退舍，退守驻扎（"左"，退；"次"，停留）。

[9] 田有禽："禽"，指猎物。或训为"擒"，然与下文之"执"义复。

[10] 利执言："执"，猎取。"言"犹《诗》"薄言采之"之"言"，同"焉"，语辞。

[11] 长子帅师，弟子舆尸："长子"指"在师中"之九二。九二居中，趋时而动，故或"左次"或"利执"，均能吉而无咎，所谓"师出以律"也。"弟子"指"舆尸"之六三。六三以阴居阳，下乘刚而上无应。又居下卦之终，才弱而刚，贸然而进，宜其"舆尸"，所谓"否臧"者也。六五以刚中之长子帅师，而又以卤莽之后生拨乱其间，故云"贞凶"。

[12] 大君有命，开国承家，小人勿用："大君"，即"王三锡命"的"王"，指天子。"命"，颁赐。古云"诸侯有国，大夫有家"。"开国"，谓建国封为诸侯。"承家"，谓立家封为大夫。"开国承家"呼应卦辞"贞大人吉"。"小人勿用"，谓小人不可施用。此盖由"弟子舆尸"而得出之教训。小人施用于世，则乱

必生。

〈彖〉曰:師,衆也。貞,正也。能以衆正[1],可以王矣。剛中而應,行險而順[2]。以此毒[3]天下,而民從之,吉又何咎矣。

【今译】

〈彖传〉说:师,是众的意思。贞,是正的意思。能够使众人行正道,则可称王天下。刚健中正而上下相应,行遇危险而终能顺利。以此刚中之德而治理天下,人民拥护顺从,吉祥无比,又哪里有灾害呢?

【注释】

[1] 能以众正:"以"犹使。九二爻位居中,故能率使众人行正道,〈未济〉卦九二〈小象〉亦云"九二贞吉,中以行正也"。"能以众正"亦即初六"师出以律"。

[2] 刚中而应,行险而顺:上句释爻象,下句释卦德。"刚中"谓九二为刚爻而居下卦中位,"应"谓九二上应六五。"险"指下卦〈坎〉,"顺"指上卦〈坤〉。虽眼前行遇坎险,而最终会化险为顺。因其"刚",故有"利执"之说;因其"中",故有"左次"之说。

[3] 毒:读为"督",治,正(俞樾说)。《说文》"薵,读为督",是毒可读为"督"。又解,《说文》"垿,保也。读若毒",则此"毒"可读为"垿",训为"保",保有人民,即〈象传〉"容民蓄众"之所从出。"归藏"之"小毒畜"、"大毒畜"之"毒"亦如此读。

〈象〉曰:地中有水,師[1]。君子以容民畜衆[2]。

師出以律,失律凶也[3]。

在師中吉,承天寵也[4]。王三錫命,懷萬邦也[5]。

師或輿尸,大無功也[6]。

左次無咎,未失常也[7]。

長子帥師,以中行也[8]。弟子輿尸,使不當也[9]。

大君有命,以正功也[10]。小人勿用,必亂邦也[11]。

【今译】

〈象传〉说:地中有水,这是〈师〉卦的意象。君子应取法它以容纳和畜养民众。

师出以律,说的是失去军纪必有凶祸。

在师中吉,是因为能得到天子的宠信。王三锡命,是为了怀抚天下。

师或舆尸,是因六三刚愎自大故而无功。

左次无咎,是因为未失兵家之常道。

长子帅师,是因为能行适时合宜之道。弟子舆尸,这是任官不当导致的。

大君有命,是说正定功绩大小而予以不同的封赏。小人勿用,是因为委任小人必然乱邦。

【注释】

[1]地中有水,师:〈师〉卦上坤下坎,坤为地,坎为水,《集解》引陆

绩曰:"坤中众者,莫过于水",故〈大象〉云"地中有水,师"。

[2] 君子以容民畜众:君子观〈师〉卦地广聚水之象,应知广为容纳畜养民众。《文子·上德》"地势深厚,水泉入聚……圣人法之,德无不容"正与此同。广畜民众,方能成师旅,《黄帝四经·称》所谓"因民以为师"。

[3] 失律凶:此释初六爻辞"否臧凶"。

[4] 承天宠:此是呼应〈象传〉"刚中而应"的"应"。"天",指居六五天位的天子。九二与六五相应,谓承蒙天子的宠信,故吉而无咎。

[5] 怀万邦:"怀",怀抚。"万邦",指天下。有功者受赏,所以怀抚天下,使各尽力。

[6] 大无功:"大"为阳、为刚。六三本为阴柔而居阳位,又乘九二之刚,刚愎自大,贸然而进,故而无功。诸家释"大"字均误。

[7] 左次无咎,未失常也:六四处上卦之初,又无应援,处境不利,故暂时退舍,此未失用兵之常道。《老子·六十九章》"用兵有言:吾不敢进寸而退尺"。

[8] 长子帅师,以中行也:"中行",是说九二之"长子"行事适时得宜,即时境有利则"利执言",时境不利则"左次"。

[9] 弟子舆尸,使不当也:弟子与长子分权,参与师旅领导,这是使任不当也。〈象传〉于六五揭出"使"字,表明"舆尸"败绩,于大君有责任。

[10] 大君有命,以正功也:正定战功大小,以裂地封侯,《墨子·尚贤》"般爵以贵之,裂地以分之"。

[11] 小人勿用,必乱邦也:战争中使任军官不当则乱军,"弟子舆

尸"即是其教训；战争结束封赏委任不当则乱国，亦是自然之理。

▶ 通　说

〈师〉卦的卦爻辞是讲军队作战之事，它强调了军队任官需要审慎，并由此引发出战争胜利后的封赏原则。

《周易》经、传"中"字通常简单地被理解为"中正"，但观此卦，可得出"中"字的正解。九二处位得当，又上应六五，"承天之宠"。时境有利，故有"利执"之功和"王三锡命"之荣；而位处六四，居上卦之初，又无应援，时境不利，故暂时"左次"以待时机。这便是《周易》"中"的涵义，也即《庄子》所谓"一龙一蛇"。九二"王三锡命"可与〈讼〉卦上九的"终朝三褫之"对看。〈师〉卦九二之所以"王三锡命"，是因为因时进退、一龙一蛇；〈讼〉卦上九之所以"终朝三褫之"，是因为"知进而不知退"。

八、比 ䷇（下坤上坎）

比[1]。吉。原筮，元永貞，無咎[2]。不寧方來，後夫凶[3]。

初六。有孚比之，無咎[4]。有孚盈缶，終來有它，吉[5]。

六二。比之自內[6]，貞吉。

六三。比之匪人[7]。

六四。外比之[8]，貞吉。

九五。顯比[9]。王用三驅，失前禽，邑人不誡，吉[10]。

上六。比之無首，凶[11]。

【今译】

筮得〈比〉卦，吉利。初次占筮，问长久之事则有利，没有灾害。不安分的小国纷纷前来归附，拖延犹豫者将有灾祸。

筮得初爻，卦兆显示的是与别人亲近就没有灾害。卦兆还显示瓦罐倾覆，意味着终将有他患，但总归还是吉利的。

筮得二爻，自己主动亲近别人，占问吉利。

筮得三爻，所亲近的人是不该亲近的。

筮得四爻，别人来亲近自己，占问吉利。

筮得五爻，尊贵者亲近众人。王用围遮三面、前开一面的方法围猎,放走前逃的猎物,属下人不去警戒拦截,这是吉利的。

筮得上爻,没有亲近别人的开端,这是危险的。

【注释】

[1] 比:卦名。通行本为第八卦,帛书本为第十九卦。此与〈师〉卦为上下卦颠倒的关系,即〈师〉卦为下坎上坤,而〈比〉卦则为下坤上坎,故〈比〉卦次列于〈师〉卦之下。

"比"字象二人密切亲近,故〈比〉卦卦爻辞皆讲亲近之事。〈彖传〉释为下对上的辅弼顺从,〈象传〉释为上对下通过亲比以建立邦国、密切与诸侯关系。

[2] 原筮,元永贞,无咎:"原",旧注多训为"再"。俞樾训为"始",可从。"原筮",即最初占筮、初次占筮。"元永贞",高亨以为"元"下夺"亨"字。然〈萃〉卦亦有"元永贞","元"下亦无"亨"字;帛书本两卦均作"元永贞",同样无"亨"字。疑"元"训为善。"元永贞"犹利永贞。"永贞",问长久之事。亲比他人,长久下去,必无灾咎。

[3] 不宁方来,后夫凶:"不宁",不安分、不顺从。"方",指周边小国。"来",来亲比、来归附。"后",指拖延犹豫者。"夫",语辞。这样解释,与〈彖传〉相合。但亦可有另解。"方来"犹〈困〉卦九二"朱绂方来"之"方来",将来。"后夫凶",言然后乃有凶("夫"犹"乃")。此言不安宁之事将至,然后乃有凶险。

[4] 有孚比之,无咎:"之",指代他人。初六言"有孚比之,无咎",犹卦辞"原筮无咎"。

[5] 有孚盈缶,终来有它,吉:"盈",与"倾"通(《老子·二章》"高下

相倾",帛书本作"盈"),倾覆。"缶",瓦罐一类的器具。《方言·卷五》"缶,其小者谓之瓶。"〈屯〉卦《释文》引郑注"缶,汲器也"。瓶罐之倾覆,为不吉之兆,〈井〉所谓"羸其瓶,凶"是也。"终来有它,吉"旧皆读为"终来有它吉",释为终有其他吉祥。此不可从。《说文》"它,虫也。上古草居患它,故相问无它乎","它"字重文作"蛇"。古人称意外之患为"它"。"终来"犹言终将。"终来有它",如"比之匪人"之类。但尽管终将有它患,总归亲近他人还是吉祥的,这即是卦辞所说"元永贞,无咎"。于省吾以"来"当作"未",备一说。

[6] 比之自内:即"自内比之",言自己主动与别人亲近。"内"谓内卦,就自家而说。

[7] 比之匪人:"匪"同"非",帛书即作"非"。言不该亲近的人却去亲近他。此处不言占,然"有它"之占已寓于其中。

[8] 外比之:即"自外比之",言他人来亲近自己。"外"谓外卦,就别人而言。

[9] 显比:"显",尊显、尊贵者,指九五之"王"。尊贵者亲比的对象是众人。"显比"即"(自)显比(之)"。

[10] 王用三驱,失前禽,邑人不诫,吉:"王用三驱",是说王使用"三驱"田猎法。"三驱",是说设围三面,前开一面,入围者射而取之,前逃者听其自去,故下句云"失前禽"。"失"同"佚",谓放纵、放走。"前"谓从前面逃走。"邑人",指九五之"王"出狩行猎的属邑之人,即属下(〈讼〉九二之"邑人"即指九二大夫之属下,与此同)。"诫"同"戒备"之"戒",帛书即作"戒",谓有所戒备以拦截前逃之猎物。

[11] 比之无首,凶:"首"犹端。"无首",谓没有开端。

〈彖〉曰:比,吉也[1]。比,輔也,下順從也[2]。原筮,元永貞,無咎,以剛中也[3]。不寧方來,上下應也[4]。後夫凶,其道窮也[5]。

【今译】

〈彖传〉说:比,是辅弼的意思,是在下亲近顺从在上的意思。最初占筮,问长久之事则大通顺,没有灾害,这是因为九五刚健中正的缘故。不安分的小国前来亲附,这表明上下相应。拖延犹豫者有殃,这是因为他的行为势必困窘。

【注释】

[1] 比,吉也:朱熹《周易本义》以为此三字衍,可从。

[2] 比,辅也,下顺从也:"辅",辅弼,指臣子对君主之比。"下顺从也",指百姓对君主之比。

[3] 以刚中也:"刚中"指九五。刚则健行,中则持久,故能"元永贞"。

[4] 不宁方来,上下应也:"上"指上国、大国,"下"指下国、边裔小国。从爻画上看,初、二、三、四皆应合亲比在上之九五,谓之"上下应"。

[5] 后夫凶,其道穷也:"后"谓拖延迟疑。"穷"谓窘迫困穷。

〈象〉曰：地上有水，比[1]。先王以建萬國，親諸侯[2]。

比之初六，有它，吉也[3]。

比之自內，不自失也[4]。

比之匪人，不亦傷乎[5]。

外比于賢，以從上也[6]。

顯比之吉，位正中也。舍逆取順，失前禽也[7]。邑人不誡，上使中也[8]。

比之無首，無所終也[9]。

【今译】

〈象传〉说：地上有水，这是〈比〉卦的意象。先王观此意象以建立万国，亲近诸侯。

初爻亲比他人，虽有意外之患，但总归是吉利的。

内卦六二与外卦九五相应亲比，这是不失中正之道的。

不当亲近的人却去亲近他，这岂不是要受到伤害吗？

外卦六四亲比于贤君，因为下属要顺从上级的。

尊贵君主亲近众人之所以吉利，是因为他居位处中得正。放走前逃的猎物，这意味着宽恕违命者而容纳顺从者。属下不必戒备拦截，这说明君上用网开一面的方针是合于中正之道的。

没有亲近别人的良好的开端，这意味着没有好的结果。

【注释】

[1] 地上有水，比：〈比〉卦下卦为〈坤〉，上卦为〈坎〉，所以说"地上

有水"。〈象传〉以"坤"喻君,以"水"喻众。所以,〈师〉卦说"地中有水",以大地汇聚水流比喻君主容畜民众。而〈比〉卦说"地上有水",同时"水性润下",以众水汇集大地,比喻民众亲比君主。

[2] 先王以建万国,亲诸侯:先王观〈比〉卦之象,知天下皆有亲比君主之性,故应该也主动地去亲近诸侯,建立万国。

[3] 比之初六,有它,吉也:"比之初六"意即"初六比之",谓初六之亲比他人。初六所比理应为九五之贤君,而却为阴柔六二,故云"有它";然六二居中得正,又上应九五,并且"自内比之"九五,故初六之比六二,终亦相率而得"吉也"。

[4] 比之自内,不自失也:"内"谓内卦六二,与九五为正应,上比九五而不比于不中不正的六三,故云不自失中正之道。

[5] 比之匪人,不亦伤乎:六三比于六四,而六四阴柔不中,非其所当比,故有所伤。

[6] 外比于贤,以从上也:"外"指外卦六四。"贤"指九五之王。六四密比于九五,此乃从上之道。此与爻辞之义不同。

[7] 舍逆取顺,失前禽也:"失前禽"与"邑人不诫"均为爻辞,"舍逆取顺"与"上使中也"均为〈象传〉语,故此句实为"失前禽,舍逆取顺也"之倒装。"舍",赦免、宽恕。"逆",指违命前逃者。"取",接受、容纳。"顺",前来顺比者。

[8] 上使中也:"使",用,指王用"舍逆取顺"的三驱之法。"中",合于中正之道。

[9] 比之无首,无所终也:从爻画上看,上六居于一卦之终,凌驾于其他五爻之上,无所亲比,故云"无首"。"无首"即无端,不能

有亲比的开端。"无所终"即没有好结局。

➡ 通 说

〈比〉卦卦辞将人际关系的相互亲比视为维系社会的长久之道，这即是所谓的"元永贞"。反之，犹豫不决、无所亲比者则有凶祸。六爻之中，凡有所比者皆不言"凶"，如二、四、五爻皆"吉"，初爻虽"有它"亦"吉"，三爻所比不当亦未言"凶"，只上六一爻无所亲比，故言"凶"。可见亲比之道为〈比〉卦卦爻辞所重。人们亲比则协调和乐，此〈杂卦〉所谓"〈比〉乐〈师〉忧"。

〈彖传〉具体将"比"分割为臣辅弼君、民众顺从君主两部分，并指出被亲比之君必须具备"刚中"之德。

〈象传〉更强调君主应利用人人所皆具有的亲比之性来反馈给天下，来据此"亲诸侯，建万国"。另外，〈坤〉卦用六〈象传〉说"用六永贞，以大终也"，〈比〉卦上六说"比之无首，无所终也"，也是尚阳观念的表现。

九、小畜 ☰(下乾上巽)

小畜[1]。亨。密雲不雨,自我西郊[2]。

初九。復自道[3]。何其咎?吉。

九二。牽復[4]。吉。

九三。輿說輻,夫妻反目[5]。

六四。有孚血去[6],惕出無咎[7]。

九五。有孚攣如[8],富以其鄰[9]。

上九。既雨既處[10]。尚德載,婦貞厲[11];月幾望,君子征凶[12]。

【今译】

筮得〈小畜〉卦,亨通。浓云从西郊吹来却不见降雨。

筮得初爻,从来时的道路返回,怎么会有灾咎呢,当然是吉利的。

筮得二爻,拉着车子返回,吉利。

筮得三爻,车与轴脱节,夫与妻失和。

筮得四爻,卦兆显示忧患已经离去,但需时时警惕,方可无灾咎。

筮得五爻,卦兆很好,还能泽及他人。

筮得上爻,雨已降下并已停止。贪得过分,妇人占问则不利;

将近阴历十五,男人出行有灾。

【注释】

[1] 小畜,卦名。通行本为第九卦,帛书本为第五十八卦。〈小畜〉卦的下卦为〈乾〉,盖由〈比〉卦的下卦〈坤〉变来,故次列于〈比〉卦之下。

　　卦名〈小畜〉,谓小有所畜,不宜大畜。盖〈小畜〉卦上〈巽〉下〈乾〉,巽为风,乾为日气、云气,风之为物,可聚可散,故所畜不多。若〈大畜〉卦,则上〈艮〉下〈乾〉,艮为山为止;为其能"止",故所畜者大。旧说〈巽〉为阴卦,〈乾〉为阳卦,阴为小,阳为大,以小畜大,故名〈小畜〉;同时〈小畜〉一阴五阳,六四阴爻为畜主,又是卦名〈小畜〉的第二个原因。可供参考。

[2] 密云不雨,自我西郊:从〈小畜〉卦名上看,"密云不雨,自我西郊"是说含雨之云畜积得尚且不够,故未有雨降。从卦象卦位看,下卦〈乾〉为西北方之卦,而上卦〈巽〉为东南方之卦,爻画自下而上,密云由西往东,崔寔〈农家谚〉曰"云往东,一场空",故卦辞云"不雨"。

[3] 复自道:"复",返回、回家。"道",旧路、来路。不走生路,而从旧路返回,故"何其咎?吉"。

[4] 牵复:"牵",从下文"舆说辐"看,指拉着车子。

[5] 舆说辐,夫妻反目:此二句为爻象,虽不言占,而其占自明。"说"同"脱"。"辐"同"輹",束轴之物,在此即指代轴。"反目",谓争吵、不和。

[6] 有孚血去:"有孚",卦兆显示。"血",阴忧之象,喻指忧患。

[7] 惕出无咎："出"疑"之"字之讹。"出"与"之",古籍互讹者甚多。"惕之无咎"犹〈乾〉卦九三"夕惕若,厉无咎"。

[8] 有孚挛如："挛"同"娈",好(参见〈大有〉及〈中孚〉注)。"如",语辞。

[9] 富以其邻："富",富裕。"以"犹"与"。谓将泽余施及邻人,正是诫其"小畜"之义。九五无占辞而其占自明。〈象传〉"不独富也",释义正确。

[10] 既雨既处："既",已经。"处",停止、雨止。卦辞"不雨"说其小畜之始,上九爻辞"既雨"说其小畜之终。〈小畜〉之终,下卦〈乾〉已上复至上卦,上卦〈巽〉则降至下卦,此时东南之云已吹向西北,崔寔〈农家谚〉所谓"云往西,马溅泥"。

[11] 尚德载,妇贞厉："尚",重、尊崇。"德"同"得",帛书及《集解》本即作"得"。"载",满、过分。"尚得载",贪得过分。"妇贞厉",妇人占问则不吉。此亦诫其小畜。

[12] 月几望,君子征凶："几望",接近阴历十五。"君子"相对于"妇人",指男人。"征",行、出门。

〈彖〉曰:小畜,柔得位而上下應之,曰小畜[1]。健而巽[2],剛中而志行[3],乃亨。密雲不雨,尚往也[4]。自我西郊,施未行[5]也。

【今译】

〈彖传〉说:〈小畜〉卦,柔爻处位合适而上下的阳爻呼应它,所以说小有所畜。强健而逊顺,阳刚居中而志在上进,所以亨通。密云不雨,因为云向西飘去。自我西郊,是说德教尚未化作雨露而广为施行。

【注释】

[1] 小畜,柔得位而上下应之,曰小畜:上"小畜"为卦名,下"小畜"谓小有所畜。"柔得位",谓六四阴爻居柔位。五阳爻皆应和一阴爻并为其所畜,故曰"上下应之"。然以阴柔畜阳刚,以小畜大,故又曰"小畜"。

[2] 健而巽:下卦之〈乾〉刚健,上卦之〈巽〉逊顺,故曰"健而巽"。此兼释卦体、卦德。

[3] 刚中而志行:"刚中",谓九二、九五刚爻居中。又阳卦〈乾〉居内卦,阴卦〈巽〉居外卦,亦是内中刚健之义。"志行",谓阳爻志在上进。三阳爻组成的〈乾〉卦指天,本当居上,今却在下卦,故志在上进以复归原位。

[4] 密云不雨,尚往也:"尚往",上行,上进。在上之〈巽〉为东南方之卦,谚所谓"云往东,一场空",故"不雨"。

[5] 自我西郊,施未行:"行",成,犹言落实。云自西郊向东郊吹,故欲施之雨未能落实。当着〈乾〉复位在上,〈巽〉归位在下,则成〈姤〉卦(☰下巽上乾),故〈姤〉卦的〈象传〉说"天下大行"。〈小畜·象〉之"施未行"正以雨未施行喻教化未大行天下。

〈象〉曰:風行天上,小畜[1]。君子以懿文德[2]。

復自道,其義吉也[3]。

牽復在中,亦不自失也[4]。

夫妻反目,不能正室也[5]。

有孚惕出,上合志也[6]。

有孚攣如,不獨富也[7]。

既雨既處,德積載也[8]。君子征凶,有所疑也[9]。

【今译】

〈象传〉说:风行于天上,这便是〈小畜〉卦的意象。君子应修美其文明之德。

复归其正道,理应是吉祥的。

被牵连复归正道,同时内有主见,这也是主动避免失误的表现。

夫妻失和,反映了男子不能规正妻室。

有诚信而时时戒惧,这是为了与居上位者志意相合。

有诚信而时时牵系别人,表明自己不愿独自富有。

雨已降落,以阴畜阳的过程也已完成,这说明阳刚之德畜积已满。君子行动将有凶祸,是因为阴气也已经可与阳德相抗衡。

【注释】

[1] 风行天上,小畜:〈小畜〉卦上卦〈巽〉为风,下卦〈乾〉为天,故曰"风行天上,小畜"。风行天上之所以谓之"小畜",因为古人认

为风为天帝使者,颁布号令者(《楚辞》洪兴祖补注引《河图帝通纪》曰"风者,天帝之使,乃告号令")。今风行天上,是朝廷之号令教化尚未播及天下,故名"小畜"。反之,〈巽〉在〈乾〉下,便是风行天下了,所以〈姤〉卦〈象传〉说"天下有风,〈姤〉。后以施命诰四方",〈姤〉卦的〈象传〉也说"天下大行也"。《黄帝四经·十大经·成法》"皇天使冯(风)下道一言而止",也是关于风传号令教化的记载。

[2] 君子以懿文德:"懿",修美。"文德",文明之德。小畜之时,风行天上,未能广为施化,君子当修美其德以待时。此正为内圣之道。时处〈姤〉卦,天下有风,则君子可"施命诰四方"。此正为外王之道。因为小畜之时,为内圣之道,故言"君子以……";〈姤〉卦之时,为外王之道,故言"后以……"。可见〈象传〉用语之讲求。

[3] 复自道,其义吉也:"义",宜,理当。乾阳本当居上,今反居下,故初九上行,欲自复其正道,这理当是吉利的。又与六四正应,亦宜其吉。

[4] 牵复在中,亦不自失也:"牵复",谓初九自复其道,而九二亦被牵连着复归正道。初九有应,故云"自复"。九二无应,故云"牵复"。这是被动的一面。但又云"在中",谓九二阳刚居中,内有主见,故又云"亦不自失也"。这又是强调了九二亦有主动的一面。

[5] 夫妻反目,不能正室也:九三与六四相比,有"夫妻"之象。但是一方面九三必欲上复,而另一方面六四又凌乘九三,故又有"反目"之象。初有应,二居中,三则居下卦之上,无应援而躁

进，反为六四所乘，故云不能规正妻室。

[6] 有孚惕出，上合志也："有孚"，有诚信。"出"亦当作"之"。"上"指居六四之上的九五、上九。六四阴爻居阴位，居位得当，故能时时戒惧。而时时戒惧，又是为了与凌乘其上的九五、上九意志相合。

[7] 有孚挛如，不独富也：九五有六四比之，故云有信（孚，信）。"挛"，牵系、牵连。九五居中得正，故又能牵系其他阳爻，提携之共进，故云"不独富也"。按：〈象传〉略去经文之"邻"字，故知九五所顾念者，似非指六四，而是初、二、三之同类。

[8] 既雨既处，德积载也："处"，止，完成。"既处"，指以阴畜阳的过程已经完成。"德"，指被畜之阳德。"载"，满，足够。

[9] 君子征凶，有所疑也："征"，行动。"疑"同"拟"，等同、抗衡，指阴气与阳相抗衡。阴之能畜阳使满，说明阴气也已具有足够的力量，这便是〈象传〉所省略了的"月几望"。"月几望"，义即阴近满盛，有所拟阳；而"阴拟于阳必战"，故"（妇贞厉），君子征凶"。《文子·上德》云"月望，日夺光"，便是这个意思。又"疑"如字，犹疑、三思。〈遁〉上九〈小象〉云"肥遁无不利，无所疑也"，正与此相照。

▶ 通 说

〈小畜〉卦卦辞说浓云密集，这是"畜"的意思；又说"不雨"，这是"小"的意思，即畜积不够。事物的发展，最初都要经历一个酝酿畜积的过程，这是〈小畜〉卦首先所要告诉人们的。第二，小畜是一个逐渐积累的过程，在这个过程中，最忌自私贪婪，宜时时警惕，爻辞所谓"惕之无咎"、"有孚挛如,富以其邻"、"尚德(得)载,妇贞厉"等就是这个意思。

〈象传〉主张在小畜之时,君子当深畜其德,自行内圣之道。

畜德又分为主动畜德("复自道")、被别人影响("牵复")和携带别人一起畜德("不独富也")三种情况。畜德之时,切忌急躁(九三"夫妻反目,不能正室也"),还讲究与上司协调好关系,德高不能盖主(六四"有孚惕之,上合志也")。

〈象传〉讲人文道德的畜积道理,同时也在讲阴阳畜积之理。〈小畜〉卦阴为畜主,以阴畜阳。两种力量畜积足够时,冲突就会发生。当阳德积累足够时("德积载"),阴作为它的对立面就会受到伤害("妇贞厉");同时,在培蓄阳德时,阴气也已得到足够的发展("月几望")并与阳德对抗冲突("有所拟也"),这样阳德也要受到伤害("君子征凶")。

最后我们谈一谈〈小畜〉卦卦名问题。

帛书题名为"少䕫",《归藏》题名为"小毒畜"。

"䕫"字固然可读为"蓄"或"畜",但《归藏》的"小毒畜"的"毒"字从何而来呢?我们怀疑即来源于"少䕫"和"小畜",即为今本与帛本卦名的复合;反之,说"少䕫"和"小畜"是对"小毒畜"的分解,这种可能也不是没有。

"䕫"盖借为"壔"。《史记·吴太伯世家》索隐说"寿、䕫音相近"。《说文》"壔,保也"。"保"即"堡"。堡字做动词则有容保、容畜之义。

"毒"与"䕫"音相近。《老子·五十一章》"亭之毒之",河上本、严遵本"毒"作"䕫"。"毒"与"䕫"一样都当读为"壔"。《说文》"壔,保也。读若毒"。

《归藏》卦名之"小毒畜"即帛本和今本的"少蘬"及"小畜"的合成,此现象亦体现在〈临〉卦的卦名上,详见〈临〉卦注。

"毒"读为"壔",尚可解决其他相关的问题。

〈师·彖〉"以此毒天下而民从之",此"毒"亦读为"壔",训为容保、保有;〈师〉卦〈大象〉的"地中有水,师;君子以容民畜众"实即来源于〈师·彖〉的"以此壔天下而民从之"。若是地中有泽则为〈临〉卦,〈大象〉说"君子以容保民无疆"与此相近。

《老子·五十一章》"亭之毒之",旧注引《广雅·释诂》训"毒"为"安",此正是"壔"字之训(《说文》"壔,保也",《诗·楚茨》传"保,安也")。

一〇、履 ䷉（下兑上乾）

[履][1]。履虎尾,不咥人,亨[2]。

初九。素履,往無咎[3]。

九二。履道坦坦,幽人貞吉[4]。

六三。眇能視,跛能履,履虎尾,咥人,凶[5]。武人爲于大君[6]。

九四。履虎尾,愬愬,終吉[7]。

九五。夬履,貞厲[8]。

上九。視履考祥,其旋元吉[9]。

【今译】

筮得〈履〉卦,卦象显示的是踩在老虎尾巴上而老虎不咬人,这是亨通的。

筮得初爻,穿着朴素的鞋子,往前行进没有灾害。

筮得二爻,走在平坦的道路上,幽隐之士占问吉利。

筮得三爻,一只眼是瞎的却自认为视力好,一条腿是瘸的却自以为脚力好,踩在老虎尾巴上被老虎咬了,遇到凶险;这是因为勇武匹夫自恃得到大君重用。

筮得四爻,踩着老虎尾巴,十分戒惧,最终可获吉。

筮得五爻,穿着断裂的鞋子,占问有危险,但终可无灾害。

筮得上爻,检讨自己所走过的路,考察外部出现的吉凶征兆,这样的话在返回的时候就会是大吉的。

【注释】

[1]〖履〗:卦名(按:"履虎尾"之"履"字下当有重文号,上"履"字为卦名。今从刘沅、高亨等说补"履"字)。通行本为第十卦,帛书本为第四卦。此与第九卦〈小畜〉卦为卦爻翻覆的关系,即按住〈小畜〉卦的初爻,使全卦从上翻覆下来,即成〈履〉卦。

卦名为〈履〉,是说人应如何踩践人生旅途。"履"本谓鞋,作动词则为踩践。从卦象上看,头顶高天,脚踩池沼,这便是人生旅途的写照(上卦乾为天,下卦兑为泽)。从卦德上看,内卦和悦柔顺,外卦刚健强劲,表示践履人生之途要自以和柔去应付外界的强健。至于〈象传〉,则将"上天下泽"纳入了尊卑有序的"礼"的范畴。

[2]履虎尾,不咥人,亨:"咥",咬啮。"履虎尾"喻人处于险境。人处险境何以未受伤害反而亨通呢?九四回答得很清楚:"履虎尾,愬愬,终吉"。处〈履〉之时,当行九四之道,此为全卦之宗旨。

[3]素履,往无咎:"素履",朴素的鞋子,喻以纯正自守。初九虽尚未履于虎尾之上,但已上〈履〉道,须自守纯正,方可无咎。

[4]履道坦坦,幽人贞吉:"坦坦",平坦。"幽人",幽隐之士。〈履〉卦下卦为〈兑〉,〈兑〉为泽,九二正是指草泽中幽隐之士。〈归妹〉卦上〈震〉下〈兑〉,九二亦云"利幽人贞",与此同。"履道坦坦"喻幽隐之士将发于草泽而有所"龙现"也(〈乾〉卦九二云

"见龙在田")。

[5] 眇能视，跛能履，履虎尾，咥人，凶："眇"，一只眼是瞎的(《说文》"眇，一目小也")。"跛"，一条腿是瘸的。两"能"字读为"而"(《集解》本即作"而")，却，反而。六三本阴爻，今居刚位，处下卦之终，凌乘九二，有刚愎自用之象，故"凶"。

[6] 武人为于大君："武人"，指阴爻六三。〈巽〉卦"初六，进退，利武人之贞"，亦是指阴爻。"武人"谓勇武之人。"为"犹"用"(《汉书》集注)。帛书本作"迵于大君"。"迵"即"通"，与"用"同。"大君"，指上九，〈师〉卦亦以上爻为"大君"。"武人用于大君"，言六三武人仗着得到上九大君的重用而刚愎凌人。六三与上九相应，故有"用于大君"之象。

[7] 履虎尾，诉诉，终吉："诉诉"，戒惧。九四与六三相反，本为刚爻，却自处柔位，又能时时戒惧，故终能不被虎咬，亨通吉祥。九四爻辞解释了卦辞"履虎尾"而何以"不咥人，亨"。

[8] 夬履，贞厉："夬"同"决"，断，断裂。九五以阳处刚，又近亢时，故有断履之象，占问自然有厉。"贞厉"下疑脱"无咎"二字。〈噬嗑〉六五"贞厉无咎"，〈象传〉云"贞厉无咎，得当也"，此其证一。〈履〉卦〈象传〉释九五云"刚中正，履帝位而不疚，光明也"，此"不疚"似即释九五爻辞之"无咎"，此其证二。九五〈小象〉云"夬履，贞厉[无咎]，位正当也"，此与〈噬嗑〉六五〈小象〉之"贞厉无咎，得当也"相同，其证三。

[9] 视履考祥，其旋元吉："视"谓检讨，"履"谓自己所走过的路。此是就内而说。"考"，考察，"祥"谓外界所呈现出的吉凶之兆。此是就外而言(〈复〉卦《释文》引郑注"异自内生曰眚，自

外曰祥")。"旋",还归、返还,谓爻至上九而往回返还。上九之"旋"与初九之"往"相照。"元吉",大吉。

〈彖〉曰:履,柔履刚也,說而應乎乾[1];是以履虎尾,不咥人,亨。剛中正,履帝位而不疚,光明也[2]。

【今译】

〈彖传〉说:〈履〉卦说的是和柔踩践在刚健上,以和悦去应合强健;所以卦辞说踩着虎尾而虎不咬人,并且亨通。以刚健中正之德,处于帝位而没有灾患,并且最终是前途光明。

【注释】

[1] 柔履刚也,说而应乎乾:"柔"指柔爻六三,"刚"指刚爻九四。六三上行,有"柔履刚"之象。"说"同"悦",下卦〈兑〉为和悦。"乾"谓上卦〈乾〉之刚健。以和柔尾随于刚健之后,以和悦去应合强健,此为处〈履〉之道,〈系辞传〉亦云"〈履〉和而至"、"〈履〉以和行"。

[2] 刚中正,履帝位而不疚,光明也:此专释九五。"刚中正",谓九五刚爻居中得正。"履帝位",指爻居九五。"不疚",无灾患(《国语·齐语》注:"疚,患也")。九五刚爻居刚位,又近亢时,过于果决刚断,故有"夬履贞厉"之象;然又因居中得正,故最终可无疚而光明亨通。此"不疚"似即在解释九五爻辞所脱去之"无咎"。《说文》"咎,灾也"、《国语·齐语》注:"疚,患也",是"不疚"即"无咎"。

〈象〉曰：上天下澤，履[1]。君子以辯上下，定民志[2]。

素履之往，獨行願也[3]。

幽人貞吉，中不自亂也[4]。

眇能視，不足以有明也；跛能履，不足以與行也[5]。咥人之凶，位不當也[6]。武人爲于大君，志剛也[7]。

愬愬終吉，志行也[8]。

夬履，貞厲，位正當也[9]。

元吉在上，大有慶也[10]。

【今译】

〈象传〉说：天在上泽在下，这是〈履〉卦的意象。君子应该取法它以辨别尊卑之序，正定天下人的志意。

穿着素履前往无咎，这是因为他能够专一实践他的纯正的心志。

幽人贞吉，这是因为他身居草泽之中而心志不躁乱。

瞎眼人看物，这是说他不可能有好的视力；瘸腿人走路，这是说他不可能有好的脚力。老虎咬人而遇凶险，这是因为他处位不当。勇武匹夫得到大君的任用，这导致了他的刚愎自负。

时时戒惧而终获吉祥，这说明了以和柔自处的心志得到了履行。

夬履贞厉无咎，这是因为九五居位正当。

自上返下的吉利，是指阳刚又有了吉庆。

【注释】

[1] 上天下泽,履:〈履〉卦上卦为〈乾〉天,下卦为〈兑〉泽。天高泽下、天尊泽卑,一方面它象征着"礼制"的规定性,另一方面在客观上它要求人们去履行和遵守它。换言之,〈象传〉一方面读"履"为"礼",一方面释"履"为履行、遵守。

[2] 君子以辩上下,定民志:这是由"上天下泽"所引发的人事教训。《文子·上德》:"高莫高于天也,下莫下于泽也。天高泽下,圣人法之,尊卑有序,天下定矣。"此与〈象传〉基本相同。

[3] 素履之往,独行愿也:"往"下省"无咎"。"独",专一。"行",履行,实践。"素"喻纯正。初九虽尚未履虎尾,但已上履道,须专一履行其纯正之志,方可无咎。

[4] 幽人贞吉,中不自乱也:幽蔽于草泽之间,对于世事"数数然"者,自然躁乱;而于有道之士,则自然恬静。"中"谓居中之九二,象幽隐于草泽之中;亦指内中、心中。

[5] 眇能视,不足以有明也;跛能履,不足以与行也:"与"犹"有"(《古书虚字集释》)。一眼瞎、一足跛,喻此武人只知进、不知退,〈巽〉卦初六"进退,利武人之贞"可证。

[6] 咥人之凶,位不当也:六三以阴柔之质而居刚位、乘二阳,处下卦之终、为进爻、前有虎尾,故知其"位不当也"。

[7] 武人为于大君,志刚也:"为"犹"用"。六三武人自恃有上九大君为应援,得其任用,故导致其志意刚愎。

[8] 诉诉终吉,志行也:九四刚爻处柔位,是其虽有刚健之德,而能以和柔自处。"志",和柔自处之志。"行",履行。

[9] 夬履,贞厉,位正当也:"夬履",果决行进。"贞厉"下当脱"无

咎"二字。九五至为果决，故诫之以"贞厉"；然虽"贞厉"而终可"无咎"，因为其居位正中得当。

[10] 元吉在上，大有庆也："在上"，谓上爻之上九。"大"，当指阳。〈象传〉特指明阳有庆，是因为爻辞有"视履考祥"之"旋"。"旋"谓爻至上九，履道已亢，须旋返于初，如此方可保证阳德有庆而无悔。此正是〈乾〉卦"用（通）九，见群龙无首，吉"；反之，若只知进不知退，只知"往"不知"旋"，则〈乾〉卦所谓"上九，亢龙有悔"。《周易》上九多不言"吉"，为其时已至亢而不知"旋"也。

▶ 通 说

〈履〉卦的卦象显示的是头上压着天，脚下踩着泽沼，这是人类所面对的一种现实困境，卦辞把它形象地比喻成"履虎尾"。但面对这种困境，人们希望能够化险为夷，这便是所谓"不咥人"。面临困境（"履虎尾"）而能化险为夷（"不咥人"），这即是处〈履〉之道。

从爻辞看，这个处〈履〉之道，即是"素履"、"幽人"、"诉诉"、"视履考祥"，〈象传〉则将其表述为"独行愿"、"中不自乱"、"志行"。它要求人纯贞自守、穷而不躁、时时戒惧、和柔自处并且及时反观内省、检讨总结。

处〈履〉之时，以和柔自守，这在爻辞爻位、〈象传〉、〈系传〉上分明揭示出来。凡阳爻而处于柔位者，爻辞皆"吉"，如九二"贞吉"、九四"终吉"、上九"元吉"，此正谓虽有刚健之德而能自处以和柔。〈象传〉云"柔履刚也，说（和悦）而应乎乾"，〈系传〉亦云"〈履〉和而至"、"〈履〉以和行"。〈象传〉释九五说"履帝位而不疚，光明也"，九五以刚爻处刚位，过于刚断，又近亢时，故有"夬履贞厉"之诫；但〈象传〉又云"光明"，这是说九五之刚断若能和之以阴柔则有光明之前景。以变卦说之，〈履〉卦上卦为〈乾〉，若刚爻九五变而为阴爻，则上卦由〈乾〉变〈离〉，〈离〉者，光明也。

处〈履〉之时，纯素自守、"独行愿也"、"中不自乱"是和柔的保证，《文子·道原》有言："机械之心藏于中，即纯白之不粹也，神德不全……欲害之心忘于中者，即饥虎可尾也"。

爻辞上九云"视履考祥"，〈观〉卦上九亦云"观其生，君子无咎"，皆是阐明及时反观自省、检讨总结之必要性。

〈象传〉明确地将〈履〉卦纳入"上天下泽"的尊卑礼序之中。《文子·上德》亦有相同的论述。〈象传〉释上九的"元吉在上，大有庆也"所表述的与〈乾〉卦通（用）九的"见群龙无首吉"的"徼终返始"的观念是一致的。由此亦可证明〈乾〉、〈坤〉两卦的"通九"、"通六"义例，实是贯穿于其他六十二卦之中的。

一一、泰 ䷊（下乾上坤）

泰[1]。小往大來[2]，吉亨。

初九。拔茅茹，以其彙，征吉[3]。

九二。包荒[4]，用馮河[5]，不遐遺[6]，朋亡[7]，得尚于中行[8]。

九三。無平不陂，無往不復[9]，艱貞無咎[10]。勿恤其孚，于食有福[11]。

六四。翩翩，不富以其鄰[12]，不戒以孚[13]。

六五。帝乙歸妹，以祉元吉[14]。

上六。城復于隍[15]，勿用師，自邑告命，貞吝[16]。

【今译】

筮得〈泰〉卦，不好的事情离开了，好的事情来到了，吉祥通顺。

筮得初爻，拔取茅草食用它的根茎，外出吉利。

筮得二爻，厨房空了，于是渡河去寻找食物，不依赖别人的馈赠，因为邻居也没有食物，果然在半路上得到了食物。

筮得三爻，没有只平坦而不倾斜的道路，也没有只去往而无回复的事情。占问的结果虽然艰难，但无灾害。卦兆显示的是不用忧虑，在食物上将大有富余。

筮得四爻，洋洋得意，不欲与邻居一同富裕，因为卦兆的缘故，所以毫不戒惧。

　　筮得五爻,得到了尊贵人家所嫁的女儿,因而得福,大吉利。

　　筮得上爻,城墙倾覆在城池中,城中传出命令,不要用军队去抵御,占问的结果很不利。

【注释】

[1] 泰:卦名。通行本为第十一卦,帛书本为第三十四卦。此与〈履〉卦皆含单卦的〈乾〉,故次列于〈履〉卦之下。

　　"泰"是通畅、交通之义。〈泰〉卦下〈乾〉表日气上腾,上〈川〉(〈坤〉)表川水下注,阴阳相交,云行雨施,象征天地通泰。就季节而言,〈泰〉卦象冬阴方去,春阳方至,故《吕览》以〈泰〉卦为正月卦。

[2] 小往大来:"小",泛指不好的事情或事物。"大",泛指好的事情或事物。

[3] 拔茅茹,以其汇,征吉:"茹",一说牵引(王弼注),按"茅"、"茹",草名。"汇",根茎(《尔雅·释木》陆德明《释文》云:"谓,舍人本作汇,云:汇者茎也")。"征吉",外出吉利。初九向冬春交接之时,此时冬贮已尽,新粮未下,故拔取茅根以食用,外出寻找食物自然吉利。清焦循〈荒年杂诗〉"采采山上榆,榆皮剥已尽;采采墓门茅,茅根不堪吮",正此"拔茅茹,以其汇"之义。

[4] 包荒:"包"与"庖"通。〈姤〉卦九二"包有鱼",《释文》云"包,本亦作庖"。"荒",空、虚。"包荒",谓厨房中空无食物。

[5] 用冯河:"用",于是、因此。"冯河",渡河,指外出涉川寻找

食物。

[6] 不遐遗:"遐"同"假",凭借、依赖(《史记·司马相如列传》"乘虚无而上遐兮",《汉书》"遐"作"假")。"遗"(Wèi 畏),施予、馈赠。

[7] 朋亡:"朋",邻党、邻里。"亡",无,指没有食物。

[8] 得尚于中行:"尚",嘉尚,馈赠。又"尚"疑读为"尝",食也(《广雅·释诂》二"尝,食也")。"中行",中道、半路。

[9] 无平不陂,无往不复:"陂",倾斜。"往",即卦辞"小往"之"往"。阳爻至三,下卦之终,诫之以"小往"复来。

[10] 艰贞无咎:"艰贞",占问结果虽然小有艰难但可无灾害。

[11] 勿恤其孚,于食有福:"恤",忧虑。"其",将然之辞,谓大概、将要。"孚",卦兆。"福"通"富"。"有富",有余。

[12] 翩翩,不富以其邻:"翩翩",洋洋自得的样子。"以",与。不富与其邻,谓不与邻居一同富裕。

[13] 不戒以孚:"以",因为。因为卦兆的缘故,所以毫不戒备。

[14] 帝乙归妹,以祉元吉:"帝乙",殷纣王的父亲。"归",嫁。"妹",少女。据说殷纣父帝乙曾嫁女于文王。按:六五为尊位,"帝乙归妹",盖谓得到了尊贵人家所嫁之女子。"以",因而。"祉",福,在此作动词用,指得福。"元吉",大吉。

[15] 城复于隍:"复"通"覆",倾覆。"隍",城池,城墙外围的濠沟。掘土为濠沟,其土堆垒为城墙;今城墙倾覆,其土又复归于原处。可见此"复"本有复归、倾覆二义。九三为下卦之终,始诫之以"无往不复";上六为全卦之终,其"复"乃验。

[16] 勿用师,自邑告命,贞吝:"勿用师",言城已倾覆,大势已去,

一一、泰 123

勿再用师御寇。"邑",城中。"告命",传达命令。"勿用师,自邑告命"是"自邑告命,勿用师"的倒装。"贞吝",占问结果不好。

〈彖〉曰:泰,小往大來,吉亨,則是天地交而萬物通也,上下交而其志同也[1]。內陽而外陰,內健而外順,內君子而外小人[2]。君子道長,小人道消[3]也。

【今译】

〈彖传〉说:〈泰〉卦卦辞说小往大来吉亨,意思就是天地二气相交而万物生养之道通畅,在上位与在下位的人相沟通而志意相合。阳在内而阴在外,内刚健而外柔顺,进用君子而疏远小人。君子之道增长,小人之道消亡。

【注释】

[1] 小往大来,吉亨,则是天地交而万物通也,上下交而其志同也:〈彖传〉只解释卦象和卦辞,而不及爻辞,与他卦有异。〈泰〉卦下乾上坤,乾元天气来至下面,坤元地气去往上面,二者相交,使万物资始资生,流形咸亨,这便是所谓"天地交而万物通"。乾元天气本在上,今来至下,此即"大来";坤元地气本在下,今去往上,此即"小往"。一往一来,相互易位,谓之"交"。此又象征上、下阶层的人相互易位,均能站在对方的立场上思考问题,从而得到相互理解,这即是"上下交而其志同"。

[2] 内阳而外阴,内健而外顺,内君子而外小人:内卦〈乾〉阳,外卦

〈坤〉阴;内卦刚健为体,外卦柔顺为用。"内君子",谓君子得以进用。"外小人",言小人被疏远。

[3] 君子道长,小人道消:下卦〈乾〉阳为君子,其势上进,故"道长";上卦〈坤〉阴为小人,其势困退,故"道消"。

〈象〉曰:天地交,泰[1]。后以财成天地之道[2],辅相天地之宜[3],以左右民[4]。

拔茅征吉,志在外也[5]。

包荒,得尚于中行,以光大也[6]。

無往不復,天地際也[7]。

翩翩不富,皆失實也[8],不戒以孚,中心願也[9]。

以祉元吉,中以行願也[10]。

城復于隍,其命亂也[11]。

【今译】

〈象传〉说:天气与地气交合,这便是〈泰〉卦的意象。君主应取法它制定符合自然规律的各项制度,帮助人们认识如何适应自然,以此来引导人民。

拔茅征吉,是说初九立志在于上进。

包容广大,符合中正之道,所以九二之德能够发扬光大。

无往不复,是说九三已处于上下卦相交接的时候。

六四等阴爻翩翩下至、自知不足,这是因为它们都离不开阳气。不相约嘱而坦诚就阳,这说明都出于它们内心的自愿。

阴爻六五嫁女于阳爻九二,得福大吉,说明实现了心中的愿望。

城墙倾覆在濠沟里,这表明事物发展趋势已发生转化。

【注释】

[1] 天地交,泰：〈泰〉卦下乾上坤,"天"谓天气,即乾元阳气；"地"谓地气,即坤元阴气。乾元阳气下降,坤元阴气上腾,即此"天地交"。

[2] 后以财成天地之道："后",君主。"财"同"裁"。"裁成",制定。"天地之道"即自然规律。此谓制定符合自然规律的各项制度。

[3] 辅相天地之宜："辅",帮助。"相",察看、认识。"宜",适宜、适应。谓帮助人们认识如何适应自然。

[4] 以左右民："左右",引导。《吕氏春秋·孟春纪》中的一段话当即是对〈象传〉和〈大象〉的隐括,其文云："是月也,天气下降,地气上腾,天地和同,草木繁动,王布农事……审端径术,善相丘陵坂险原隰,土地所宜,五谷所殖,以教道(导)民……"

[5] 志在外也："外",指外卦、上卦,谓初九之"征"(行),志在上进。

[6] 包荒,得尚于中行,以光大也：〈象传〉释"包荒"为包容广大("荒",大)。阴五居尊,阳二能与之相应,是谓善于包容。"尚",配、符合。"中行",中正之道。九二居下卦之中,与之相应的六五居上卦之中,是皆合中正之道。因为"有容,德乃大",所以说"以光大也"。

[7] 无往不复,天地际也："际",交接。九三处下卦乾天之终与上

卦坤地之初的交接之处,故云"天地际"。事物发展是"无往不复",故"天地际"是暗示爻至九三,已萌发事物转化之几微。

[8] 翩翩不富,皆失实也:"翩翩",翩然而下。由下"皆"字可知,翩然而下者非只六四一阴爻,还包括五上。"不富",指自知有所不足。"实"指阳。众阴自知有所不足而翩然下至,是因为它们都离不开阳。

[9] 不戒以孚,中心愿也:"不戒",指众阴不相约嘱。"以",而。"孚",坦诚,坦诚地向下就阳。"中心愿"即心中自愿,此释"孚"字。

[10] 以祉元吉,中以行愿也:"以祉元吉"是六五爻辞"帝乙归妹,以祉元吉"之省文。六五嫁女于九二,便是对六四"不富"、"失实"的回应。"中",中心、内心;同时"中"又标示着六五处于上卦之中位。"行",成,完成,实现。

[11] 城复于隍,其命乱也:"命",天命,事物发展趋势。"乱",变、转化(《汉书·终军传》集注:"乱,变也")。作为下卦之终的九三,暗示事物已孕育转化之几微;作为全卦之终的上六,则完成了这一转化。

● 通 说

〈泰〉卦的卦象、卦辞、九三爻辞及后人所追题的卦名都已包含有朴素的辩证法思想。乾元阳气,本性轻清上浮;而坤元阴气,本性重浊下沉。若使二者颠倒,则是"小往大来",则二气可以相交,则万物得以生成长养,则是"泰"。阳在内,则是"万物抱阳";阴在外,则是"万物负阴"。老子所谓"万物负阴而抱阳"是否是受了

〈泰〉卦的启迪，我们认为是有可能的，因为九五爻辞"无平不陂，无往不复"正是老子"观复"说之所本。

〈泰〉卦九二与六五易位则成〈既济〉卦，而〈否〉卦之六二与九五易位则成〈未济〉卦。火性本上炎，水性本润下。若颠倒其位则成〈既济〉，若维持原状则为〈未济〉。此恰与〈泰〉、〈否〉的道理一致。故〈泰〉卦上六为泰之极，物极必反，便有"城复于隍"之"吝"；而〈既济〉上六为既济之极，亦同样有"濡首"之"厉"。

〈象传〉所谓"天地交"、"上下交"，似亦包含相互易位则易于沟通的意思，因为阴阳本身就是以气化流行为其运作方式的。日本学者金谷治在他的《易的占筮与义理》一书中认为，〈泰〉卦"以天地颠倒的形式为安泰，至少使人感到其中有肯定变革的涵义"的说法很有新意，可以讨论的。

值得注意的是，《文子·上德》篇有与〈象传〉相近的文字，其文为"天气下，地气上，阴阳交通，万物齐同，君子用事，小人消亡，天地之道也"。由此可见先秦道家《易》学之一斑。

一二、否 ䷋（下坤上乾）

否[之匪人][1]。不利君子貞，大往小來[2]。

初六。拔茅茹，以其彙，貞吉，亨[3]。

六二。包承，小人吉，大人否亨[4]。

六三。包羞[5]。

九四。有命[6]，無咎，疇離祉[7]。

九五。休否[8]，大人吉。其亡其亡，繫于苞桑[9]。

上九。傾否[10]，先否後喜[11]。

【今译】

筮得〈否〉卦，不利于君子占问，好的事情离开了，不好的事情来到了。

筮得初爻，拔取茅草食用它的根茎，占问吉利通顺。

筮得二爻，厨中有生肉。小人吉利，大人不利但终亨通。

筮得三爻，厨中有熟肉。

筮得四爻，保有天命，没有灾害，并将得福。

筮得五爻，终止否塞。大人吉利。但须时时忧虑良好的转机会失去，这样的话，好的局面才能如系缚在密聚的桑树中那样牢固。

筮得上爻，扭转否塞的局面。开始困而闭塞，最终喜而亨通。

【注释】

[1] 否[之匪人]：否，卦名。"之匪人"三字涉〈比〉卦"比之匪人"而衍（朱熹说），可删，〈象传〉同。通行本为第十二卦，帛书本为第二卦。此为〈泰〉卦之上下卦颠倒，故次列于〈泰〉卦之下。

　　　　"否"是闭塞不通之义。〈否〉卦上卦乾阳上蒸，下卦坤阴内敛，阴阳不交，象征天地隔塞。就季节而言，〈否〉卦象夏阳方去，秋阴方至，故《吕览》以〈否〉卦为七月卦。

[2] 不利君子贞，大往小来："君子"与爻辞之"大人"意思接近，指有德者、有位者。"贞"，占问。"大"，指阳，在此泛指好的事情或事物。"小"，指阴，泛指不好的事情或事物。

[3] 拔茅茹，以其汇，贞吉，亨："汇"，根茎。此与〈泰〉卦初爻文字相近。"汇"喻事之初始根源，或泰或否，皆有其根。欲溯其本源，故二卦初爻皆言之以"拔茅茹，以其汇"。能究其几微，故皆云"吉"。

[4] 包承，小人吉，大人否亨："包"同"庖"。"承"读若"蒸"或"脀"，生肉（参高亨说）。或问厨中有肉，何以小人吉而大人否？其象如此，其占如此，本不一定二者之间都有必然的、合理的联系；或以"邦无道，富且贵焉，耻也"之类的说之，不一定能反映爻辞本来面貌。"亨"谓终亨，九五"休否"便是对此的回应，同时也在强调所谓终亨是除却事物发展的内部规律，还需加人人为的努力的。

[5] 包羞："羞"，熟肉（高亨说）。六三厨中有熟肉，自然是六二厨中有生肉的更进一步，因此也显然是六二占辞"小人吉，大人否"的递进一层，六三所省略了的占辞当即如此。

[6] 有命："有"，犹保、持，奉持。"有命"，奉持天命。否至强劲，转泰之几已萌，奉持天命，坚定信念，则可无咎。

[7] 畴离祉："畴"，发语辞（《礼记·檀弓》注"畴，发声也"）。"离"同"丽"，依附、接近。"祉"，福祥。

[8] 休否："休"，终止。

[9] 其亡其亡，系于苞桑："亡"，指失去止否为泰的转机。"苞"，丛茂、密聚。

[10] 倾否："倾"，倾覆、扭转。

[11] 先否后喜："先"谓事物发展的前半段，"后"谓事物发展的后半段。

〈彖〉曰：否[之匪人][1]，不利君子貞，大往小來，則是天地不交而萬物不通也[2]，上下不交而天下無邦[3]也。內陰而外陽，內柔而外剛，內小人而外君子[4]。小人道長，君子道消[5]也。

【今译】

〈彖传〉说：〈否〉卦卦辞说不利君子占问，乾阳上往，坤阴来下，意思就是天地二气不相交流而万物生养之道不得通畅，在上位与在下位的人不相沟通、志意离散而国家解体。阴在内而阳在外，内柔顺而外刚健，小人进用而君子疏远。小人之道增长，君子之道消亡。

【注释】

[1] 否[之匪人]:"之匪人"三字衍,可删。

[2] 天地不交而万物不通也:天气在上不与下交,地气在下不与上交,阴阳相交方为万物生养之道,今不相交,则万物无以"资始"、"资生"。

[3] 上下不交而天下无邦:在上位与在下位的人彼此不能互相沟通,不能站在对方的立场上思考问题,如此则志意离散;志意离散,则天下国家解体。

[4] 内阴而外阳,内柔而外刚,内小人而外君子:〈象传〉尚阳重内,贱阴轻外,阳与内为主体,阴与外为辅用。否塞之时,坤卦阴柔在内,乾卦阳刚在外,小人在朝,君子在野。

[5] 小人道长,君子道消:卦爻自下而上、自内而外,坤阴在下,其势增长,阴长则阳消,犹自夏而秋,秋阴长而夏阳消。《文子·上德》云"天气不下,地气不上,阴阳不通,万物不昌,小人得势,君子消亡,五谷不植,道德内藏",与〈象传〉相近。

〈象〉曰:天地不交,否[1]。君子以儉德辟難,不可榮以祿[2]。

拔茅貞吉,志在君也[3]。

大人否亨,不亂群也[4]。

包羞,位不當也[5]。

有命無咎,志行也[6]。

大人之吉,位正當也[7]。

否終則傾,何可長也[8]?

【今译】

〈象传〉说:天气与地气不相交合,这便是〈否〉卦的意象。君子应该含藏收敛以避危难,不可荣显而贪于禄位。

拔茅食根、正固得吉,说的是君子在否塞之时要心中有君、自甘寂寞。

君子困顿,是因为不与小人混同。

将蒙受羞耻,是因为六三居位不当。

奉持天命而无灾害,说的是此时君子应该把信念转化为行动了。

君子由否转吉,说明他恰当地摆正了自己的位置。

否塞到了极点必然转化,什么东西能够长久不变呢?

【注释】

[1] 天地不交,否:天气地气不交合,即阴阳乖违,君臣阻隔,小人离间其中,时正当道。

[2] 君子以俭德辟难,不可荣以禄:"俭",朱熹读为"敛",释为"收敛其德,不形于外",这是正确的。《吕览·孟秋纪》以〈否〉配七月,云"是月也,天地始肃,不可以赢"。"肃"即"缩",敛缩。谓天气敛缩不降,地气敛缩不上,于此天道绌缩之时,人道自当顺之而"不可以赢"、"不可荣以禄"。《黄帝四经·十大经·观》"时绌而事赢,如此者举事将不行",即其根据。"辟"同"避"。"荣",荣显。"以",连词。"禄",贪取禄位。《文子·上

德》说〈否〉卦时所谓"道德内藏"正与〈象传〉"敛德"相同。

[3] 拔茅贞吉,志在君也:"贞",守正。拔茅食根,喻其自甘寂寞;其之所以能守正如此,在于心中有君。〈泰〉、〈否〉初爻皆说君子。

[4] 大人否亨,不乱群也:"否亨",不通,困顿。"不乱群",谓不与小人为伍。否塞之时,小人当道,君子不与为伍,自然困顿。二与五应,五"位正当",则二"不乱群",亦是位当。

[5] 包羞,位不当也:"包羞",谓阴柔六三将蒙受羞耻。六三处下卦之终,又为进爻,否已至中,转泰之机已萌,而六三小人得寸进尺,但知进而不知退,将有蒙羞的结果,其应爻上九的"倾否"即是证明,故云"位不当也"。

[6] 有命无咎,志行也:下卦初、二、三,否盛之时也,君子但韬光养晦可也;九四已见转机,君子应趋时取福,转"志"为"行",化信念为行动。

[7] 大人之吉,位正当也:"大人之吉"前后省略"休否"、"其亡其亡,系于苞桑"。君子摆正了自己的位置,这有两方面涵义:其一是"休否",即及时动出,终止否塞;其二是"其亡其亡",即时时忧虑这种由否转泰的大好势头会失去。

[8] 否终则倾,何可长也:否终则倾,泰极则覆,无物可长久不变。此是天之道也。但人之道,需奋力倾否,立志保泰,此是"静因之道"的正解。

▶ 通　说

〈泰〉卦上六说"城复于隍",〈否〉卦上九说"倾否",一言"复"一言"倾",互文足义。"复"谓泰倾而复,"倾"谓否覆而返。此一必然规律,决定于天道,也即〈象传〉所说的"何可长也"的天"命"。然人道亦非完全消极的。虽泰终必覆,然人应尽力去保泰;否极必倾,而人亦须努力倾否。但观爻辞〈泰〉极言"城覆"而〈否〉极言"倾否",则二者是有区别的,前者强调客观,后者似更强调人为。它似乎传达给人们这样一个信息:否极而倾的内部规律必须由主动倾否的外部条件来实现,否则,否塞的困境将会做长时期的延续,并给人类造成重大的伤害;而泰终则覆的内部规律在极大的程度上会自发地起作用,不以人的意志为转移。

六十四卦〈彖〉、〈象〉传只〈乾〉、〈坤〉、〈泰〉、〈否〉言"阴"、"阳",或可证明此四卦在六十四卦中的重要位置。〈泰·彖〉、〈否·彖〉之"阴"、"阳"统摄其他诸卦,而同时又被统摄于〈乾·彖〉、〈坤·彖〉的"乾元"、"坤元"之中。〈乾〉卦〈小象〉、〈坤〉卦〈小象〉的"阴"、"阳"统摄其他诸卦,而同时又被统摄于〈乾〉卦〈大象〉、〈坤〉卦〈大象〉的"天"、"地"之中。

〈彖传〉贵阳贱阴、重内轻外。下卦为内卦,为己;上卦为外卦,为彼。就彼我言,我刚彼柔则宜,否则不宜;就己之内外言,内刚外柔则宜,否则不宜。

一三、同人 ䷌（下離上乾）

[同人][1]。同人于野[2]，亨，利涉大川，利君子貞。

初九。同人于門[3]，無咎。

六二。同人于宗，吝[4]。

九三。伏戎于莽，升其高陵，三歲不興[5]。

九四。乘其墉，弗克攻，吉[6]。

九五。同人先號咷而後笑，大師克相遇[7]。

上九。同人于郊，無悔[8]。

【今译】

筮得〈同人〉卦，聚众人于野外，亨通，利于涉水渡河，利于君子占问。

筮得初爻，聚众于宗庙大门之外，没有灾害。

筮得二爻，聚众于宗庙，面临危难。

筮得三爻，最初潜伏兵戎于草莽间窥伺，后又登上高陵炫耀武力，但连续三年也不敢举兵。

筮得四爻，登上敌城，却没有能攻进城内，这是吉利的。

筮得五爻，聚众者先悲伤而后欣喜，大众最终被聚合在一起。

筮得上爻，聚众于郊外，不会有困厄。

【注释】

[1]〔同人〕:卦名(按:"同人于野"之"同人"二字下当有重文号,上"同人"为卦名。今从高亨等说补"同人"二字)。通行本为第十三卦,帛书本为第六卦,此卦上卦与〈否〉卦之上卦同为〈乾〉卦,故次列于〈否〉卦后。

"同"是聚合的意思。〈同人〉卦是讲如何聚合众人、收聚人心,〈系辞〉"何以守位曰人,何以聚人曰财","聚人"和"守位"密切相关。〈同人〉卦下〈离〉上〈乾〉,"离"古作"罗",帛书即作"罗",〈系辞〉"作结绳而为网罟,以佃以渔,盖取诸离",亦可见"离"本作"罗"。〈同人〉卦是天下有罗,谓网罗天下之人,故后人追题此卦卦象名为〈同人〉。〈乾〉变〈坤〉、〈离〉变〈坎〉,则〈同人〉变为〈师〉,"师,众也",地中有水名为〈师〉,天下有网谓之〈同人〉。人同则众,欲众必同。

[2]同人于野:"野",郊外旷远之地。此喻罗聚众人之广。卦爻辞"同人"之次序由野而郊、门、宗,由广而狭,由亨而吝。

[3]同人于门:据六二可证知"门"就庙门而言,指聚众于宗庙大门之外。"同人于门"介于"同人于郊"与"同人于宗"之间。此言聚人虽不及郊、野之广,但也不限于宗族之间,故云"无咎"。

[4]同人于宗,吝:"宗",宗祠、宗庙,同宗人祭祀、宴享的聚会之处。"吝",困难、危难。欲举事而聚众不广,故将有吝难。

[5]伏戎于莽,升其高陵,三岁不兴:"伏",潜伏。"戎",兵戎、军队。"莽",草莽。"升",登。"兴",举兵征战。三、四爻以战争况说聚人之事,"伏戎于莽",欲行偷袭;"升其高陵",欲耀武力。但皆因聚众不广、实力不足,终不敢兴兵举事。

[6] 乘其墉,弗克攻,吉:"乘",登上。"墉",敌国城墙。"克",能。聚众不多,虽已登敌城,仍不能攻入,退而自省,再广聚人众,方能获吉。

[7] 同人先号咷而后笑,大师克相遇:"同人",与卦辞及初、二、上之"同人"意思小异,在此指"同人"者、聚众者。"号咷",痛哭、悲伤。"师",众。"克",最终。"遇",合、聚合。聚众者最初"号咷",所谓"三岁不兴"也;"后笑",所谓"大师克相遇"也。

[8] 同人于郊,无悔:"邑外谓之郊,郊外谓之野",虽不及"野"之广,但已胜于"宗"、"门",故不会有困厄("悔",困厄)。及至"通(用)九",则一变而可"于野",并将"亨"矣。

〈彖〉曰:同人,柔得位得中而應乎乾,曰同人[1]。[同人曰:]同人於野,亨,利涉大川,乾行也[2]。文明以健,中正而應,君子正也[3];唯君子爲能通天下之志[4]。

【今译】

〈彖传〉说:〈同人〉卦,柔爻处位得当,又能持守中正,并且与刚健之德相应配合,所以说能够广聚众人。广聚众人于旷野,亨通,利涉大川,这是天道的特性。禀性文明而意志强健,行为中正不偏而得到广泛应和,这便是君子守正的涵义;也只有守正的君子才能与天下众人的志意相沟通契合。

【注释】

[1] 同人,柔得位得中而应乎乾,曰同人:上"同人"为卦名,下"曰

同人"之"同人"释卦义。"曰同人"下"同人曰"三字,据程颐、朱熹说系衍文,可删之。"柔得位得中"指六二,六二为柔爻、居柔位、处下卦之中。上与〈乾〉之九五相应,故曰"应乎乾"。聚众之君,必须处位得当、持守中正,和柔刚健并举、文武二德兼备。

[2] 同人于野,亨,利涉大川,乾行也:"野",喻所聚之广。"乾行",即天行、天道。"天无私覆",故能"同人于野"、广聚众人。天道变通长久,故"亨"通。天道健行,故能"利涉大川"。

[3] 文明以健,中正而应,君子正也:此释卦辞"利君子贞"。"贞",正也。下卦〈离〉为日、为火、为文明,上卦〈乾〉为刚健。文明与刚健相辅,故云"文明以健"。六二与九五居中得正,又相应和,故云"中正而应";此喻持守中正,聚众而众能应和。

[4] 唯君子为能通天下之志:人主欲聚众,必须与众人心志相沟通;而君子"文明以健,中正而应",合于天道,故唯君子能聚众。〈系辞〉"是故圣人以通天下之志","是故"二字表明是引〈彖传〉,易"君子"为"圣人"。

〈象〉曰:天與火,同人[1]。君子以類族辨物[2]。

出門同人,又誰咎也[3]?

同人于宗,吝道也[4]。

伏戎于莽,敵剛也[5]。三歲不興,安行也[6]。

乘其墉,義弗克[7]也。其吉,則困而反則也[8]。

同人之先,以中直也[9]。大師相遇,言相克也[10]。

同人于郊,志未得也[11]。

【今译】

〈象传〉说:天气上出,火性炎上,二者一致,这便是〈同人〉卦的意象。君子应该懂得人以群分、物以类聚的道理。

能超越小宗派的范围去聚合人众,又哪里会有灾害呢?

聚合人众而局限在小宗派内,这是走入困境之道。

无论是伏兵于草莽中窥伺,还是登上高陵示威,都说明了我弱敌强。三年不能兴兵,这是说需要安静下来,徐徐图之。

虽然登上敌城,但没有能攻入,这是理所当然的。最终将会获吉,是说必须知困而后返回到正道上。

聚众者之所以会先悲伤而后欣喜,这是因为他奉守中正最终返回正道。聚众者最终与大众聚合了,这说的是他战胜了狭隘观念。

聚众于郊外,这是说聚人的志向尚未最终实现。

【注释】

[1] 天与火,同人:〈同人〉卦上卦为〈乾〉,表天气上出;下卦为〈离〉,表火焰上腾,二者一致,故曰"同人";反之,〈讼〉卦上〈乾〉表天气上出,下〈坎〉表水流下注,二者不相一致,故〈象传〉云"天与水违行,〈讼〉"。

[2] 君子以类族辨物:"族"谓族类、人类。"物"谓人类之外的动植物、客观事物。"类"与"辨"互文足义,皆谓分辨归类。〈同人〉卦讲如何聚众,而聚众在于大家志行一致,所以〈大象〉说"天

与火,同人;君子以类族辨物"。"类族辨物"即所谓"人以类聚,物以群分"、"同声相应,同气相求"。

[3] 出门同人,又谁咎也:欲聚人众,若能超越宗门一党之偏狭,又哪里会有灾害呢?"谁",何、哪里。

[4] 同人于宗,吝道也:六二居于下〈离〉之内,有陷入宗派一党之象;又他爻无应,独己有应(应于九五),复有一宗相附之象,故云"吝道",非正道也。

[5] 伏戎于莽,敌刚也:"伏戎于莽"是"伏戎于莽,升其高陵"之省。"刚",强。据九四"乘其墉"可知,此"强"指敌城内人众兵强。九三处下卦,故"伏戎于莽";又居下卦之终,故又"升其高陵"。或伏莽窥伺,或升陵示威,都是心虚的表现,皆因聚众不足,己弱敌强。

[6] 三岁不兴,安行也:"安",旧训同"焉"。按:"安行",谓安静其行止,再广聚人众,徐徐图之。帛书〈系传〉"爱民安行曰义"即此。

[7] 义弗克:"义"同"宜",理所当然。"弗克"即爻辞"弗克攻"之省。兵众不足,不能攻入,理所当然。

[8] 其吉,则困而反则也:所聚不足,兵微将寡,故"困";知困而后返归正道,故"吉"。"则"谓正道,"反则"谓退而反省,再广聚人众。

[9] 同人之先,以中直也:"同人之先"是爻辞"同人先号咷而后笑"之省文。聚人者之所以有先号咷而后笑的喜剧结局,是因为奉守中正、最终返回了正道。此承"反则"而说。

[10] 大师相遇,言相克也:"克",战胜,指战胜了狭隘观念。言

"相"者,谓"中直"与宗族之偏狭相交锋而中直克胜了偏狭,故大众得以聚合。

[11] 同人于郊,志未得也:虽已战胜宗门之偏狭,但未至"于野",所以聚众之志尚未得以完全足够的实现("得",足也)。它表明"聚人"之功是长期不懈、没有止境的,"守位"之事亦是如此。《易》言"有悔",多在三、上,言其满也;此言"无悔",是不满也,故〈象传〉言之以"志未得"。

▶ 通 说

〈同人〉卦下〈离〉上〈乾〉,表示聚合人众。然而下〈离〉上〈乾〉何以有"同人"之象,旧注均误。

按:〈离〉卦为下〈离〉上〈离〉,所追题之名最初皆当作"罗",此可证之以帛书六十四卦,其〈离〉卦卦名即写作〈罗〉,而帛书〈系传〉"作结绳而为古(罟),以田以渔,盖取诸罗也",字亦作"罗",今本均作"离"。"罗"者网也,〈同人〉卦下〈罗〉上〈乾〉,象天下设网,欲网罗天下之众人。若〈乾〉、〈罗〉颠倒,下〈乾〉上〈罗〉则为〈大有〉,其象天在网下,已将天下所有网罗在内,故名为"大有"。《淮南子·原道训》"张天下以为之笼,因江海以为罟",即〈同人〉之义。

"罗"者,就人而言为网罗,就物而言则为附丽、遭遇,故又引申并写作"离"或"罹"。网兽而食必以火,则"罗"卦又有"火"的意象;"火"与"日"意象接近,故又谓之"日";"火"与"日"皆明,而人类火食又为"文明"之象征,故〈罗〉卦又有"文明"之象。此为罗、离之本源与衍申之次序。

然六十四卦卦名又非皆取其本源之义,常常是本源与衍申义交叉出现。如〈乾〉可谓日气，亦可象天；〈坎〉表沟坎，亦可象水（按："坎"为沟坎、陷阱，沟、阱必有水聚，又引申有水象）、〈川〉本为水，水流注地，故又象地，并亦写作〈坤〉（由〈川〉至〈坤〉恰与由〈罗〉至〈离〉相同），此皆不胜枚举。

本卦以聚人不众则不可取胜为喻，况说聚人之重要性，此为〈同人〉卦之大旨。

〈同人〉卦卦辞、爻辞讲"大同"之理，"大同"不是"同"而是"和"。"同人于野"是"大同"是"和"，"同人于宗"是"同"而不是"和"，"同人于野"则"亨"，"同人于宗"则"吝"；此正是《国语·郑语》所说的"和实生物，同则不继"。〈象传〉的〈大象〉偏重于讲"同"，而〈小象〉则偏重于讲"和"，二者似乎是有区别的。

〈象传〉释〈同人〉卦谓内文明而外辅之以刚健，而六爻之"同"最终未能"于野"，可见〈象传〉认为〈同人〉卦最终不能实现大同与"内文明而外刚健"有关；反之，〈象传〉认为〈大有〉卦之所以能"大有元亨"，是因为"内刚健"而外辅之以文明。所谓"内文明"是说内卦为〈离〉、中爻为柔，"外刚健"是说外卦为〈乾〉、中爻为刚。〈象传〉之尚阳尚刚思想由此可见。

一四、大有 ䷍（下乾上离）

大有[1]。元亨。

初九。無交害,匪咎[2],艱則無咎[3]。

九二。大車以載,有攸往,無咎[4]。

九三。公用亨于天子,小人弗克[5]。

九四。匪其彭[6],無咎。

六五。厥孚交如,威如[7],吉。

上九。自天祐之,吉無不利。

【今译】

筮得〈大有〉卦,大通顺。

筮得初爻,不相侵害,不责备他人,虽遇艰难而能无灾。

筮得二爻,用大车装载,有所行往,没有灾害。

筮得三爻,公卿用网罗所获献于天子,小人则做不到。

筮得四爻,不炫耀富有,没有灾害。

筮得五爻,卦兆很好,顺人心愿,吉利。

筮得上爻,获得上天佑助,吉祥无比、无所不利。

【注释】

[1] 大有:卦名。通行本为第十四卦,帛书本为第五十卦。此卦为

〈同人〉卦的上、下卦颠倒，故次列于〈同人〉卦下。〈同人〉卦为上〈乾〉下〈罗〉，谓天下有罗，欲网罗天下之人。〈大有〉卦则上〈罗〉下〈乾〉，罗在天上，天下之物无所不网，故曰"大有"。

[2] 无交害，匪咎：高亨释"无交害"为"彼此无相贼害"，可从。"匪咎"，不责备于他人（"咎"，责也）。欲"大有"，首当不侵害、不责备于他人。

[3] 艰则无咎："则"，而也（《经传释词》）、"能"也（《古书虚字集释》）。若能不相侵害、不相责备，则虽遇艰难而能无咎。

[4] 大车以载，有攸往，无咎："载"，载人、载物。"大车以载"，喻广罗天下人才、财物，〈系辞传〉所谓"何以守位曰人，何以聚人曰财"。若能如此，则凡有所行，必无有不利。

[5] 公用亨于天子，小人弗克："公"与"天子"对举，指公卿、诸侯。"用"，指用其网罗所获，此承"大车以载"而说。"亨"同"享"，献也。"弗克"，不能，做不到。

[6] 匪其彭："彭"，大、盛多。"匪其彭"，不自大、不炫耀富有。

[7] 厥孚交如，威如："厥"，其。"孚"，卦兆。"交"，好（《史记·晋世家》索隐）。"如"，语辞，下同。"威"，帛书本作"委"，顺也。

〈彖〉曰：大有，柔得尊位大中，而上下應之，曰大有[1]。其德剛健而文明，應乎天而時行[2]，是以元亨。

【今译】

〈彖传〉说：〈大有〉卦，一柔爻处于尊位，尊显而能持守中道，上下阳刚都应和它，所以说大获所有。内秉刚健之德而外辅之以文明,因顺天道而与时偕行,所以大通顺。

【注释】

[1] 柔得尊位大中,而上下应之,曰大有:〈大有〉卦六五为柔爻,处于尊贵的五位,所以说"柔得尊位"。又处上卦之中,所以说得"中"。《易》言"大中"者仅此一卦,柔处尊显之五位,五为阳位,阳为大;一阴拥有五阳,五阳宗一阴,是所拥有者大;六爻仅此一阴,无与伦比,是大显之爻。〈同人〉卦阴不处尊,故仅"得中"而不能"大中",不得"大中"故不能"大有"。

[2] 其德刚健而文明,应乎天而时行:〈大有〉卦内〈乾〉外〈离〉,内主之以阳卦之刚健,外辅之以阴卦之文明。〈离〉五应〈乾〉二,象征顺应天道,故云"应乎乾"。能因爻位时境不同而相机行事,故又云"时行"。初爻为〈大有〉之准备阶段,须做到"无交害,匪咎"。二爻则"大车以载",尽量广罗人才、财物。三爻不独占所有,分之以献天子。四爻不自大、不自显。五爻则所获更丰。六则获天之佑。

〈象〉曰:火在天上,大有[1]。君子以遏恶扬善,顺天休命[2]。

大有初九,无交害也[3]。

大车以载,积中不败也[4]。

公用亨于天子,小人害也[5]。

匪其彭无咎,明辨晳也[6]。

厥孚交如,信以發志也[7];威如之吉,易而無備也[8]。大有上吉,自天祐也[9]。

【今译】

〈象传〉说:烛火高悬于天上,这便是〈大有〉卦的意象。君子应该阻塞邪恶、倡扬贤善,顺应由天道所决定的合理的社会准则。

〈大有〉卦的初爻,说的是无交往之祸害。

大车以载,是说车中积聚虽多而不会倾覆。

诸侯分其积聚以献于天子,这在小人会因为积聚而导致祸害的。

不自大而无咎,是说九四具有明辨的智慧。

以诚信与人沟通,是因为诚信能够启发他人产生共同的志向;威严可以获得吉利,实际上是说自己要行为简易而不包藏机心。

〈大有〉卦上爻可获吉利,是说无为守静便自会有上天佑助。

【注释】

[1] 火在天上,大有:〈大有〉卦上卦〈离〉火,下卦〈乾〉天,故云"火在天上"。烛火在天,喻洞察天地,烛照万物,天地万物皆备于己,故名为〈大有〉卦。《管子·内业》"神明之极,照知万物",又云"德成而智出,万物毕得",即是此义。

[2] 君子以遏恶扬善,顺天休命:"顺天休命"即"顺天之休命",《左传·僖公二十八年》"奉扬天子之丕显休命"即此辞例(杜预注:"休,美也")。"休",完美、合理。"命",指人事规律、社会法则。"顺天之休命",谓顺应由天道所决定的合理的社会法

则,这即是"遏恶扬善"。

[3] 大有初九,无交害也:"无交害",即无交往之祸害。从爻位上说,〈大有〉初爻,上无系应,居位僻远,故无交往之害。从取义上看,〈大有〉之初,所畜不足,不能济世,但无交远害可矣。

[4] 大车以载,积中不败也:"中",谓九二居中,又指"大车"之中。"积中"谓车中所积甚大。"败",倾覆。九二积畜已备,阳爻处中居柔,上与六五之"大中"为系应,故能"不败"。

[5] 公用亨于天子,小人害也:九三居下卦之终,阳爻处刚位,积聚甚丰,而九三之公侯,能用其所积以献天子,求得济世;若为小人,则"富贵而骄,自遗其咎"(《老子·九章》),自然将有祸害。

[6] 匪其彭无咎,明辨晰也:"晰",明、明智。九四已越居上卦,积畜丰备,然身处上卦之初,近逼九五,故以阳刚处柔位,不自大,此其明辨时境之智也。

[7] 厥孚交如,信以发志也:"厥",其。"孚",诚信。"交",交往、沟通。六五与九二为正应,故言"交";六五居尊居中,为〈离〉卦之主。〈离〉为日,古以日为诚信(如《黄帝四经·经法·论》"日信出信入"),其表诚信时往往指日为誓(如"有如皎日"之类),故言"孚"。此言六五以诚信与九二交往,它的诚信也启发了其他五阳产生共同的志向。

[8] 威如之吉,易而无备也:"易",行为简易、平易。"无备",不设防,不包藏机心。简易平和,不怀机心,反而使六五获得威严之吉。

[9] 大有上吉,自天佑也:"上",上爻、上九。上九已处〈大有〉之极,本有"亢龙"之"悔",今却获吉,这完全是由于上九能无为

守静,因任自然,而获上天之佑助。

➡ 通 说

〈大有〉卦下〈乾〉上〈罗〉,谓网罗天下之所有。但网罗天下所有并不是无条件的、一味地网罗,比如初爻先做准备,不急于网罗,要不相侵害,不求全责备,不排斥异己。二爻则全力以赴("有攸往"),尽力网罗("大车以载")。三爻则网罗既多,须切忌如小人一般贪吝心生、富贵而骄,当及时分其所获献于天子。四爻则虚己自谦,不自大自骄。五爻则经过三、四爻的调整完善,所获更丰。时至上爻,因为能够"与时偕行",故得天佑。〈象传〉对此有高度赞扬,概括为"应乎天而时行"。这个"时行"〈象传〉将其凸显在初、上二爻中,对〈大有〉的初始、终极两个阶段非常重视,强调初始时"无交害",终极时"自天佑"。初始时不汲汲于"大有",只须无交远害;终极时要无为守静,"赢极必静"(《黄帝四经》),以候天道之运。

〈象传〉认为天道明察,善恶有分,人道法之,遏恶扬善。《黄帝四经·十大经·观》云"力黑视象,见黑则黑,见白则白。地之所德则善,天之所刑[则]恶",当即为〈象传〉"君子以遏恶扬善,顺天休命"之所本。又《黄帝四经·十大经·果童》云"夫地有山有泽,有黑有白,有美有恶",《尹文子·大道上》"使美恶尽然有分",帛书《易》说〈二三子问〉"塞人之恶,扬人之美,可谓有序"等皆与〈象传〉接近。由此亦可见〈象传〉论述"大有",偏重在洞察善恶、塞扬分明的人事观照和实践上,与经文之"大有"内涵不同。它与《管子·内业》"神明之极,照知万物"、"德成智出,万物毕得"十分接近。〈象传〉"公用亨于天子,小人害也"即《老子·九章》"富贵而骄,自遗其咎";"匪其彭无咎,明辨晣也"即《老子·二十二章》"不自矜,故长";"大有上吉,自天佑也"即《老子·九章》"功遂身退,天之道也"。而〈象传〉"易而无备"又与《文子·符言》"无思虑,无设储"意义相含。

一五、謙䷎（下艮上坤）

謙[1]。亨,君子有終[2]。
初六。謙謙君子[3],用涉大川[4],吉。
六二。鳴謙,貞吉[5]。
九三。勞謙君子,有終吉[6]。
六四。無不利,撝謙[7]。
六五。不富以其鄰,利用侵伐[8],無不利。
上六。鳴謙,利用行師,征邑國[9]。

【今译】

筮得〈谦〉卦,亨通,君子有好的结果。
筮得初爻,君子谦之又谦,利于涉渡大河,吉祥。
筮得二爻,君子声名在外而愈加谦虚,占问吉利。
筮得三爻,君子有功劳而能谦虚,必有好结果,吉利。
筮得四爻,君子把谦虚精神发挥在事业上,无往不利。
筮得五爻,不与邻国共富的国家利于去侵伐它,无所不利。
筮得上爻,声名在外而愈加谦虚,出师征讨属邑小国有利。

【注释】

[1] 谦:卦名。通行本为第十五卦,帛书本为第三十五卦。〈谦〉与

〈大有〉在卦爻上没有内在联系；也就是说，它们既不是爻画互变的关系(如〈乾〉变〈坤〉)，也不是卦爻翻覆的关系(如〈小畜〉与〈履〉)，也不是上下卦颠倒的关系(如〈同人〉与〈大有〉)。〈谦〉与〈大有〉在帛书中并不毗连，属不同宫，通行本〈谦〉次列于〈大有〉之后，按照〈序卦传〉的说法是"有大者不可以盈，故受之以谦"。

〈谦〉卦下〈艮〉上〈坤〉，山入于地，有自我谦损之象，故卦名〈谦〉。反之，下〈坤〉上〈艮〉，则为〈剥〉卦；因为山出于地，其势必剥落也。

[2] 君子有终："有终"，最后会有好结果。

[3] 谦谦君子："谦谦"，谦而又谦。谦以下为贵，初爻最下，故云"谦谦"。据初爻"谦谦君子"，可推知六二"鸣谦"、九三"劳谦"、六四"撝谦"、上六"鸣谦"之下皆省去"君子"二字。

[4] 用涉大川："用"谓可行(《说文》："用，谓可施行也")。"用"与"利"相近，〈升〉卦卦辞"用见大人"，《音义》云"本或作利见"，帛书即作"利见"。可行则有利，故用、利相通，亦可说"利用"，省为"利"或"用"。可行为用，用、利相通，故"利用"亦可说成"可用"，如上六"利用行师"，〈小象〉云"可用行师"。要之，可行者为有用，可行、有用者必然有利，故可、用、利相通。《老子·三章》"不见可欲，使民心不乱"，谓去其利欲之心也，《管子·内业》"能去喜怒欲利，心乃反济"即此。

[5] 鸣谦，贞吉："鸣"，声名闻于外。"鸣"与"名"义相含，《释文》即作"名"，《广雅·释诂》云"鸣，名也"。六二处下卦〈艮〉中，象君子幽隐山中，履行谦道，声名反闻于外，此《庄子》所谓"渊默

而雷声"，《管子》所谓"不言之声，闻于雷鼓"。《荀子·儒效》云"让之则至，遵道则积，夸诞则虚……如是贵名起如日月，天下应之如雷霆，故曰：君子隐而显，微而明，辞让而胜。诗曰：鹤鸣于九皋，声闻于天"（杨倞注："毛云：皋，泽也。言身隐而名著也"），此正"鸣谦君子，贞吉"之谓。

[6] 劳谦君子，有终吉：谓君子有功在身而仍能行谦道，故有好结局而吉祥。九三处下卦之终，将出地中之山，养谦之功已成，故云"劳谦"（"劳"，功也）。

[7] 无不利，㧑谦：于鬯《香草校书》云"武亿《考异》谓当作㧑谦，无不利"，可从。"㧑谦君子，无不利"与"劳谦君子，有终吉"句例相同。"㧑"同"挥"，发挥，此谓将谦虚精神发挥于事业上。〈坤·文言〉"美在其中，而畅于四支，发于事业"与此同。六四已出下卦入上卦，象谦道已成，离隐入世，故当"㧑谦"。

[8] 不富以其邻，利用侵伐："以"犹"与"。"不富以其邻"即"不与其邻富"，某国掠夺他国财物使己独富而使邻国贫，是不与邻国共富，如此国家，有利于去侵伐它，以均其贫富，所谓"裒多益寡"也。六五所"侵伐"的对象为外国，上六所"征"之对象为属邑，二者有别。《周礼·夏官·司马·大司马》注"侵之者，兵加其境而已"。可见"侵伐"对象为外国。

[9] 鸣谦，利用行师征邑国：六二之"鸣谦"为幽隐者，上六之"鸣谦"为济世者，二者有别。"邑国"，属邑小国，为"君子"（诸侯）所统辖的领地。"征"与"侵"义有别，《孟子·尽心下》"征者，上伐下也"；又云"征之为言正也"，可证上六之所"征"与六五之所"侵伐"不同。上六所征之邑当亦是不与邻邑共富者；不

言者,省文也。六五为尊位,故"侵伐"他国;上六无位,故"征"讨属邑。

〈彖〉曰:谦,亨,天道下济而光明,地道卑而上行[1]。天道虧盈而益谦[2],地道變盈而流谦[3],鬼神害盈而福谦[4],人道恶盈而好谦[5]。谦,尊而光,卑而不可逾,君子之終也[6]。

【今译】

〈彖传〉说:〈谦〉卦亨通,是因为天道尊显而降下,地道卑下而升上。天道减损盈满而补充亏损,地道削减高凸而充实低凹,鬼神作祟有余者而造福不足者,人道憎恶骄佚而喜欢谦虚。保持谦虚,虽处尊贵而仍能光大谦德,身处卑微也无人敢凌辱,这便是卦辞所谓的君子会有好结果。

【注释】

[1] 天道下济而光明,地道卑而上行:"天道下济而光明"本当作"天道光明而下济",与"地道卑而上行"相对为文;为了协韵("明"、"行"协阳部韵)而改变句式。帛书〈缪和〉"天之道崇高神明而好下"与此同。"光明"义犹尊显,"济",渡(《尔雅·释言》)。下渡谓降下,"上行"谓升上。"天道"即阳道,〈艮〉山本为阳卦,为高显者,今降在下,故云"天道光明而下济";"地道"即阴道,〈坤〉地本为阴卦,为低卑者,今升在上,故云"地道卑

而上行"。上、下易位而名为〈谦〉,阴阳交通而谓之"亨"。此二句既释〈谦〉卦卦体,又释卦辞之"亨"。此可参阅〈泰〉卦,其理相近。

[2] 天道亏盈而益谦:此与以下三句释卦义。"亏"是减损,"益"是补充。"盈"谓满,"谦"谓亏。如月满而亏、月朔而望之类。

[3] 地道变盈而流谦:"变"是削减使之改变(帛书〈缪和〉"变盈"作"销盈","销"与消、削同),"流"是流注使之充实(帛书〈二三子问〉"流谦"即作"实谦")。削高使低、实低使高,如古语所谓"高岸为谷,深谷为陵"即是。《文子·上德》作"地之道损高益下",所说更为清晰。

[4] 鬼神害盈而福谦:"害"是作祟(〈二三子问〉作"祸"),"福"是造福。"盈"谓贪得积恶,"谦"谓清廉积善。《易》所谓"积不善之家必有余殃"、"积善之家必有余庆",即此"鬼神祸盈而福谦"。

[5] 人道恶盈而好谦:"满招损,谦受益"即此。《黄帝四经·十大经·行守》也说"天恶高,地恶广,人恶苛。高而不已,天将蹶之;广而不已,地将绝之;苛而不已,人将杀之"。

[6] 谦,尊而光,卑而不可逾,君子之终也:"谦",保持谦虚,持守谦德。"光",光大谦德。通常说来,尊贵而骄,自取其辱,所谓"骄溢人者其生危,其死辱也"(《黄帝四经·称经》)。若持守谦道,则尊显而能有美誉。"逾",凌践、凌辱。"谦,尊而光,卑而不可逾"释卦辞"君子之终"。

〈象〉曰:地中有山,谦[1]。君子以裒多益寡,称物平施[2]。

謙謙君子,卑以自牧[3]也。

鳴謙貞吉,中心得也[4]。

勞謙君子,萬民服也[5]。

無不利撝謙,不違則也[6]。

利用侵伐,征不服也[7]。

鳴謙,志未得也[8];可用行師,征邑國也[9]。

【今译】

〈象传〉说:地中有山,这是〈谦〉卦的意象。君子应该减取有余以增补不足,衡量物质多寡以公平施予。

君子谦而又谦,这是说位处卑下而又能以谦卑的精神自我修养。

谦虚君子声名外闻、守正获吉,这是说心中已经得道。

君子功绩在身而仍能谦虚谨慎,百姓都会敬服。

把谦虚的精神发挥在事业上无所不利,这是合于养谦之道的。

利于侵伐,是说要征讨不顺从自然法则的国家。

声名外闻而仍从事于治谦之道,是因为理想尚未实现;带兵征讨不顺自然法则的属邑,这是可行的。

【注释】

[1] 地中有山,谦:〈谦〉卦上〈坤〉地,下〈艮〉山,"山体高,今在地下,其于人道,高能下下,谦之象"(《集解》引郑玄说),故〈大象〉云"地中有山,谦"。《程传》云"不云山在地中,而曰地中有

山,言卑下之中,蕴其崇高也",按:"地中有山,谦",既释卦体,又说君子养谦之道。养谦之道,就内而论。

[2] 君子以裒多益寡,称物平施:"裒",《释文》云"郑、荀、董、蜀才作捊,取也"。君子观〈谦〉卦,应效法天道,取多补少,称量物质财富多寡而公平施予。按:此释卦德,又说君子治谦之道。治谦之道,就外而论。

[3] 卑以自牧:"卑",谓初爻位最卑下,又能以谦卑精神自牧。"牧",养。"自牧",自我修养。

[4] 中心得也:心中有所得、心中得道。六二处下卦之中,象君子幽隐〈艮〉山之中而能谦虚守正("贞"),此心中得道所致。

[5] 万民服也:"服",敬服。全卦仅此九三一爻为阳爻,阴象民,五阴象万民、百姓。

[6] 无不利㧑谦,不违则也:"不违则",谓合乎养谦之道。养谦在于济世,三爻养谦之功已成,四爻发挥谦德于事业上,是"不违则也"。

[7] 征不服:"服",顺从,顺从自然法则。"裒多益寡"是自然法则,己独富而不与邻国共富的国家是不顺自然法则,故当征之。

[8] 志未得也:"得",成、实现。上六君子尚未完成"裒多益寡"的志向,故云"志未得"。

[9] 可用行师,征邑国也:"用行师征邑国"为爻辞,〈小象〉仅一"可"字。上爻已至极,行师本不利,如〈蒙〉卦上九"不利为寇,利御寇"。然〈谦〉之上爻持谦以行谦道,故〈小象〉言"可"行也。朱熹亦云"谦极有闻,人之所与,故可用行师"。

一五、谦

▶ 通 说

〈谦〉卦卦象为下〈艮〉上〈坤〉，高山降在卑地之下，此有二义：一为养谦之道，修己内圣，自我减损，以高下下；一为治谦之道，济世外王，哀多益寡，称物平施。〈大象传〉"地中有山，谦"，此为养谦内圣；"君子以哀多益寡，称物平施"，此为治谦外王。下卦初、二、三之"谦谦"、"鸣谦"、"劳谦"言君子养谦、修己内圣；上卦四、五、上之"㧑谦"、"侵伐"、"征邑"言君子治谦、济世外王。下卦养谦是"修之于身"，上卦治谦是"修之于邦、修之于天下"（《老子·五十四章》）。

下卦三爻皆吉，上卦三爻皆利。吉是就内而说，利是兼外而言。养谦修己则自家得吉，治谦济世则天下获利。吉偏重于预测性的、内在的，利则偏重于现实性的，是吉的外化。只有将修己养谦之功发挥在济世的事业上，才能使自家之吉转化为天下之利，才是完整的谦道。

老子也从"损有余以补不足"的"天之道"出发，既讲"知雄守雌"的养谦修己之道，也讲"为百谷王"的治谦济世之功。道家关于谦道的论述处处可见，以至于班固以"《易》之嗛嗛，一谦而四益"来归纳道家。

一卦六爻，三吉三利，六十四卦中仅此一卦。六十三卦皆有消息转化之理，独谦道是不会转化的，观〈谦〉卦上六尚能"利用行师"即知其理，这是因为谦道是最合于老子的"虚而不屈"的。

关于〈彖传〉天道、地道、鬼神、人道这四道的论述，并见于传世道家文献和出土资料中。如《文子·上德》"天之道哀多益寡，地之道损高益下,鬼神之道骄溢与下(谓盈满者削之施与于下),人之道多者不与,圣人之道卑而不可上也",此似糅合〈彖〉、〈象〉而立说。在帛书〈缪和〉、〈二三子问〉中亦有类似的话。值得注意的是,〈缪和〉与〈彖传〉最为接近,因为〈缪和〉也作"天道"、"地道",并且不避"盈"讳。而《文子》作"天之道"、"地之道",〈二三子问〉作"天"、"地"。〈缪和〉在征引〈彖传〉四道之后说"故圣君……",《文子》的"圣人之道"盖与此有关。

总之,谦是自以为不足,德大而能自以为不足,损而又损,则正是老子所谓"虚而不屈,动而愈出"、"广德若不足"。

一六、豫䷏（下坤上震）

豫[1]。利建侯,行師[2]。

初六。鳴豫[3],凶。

六二。介于石,不終日[4],貞吉。

六三。盱豫,悔;遲有悔[5]。

九四。由豫,大有得;勿疑,朋盍簪[6]。

六五。貞疾,恆不死[7]。

上六。冥豫,成有渝,無咎[8]。

【今译】

筮得〈豫〉卦,利于封侯建国,也利于出师征战。

筮得初爻,声名外闻而因此耽于逸乐,有凶险。

筮得二爻,身处安逸而如置身于险境中,意识到安逸不会长久存在,占问吉利。

筮得三爻,自大而逸乐,必须及时悔悟;悔悟迟了就有坏事发生。

筮得四爻,做事要犹豫三思,将大有所得;但不要过于猜忌,大家就都会来聚合。

筮得五爻,占问有小病,但终不会就死去。

筮得上爻,沉迷于逸乐,这种状态最终要有改变,要是改变了还不至于有灾患。

【注释】

[1] 豫：卦名。通行本为第十六卦，帛书本为第二十七卦。〈豫〉卦与〈谦〉卦是卦爻翻覆的关系，故次列于〈谦〉卦后。

〈豫〉卦下〈坤〉上〈震〉。〈坤〉为地、为柔顺；〈震〉为雷、为动，又为龙，象阳气。"豫"有多种涵义，如和乐，〈象传〉、〈大象〉、〈序卦〉即取此义；又有逸乐、享乐之义，如爻辞、〈杂卦〉（"豫，怠也"）即取此义；又有备豫、戒备之义，如〈系辞〉即取此义；又有犹豫之义，如爻辞九四即取此义；又与舒展之"舒"相通，〈大象〉即取此义。

〈豫〉卦象上震动而下和乐顺之，故名为"豫"。

[2] 利建侯，行师：即"利建侯，利行师"。"建侯"，建国封侯。"行师"，出师征战。从卦名上看，众人和乐则既利建侯、又利行师。从上下卦来看，下卦〈坤〉象众民，人众则宜建侯使司牧之；上卦〈震〉象动，故利于行师。从卦义上看，建国封侯以为藩屏，备豫不虞；出师征战以防安逸享乐。

[3] 鸣豫："鸣"，声名闻于外，此承〈谦〉卦上六之"鸣谦"。声名外闻，当行谦道，而初爻反耽于逸乐，宜其有凶险，所谓安而忘危、死于安乐。

[4] 介于石，不终日："介"，处也。"石"，坚刚之地，喻险境，《汉书·地理志下》注："石，山险之限"。六二为〈豫〉卦下卦之中，象身在安逸之中。此言身在逸豫之中，视如处于险境，意识到安逸不会长久，故占问可得吉。二、三、四互体为〈艮〉，〈艮〉山

为险阻,又为石(〈说卦〉),故六二之"介于石"并以"石"喻险境。视豫如险,所谓居安思危、生于忧患,亦《荀子·大略》所云"先患虑患谓之豫"。身在豫中而识其不可持久,正是〈系辞〉所赞之"君子见几"。〈系辞〉云"知几其神乎?……几者动之微,吉之先见者也。君子见几而作,不俟终日。《易》曰:介于石,不终日,贞吉。介如石焉,宁用终日,断可识矣"。能备豫,方能知几微。二、三、四互为〈艮〉,〈艮〉为"门阙"(〈说卦〉),故〈系辞〉云"重门击柝,以待暴客,盖取诸〈豫〉",当是就〈豫〉卦六二而说。

[5] 盱豫,悔;迟有悔:"盱"有喜义、有大义。"盱豫",谓自大自得而沉迷于逸乐。六三处下卦之终,故有自大自得之象。"悔",及早悔悟。六三柔居刚位,不中不正,故劝其及早悔悟。"有悔"之"悔"谓咎吝、患害。若悔悟迟缓,则必有患害悔吝。耽于逸乐则必忽怠,故〈杂卦〉云"〈豫〉,怠也"。《管子·形势》"曙戒勿(忽)怠,后稚(迟)逢殃",即此"盱豫,悔;迟有悔"。

[6] 由豫,大有得,勿疑,朋盍簪:"由豫"同"犹豫"。"疑",猜忌。"朋",友邻,指上下五阴,象众人。"盍"同"阖",皆。"簪",聚。九四已入上卦〈震〉,〈震〉为阳卦,四为阳爻,为全卦之主,故戒其行事当犹豫三思,如此则大有所得。但犹豫过极,则失之猜忌,故又戒之以"勿疑",如此则众人皆来聚合。众人来聚,正卦辞所谓"利建侯行师"。可证九四为〈豫〉卦主爻。

[7] 贞疾,恒不死:"贞",占问。"疾",小病。"恒",终。"疾"与〈豫〉卦有何联系?古称帝王患疾为"不豫",《史记·鲁世家》"武王有疾不豫"。六二不耽于豫,六五则不能豫。不能豫,是

欲豫而未遂,故不言凶、吉。

[8] 冥豫,成有渝,无咎:"冥",昏昧、沉迷。"成",终(《书·益稷》郑注"成犹终也")。"渝",变。上六为〈豫〉卦之终,犹天之已暮,故以"冥"取喻。昏迷在逸乐中,最终要有所改变;此状态不变则有咎,变则无咎。六三为下卦之终,强调悔悟;悔悟早则无患,悔悟迟则有患。上六为全卦之终,强调改变;改变早则无咎,改变迟则有咎。

〈彖〉曰:豫,剛應而志行,順以動,豫[1]。豫順以動[2],故天地如之,而況建侯行師乎[3]!天地以順動,故日月不過而四時不忒[4];聖人以順動,則刑罰清而民服。豫之時義大矣哉[5]。

【今译】

〈彖传〉说:〈豫〉卦一个刚爻而众阴爻应和它,所以志意畅行,顺随物性而动,因此万物和乐。和顺而动,天地自然规律都是如此,建侯行师等人事规律也不例外。天地顺随自然规律而运动,所以日月运行没有过差,四时更替没有错乱;圣人顺随人事规律而行动,所以刑罚清明而人民顺服。〈豫〉卦顺时随宜的道理真是太宏大了。

【注释】

[1] 豫,刚应而志行,顺以动,豫:上"豫"字为卦名,下"豫"字释为

和乐。"刚应",〈豫〉卦一阳爻而得到五阴爻的应和,此释卦象,亦兼释"利建侯"。"志行",因一阳得到众阴应和,所以志意大行。〈豫〉卦下卦为〈坤〉顺,上卦为〈震〉动,所以说"顺以动";此释卦体,亦兼释"利行师"。"豫",和乐。因和乐,故"利建侯行师"。

[2] 豫顺以动:"豫顺",和顺。

[3] 天地如之,而况建侯行师乎:"天地",指自然规律。"建侯行师",指代人事规律。言人事规律亦是取法"顺以动"的自然规律。

[4] 天地以顺动,故日月不过,而四时不忒:天道左旋,地道右动,其运动皆顺自然规律,故曰"天地以顺动"。天地运动有规律,而日月经天、信出信入,也必然有规律而无差过。日月运而四时成,日月无差则四时交替亦无错乱("忒",误差、错乱)。

[5] 豫之时义大矣哉:"义"同"宜"。"时义",顺时随宜。

〈象〉曰:雷出地奮,豫[1]。先生以作樂崇德,殷薦之上帝,以配祖考[2]。

初六鳴豫,志窮,凶也[3]。

不終日,貞吉,以中正也[4]。

盱豫有悔,位不當[5]也。

由豫,大有得,志大行也[6]。

六五貞疾,乘剛也[7];恆不死,中未亡也[8]。

冥豫在上,何可長也[9]?

【今译】

〈象传〉说:雷出地动,这是〈豫〉卦的意象。先王效法阳气萌动复苏万物的自然现象以制作音乐尊崇文德,来隆重地享祭天帝和祖先。

初六声名外闻便耽于逸乐因而导致凶险,这是因为胸无大志。

意识到安逸不能长久、占问获吉,这是因为六二持守了中正之道。

自大豫乐而导致悔恨,这是因为六三没有摆正自己的位置。

犹豫三思而大有所得,这是说九四的理想得以充分实现。

六五占问有疾,是因为冒犯了强刚者;终不至于死去,这是因为中正之道尚未泯没。

走到了尽头还昏醉在享乐中,这种状态怎么能够持久呢?

【注释】

[1]雷出地奋,豫:"奋",动、震动。〈豫〉卦上卦为〈震〉,〈震〉为雷、为动,下卦〈坤〉,〈坤〉为地。雷从地出,大地因之颤动,故云"雷出地奋,豫"。雷表阳气,阳气出于地,正是春天景象,万物复苏,故〈豫〉卦表示和乐。

[2]先王以作乐崇德,殷荐之上帝,以配祖考:〈豫〉卦象阳气出地,大地回春,天地和乐,故"作乐崇德"以顺之。音乐主和(《礼记·乐记》"乐者,天地之和也"),象阳气(《礼记·郊特牲》"乐,阳气也"),主生(《淮南子·本经训》注"乐,生也"),以配文德(《礼记·乐记》"乐者,所以象德也")。文德主生,武功主杀。故〈豫〉卦春和物生之时,制作音乐、尊崇文德。"殷",盛、

一六、豫

隆重。"荐",献、享祭。"上帝",天帝、造物主。"配",合,连同。"祖考",祖先。"殷荐之上帝,以配祖考",谓隆祀上天以及祖先。春阳生物,是造物者之德;人类生生不息,是祖先生殖之功。故物生人殖,当隆祀上苍以及祖先。

[3] 初六鸣豫,志穷,凶也:此本当作"初六鸣豫凶,志穷也",然"穷"在冬部,与"正"、"当"、"行"等不韵,故改变字序,因"凶"与"正"、"当"等为东、阳、耕合韵。"穷",匮乏,志向匮乏,言胸无大志。初六之时,刚有声誉便沉醉于逸豫之中,其胸无大志可知。

[4] 不终日,贞吉,以中正也:六二阴爻居柔位,在下卦之中,居中得正也。身在豫中,而知其不可久长,并时时能有所备豫,是其审知所处之境,居安思危,恰当地摆正了自己的位置。

[5] 位不当:六三居下卦之极,本当谦慎,今则盱然自大自得,故云"位不当"。为〈坤〉体阴爻,本当谦柔,今居刚位,亦是不当。

[6] 由豫大有得,志大行也:"由豫大有得"下省"勿疑,朋盍簪"。此与六三相反,身处豫时,又为主爻、为阳刚,却能居处柔位,犹豫三思,而又不犹豫过极以至猜忌,所以大有得、众归聚,理想充分实现("大"义犹充分。"行",成,实现)。

[7] 六五贞疾,乘刚也:六五居阳爻九四之上,故云"乘刚"。"疾",喻坏事。"乘刚",喻安逸不慎而触犯了强者。

[8] 恒不死,中未亡也:六五虽占问有不好的事情,但终不至于死去,因六五毕竟居中位,逸未过极,中正之道尚未完全泯没("亡",泯灭)。

[9] 冥豫在上,何可长也:上爻已至亢极,走到了豫的尽头,而仍然

昏迷沉湎于其中,这是很难长久下去的。豫极则倾、乐极生悲,这是"何可长也"的第一层涵义。豫终必变,变"豫"为"谦",则能"君子有终",这是"何可长也"的第二层涵义。

▶ 通　说

〈豫〉卦是讲和乐的,它是〈谦〉的结果,所以〈序卦〉说"有大而能谦,必豫",〈彖传〉的"顺以动,豫"、〈大象传〉"作乐崇德"以及卦辞"利建侯行师"都是这个意思。

如果"乐"而不"和",便失之贪乐忽怠,〈杂卦〉"豫,怠也"就是这个意思;爻辞"鸣豫"、"盱豫"、"冥豫"等都是戒人以和处豫而不要过极,《庄子》所谓"使之和豫通而不失于兑"似乎也是这个意思。

若要做到"乐"而不失"和",则须知几知微、有所备豫。爻辞六二"介于石,不终日"、〈系辞〉"君子见几"、"重门击柝,以待暴客"等就是讲这个道理。

六三为下卦之终,讲悔悟迟则有患,而言外之意是说悔悟早可无患;上六为全卦之终,讲变速则无咎,而言外之意是说变迟则有咎;二者互文足意。爻辞的"有悔"或"无咎"不是绝对的,是有条件的,要从辩证的角度去理解。

另外,〈豫〉卦为什么说是讲和乐的?〈大象传〉说"雷出地奋,豫",〈说卦〉说"帝出乎震"、"万物出乎震,震,东方也"、"震为雷,为龙",《集解》引崔憬也说"雷、阳气,亦谓龙也"。东汉许慎《说文解字》云"龙,春分而登天,秋分而潜渊",可见〈豫〉卦象征春天;《汉书·五行志》也说"于《易》雷以二月出,其卦曰〈豫〉,言万物随雷出地,皆逸豫也"。阳气上出,大地回春,万物复苏,品类舒伸,故"豫"

又通"舒"(《尔雅·释地》李注云"豫,舒也");圣人顺自然之性,故"刑罚清而民服"(〈彖传〉),故"作乐崇德"(〈象传〉);《文子·上德》亦云"雷动地,万物缓……大人去恶就善,民不远徙;民不远徙,故民有去就"、"阳气动而万物缓,是以圣人顺阳道",这也很像是在阐发〈豫〉卦。"缓"谓万物苏缓,又谓圣人顺其性而刑罚宽缓,尊尚生生之文德;这与〈彖〉、〈象〉是一致的。

养〈谦〉处〈豫〉之道为古人所特重。失于骄溢,得于忧患,人们早就意识到这个道理;但盈而忘谦、豫而忘虑,又为古人所最患,因为它深刻地暴露了我们人类的缺点。

一七、随 ䷐（下震上兑）

隨[1]。元亨利貞，無咎。

初九。官有渝[2]，貞吉，出門交有功[3]。

六二。係小子，失丈夫[4]。

六三。係丈夫，失小子；隨有求得，利居貞[5]。

九四。隨有獲，貞凶[6]；有孚在道以明，何咎[7]。

九五。孚于嘉，吉[8]。

上六。拘係之，乃從維之[9]；王用亨于西山[10]。

【今译】

筮得〈随〉卦，大通顺，占问有利，没有灾害。

筮得初爻，宫内有变故，但占问吉利，走出宫门广交天下人则有收获。

筮得二爻，得到小民，但失去了官吏。

筮得三爻，得到官吏，但又失去了小民；追求有所得，然而占问安居更有利。

筮得四爻，追求有所获，但占问不利；卦兆显示的是在途中有所觉醒，没有患害。

筮得五爻，在喜庆典礼中有好兆，吉利。

筮得上爻，最初拘执系缚，后来又将其解开，君王可以祭祀西山而祈告天下太平了。

【注释】

[1] 随:卦名,通行本为第十七卦,帛书本为第四十七卦。〈随〉与〈豫〉都含单卦的〈震〉,故次列于〈豫〉卦后。

〈随〉卦下〈震〉动,上〈兑〉悦。动而顺物性,则物乐随之;动而不顺物性,妄追逐、强拘系,则适得其反。故卦名之为"随",此与爻辞作为追逐之义的"随"有别。

[2] 官有渝:"官",《释文》云"蜀才作馆"。据上六"王用亨于西山",则"馆"指君王所居之宫室。"渝",变故。宫内有变故,而曰占问吉利("贞吉"),此似承〈豫〉卦上六"冥豫,成有渝,无咎"而说。

[3] 出门交有功:"门",宫门。"交",谓初六广交天下人。"有功",有收获。因宫内有变故,故出于宫门;出门则广交天下人而有功,故"官有渝,贞吉"。

[4] 系小子,失丈夫:"系",谓勉强拘系而得到。"小子"、"丈夫",注家多种解释,不一一列举,要之皆未得正解。从上六的"王"看来,"小子"当指小民,"丈夫"指官吏。〈讼〉卦亦是王、讼者(邑官)、邑民的构成关系。若普通人占得此爻,则谓得小而失大。

[5] 随有求得,利居贞:据上下文"有功"、"有获"、"有孚",则此"随有求得"当即"随求有得"。"随",追逐。"随求",追求。"随求"是前二"系"字的换言,追逐、拘系是一回事。"有得",谓或"系小子"或"系丈夫"。"利居贞",利于安居之占,谓不妄逐

系、安和以待之。

[6] 随有获，贞凶："随有获"据上文"随求有得"，当为"随求有获"之省文。六三于"随求有得"后戒之以"利居贞"，而九四仍一味"随求"，故虽"有获"，而其占则凶。

[7] 有孚在道以明，何咎："在道以明"，谓道途中有所觉醒。

[8] 孚于嘉："嘉"，庆也（《汉书·礼乐志》注）、"嘉礼，善礼也"（《左传·庄公二十三年》注）。"嘉"在此指喜庆的典礼，如行赏宽刑、大赦天下等。"孚于嘉"，谓在嘉礼上有好兆头。又疑"于嘉"读为"有嘉"，有嘉赏。

[9] 拘系之，乃从维之："拘系"，指二爻、三爻的"系"。"之"，指代二爻、三爻的"小子"、"丈夫"。"乃从"，即而后（"乃"，而。"从"即"后"，《国策·韩策》"无为牛后"，《颜氏家训·书证》引《战国策音义》作"无为牛从"）。"维"，帛书作"褵"。"褵"借为"觿"（《礼记·月令》"旦觜觿中"，《吕览·仲秋纪》及《淮南子·时则训》皆作"褵"），"觿"是解开系结的工具（《管子·白心》"觿解不可解，而后解"，注"觿，所以解结也"），作动词则谓解开。此言王对臣民最初系缚使随己，而后解其缚以随人。

[10] 王用亨于西山："用"犹"可"犹"利"，说见〈谦〉卦。"亨"同"享"，享祭、祭祀。〈随〉卦上卦为〈兑〉，〈兑〉为西方之卦，故云"西"。"山"象征安泰，故古人祭山以祈天下安泰祥和，天下安泰则祭山以告谢之。王既顺随天下人之性，则臣民亦随己，故可祭祀西山以祈告天下祥和。

〈彖〉曰：隨，剛來而下柔，動而說，隨[1]。大亨貞，無咎,而天下隨之[2]。隨之時義大矣哉[3]。

【今译】

〈彖传〉说:〈随〉卦,刚爻谦逊地居于柔爻之下,所以刚动而柔从,这便是彼此顺随。大通顺而持守正道,所以没有灾害,并且天下人都乐于追随。〈随〉卦顺时随宜的道理真是太宏大了。

【注释】

[1] 随,刚来而下柔,动而说,随:上"随"字举出卦名,下"随"字训为顺随。刚卦〈震〉来居柔卦〈兑〉之下,此是"刚来而下柔"的一个涵义;上卦〈乾〉之一阳爻与下卦〈坤〉之一阴爻相互易位而成〈随〉卦,这是"刚来而下柔"的另一个涵义。总之,是指在上位者对居下位者谦逊顺随。"说"即"悦",和顺随和。因尊对卑谦逊顺随,所以尊有所动则卑有所随。这就形成了彼此相互顺随。

[2] 大亨贞,无咎,而天下随之:"大亨",大通顺,此释卦辞"元亨"。"亨"下或以为脱"利"字。"贞",持守正道。"随之",原讹作"随时",《释文》引王肃本作"随之",朱熹《周易本义》从王肃本作"随之"。《集解》引郑玄云"内动之以德,外说之以言,则天下之人咸慕其行而随从之",是郑玄亦作"随之"。

[3] 随之时义大矣哉:原讹作"随时之义大矣哉",当从王肃本作"随之时义"(朱熹亦从王肃本)。此与〈豫·彖〉"豫之时义大矣哉"同文例,谓〈随〉卦顺时随宜的道理非常宏大。"义"犹"宜",谓因随众人之所适(《淮南子·本经训》注"宜,适也")。

〈象〉曰：澤中有雷，隨[1]。君子以嚮晦入宴息[2]。

官有渝，從正吉[3]也；出門交有功，不失[4]也。

係小子，弗兼與也[5]。

係丈夫，志舍下也[6]。

隨有獲，其義凶也；有孚在道，明功也[7]。

孚于嘉吉，位正中也[8]。

拘係之，上窮也[9]。

【今译】

〈象传〉说：泽中有雷，这便是〈随〉卦的意象。君子因顺自然规律，傍晚时入室休息。

官中有变故，随从正道则变故可转化为吉利；走出官门广泛联系群众便有收获，这是说没有丧失由变故转为吉利的时机。

系缚住小民而失掉官吏，这是说不能同时得到。

系缚住官吏而失掉小民，这是说决意要放弃在下的小民。

追逐而有所获，理当有凶险；诚信守道，这是说所得事功要光明磊落。

通过喜庆之礼而有所获吉，这是因为持守了中正的"随"道。

拘执系缚使之顺从，这是君上走入穷困之道。

【注释】

[1] 泽中有雷，随：〈随〉卦上〈兑〉泽，下〈震〉雷，泽之动静随从雷之动静，雷息泽中，泽随雷静。故其意象为"随"。陈梦雷《周易

浅述》"雷二月出地,八月入地,泽亦地也;又兑正秋,八月正兑之时"。仲秋雷息泽中,为天下肃敛之时,正宜行静因之道,故卦名〈随〉。

[2] 君子以向晦入宴息:"晦",一年之终、一月之终、一天之终皆谓"晦",此指夜晚。"向晦",傍晚,日入之时。"宴",安。"入宴息",入室休息。所谓"日出而作,日入而息",因天之道。

[3] 从正吉:"从",随,随从。"正吉",释爻辞之"贞吉"。遇变故而随从正道,则变故可转化为吉。

[4] 不失:谓未丧失由变故转化吉利的时机。

[5] 系小子,弗兼与也:"系小子"下省"失丈夫"。"系小子,失丈夫",指系缚住在下邻比的初九,失掉了在上正应的九五。"与",有也。

[6] 系丈夫,志舍下也:"系丈夫"为"系丈夫,失小子"之省。"志舍下",决意放弃在下的初九小子,勉强系缚使之随从,不免顾此失彼。

[7] 随有获,其义凶也;有孚在道,明功也:"随",追逐系缚。"义",宜。"明功",谓所建事功光明磊落。逐有获者,强而取也,故宜凶;诚信守道,所得事功光明磊落,故无咎。"孚",信。"道",守道。

[8] 孚于嘉吉,位正中也:通过行赏宽刑等嘉礼而获得人心,是因为九五居中得正。"正中",指九五爻位,亦指正当的使人顺随之道。

[9] 拘系之,上穷也:对臣民拘执系缚使之顺随,这是上六走入了穷困之道。"上"指处于卦终的上六,亦指君上,即爻辞上六之

"王";但是,〈象传〉上六与爻辞上六取义有别。

▶ 通 说

〈随〉卦从卦象、卦名及〈大象〉来看,很有些像稷下道家所讲的"静因"之道。

〈豫〉卦上〈震〉下〈坤〉,雷出地动;而〈随〉卦则上〈兑〉下〈震〉,雷息泽静,因为雷息泽静,所以日入人息。强调静,强调因,要顺随自然之道,要静因物理人情。这便是〈随〉卦卦名、卦象、卦辞、〈大象传〉所蕴含着的道理。人道法天道,我随人;那么其结果便是人亦乐随我。这便是〈象传〉所要揭示的道理。

欲要人乐随我,拘执系缚是办不到的,二、三、四爻阐述的就是这个问题;破除人为之妄、随从本然之性,人方能乐随我,四、五、上爻讲论的便是这个意思。

《庄子·秋水》"牛马四足,是谓天;络马首,穿牛鼻,是谓人。故曰无以人灭天。""系"与"拘系"都如同"络马首,穿牛鼻",此皆失之人为之妄,欲其随己反不得。"在道以明"、"乃从攇之",便是舒解其缚,随其本然之性。因随之道,为道家所重。《管子·心术上》云:"有道之君子,其处也若无知,其应物也若偶之,静因之道也"、"其应非所设也,其动非所取也,此言因也。因也者,舍己而以物为法者也。感而后应,非所设也;缘理而动,非所取也。"系缚而得、逐取而获,皆非因随之道。《慎子·因循》亦云:"因也者,因人之情也。人莫不自为也,化而使之为我,则莫可得而用矣。"系缚拘执使之随己,便是"化而使之为我",此有失随道。

一八、蠱 ䷑（下巽上艮）

蠱[1]。元亨,利涉大川,先甲三日,後甲三日[2]。

初六。幹父之蠱[3],有子考無咎[4],厲終吉[5]。

九二。幹母之蠱,不可貞[6]。

九三。幹父之蠱,小有悔,無大咎。

六四。裕父之蠱,往見吝[7]。

六五。幹父之蠱,用譽[8]。

上九。不事王侯,高尚其事[9]。

【今译】

筮得〈蠱〉卦,大通顺,利于涉渡大河,于辛日到丁日这七天内吉利。

筮得初爻,纠正父亲的淫乱,能够成功,没有灾害;即便危险但终归吉祥。

筮得二爻,纠正母亲的淫乱,贞问的结果是不可行。

筮得三爻,纠正父亲的淫乱,虽小有不利,但无大害。

筮得四爻,听任父亲淫乱,往前发展下去会有祸患。

筮得五爻,纠正父亲的淫乱,会受到称誉。

筮得上爻,不从事王侯的事业,先重视治理家事。

【注释】

[1] 蛊：卦名。通行本第十八卦，帛书本第十六卦。此与〈随〉卦为卦爻翻覆或卦爻反对的关系，故次列于〈随〉卦后。

〈蛊〉卦下为阴卦〈巽〉，上为阳卦〈艮〉，下〈巽〉是一阴爻在二阳爻下，上〈艮〉是二阴爻在一阳爻下。阴卦、阴爻都在下面，六十四卦仅此一卦；反之，阳卦、阳爻都在下面，六十四卦也仅有一卦，这就是〈随〉卦。因此以阳下阴便是"随"，以阴下阳便是"蛊"。"蛊"是什么意思呢？《说文》"蛊，晦淫之所生也"，《左传·昭公二十八年》注："蛊，惑以淫事。""蛊"是淫乱的意思。

在卦象上，下〈巽〉为"风"，《左传·僖公四年》注引服虔曰："牝牡相诱谓之风"。上〈艮〉为"狐"（〈屯〉卦虞注"艮为狐"），"狐"为妖淫之兽（〈未济〉韩注"狐，野兽之妖者"）。〈艮〉山之为狐，因山为狐之藏身处，故又名狐为"山魅"，《搜神记》"道士云此山魅也。《名山记》曰：狐者，先古之淫妇也，其名曰阿紫，化而为狐"。可见〈蛊〉卦象狐之牝牡相互淫诱，故名之为"蛊"。《山海经·南山经》"青丘之山，有兽如狐而九尾，食者不蛊"，正与此卦相合。

[2] 先甲三日，后甲三日：古以甲、乙、丙、丁、戊、己、庚、辛、壬、癸等记日，甲前三日为辛，甲后三日为丁。自辛至丁，七日之内，谓之"先甲三日，后甲三日"，非谓辛日、丁日两日也。〈临〉卦"至于八月有凶"，言八月前皆吉；此谓于辛日至丁日七日内正蛊有成。参〈巽〉卦九五"先庚三日，后庚三日，吉"，则〈蛊〉卦当以有"吉"字是。言七日之内正蛊可以获吉。〈震〉卦、〈既

济〉卦六二爻辞的"七日得"即此七日吉。

[3] 干父之蛊:"干",正(虞注)。〈杂卦〉亦云"〈蛊〉,则饬也"(饬正)。

[4] 有子考无咎:此句历来有两种读法:一种是读为"有子,考无咎",释"考"为父;一种是读为"有子考,无咎",释"考"为"孝"(于省吾),或释"考"为"成"(尚秉和)。按:此句当读为"有考(成)无咎","子"涉"考"而衍。"考、孝金文通用"(于省吾说),盖本作"有考",而或本作"有孝","孝"字从"子",则涉"孝"而衍"子"字。〈复〉六五〈小象〉"中以自考也",《释文》引郑注"考,成也"。"有成无咎",谓正父之蛊能够成功而无咎害。〈坤〉卦六三"或从王事,无成有终"、〈讼〉卦六三"或从王事,无成"。有成是无成的反面。

[5] 厉终吉:纠正父亲的淫乱,虽有危险,但终归吉祥。前三爻或厉,或不可贞,或小有悔,可见正蛊之艰。所谓"蛊",实乃《诗·墙有茨》"中冓"之事。而"中冓之言,不可读也;所可读也,言之辱也"。卫宣公之娶齐女,即属此类。

[6] 干母之蛊,不可贞:为什么矫正母亲之淫乱而占曰不可呢？盖所谓"母"乃是父之妾,也即所谓"诸母"或"庶母"。父之妾与父之子之间设制有许多禁忌,都是出于对乱伦的戒防,如《礼记·曲礼》说"诸母不漱裳"(父之妾不能为父之子洗浣内裤)。不可轻易正庶母之淫乱,也是出于避嫌考虑的。宣姜之与宣公子即是其事。

[7] 裕父之蛊,往见吝:"裕"是宽容之义,如字解释自然可以。但"裕"字在此似可读为"俗",《后汉书·班彪传》注"随君上之情

欲谓之俗"，《孝经》疏引韦昭云"随其趋舍之情欲，故谓之俗"。听任父亲之淫乱，发展下去自然有咎吝。

[8] 用誉："用"，享受、受到。"誉"，称誉。

[9] 不事王侯，高尚其事："高尚"，尊尚、重视。"其事"，指纠正家庭淫乱之事。"不事王侯，高尚其事"，谓先齐家、后治国。倘若家蛊未正而从事于王事，则不会有成；即如〈讼〉卦，已讼未平而"或从王事，无成"也。

〈彖〉曰：蛊，刚上而柔下，巽而止，蛊[1]。蛊，元亨，而天下治也[2]；利涉大川，往有事也[3]；先甲三日，後甲三日，終則有始，天行也[4]。

【今译】

〈彖传〉说：〈蛊〉卦，刚健在上而柔顺在下，谦逊而清静，这便是治乱之道。〈蛊〉卦卦辞说整治邪乱会大通顺，这样天下就都会治理了；利涉大川，是说前往终会成就事功；先甲三日，后甲三日，终始相续，这是天道运行的规律。

【注释】

[1] 蛊，刚上而柔下，巽而止，蛊：上"蛊"字举出卦名，下"蛊"字谓治理邪乱。"蛊"兼"乱"与"治乱"二义，犹"乱"谓混乱亦谓治乱。〈杂卦〉以"蛊"为"饬"即取此义。上为刚卦〈艮〉而下为柔卦〈巽〉，故云"刚上而柔下"，此谓治乱者刚柔兼备。"巽"谓谦逊；"止"，静，清静。老子所谓"清静以为天下正"。谦虚清静，

并非无所作为,而是老子所说的"无为"。虚静者能治蛊,犹老子"无为而无不为"。〈渐〉卦与此卦反对,为上〈巽〉下〈艮〉,〈象传〉说"止而巽,动不穷也"。这可以解释为什么〈蛊·象〉说虚静者可以治蛊,因为他于虚静极笃中可酝酿"动不穷也"的治蛊力量;这也即是老子所说的"虚而不屈,动而愈出"。

[2] 蛊,元亨,而天下治也:"蛊",复举卦名。"元亨",举卦辞,谓治理邪乱会大通顺。非常顺利地整治好淫乱会使天下万事都得到治理,这便是"万恶淫为首"的意思。

[3] 利涉大川,往有事也:"事",事功。"往有事也"犹〈渐·象〉"往有功也"。此有功与初爻"有考(成)"相照应(《周书·周祝》注"事,业也",谓功业、业绩。《周礼·夏官·司马·司勋》"事功曰劳",《周礼·天官·内宰》"稽其功事"。可证"事"与"功"同,可连言、倒言)。

[4] 先甲三日,后甲三日,终则有始,天行也:"甲",表示事物发展的起始点和终结点。"先甲三日",表示事物由发展到终结的过程;"后甲三日",表示事物由发生到发展的过程。发生—发展—终结—新生—发展—再终结……,终始相继、始卒若环,这是天道运动的规律。"天行",天道。〈象传〉的意思是乱极必有治,而治极也会转化。它既要增强人们治前的必胜信念,也要告诉人们治后可能会出现的危机。

〈象〉曰:山下有风,蛊[1]。君子以振民育德[2]。
　　干父之蛊,意承考也[3]。
　　干母之蛊,得中道也[4]。

幹父之蠱,終無咎也[5]。

裕父之蠱,往未得也[6]。

幹父用譽,承以德也[7]。

不事王侯,志可則也[8]。

【今译】

〈象传〉说:高山之下有风在吹动,这便是〈蛊〉卦的意象。君子应该正定民风、培育贤德。

纠正父亲的淫乱而有成无咎,是因为初衷是要使父亲归于正道。

纠正母亲的淫乱通常说是不可以的,这是说只有在得到中正之道的情况下才可行。

纠正父亲的淫乱虽小有憾恨但无大害,这是指最终结局而说的。

听任父亲的淫乱,发展下去恐怕最终是不能有好结果的。

纠正父乱而受到称誉,这是因为用正直的品行来规谏匡正。

不从事王侯的事业而先治理好家事,这种考虑是值得取法的。

【注释】

[1] 山下有风,蛊:〈蛊〉卦上为〈艮〉山,下为〈巽〉风,故云"山下有风"。山下有风与"振民育德"及治乱有何关系呢?风主教化(《诗·关雎序》"风,风也,教也。风以动之,教以化之"),故能"振民";山主涵养(《公羊传·成公五年》汉何休注"山者,阳精

德泽所由生"),故能"育德"。正民风、育贤德,故能治世之乱。《易》之〈巽〉风多与教化相关,而〈艮〉山亦多与育德相联系。如〈蒙〉卦上〈艮〉下〈坎〉,〈象传〉说"君子以果行育德";〈渐〉卦是上〈巽〉下〈艮〉,〈象传〉说"君子以居贤德善俗"。

[2] 振民育德:"振",正(《管子·小问》"以振其淫",注:"振,正也")。"振民",正定民风使归于善。"振民"与〈渐·象〉之"善俗"互足文义。"育德",培蓄正直的品德;〈渐·象〉之"居贤德"与此义同(《国语·晋语》注"居,蓄也")。《礼记·大学》之"新民,明明德"即此"振民育德";九五〈小象〉"正以德"亦同此。

[3] 干父之蛊,意承考也:"干父之蛊"是"干父之蛊,有考(成)无咎"的省文。初六为卦之初,故"意"谓本意、初衷。"承",正(《诗·宫》"则莫我敢承",毛传:"承,正也"。按:此实读为"拯")。"考",父,指父之淫乱。

[4] 干母之蛊,得中道也:"干母之蛊"为"干母之蛊不可贞"的省文。九二居下卦之中,故云"得中道"。干母之蛊通常说是不可以的,但九二若真正能得中正之道,还是可行的。

[5] 干父之蛊,终无咎也:"干父之蛊"下省"小有悔,无大咎"。九三处下卦之终,故云"终无咎";干父之蛊本为艰难之事,招来咎悔是无疑的。"无咎"只是就最终总的结果而说的。

[6] 裕父之蛊,往未得也:六四阴爻处柔位,既无力量,又无勇气,只好听任父之淫乱("裕父之蛊");处上卦之初,还要往前发展,故云"往"。"得",得到好结果。此与"终无咎"为反对。顺父之乱而父喜,初无悔咎;淫乱滋蔓,终尝恶果。

[7] 干父用誉,承以德也:"承",正。"德",中正的品德。六五居中,故能以中正品德来规谏匡正。〈大象〉"振民育德"与此相照。

[8] 不事王侯,志可则也:"不事王侯"下省"高尚其事"。"志",志虑、考虑。"则",取法。上九先齐家、后治国的考虑是值得取法的。治正之事,先"修之于家"再"修之于邦"。

▶ 通 说

〈蛊〉卦卦象、卦名、卦爻辞都是讲家庭之内匡正父母淫乱之事,它讲了正淫的艰难,也讲了先正家风、然后治国的先后次序。推而广之,一国之君,亦当先修帷薄;帷薄修然后民风正;民风正则天下治。考之《诗经》的〈新台〉、〈墙有茨〉,似与此卦所影射之事相类。〈新台·序〉说:"刺卫宣公也。纳伋之妻,作新台于河上而要之。国人恶之,而作是诗也"。谓春秋时卫宣公为其世子伋娶齐女,闻齐女色美,欲据为己有,于河上筑新台以截之。此类事即属《易》所谓"干父之蛊"。又〈墙有茨·序〉说"卫人刺其上也。公子顽通乎君母,国人疾之而不可道也"。谓卫宣公既夺占了齐女,是为宣姜,后宣姜又与宣公庶长子顽私通,诗云"墙有茨,不可扫也;中冓之言,不可道也;所可道也,言之丑也……"。全诗三章,六用"不可",盖属此卦之"不可贞"。

〈彖传〉和〈大象传〉都将其引申为治正天下之淫风,民风纯正方能天下治理。纯正民风,〈大象传〉强调统治者应首先修养自己美好的品德;〈彖传〉则强调治乱的方法,那便是谦虚清静,清静方可为天下正。

〈彖传〉提出了终则有始的天道运行规律。它既揭示了乱必有治的客观规律，同时也警示人们防微杜渐。为什么〈彖传〉将卦辞"先甲三日，后甲三日"理解为"终则有始"呢？因为卦辞以"甲"为起讫点，"先甲"、"后甲"即表示由始至终、由终至始的过程。《易》每卦六爻，而每一始终、往复为七爻，故以"七"为始终之盈数，如〈震〉卦、〈既济〉卦六二云"勿逐，七日得"；又如〈复〉卦卦辞"反复其道，七日来复"，〈复·象〉也说"反复其道，七日来复，天行也"。老子的"一"或"朴"也是一个始终、起讫点，它既是事物之起始，又是事物之终极，所以王弼注《老子·三十九章》时说："一，数之始而物之极也"。老子强调"慎终如始"、强调"观复"，即是受了《易》的启发；而〈彖传〉则又是承继了老子的思想。在帛书〈系传〉中强调"所乐而玩，爻之始也"和"观始反终"，并提出"初（初爻，即始终、起讫点）大要"的界说。"慎终如始"、"终则有始"是提醒人们明了事物运动的规律，同时也是希望人们了解和把握治乱之几。因此，老子强调"观复"的同时，还说"为之于未有……合抱之木，生于毫末……慎终如始"（《老子·六十四章》），帛书〈系传〉在"玩爻始"和"初大要"之间，特地插入了"悔吝也者，言如小疵也……忧悔吝者存乎介"、"见几而作"、"知微知彰"等论述。可知〈彖传〉的"先甲三日，后甲三日，终则有始，天行也"也同样包含着这样的双重涵义。

一九、临 (下兑上坤)

临[1]。元亨利贞,至于八月有凶[2]。

初九。咸临,贞吉[3]。

九二。咸临,吉无不利[4]。

六三。甘临,无攸利,既忧之,无咎[5]。

六四。至临[6],无咎。

六五。知临,大君之宜[7],吉。

上六。敦临[8],吉无咎。

【今译】

筮得〈临〉卦,大通顺,占问有利;但到了八月则将有凶险。

筮得初爻,用感化政策督治人民,占问吉利。

筮得二爻,用严苛的政策督治人民,吉祥而无有不利。

筮得三爻,用松缓的政策督治人民,没有利处;及时意识到这一点,就不会造成患害。

筮得四爻,用妥善的政策督治人民,没有灾害。

筮得五爻,用严缓结合的明智政策督治人民,这是君主应该采取的适宜政策,非常吉利。

筮得上爻,用仁厚的政策督治人民,吉利而无患害。

【注释】

[1] 临：卦名。通行本为第十九卦，帛书本为第三十六卦。

卦名及爻辞中之诸"临"字帛书作"林"，闻一多《周易义正类纂》读"临"为"灆"，认为与"霖"同字，又作"淋"，张立文《帛书周易注释》从闻说，认为此卦是讲下雨与农作物的关系。此仅备参考。

〈临〉卦卦象为上〈坤〉地、下〈兑〉泽，泽潦在地中，则显然本卦并非写雨霖之事；若反之，泽潦在地上，则是写霖雨之后，泽潦停聚之事，而这又是〈萃〉卦，而非〈临〉卦。

地在泽上，地高泽卑，有君主监临百姓之象，故"临"有"监"义。《诗·大明》"上帝临汝"即为斯义。土在泽水之上，又有拥土治水之义，"临"字表由上督下，亦含"治"义。因此，〈临〉卦是写君主督治人民之方策。帛书作"林"，《尔雅·释诂》"林，君也"。唯君可督治臣民，故"临"、"林"互足文义。〈序卦〉"临者，大也"，与帛书合。

〈蛊〉卦写齐家，〈临〉卦写治国。由齐家之事而扩大到治国之事，故〈临〉卦紧接〈蛊〉卦；〈序卦〉"蛊者事也，有事而后可大，故受之以临"，即此之谓。

[2] 至于八月有凶：关于这一句的解释，有很多种说法，以闻一多的解释最为可取。闻氏云"我国雨量，率以夏秋间为最厚。《孟子·离娄下》曰：七、八月之间雨集，沟浍皆盈。《庄子·秋水》曰：秋水时至，百川灌河……雨及八月而百泉腾凑，川渎皆盈，数为民害，故曰有凶"。八月有凶，是说七、八月间暴雨无住，洪水泛滥，土不能治水，泽潦决堤，停蓄于地上，此正是

〈萃〉卦〈象传〉所说"泽上于地,萃。君子以除戎器,戒不虞";《吕览·孟秋纪》亦云"是月也,完堤防,谨壅塞,以备水潦"。

[3] 咸临,贞吉:"咸",感,感化。初与四为正应,相互感应,故云以感化治民,占问得吉。又按:此"咸"字与二爻之"咸"字帛书作"禁",〈咸〉卦之诸"咸"字帛书作"钦",则〈临〉卦与〈咸〉卦之"咸"字当有区别。

[4] 咸临,吉无不利:高亨云"一卦之筮辞,其文有相同者,其旨趣必异";因两爻占辞旨趣不殊,故认为二"咸"字意义当不相同。张立文亦从高说。按:"咸"读与"鹹"同,《尔雅》"鹹,苦也"。"苦临"与"甘临"相对,正犹〈节〉卦"苦节"与"甘节"相对。又如《庄子·天道》"徐则甘而不固,疾则苦而不入",亦是"苦"、"甘"相对。"苦"谓疾切过分,"甘"谓松缓不及。"苦临",谓严苛督治。九二刚爻,但处于柔位,又为四阴所乘;群阴未顺于阳,故当严律峻法以督治之。〈象传〉所说"咸临吉无不利,未顺命也"即是此义。

[5] 甘临,无攸利,既忧之,无咎:"甘",松缓、宽缓。"忧",虑,意识到。六三虽处刚位,但才本柔弱,又无应援,宽缓临民,则易生懈怠,故无所利;若能及时意识到这一点,则不会产生患害。六三为〈兑〉悦之极,当节之以严;然而此却行"甘临",故〈象〉云"位不当也"。

[6] 至临:"至",善,妥善(《管子·法法》注)。六四与初九相应,阴阳相感,督治之善成于自然。

[7] 知临,大君之宜:"知"同"智",甘、苦适中,为明智之督治。明智之君治民不过于刻苦,亦不过于松缓,适中合宜,故〈象传〉

云"行中之谓也"。

[8] 敦临:"敦",仁厚。上六为督治之极,须以仁厚治之,民方可安,〈系辞〉所谓"安土敦乎仁"(上六为〈坤〉体,〈坤〉为"土")。〈坤〉之上能仁厚,则下之〈兑〉泽方能顺治而安。

〈彖〉曰:临,刚浸而长,说而顺,刚中而应[1]。大亨以正,天之道也[2]。至于八月有凶,消不久也[3]。

【今译】

〈彖传〉说:〈临〉卦,刚阳之气逐渐增长之时,督治之君要和悦温顺,执持中和之道而得到广泛应和。守正方能大通,这是天道决定的。但到了八月将有凶险,因为那时阳气渐消、阳长大通的局面不能长久维持。

【注释】

[1] 刚浸而长,说而顺,刚中而应:"浸",渐。〈临〉卦二阳在下,有"刚浸而长"之势。下〈兑〉悦而上〈坤〉顺,象征刚健之君以悦顺之道督治人民。刚爻九二居下卦之中,与上卦中爻之六五正应,象征督治与被督治二者之间的相互感应,故云"刚中而应"。

[2] 大亨以正,天之道也:"大亨",释卦辞"元亨",大通顺。"以正",释"利贞",因为守正故能大通("以",因。"正",守正),而苦、甘顺时,不拘礼、不法古,谓之"大通以正"。

[3] 至于八月有凶,消不久也:"消"与首句之"长"呼应,谓阳消而

阴浸长。"不久",谓刚浸而长的大通局面不会长久。《周易集解》引虞翻说"〈临〉消于〈遁〉,六月卦也,于周为八月"。由〈临〉至〈遁〉,由阳长阴消到阳消阴长,经六画一周期的变化,则由☷☱(〈临〉)至☰☶(〈遁〉),所以〈遁·彖〉说"[柔]浸而长",正与〈临·彖〉的"刚浸而长"相反对。按:〈彖传〉以阴阳消长释"至于八月有凶"与卦辞言秋时泽潦之患的"至于八月有凶"之本意不同。

〈象〉曰:澤上有地,臨[1]。君子以教思無窮,容保民無疆[2]。

咸臨貞吉,志行正也[3]。

咸臨吉無不利,未順命也[4]。

甘臨,位不當也[5];既憂之,咎不長也。

至臨無咎,位當也[6]。

大君之宜,行中之謂也[7]。

敦臨之吉,志在內也[8]。

【今译】

〈象传〉说:卑泽之上有高地,这便是〈临〉卦的意象。君子应该对百姓不懈地教化督察,并且广泛地容畜民众。

用感化来督治人民,这是说心地和行为都能端正。

用严苛的政策督治人民,因为此时百姓尚未能顺从君命。

用宽缓的办法督治人民而没有利处,这是因为六三所处的时机不对;能够及时意识到这一点,患害也自然长不了。

妥善地督治百姓,因为六四所处的时机合适。

君主能采用明智适宜的方法督治百姓,这是说遵从了适中合宜的天道。

以仁厚督治百姓,这说明上六心中装有天下百姓。

【注释】

[1] 泽上有地,临:〈临〉卦下〈兑〉泽而上〈坤〉地;地高泽卑,位高者监临位卑者,故云"泽上有地,临"。"泽"喻百姓,"地"喻统治者。

[2] 君子以教思无穷,容保民无疆:"教",教化。"思",司察、督察(《释名·释言语》"思,司也",《周礼·师氏》注"司犹察也",《后汉书·陈元传》注"司察,犹督察也",《周书·谥法》"大省兆民曰思",即是此义)。"无穷",犹言不懈。"容保",容蓄(《庄子·列御寇》注"保者,聚守之谓")。"无疆",指广泛容蓄。高者临卑,故云教化督察;大地汇聚川泽,故又云容汇聚蓄。〈师·象〉"地中有水,师。君子以容民蓄众"与此接近。〈坤·象〉"坤厚载物,德合无疆"与此"无疆"之义相同。

[3] 咸临贞吉,志行正也:初九阳爻居刚位,故云"正",喻其心地行为端正。唯己心行端正,方能感化他人,故阴爻六四与初九相感应,所以说"咸(感)临贞吉"。

[4] 咸临吉无不利,未顺命也:"咸",苦。谓刚猛、苛严。初九以和柔之文德相感化,若仍有未顺王命者,则须临之以严猛,此《黄帝四经》所谓"刑德相养,德虐相成"、"始于文而卒于武"。九

二居柔位，又为四阴所乘，施以严猛，以备民不顺命。

[5] 甘临，位不当也："甘"，苦之反面，谓和柔、宽缓。六三虽为临治者，但阴柔才弱，仍处于下卦；民尚未畏服，此非宽缓之时，故云"位不当"；"位"，犹言时境、时机。

[6] 至临无咎，位当也："至"，妥善。六四已居上卦，民已畏服，故不需疾厉刚猛，妥善临民，方可由畏服进而为悦服。此是根据不同的时位（或曰时机）来采取不同的临治方法，故〈象〉云"位当也"。

[7] 大君之宜，行中之谓也："宜"，宽、严适宜，唯明智之君能够做到。"行"，履行、遵从。"中"，六五居中，喻中正合宜的天道。

[8] 敦临之吉，志在内也："内"指内卦，即下卦的〈兑〉泽，喻人民。上〈坤〉君之临治下〈兑〉民，首先必须以仁厚蓄之。《文子·上德》所谓"地广厚，无不容"。上之临下，当心存下民之苦乐，而最忌作威作福。

▶ 通 说

〈临〉卦卦名及爻辞之"临"字，帛书作"林"，《归藏》作"林祸"。"林"为"君"，"临"为君临治民，"临"、"林"意义相含。通行本《周易》经、传无"祸"字，均以"害"字为之。"林祸"盖即"林害"，"害"借为"辖"，"辖"亦有"治"义。又"林"训"君"、训"众"（《诗·宾之初筵》毛传"林，君也"，《广雅·释诂》"林，众也"），谓君主临治民众，则"祸"盖借为"夥"，"夥"亦训"众"（《说文》"䐜，读若楚人名多夥"，段注"《史记》、《汉书》多假夥为祸，夥即䐜也"）。

〈临〉卦象土在泽上，联系卦辞"至于八月有凶"，则〈临〉卦似含以土治水、土克水之思想。

爻辞讲临民之法有"苦临"、"甘临"之别,要根据具体的时境选择不同的临治之法。在选择"苦临"时,是根据特殊的环境,不能滥用;这特殊的背景,即是〈象传〉所解释的"未顺命也"。"甘临"也同样不是无条件地使用,否则的话便是"无攸利";时机不合而一味"甘临",即是〈象传〉所说的"位不当"。最佳的临治景象当然应该是苦、甘适宜的明智之治,这即是六五的"知临,大君之宜"。

〈临〉卦经、传所讲的根据不同的时境选择不同的临治方法,甘、苦随时,宽、严因宜,刑、德相养,德、虐相成,这种思想,与黄老道家的治世思想一致,我们在帛书《黄帝四经》等黄老典籍中常常可以见到。

二〇、观 (下坤上巽)

觀[1]。盥而不薦,有孚顒若[2]。

初六。童觀,小人無咎,君子吝[3]。

六二。闚觀,利女貞[4]。

六三。觀我生,進退[5]。

六四。觀國之光,利用賓于王[6]。

九五。觀我生,君子無咎[7]。

上九。觀其生,君子無咎[8]。

【今译】

筮得〈观〉卦,虔诚薄祭而不需多献牲体,卦兆顺随人心。

筮得初爻,浮浅的观察,对小人来说无害,对君子来说则有患。

筮得二爻,狭隘的观察,利于女子占问而不利于君子占问。

筮得三爻,观察自己的所作所为,以决定动静进退。

筮得四爻,观察国家的气运,有利于追随王侯做事。

筮得五爻,观察自己的所作所为,君子可以避免灾患。

筮得上爻,观察别人的所作所为而反省自己,君子可以避免患害。

【注释】

[1]观:卦名。通行本为第二十卦,帛书本为第五十九卦。此与

〈临〉卦为卦爻翻覆的关系,故次列于〈临〉卦下。〈临〉卦说以己观人,卦爻翻转过来便成〈观〉卦,说己之反观内视。

〈观〉卦上〈巽〉下〈坤〉,〈象传〉释为"风行地上",则〈象传〉释"观"为"观民"。按:〈巽〉当释为"木",〈升〉卦上〈坤〉下〈巽〉,〈象传〉即释为"地中生木";又《汉书·五行志上》说"于《易》,地上之木为〈观〉,威仪容貌亦可观者也",这种解释是对的。地上的林木最为明显可观,故取以为象。卦象显示为人之观己,卦爻辞则主要说己之自观;人之观己,构成自我观照的重要监督机制。

[2] 盥而不荐,有孚颙若:"盥",祭祀之始,以酒灌地以礼神,谓之盥祭,字亦作"灌"、"裸"。"荐",盥祭之后,以各种动物牲体献祭神明("荐",献也)。"孚",卦兆。"颙",顺(《荀子·正名》注"颙,体貌敬顺也")。"若",语辞。仅以酒灌地礼神,实为薄祭;多献牲体,则为厚祭。然而礼神之初,人心虔诚肃穆;既盥之后,荐牲之际,礼文繁缛,人心涣散。故盥祭菲薄,而虔诚肃穆,卦兆仍可顺人心愿。〈萃〉卦六二"孚乃利用禴"、〈升〉卦九二"孚乃利用禴"、〈既济〉九五"东邻杀牛,不如西邻之禴祭,实受其福",与本卦"盥而不荐,有孚颙若"之语言环境、文意相同("禴祭"即薄祭)。卦辞之内心虔诚与爻辞之反观内视有内在联系。

[3] 童观,小人无咎,君子吝:"童",幼稚、浮浅。初六距"地上之木"遥远,处在最下,故所观浮浅。小人所观,流于表象、着于形迹,犹"荐"礼也;小人本为"器",故形而下之观察亦不为失。君子所观,在于深刻,犹"盥"礼也;"君子不器",故形下之观察

则有咎吝。

[4] 窥观,利女贞:"窥观",从门缝中观察,喻所观狭隘。"贞",占问。上爻"君子吝"与"小人无咎"相对,此爻当是"不利君子贞"(或"不利夫子贞")与"利女贞"相对。〈恒〉卦六五"妇人吉,夫子凶"与此同;观〈象传〉亦可知"利女贞"下承上文省"不利君子贞"或"不利夫子贞"。六二在地中,故所观不广;阴爻柔位,其于女子则可,若为丈夫,则失之鄙陋。

[5] 观我生,进退:"我生",我之所行(朱熹《本义》、陈梦雷《浅述》)。《公羊传·桓公八年》注"生犹造也",造,作为。"观我生",谓对自己所作所为进行自我观照,以此来抉择动静进退。六三居下〈坤〉之上,已处地上,具备了自我观照的能力;同时可进可退,其进退取决于反观内视的结果。〈履〉卦上九"视履考祥,其旋元吉",也是讲人及时反观内省的必要性。六三虽可进可退,但仍处下卦,故其所侧重在于"进";九五近亢,其反观内视侧重在"退";二者皆"观我生",涵义则有所区别。

[6] 观国之光,利用宾于王:"光",日光气(〈需〉卦虞注"离日为光",《礼记·祭义》注"光犹气也"),表一人或一国之气运。《易》之占"光"即来于古之占气、占晖,〈未济〉卦六五〈小象〉"君子之光,其晖吉也"即此。"宾",从。"宾于王",即《易》之"或从王事"。通过对国家气运的观察,认为从于王事有利,六四已出〈坤〉入〈巽〉,离地入木,故能登高望远,观国之光,摆脱短浅狭隘之见。

[7] 观我生,君子无咎:九五近亢,及时反省,须时而退,慎戒盈满,故能"无咎"。持盈定倾之功,即在此爻。

[8] 观其生,君子无咎:"观其生",谓观察他人所行,以自考正。《汉书·艺文志》所谓"观风俗,知得失,自考正也",《论语》所谓"见贤思齐焉,见不贤则内自省"。能如此,故"无咎"。三、五爻说以己观己,上爻说以人观己;以己观己犹以为不足,故本爻又以人观己,即〈象传〉所谓"志未平也"。君子如此,可谓"观止矣"。

〈彖〉曰:大觀在上,順而巽,中正以觀天下,觀[1]。盥而不薦,有孚顒若,下觀而化也[2]。觀天之神道,而四時不忒[3]。聖人以神道設教,而天下服矣[4]。

【今译】

〈彖传〉说:尊者在上为众人仰观,下顺从而上谦逊,尊者居中得正以观天下众生,这便是彼此相互观照。主祭者灌祭而不献牲,心存诚敬,百姓观此可以得到教化。崇仰天地神妙规律,而四时运行自然顺畅,根据这种神妙规律设置教化,而天下百姓也自然顺从。

【注释】

[1] 大观在上,顺而巽,中正以观天下,观:"大",指阳爻九五,阳为大;在此指尊者。"观",指在上之尊者为众人仰观。下卦之〈坤〉土象卑下之民众,上卦之〈巽〉木象崇高之尊者,故云在上之尊者为卑下之民众所仰。下〈坤〉象民众顺从,上〈巽〉象尊者谦逊,故云"顺而巽"。九五不但为天下众人仰观,而且居中

得正、以中和平正观临天下众人,这便构成彼此互观;相互观照,彼此监督,这即是上下互观的"观"之道。"观",谓上下互观。

[2] 盥而不荐,有孚颙若,下观而化也:"孚",诚。"颙",敬。"若",语辞。"盥而不荐,有孚颙若"的主语是指祭者、在上位的尊者。"下",指百姓。此讲民之自化,下文"设教"讲化民。

[3] 观天之神道,而四时不忒:"神",天地造化的神妙作用。"道",规律。"不忒",没有差误,自然顺正。此说自然万物在神道作用下无为而治,下句则说社会人事在神道作用下也会自然治理。

[4] 圣人以神道设教,而天下服矣:神道不言而万物治理,圣人取法神道所设之教化亦是不言之教。上卦〈巽〉,一象地上之林木,为下所仰观,故〈彖〉云"大观在上";一象风教,故〈彖〉又云"圣人设教",下〈坤〉为顺,为民,故〈彖〉云"天下服"。

〈象〉曰:風行地上,觀[1]。先王以省方,觀民設教[2]。

初六童觀,小人道也。

闚觀女貞,亦可醜也[3]。

觀我生進退,未失道也[4]。

觀國之光,尚賓也[5]。

觀我生,觀民也[6]。

觀其生,志未平也[7]。

【今译】

〈象传〉说：风行于大地之上，这便是〈观〉卦的意象。先王因此巡察各州国，考察民风而设置教化。

初六肤浅的观察，这是小人观察事物的方法。

狭隘的观察，这在女子来说是正常的，而在男子则是可羞耻的。

反思自己的行为而决定动静进退，这说明六三没有离失正道。

观察国运光明，决定追随君上。

自我反省得失，还可以通过观察民风来实现。

观察他人的行为得失，这说明上九还不满足于仅仅自我观察。

【注释】

[1] 风行地上，观：〈观〉卦上〈巽〉风，下〈坤〉地，风行于大地之上，有浏览、遍观之象。

[2] 先王以省方，观民设教："省"，省察、巡视。"方"，指方国、州国。〈巽〉风为教化，〈坤〉地为民，风行地上，有察州国、观民风、设教化之象。

[3] 窥观女贞，亦可丑也："窥观女贞"为爻辞"窥观，利女贞，不利夫子贞"之省文。"贞"，正、正常，合于常理。"亦"犹乃(《古书虚字集释》)。狭隘之见，在女子为正常，在男子乃为可鄙。

[4] 观我生进退，未失道也：或进或退，反观内视，须时而行，审慎为之，故未离失正道。〈乾〉卦九三〈小象〉"终日乾乾，反复道也"亦含自省之义；本卦六三"观我生进退"亦含乾乾慎戒之义。〈乾·文言〉"知进退存亡而不失其正者，其唯圣人乎"即

来于此；然二者一说下卦之终，一说上卦之终，此其异处。

[5] 观国之光，尚宾也："观国之光"，谓观察到国运光明昌隆。"尚"，上。"宾"，从。"尚宾"，谓追随君上、从于王事。《论语·卫灵公》"邦有道则仕"即此。三爻〈象传〉说进退未失道，四爻〈象传〉则直说进而入仕以从上也。他卦〈象传〉多云"从上吉"，此处未言"吉"，省文也。〈乾〉卦九四〈小象〉亦云"进无咎也"，与此互足文义。

[6] 观我生，观民也：〈象传〉之意，欲观己行，当先观民情；观察民风，方可"自考正也"。三、四爻不云"观民"，因三、四为臣子位，故以未失道、从上说之，此属修身、齐家之事。五爻为君位，故说之以"观民"之外王之道。

[7] 观其生，志未平也："平"，满、满足。此承"观民"而说。观察他人行为之善否以求自正，是因为未满足于以己观己的心志。上九〈象传〉言"未平"，则观之道当持之以恒，无"观止"之时。

▶ 通 说

〈观〉卦的卦象是上〈巽〉下〈坤〉，〈说卦传〉说："巽为木，为长，为高"，"坤为地，为众"。地上之林木修长高大，象征尊者既可为在下之民众观仰取法，又可居高临下，观省民众，此为〈观〉卦卦象及卦名之义。〈象传〉的"大观在上"、"下观而化"即是说尊者为众所崇仰取法，"中正以观天下"即是说尊者居高临下，省察民众；与此卦象、卦名相合。为众所观，是使众人自化；居高观下，是教之使化。

教之使化，从卦辞和〈象传〉看，所行之教亦是老子所说的"不言之教"。卦辞说主祭者虔诚薄祭而能实受其福,此不言之教为众人仰而取法;〈彖传〉言圣人所设之教化是取法"不见其形,不闻其声"的神道而使众人仰而服化;二者立意是一致的。

〈象传〉分析卦象,既取"巽为木",又取"巽为风",从"圣人以神道设教"一句可知,因为在《易》中风主教化。〈象传〉以巽为风,并亦云"设教",皆源于〈彖传〉;尤其〈大象〉的"省方观民"亦明显源于〈彖传〉的"中正以观天下";只是〈大象〉单方面说观民,而略去了为众所观。

〈序卦传〉的"物大然后可观"、〈说卦传〉的"巽为长、为高",皆源于〈彖传〉的"大观在上"。

六爻爻辞讲观己、观人、观察周围事物等不同的观法,其中两言"观我生",特重人的反观内视之功。〈小象〉则具体区分三、五爻"观我生"之差异,三爻之"观我生"在于修己内圣之功,五爻之"观我生"在于治世外王之道。

从〈观〉卦爻画上看,为阴进阳退之时,此时最贵于观察。阳消之时,退而自省,可以无咎;阴长至四,盛已近"剥",当察其几微,观国之光,则观道成矣;若为童、窥之观,拘于阴盛之表象,则流为小人之观。

二一、噬嗑 ䷔（下震上离）

噬嗑[1]。亨,利用獄[2]。

初九。屨校滅趾[3],無咎。

六二。噬膚滅鼻[4],無咎。

六三。噬臘肉遇毒[5],小吝無咎。

九四。噬乾胏得金矢,利艱貞,吉[6]。

六五。噬乾肉得黃金,貞厲無咎[7]。

上九。何校滅耳,凶[8]。

【今译】

筮得〈噬嗑〉卦,亨通,利于决狱断案。

筮得初爻,脚上戴着刑具,被割掉了脚趾,但没有大的灾祸。

筮得二爻,贪吃肥肉,被割掉了鼻子,但没有大的灾祸。

筮得三爻,贪吃肉干,毒入口中而未进入脏器,虽有小害但无大灾。

筮得四爻,贪吃带骨的肉干,肉骨中发现铜箭头,占问虽险而终归吉利。

筮得五爻,贪吃肉干,毒入口中而未入脏器,占问危险而终无大灾。

筮得上爻,肩上戴着刑具,被割掉耳朵而预兆将被砍头,遇到凶祸。

【注释】

[1] 噬嗑:卦名。通行本为第二十一卦,帛书本为第五十五卦。"噬",啮,用牙齿决物。《礼记·曲礼上》"濡肉齿决",即此"噬"字之义。帛书"噬"作"筮",《易·蒙》《释文》云"筮,决也"。"嗑",合(《序卦传》)。人有违法犯案者,决之使合于法,故卦名《噬嗑》、卦辞言"利用狱"。

　　《噬嗑》卦上《离》下《震》,"离"即"罗",罗网、法网、刑网。"震"为动。贪欲动于下,则刑网威于上,此为《噬嗑》卦之意象;《大象》说为"明罚敕法",得之。

[2] 利用狱:利于决狱断案。六十四卦卦爻辞中"狱"及"利用狱"仅此一见,亦可知本卦为专论狱案刑律之卦。

[3] 屦校灭趾:"屦",鞋。在此用作动词,指脚上戴着。"校",木制刑具,在脚为桎,在手为梏,在肩为枷。"屦校",脚上戴着刑具。"灭",去除、割掉。爻在初位,故言"屦"、"趾",此喻初犯,刑之以轻,以惩其后,故占辞曰"无咎"。中间四爻,受惩之因,皆由贪欲;初、上未言,盖省文也。

[4] 噬肤灭鼻:"肤",肥肉(陈梦雷《周易浅述》"肤,腹下柔软无骨之肉")。贪吃肥肉,喻人之贪欲动心,僭越名分。"贫民菜食"(《汉书·鲍宣传》),食肉僭越,因之受惩。"鼻"为七窍之最显者,为嗜欲之代表,故割其鼻以惩其欲。《周易参同契》"耳、目、口三宝,固塞勿发扬",《老子》"塞其兑",皆谓闭塞人之嗜欲孔窍,使心不外淫。

[5] 噬腊肉遇毒："腊肉"，经腌制晾晒过的肉干。"遇毒"，谓肉毒入口而未入于脏器，喻因经小惩而免于大祸，故占辞云"小吝（害）无咎"。

[6] 噬干肺得金矢，利艰贞，吉："乾肺"，经过晾晒带骨的肉干。"金矢"，没入腊物骨肉中的铜箭头。"利艰贞吉"衍"利"字，当从帛书作"艰贞吉"。《周易》可说"利艰贞"或"艰则吉"、"艰贞无咎"，而不说"利艰贞吉"，"利"与"吉"重复。"艰贞吉"，谓占问有险而终可化夷。遇得金矢是"艰贞"有险，未吞入腹中是"吉"而化夷。此亦喻因小惩而免大祸。

[7] 噬干肉得黄金，贞厉无咎："干肉"，普通的肉干，与"腊肉"略有别。"得黄金"，帛书作"遇毒"。按：当从帛书，今译文即从帛书。上卦的〈观〉卦三、五爻亦均说"观我生"，与此卦三、五爻均说"遇毒"的重复情况相近。九四之云"得金矢"，因九四为阳刚；六五与六三均为阴爻，故均以遇阴毒说之；六五阴爻，不当云"得黄金"。〈蒙〉卦六三"见金夫"之"金夫"（闻一多以为当作"金矢"）亦是指九二阳爻，与此同。"贞厉无咎"，占问危险而终无咎患。

[8] 何校灭耳，凶："何"同"荷"，帛书即作"荷"。"荷校"，肩披刑具。上九为卦之终，故"荷校"，与初九之"屦校"相照。割耳为轻刑而占辞曰"凶"者，其为砍头之兆也。古代田野猎禽、沙场斩获，皆以割耳代表斩首之数量，《左传》所谓"获者取左耳"也。因"灭耳"为杀身之兆，故曰"凶"，〈系辞〉所谓"恶不积不足以灭身"即指此；张立文《帛书周易注释》"重者如荷校灭耳，有砍头的凶险"的解释是正确的。〈大过〉上六云"过涉灭顶，

凶,无咎",而本卦上九"何校灭耳,凶"却不说"无咎"者,〈大过〉上六为阴爻,柔弱知退,故终"无咎";〈噬嗑〉上九为阳爻,强刚之极,进而不退,怙恶不悛,故不言"无咎"。所谓"阳进阴退"、"坚强者死之徒,柔弱者生之徒"也。又按:"灭耳"疑为"灭身"之讹。〈系辞〉"灭身"即引此文。《一切经音义·卷一》"遍耳",注"经文有作身字"。

〈彖〉曰:頤中有物,曰噬嗑,噬嗑而亨[1]。剛柔分,動而明,雷電合而章[2];柔得中而上行,雖不當位,利用獄也[3]。

【今译】

〈彖传〉说:口腔中有食物哽塞着,这便是〈噬嗑〉卦的意象,必须经过咬合才能亨通。决狱刚柔兼济,行使法律严明,这就好像雷电相合而事理昭彰;柔爻处中并上行至尊位,它居于尊位虽不适当,但在以刑律决狱断案时是有利的。

【注释】

[1] 颐中有物,曰噬嗑,噬嗑而亨:"颐中",腮中,口中。"有物",有食物等东西哽塞着。若是下〈震〉上〈艮〉,则卦画为☶☳,阳实阴虚,颐中无物,故为〈颐〉卦;而本卦卦画为☲☳,九四阳爻为实,像颐中有物。上"噬嗑"为卦名,下"噬嗑"谓咬合。通过动口咬合,方能去除哽塞之物而亨通;此喻通过运用刑罚才能去除

邪恶。

[2] 刚柔分,动而明,雷电合而章:"刚柔分",刚柔各半。〈噬嗑〉卦下为刚卦〈震〉,上为柔卦〈离〉;又本卦六爻三阳三阴,所以称为"刚柔分",在此喻动用刑罚时要刚柔兼济。本卦下〈震〉动,上〈离〉明,故云"动而明"。"动",行,行使、动用法律。"明",严明。〈震〉为雷,〈离〉为电,震雷闪电相合而倍加明亮;而〈震〉雷喻法之威严,〈离〉电喻法之明察。二者相合,喻法律严明,故而使事理昭彰。

[3] 柔得中而上行,虽不当位,利用狱也:中位二、五皆阴爻,故云"柔得中"。阴爻上居尊位五,故云"上行"。六五阴爻居刚位,喻执法行罚者以柔和为主而辅之以刚果。六五阴爻不居柔位、又处于五之尊位上,故云"不当位"。但〈象传〉认为在执法行罚上适宜于以柔和为主而以刚强为辅,这样不至于滥刑苛酷,故云"利用狱也"。

〈象〉曰:雷電,噬嗑[1]。先王以明罰敕法[2]。

履校滅趾,不行也[3]。

噬膚滅鼻,乘剛也[4]。

遇毒,位不當也[5]。

利艱貞吉,未光也[6]。

貞厲無咎,得當也[7]。

何校滅耳,聰不明也[8]。

【今译】

〈象传〉说:雷电交加,这便是〈噬嗑〉卦的意象。先王因此明正刑罚、严整法律。

足戴刑具、被砍掉脚趾却没有大灾,这是因为初九经过小惩而不再继续犯罪。

贪吃肥肉而受到割鼻的惩罚,这是因为六二以阴卑凌犯阳尊的缘故。

贪吃肉干而遇毒,这说明六三没有安守本分。

占问艰难而最终获吉,这是说九四还未进入吉祥光明的境地。

占问危险而没有咎害,这是因为六五所处环境好,有过失而不会过分。

肩披枷具、被割掉耳朵,这是因为上九怙恶不悛、太不明智了。

【注释】

[1] 雷电,噬嗑:"雷电",项安世《周易玩辞》以为当从石经作"电雷",晁公武、程颐、朱熹皆同此说。按:作"电雷"是,但晁、程以为六十四卦〈大象〉皆从上往下说而"无倒置者"则非。〈离〉为电、为火、为日,象其明,故云"明罚";〈震〉为雷,象其威严,故云"敕法"("敕",严整),"明罚严法"正与"电雷"次序同。电雷象征明严之法,通过以明严之法决罪断狱而使人合于正道,故卦名〈噬嗑〉。"噬"犹决,"嗑"同"合"。(〈大象〉"电雷"讹倒为"雷电",当是涉〈象传〉之故)。

[2] 先王以明罚敕法:〈离〉明〈震〉严,象刑罚法律严明。〈大象〉之意,〈噬嗑〉卦不在于滥刑苛暴,而在于使法律严明,使人人整

肃知戒,归于正道。

[3] 屦校灭趾,不行也:"屦校灭趾"下省"无咎"。已受刑创何谓无咎?〈象〉以为小惩知戒,过误不再继续发展下去。位在初九,不再上行,惩止于萌芽之时。初〈象〉嘉其受创知止。

[4] 噬肤灭鼻,乘刚也:从爻位上看,六二阴爻凌乘于阳爻初九之上,故〈象〉云"乘刚也";阴卑阳尊,六二"灭鼻",是因为卑贱冒犯了尊贵。二〈象〉戒其尊尊。

[5] 遇毒,位不当也:六三阴爻处刚位,象其不守本分,故云"位不当"。三〈象〉戒其守分。

[6] 利艰贞吉,未光也:"利"字衍,说见前。九四占问艰难但最终获吉,而〈象〉以为眼前尚未完全进入光明的境地。〈象〉以"光"释爻辞之"吉"。光明,谓上卦〈离〉也;"离"是光明之义。九四虽入〈离〉卦,但位在〈离〉之初,故云"未光"。四〈象〉戒其勉力慎行。

[7] 贞厉无咎,得当也:〈象传〉说六五"不当位",五〈象〉说"得当",二者释说角度不同。〈彖〉以决狱者说之,〈象〉则以受刑者说之。"得当"有两层意思:一谓六五处〈离〉卦之中,此时刑法明而无滥刑;一谓六五居中位,有过失而不会过分。此谓之"得当",故而无咎。五〈象〉褒其柔中知退。

[8] 何校灭耳,聪不明也:"灭耳"疑本作"灭身"(〈系辞〉作"灭身"),"身"字形近"耳",又涉〈象传〉"聪不明"而讹。"聪",听。闻过不改,惩不知戒,是其聪之不明,故致灭身。上九阳刚,处卦之极,知进而不知退,怙恶而不悛,不明已甚,终致身遭刑戮,其不及六五远矣。上九为〈噬嗑〉之亢位,为决狱之峰极,

犹不知收敛，今语所谓顶风违纪也。六〈象〉怒其愚顽不化。

▶ 通　说

〈噬嗑〉卦专论以刑律治狱之事，六十四卦"利用狱"及"狱"字仅此卦一见。

卦名之"噬"字谓以齿决物，引申有"决"义；帛书作"筮"，也是"决"的意思(〈蒙〉卦《释文》)。决狱断案，正与卦辞"利用狱"相合。卦名"噬"字出自爻辞之"噬"，六十四卦卦名，其中单字卦名基本都出自卦爻辞，而两字的卦名，有的是摘自卦爻辞(如〈同人〉、〈大有〉、〈无妄〉、〈大壮〉、〈明夷〉、〈家人〉、〈归妹〉、〈未济〉)，有的是根据卦爻辞而增一字者(如〈噬嗑〉、〈中孚〉、〈大过〉、〈小过〉)，而有的则是根据卦象、卦爻辞语义而题为卦名者(如〈小畜〉、〈大畜〉、〈既济〉)。卦名在"噬"下所增之"嗑"字疑本作"合"，后转写为"嗑"。卦名"噬合"，是说通过决狱而使人合于正道；〈象传〉之"雷电合而章"，〈序卦〉"可观而后有所合"之"合"字均出自卦名。

〈噬嗑〉卦上〈离〉下〈震〉，这卦象与决狱是什么关系呢？注家均据〈彖〉、〈象〉传而以〈严〉、〈明〉说之。其实，〈传〉往往有意识地离《经》立说，这是战国以降"善为《易》者不占"的《易》说传统。

据〈系辞〉"作结绳而为网罟，以佃以渔，盖取诸离"，则"离"本作"罗"，谓网；帛书〈离〉卦卦名及帛书〈系辞〉均写作"罗"。〈同人〉、〈大有〉皆含单卦之〈离〉即〈罗〉，因网罗，故能合同、大有。本卦下〈震〉上〈离〉(〈罗〉，网也，喻刑网)，谓贪欲动于下而刑网威于上。若〈震〉、〈罗〉颠倒，则为〈丰〉卦。观〈丰〉卦卦爻辞，也正是说因行动有失而坠入狱网中的情形；至于〈系辞〉的"致天下之民，聚天下之货……盖取诸〈噬嗑〉",亦与"罗"之取象相关联;而〈丰〉卦卦辞的"宜日中"、〈系辞〉的"日中而市",则又与"〈离〉为日"有联系,这属于"双重取象"。〈噬嗑〉卦及〈丰〉卦〈象传〉解释为"先王以明罚敕法"、"君子以折狱致刑",这是非常正确的。

六爻爻辞,中间四爻言"噬",喻贪欲;初、上未言"噬",盖是省文。初、二、上言"灭"而三、四、五不言"灭"而言"遇毒"、"得金矢"之险,盖三、四、五互体为〈坎〉,言遇险而知止。

刑狱之事,乃由于贪欲;而古之贵族称为"肉食者",庶民则称为"菜食者"。则刑狱非仅来之于贪欲,还由于不安本分、僭越等级;〈象传〉的"乘刚"、"位不当"等即包含这层意思。

虽说刑狱之事,而六爻之中,五爻"无咎",仅上九一爻言"凶",则先王之法在于惩前毖后,小惩而不大犯,《商君书·赏刑》所谓"明刑不戮"就是这个意思。法律在于威慑,而不在于刑戮。〈丰〉卦亦是五爻"无咎"或"吉",仅上六言"凶",与此相类。

〈象传〉主张治狱应刚柔兼济、宽严适宜,而尤其主张柔主刚辅,这很能反应战国道家学派的法律精神;这与《黄帝四经》"用二文一武者王"(《黄帝四经·经法·四度》)、《管子·枢言》"先王用一阴二阳者霸"的思想是一致的。

二二、賁 ䷕（下离上艮）

賁[1]。亨,小利有攸往[2]。
初九。賁其趾,舍車而徒[3]。
六二。賁其須[4]。
九三。賁如,濡如[5],永貞吉[6]。
六四。賁如,皤如[7],白馬翰如[8],匪寇婚媾[9]。
六五。賁于丘園,束帛戔戔[10],吝,終吉[11]。
上九。白賁[12],無咎。

【今译】

筮得〈賁〉卦,通顺,有所行往则可获小利。

筮得初爻,迎亲的新郎穿着彩鞋婚服,发车御辇而来。

筮得二爻,新郎把须发容貌修饰一新。

筮得三爻,迎亲的彩车装饰得鲜泽光美,占问长久之事吉利。

筮得四爻,所乘马匹装饰盛美,白色的骏马高大强壮,这不是前来寇抢,而是迎娶新娘。

筮得五爻,女家也装饰一新,男方聘物有丝帛五匹,女家嫌少,迎亲遇到麻烦,但最终吉祥。

筮得上爻,装饰清素,没有什么害处。

【注释】

[1] 贲：卦名。通行本为第二十二卦，帛书本为第十四卦。此与〈噬嗑〉卦为卦爻翻覆的关系，故次列于〈噬嗑〉之下。〈噬嗑〉通过决狱使人合于正道，〈贲〉卦通过婚媾使男女相合。

〈贲〉卦下〈离〉上〈艮〉，〈离〉为日，〈艮〉为山。〈贲〉卦象太阳落山，其为黄昏取妇之时。《说文》："婚，妇嫁也。礼，娶妇以昏时。妇人阴也，故曰婚"。婚通作"昏"，《太玄·内》"昏者，亲迎之时也"。李镜池《周易通义》说〈贲〉卦讲的是对偶婚迎亲的故事，可从。〈贲〉卦象黄昏迎亲，而婚庆必有彩饰，故"贲"有文饰之义。

[2] 小利有攸往："小利"，微小之利。又解："小"谓阴，指女方（〈遁〉卦卦辞"亨，小利贞"，荀爽注："阴称小"）。此言有所行往有利于女子。此与〈屯〉卦九五"屯其膏，小贞吉"义近。又按："小利有攸往"唐石经作"小利贞"。此"〈贲〉，亨，小利贞"与"〈遁〉，亨，小利贞"及"〈既济〉，亨，小利贞"相同。

[3] 贲其趾，舍车而徒："趾"，足，此指足所着之鞋。人之服饰由下往上说，则鞋在此指代全身服饰。"贲其趾"，谓从头到脚，全部衣着都被装饰起来，亦即身着婚服。"舍车"，谓发车启行。"舍"，发也。《诗·车攻》"舍矢如破"，郑玄笺"矢发则中，如椎破物也"，训"舍"为"发"。《楚辞·离骚》之"发轫"亦此"发车"。"车"即迎亲的彩车，后世称为"彩舆"、"花轿"。古之迎亲皆以车，如《诗·氓》"以尔车来，以我贿迁"，〈孔雀东南飞〉"金车玉作轮"等。"徒"，辇，驾辇。《诗·车攻》"徒御不惊"，毛传："徒，辇也。"《仪礼·士婚礼》亦载有新郎亲迎执绥御辇

之礼。

[4] 贲其须:"须",须发,指代容貌,言新郎修饰其须发容貌。初爻以趾指代服饰,此爻以"须"指代容貌。

[5] 贲如,濡如:二"如"字为语辞。"濡",鲜泽光美。初爻言服饰,二爻言容饰,四爻言马饰,则此"濡如"当即就车饰而言。《诗》"六辔如濡"之"濡"即是就车饰而言。"贲如濡如",言迎亲彩车被装饰得鲜泽光美。汉乐府〈孔雀东南飞〉言亲迎之车即是"金车玉作轮",也是装饰光美之义。

[6] 永贞吉:占问长久之事吉利。此就婚姻之终身大事而言。

[7] 贲如,皤如:"皤"通"蕃",帛书即作"蕃",美盛。此所谓装饰美盛是就马饰而说。《诗·硕人》"四牡有骄,朱幩镳镳",毛传:"幩,饰也。镳镳,盛貌",与此同。汉乐府〈孔雀东南飞〉"踯躅青骢马,流苏金镂鞍",亦写马饰。此二诗皆写送婚、迎婚之车马盛饰,与〈贲〉卦之写车马盛饰同。

[8] 白马翰如:"翰"同"駻",帛书即作"駻",《淮南子·兵略训》许慎注"駻,强也"。此言所驾之马高大强壮。《诗·硕人》言送婚人所乘驾之马为"四牡有骄",毛传:"骄,壮貌"。"有骄"与"駻如"同。

[9] 匪寇婚媾:不是前来寇抢,而是迎娶新娘。参〈屯〉卦。

[10] 贲于丘园,束帛戋戋:"丘园",喻女家所住地(高亨、李镜池说)。上(艮)丘处东北,此为阴方,象女家所在(《说卦》"艮,东北之卦也,万物之所成终成始也")。"束帛",五匹丝帛,男方所给之聘物。《仪礼·士昏礼》记载男方娶女,纳采、纳吉、纳徵皆以"束帛"。"戋戋",少貌,女方嫌聘物少。《孔雀东南

飞》记太守为其子迎娶,所赠聘物为"杂彩三百匹"。可见后世聘礼之奢华。

[11] 吝,终吉:"吝",因为聘物的多寡,使迎亲出了问题,遇到困难。《列女传》"邵南申女者,申人之女也,既许嫁于丰,夫家不备而欲迎之,女也遂不肯往",此亦因聘物之事而使亲迎遇到吝难。

[12] 白贲:装饰清素。"白",素也。文饰过极则失之情实,既雕既琢,复归于朴,故"无咎"。上九为〈艮〉之终,亦为〈贲〉之终,言贲饰之终,止而还素。

〈彖〉曰:賁[亨],柔來而文剛,故亨[1];分剛上而文柔,故小利有攸往[2]。[剛柔交錯],天文也[3];文明以止,人文也[4]。觀乎天文,以察時變[5];觀乎人文,以化成天下[6]。

【今译】

〈彖传〉说:〈贲〉卦,柔爻下来文饰阳刚,所以亨通;阳爻上去文饰阴柔,所以前往没有大利。阴阳刚柔相互错杂,构成自然物象景观;文明约束人类行止,构成社会典章制度。观察自然物象,可以察知时序变化;观察社会典章,可以化育成就天下之人。

【注释】

[1] 贲,柔来而文刚,故亨:"贲",卦名。"贲"下原有"亨"字,陈梦

雷《周易浅述》疑为衍字，据删。〈贲〉卦下卦为〈离〉，〈离〉之六二本为〈坤〉之柔爻下来文饰〈乾〉刚，故云"柔来而文刚"，柔来文刚则是刚主柔辅，文饰不过极，故亨通。

[2] 分刚上而文柔，故小利有攸往："分"字疑衍。上句"柔来而文刚"不言"分"，则此句亦不当有"分"字。〈贲〉卦上卦为〈艮〉，〈艮〉之上九本为〈乾〉之刚爻前去文饰〈坤〉柔，故云"刚上而文柔"；刚去文柔则是柔主刚辅，文饰太过，故前往无大利。

[3] 刚柔交错，天文也："刚柔交错"四字原脱，据郭京《周易举正》补。"刚柔交错天文也"有两层意思：一是说刚卦（〈艮〉）柔卦（〈离〉）、刚爻（三阳爻）柔爻（三阴爻）相互交错而成〈贲〉卦；"天文"是就卦而说，叶适《习学记言》云"天文，卦也（卦象）；人文，义也（卦义）"；一是说阴阳刚柔相互交错，构成自然法象。"刚柔"，指阴阳刚柔，如日阳月阴交错运行、春阳秋阴相互递嬗等，此即帛书〈要〉所谓"天道"和"地道"，其文云"《易》有天道焉，而不可以日月星辰尽称也，故为之以阴阳；有地道焉，不可以水火金木土尽称也，故律之以柔刚"。"天文"，由阴阳刚柔交错而产生的自然界万千气象（《左传·宣公十五年》注"文，物象之本"）。

[4] 文明以止，人文也：〈贲〉卦下为〈离〉，〈离〉为明；上卦为〈艮〉，〈艮〉为止，故云"文明以止"。此指用文明来约束人类行止。"人文"，指社会典章制度（《国语·周语》注"文，典法也"，《荀子·礼论》注"文谓法度"）。

[5] 观乎天文，以察时变：考察自然气象，可洞察预知时序的变化。

[6] 观乎人文，以化成天下：考察社会典章制度的得失，可以化育

成就天下之人。"义"生于"卦","人文"源于"天文",故"观乎人文以化成天下"是从"观乎天文以察时变"中得到的启示。"人文"同于帛书〈要〉之"人道"。

〈象〉曰:山下有火,賁[1]。君子以明庶政,無敢折獄[2]。

舍車而徒,義弗乘也[3]。

賁其須,與上興也[4]。

永貞之吉,終莫之陵也[5]。

六四,當位疑也[6];匪寇婚媾,終無尤[7]也。

六五之吉,有喜也[8]。

白賁無咎,上得志也[9]。

【今译】

〈象传〉说:山下有火,这便是〈贲〉卦的意象。君子应该明察各项政务,而不能不辨是非刚猛决狱。弃车徒步,对初九来说不乘车辇是合宜的。

文饰胡须,这是说下属要等待时机随从上司行动。

永守正道可以获吉,是说心形端正就永远没有人敢凌侮他。

六四阴爻,处位适当但仍须疑惧;初九并非抢掠而是迎亲,说明应邀前往最终无患。

六五最终吉祥,这是说获得了阴阳和合的喜庆。

文饰素朴而无咎,这是说上九实现了雕琢复朴的志愿。

【注释】

[1] 山下有火，贲：〈贲〉卦上〈艮〉山，下〈离〉火，故云"山下有火"。山主蓄藏众物，火主灿然明照，故明照庶物以贲饰之"贲"为卦名。

[2] 君子以明庶政，无敢折狱："明"，明察。"庶政"，各项政务。"敢"，果敢刚猛。"折狱"，决讼。君子取法〈贲〉卦离火照察众物之象以明察各项政务、不可不辨明是非而刚猛决狱（程颐以为"无敢折狱"是不敢以虚文断狱而失其情实，亦通）。〈艮〉取山藏庶物之义，亦取"止"义；"无"者，止也，〈旅〉卦下〈艮〉上〈离〉，〈大象〉云"君子以明慎用刑，而不留狱"，亦含〈艮〉止之义。又按：〈象传〉言"狱"者，多与〈离〉卦相关；而言"狱"时亦多言"明"。由此可见，〈大象〉采用的是〈罗〉之刑网和〈离〉之火明的"双重取象"。

[3] 舍车而徒，义弗乘也："义"，宜，合宜。〈象传〉认为"舍车而徒"是弃车徒步，并认为不乘车辇是合宜的。因为初九居〈贲〉卦最下，也是下〈离〉之初，位既卑下，不乘是合宜的、明智的。又，初九与上卦之六四正应，刚往文柔，仅有小利（〈象传〉），故不乘车疾行而徒步缓行，得其宜也。

[4] 贲其须，与上兴也："与"，从，顺随。"兴"，动。"须"与"趾"相对，"贲其趾"为〈离〉之初爻，"趾"亦处人身之最下；六二饰"须"，"须"处人身之最上，则象〈离〉之上，即九三。六二文饰九三，谓柔文刚、阴随阳，故〈象〉云从上而动；又"须"声与"颔待"之"颔"通，亦含六二下属当待机随上而动的意思。

[5] 永贞之吉，终莫之陵也：〈象传〉似释"濡"为温润柔弱，因"濡"

又同"儒"、"软"(《韩诗外传》"儒者濡也"，《广雅·释诂》"儒，柔也"，《管子·版法》注"濡，古软字")。九三处〈离〉之终，文饰至极，"贲如濡如"，恐失之柔弱，故〈象〉云九三阳爻处刚位，能永守正道（"贞"，正），则虽有文弱之嫌，亦无人敢凌侮他。

[6] 六四，当位疑也：六四阴爻处柔位，故云"当位"；下与阳爻初九正应，亦是"当位"。四与初虽为正应，但中间有阳刚九三相隔，故须有所疑惧。

[7] 终无尤："尤"，怨尤、患害。柔爻六四前去文饰刚爻初九，亨通无咎（〈象〉所谓"柔来而文刚，故亨"）。

[8] 六五之吉，有喜也：爻处六五，可获吉祥，因为六五阴爻，处于阳刚，居于正中，象阴阳和洽，刚柔贲饰合宜，故有喜庆。

[9] 白贲无咎，上得志也：上爻处贲饰之极，雕琢复朴，合于贲饰之道，成就了贲饰之功，故云上九已得其返朴之志意。

▶ 通 说

〈贲〉卦写太阳落山、黄昏娶妇之事。婚娶必有彩饰、必有彩礼，故初爻饰其服，二爻饰其容，三爻饰其车，四爻饰其马，五爻饰其园，上爻则饰极返朴。

〈彖传〉认为以柔饰刚，阳主阴辅则亨通；以刚饰柔，阴主阳辅则无大利。内为刚卦，外为柔卦，〈彖传〉皆以为利，反之则有微词。〈贲〉卦内为柔卦，外为刚卦，故有"小利"之戒。由文饰而说到人文典章与天文法象，并推阐人文取法天文的道理；天文成于自然，故人文亦当有以节之。老子认为没有节制的"文"，不足以治国；应该"见素抱朴"(《老子·十九章》)，这与爻辞"白贲无咎"及〈象传〉人文取法天文的说法是一样的。另外,〈象传〉认为柔饰刚则通、刚饰柔则小利,即是说应该内实外文;内之真实源于自然之性,外之虚文来于人为之饰。这又与老子"处其实,不居其华"的思想一致(《老子·三十八章》)。

〈象传〉释〈贲〉卦为双重取象。"以明庶政"是取山下有火、火照庶物之象;"无敢折狱"是取下为〈罗〉网(狱网、刑网)、上为〈艮〉止之象。此与经文取象不同。另外,六爻〈象〉辞与〈大象〉无明确的联系;故〈大象〉与〈小象〉的作者及撰作时间可能不相同。

二三、剥 ䷖（下坤上艮）

剝[1]。不利有攸往[2]。

初六。剝床以足，蔑貞凶[3]。

六二。剝床以辨，蔑貞凶[4]。

六三。剝之，無咎[5]。

六四。剝床以膚，凶[6]。

六五。貫魚以宮人寵，無不利[7]。

上九。碩果不食，君子得輿，小人剝廬[8]。

【今译】

筮得〈剥〉卦，不利于有所行往。

筮得初爻，床腿被剥蚀，占问小有凶险。

筮得二爻，床架与床腿衔接处的榫头被剥蚀，占问小有凶险。

筮得三爻，床腿和榫头被剥蚀，没有灾祸。

筮得四爻，床席被剥蚀，占问有大凶。

筮得五爻，众鱼依次涌入宫人的捕鱼笼中，无所不利。

筮得上爻，硕大的果子未被剥蚀，这是君子将得到车马封赐而小人将被剥夺宅第的征兆。

【注释】

[1] 剥：卦名。通行本为第二十三卦，帛书本为第十一卦。"剥"是剥落、剥蚀之义，此卦上〈艮〉下〈坤〉，山出于地。以其自高于地，故见剥蚀削损；反之则为〈谦〉卦，山入于地，自我减损谦抑。"以其善下之，故能为百谷王"（《老子·六十六章》），故〈谦〉卦"亨"而"有终"；"高而倚者崩"（《黄帝四经》），故〈剥〉卦"不利有攸往"。

山见剥落，则日久必覆，所谓"高而不已，天将蹶之"（《黄帝四经》），故《归藏》作〈仆〉，〈象传〉也说"山附于地"。剥、仆、附并与"仆"或"踣"同，谓倾覆也（说详〈象传〉注）。

[2] 不利有攸往："往"谓前往、谓进。处〈剥〉之时，不宜进宜退，进则不利，退则有利；退而自损，厚下安宅，可转而亨通。上卦〈艮〉，亦是"止"而不宜往进之象。

[3] 剥床以足，蔑贞凶："以"犹之。"足"，床腿。"蔑"，小（《方言·二》"小，江淮陈楚之内谓之蔑"）。此言剥蚀床腿，占问小有凶险。剥床之足，虽小有凶险，但积微成大，至四爻则大凶矣。卦象取义于山之剥，爻辞则取义于床之剥，大抵皆为忧患之事。《太平御览》卷七〇六云"梦床所坏者，为忧妻也"，反映的是同样的心理。高亨、李镜池读"蔑"为"梦"，可参考。初爻在下，故以"足"取喻。

[4] 剥床以辨，蔑贞凶："辨"，床足与床身分辨之处（《周易正义》）。此当指床腿与床架衔接处的榫头。六二居下卦中位，故取喻床身与床腿之间交接之处。此亦未及人身，故其占为小有凶险。

[5] 剥之，无咎：帛书无"之"字，似以有"之"字为是。"之"指代初及二的"足"和"辨"。床腿、榫头均被剥蚀而占曰"无咎"者，因六三上有上九为其应援。此谓问卦者处于剥时，幸得贵人之助。

[6] 剥床以肤，凶："肤"，骨肉的表面称"肤"（《释名·释形体》"肤，布也，布在表也"），此指布在床之表面的席子（《周易集解》引崔憬曰"床之肤谓荐席"）。"凶"是承初、二之"蔑贞凶"而说，则此"凶"谓"大贞凶"，言其占大凶。床上荐席已被剥蚀掉，眼看就要剥蚀人身体，故占曰大凶。另外，古代习俗，以床上无荐席为大忌；因为死者的睡席随葬，故死者用过的床无荐席；凡遇床上无席之事或梦，均为大凶之兆。如《后汉书·袁术列传》"（术）坐簧床而叹曰：袁术乃至是乎？因愤慨结病，呕血死"，唐李贤注"簧，第也，谓无茵席也"。又《魏书·尒朱彦伯传》载世隆梦入房中，见床上无席，以为不祥之兆，不久果被杀。

[7] 贯鱼以宫人宠，无不利："贯鱼"当即"鱼贯"，言鱼依次相续而进。"以"犹之。"宠"，帛书作"笼"，同"罩"（或作"篝"），捕鱼之竹器。此言群鱼依次相续而进入宫人捕鱼笼中，此为无所不利之占。四已剥尽，至五则剥势已衰。六五为尊位，与阳刚上九相比、相承而得助，问卦者因而得吉兆。古人以得鱼为吉祥太平、百事如意之兆。如《诗·鱼丽》"鱼丽于罶"，毛传"太平而后微物众多"。又《敦煌遗书·周公解梦书》云"梦见得鱼，百事如意"。

[8] 硕果不食，君子得舆，小人剥庐："硕果不食"为筮象，"君子得

舆,小人剥庐"为占辞。〈剥〉卦仅上九一阳爻,象硕果未被剥蚀之象。上〈艮〉为山,山上有树,树必有果,故〈说卦〉云"艮为山,为果蓏"。"食"同"蚀",剥蚀(〈丰〉卦"月盈则食",《释文》"食或作蚀")。"君子得舆",谓君子得舆马车服之封赐,言大吉也。《敦煌遗书》伯三一〇五条云"梦见果树及食,大吉"即此之类。"小人剥庐",谓小人被剥夺宅第,言小人大凶。

〈彖〉曰:剥,剥也,柔變剛也[1]。不利有攸往,小人長也[2]。順而止之,觀象也[3]。君子尚消息盈虛,天行也[4]。

【今译】

〈彖传〉说:〈剥〉卦就是讲剥蚀,阴柔不断地剥蚀改变阳刚。不利于有所行往,是因为小人之道在增长。顺时而止,这是从观察卦象所得到的启示。君子配合消减增长盛盈亏虚的自然规律而采取行动,这是符合天道的。

【注释】

[1] 剥,剥也,柔变刚也:上"剥"字举卦名,下"剥"字释卦名,剥蚀之义。"变",谓剥蚀改变的过程,由〈乾〉而〈姤〉、而〈遯〉、而〈否〉、而〈观〉、而〈剥〉,再变而为〈坤〉。〈坤·文言〉所谓"非一朝一夕之故,其所由来者渐矣";然而"消息盈虚"、"七日来复",再变而为〈复〉,开始"刚决柔"的过程。

[2] 不利有攸往，小人長也：從卦畫上看，五陰並進，剝蝕一陽，小人勢盛，君子勢弱，小人道長，君子道消，故不利有所行往。

[3] 順而止之，觀象也：〈剝〉卦下〈坤〉上〈艮〉，〈坤〉為順，〈艮〉為止，故云"順而止"；君子處眾陰剝蝕孤陽之時，應該靜而止之，"柔身以待時"(《黃帝四經·十大經·前道》)。然而月盈而虧，"剝"極必"復"；同時君子應該見几因時，"守弱節而堅之，胥雄節之窮而因之"(《黃帝四經·十大經·順道》)。這些都是從卦象中得到的啟示，故云"觀象也"。

[4] 君子尚消息盈虛，天行也："尚"，配，配合。"天行"，天道。"消息盈虛"，一說消減("消")與增長("息")、盈盛與虛虧是會相互轉化的；一說君子處陽道消虛之時，宜相應採取順時而止的行動策略，這才是符合天道的。

〈象〉曰：山附於地，剝[1]。上以厚下安宅[2]。

剝床以足，以滅下也[3]。

剝床以辨，未有與也[4]。

剝之無咎，失上下也[5]。

剝床以膚，切近災也[6]。

以宮人寵，終無尤也[7]。

君子得輿，民所載也；小人剝廬，終不可用也[8]。

【今譯】

〈象傳〉說：山傾覆在地面上，這便是〈剝〉卦的意象。居上位者应加厚其基础,安固其根基。

床足被剥蚀,这是因为消损了基础。

床的榫头被剥蚀,因为六二孤立无援。

被剥蚀而没有灾患,因为六三离弃了身边的小人。

床席被剥蚀,这说明灾患已经逼近。

群鱼进入官人的鱼笼,这预兆着最终没有咎害。

君子得到车赐,这是说人民是拥戴他的;小人被剥夺宅第,这是说小人剥蚀君子,最终是行不通的。

【注释】

[1] 山附于地,剥:山被剥蚀则必然倾覆,故"剥"引申有倾覆之义。《归藏》作"仆","剥"字或体作"刂"(见《说文》)。"剥"与"仆"、"附"、"卜"、"音"声之字古每相通用,故"附"当读为"仆"或"踣",《说文》"仆,顿也",《尔雅·释言》"前覆曰踣"。《黄帝四经·十大经·正乱》"累而高之,踣而弗救"便是此义。参证《黄帝四经》,则山之剥覆,与在上位者自高自大相关联,故〈象传〉戒之以"厚下安宅"。

[2] 上以厚下安宅:"厚下",加厚下部的基础。"宅",根基(〈解〉卦《释文》"宅,根也")。"安宅",安固其根基。厚安根基,喻指厚待安抚百姓。老子所谓"高以下为基"就是这个意思。上卦〈艮〉山象居上位的统治者,下卦〈坤〉地象居下位的百姓。〈坤〉地为厚,〈艮〉山为安,故云"厚"、"安"。

[3] 剥床以足,以灭下也:"灭",消损(《楚辞·七谏·初放》注"灭,消也"),减损。床足之剥,过在统治者,在于统治者减损下层

百姓,"损不足以奉有余"。

[4] 剥床以辨,未有与也:"与",助。六二之所以被剥蚀,因为没有得到贤人和百姓的援助。

[5] 剥之无咎,失上下也:"失",离弃。"上下",上下阴爻,喻指身边群小。六三与上九阳刚正应,而上九象君子贤人(上九"君子得舆")。六三离弃群小,又得贤佐,故虽剥蚀而终无咎害。

[6] 剥床以肤,切近灾也:"切近",逼近。床剥至席,将及人身,故云临近灾祸。

[7] 以宫人宠,终无尤也:"宠"读为"笼"。"以宫人宠"是爻辞"贯鱼以宫人宠"之省文。群鱼相续进入宫人鱼笼中,预兆百事如意、太平吉祥;又象群小被拘系处置,故终无咎害。"尤"犹"咎"。

[8] 君子得舆,民所载也;小人剥庐,终不可用也:"载",盛载、承托。上九一阳在上,五阴在下,象五阴盛载上九一阳,此喻君子得到民众的拥戴。"载"由托载而引申有拥戴之义,故《诗·丝衣》笺"载犹戴也"。君子有民众拥戴,就如同有车坐一样。上九象君子,五阴象民众。君子若高高在上而不恤其下,则民剥覆之;君子若厚安民众而远小人,则人民拥戴他,此犹《孔子家语·五仪》所谓"夫君者舟也,庶人者水也;水所以载舟,亦所以覆舟"。"用",行,通(《方言·六》"用,行也",《庄子·齐物论》"用也者,通也")。"小人剥庐,终不可用",是说小人欲剥君子,反而自剥其庐,小人剥君子之道,最终是不可能行得通的。

二三、剥

▶ 通　说

〈剥〉卦上〈艮〉山、下〈坤〉地；五阴齐头上进，仅余上九一阳爻；〈艮〉山为止；山又象征安，地又象征厚；因此，卦辞以山被逐渐剥蚀为喻，戒人于剥之时不宜有所行事；山体剥蚀则有倾覆之危，故〈象传〉直言"山附(仆或蹖)于地"，欲安危定倾，则须"厚下安宅"，厚恤百姓；君子处阴柔浸蚀阳刚的剥时，〈象传〉认为应该顺时而止，并且清醒认识消息盈虚相互转化的必然规律。

爻辞则以床之由下至上、由足至肤之逐渐被剥蚀取象，分别阐述积微成大、察几知微的道理。初、二之小凶酿成六四之大凶，是不能知微之故，亦是远贤损下造成的，〈象传〉"以灭下也"、"未有与也"的诠释非常正确；六三无咎，是因为远小人而得贤人之助的结果；最后指出剥人者必自剥；〈象传〉则进一步以初爻之损下失民("灭下")与上爻之厚下得民相对照，进一步点明"高以下为基"的思想，因而从结果论的角度证实了"厚下安宅"的重要性。

〈象传〉的"君子尚消息盈虚"、〈象传〉的初之损下失民到上爻的厚下得民，都进一步诠释了老子的"反者道之动"和"观复"的思想；而爻辞的由"剥"到"得舆"再到〈复〉，也正是老子"观复"思想的来源；高者被剥及剥时不往，也被老子提升为"高以下为基"及卑逊雌柔等哲学认知。

老子说"天之道……高者抑之，下者举之；有余者损之，不足者补之"(《老子·七十七章》)。剥床之足与辨者，抑之、损之也；"君子得舆，民所载也"，举之、补之也。故有道者，善下处下。

二四、复䷗（下震上坤）

復[1]。亨，出入無疾，朋來無咎[2]；反復其道，七日來復[3]。利有攸往[4]。

初九。不遠復，無祗悔，元吉[5]。

六二。休復[6]，吉。

六三。頻復，厲無咎[7]。

六四。中行獨復[8]。

六五。敦復，無悔[9]。

上六。迷復，凶，有災眚[10]。用行師，終有大敗，以其國君凶，至於十年不克征[11]。

【今译】

筮得〈复〉卦，亨通，出行归来没有疾患，赚到钱也没有遇到灾咎；从原路返回，七天内就要到家。这样的话，再出行前往仍然有利。

筮得初爻，离家出行不太远就往回返，这样就不至于有什么不好，而且非常吉利。

筮得二爻，出行结束而往回折返，吉利。

筮得三爻，出行忧惧而往回折返，虽危无害。

筮得四爻，行至半路，独自返回。

筮得五爻,心怀质朴返回家园,没有悔恨。

筮得上爻,迷失归路,此为凶象,将有灾祸。若行军征战执迷于前进,最终必有大败,国君也有凶险,今后很长时间内也没有力量再出兵。

【注释】

[1] 复:卦名。通行本第二十四卦,帛书本为第三十九卦。〈复〉卦与〈剥〉卦是卦爻翻覆的关系,故次列于〈剥〉卦后。

"复"兼含"反"与"返"二义,即一方面包含事物发展至极端而向相反的方向转化;另一方面又包含事物经肯定、否定再复归于肯定(亦即否定之否定)阶段的意思;这个"复"与老子的"反者道之动"的"反"意思完全一样(老子的"反"也是既包含向对立面的转化,同时又包含复归),或许可以说老子的"反"就是来于《易》的"复",所以老子说"观复",〈系辞〉说"复,德之本也"与老子"反者道之动"是一样的思路。

从卦爻上看,〈剥〉卦☷阴剥阳,阳将剥尽;然剥极必反,〈复〉便是向对立面的转化,开始了阳剥阴的过程;同时,阳刚也从亢极的位置复返于下,重新开始生命力的培育。从卦象上看,雷本在地中,春暖之时,雷出于地而成〈豫〉卦;冬寒之时,又回复到地中而成〈复〉卦。

"复"既是运动转化,又是循环再生。回复是生生的培育,转化是质的飞跃。

[2] 出入无疾,朋来无咎:"出",出行。"入",归来。此取象于雷之以时出入,时序正则人无疾病。"朋"或释为"朋贝"之"朋",或

释为"朋友"之"朋"。按：当释为"朋贝"，即钱财。本卦上〈坤〉下〈震〉，〈坤〉卦说"丧朋"，〈震〉卦说"丧贝"，可见"朋"指"朋贝"之"朋"。"朋来"，即赚到钱财。"无咎"，没有遇到歹人打劫一类的麻烦。〈坤〉卦说赚得钱财"括囊无咎"，本卦说赚得钱财及时归家"无咎"。

[3] 反复其道，七日来复："反复"即"返复"即"复"。"复其道"即〈小畜〉的"复自道"，谓从熟悉的旧路返回。"七日来复"，七日之内返家则吉，超过七日则不吉。为何必在七日之内？因"七"为一卦六爻往复之期，超过七日，则非〈复〉卦，既逾复期，则必然有咎；上六之"迷复"，当是指超过复返之限期，故迷失归途而有凶。

[4] 利有攸往：按时复返，则再往有利；反之，不按时之"迷复"，则再往不利，必待"十年"而后可往。"来"（"入"）以时"无咎"，"往"（"出"）亦能有"利"。有"来"有"往"自然有利，〈系辞〉所谓"往来不穷谓之通"。下〈震〉为动往，上〈坤〉为顺利。

[5] 不远复，无祗悔，元吉："祗"同"抵"，至、至于。"元"，大。离家出行不过远即折返，则不至于悔恨，并有大吉。过远则迷，则超过复期，则有凶。

[6] 休复："休"，止，象人之倚木休止（见《说文》）。此承初九而说，六二比于阳爻初九，犹如"倚木"；初九不远即复，六二依于初九，亦行之不远即止而还复。

[7] 频复，厉无咎："频"读为"颦"，忧惧（《释文》："马云：频，忧也"）。行之不远，即忧惧而返，则虽危无害（"厉"，危险）。〈乾〉卦九三"终日乾乾，夕惕若，厉无咎"与本卦六三爻辞立意

相同。六三处下卦之终，为〈震〉动之极，故须忧惧远而迷失，及时还复。下卦之终，知忧而无咎；上卦之终，执迷而有凶。

[8] 中行独复："中行"，出行的半途中。全卦五阴爻，独六四与阳爻初九正应，故独六四应和初九之"不远复"。不言占辞，或与初九同。

[9] 敦复，无悔："敦"是质朴之貌，《老子·十五章》"敦兮其若朴"（注："敦者，质厚"）。"敦"又同"沌"（《淮南子·天文训》注"敦，沌也"），《老子·二十章》"沌沌兮若婴儿之未孩"（据马叙伦校），王弼注："沌沌，无所分别"。上六迷而不复，故〈复〉卦至五，是复之终极，故云还复于朴。

[10] 迷复，凶，有灾眚："迷复"，谓迷失归路，不能复返。初爻"不远"故能复，上爻之"迷"是行之过远，知进不知退，往而不复；五爻质朴无求而能复，上爻贪而多求，故"迷"而失去自性，不能自返。如此，则有灾祸（"灾眚"即灾祸）。六爻之中，仅此一爻有凶，他爻均因能复而免咎。

[11] 用行师，终有大败，以其国君凶，至于十年不克征："以其"，与其、及其。"克"，能。"十"亦是数之极，与"七"同；"七"之极数就卜师筮占言，"十"之极数就百姓日用说。雷出于地，则为〈豫〉，故〈豫〉卦卦辞言"利行师"（《杂卦》"震，起也"、《说卦》"坤为众"。则〈豫〉卦象起众行师）；反之则为〈复〉卦，不利行师，宜安众静养。〈复〉为十一月卦，《吕览·仲冬季》云："（仲冬之月），无起大众，以固闭藏"。复之时，宜早复不宜行远，宜质朴不宜贪求；行师征国，是既行远又贪求，故有凶丧之祸。

〈彖〉曰：復亨，剛反動而以順行，是以出入無疾，朋來無咎[1]。反復其道，七日來復，天行也；利有攸往，剛長也[2]。復，其見天地之心乎[3]。

【今译】

〈彖传〉说：〈复〉卦亨通，是因为刚爻适时向反方向回复运动并且顺时而上行，所以说前进或回复都无疾患，朋辈前来相助没有灾害。回复到原初的轨道上，按照周期再重新培蓄力量，这是天道所决定的；有利于上行前进，是因为阳刚会不断积蓄增长。通过考察〈复〉卦，人们可以发现天地宇宙的根本规律。

【注释】

[1] 复亨，刚反动而以顺行，是以出入无疾，朋来无咎："复"举卦名。"刚"，指阳爻初九。"反动"，指〈剥〉卦阳爻上九反方向下行为〈复〉卦初九。"顺行"，谓〈复〉卦初九再顺时上行。下〈震〉为行，上〈坤〉为顺，故云"顺行"。"入"谓反动回复，"出"谓顺行前进。"朋来"，谓随初九之顺行，激励了其他阳刚朋辈亦前来相助，《管子·形势》"其功顺天者天助之……天之所助，虽小必大"即此之谓；上六之"迷复"是为"逆天"，〈形势〉所谓"逆天者怀其凶，不可复振也"。〈象传〉以阳爻下复为"反"，上行为"顺"。"顺行"到一定时间必须"反动"，而"反动"又是再次重新"顺行"的力量积蓄。这也即是〈系辞〉所总结的"一阖一辟谓之变，往来不穷谓之通"。

[2] 反复其道,七日来复,天行也;利有攸往,刚长也:"天行",天道。天道往复运行,不失时序,所谓"天行正信"、日月之"信出信入"即是。"反复其道,七日来复"说"入"之"反动","利有攸往"说"出"之"顺行";"天行"、"刚长"说随机因时。

[3] 复,其见天地之心乎:"复",举卦名,谓考察〈复〉卦所蕴涵着的道理。"心",本,根本规律(《礼记·礼器》疏:"本谓心也")。天地宇宙之间,日月运行,四时更替,犹如形体之运动;而其内在的根本规律,则犹如心之主宰(《荀子·解蔽》也说"心也者,道之上宰也")。《老子》也说"归根曰静,静曰复命,复命曰常"(十六章);这个"常"是什么呢?就是:"迎之不见其首,随之不见其后"的大、逝、远、反的天地宇宙运动不已的基本规律(十四章、二十五章)。

〈象〉曰:雷在地中,復[1]。先王以至日閉關,商旅不行,后不省方[2]。

不遠之復,以修身也[3]。

休復之吉,以下仁也[4]。

頻復之厲,義無咎也[5]。

中行獨復,以從道也[6]。

敦復無悔,中以自考也[7]。

迷復之凶,反君道也[8]。

【今译】

〈象传〉说:雷回复到地中,这便是〈复〉卦的意象。先王也在冬至日闭阖关卡,商贾旅客也停止外出远行贸易,君主暂不巡视州国。

出行不远就及时回复,这是为了修养自身。

结束外出而返回,这是为了亲近贤者。

忧惧返回所遇到的危险,理当没有大的妨害。

履行中正而独自返回,完全是为了顺从正道。

复归质朴而无悔恨,这是为了成就本心的修养。

迷失归路则遇到凶险,这是因为违反了为君之道。

【注释】

[1] 雷在地中,复:〈复〉卦下〈震〉雷,上〈坤〉地,象雷回复于地中,故卦名为〈复〉。"复"有回复、恢复二义。〈复〉之初九由〈剥〉之上九而来,此谓回复;回复之初阳,需要恢复、蓄养其新生力,此谓恢复。因〈象传〉以"复"兼此二义,故不云"雷入地中"(不与〈豫〉卦"雷出地中"相对),而云"雷在地中",是雷已入地,正处恢复之中。然此中微阳之恢复乃借之静养,而新生力之再造,亦当凭借"雷以动之"。不静则不能培养积蓄,不动则不能再造新生。

[2] 先王以至日闭关,商旅不行,后不省方:"至日",夏至、冬至,本卦指冬至日。"后",君主。"省方",巡视州国。冬至一阳生,阳气微弱,故闭关卡、不出行、不省方以养微阳。

[3] 不远之复,以修身也:出行,犹发挥阳气于事业上,《管子·内业》"敬发其充",〈坤·文言〉"发于事业"即是;复而自修,谓修养心形以补充阳气。心形不修,则阳气往而不复、来而不舍

(《管子·内业》);阳气不返,则为大患(同上)。

[4] 休复之吉,以下仁也:"下",近,亲近(《仪礼·丧服传》注"下犹近也")。"仁",贤者,指初九。"休"谓人依木而休止,六二依从初九之止复而止复,这是亲近贤者的表现。所谓"见贤思齐焉"即此。二居初九之上,故其"复"谓之"下"。

[5] 频复之厉,义无咎也:"义"同"宜"。〈乾〉卦九三"终日乾乾,夕惕若,厉无咎",言忧惧而进;〈复〉卦六三"频复,厉无咎",言忧惧而复。或进或复,皆戒慎忧惧,则宜其或遇危险而必无咎害。六三处下卦之终、动之极,而能随时忧惧、及时还复,理亦无咎。

[6] 中行独复,以从道也:"中","正"。六四阴爻居柔位,是为行之正;四应初阳,是为"从道"。行正顺道,虽无朋辈牵曳而己身独复,亦当获吉占。

[7] 敦复无悔,中以自考也:"中",本心。"考",成就。五爻为"复"之终,故言考成;五居上卦之中位,故言"中";心持中正之道,故又以"中"喻所修持之本心。还归质朴,为五爻成就了本心之修养的证明;这同时也是〈复〉卦最终所要成就的。

[8] 迷复之凶,反君道也:当复之时,反而"用行师",远行征国,执迷不返,是违背为君之道。〈大象〉所谓"闭关"、"不省方"正与此相照。显然,"用行师"是有违"闭关"、"不省方"的先王之道的。冬至、癸亥日阳气微弱,忌行师征国,《白虎通·诛伐》"冬至所以休兵,不举事",《吕览·仲冬纪》"仲冬之月,其日壬癸",《后汉书·邓禹传》"明日癸亥,匡等以六甲穷日不出",此皆为顺天扶阳之道。

▶ 通　说

〈复〉卦是讲阳气的穷上返下，讲阳的回复。阳与阴的往来消长，主要是通过〈姤〉䷫〈剥〉䷖〈复〉䷗〈夬〉䷪四卦来表现的。即由〈姤〉至〈剥〉，阴剥阳、阴长阳消。〈剥〉卦经过〈坤〉卦的过渡，转为〈复〉卦；由〈复〉至〈夬〉，阳剥阴，阳长阴消。最后，〈夬〉卦经过〈乾〉卦的过渡，又转为〈姤〉卦，完成其阴阳循环、"一阖一辟"的进化过程。之所以说是进化发展的过程，而非原地循环，是因为其中蕴含着"变"与"通"（〈系辞〉"一阖一辟谓之变，往来不穷谓之通"）。"变"即包含着质变，有了质变，其循环流通就自然呈现为进化上升的趋势。"复"是其形式，变通是其本质。所以老子要人们"观复"，同时更要"观妙"；"妙"者，妙化无穷、发展不已。

〈复〉卦以雷之回复于地中为取象，说商旅之复及回复之时不宜行师，〈大象〉的"商旅不行，后不省方"与爻辞相合。

"复"谓回复、恢复、复生。当〈剥〉、〈坤〉阴之盛极，阳德顺时回复、退而居下；若只进不退、只往不复，则谓之"迷"，"迷"则"凶"；能"出"能"入"，自然"无疾"。阳之回复，在于恢复生力，积微成大，故曰"朋来无咎"。阳之恢复以为再生，更行进取，故又曰"利有攸往"。

有往复方有上升，有循环方有进化。没有只往不复的直线上升，也没有宇宙肌体终止了循环运动的进化。这便是"天地之心"，也即天地宇宙的最基本规律。

老子的"归根曰静，静曰复命"仅仅是"天地之心"的一个方面；

另一方面，则是在归根复命的宁静状态中再孕育新的生命力。

老子对于往复运动的"天地之心"的观察，也曾表述为"天地之间，其犹橐龠乎"（五章），气之有入有出为橐龠，橐龠之妙，在于"虚而不屈，动而愈出"。这一表述，亦可视为对〈复〉卦的诠释。

二五、无妄 ䷘（下震上乾）

无妄[1]。元亨,利贞;其匪正有眚,不利有攸往[2]。
初九。无妄,往吉[3]。
六二。不耕獲,不菑畬,則利有攸往[4]。
六三。无妄之災,或繫之牛,行人之得,邑人之災[5]。
九四。可貞,无咎[6]。
九五。无妄之疾,勿藥有喜[7]。
上九。无妄,行有眚,無攸利[8]。

【今译】

筮得〈无妄〉卦,大通顺,占问有利;如果不守正道则有灾祸,不利于有所前往。

筮得初爻,不邪妄,行动可获吉祥。

筮得二爻,不耕种也不图收获,不开荒也不谋好田,这样就利于有所行往。

筮得三爻,不邪妄而碰到倒楣事,就如同村人拴着一头耕牛,路人给牵走了,村人也就倒了楣。

筮得四爻,有利于占问,没有患害。

筮得五爻,不邪妄而染上小病,不用吃药自然会痊愈。

筮得上爻,不邪妄,行动有灾祸,因此不利于有任何行动。

【注释】

[1] 无妄：卦名。通行本为第二十五卦，帛书本为第七卦。

〈无妄〉卦有三意象：其一为卦爻辞之意象，其二为〈彖传〉意象，其三为〈象传〉意象。

先说卦爻辞之意象。上卦〈乾〉天，下卦〈震〉雷，天下轰响着雷霆，以象征天威，人当戒其容止，恐惧修省，不敢妄为，故卦名〈无妄〉，卦爻辞皆说"无妄"之事；〈震·象〉"洊雷，震。君子以恐惧修省"就是这个意思。此源于古人的自然崇拜。《吕氏春秋·仲春季》"（仲春之月），日夜分，雷乃发声，始电……先雷三日，奋木铎以令于兆民曰：雷且发声，有不戒其容止者，生子不备，必有凶灾"。古俗还有"二月打雷，须禁一切事务"等说法。尤其是表现在农耕上的禁忌，如《吕氏春秋·仲春纪》"（仲春之月），雷乃发声……耕者少舍"（郑注《礼记·月令》云"舍，止也"）；在彝族，雷鸣的日子不能下地生产，否则会遭旱灾；普米族，雷鸣不下种；布依族，每年头次闻雷三天内不耕作；水族每年立春后第一次闻雷时忌耕作（见《西南少数民族风俗志》、《中国民俗辞典》）。这些亦与本卦六二爻辞"不耕获，不菑畲"有一定联系。

〈彖传〉意象为〈震〉动〈乾〉天，谓行动要顺应"天命"（即天道），不得妄为。

〈象传〉兼含卦爻辞之意象，谓天下雷行，示威于人，人不得妄为；同时，雷鸣则"蛰虫咸动，开户始出"（《吕氏春秋·仲春纪》），"雷出则万物出"（《太平御览》一三引《洪范五行传》），故当顺应天时以养育万物。雷未动而作，是妄作，是逆时，《老子》所谓"静曰复命……妄作凶"(十六章);雷已动而不作,亦是妄,是逆时,故〈象传〉教人顺时而作,助天成物。

[2] 其匪正有眚,不利有攸往:"其"犹若,假若。"匪",非。"眚",灾。"正"为"妄"之反,不正则为妄,妄行妄为。此言处无妄之时,若妄为妄作则有灾祸,自然不利于有所行往。老子"不知常,妄作凶"即此。

[3] 无妄,往吉:"往",行,行动。初九为〈无妄〉之初,要上行发展;阳爻居刚位,是得正;不邪妄,顺时而动,动能得正,故可获吉。卦辞"元亨利贞"、〈象传〉"大亨以正,天之命也"即指此爻。

[4] 不耕获,不菑畬,则利有攸往:"菑",初垦一岁的荒田;"畬",已耕三岁的熟田。不耕种也不图收获,不开垦也不谋良田,谓无虚妄之求。二比于初,故"不耕获,不菑畬"实为初爻"无妄"之另一种说法。六二阴爻处柔位,亦得正;故初爻得正而云"往吉",六二得正亦云"利有攸往"。初、二处〈无妄〉之初,动之始,故"往"皆吉利。此与上爻失正、动则有凶相对照。又按:前引古代民俗中有雷鸣忌耕种之说,故疑"耕获"本作"耕种",《吕氏春秋·辨土》"营而无获",注:"获或作种",是其证。"不耕种,不菑畬",谓不犁地播种,不开垦田地,即《吕氏春秋》"耕者少舍"之意。

[5] 无妄之灾,或系之牛,行人之得,邑人之灾:"之灾",有灾(《古书虚字集释》"之犹有")。"或"犹"若"(《古书虚字集释》),如同。"无妄"并非均吉,六三阴爻处刚位,失正;居下卦之终,为动之极,故以"有灾"示警:无妄尚有灾,妄则可知,这便是〈系辞〉所说的"三多凶"。然己无妄行,则牛之失在人不在己;既

不在己，则不妄追索或可失而复得，此九五所谓"无妄之疾，勿药有喜"，〈睽〉卦所谓"丧马勿逐自复"也。

[6] 可贞，无咎："可贞"即"利贞"，〈谦〉上六"利用行师"，〈小象〉云"可用行师"（说详〈谦〉卦）。九四处上卦之初，本为"多惧"之位（〈系辞〉"四多惧"）；又阳爻处柔位，又能得正守雌。如此，自然有利于占问，而无邪妄之灾。〈象传〉据其爻位而释"可贞无咎"为"固有之也"，这是十分正确的。

[7] 无妄之疾，勿药有喜："之疾"即"有疾"。"疾"，小病。"药"，吃药治病。"喜"，豫乐。古以生病为"不豫"，病愈为"有喜"。没有邪妄之行而染疾，则不治自愈；若妄治，反而疾重。此所谓"妄"即《礼记·月令》所谓"戒容止"、"去声色，禁嗜欲"之类。"有喜"有双重涵义：一层涵义是"喜"谓豫，"有喜"谓疾愈；一层涵义是"喜"谓庆、福庆，"有喜"谓有庆、有福。就爻位来说，九五与六二相同，皆居中得正，动静适中，顺时守正，故二有利而五有庆，〈系辞〉所谓"二多誉，五多功"也。

[8] 无妄，行有眚，无攸利：此与初九正相为对。初九为〈无妄〉之初，行动有吉，上九为〈无妄〉之终，行动有灾；初九得正，动则有利，上九失正（阳爻处柔位），动则不利。虽皆"无妄"，而有此差异，时不同也。无妄尚且"行有眚"，而况妄乎？此正《淮南子》所谓"善尚不可为，而况不善乎"。初爻戒人顺时而动，时既已过，则上九戒人顺时而静；初爻以正，故卦辞言"元亨利贞"，〈象传〉言"天之命也"，上爻失正，故卦辞言"匪正有眚，不利有攸往"，〈象传〉言"天命不佑行矣哉"。卦辞、〈象传〉言其始终，正是所谓"叩其两端"、"原始要终"。"无攸利"，即卦辞

"不利有攸往"之省文。爻至上九，穷极无路，本无可往，而况其"匪正"乎？

〈彖〉曰：无妄，剛自外來而爲主於內，動而健，剛中而應，大亨以正，天之命也[1]。其匪正有眚，不利有攸往，无妄之往，何之矣，天命不祐行矣哉[2]。

【今译】

〈彖传〉说：〈无妄〉卦，刚爻从外卦来而成为内卦的主爻，行动刚健，阳刚居中而有应和，大通顺而能持守正道，这是天道使然的。若迷失正道则有灾眚，不利于有所行往，处〈无妄〉之极而有所行往，出路将在哪里呢？它的行动是得不到天道佑助的。

【注释】

[1] 无妄，刚自外来而为主于内，动而健，刚中而应，大亨以正，天之命也：〈无妄〉，举卦名。内卦〈震〉之阳爻初九自外卦而来，成为〈无妄〉之主爻，故云"刚自外来而主于内"。下〈震〉动而上〈乾〉健，故云"动而健"。九五刚爻居中而有六二正应，故云"刚中而应"。"大亨"，释"元亨"，大通顺。"以正"，释"利贞"（贞，正也），谓能持守正道。"天命"，即天道。析而言之，道之为自然存在者谓之天道，道之干预人事者谓之天命（"命"，令、教令）。〈乾〉为健、为天、为自然，初九为主爻、为刚健、为得正（阳爻处刚位），持守正道而行动顺天，是为无妄之举，是为大亨之道。此数句释卦辞"元亨利贞"及初九爻辞"无妄，往吉"。

[2] 其匪正有眚,不利有攸往,无妄之往,何之矣,天命不佑行矣哉：此释卦辞后半部及上九爻辞"无妄,行有眚,无攸利"。"无妄",谓处〈无妄〉之极的上九。"往",即上九"行有眚"的"行",下句"天命不佑行"的"行"即是此"往"字的换言。"之",往、去。上九已处〈无妄〉之极而还要有所行往,那还有什么出路呢？它的行动是不会得到天道佑助的。"哉"字疑涉〈象传〉"大矣哉"之恒语而抄衍。〈复〉卦上六"迷复",〈无妄〉卦上九亦有匪正迷失之虑,故诘之以"何之"。

〈象〉曰：天下雷行,物與无妄[1]。先王以茂對時,育萬物[2]。

无妄之往,得志也[3]。

不耕獲,未富也[4]。

行人得牛,邑人災也[5]。

可貞無咎,固有之也[6]。

无妄之藥,不可試也[7]。

无妄之行,窮之災也[8]。

【今译】

〈象传〉说：天下雷声运行,这便是〈无妄〉卦的意象。先王因此勉力顺时、养育万物。

无邪妄而前往,符合初九的志向。

不耕种也不图收获,因为未存心于富贵。

路人顺手牵走了牛,村人无故倒了楣。

可以守正而没有咎害,这是九四所本就具有的品格。

治疗无妄之疾的药物,是不可妄用乱吃的。

无邪妄而前往遇祸,这种灾祸是上九时境困穷所导致的。

【注释】

[1] 天下雷行,物与无妄:六十四卦〈大象〉,都是先说上下两卦之象,紧接着点出卦名,无一例外(《周易正义》孔颖达疏亦云"诸卦之象,直言两象即以卦名结之,若'雷在地中,复'")。所以,"物与"二字疑为古注误入正文,或涉下句"育物"二字而衍("与"、"育"并为喻母字,读音相近)。〈无妄〉卦上卦〈乾〉天,下卦〈震〉雷,故云"天下雷行"。雷震鸣响,威行天下,天下之人皆当恐惧修省,不得妄为;而雷声震动,复苏万物,先王亦乘势顺时,养育万物。

[2] 先王以茂对时,育万物:"茂",勉力。"对",配合、顺应。"时",春雷振作万物之时。不能顺时而静是"妄",不能顺时而动也是"妄";这便是〈大象〉对"天下雷行"的诠释。

[3] 无妄之往,得志也:"得志",谓初九得顺时上行之志。初九为〈无妄〉之初,刚健居正,胸无邪妄,动则获吉,是为得志。

[4] 不耕获,未富也:"未富",未存心于富贵。六二阴爻处柔位,居中得正,持弱守雌,安于贫贱,故恬淡而静、恬淡而行,均无不利。

[5] 行人得牛,邑人灾也:表面上看,〈象传〉未释爻辞;事实上,〈象传〉是在强调灾祸之来,在时不在人、在人不在己,突出灾之无

妄、无故蒙灾。

[6] 可贞无咎,固有之也:"贞",正,持守正道。能够持守正道,之所以说是九四固有的品格,因九四阳爻处柔位,是其能守正无妄;九四居上卦之初,处"多惧"之位,能戒惧而免咎。此皆由九四所处之时位使然,故曰"固有之也"。

[7] 无妄之药,不可试也:谓治疗无妄之疾的药不可尝试妄用。无故而病谓之无妄之疾,疾本无妄,自来自去;欲以药攻治无妄之疾,则反为妄,故曰"不可试也"。

[8] 无妄之行,穷之灾也:"无妄之行"为"无妄之行有眚"的省文。无邪妄而行动遇祸,此祸来于上九之时境已至困穷。卦本为无妄,然已至上九,"易穷则变",穷而仍行,困而不止,则无妄亦变为妄矣;既变为妄,则自然行而有眚。〈乾〉上九〈小象〉"亢龙有悔,穷之灾也",与此〈无妄〉卦上卦〈乾〉之上九所言相同;可见〈象传〉于刚健之极,最多告诫。〈象传〉特强调初九之"动而健",〈象传〉则特强调上九之健而止;二者相映成趣。

➡ **通　说**

〈复〉卦之后继之以〈无妄〉卦,老子于"观复"之后说之以"妄作凶",这是很有趣的现象。

〈无妄〉卦的卦爻辞、〈彖传〉、〈象传〉的思想都很丰富。

其最突出的是讲"时"。初爻、二爻顺时而动,所以"吉"、"利"。上爻动不顺时,所以"有眚"。四爻顺时而静,所以"无咎"。但爻辞还指出了一种特别的客观现象,即人们的动静吉凶并非都与"时"联系,尚有一种由冥冥不测的偶然因素所决定的意外情况,这便是

"无妄之灾"、"无妄之疾"。人们必须承认它的客观存在,但又不能因此否认事物之间皆有必然联系的客观真理。人本无妄,而染疾蒙灾;若因此以无妄为非而认妄为是,则大愚。《黄帝四经》、《管子》、《淮南子》等说人有以道处世者,而或成或败,或得或失;失败者若因之否定道之是,则大非也。与此正相表里。元胡炳文《周易本义通释》说:"善学《易》者在识时。初曰吉,二曰利,时也。三曰灾,五曰疾,上曰眚,非有妄以致之也,亦时也。初与二皆可往,时当动而动;四可贞,五勿药,上行有眚,时当静而静",所论可以参考。

二六、大畜 ䷙（下乾上艮）

大畜[1]。利貞,不家食吉[2],利涉大川。

初九。有厲,利已[3]。

九二。輿說輹[4]。

九三。良馬逐,利艱貞;日閑輿衛,利有攸往[5]。

六四。童牛之牿,元吉[6]。

六五。豶豕之牙,吉[7]。

上九。何天之衢,亨[8]。

【今译】

筮得〈大畜〉之卦,有利于占问。不闲居于家而食禄于朝,吉利,利于涉渡大川。

筮得初爻,有危险,利于止步不前。

筮得二爻,车身与车轴脱节。

筮得三爻,骏马驰逐,占问虽险而有利;经常练习驾车防卫,则利于有所行往。

筮得四爻,小牛被拴住,大吉。

筮得五爻,大猪被圈住,吉利。

筮得上爻,获得显达,亨通。

【注释】

[1] 大畜：卦名。通行本为第二十六卦，帛书本为第十卦。〈大畜〉卦与〈无妄〉卦是卦爻翻覆的关系，故次序列于〈无妄〉卦之后。

〈大畜〉卦上〈艮〉下〈乾〉，艮为山、为畜止；乾为日气、云气。〈大畜〉卦象云气在山下，为山所畜止，故名"大畜"；而〈小畜〉卦则象云气随风聚散，所畜不多，故名"小畜"（☴下乾上巽）。云气为山所畜，象征贤人为朝廷所畜养；若上下卦颠倒为上〈乾〉下〈艮〉，云气出于山，不为山所畜止，则为〈遁〉卦，象征贤人隐遁也。

从卦爻上看，〈大畜〉卦上九"何天之衢"而亨通之后则变而为阴，如此则该卦变为〈泰〉，正象阴阳交通、君臣遇合、君子进用；而〈遁〉卦则九三随阴长即将变而为阴，如此则该卦变为〈否〉，正象阴阳不交、君臣不遇、君子隐遁。

畜之极则通（"何天之衢，亨"），通则泰，故〈泰〉来于〈大畜〉也。

[2] 利贞，不家食吉："不家食"即"不家而食"，"家"谓闲居于家。"食"谓食俸禄于朝廷，在朝为官（《国语·晋语》注"食，禄也"）。筮得此卦，不闲居于家而食俸禄于朝则吉。〈损〉卦上九"贞吉，利有攸往，得臣无家"亦与此同。〈象传〉释"不家食"为"养贤"是正确的。

[3] 有厉，利已："已"，止，停止。

[4] 舆说輹："舆"，在此指车厢、车身。"说"同"脱"。"輹"，缚轴之物，在此指轴。车身与车轴脱离，亦是不宜行进而留止之义。初、二之止而不进，乃为上卦四、五二阴所阻。初阳弱，二阳居

柔,故皆宜须时而进,待二阴就缚,方可上行,〈杂卦〉"大畜,时也"当即就初、二而发。欲畜贤,必当先去不肖,故四、五二阴被缚之后,方有贤人显达之时。

[5] 良马逐,利艰贞;日闲舆卫,利有攸往:"良马",喻贤人。九三纯乾,〈说卦〉"乾为良马"即指此。"逐",驰骋。上有四、五二阴,故云"艰贞";而九三阳爻居刚位,为下〈乾〉之最有力者,又与上九合志,故云"利"。"日",每日、经常。"闲",练习。"舆",作动词,指驾车。"卫",防卫。九三一方面乘马驰骋,以遂其志;一方面又要日习驾术,以备不肖。"日闲舆卫"与〈乾〉卦九三"终日乾乾"之立意相近,也含有"用之行而舍则藏"之意。

[6] 童牛之牿,元吉:"童牛",小牛,此喻小人。"牿",在此作动词,指拴住(《说文》"牿,牛马牢也。周书曰:今惟牿牛马")。童牛阴四被拴住,则初九贤人可行矣,故为大吉。

[7] 豶豕之牙,吉:"豶豕",当指大猪。《书·大传》注"豶,大也",从"贲"之字多有"大"义,如大陵谓之"坟",大鼓谓之"鼖",故大猪亦谓之"豶"也。"豶豕",在此喻奸佞。"牙"同"互",即"枑",圈牲之围栏,在此指圈住(徐锴《说文系传》"枑,交互其木,以为遮阑")。豶豕阴五被圈住,则九二贤人可进矣,故曰吉。

[8] 何天之衢,亨:"何"与〈噬嗑〉上九"何校灭耳"之"何"同,通"荷",承受、获得。"天衢",通天大路,在此喻显达。畜极则通,故畜至上九,终获显达,至为亨通。通则变而为〈泰〉。四阴被"牿",五阴被"枑",故上九得以显达。

〈彖〉曰:大畜,剛健篤實,輝光日新[1]。其德剛上而尙賢,能止健;大正也[2]。不家食吉,養賢也[3]。利涉大川,應乎天也[4]。

【今译】

〈彖传〉说:〈大畜〉卦体现刚健厚实,辉光交映,气象日新。卦象为刚爻居上,表示崇尚贤人,又能抑止强暴,极得大畜之正道。所谓不食于家而食禄于朝即可获吉,这体现了君主善于畜养贤人。所谓利于涉渡大河,这体现了君主能够顺应天道。

【注释】

[1] 大畜,刚健笃实,辉光日新:"大畜",举卦名。下卦〈乾〉天,其性刚健;上卦〈艮〉山,其性厚实;故云"刚健笃实"。〈乾〉为日辉、为天,日照于天,故"辉"谓日辉,指下卦〈乾〉;"光"谓山光,指上卦〈艮〉。日辉山光交相辉映,气象日新,故云"辉光日新"。此论大畜之德。

[2] 其德刚上而尚贤,能止健;大正也:"德",指卦象。"刚上",指上九居"大畜"卦之上。"尚贤",谓阳刚居〈大畜〉卦之上爻,表示崇尚贤人;这是〈大畜〉的一个方面。而另一方面,又能够抑止强健(上〈艮〉止,下〈乾〉健;所谓强健,是指本卦凌乘阳刚贤人的六四、六五二阴爻,指阻挡贤人的奸佞不肖。陈梦雷《周易浅述》也说"禁强暴之类,能止健也"。〈大畜〉卦以四阳爻喻贤人,以二阴爻喻不肖。能抑止不肖,方能尚贤。尚贤与退不肖是大畜之道的两方面,这两方面都做到了,便是大得畜

养之正道,故云"大正也"。此释卦名"大畜"及卦辞"利贞"。

[3] 不家食吉,养贤也:使贤人不居家自食而食禄于朝,此为养贤之道。〈象传〉对卦辞"不家食吉"的解释合于经义。

[4] 利涉大川,应乎天也:进贤止不肖,是顺应天道的,故能利涉险难。《易传》释经文之"涉大川"皆为涉险济难。

〈象〉曰:天在山中,大畜[1]。君子以多識前言往行,以畜其德[2]。

有厲利已,不犯災也[3]。

輿說輹,中无尤也[4]。

利有攸往,上合志也[5]。

六四元吉,有喜也[6]。

六五之吉,有慶也[7]。

何天之衢,道大行也[8]。

【今译】

〈象传〉说:天被包含在山中,这便是〈大畜〉卦的意象。君子应该广为记取前辈的言论事迹,以蓄养自己的美德。

有危险而止步不前,这是说不冒着灾患前行。

车身与轴脱离,这是说九二居中稳妥而没有过失。

有利于前往,这是因为九三与在上的明君志意相合。

时至六四之所以大吉,是因为有了小人被黜退的喜庆。

时至六五之所以吉利,是因为有了强暴被抑止的喜庆。

获得显达，说明世道公正畅通。

【注释】

[1] 天在山中，大畜：〈大畜〉卦上〈艮〉山、下〈乾〉天，象天在山中。山主蓄藏，"道大、天大、地大"，"法象莫大乎天地"，天含于山中，是积蓄之大者。君子观此卦象，察知遇逢明君大畜贤才之时，当自大畜己之才德，以备时用。

[2] 君子以多识前言往行，以畜其德："识"，"博闻强识"之"识"，了解牢记。"前言往行"，前辈圣贤的言行。君子大畜其德，以备明君大畜贤人之用。〈杂卦〉"〈大畜〉，时也"，亦是就君子畜德以备时用而说。

[3] 有厉利已，不犯灾也：上有六四阴柔小人拦截初九阳刚君子之上进，是为"有厉"；利于慎止，不触豕祸也。

[4] 舆说輹，中无尤也："尤"，过失。九二居中，又阳刚处柔位，说明其处世谨慎稳妥，能自脱轴缚而不前，以避六五之阴毒强暴，免于牛祸，故云"中无尤也"。初九阳爻居刚位，故戒之以"利已"；九二居中处柔，故能自脱轴缚。按：他卦皆以刚柔正应为佳，而〈大畜〉卦刚为贤而柔为不肖，贤欲进而不肖阻之，故以正应为不佳。

[5] 利有攸往，上合志也："上"，指上九、君上。九三之所以利于前往进取，是因为与在上的明君志意相合。九三阳爻居刚位，故有超越四、五二阴之阻而与上合志之力。通常说阳与阳相应为敌应，不好；然在〈大畜〉之时，明君欲畜贤人，贤人亦求明君，则二阳相应为佳；同时，非有阳刚相应援，不足以冲破阴毒

之阻遏。

[6] 六四元吉,有喜也:"六四元吉"为"六四童牛之牿元吉"之省文。时至四位,奸佞被黜退,初九贤人得以上进,获得大吉,诚为可喜。可喜,谓明君、贤人均可喜也。

[7] 六五之吉,有庆也:"六五之吉"为"六五豮豕之牙吉"的省文。时至五位,强暴被遏止,九二贤人得以驱车上进,获得吉利,实可庆贺。可庆,谓明君、贤人均可庆也。六四、六五二阴本为阻止贤人者,今反被拘止。

[8] 何天之衢,道大行也:"何"同"荷",承受、获得。"天衢",通天大路,喻显达。贤人终获显达,是因为世道公正畅通。上九对九三来说代表明君,就本爻来说指终获显达之贤人。"易终则变,变则通",上九变而为阴则成〈泰〉卦,正是"上下交而其志同,君子道长,小人道消",〈象传〉之"道大行也"即指此;初九、九二之贤人由被压制受阻到获得显达,六四、六五之奸佞由压制贤人到被拘缚黜退,完成了"大畜"的全过程;这个阴阳消长的过程,也是"时"的流转过程,〈杂卦〉"〈大畜〉,时也"的诠释是很精确的。

▶ 通 说

〈大畜〉卦与〈小畜〉卦等都是后人根据卦象和卦爻辞的意思所追题的名目,在经文中本没有"大畜"、"小畜"等字样,这在六十四卦中是为数不多的几个卦(还有〈坤〉卦、〈泰〉卦、〈大有〉、〈大过〉、〈既济〉等)。大致可以说取篇中字追题卦名的,一般都不如这种主题题名法概括和准确。

〈大畜〉卦是写通过蓄积、等待时运而最终亨通的道理。从爻画的性质看，初、二阳气在下蓄积，等待时机；四、五阴气在上阻止阳气上进；当蓄积到有足够的力量制阴时，加之有适当的外部条件，则阳气升腾，最终如良马驰骋于通天之衢。从卦辞上看，则〈大畜〉之四阳代表积蓄道德才能而最终仕进的贤人。初、二的止而不行，并非静止，而是在积蓄力量，等待机运。

卦辞"不家食吉，利涉大川"似乎看不出有积蓄的意思，事实上，这两句不是讲积蓄，而是讲积蓄的终极结果；它与上九"何天之衢亨"的意思是一样的，而上九之亨通正是经过了积蓄与斗争实现的。

从爻画上说，上九至终则变，〈大畜〉变而为〈泰〉，故上九亨通；这也反映了止极则行、畜极则通的道理。

〈彖传〉强调了"大畜"之道的尚贤与止健、涉川与应天的关系。尚贤与止恶相辅，行与时相守；尚贤与止恶是就君主说，行与时是就贤人说。从而〈彖传〉将领悟大畜之道，落实为领悟君臣之道。

〈象传〉则突出强调大畜的修身为臣之道，同时也指出君臣合志是畜道的关键所在；君畜贤而贤不应，贤择君而君不应，皆难成大畜之道。

二七、颐 ䷚（下震上艮）

颐[1]。贞吉,观颐,自求口实[2]。

初九。舍尔灵龟,观我朵颐,凶[3]。

六二。颠颐,拂经,于丘颐,征凶[4]。

六三。拂颐,贞凶,十年勿用,无攸利[5]。

六四。颠颐,吉,虎视眈眈,其欲逐逐,无咎[6]。

六五。拂经,居贞吉,不可涉大川[7]。

上九。由颐,厉吉,利涉大川[8]。

【今译】

筮得〈颐〉卦,占问吉利,观看他的口颊,就知道他足以自己谋生。

筮得初爻,抛弃自己的谋生之道,而羡慕别人口中的食物,有凶祸。

筮得二爻,想要糊口,却不自己经营,而到高坡上去乞求富贵之家施舍收养,前往是凶险的。

筮得三爻,不能谋生自养,占问凶险,很长时间都不能有所作为,往前发展很不利。

筮得四爻,想要填饱肚皮,占问吉利,像老虎目不转睛地盯着猎物,获取猎物的念头迫切强烈,没有灾咎。

筮得五爻，不事经营，占问家居吉利，不利于出行涉险。

筮得上爻，走上谋生的正路，虽经危难而终获吉祥，前往有利。

【注释】

[1] 颐：卦名。通行本为第二十七卦，帛书本为第十五卦。〈颐〉卦从爻画上看，初、上二阳，象人之上下颚，中包四阴，合而观之，正像人的口颊，故卦名为〈颐〉。从卦象上看，下〈震〉动、上〈艮〉止，像人之咀嚼食物时下颚动而上颚不动；人通过咀嚼食物以养生，故〈序卦〉云"颐，养也"。人之谋生取物，皆各有其活法，不求其一律，但以正道谋生、取之有道者为上，故〈杂卦〉云"颐，养正也"。

"颐"谓口颊，卦辞、初九爻辞及六二"颠颐"即用其义；口颊有食，所以养身谋生，故引申有"养"义，三、四、上及六二"丘颐"即用其义。〈颐〉卦"颐"之由口而引申谓口实之养与〈履〉卦"履"之由鞋而引申谓鞋之所履是一样的；〈颐〉卦诸"颐"字不必同义与〈履〉卦诸"履"字不必同义也是一样的道理。

[2] 贞吉，观颐，自求口实："观颐"，观看其口颊，此当是就问筮者而说。"自求口实"，能自己谋求到口中食物，即有独自谋生的能力。此为古代所谓的骨相之法，《艺文类聚·人部》引《吴录》"孙权方颐大口"，又引《相书杂要》"口大容手，赤如朱丹，贵且寿"。今语亦有"嘴大吃八方"之说。

[3] 舍尔灵龟，观我朵颐，凶："舍"同"捨"，抛弃。"尔"，指初九，即问筮者。龟之生存，不食谷而食气，故曰神龟（"灵"，神）。"我"，筮者自称，在此泛指他人、别人。"朵"，本谓花叶下垂的

样子(《说文》"朵,树木垂朵朵也"),此指口颊上下张合(李鼎祚《周易集解》"朵,颐垂下动之貌")。舍弃你自己的谋生之道而羡慕别人口中咀食,其结果不是坐以待毙就是铤而走险,故占曰"凶"。

[4] 颠颐,拂经,于丘颐,征凶:"颠颐"读为"填颐",犹言餬口、填饱肚皮(采焦循、高亨说)。《礼记·玉藻》"盛气颠实",注"颠读为窴",疏:"颠,塞也",《汉书·武帝纪》集解:"窴,音填塞之填"。〈鼎〉卦初六"颠趾",帛书即作"填止"。"拂经"读为"弗经",不去自己动手经营。"拂"字《释文》引《子夏传》作"弗"(帛书作"柫")。《庄子·渔父》释文云"经,经营也"。"于",往。"丘",高坡,指高贵富有者(《吕览·季夏纪》注"丘,高也"),从爻位上看,是指六五,〈贲〉卦六五云"贲于丘园"即其证。"于丘颐",谓往求高贵者收养。然二与五为敌应,且六五亦为不经营者,故前往有凶("征",往、行)。想要餬口却不动手经营,而去乞食,求养于人,非谋生之正道;自己动手,丰衣足食,方是六二应选择的谋生之道。

[5] 拂颐,贞凶,十年勿用,无攸利:"拂"同"弗"。"弗颐",不能养活自己。初与二,本能自养而不自养,三则根本不能自养。要之,皆缺乏生存能力,故占问皆"凶"。"十年",多年、很长时间。"勿用",不能有所作为。"无攸利"即谓发展下去很不利。

[6] 颠颐,吉,虎视眈眈,其欲逐逐,无咎:"颠"同"填"。"虎视"二句是补充解释"吉"的原因。"眈眈"或作"耽耽",谓目不转睛地注视。"逐逐",迫切强烈。六四既不旁顾徒羡,又不仰上乞食,而是如虎之觅食,专注迫切,故能自填口颐,吉而无咎。

[7] 拂经,居贞吉,不可涉大川:"拂经"同"弗经",不去经营。"居贞吉",占问安居吉利。"涉大川",谓涉险济世。六五居中处尊,承比上九,得尊贵者相养,故不事经营,家居养尊,亦可获吉。二求养于五而获凶,因五亦"弗经";三本应上,因五已近比于上,故三之"弗颐"获凶。五"弗经"而获吉是倚赖他人之养,终不如上九的"由颐",故不能涉险济世。

[8] 由颐,厉吉,利涉大川:"由颐",走上谋生的正路(《方言·六》"由,正")。找到生存的正道,必历经危难,故云"厉吉"。唯有寻到生存正道者能涉险济世,故又云"利涉大川"。所谓涉险济世,也包括扶济赈养中间四阴爻所象之众人。六五、六四、六三互体为〈川〉(〈坤〉),上九之"利涉大川"盖亦指此而说。

〈彖〉曰:颐,贞吉,養正則吉也[1]。觀頤,觀其所養也;自求口實,觀其自養也[2]。天地養萬物,聖人養賢以及萬民,頤之時大矣哉[3]。

【今译】

〈彖传〉说:〈颐〉卦所说的贞吉,是指以正道养生就可获吉。观颐,是说观察他如何养人;自求口实,是说观察他如何养己。天地养育万物,圣人蓄养贤人以及万民,〈颐〉卦的顺随天时的思想真是太宏大了。

【注释】

[1] 颐,贞吉,养正则吉也:"颐",举卦名。〈彖传〉释"颐"为"养",

释"贞"为"正",故云"养正则吉"。所谓养正,包括以正道养人、以正道养己,也即下文的"所养"、"自养"。以正养人,诸如损上益下、施禄贤人而黜退不肖、功大者禄丰而功寡者禄薄,以及刑德相养之类,皆是以正养人;以正养己,即心形共养、性命双修之类。

[2] 观颐,观其所养也;自求口实,观其自养也:"所养",所以养人、如何养人。"自养",如何自养。陈梦雷《周易浅述》云:"所谓观颐者,观其所以养人,不可不得其道;所谓自求口实者,求其所以自养,不可徒徇其欲也。"

[3] 天地养万物,圣人养贤以及万民,颐之时大矣哉:"时",顺随天时。〈颐〉卦下〈震〉雷、上〈艮〉山;雷为动,山主蓄养。春暖之时,雷动地,震出万物,山则安静以蓄养之。天地以时养万物,圣人亦当以时养贤及民,故曰"颐之时大矣哉"。养得其时即是养得其正,正与时是一回事。

〈象〉曰:山下有雷,頤[1]。君子以愼言語,節飲食[2]。

觀我朵頤,亦不足貴也[3]。

六二征凶,行失類[4]也。

十年勿用,道大悖[5]也。

顛頤之吉,上施光[6]也。

居貞之吉,順以從上也[7]。

由頤厲吉,大有慶[8]也。

【今译】

〈象传〉说:山下有雷,这便是〈颐〉卦的意象。君子应该谨慎言语,节制饮食。

抛弃自己的谋生之道而羡慕别人口中的食物,这是不可取的。

六二前往有凶险,是因为他的行为离失了养生的准则。

很长时间都不能有所作为,因为他违背了养生之道。

想要糊口而获得吉利,这也是由于在上位的人给予了关照。

安居守正可获吉祥,这是说他顺应时势而依从在上位的人。

以正道养生虽历经危难而获吉利,这是说他本人及其他人都因此获得福庆。

【注释】

[1] 山下有雷,颐:〈颐〉卦上〈艮〉山,下〈震〉雷;艮山表蓄止、蓄养,震雷表戒惧慎重。所以,〈颐〉卦的意象便是慎重其修养的意思。因此,君子应玩味此卦,以慎言语、节饮食,用来修养心形。

[2] 君子以慎言语、节饮食:"慎言语",谓慎养其心。"节饮食",谓慎养其形(叶适《习学记言》说"慎言语,所以养心也;节饮食,所以养形也")。内之心形得以正养,则可推而及外,慎其政令、节其赋敛,亦是"慎言语,节饮食"之外延。

[3] 观我朵颐,亦不足贵也:"不足贵",不可贵、不足取。临川羡鱼,不如退而结网。初之观人朵颐,实不如四之眈眈逐逐。

[4] 行失类:"类",法则(《方言·十三》"类,法也")。"行失类",行为离失了养生的准则。三象"道大悖"与此义同。

[5] 道大悖："悖",违背、违背了养生之道。

[6] 上施光："上",上九,指在上位的尊贵者。"光",宠爱、关照。〈象传〉之意,六四获吉,既需要靠自己的奋斗,同时也离不开上面所施之光宠。这包含着除主观努力之外,客观条件也非常重要这样一层涵义。

[7] 居贞之吉,顺以从上也："贞",中正。"居贞",谓六五居中,安守中正。五、四、三互为〈坤〉,为顺;五承上九,上九喻尊贵、六五顺承上九,依从尊贵,故能守中得吉。四、五居〈艮〉体,〈艮〉为蓄养,四、五处蓄养之时,得上之养,故皆获吉。二之"失类""征凶",求养而不得其时也。

[8] 大有庆："大",阳,指上九;又指广大。"庆",福庆。上九能得养生之正道,故自家有福。又善于养下,是广大民众亦有福庆。善养人者必得赡养之报,所谓"积善之家必有余庆",则养人亦是养己,已复得福庆。〈大畜〉六五〈小象〉云"六五之吉,有庆也",其为阴爻,故只云"有庆";此为阳爻,故云"大有庆"。

▶ 通说

〈颐〉卦象人口颐之形,全卦写人如何谋取食物以求生存的问题。从卦辞"观颐,自求口实"来看,似可推知古时之筮法与相法是交叉使用的。

六爻是写每人都有不同的活法,各以其道,但究以正养为上。初爻本有"灵龟"自养的能力,但由于盲目羡慕别人的谋生之法,以致有凶。二爻本亦有独立谋生的能力,但不自己动手经营,仰上乞食,也导致有凶。三爻无自养能力,又无人相助,同样有凶。

四爻能自谋生路,虽有弱肉强食之嫌,但在险恶的环境中能够生存下来,也是无咎的。五爻所处时境有利,有贵人相助,虽不事经营亦可获吉;但养尊处优,终不可涉大川,不能成大事。上爻得谋生正道,虽几经危难而终获吉祥;此种人不但能自养,亦可利涉大川,成就大业。

〈彖传〉将卦爻辞的基本生存问题扩大到如何自养与养人,而自养与养人都必须得其正道;所谓正道,便是因顺天时以养天下。因天时以养天下,这是稷下道家所经常论及的,《黄帝四经》、《管子》中屡见不鲜。另外,《文子》中亦有"所养"、"自养"词例,如〈精诚〉"其生物也,莫见其所养而万物长"、〈微明〉"知人之性即自养不悖"。

〈象传〉则强调养心与养形,这二者显然都是建立在"养正"的基础上的。《文子·下德》(亦见《淮南子》)云"太上养神,其次养形";二者的次序是一致的。"神"即"德"、"形"即"生",故《文子·九守》又云"养生以经世,抱德以终年,可谓能体道矣"。心形共养,也是《管子·内业》的中心论题。要之,养心养形,都是为了经世、治天下的。

二八、大过 ䷛（下巽上兑）

大過[1]。棟橈,利有攸往,亨[2]。

初六。藉用白茅,無咎[3]。

九二。枯楊生稊,老夫得其女妻[4],無不利。

九三。棟橈,凶[5]。

九四。棟隆,吉,有它,吝[6]。

九五。枯楊生華,老婦得其士夫,無咎無譽[7]。

上六。過涉滅頂,凶,無咎[8]。

【今译】

筮得〈大过〉卦,屋栋弯曲将要塌陷,利于前往有为,终会亨通。

筮得初爻,礼神的祭品用白茅衬垫,没有咎害。

筮得二爻,枯杨树生出新芽叶,老头子娶得年少妻,没有什么不好。

筮得三爻,屋栋弯曲将要塌陷,遇到凶险。

筮得四爻,屋栋拱起支撑房顶,吉利;但仍有不可逆料的患祸,终归是艰难的。

筮得五爻,枯杨树长出花骨朵,老太太配得壮汉子,说不上好还是不好。

筮得上爻,水势过大,虽尽力涉渡而仍被淹没,遇到凶险,终归无患。

【注释】

[1] 大过:卦名。通行本为第二十八卦,帛书本为第四十八卦。此与〈颐〉卦(䷛)为卦爻反对的关系(即〈颐〉卦阳爻变阴、阴爻变阳即成〈大过〉,〈蛊〉与〈随〉也是这样),故次列于〈颐〉卦后。

〈大过〉卦上〈兑〉泽,下〈巽〉木,古人"筑土构木以为宫室"(《淮南子·泛论训》),水泽过盛,淹毁宫室,此为〈大过〉卦之取象。上爻"过涉灭顶",是水泽太过之意,故题其卦名为〈大过〉。

[2] 栋桡,利有攸往,亨:此"桡"字及九四之"隆"字帛书均作"輂"。按:帛书九四之"輂"为"隆"字之假,卦辞之"輂"涉彼而讹,当从通行本作"桡"(或作"挠")。"桡",曲木。"栋桡",屋栋被水泽浸渍向下弯曲,即将塌陷。从字面上看,水淹房屋,栋桡将坍,弃屋出行则有利而亨;然而联系〈小过〉卦辞"可小事,不可大事"来看,则〈大过〉卦正是当大有作为之时。挽狂澜于既倒,拯危溺于既没,安危定倾之功就在于此,故曰"利有攸往,亨"。

[3] 藉用白茅,无咎:"藉",垫,以某种东西作衬垫。初爻最下,故曰"藉",与上爻之"顶"相照。礼神的祭品多以白茅衬垫,以示洁诚。屋将倾没,虔诚祭神以祷平安无害。初在最下,力弱而不足以拯溺,但有心诚而已。

[4] 枯杨生稊,老夫得其女妻:"稊"同"荑",树木新生之芽叶。"女妻",年少的妻子。此二句是比喻的写法,是说于〈大过〉之时,

能抖擞精神,因而出现一线生机,有了向好的方向转化的希望,所以说这样做没有什么不好。

[5] 栋桡,凶:栋桡屋陷,皆在泽水最盛之时,故下卦之极与上卦之极皆"凶"。区别是,三爻之凶为栋桡将陷,上爻之凶则已陷而灭顶。时在九三,凶多吉少。《敦煌遗书·斯六二〇·屋宅篇第二十三》云"梦见屋栋折,死;落者,凶;降者,凶"。

[6] 栋隆,吉,有它,吝:"隆",向上拱起。"它",意外之患。"吝",艰难。九四能拱撑屋栋于将陷之时,有由凶转吉之望。但福祸不可测,处大过之时,大势如此,只有知其不可而为之,其灾患艰难无可避免。

[7] 枯杨生华,老妇得其士夫,无咎无誉:"华"同"花"。"士夫",年壮的丈夫。"无咎",没有什么不好可言。"无誉",没有什么好可言。此与九二取喻相同,皆谓抖擞精神,以求转机。然二之"稊"有发展壮大、转危为安之可能;而五之"花"则转瞬即谢,不过聊尽扶危定倾之志,故云"无咎无誉"。老子云"草木之生也柔脆,其死也枯槁",杨既已枯,其势必死,生稊生花,尽人事而已。二、五之杨枯,皆比喻栋桡将陷;生稊生花,则象征拯溺于既没的努力。

[8] 过涉灭顶,凶,无咎:"过",谓水泽之势过大。水泽倾栋没屋,只有力涉方能求存。灭顶之凶不可避免,而寻求新生常常置之死地而后可,故复占曰"无咎";若遇灭顶之凶而自甘放弃,急流勇退,则无"无咎"可言;凶而能转为无咎,是以敢于蹈火赴汤、死不旋踵为前提的,卦辞"往"而"亨"即是就本爻"无咎"而说的。

〈彖〉曰：大過，大者過也[1]。棟橈，本末弱也[2]。剛過而中，巽而說行[3]；利有攸往，乃亨[4]。大過之時大矣哉[5]。

【今译】

〈彖传〉说：〈大过〉卦反映的是阳刚过强，屋栋弯曲，是因为两端支撑的力量太弱。阳刚者不得其位，但他能持守中正之道，行动谦逊而和悦；只有奋然前往，才能亨通。〈大过〉卦关于体悟时机和环境的内涵真是太宏大了。

【注释】

[1] 大过，大者过也："大过"，举卦名。"大者过也"释卦名之义。"大"，阳，谓〈大过〉卦中间四阳爻过强。

[2] 栋橈，本末弱也：中间四阳爻为栋，两端阴爻为本末。屋栋下沉弯曲，既因为中间压力过重，也由于两端支撑力太弱。两端阴爻皆在卦之外端，其势微弱，象征外部条件不好，客观环境不利。

[3] 刚过而中，巽而说行："过"，失。九二、九四阳爻居柔位，是失位，喻君子不得其位（采高亨说）。"中"，谓九二、九五居上下卦之中，喻君子能持中道，〈小过·象〉"刚失位而不中"可与此参读。下〈巽〉为谦逊，上〈兑〉为和悦，可使君子于大过之时、外部环境不利之际，能自我调整、创造条件，以成大事。

[4] 利有攸往，乃亨：之所以"利"，是因为只有前往有所作为，才能

亨通。〈小过·象〉云"柔得中,是以小事吉。刚失位而不中,是以不可大事也"。由此看来,则大过之时,正君子有为于大事之际;大为方可亨通。

[5] 大过之时大矣哉:〈彖〉或云"时",或云"时义",或云"时用",要之,"时"有二义:一谓天时、天命、时机、环境、条件;一谓因顺时境、掌握时机、创造条件。大过之时境如此,君子当认清时境,创造条件以大有所为,其内涵至大,故云"大过之时大矣哉"。

〈象〉曰:澤滅木,大過[1]。君子以獨立不懼,遯世無悶[2]。

藉用白茅,柔在下也[3]。

老夫女妻,過以相與也[4]。

棟橈之凶,不可以有輔也[5]。

棟隆之吉,不橈乎下也[6]。

枯楊生華,何可久也;老婦士夫,亦可醜也[7]。

過涉之凶,不可咎也[8]。

【今译】

〈象传〉说:泽水漫过了大树,这便是〈大过〉卦的意象。君子应该坚定操守,无所畏惧,不为世用,亦无苦闷。

白茅用作衬垫,这是说处在下风时要具备柔韧的品格。

老汉取少妻,这样的苟合是一种失误。

屋栋被压弯而遇到了凶险,这是因为阳刚君子不可以有在上位的阴柔小人来帮扶。

屋栋向上拱撑而带来的良好转机,是由于阳刚君子不向小人折腰屈服。

枯萎的杨树长出一两朵花来,这样的荣耀怎么能够持久呢?壮汉配老太,这是耻辱的。

水泽过大,涉渡遇到凶险,没有理由去指责他。

【注释】

[1] 泽灭木,大过:"灭",淹灭、没过。泽本低卑,原当在下,今颠倒其位,处于木上,没过了树木,故〈杂卦〉云"大过,颠也"。下之〈巽〉木象正直君子,上之〈兑〉泽象奸邪小人,〈说卦〉所谓"巽为木,为绳直"、"兑为泽,为巫"。木栋为水泽灭没毁折,所以〈说卦〉又云"兑为毁折"。君子小人、贤与不肖倒置其位,这也与〈象传〉的阳刚失位的说法一致。水泽灭木,是奸邪之势太过;刚直与奸邪倒置其位,是世道之大过误;如此时势,君子当有大过常俗之壮举。"大过"有此三义,细读〈象传〉可知。

[2] 君子以独立不惧,遁世无闷:"独立",谓坚定操守、毅然独往,不求得势者垂宠,九三〈小象〉"栋桡之凶,不可以有辅也"即此;屈原《橘颂》"苏世独立,横而不流"同此。"不惧",谓身处奸邪之势太过之时,敢于拱撑大厦之将颓、涉渡于急流险滩,九四〈小象〉"栋隆之吉,不桡乎下也"、"过涉之凶,不可咎也"即此之谓。"遁世无闷",谓虽不见用于世,亦能坚韧不拔、忠贞不悔,初六〈小象〉"藉用白茅,柔在下也",即此之谓;〈乾·

文言〉释初九潜龙云"遁世无闷……确乎其不可拔,潜龙也"正与此同。

[3] 藉用白茅,柔在下也:初六为柔爻,位居卦之最下,故云"柔在下也"。此喻奸邪太过之时,君子居下位,不为世用,但仍能"不易乎世"(〈乾·文言〉释初九),柔韧不折。

[4] 老夫女妻,过以相与也:二与初相比,"老夫"谓九二,喻失节之君子。"女妻"谓初六,喻得势之小人。"过",过失。"相与"犹相配(高亨说),喻君子失节而与小人苟合。

[5] 栋桡之凶,不可以有辅也:"辅",帮扶、提携、扶植("辅"古同"扶")。九三为"栋",喻君子;上六阴爻,喻当道之小人;刚正君子不需要、也不可以有当道小人来帮扶,故宁冒毁折之凶。上六本与九三有应,而九三不应,其宁为玉碎不为瓦全之志可见。

[6] 栋隆之吉,不桡乎下也:"桡",谓折腰屈服。"下",指初六,喻得势小人。九四本当应于初六,但不应,喻不向小人低头折腰,故有拱起屋栋之吉祥转机。

[7] 枯杨生华,何可久也;老妇士夫,亦可丑也:此与九二〈小象〉立意相近。"生华",生花,喻得到垂宠的荣耀。九五失节君子亲比上六当道小人,虽一时得利,但岂能长久?君子亲比小人,这是可耻的("可丑",可鄙,可耻)。

[8] 过涉之凶,不可咎也:"咎",指责。位处上爻,已是水泽灭木、正道泯没之时,仍强涉拯溺,不免自罹其难。上六虽刚强太过,不若初六之察机待时;然此行此举,是无可非议的。

▶ 通　说

〈大过〉卦上〈兑〉下〈巽〉，经、彖、象关于〈大过〉的阐述有同有异。

经文释〈大过〉之象为泽水浸没房屋、毁折屋栋。于此泽水泛滥太过之时，正是有为于大事之际，故卦辞言有往乃亨，〈彖传〉相同，〈序卦〉亦以"动"（有为）释〈大过〉。和平时之养贤，在于危难时之用贤，故〈大过〉次〈颐〉卦之后。经文六爻皆取正面形象，与〈象传〉异。初弱而守之以诚，二、五得初、上之助以尽力拯溺，三毁折遇凶，四拱起得吉，上灭顶遇险而因义无反顾得以转安。爻题九五、上六，帛书讹为六五、上九。盖抄者以初六为女妻、九二为老夫，故误以为老妇当为六五、士夫当为上九。此爻题之误，当非抄写之疏忽，而是刻意订正。帛书对祖本之改动，也许不只此一处。

〈彖传〉以"大过"为刚过，故从审视环境、刚柔相济入手，以栋桡为"本末弱"所致，即认为外部环境不利；又以二、五持中并有上、下二柔调剂，终能度过"大过"之危机。

〈象传〉以邪侵正、不肖凌践贤人释"大过"，并赋之"大过"以三义，对〈大过〉卦做了最大限度的义理发挥。其以上下二阴为小人，故二、五因与其相比而均遭非议，此与〈彖传〉决然对立；而因三不应上、四不应初而均得盛赞。初之柔韧待时并不过誉，上之刚猛罹难并无微词。经文将上六处理为"无咎"之大团圆，而〈象传〉则赋予上六以悲剧结局。

关于〈象传〉，有三个问题值得注意：一是〈大象〉"遁世无闷"及初六〈小象〉"藉用白茅，柔在下也"，这可以与〈乾·文言〉释初九相参读；同时六十四卦只〈乾〉、〈坤〉两卦有〈文言传〉，但其指示人们读六十四卦皆当以〈乾〉、〈坤〉之〈文言〉为模式。第二个值得注意的是：位在初时，初六为君子；时已至二，则初为小人。同理，位在五时，上为小人；时已至上，则上又为君子。此即〈系辞〉所谓"为道也屡迁，变动不居……上下无常，刚柔相易，不可为典要"。这其中起决定作用的，即是"位"，或曰"时"，或曰"时位"。第三〈彖传〉解经皆以爻位居中为佳，此即〈系辞〉所谓"二多誉，五多功"。如本卦九二、九五居中，"彖传"以为此二爻不但居中，而且能达到刚柔相济、调和适中。但〈象传〉则不以二、五居中为绝对好，认为二、五亲比初、上，是对恶势力的妥协屈服。由于二者立说角度不同，故其褒贬有此差异。这种现象还反映在其他卦中。

二九、坎 ䷜（下坎上坎）

習坎[1]。有孚維心亨，行有尚[2]。

初六。習坎，入于坎窞[3]，凶。

九二。坎有險，求小得[4]。

六三。來之坎坎[5]，險且枕，入于坎窞，勿用[6]。

六四。樽酒簋貳，用缶，納約自牖，終無咎[7]。

九五。坎不盈，祗既平[8]，無咎。

上六。係用徽纆，寘于叢棘，三歲不得，凶[9]。

【今译】

筮得〈坎〉卦，所得卦兆顺随人心，亨通。努力前行，必受嘉尚。

筮得初爻，面临重重困境，陷入深穴中，有凶险。

筮得二爻，陷阱险恶，寻求脱险可略有收效。

筮得三爻，前后进退都是险而深的坑穴，落入了陷坑深处，不要盲目采取行动。

筮得四爻，一樽之酒、二簋之食，用盆装着，进献结好以自通，最终可无咎害。

筮得五爻，坑坎虽尚未填平，但很快会完全填平，没有咎害。

筮得上爻，被绳索捆缚，囚置在荆棘牢狱中，很久也不能脱险，有凶险。

【注释】

[1] 习坎：卦名。通行本为第二十九卦，帛书本为第十七卦。"习"，重，谓两〈坎〉相重叠。

　　此卦有二名：一为〈习坎〉，帛本亦作〈习坎〉(〈习赣〉)，〈彖〉、〈象〉同；一名为〈坎〉，〈序卦〉、〈杂卦〉同。然八经卦重卦后，其他七卦卦名不变，则此卦亦当与彼相同，故仍以称〈坎〉为是。

　　"坎"为陷阱，做动词则为掘地为坎以陷物。甲文中"坎"作"凵"，陷人则作"臽"，陷牛则作"㘪"，陷鹿则作"麕"(参裘锡圭〈释坎〉，《甲骨文字研究》第四辑)。《归藏》中〈坎〉作〈荦〉，疑即"㘪"字，与"坎"相同。汉石经残字作"欿"，更为醒目。

[2] 有孚维心亨，行有尚："孚"训卦兆、征兆。"维"同"唯"，"唯心"，顺心(《诗·敝笱》笺："唯唯，行相顺随之貌")。此"有孚唯心"与〈益〉卦九五"有孚惠心"同，谓所得卦兆顺随人心。"尚"，嘉奖、崇尚。时处〈坎〉时，见诸行动则有嘉尚。

[3] 窞：坎中之小坎，谓坑陷深处。

[4] 求小得：寻求脱险可略有收效。九二阳刚，居中，与九五敌应，故言"得"；未出坎陷，故仅"小得"。他卦敌应不好，而坎险之时，阳刚敌应亦佳。此"得"与上六之"得"相照。

[5] 来之坎坎："之"，往。由上至下为来，由下至上为往。"来往"谓前后进退。"坎坎"，坑坎相连。

[6] 险且枕，入于坎窞，勿用："枕"或作"沈"(《释文》)，深。"勿用"，勿轻举妄动。六三处下坎与上坎之间，进退皆坎，故当时时警惧而勿妄动，即〈乾〉卦九三所谓"终日乾乾"。

[7] 樽酒簋贰,用缶,纳约自牖,终无咎:"樽",酒器。"簋",圆形盛饭食器。"缶",盆。"用缶",谓一樽之酒、二簋之食,盛之以盆。"纳",进献。"约",结,结好。"牖",导也、通也。此言六四柔顺居正,以樽酒二簋,进献结好以自通,终可摆脱困境而免于咎害。

[8] 坎不盈,祗既平:"盈",满。"坎不盈",谓坑坎尚未填平。"祗"同"抵",至、至于。"既",尽,完全。"抵既平",谓通过不懈努力,很快就会达到完全填平。

[9] 系用徽纆,寘于丛棘,三岁不得,凶:"系",被绑缚。"徽纆",绳索。"寘"同"置"。"丛棘",围有荆棘的牢狱。"得"与"系"、"寘"相对,指脱险。

〈彖〉曰:习坎,重险也。水流而不盈,行险而不失其信[1]。维心亨,乃以刚中也[2]。行有尚,往有功[3]也。天险不可升也,地险山川丘陵也,王公设险以守其国[4]。险之时用大矣哉[5]!

【今译】

〈彖传〉说:〈习坎〉,是说险陷重重。水之流动没有穷尽,行遇险陷而不失诚信。心能亨通,因为刚健中正;行有嘉尚,是说努力前往必有成功。天险不可逾越,地险有山川丘陵,王公据险可以设关守国。〈坎〉卦因时而用的内蕴真是太宏大了!

【注释】

[1] 水流而不盈,行险而不失其信:"不盈",不穷、不止。此二句释卦辞"有孚"("孚",诚信)。此言人遇险难,当胸存诚信,努力不懈,如水之流动,健行不已。

[2] 维心亨,乃以刚中也:"维",语辞。"刚中",九二阳爻居中,刚健中正。九二有刚健中正之德,故虽身处困厄,而其心不厄,心通则身亦终必始困终亨。

[3] 行有尚,往有功:"尚"读为"赏"。行有赏,谓努力前往必建事功。

[4] 天险不可升也,地险山川丘陵也,王公设险以守其国:"升",逾越。就一国而言,王公知险而设关守国。就一人而言,心知险而能警惧戒备。故坎险之用大矣。

[5] 险之时用大矣哉:"时用",因时而用。按:"险"字疑当作"坎",涉上文三"险"字而误。〈彖传〉言"某之……大矣哉"共有十一卦,即〈豫〉、〈随〉、〈颐〉、〈坎〉、〈遯〉、〈睽〉、〈蹇〉、〈解〉、〈姤〉、〈革〉、〈旅〉,皆是举其卦名,如〈蹇·彖〉"蹇,难也……〈蹇〉之时用大矣哉"、"〈睽〉之时用大矣哉"等,故此亦当作"〈坎〉之时用大矣哉"。

〈象〉曰:水洊至,習坎[1]。君子以常德行,習敎事[2]。

習坎入坎,失道凶也[3]。

求小得,未出中也[4]。

來之坎坎,終無功也[5]。

樽酒簋貳,剛柔際也[6]。

坎不盈,中未大也[7]。

上六失道,凶三歲也[8]。

【今译】

〈象传〉说:水流不断涌至,这便是〈习坎〉卦的意象。君子应该不断地修养其德行,反复熟悉教令政事。

困境重重而陷入坑坎,这种凶祸是由于离失正道导致的。

寻求脱险而小有收效,但尚未出离险中。

前后进退都是坎险,轻举妄动是不会有功效的。

以樽酒二簋进献结好而免于咎患,这是说处险之时要以柔弱与刚强沟通协调。坑坎尚未盈满,这是说中正九五的填坎之功还未大成。

上六遇到三年不得脱险的凶祸,是由于离失了正道。

【注释】

[1] 水洊至,习坎:"洊",重叠、连续。水性下流,坎陷在下,水流注之,故坎有险陷及水这样两个基本意象;而"水"的意象可能部分也是由〈川〉(〈坤〉)卦分离出来的。

[2] 君子以常德行,习教事:"习",温习、反复熟悉(《说文》:"习,数飞也")。"教事",教令政事。水流不断,君子取法它而经常不断地修养其德行,反复熟悉教令政事。

[3] 习坎入坎,失道凶也:初六柔爻居刚位,履不当位,故云"失道"。"失道",离失正道、离失处险之道。

［4］求小得，未出中也：九二居中，又象处于陷穴中，故"未出中"含二义：一谓未失中道，故"求"有"得"；一谓未出坎中，故"求"仅"小得"。

［5］来之坎坎，终无功也："来之坎坎"下省经文"勿用"等语，六三上下皆坎，入于阱陷，轻举妄动，终无功效。从爻位上看，六三处不当位（柔居刚位），居下卦之极，又凌乘阳刚，故"终无功也"。

［6］樽酒簋贰，刚柔际也："刚"指九五，"柔"指六四。"际"，交接、沟通。从爻位上看，处险之时，柔爻六四居处当位（处于柔位）、承比在上的阳刚九五，樽酒簋贰以进结九五，得处险之道，故能"终无咎"。

［7］坎不盈，中未大也："盈"，满，填满。"中"，指居中位的九五。"大"，填坎之功尚未大成。

［8］上六失道，凶三岁也：此是倒装语式，正叙式当为"上六凶三岁，失道也"。为了协韵，故颠倒语式（"岁"与"际"、"大"协月部韵）。上六与初六均是"失道"，但上六失道是因凌乘阳刚九五。

▶ **通　说**

〈坎〉卦卦辞、爻辞均讲处险之道。

卦辞强调在摆脱困境时"心"和"行"的相互配合，那就是诚存于心并且付诸行动，这样就能由险而通。

摆脱困境有两种方法：一是要有刚健之德、不懈的毅力，它集中体现在九二、九五上，故九二"求小得"、九五"祗既平，无咎"；一是以和柔之道,察知时务,以谐和刚强,这便是居处当位、承比九五的柔爻六四,它能"樽酒簋贰,用缶,纳约自牖",故"终无咎"。反之,初六居不当位、柔居刚位,六三及上六以柔乘刚,皆失处险之道,故或"勿用",或"凶"。爻以有应援为佳,而〈坎〉卦六爻皆无应援,亦是坎上加坎之意。他卦敌应不好,而于〈坎〉卦,刚爻敌应亦佳,可知〈象传〉所谓"时用"之义。

〈坎〉本谓沟坎、险陷,经文、〈象传〉并是其义。《归藏》作〈荦〉,"荦"盖与"牢"接近,它们皆为陷兽、关兽之义,并与"坎"有内在联系,前面的注文中已提及到。

沟坎在下,为水流下注处,故又有"水流"之义,〈象传〉便是用此义;同时六十四卦含单卦〈坎〉卦的经文中亦有用为"水流"之义者;〈说卦〉"坎为沟渎"便是合此二义而说。同时,〈坎〉卦的水流之义,很可能部分是来源于〈坤〉(〈川〉)卦义象的分流,此点与〈离〉(〈罗〉)与〈乾〉的关系接近,详见〈离〉卦。人遇险陷必有所忧,故〈说卦〉云"〈坎〉为加忧";《归藏》作〈荦〉,而李过云"荦者,劳也",荦、牢、劳均引申有"忧"义(参见〈说卦〉五章注[8])。

〈坎〉卦经文不但言处险之道,同时包含人如何防险于未然,即观此〈坎〉卦,能心知险而警惧设防、常备不懈;〈象传〉则引申为王公知险,而据险设关以守国。同时,指出人逢困境,首要"刚中"、"心亨",刚中心亨,即刚健在中、身困而心不困,心先通而后才可能身通;心通尚且不够,还要见诸"行",最终能"往有功",摆脱困境。

〈象传〉取水流不断之意象,发挥为"常德行、习教事"。〈象传〉偏重于君道,故言"王公";〈象传〉偏重于臣子修身之道,故易之为"君子"。

三〇、离 ☲☲（下离上离）

離[1]。利貞,亨,畜牝牛吉[2]。
初九。履錯然,敬之,無咎[3]。
六二。黃離,元吉[4]。
九三。日昃之離,不鼓缶而歌,則大耋之嗟,凶[5]。
九四。突如其來如,焚如,死如,棄如[6]。
六五。出涕沱若,戚嗟若,吉[7]。
上九。王用出征,有嘉折首,獲匪其醜,無咎[8]。

【今译】

筮得〈离〉卦,有利于占问,通顺,蓄养母牛吉利。

筮得初爻,往前行进,谨慎警觉,没有咎害。

筮得二爻,设下金黄色的罗网,大吉利。

筮得三爻,日落设网,鼓乐而歌,则有困厄之叹,凶险。

筮得四爻,贸然前来,气势逼人,这是自寻死路,必被毁弃。

筮得五爻,泪流滂沱,悲戚嗟叹,最终获吉。

筮得上爻,君王出征,有斩首之功,又俘获敌众,没有咎害。

【注释】

[1] 离:卦名。通行本为第三十卦,帛书本为第四十九卦。此与

〈坎〉卦为卦爻反对关系,故次列于〈坎〉卦后。

〈离〉本作〈罗〉,罗网。帛书六十四卦及帛书〈系传〉皆写作〈罗〉,〈系传〉"作结绳而为网罟,以佃以渔,盖取诸罗"即其证;〈同人〉、〈大有〉等包含单卦的〈罗〉(〈离〉)卦,亦是取罗网、网罗之义。〈坎〉为以坎陷人陷兽,〈罗〉为以罗网人网兽,故〈罗〉卦次于〈坎〉卦后。通行本作〈離〉,亦作〈离〉,甲、金文中之"离"字亦象以网捕兽之状,孳乳为"禽"(即"擒"之本字)。物入罗网则为遭遇,故引申有"罹"义,亦写作"丽",〈彖〉、〈序〉即取此义。

〈说卦〉"离为鳖,为蟹,为蠃,为蚌,为龟",这也可见与"罗网"之义相关联。而〈罗〉(〈离〉)卦的单卦与其他单卦重叠时,亦有用为"日"、"火"等义。这里的原因很复杂,可能是来于"罗"("离")的通用字"丽",也可能是从〈乾〉卦的本义分化出的,〈说卦〉说"离为乾卦,为火,为日"就说明了这一点。

[2] 畜牝牛吉:卦名"离"为罗网,网得母牛并畜养之使繁衍,故言"畜牝牛吉";推及人事,畜养培育牝牛柔顺谦谨之性,方能避开人世罗网之祸,故云"畜牝牛吉"。湖北秦墓所出简文中有"凡邦有大畜生小畜,是谓大昌"(〈江陵王家台十五号秦墓〉,《文物》一九九五年一月)。

[3] 履错然,敬之,无咎:"履",行进。"错然",谨慎的样子(集解引王弼"错然,敬慎之貌也")。"敬",警觉(《释名·释言语》"敬,警也")。位在最下,前有罗网,行进谨慎警觉,故能免于咎患;此亦所谓"畜牝牛吉"也。

[4] 黄离,元吉:"元吉",大吉。关于"黄离"二字,历来有不同解

释:(一)训"离"为附丽;(二)"黄离"读为"黄鹂";(三)"黄离"读为"黄螭";(四)读为"黄霓",训为云气;(五)黄昏时设网;(六)用黄色网捕取禽兽。按:第六种说法较合理。《周易》言"黄"者,多在二爻、五爻,如〈遁〉卦六二"执之用黄牛之革"、〈坤〉卦六五"黄裳元吉"等。古人尚黄色,二、五居中,故言"元吉"。此言设下金黄色的罗网,大吉利。卦辞"畜牝牛吉"、上九爻辞"王用出征……获匪其丑"并与此"黄离元吉"相照。

[5] 日昃之离,不鼓缶而歌,则大耋之嗟,凶:"日昃",日落、日晦(《广雅·释言》"昃,跌也")。九三为下卦之终,故言"日昃",谓日之晦尽、一日之终。"离",罗网、设下罗网。"不鼓缶而歌"之"不"字疑涉"而"字抄衍。"缶",盆,本为瓦器,亦为乐器,《庄子·至乐》"鼓盆而歌"即此。鼓缶而歌或击杵而歌,皆为古代居丧之礼;又《抱朴子·微旨》说"晦歌朔哭,一不祥"。"大耋",程传训为"倾没"。按:"耋",帛书作"绖",均当读为"窒",《吕览·尽数》注"窒,不通"。日暮设网则无获,日晦乐歌则不祥,此必有困厄不通之叹,故云"凶"。

[6] 突如其来如,焚如,死如,弃如:"突如",猝然唐突,贸然。"焚如",形容气势逼人。九四为上卦之初,前有罗网,本当"错然敬之",此反贸然气盛,故势必自寻死路,终被毁弃。

[7] 出涕沱若,戚嗟若,吉:"沱",泪流滂沱。两"若"字与前诸"如"字同,状貌之词。"戚",悲戚。此与九四相反,虽居尊位,而常怀忧患之意识,故得与六二相同,均可获吉。

[8] 王用出征,有嘉折首,获匪其丑,无咎:"有嘉",即有尚、有庆、有功。"折首",斩首。"匪",彼,敌方。"丑",众。上九畜养牝

牛之柔和,能常怀忧惧,故有斩敌获虏之功。然〈离〉卦讲"畜牝牛"之"吉",故折首获丑不言"元吉",仅言"无咎"。

〈彖〉曰:离,丽也[1]。日月丽乎天,百谷草木丽乎土[2],重明以丽乎正[3],乃化成天下[4]。柔丽乎中正,故亨[5],是以畜牝牛吉也。

【今译】

〈彖传〉说:卦名"离",是附丽的意思。日月附丽于天上,百谷草木附丽于地上,重叠不断的光明附丽于正道,便能化育成就天下万物。柔爻附丽中正的位置上,所以卦辞说亨通,且畜养柔顺的母牛可获吉祥。

【注释】

[1] 离,丽也:"丽",附丽、附着、依附。此训"离"为"丽",是罗网的引申,犹〈彖〉训沟"坎"之"坎"为"险"。
[2] 日月丽乎天,百谷草木丽乎土:此二"丽"字与上"丽"字义同。"土"字王肃本作"地"(见《释文》),《说文》引也作"地",李鼎祚《周易集解》亦作"地",高亨云:"《易传》多以天地并言,作地是也"。按:"土"与"化成天下"的"下"同协鱼部韵,故作"土"是。
[3] 重明以丽乎正:"正",正道、无有乖违。"重明"有二义:一说卦象,一说人事。〈离〉卦为二〈离〉相重,如"日月丽天"之类,故言"重明",《黄帝四经·经法·论》所谓"明以正者,天之道也";既然自然之明无有乖违,人事取法自然,亦当使其光明重

叠不断、附丽于正道。

[4] 乃化成天下：此亦兼天道、人事而说。天道之重明可以化育成就天下万物，圣君之重明可以教化成就天下之人。

[5] 柔丽乎中正，故亨：此释卦辞"利贞亨"，以"正"释"贞"。"柔"指阴爻六二、六五，六五居中得正，故云"柔丽乎中正"。〈象传〉认为，人处〈离〉时，当以柔顺中正避罗网之祸，此与爻辞六五、六二之"吉"、"元吉"正合。

〈象〉曰：明兩作，離[1]。大人以繼明照于四方[2]。

履錯之敬，以辟咎也[3]。

黃離元吉，得中道也[4]。

日昃之離，何可久也[5]。

突如其來如，无所容也[6]。

六五之吉，離王公也[7]。

王用出征，以正邦也[8]。

【今译】

〈象传〉说：光明重叠振作，这便是〈离〉卦的意象。大人因此用连续不断的光明照临天下。

行进谨慎警觉，这是为了避免咎患。

附丽于黄色大为吉祥，这是说获得了中正之道。

附丽于日落时的晦暗，这怎么能够长久呢？

贸然前来气势逼人，这是说他使自己陷于无所容身的境地。

六五因忧患获吉,这是说他能依附于王公。

君王出征,目的不在于斩获,而是为了正定邦国。

【注释】

[1] 明两作,离:〈说卦〉"离为日,为火",日、火皆有明义;〈离〉卦为两个单卦的〈离〉相重叠,所以〈大象〉说"明两作,离"。"作",振作、兴起。"离"亦取相重附丽之义。

[2] 大人以继明照于四方:此是由"明两作,离"的卦象推说人事。程传:"大人,以德言则圣人;以位言则王者"。"继明",连续不断的光明圣智。"明两作,离;大人以继明照于四方"即〈象传〉的"重明以丽乎正"。

[3] 以辟咎也:"辟"同"避"。

[4] 黄离元吉,得中道也:《周易》言"黄"字,多在中爻二、五,因黄色于五行中处中,象征中正高贵。"离"用为"丽",附丽。"黄离"即"离黄",附丽于中正,所以〈象传〉释为"得中道"。此即〈象传〉的"柔丽乎中正"。

[5] 日昃之离,何可久也:"日昃之离"即"日昃是丽",谓附丽于日落之暗晦。这是不能长久维持的,此正释爻辞的"嗟"、"凶"。

[6] 突如其来如,无所容也:"突如其来如"下省"焚如"。九四处上卦之初,本当象〈乾〉卦九四那样"或跃",应略作迟疑审视,而此卦九四却突如其来、气焰嚣张,故〈象传〉说此必无所容身,即爻辞的"死如,弃如"。

[7] 六五之吉,离王公也:"离"同"丽",附丽、依附。六五之依附王公,象征臣下之明智。高亨说"六五为阴爻,为柔,象臣下;上

九为阳爻,为刚,居一卦之最高位,象王公。六五在上九之下,象臣下附丽于王公"。

[8] 王用出征,以正邦也:〈象传〉之意,卦辞上九不言"吉"而仅言"无咎",是说明上九王公之出征,目的不在于斩获,而在于正定邦国。

▣ 通　说

〈离〉卦又写作〈罗〉,"离"、"罗"义本相近,均谓罗网,《方言》"罗谓之离"、"离谓之罗"可证。此亦可参读〈大有〉、〈同人〉等卦。

经文讲人处〈离〉时,如何避罗网之祸以及如何有所获。传文则讲附丽明照之理(〈彖〉、〈象〉、〈序〉等)。二者在理解上有很大差异。

读〈离〉卦,有四点非常重要,需要提及。

第一,〈系传〉论卦之起源保存很多古义。如帛书〈系传〉说"作结绳而为罟,以佃以渔,盖取诸〈罗〉"(今本作"〈离〉")。若从本义考察,则可知〈系传〉保存了很多古义;若以〈彖〉、〈象〉、〈序〉、〈杂〉等相比附,则往往扞格难通。

第二,〈离〉(〈罗〉)、〈坎〉与〈乾〉、〈坤〉(〈川〉)的关系。〈离〉、〈坎〉卦的意象很多似乎都是从〈乾〉、〈坤〉卦分流出的,如〈说卦〉的"坎为水"、"〈离〉为〈乾〉卦,为日,为火"等,这一现象很值得研究。其原因很多,但与八卦的方位排列肯定有密切关系。如先天图是〈乾〉、〈坤〉位于南、北位置,而后天图则是〈离〉、〈坎〉位于南、北位置,这在一定程度上造成了意象的分流;先天图不会产生得太晚,出土的帛书《易》已经说明了这一点。另外,〈离〉、〈坎〉的相互参读,也有助于对〈离〉卦本义的理解。

第三,〈说卦〉也保存了很多古义。如〈说卦〉说"〈离〉为鳖,为蟹,为蠃,为蚌,为龟"等,与其本为罗网之义相关;又说"〈离〉为〈乾〉卦,为日,为火",反映了〈乾〉卦意象分流的情况。

第四,〈离〉卦与《文子》的关系。通过对〈离〉卦与《文子》的比较,可见道家《易》学在战国及秦汉流传的情况。《文子·上德》说:"天明日明,而后能照四方;君明臣明,域中乃安。域有四明,乃能长久。明其施明者,明其化也",这与〈彖〉、〈象〉解释〈离〉卦的文字很相像。〈彖传〉、〈象传〉的"重明"、"明两作"及〈说卦〉的"〈离〉为〈乾〉卦,为日,为火"即《文子》所谓"天明日明"。

三一、咸 ䷞（下艮上兑）

咸[1]。亨,利貞,取女吉[2]。

初六。咸其拇[3]。

六二。咸其腓,凶,居吉[4]。

九三。咸其股,執其隨,往吝[5]。

九四。貞吉,悔亡[6]。憧憧往來,朋從爾思[7]。

九五。咸其脢,無悔[8]。

上六。咸其輔頰舌[9]。

【今译】

筮得〈咸〉卦,通顺,占问有利,娶妻吉利。

筮得初爻,触动她的足脚。

筮得二爻,触动她的小腿,出行凶,家居吉。

筮得三爻,抚动她的大腿,并执持她的小腿足脚,有所行往则不吉。

筮得四爻,占问吉利,悔事消失。往来交际,女友乐于随从。

筮得五爻,抚摸她的肩背,没有什么不好。

筮得上爻,接触她的脸颊舌头。

【注释】

[1] 咸:卦名。通行本为第三十一卦,帛书本为第四十四卦。〈咸〉卦下〈艮〉山而上〈兑〉泽,象水绕山转,喻女悦男、男娶女,故卦辞言"取女吉"。宋秦观〈踏莎行〉所谓"郴江幸自绕郴山"即是斯义;又卦象为男欲娶妻安家定居(下〈艮〉为止,为少男)而女方则悦从之(上〈兑〉为悦,为少女),故爻辞言"居吉"、言禁止外出之"往吝"。此可与〈屯〉卦相参读。"屯"即屯聚、屯止,全卦讲婚媾、安居、定国之事,故卦爻讲"勿用有攸往"、"利居贞"及婚媾之事。本卦卦名之"咸"字取"感动"义,与〈彖传〉同,详见下。

[2] 取女吉:"取"同"娶"。卦象为水绕山转、娶妻安家而不外出远行,故卦辞言"取女吉"。此可与〈屯〉卦相参读,说见注[1]。有人认为卦辞"取女吉"与后面的爻辞意思无关,卦辞说取女安家定居而爻辞说不外出远行,二者意思似相补足。

[3] 咸其拇:"拇",脚大拇指,在此指代脚趾、足脚。"咸"字旧注皆从〈彖〉、〈象〉读为"感",训为感动、动。我们基本同意这种说法。《归藏》、帛书本卦卦名写作"钦"。钦、欽、咸古书中音同相通。《诗·皇矣》朱熹注"欽,欲欲动也",《诗·生民》"履帝武敏歆",孔疏"心体歆歆然欲动之状也,如有人道感己者"。在此可译为触动、抚摸、接触。高亨、张立文等从朱骏声说训"咸"为"伤",古本有"咸刘"一语,即斩伤之义。周策纵先生读为"针灸"之"针",也不无道理。按:在本书此次修订前,我们曾认为诸"咸"字皆用为禁止之义,"咸"本与"禁"、"缄"相通。〈临〉卦之"咸"字,帛书即作"禁";《庄子·天运》《释文》云"缄,

司马本作咸",《礼记·丧大记》注"咸,读为緘","禁"、"緘"皆为"止"义,帛书〈二三子问〉"箴(緘)小人之口"即此卦上六"咸(緘)其辅颊"。仅供参考。

[4] 咸其腓,凶,居吉:"腓",小腿肚子,指代小腿。"凶",指外出远行则凶,与下文"往吝"相近。又按:"凶"上疑夺"征"字,下文"往吝",帛书即夺去"往"字。"居吉",谓安家定居则吉。时处〈咸〉时,戒占者先成家而后立业,六爻皆如此。即〈屯〉卦"勿用有攸往"、"利居贞"。

[5] 咸其股,执其随,往吝:"股",大腿。"执",执持。"随",相随者,指初六、六二。初六、六二象足与小腿,皆随大腿之动止,故言"随"。下卦象人体下半身,上卦象人体上半身。帛书脱"往"字。

[6] 贞吉,悔亡:占问吉利,不好的事情消失。之所以"贞吉悔亡",是因为下卦能够互感。

[7] 憧憧往来,朋从尔思:"憧憧",往来的样子。"往来",指九四与初六阴阳往来交际。"朋",指应爻初六,指女方。"从",取上〈兑〉悦随之义。"尔",指阳爻九四,即"取女"的男方。"思",语辞。

[8] 咸其脢,无悔:"脢",脊背。

[9] 咸其辅颊舌:"辅颊",脸颊。本书此次修订前,我们曾认为:"辅颊",指代口舌言语。"舌"字高亨疑为"吉"字之误,可从。"咸其辅颊,吉"与〈坤〉卦"括囊,无咎"、〈艮〉卦"艮其辅,言有序,悔亡"相同。"咸(緘)其辅颊"与"括囊"、"艮辅"、〈二三子问〉"箴(緘)小人之口"相同,上六〈象传〉的"滕口说也"当亦读

为"縢口说也"("縢",缄也)。缄其口说,盖恐言语不当而生婚讼也。仅供参考。

〈彖〉曰:咸,感也[1]。柔上而剛下,二氣感應以相與[2]。止而說,男下女[3],是以亨利貞,取女吉也。天地感而萬物化生,聖人感人心而天下和平[4],觀其所感,而天地萬物之情可見[5]矣。

【今译】

〈彖传〉说:卦名"咸",是交感相通的意思。阴柔居上而阳刚来下,阴阳二气交感互应而相亲和。下卦〈艮〉而止之则上卦〈兑〉而悦随,男子谦下以感应女子,所以卦辞说亨利贞而娶女吉利。天地交感而使万物化育生长,圣人感动人心而使天下和谐太平。观察这种交感现象,就可以知晓和把握自然社会的各种现象以及规律了。

【注释】

[1] 咸,感也:"二气感应"、"男下女"与经义相近,是对卦象及经文水绕山转、"取女吉"的发挥。〈象传〉"未感害也"、《荀子·大略》"咸,感也"、〈系辞〉"屈伸相感"等皆与〈彖传〉读法相同。〈说卦〉"山泽通气"则是"感"的意义引申;而〈杂卦〉"咸,速也"显然应该是"咸(感),通也"的讹写,〈系辞〉所谓"感而遂通"即此。

[2] 柔上而刚下,二气感应以相与:从卦象上看,上卦〈兑〉为阴柔,下卦〈艮〉为阳刚,故云"柔上而刚下";从卦爻上看,上卦的柔爻上六自〈坤〉而上,下卦的刚爻九三自〈乾〉而下,所以说"柔上而刚下"。因此,无论从卦象和卦爻上看,都是阴柔在上、阳刚在下。"二气感应",是说阴气上升、阳气下降,二者交感互应,即〈说卦〉所谓的"山泽通气",此与〈泰〉卦相近。"相与",相亲和。

[3] 止而说,男下女:"说"同"悦"。下卦〈艮〉止、上卦〈兑〉悦,故云"止而悦"。"男下女",就自然现象而说,阳气下降、阴气上升,二者方能交感;推及人事,婚娶之礼,亦取男子谦下以感应女子。又"下"谓主动下求。

[4] 天地感而万物化生,圣人感人心而天下和平:"天地",谓阴阳。〈泰·彖〉"天地交而万物通"、本卦的"二气感应以相与"都是阴阳交感的结果,〈序卦〉的"有天地然后有万物"也是说有天地阴阳交感方能有万物通泰,而圣人与百姓相感方能有天下太平。

[5] 天地万物之情可见:"天地万物",指代自然及社会。"情",指自然社会中的各种现象和规律。

〈象〉曰:山上有澤,咸[1]。君子以虛受人[2]。

咸其拇,志在外也[3]。

雖凶居吉,順不害也[4]。

咸其股,亦不處也[5];志在隨人,所執下也[6]。

貞吉悔亡,未感害也[7];憧憧往來,未光大也[8]。

咸其脢,志末也[9]。

咸其輔頰舌,滕口說也[10]。

【今译】

〈象传〉说:山上有泽,这是〈咸〉卦的意象。君子应该虚怀若谷以广纳众人。

动其足指,说明初六有向外行动的意象。

虽有凶险而安居则吉,这是说六二能顺时守静而免于患害。

动其大腿,说明九三也有行动的意象;想要盲从他人,持意未免卑下。

守正吉利、悔事消失,这是九四未因相感不正而遇到患害;心思急切地与初六往来交感,这表明九四对相感的理解还有偏狭。

动其背脊,这是说九五有向上行动的意象。

动其口舌,这是说上六只知道驰骋言辞。

【注释】

[1] 山上有泽,咸:〈咸〉卦卦象为下〈艮〉山而上〈兑〉泽,"山高而降,泽下而升,山泽通气,咸之象也"(《集解》引崔憬说),山泽二气相感,故云"山上有泽,咸"。〈象传〉亦读"咸"为"感"。

[2] 君子以虚受人:"虚",虚怀若谷。"受",容受、容纳。相感应方能容纳,欲容纳众多必须虚怀谦下。君子必效山之谦下虚怀,才能广为容纳天下之人。此老子所谓"江海之所以能为百谷王者,以其善下之,故能为百谷王"(六十六章)。

[3] 咸其拇,志在外也:"咸"读为"感",感,动也(《尔雅·释诂》)。下同。"志",志向、意向。"外",外卦、上卦。此不言吉凶者,因初六之动,不知其志在感于外卦之哪一爻。若感在九四,则正而无悔;否则不正而有悔。然居于〈艮〉体,总以人来感己为佳。

[4] 虽凶居吉,顺不害也:六二居〈艮〉止之中,能顺时守静,故免于害。

[5] 咸其股,亦不处也:"不处",谓动,动则有"吝";〈象传〉未举"往吝",省文。

[6] 志在随人,所执下也:"人",指初六。九三阳刚,居下卦之上,而随初六阴柔之"动",故持意未免卑下。

[7] 贞吉悔亡,未感害也:"贞",正,以正道相感。"未感害",未因相感不正而遭遇患害。九四与初六正应,相感得正。

[8] 憧憧往来,未光大也:"憧憧",心思急切的样子(虞翻注"憧憧,怀思虑也")。"往来",谓九四与初六相交感。"未光大",言九四的交感尚嫌偏狭。所谓交感,当去知与故,自然而然;今心念憧憧,思虑营营,有失"天下何思何虑"(〈系辞〉释"憧憧往来"语)的感应之道。

[9] 咸其脢,志末也:"志末"即"志在末",与"志在外"语式同。"末",指上六。九五之动,与六二相感得正,故爻辞言"无悔";然〈象传〉疑是九五之动有比于上六之嫌,故戒之于未萌。

[10] 咸其辅颊舌,滕口说也:"滕",《集解》作"媵",训为"送";程朱读"滕"为"腾",谓驰骋言辞。按:在本书此次修订前,我们曾认为:"滕"疑读为"縢"。《礼记·檀弓注》《释文》云"縢,本又

作滕"。《说文》、《广雅·释诂》"滕,缄也"。圣人之感在于感心,不在口说,故〈象传〉戒之以缄口寡言。仅供参考。

▶ 通　说

〈咸〉卦下〈艮〉上〈兑〉,上泽下山,象水绕山转;在上之〈兑〉为阴卦,在下之〈艮〉为阳卦;阴阳六爻皆有应。因此卦辞言"取女吉"。卦辞既言安家定居吉,故六爻爻辞皆说相互愉悦共处而不可出行之意。

〈彖〉、〈象〉、〈系〉、〈说〉、〈序〉、〈杂〉等皆从卦辞"取女吉"立说,发挥阴阳相感之旨,读"咸"为"感",训为动、训为通。〈彖传〉的以"天地之感"而推及"圣人之感"、〈象传〉的谦下容受说以及〈系辞〉的"天下何思何虑"的自然感应说等,都与老子道家及黄老道家的思想相一致。

《荀子·大略》"《易》之〈咸〉,见夫妇。夫妇之道不可不正也,君臣父子之本也。咸,感也。以高下下,以男下女,柔上而刚下。聘士之义,亲迎之道,重始也",此虽以"君臣"列于"父子"之前,与〈序卦〉有异,但仍是承〈彖〉、〈象〉而说。

《文子·上德》:"河水深,壤在山;丘陵高,下入渊。阳气盛,变为阴;阴气盛,变为阳。故欲不可盈,乐不可极;愤无恶言,怒无作色;是谓计得"。这很像是从卦爻反对的角度论说〈损〉、〈咸〉二卦。〈咸〉卦(䷞)与〈损〉卦(䷨)是卦爻反对的关系,〈损〉之上九变为〈咸〉之初六是为"阳气盛,变为阴",〈咸〉之上六变为〈损〉之初九是为"阴气盛,变为阳"。"河水深,壤在山"是说〈损〉卦上〈艮〉山,下〈兑〉泽,"丘陵高,下入渊"是说〈损〉卦变为上〈兑〉泽、下〈艮〉山的

〈咸〉卦。"欲不可盈,乐不可极"与〈咸·象〉"以虚受人"的"虚"相对应;"忿无恶言,怒无作色"与〈损·象〉"惩愤窒欲"相一致。然而《文子》从〈损〉、〈咸〉二卦的卦爻反对入手,把握阴阳消息、盛衰转化之理,从而推导出"欲不可盈"、"愤无恶言"的圣人治世之道,这与〈彖〉、〈象〉又有区别。

"咸"字帛书作"钦",《归藏》卦名亦题为"钦",与帛书同。

今本〈咸〉卦为下经之首卦,帛本不分上下经。今本〈系辞〉、〈序卦〉皆分上下经,〈杂卦〉似亦分上下;帛本〈系辞〉亦不分上下。

三二、恒 ䷟（下巽上震）

恆[1]，亨。无咎，利貞，利有攸往。

初六。浚恆[2]，貞凶，无攸利。

九二。悔亡[3]。

九三。不恆其德，或承之羞[4]，貞吝。

九四。田无禽[5]。

六五。恆其德，貞，婦人吉，夫子凶[6]。

上六。振恆[7]，凶。

【今译】

筮得〈恒〉卦，通顺，没有咎害，利于占问，利于有所行往。

筮得初爻，追求恒道太过分，占问有凶险，无所利。

筮得二爻，悔憾之事消失。

筮得三爻，不能恒久保持其德，将或蒙受羞辱，占问有吝害。

筮得四爻，田猎没有收获。

筮得五爻，恒久保持其德，妇人占问吉利，男子占问不吉。

筮得上爻，久动不止，凶险。

【注释】

[1] 恒：卦名。通行本第三十二卦，帛书本也是第三十二卦，此与

〈咸〉卦(☰☱)为卦爻翻覆的关系,故次列于〈咸〉卦后。此与〈咸〉卦都是六爻相应。

"恒"即恒久、长久,诸如一切自然现象就其不变者而言之,均可谓"恒",所谓"日月之恒"即是。就本卦卦象而言,"雷"在天上,"风"在地上,此种现象即为"恒";至如天上地下、日东月西、天高泽卑之类,亦为"恒";推及人事,〈震〉刚长男在上,〈巽〉柔长女在下,尊在上而卑在下,如此之类,亦为"恒";此皆就其不变者而言之,即《易》所谓"不易"之理,在这个意义上说,恒定是绝对的。而就其变者而言之,万物皆在运动,诸如日西沉、雷入地、天气下地气上(如〈泰〉卦)、〈兑〉阴少女居上而〈艮〉阳少男居下(如〈咸〉卦),此即《易》所谓"变易"之理,在这个意义上说,恒定又是相对的。总之,静极必动、动极必静(《黄帝四经》等多有此类论述)即是"恒"的真正内蕴,也是〈恒〉卦所蕴涵着的朴素的辩证法思想。

[2] 浚恒:"浚"训为深,即过分。"恒",恒定。初六虽居下卦〈巽〉体,当主于柔静,又柔爻居初位,但过分追求恒定,不思进取通变,故"贞凶,无攸利"。陈梦雷说:"初在下之下而四在上之下,皆未及乎恒者,故泥常而不知变"即是此意(《周易浅述》)。

[3] 悔亡:九二居中,又处柔位,追求恒道得其适度,故能"悔亡";但居不当位,又为刚爻,处下〈巽〉柔静之时,有躁进之嫌,故仅"悔亡"而不言"吉"。

[4] 不恒其德,或承之羞:"承",受,蒙受。九三处下〈巽〉之终,不能持静,不能恒守其德,"重刚而不中,上不在天,下不在田",阳刚躁动,进求上六,故或将蒙受羞辱,占问有咎害。陈梦雷

云:"三在下之上,上在上之上,皆已过乎恒者,故好变而不知常。"

[5] 田无禽:"田",田猎。九四"重刚而不中,上不在天,下不在田,中不在人",居不当位,已入上卦〈震〉体,当运动变通,而仍恒守静定、泥于常位,宜其田猎无获。

[6] 恒其德,贞,妇人吉,夫子凶:"贞",占问,统下"夫子凶"句。此"德"为"行"之内在者,谓行事的准则。六五为柔爻,妇人属阴,主静,故阴柔之妇人恒守本分、行事一贯则吉;而六五处上卦〈震〉体,居刚位,主动,故阳刚之男子恒守一理,处〈震〉动之时,不能通变制宜则为不吉。

[7] 振恒:"振",动。上六居〈震〉动之极、〈恒〉定之终,动极必静、终而返始,此则动而不已,往而不返,失其恒道,故有凶。

〈彖〉曰:恆,久也。剛上而柔下[1],雷風相與[2],巽而動[3],剛柔皆應[4],恆。恆,亨,無咎,利貞,久於其道也,天地之道,恆久而不已也,利有攸往,終則有始也[5]。日月得天而能久照,四時變化而能久成,聖人久於其道而天下化成[6]。觀其所恆,而天地萬物之情可見矣[7]。

【今译】

〈彖传〉说:卦名"恒"是长久的意思。阳刚在上而阴柔在下,雷风相配合,顺理而运动,刚柔六爻都相呼应,这便是〈恒〉卦。〈恒〉卦卦辞说亨通无害、利于守正,这是说要持守恒常之道;卦辞说利于行往，这是说事物发展是始终往复的。恒久不变、运动不止，这就是天地之道。日月遵循自然规律运行而能长悬久照，四季运动变化而能长久地成就万物，圣人持久地效法天地规律而培育成就天下之人。考察〈恒〉卦，就可以知晓和把握自然社会的现象以及规律了。

【注释】

[1] 刚上而柔下：〈震〉刚为上卦，〈巽〉柔为下卦，阳尊阴卑有序，是为恒久之道。

[2] 雷风相与：〈震〉雷在天上，〈巽〉风在地上，雷风上下有恒；"与"，配合，雷动风随，二者配合有恒。

[3] 巽而动：下〈巽〉顺，上〈震〉动，万物皆顺理而动，是为恒道。

[4] 刚柔皆应：〈恒〉卦六爻皆有应，自然社会万物万事皆有对有应，是为恒道。

[5] 恒，亨……终则有始也：此数句之次序当作："恒，亨，无咎，利贞，久于其道也；利有攸往，终则有始也。天地之道，恒久而不已也"（采高亨说）。"久于其道"释卦辞"亨无咎利贞"，意思是持守恒常之道，这是就恒定不变一方面而说；"终则有始也"释卦辞"利有攸往"，事物发展有始有终、有终有始，分为不同阶段，没有"攸往"的运动变化，也就没有真正的恒常之道，这是就运动变化一方面而说。程传说"夫所谓恒，谓可常久之道，非守一隅而不知变也，故利有攸往；唯其有往，故能恒也"，陈梦雷说"利贞，有不易之义；利有攸往，有不已之义"，都是这个意思。"天地之道，恒久而不已也"则是对上两方面的概括。

"恒久"不变和运动变化不止,两方面辩证统一,便是所谓的天地恒道。

[6] 日月得天而能久照,四时变化而能久成,圣人久于其道而天下化成:"得天",谓遵循自然规律。日月常悬,四季常变;日月常悬而有升沉起落、盈亏满损之变化,四季常变而有不改之恒定规律。圣人法此,将二方面整合,以化成天下。

[7] 观其所恒,而天地万物之情可见矣:"情",自然、社会之诸种现象及规律。"观其所恒"、"观其所感"、"观其所积"等为道家习语,与老子之"观妙"、"观徼"、"观复"一脉相承。

〈象〉曰:雷風,恆[1]。君子以立不易方[2]。

浚恆之凶,始求深也[3]。

九二悔亡,能久中也[4]。

不恆其德,無所容也[5]。

久非其位,安得禽也[6]。

婦人貞吉,從一而終也[7];夫子制義,從婦凶也[8]。

振恆在上,大無功也[9]。

【今译】

〈象传〉说:雷与风相配合,这便是〈恒〉卦的意象。君子应该立身行事持守正道,永不改易。

过分追求恒道有凶险,这是因为在初始阶段就求之过深的缘故。

九二悔事消失,这是因为持守恒道适中得度。

九三不能恒久保持其德而导致羞辱吝害,这是说他将无处容身。

九四长久地保守在不正当的位置上,哪里还能有田猎的收获呢?

妇人守正可以获吉,因为妇人本来就只需要做到随从一个丈夫一生都不改变;但男人应该因时制宜,如像妇人那样只知墨守成规,那就危险了。

上六动而不止,不能成就事功。

【注释】

[1] 雷风,恒:上〈震〉雷,下〈巽〉风,此为〈恒〉卦意象。释说见〈象传〉。

[2] 君子以立不易方:"方",道。

[3] 浚恒之凶,始求深也:初爻为一卦之始,处在最下,当始于浅易,循序渐进,而初六上求九四,躁急而进,故〈象传〉责之以"始求"过深。

[4] 九二悔亡,能久中也:"久",恒久,持守恒常之道。"中",适中得度。九二居于卦中,故追求恒道适中得度,无初六"求深"之过,故能"悔亡"。

[5] 不恒其德,无所容也:九三处柔静之下体,本当"恒其德",但为下卦之终,欲上求上六,故不安其分;又"重刚而不中,上不在天,下不在田",进退维谷,故"无所容"。

[6] 久非其位,安得禽也:九四居位不当,已入〈震〉动之上体,却仍

保守于柔静之位,不能随时制宜,而守株待兔,故〈象传〉责之以"久非其位,安得禽也"。

[7] 妇人贞吉,从一而终也:妇人"一与之齐,终生不改"谓之"恒德",恒德则吉,其从一夫而终之、为一事而终之,都可谓恒。恒久不变是"恒道"的静止的一面,妇人属阴属柔主静,故"从一而终"即可获吉。

[8] 夫子制义,从妇凶也:"义"同"宜"。"从妇",谓如同妇人"从一而终",此是就行事而言。流动变化、随时制宜是"恒道"的运动的一面,男人属阳属刚主动,故处〈震〉动之时而如妇人那样一味守静则凶。

[9] 振恒在上,大无功也:处〈震〉体之极,当动极复静,而上六动而不已,故不能成就事功。"在上",指上六,喻在上位之统治者。

▶ 通 说

〈恒〉卦的〈彖〉、〈象〉传对经文的阐释非常精到,而它们与经文本身所具有的朴素的辩证法思想也是相一致的。

〈恒〉卦是从恒定不变与运动变化两方面讲恒道的,认为两者的辩证统一才是真正的恒道,这即是后来所说的"不易"和"变易"的《易》学精神。

〈恒〉卦下为〈巽〉体柔静,当相对保持恒定,否则即是九三的"不恒其德,或承之羞"。〈恒〉卦上为〈震〉体刚动,当相对保持运动状态,否则即是九四的"田无禽"。但是,无论是恒定还是运动,都有一个度,超过了这个度,或者泥常墨守,如初六之"浚恒",或者妄动而迷失恒道,如上六之"振恒"。根据不同的时境来确定不同的行事准则，同样是"恒其德"，若是处于〈巽〉体柔静之时则吉，若是处于〈震〉体刚动之时，则有为之君子（"夫子"）不吉，无可为之小民（"妇人"）便无所谓不吉。

事物发展呈现静、动、静这样一个终则有始的永恒的过程，违反这个静极必动、动极则静的规律，就会"田无禽"或"凶"。

内卦〈巽〉体柔静、外卦〈震〉体刚动的"恒"道，被老子发挥为"静为躁君"的以静为体、以动为用的"无为而无不为"的思想。其在黄老道家中，则诠释为"静作相养"、"恒久而不已"（既恒定不变又动化不止）的"不易"与"变易"相整合的恒道说。

三三、遯 ䷠（下艮上乾）

遯,亨[1],小利貞[2]。

初六。遯尾,厲,勿用有攸往[3]。

六二。執之用黃牛之革,莫之勝說[4]。

九三。係遯,有疾厲[5];畜臣妾,吉[6]。

九四。好遯,君子吉,小人否[7]。

九五。嘉遯,貞吉[8]。

上九。肥遯,無不利[9]。

【今译】

筮得〈遯〉卦,及时隐遁则能通顺,占问小事有利。

筮得初爻,尾随在别人后面隐遁,有危险,不宜有所行往。

筮得二爻,被黄牛皮绳系缚而不能逃脱。

筮得三爻,被系缚而不能逃遁,有患害,畜养臣仆侍妾吉利。

筮得四爻,美好适时的隐遁,君子吉祥,小人则否。

筮得五爻,值得嘉尚的隐遁,占问吉利。

筮得上爻,高飞隐遁,无所不利。

【注释】

[1] 遯:卦名。通行本第三十三卦,帛书本第三卦。"遯"是离去、

遁去之义。〈遁〉卦上〈乾〉下〈艮〉,"乾"为日气、云气,"艮"为山、为留止、蓄止。云气出于山,不为山所蓄而离去,象贤人不为朝廷所畜养("艮"为门阙、宫阙)而遁去。〈遁〉卦颠倒,下〈乾〉上〈艮〉,则为〈大畜〉䷙,云气在山下,为山所蓄止,象征贤人为朝廷所畜养(参见〈大畜〉卦译注)。

从卦爻上看,初、二两阴渐长,上迫于阳,为卦〈遁〉将转〈否〉䷋之时,君子洞察几微,知时而遁。

[2] 亨,小利贞:"亨",谓阴长渐盛之时,及时遁隐方能亨通,即〈象传〉所谓"遁而亨也"。《正义》亦云:"小人方用,君子日消,君子当此之时,若不隐遁避世,即受其害,须遁然后得通"。"小利贞",占问小事有利。此与他卦"小贞吉,大贞凶"意思是一样的。于阴长阳消、君子隐遁之时,不宜大事大为,仅宜小事。《易》例以阴为"小",凡言不利大事而仅利小事者,皆当阴长渐盛之时。

[3] 遁尾,厉,勿用有攸往:"尾",末尾、滞后。卦之初为尾,卦之上为首,如〈既济〉初九"濡其尾"、上六"濡其首"。"尾"在此谓隐遁滞后,又有尾随他人隐遁之义。"往",卦爻由下至上、由内至外为"往"。初六与九四为正应,因此,"往"在此指初六尾随九四之"好遁"而隐遁。隐既滞后,已有矢之之危,当暂息声迹,不宜冒险而行。下卦止体(〈艮〉),正须慎其隐。

[4] 执之用黄牛之革,莫之胜说:"执",系缚。"之",指代六二。"胜",能。"说"同"脱",逃脱、隐去。六二与九五正应,欲随九五之"嘉遁"。然为时所系,不能遁去;但六二居中得正,自然能以贞洁固守其志,〈象传〉的"固志也"就是这个意思。六二

未言吉凶,但其无凶咎可知。

[5] 系遁,有疾厉:"系遁",欲遁去而被系缚住。"疾",指疾病及各种患害。九三无应爻,居不处中,在上卦之极,又阳刚躁动,为时所系,而仍匆遽欲遁,故有患害之危。初、二、三皆说"时止则止"之理,四、五、六皆说"时行则行"之理;〈象传〉"与时行也"即陈说此二事。

[6] 畜臣妾,吉:"臣妾",臣仆侍妾,皆人之微者,以"畜臣妾"喻做小事。九三既为时所系而不得遁去,又不能与俗合污,只可行微小之事,等待良机,以此趋吉避害。古之人于"系遁疾厉"之时,亦多有"弄儿床前戏,看妇机中织"以"畜臣妾"的方法静候时机的。

[7] 好遁,君子吉,小人否:"好",美好适时。九四已出〈艮〉止之体而入上卦,适时而隐,故云"好遁";能够"好遁",及时避免祸患,因此说"君子吉"。小人则见小利而不知几微,故不能如君子之"好遁",因此也不能避开祸患,所以说"小人否";"否"在此兼"不"、"不吉"二义,读音亦兼 Fou 及 Pi 二音。

[8] 嘉遁,贞吉:"嘉",谓值得嘉赞崇尚。九五居中得正,故得"嘉遁"。

[9] 肥遁,无不利:"肥",古或读为"飞"(《易林》、《王注》等),字本相通。初爻为尾、上爻为首(如〈既济〉),上爻多有亢首高举之义(如〈乾〉上九之"亢龙"即"颃龙"),则"飞遁"即高举远遁。上九在〈遁〉之最外,无所牵系,故高举远遁并能无所不利。

〈彖〉曰:遯,亨,遯而亨也;剛當位而應,與時行也[1]。

小利貞,浸而長也[2]。遯之時義大矣哉[3]。

【今译】

〈彖传〉说:〈遯〉卦所说的亨通,是说处〈遯〉之时只有及时隐遁才能通顺;阳刚居尊得位而又有应合,但其行止却能顺随时宜。只利于持守正固行小事,是因为阴柔势力逐渐增长的缘故。〈遯〉卦随时处宜的道理非常宏大。

【注释】

[1] 刚当位而应,与时行也:"刚",指阳爻九五。"当位",指九五阳爻居刚位,居尊处中得正。"应",指九五与六二两中爻相应。"与时",顺时。"行",行止,在此指隐遁。阳刚当位又有应合,但阴气渐长,唯君子能察几知微,顺时而隐。此二句是补充说明"遁而亨"的;同时,"与时行"又包含"时行则行,时止则止"这样的双重涵义;上卦三爻,行去得时;下卦三爻,暂止得宜。

[2] 小利贞,浸而长也:"贞",持端守正。"小利贞",指利于持端守正行小事。"浸"字上高亨疑当有"柔"字。按:〈临·彖〉"临,刚浸而长",明确指出是"刚浸";此卦"小利贞,浸而长也","小"谓阴、柔,故"浸而长"蒙上而省"柔"字,不必如高说增"柔"字。阴爻由初至二,是阴气逐渐增长,君子见几,及时退避;若阴爻渐而至三,则已成〈否〉,"否"后再隐,恐为时已晚。此是补充说明"与时行也",对"时"作具体描述。

[3] 遁之时义大矣哉:"时义",随时处宜。处〈遯〉之时,行止要合乎时宜。〈遯〉之时,时境有利,则自当及时高举远遁;时境多

艱,則身止宮闕而心遁江湖。

〈象〉曰:天下有山,遯[1]。君子以遠小人,不惡而嚴[2]。

遯尾之厲,不往何災也[3]?

執用黃牛,固志也[4]。

係遯之厲,有疾憊也[5];畜臣妾吉,不可大事也[6]。

君子好遯,小人否也[7]。

嘉遯貞吉,以正志也[8]。

肥遯無不利,無所疑[9]也。

【今譯】

〈象傳〉說:天在大山之外,這便是〈遯〉卦的意象。君子應該遠避小人,不露憎惡之情而能嚴分界限。

尾隨在別人後面隱遁有危險,如果無所行往,又會有什麼災患呢?

六二被黃牛繩系縛而不能遁去,但仍須固守中正之志。

被系縛而不能隱遁而導致危險,是指九三要遭遇疾患困苦;畜養臣僕侍妾可以獲吉,是說此時不可做大事。

君子適時隱遁可以獲吉,小人不能適時隱遁所以必將困厄。

值得嘉尚的隱遁剛正吉祥,因為九五能夠持守中正之志。

高舉遠遁無所不利,因為上九無所猶疑懷戀。

【注释】

[1] 天下有山，遁："遁"卦上〈乾〉天，下〈艮〉山，则〈遁〉卦意象为"天下有山"。〈艮〉山为内卦，〈乾〉天为外卦，象天在山外；〈艮〉山为畜止、为宫阙，〈乾〉天为阳、为大、为贤人；象贤人居于宫阙之外，故卦名〈遁〉，谓贤人君子遁去隐退。

[2] 君子以远小人，不恶而严："君子"，指四阳爻。"小人"，指二阴爻。阳爻居外，阴爻居内，君子退避，小人日进，故云"君子以远小人"。"恶"，憎恶。"不恶"，指憎恶不形之于外。"严"，严格区分与小人的界限。指界限不混淆于内。

[3] 遁尾之厉，不往何灾也："往"，指随外卦九四之"好遁"而隐去；王弼云"遁之为义，避内而之外者也"。退避已晚，暂止则无灾。

[4] 执用黄牛，固志也："执用黄牛"即"执之用黄牛之革"的省文。"固志"，是说六二居中当位，固守中正之志。

[5] 系遁之厉，有疾惫也："疾惫"，疾患困厄。九三与六二同被执系，但六二居中当位，故不言危厉；九三不中，处下卦之极，阳刚躁切，故将有疾患困厄。

[6] 畜臣妾吉，不可大事也：臣仆侍妾，人之微者，喻可小事，不可大事。

[7] 君子好遁，小人否也："好遁"，谓美好适时之遁。"遁"下省"吉"字，谓君子适时而遁故吉。"小人否"，谓小人不能适时而遁，故困厄不吉。

[8] 嘉遁贞吉，以正志也："贞"，正，指九五阳刚居中得正。"以正志"，持以中正之志。

[9] 无所疑:《集解》引侯果"最处外极,无应于内,心无疑恋,超世高举"。"疑"谓犹疑怀恋。

➡ 通 说

〈遯〉卦全讲隐遁之事,经文、〈彖传〉、〈象传〉释义一致。

〈遯〉卦二阴渐长,为卦将〈否〉之时,故九五虽居尊有应,仍利于"嘉遯",顺时而隐,反映君子察几知微、随时处宜的思想,〈彖传〉的"刚当位而应,与时行也"、欧阳修《易童子问》"遯者,见之先也"诠释精到。

外卦三爻,能洞察几微,为遯之在先者,故皆吉利,得"时行则行"之妙。而内卦三爻,为遯之迟后者,机兆已误,近〈否〉之时,故为系缚,故皆有"厉"。化解"厉"的方法,便是"时止则止"。

能洞察机兆而遯之在先者,为得时;时失遯晚而能"时止则止"者,为得宜。故〈象传〉云"遯之时义(宜)大矣哉"即是就此而发。《易》之论"时"、"宜"的思想在本卦中体现得最为充分。

三四、大壯 ䷡（下乾上震）

大壯[1]。利貞。

初九。壯于趾，征凶，有孚[2]。

九二。貞吉[3]。

九三。小人用壯，君子用罔，貞厲，羝羊觸藩，羸其角[4]。

九四。貞吉，悔亡[5]。藩決不羸，壯于大輿之輹[6]。

六五。喪羊于易，無悔[7]。

上六。羝羊觸藩，不能退，不能遂[8]，無攸利，艱則吉[9]。

【今译】

筮得〈大壯〉卦，有利于占问。

筮得初爻，足履强壮，一味前行则有凶险，最终必将应验。

筮得二爻，占问吉利。

筮得三爻，小人因壮而逞强，君子应虽壮而守弱；否则占问有危险，如同公羊冲撞藩篱，毁坏头角。

筮得四爻，占问吉利，不好的事情过去了。车輹坚固，即使冲决藩篱也不会毁坏。

筮得五爻，公羊在田地的边际丧失了，没有什么不好。

筮得上爻,公羊冲撞藩篱而卡住了角,进退两难,很不利,如能正确地对待困境则可转为吉利。

【注释】

[1] 大壮:卦名。通行本为第三十四卦,帛书本为第二十六卦。此与〈遯〉卦为卦爻翻覆的关系,故次列于〈遯〉卦之后。

通行本六十四卦卦序,从爻画上看,都是相对两卦的卦爻有内在联系,而相邻的两卦之间则无必然联系。如三十三〈遯〉卦与三十四〈大壮〉卦就是这样;而〈遯〉卦与上卦〈恒〉卦及〈大壮〉卦与下卦〈晋〉卦,在卦爻上毫无联系;六十四卦均如此。所谓内在联系,有两种情况:第一,卦爻反对,如〈乾〉之与〈坤〉等等。第二,卦爻翻覆,如〈遯〉之与〈大壮〉等等。《易》之对待关系最为显明。

〈大壮〉卦从卦象上看,上〈震〉雷、下〈乾〉天,雷的震动超过了天之上,是该卦有太壮、过壮之义。从卦爻上看,四阳爻刚壮强进,位已过中,有太壮之义;〈遯〉卦阴气渐长(䷠),为〈否〉之将至(䷋),而〈大壮〉阳气过盛(䷡),为〈泰〉之已过(䷊);因此,〈遯〉卦戒人察几而遯,〈大壮〉则戒人守弱知止。

老子说"物壮则老"、欧阳修说"物既老而悲伤"、"物过盛而当杀"(〈秋声赋〉),及时知止方能壮而不伤,故虞翻注及《释文》引马注释"壮"为"伤",〈杂卦传〉释〈大壮〉为"止"("〈大壮〉则止"),释"伤"释"止"均是对〈大壮〉卦的义理推衍,非"壮"字释为"伤"与"止"也。高亨等读"壮"为"戕"训为"伤",可能是对虞注的误解。《归藏》作"耆老",即老子"物壮则老"之义。

[2] 壮于趾,征凶,有孚:"趾",指代足履。初在最下,故以之取喻。"征",往前行进。"孚",应验。处过壮之时,初爻便足履强壮,一味强进则有凶险,此终将有应验。〈履〉卦初九"素履,往无咎"、〈离〉卦初九"履错然,敬之无咎",皆与此正相对。

[3] 贞吉:"贞",占问。九二虽刚爻,但于过壮之时,能居中处柔,又有柔爻六五相应,是其能知雄守雌、处中知止,故占问得吉。

[4] 小人用壮,君子用罔,贞厉,羝羊触藩,羸其角:"用壮",以壮逞强。"罔",否,"用壮"的反面,指虽壮而守之以弱。《周易会通》引京房云:"壮一也,小人用之,君子有而不用",此亦老子"知雄守雌"之义。"贞厉"以下是君子不能"用罔"的结果,"贞厉",占问凶险。"羝羊",公羊,与《易》之"牝牛"一刚一柔,正相反对。"羸",毁坏(《易程传》"羸,毁败也"。闻一多说"羸疑当读为儡。《说文》:儡,相败也。儡其角,即败坏其角")。或训"羸"为缠绕,然观下文"羸"与"决"互文,则当以程传为是。九三与上六均居卦之极,故皆以羊角触藩用壮逞强取喻。

[5] 贞吉,悔亡:九四处上卦之初,居于柔位,不用强,故占问吉利,悔事消亡。

[6] 藩决不羸,壮于大舆之輹:"决",撞开缺口。"羸",毁坏。"壮",指车輹坚固。"輹",车厢底部连结车厢与车轴的零件。此二句是倒装语式,正叙式为"壮于大舆之輹,藩决不羸",谓车輹坚固,虽撞损藩篱,车輹亦未毁坏。"羸"是就车輹说,非是指"角"羸。因为九四居上卦之初,故以车底之輹取喻;而九三、上六皆居卦之极,故皆就"角"而立说。注家均以九四之"羸"为"角"羸,有误。

[7] 丧羊于易,无悔:"羊"即九三下卦之极与上六全卦之终的"羝羊",喻逞强之壮。"易"同"埸",田畔(《释文》"陆作埸,谓疆埸也",朱熹《本义》"或作疆埸之埸",亦通。《汉书·食货志》"埸作易"。《来氏易注》"易即埸,田畔地也")。六五爻为本卦阳刚爻画与阴柔爻画相接之处,故以"埸"取喻;由刚爻入柔爻,故以"丧羊"取喻;过壮之时,丧失羝羊之强可以免祸,故占之为"无悔"。柔爻处中,故能于过壮之时"无悔";但仍居刚位,故不如九二、九四之"吉"。

[8] 羝羊触藩,不能退,不能遂:"遂",进。上六居本卦之极,故逞强触藩;但毕竟强弩之末,又柔爻处柔位,故仅卡住其角、进退不能,不至于如九三之败坏其角,且有转吉之可能。

[9] 艰则吉:"艰"谓处艰知艰、能正确对待艰难处境。壮极知返、持守雌柔,则能变不利为吉利。

〈彖〉曰:大壯,大者壯也[1]。剛以動,故壯[2]。大壯利貞,大者正也[3]。正大而天地之情可見矣[4]。

【今译】

〈彖传〉说:卦名〈大壮〉,是说阳刚盛壮。刚健而动,所以盛壮。〈大壮〉卦辞说利于守正,是说盛大必须持守中正。考察〈大壮〉卦保持中正盛大的道理,那么就可以知晓天地万物的规律了。

【注释】

[1] 大壮,大者壮也:"大",阳爻,阳刚。〈大壮〉卦四阳爻依次递

进，是阳刚盛壮。

[2] 刚以动，故壮："刚"是性，"动"是体。刚而不动或动而不刚，皆不能"壮"。而本卦下为〈乾〉刚，上为〈震〉动，故云"刚以动"。

[3] 大壮利贞，大者正也：以"正"释"贞"，谓守正、持守中正。"正"在此兼有二义，其一是赅"中"而言，故九二、六五得以"贞吉"、"无悔"；其二是指位置适当、正确，就〈大壮〉卦而言，阳刚处于柔位为"正"，故二、四皆"贞吉"。

[4] 正大而天地之情可见矣："正大"即"大正"，"大"谓"大壮"，"正"谓"利贞"（〈大畜·象〉讲大畜之正道、大畜而能守正，所以也说"大正也"）。壮大而又能持守中正，才能不至于过壮而老、过壮而暴。壮大而守中，亦是"知雄守雌"之谓。〈咸·象〉"观其所感，而天地之情可见矣"，〈恒·象〉"观其所恒，而天地之情可见矣"等等，则"大正而天地之情可见矣"，亦谓观察〈大壮〉卦盛大而能持守中正的道理，则天地万物之规律就可以知晓了。

〈象〉曰：雷在天上，大壮[1]。君子以非禮弗履[2]。

壮于趾，其孚穷也[3]。

九二贞吉，以中也[4]。

小人用壮，君子罔也[5]。

藩决不羸，尚往也[6]。

丧羊于易，位不当也[7]。

不能退，不能遂，不详[8]也；艰则吉，咎不长也[9]。

【今译】

〈象传〉说：雷在天上轰响，这是〈大壮〉卦的意象。君子应该对于那些不合于雌柔之礼的事情就不去做。足履强壮，穷困是必然的。

九二守正得吉，是因为阳刚处于中位。

小人用壮逞强，而作为君子是不应该这样的。

藩篱被车子撞损而车輹却未毁坏，说明九四还是可以往前行进。

虽然公羊在田畔丧失而避免了悔恨之事，但六五仍然居位不当。

之所以有进退两难的结局，是因为上六行事未加详审；正确对待艰难处境就可转吉，这反映了咎患已经不会再长久持续。

【注释】

[1] 雷在天上，大壮：本卦上〈震〉雷，下〈乾〉天，震雷声威超过了天，所以卦名为〈大壮〉。《易》中反映雷的运行主要表现在四卦上，即雷在地中（〈复〉）—雷出于地（〈豫〉）—天下有雷（〈无妄〉）—天上有雷（〈大壮〉）—雷入地中（〈复〉）……。从〈复〉卦的阳气蓄积到〈大壮〉卦的阳气过壮，是雷的运行周期，也标志着阳气的循环规律。〈大壮〉卦的发展走向有两条：一个是必然返归〈复〉卦，即"物壮则老"，雷入地中，重新开始阳气的培育；一个是知止知退，以雌柔的方式维持在〈大壮〉或"〈泰〉和"的境界。〈象传〉的"正大"和〈象传〉的"非礼弗履"，显然都是持后一态度。

[2] 君子以非礼弗履:"履",行。要想保持大壮,就要不行非礼之事。这个"礼"指的是什么呢？就是雌柔卑弱之节,就是黄老的"雌节",有《文子》为证。《文子·道德》对"礼"有明确界定,其云:"何谓礼？曰:为上即恭庄,为下即卑敬,退让守柔,为天下雌,立于不敢,设于不能,此之谓礼也"。《文子·道德》多处论《易》,并与〈象传〉合,因此也有理由相信〈象传〉此处的"礼"即《文子·道德》的"退让守柔"之"礼",这也恰与"大壮"构成纠偏的关系;〈象传〉的"以中"、"君子罔"亦可为证。

[3] 壮于趾,其孚穷也:〈象传〉读"征凶有孚"为一句,中间不断。"孚",信、必然。"其孚穷也"即穷困是必然的。处〈大壮〉之时,非但不能持守退让守柔之礼,反而勇壮于前进,又阳爻处刚位,其困穷是必然的了。

[4] 九二贞吉,以中也:〈象传〉释"贞"为正、中正,故云"以中"获吉。他卦以阳爻处刚位或阴爻处柔位为正,而〈大壮〉卦则以刚爻处柔位为正,正即正确、适宜。九二既正又中,故"吉"。

[5] 小人用壮,君子罔也:"罔",否,不用壮逞强。〈象传〉的"君子罔"较爻辞"君子用罔"意思更为显明。

[6] 藩决不羸,尚往也:"尚",还。"往",行。车辂未坏,说明九四还是可以行进的。因九四阳爻处柔位,位置正确适当,故"尚往"。

[7] 丧羊于易,位不当也:"于易"下省"无悔"。公羊刚壮之性虽在田畔丧失而免于悔恨之事,但毕竟六五处于不正确得当的刚位,仍须小心谨慎,故〈象传〉戒之以"位不当"。

[8] 不详:不能详审。上六之所以处于进退两难之地,由不详审所

致。

[9] 艰则吉，咎不长也："咎不长"有二义：若知艰难而退让守柔，则可变而为〈泰〉(☷☰)，此为"咎不长"之一义；"《易》穷则变"，上六变为阳爻，则可变而为〈大有〉(☲☰)，此"咎不长"之二义。陈梦雷云："艰难自守，久则变矣，故虽有咎不长也。〈临〉三变〈泰〉，〈大壮〉上变〈大有〉，故咎皆不长也"(《周易浅述》)。

▶ 通　说

〈大壮〉经、传，讲论客观事物发展过盛之时，如何守弱退止以及壮极转化之理。

〈大壮〉卦辞只有"利贞"二字，却能准确概括〈大壮〉卦的思想内蕴。所谓"利贞"其实就是指九二和九四的"贞吉"，二者是同义语。也就是说，九二、九四能集中反映全卦思想。一卦之中，此二爻最好。因为此二爻都是阳爻居柔位，最能体现大壮之时知雄守雌、壮而不用壮的道理，宋易被《周易总义》也说："《易》之诸卦，阴阳贵乎得位；惟〈大壮〉之卦阳刚或过，则以阳居阴位者为吉。盖以虑其阳刚之过于壮者也，故二爻与四爻皆言贞吉"。

老子说"物壮则老"(《老子》三十章)，防止衰老转化的方法便是退处守柔，老子说"知其雄，守其雌"(《老子》二十八章)便是守柔的道理；老子还说"持而盈之，不如其已"(《老子》九章)、《杂卦传》说"大壮则止"便是退让的道理；〈象传〉"非礼弗履"的"礼"便是《文子》"退让守柔"的意思，这一点我们在注释中已经讲过。守弱是为了保持其壮，老子所谓"守柔曰强"(《老子》五十二章)。

无论是退止还是守柔，都是黄老道家所常说的"持盈定倾"之理，〈象传〉从爻辞九二贞吉和六五无悔中看出大壮之时持守中正的"天地之情"，提出"大正"的界说。

　　大壮之时戒人守弱以保其壮，此在于为之于先；大壮已过则必然转化，则是虑之于后。所以，〈象传〉上六说"咎不长也"便是提供了这样一个心理准备；〈序卦传〉根据〈杂卦〉"大壮则止"的说法也指出了"物不可以终壮（"大壮则止"），故受之以晋；晋，进也"。〈杂卦〉有两层意思：其一，大壮之守柔在于保持其壮，退止是为了前进；其二，壮极而反，再开始重新的蓄积培育以获得再次上进的生机。凡此皆合于老义。

三五、晋䷢（下坤上离）

晋[1]。康侯用錫馬蕃庶，晝日三接[2]。

初六。晋如摧如，貞吉[3]。罔孚裕，無咎[4]。

六二。晋如愁如，貞吉[5]。受茲介福，于其王母[6]。

六三。衆允，悔亡[7]。

九四。晋如鼫鼠，貞厲[8]。

六五。悔亡，失得勿恤，往吉，無不利[9]。

上九。晋其角，維用伐邑[10]，厲吉無咎，貞吝[11]。

【今译】

筮得〈晋〉卦，康侯享受所赐车马盛多，一天之内多次受赐。

筮得初爻，前进和退守适时，占问吉利。虽无家裕之兆，但可无咎害。

筮得二爻，前进或敛抑得宜，占问吉利。从王母那里，接受如此大的福泽。

筮得三爻，获得众人的信任，悔事消亡。

筮得四爻，本应上进却又首鼠两端，占问有危险。

筮得五爻，悔恨之事已经消除。不须考虑得失，前往必然吉祥，无所不利。

筮得上爻，进呈锋芒，可以征伐属邑，虽有危险但吉而无害，然而占问仍可能小有不利。

【注释】

[1] 晋：卦名。通行本为第三十五卦，帛书本为第五十一卦。上卦〈离〉为日，下卦〈坤〉为地，象日升于地，故卦辞与六爻爻辞皆说升进之事。"晋"与"进"同。

[2] 康侯用锡马蕃庶，昼日三接："康侯"犹言"安侯"，安国之侯（朱熹《本义》"康侯，安国之侯也"）。此"康侯"似非具体指历史上之某侯，《正义》亦云："康者，美之名也。侯，谓升进之臣也。"顾颉刚等以为"康侯"即周武王之弟康叔封，可备参考。"用"与下文的"接"、"受"义同，指享用、接受。"锡"同"赐"。"马"，车马之类。"蕃"，盛。"庶"，多。"昼日"，犹言一日。"三"，喻多次。"接"，接受、蒙受（或释"三接"为三次被接见，似不确）。康侯所受赏赐之车马盛多，一日之内数次接受赏赐，此正说康侯荣膺晋升之事。旧注皆释"用锡"为受天子之赐，然观下文"受兹介福，于其王母"，则卦辞"康侯用锡马蕃庶"乃是受赐于王母。《集解》引九家《易》亦曰："大福，谓马舆蕃庶之物是也。"

[3] 晋如摧如，贞吉："晋"，进。两"如"字为语辞。"摧"，退（《释文》）。初与四应，故可升进；居不当位，故又宜退守。进退适时，故占问得吉。初六在〈坤〉地之下，下卦之初，故须进退适宜。

[4] 罔孚裕，无咎："罔"，无。"孚"，卦兆，征兆。"裕"，富裕。初在最下，尚晦之时，时进时退，虽无富裕之兆，但可无咎害。"罔孚"或作"有孚"，帛书本衍"悔"字，"罔"字音讹为"亡"。

[5] 晋如愁如，贞吉："愁"同"揫"，敛抑（《礼记·乡饮酒义》郑注："愁读为揫，敛也"）。六二居位中正，故可升进；上无应爻，故又当适时敛抑，如此乃可占问得吉。六二在下体〈坤〉地之中，明尚未显，故有"揫如"之戒。

[6] 受兹介福，于其王母："受"与卦辞"用"、"接"义同，接受。"兹"，此，指代卦辞"锡马蕃庶"（《集解》引九家《易》曰："大福，谓马舆蕃庶之物是也。"）"介"，大。"王母"，指六五，五居尊位，但为阴爻，故不称"王"，而称"王母"，犹言女主也。

[7] 众允，悔亡："众"似指初、二而说，谓众人、百姓。〈坤〉为众、百姓。"允"，信，崇信。六三在下体〈坤〉之最上，与上九相应，又得在上之信赖，故悔事消亡，谓升进向上可也。

[8] 晋如鼫鼠，贞厉："如"与初、二之"如"相同，语辞。"鼫"或作"硕"。"晋如鼫鼠"，谓九四本当向上升进，却首鼠两端，若鼠之犹疑不决；如此则占问危险。九四已入卦之上体，日已升地，大明之时，又为阳爻，本当果于前进，今处上下卦之交，为下阴所牵累，进退迟疑，故"贞厉"。下体为晦，故有"摧如"、"揫如"之戒；上体为明，若鼠之摧揫则有厉，其时不同也。〈乾〉之九四"惑"之无咎，戒亢龙于几微；〈晋〉之九四"鼠"而有厉，失明进之机。二者皆"时"也。

[9] 失得勿恤，往吉，无不利："恤"，忧虑。六五居尊处中，在上体大明之中，逢时得宜，果于前往，吉无不利。

[10] 晋其角，维用伐邑："角"，锋芒。位居最上，故以"角"取喻。"维"，发语辞。"用"犹"可"。"邑"，属邑、小国。

[11] 厉吉无咎，贞吝：属邑有乱，理当进呈锋芒以征伐之，然攻伐

之事，必有危险，故云"厉"；本有刚德，又处大明进往之时，故吉而无害。但卦之将终，明盛将衰，于此时征伐亦出于不得已；若一味肆其勇武，则占问小有灾咎。

〈彖〉曰：晉，進也，明出地上[1]。順而麗乎大明，柔進而上行[2]，是以康侯用錫馬蕃庶，晝日三接也。

【今译】

〈彖传〉说：卦名〈晋〉是上进的意思，是说太阳的光明升出于地面之上。逊顺而依附于太阳的光辉，以谦柔前往而能不断上进，所以卦辞说康侯受赐车马盛多，一日之间多次接受奖赏。

【注释】

[1] 晋，进也，明出地上："晋"训为"进"，是太阳的光明升进于地面之上。"明"，日，日之明。〈晋〉卦上卦〈离〉日，下卦〈坤〉地，故其卦象为"明出地上"。

[2] 顺而丽乎大明，柔进而上行：下卦为〈坤〉顺，上卦为〈离〉日，象臣下逊顺而依附于君上之圣明。"附"，附丽、依附。"大明"，指日、日之光明。〈彖传〉以〈坤〉喻民、喻臣，以〈离〉喻官、喻君。"柔"指阴爻六五，六五上进至尊贵之位，故云"柔进而上行"。经文以六五为王母，〈彖传〉以六五为康侯，此其异也。

〈象〉曰：明出地上，晉[1]。君子以自昭明德[2]。

晉如摧如,獨行正也[3];裕無咎,未受命也[4]。

受茲介福,以中正也[5]。

衆允之志,上行也[6]。

鼫鼠貞厲,位不當也[7]。

失得勿恤,往有慶[8]也。

維用伐邑,道未光也[9]。

【今译】

〈象传〉说:太阳的光明出升于地面之上,这便是〈晋〉卦的意象。君子应该使自我的美德日益昭明。

既前进又退守,采取的行动是正确的;进退宽裕随宜而无咎害,因为初六尚未接受任命而有官职的系累。

蒙受如此大的福泽,是因六二持中行正。

六三得志、获众人崇信,因此可以上进。

如鼫鼠般进退犹疑、持守正道以防危险,说明九四没有摆正自己的位置。

不必考虑得失,这是说果于前往必有福庆。

爻辞说可以征伐属邑,这恰说明上九的昭显明德之道尚未光大。

【注释】

[1] 明出地上,晋:此与〈象传〉的解释相同(参〈象传〉)。

[2] 君子以自昭明德:"昭",使昭显。"明德",光明美好之德。君

子观〈晋〉卦日出于地,光明日进,当使自我之美德日益昭著。

[3] 晋如摧如,独行正也:爻在〈晋〉时,但在卦之最下,明尚未显,当于晋时,知时时退守,此为初六行动之正道。

[4] 裕无咎,未受命也:"裕",谓或进或退,宽裕自如。"受命",接受任命而有官职。初六在最下,无官阶之牵、无职责之累,故可裕如也。《孟子·公孙丑下》:"吾闻之也,有官守者不得其职则去,有言责者不得其言则去,我无官守,我无言责也,则吾进退岂不绰绰然有余裕哉",所说正与〈象传〉合。

[5] 受兹介福,以中正也:六二处中得正(在下卦之中、阴爻居柔位),前进、敛抑得宜("晋如摧如"),故能受此大福。

[6] 众允之志,上行也:"志",得志,得"众允"(众人崇信)之志。六三处下卦之上,又得众人崇信,故可上进也。〈象〉较爻辞义显。

[7] 鼫鼠贞厉,位不当也:"位不当",自己的位置摆得不恰当。九四刚爻,又已入上卦明体,当日益升进,以"自昭明德";今却行如初、二,若鼠之犹疑,是错置其位也,故〈象〉云:"位不当也"。

[8] 往有庆:"庆",福庆。

[9] 维用伐邑,道未光也:征伐属邑在于属邑有乱,而属邑有乱是说明明德之道尚未光大。

▶ 通 说

〈晋〉卦卦象为明升于地,故经、传皆说升进之事。

然而由于爻位、时境不同,所以六爻升进的具体情形又有不同。初、二两爻,虽处晋时,但日尚未升地大明,又皆为柔爻,故时进时退、进退中节方得"贞吉"。三爻在下卦之上,已近明体,又处刚位,因时随势,无须如初、二般瞻前而顾后,果于上进,绝无悔事,〈象传〉"上行也"所释甚确。四爻居大明之时,又为刚爻,行动却如初、二般瞻前顾后,是不能明时乘势者,故爻辞言"贞厉",〈象传〉云:"位不当也"。五爻最得晋明之道,故"吉无不利"。上爻乘晋之势而进伐属邑,顺时者也,故虽厉无咎;然而明之将尽、盛之将衰,进其圭角,又不免小有吝惜之事。

《文子·上德》有一段文字很像是解说〈晋〉卦的,其文云:"日出于地,万物蕃息,王公居民上,以明道德"。《说文》"晋,进也,日出万物进",这与《文子》"日出于地,万物蕃息"相合。《文子》以〈离〉日为王公(参见〈离〉卦注所引《文子·上德》文),以〈坤〉地为百姓,故云"王公居民上",由此可见《文子》更侧重于讲"为君之道"。《礼记》说"明明德",〈象传〉说"昭明德",两者很接近;《文子》说:"明道德",则道家色彩更浓。《庄子·天道》"古之明道者,先明天而道德次之;道德已明,而仁义次之"、〈天地〉"立德明道,非王德者邪",这与《文子》的王公明道德的说法很相近。

三六、明夷 ䷣（下离上坤）

明夷[1]。利艱貞[2]。

初九。明夷于飛，垂其翼[3]，君子于行，三日不食[4]。有攸往，主人有言[5]。

六二。明夷夷于左股，用拯馬壯，吉[6]。

九三。明夷于南狩[7]，得其大首[8]，不可疾貞[9]。

六四。入于左腹，獲明夷之心，于出門庭[10]。

六五。箕子之明夷，利貞[11]。

上六。不明晦，初登于天，後入于地[12]。

【今译】

筮得〈明夷〉卦，占问艰难之事可获吉利。

筮得初爻，日明伤陨之时向后飞遁，低垂羽翼，君子行隐，会多日得不到食物。若有所进往，问著者会遇到麻烦。

筮得二爻，在日明伤陨之时退避而刮伤了左腿，若以壮马乘坐而迅速退避，则可获吉。

筮得三爻，在日明伤陨之时南征，会有大的收获，但占问速成则不利。

筮得四爻，退入左边腹地，晓悟了日明伤陨时的处世之道，于是退出门庭远遁。

筮得五爻，日明的伤陨已经到了亥末子初时候，有利于占问。筮得上爻，不见光明只有晦暗，起初升于天上，最终落入地下。

【注释】

[1] 明夷：卦名。通行本为第三十六卦，帛书本为第三十八卦。此与〈晋〉卦为上下卦颠倒的关系，故次列于〈晋〉卦后。

〈晋〉卦说日之升进而天下大明，〈明夷〉卦说明之伤陨而天下晦暗，所以〈序传〉说："晋，进也，进必有所伤，故受之以明夷；夷者，伤也"，〈杂卦〉说："晋，昼也；明夷，诛也"，"诛"也是"伤"的意思。此两句互文，日明为昼，明伤为夜，所以《集解》引侯果说："明入地中，昼变为夜……晋与明夷，往复不已。"爻辞"明夷"五见，皆取此义。

[2] 利艰贞：占问艰难之事可获吉利。〈明夷〉卦讲人如何知艰处艰，处于艰难之时如何有效地摆脱困境，所以卦辞说"利艰贞"。

[3] 明夷于飞，垂其翼："夷"，灭（《集解》引蜀才）、没（《小尔雅·广诂》）、伤（〈序卦〉），"明夷"即日明伤陨。"于"，词头，无义。"飞"即〈遁〉卦上九之"飞遁"，指退飞、遁去。既说遁退，所以低垂羽翼，这是形象的说法，它的主语即是蒙后省略了的"君子"，即问筮者。高亨、李镜池等据荀爽"火性炎上，离为飞鸟，故曰于飞"（《集解》引）及〈说卦〉"离为雉"而读"明夷"为"鸣雉"或"鸣鹈"。按：荀爽并未以雉鸟释"明夷"。〈说卦〉的"离为雉"只是就〈鼎〉、〈旅〉二卦而言，因此二卦上卦都是〈离〉，都含有"雉"字（"雉膏"、"射雉"），而〈明夷〉卦并无雉鸟字样，出

土帛书此二字亦不作"鸣雉"或"鸣鹅"而仍作"明夷"。所以今不取释"明夷"为雉鸟的说法。又按"垂其翼"帛书作"垂其左翼"。

[4] 君子于行，三日不食：此承上两句而说。"行"，谓出走行隐。明伤晦暗之时，君子飞遁垂翼、出走行隐以避灾全生，是为大得；三日无食，是为小失。"翼"与"食"协职部韵，这是同一个叙述层次，是正面的占问。"三日不食"犹〈困〉之"困于酒食"。

[5] 有攸往，主人有言：此是另一个叙述层次，是反面的占问。"往"谓前往，前进（由下至上为往，由上至下为来）。"言"通"愆"，过误、麻烦（闻一多说）。设若明伤暗晦之时，不行隐遁，反而有所进往，则问蓍者必有不利。"主人"与"君子"应是换文同义，都是指问蓍者。换言之，于飞垂翼、于行不食、攸往有愆的主语是一样的，都是问蓍者。

[6] 明夷夷于左股，用拯马壮，吉："夷"，伤。"左股"，左腿。"左"本含退义，如〈师〉卦六四"师左次无咎"即是。这是说在日明伤陨时退避而伤了左腿。"拯"或作"抍"，通"乘"（《列子·黄帝》《释文》"升本作乘"），李镜池亦读为"乘"。"马壮"即"壮马"。此言若以壮马乘坐而迅速遁去则可获吉。程传："拯用壮健之马，则获免之速而吉也。"六二本为阴爻，又处柔位，能以壮济弱，果于速退，故而获吉。又"拯"如字释为救、济，亦通。

[7] 明夷于南狩："南狩"，犹言南征（《正义》释"狩"为"征伐之类"），征讨昏君、征伐昏暗之主（《国语·周语》注："南，南面君也"）。帛书作"明夷夷于南狩"，似衍"夷"字。

[8] 得其大首："大首"，指上六，昏暗之主。爻在最上，故称"首"称"大"，"大首"犹"大君"也，如"师"卦上六"大君有命"，〈履〉卦六三"武人为于大君"（"大君"指〈履〉之上九）。"得其大首"，喻除暗济明大有收获。九三阳爻，居刚位，处下卦之极，有强健惩恶之力，自当担负除暗济明之责，此所谓大任斯人，受命于危难之际也。

[9] 不可疾贞："可"犹"利"。"疾"谓速成。九三虽强健，而晦暗之势亦正强，故除之不可求速，否则不利于占问。

[10] 入于左腹，获明夷之心，于出门庭：此爻爻辞较费解，朱熹亦云："此爻之义未详。""入"有退、返等义。"左"亦有退义。"左腹"为心官所在之要地。"入于左腹"，似有反观内视、自我省思、退藏于密等涵义。"心"为人身百节之主，亦犹世间万理之要道。"入于左腹，获明夷之心"，似为退藏于密，得悟明伤时的处世之道。"于出门庭"谓退出门庭是非之地而远遁。六四阴爻柔位，处上〈坤〉暗体之最下，爻性与九三大异，故不可南狩而宜于"入于左腹"、自我晦藏省思而已。"腹"，高亨、李镜池读为"复"，训为山穴。

[11] 箕子之明夷，利贞：注家多以此爻之"箕子"同于〈象传〉的"箕子"，认为是指殷纣之诸父。然而汉人亦有训"箕子"为"荄滋"者。按："箕"或作"其"，音亥，"箕子"即"亥子"，谓亥末子初之时。宋翔凤《过庭录·周易考异下》云："惠定宇曰：蜀才从古文作其子。其，古音亥，故读为亥。"亥者，阴之将近；子者，阳之将生。"亥子之明夷，利贞"，是说日明的伤陨已经到了亥末子初阴尽阳生之时，有利于占问。

[12] 不明晦，初登于天，后入于地："不明晦"即"不明而晦"。伤明已甚，为暗至极，乐极生悲，自遗其咎，即"初登于天，后入于地"之义。

〈彖〉曰：明入地中，明夷[1]。内文明而外柔顺，以蒙大难，文王以之[2]。利艰贞，晦其明也[3]。内难而能正其志，箕子以之[4]。

【今译】

日明隐入地中，所以卦名为〈明夷〉，内怀文明美德而外能柔顺，用这种方法度过危难，周文王就是这样。利于艰难中守正，是说要把自己的德能智慧暂时收敛隐藏起来。遭逢内难而能坚定志向，商朝的箕子就是这样。

【注释】

[1] 明入地中，明夷：卦象为下〈离〉日明，上〈坤〉地，"夷"为陨灭、灭没，故云"明入地中"。

[2] 内文明而外柔顺，以蒙大难，文王以之：〈明夷〉卦内卦〈离〉为文明，象内怀美德；外卦〈坤〉为柔顺，象外能柔顺。"以"，用，用上述方法。"蒙"，经受、度过。"以之"即"似之"（《释文》云郑玄、荀爽、向秀作"似之"），下文"箕子以之"同。文王曾被商纣囚禁羑里而柔顺事纣，度过险难，故援以为说。

[3] 利艰贞，晦其明也："利艰贞"，利于艰难中守正。"晦"，隐晦、藏匿。"明"，美德、智慧。"晦明"即古语之"韬光"，含藏美德

智慧。为其内有美德,故曰守正;为其在艰难之时,故须含藏。

[4] 内难而能正其志,箕子以之:"内",朝内、家内。"正",定、坚定。箕子为商纣诸父,恶纣之暴虐,为纣所囚而佯狂为奴,既守其志,又以身免,能"晦其明也"。

〈象〉曰:明入地中,明夷[1]。君子以莅衆,用晦而明[2]。

君子于行,義不食也[3]。

六二之吉,順以則也[4]。

南狩之志,乃大得也[5]。

入于左腹,獲心意也[6]。

箕子之貞,明不可息也[7]。

初登于天,照四國也;後入於地,失則也[8]。

【今译】

〈象传〉说,日明隐没地中,这便是〈明夷〉卦意象。君子应在临治众人时,外表昏晦愚钝而内里精明。

君子出遁行隐,不受食禄是理所当然的。

六二之所以吉利,是因为顺合了事物的法则。

九三怀有南征的志向,说明必然会大有所得。

入于左腹而退藏省思,必然能够晓悟明夷时的立身处世之道。

箕子的藏明守正,说明光明美德是不会熄灭陨落的。

最初升于天上,可以光照四方;最后落入地下,因为离失了正确的法则。

【注释】

[1] 明入地中,明夷:上〈坤〉地,下〈离〉日,日入地中。"夷",没,隐没含藏。〈象传〉将日明隐没地中发挥为聪明睿智含藏不露。

[2] 君子以莅众,用晦而明:"莅",临、临治。明入地中,外晦内明;内卦为明,外卦为晦(〈说卦〉"坤为黑")。君子治众,当外愚晦而内精明。外愈晦则治愈明,外愈明则治愈晦。老子所谓"俗人昭昭,我独昏昏;俗人察察,我独闷闷"(《老子·二十章》)。

[3] 君子于行,义不食也:"义",宜,理之当然。"食",食禄、食受官禄。

[4] 六二之吉,顺以则也:"六二之吉"为"六二,明夷夷于左股,用拯马壮,吉"的省文。六二柔弱,恐退之不及,故乘壮马速退。以果敢济之,此为顺之法则也。

[5] 南狩之志,乃大得也:"大得",大有所获,此释爻辞"得其大首"。

[6] 入于左腹,获心意也:"获心意",谓内藏省思而有所得。

[7] 箕子之贞,明不可息也:"贞",守正。"息"同"熄",灭。箕子外晦内明,佯狂为奴以全身守节,正〈大象〉所谓"晦而明"。

[8] 初登于天,照四国也;后入于地,失则也:"四国"即四域、四方。升天明照当谨防过察,否则将有过进其角之吝(〈晋〉上九"晋其角……贞吝")。后入于地,因离失用晦而明的法则。

▣ 通 说

〈明夷〉卦为〈晋〉卦的反对卦。明之盛、察之极、进之强,由此而转化,明为晦、察为昏、进为退,这即是〈序卦〉所说的"进必有所伤,故受之以明夷"、〈晋〉卦上九"晋其角……贞吝"。万物盛极而衰,世道由明治而晦乱,泰否相继、昼夜轮转。

初爻明察时世,飞遁垂翼,已有免灾全生之大得,则理当付出三日不食之代价;若明夷之时不甘贫饥而干禄前往则必有不利。二爻虽弱,而能乘壮马,求遁之速,故此获吉。三爻强健,为大任斯人,怀除晦济明之志,当有所获,然不欲求成过速。四爻最弱而处于晦暗最强之时,能退藏于密,省思了悟,远离是非之地。五爻处阴极阳生之时,故得利贞,为全卦之最佳者。上爻昏聩已甚,为晦之将倾之时。

卦爻辞讲人处明夷知时而遁之理,《文子》与此合。《文子·上德》论说〈晋〉卦之后,紧接便说:"日入于地,万物休息,小人居民上,万物逃匿",这显然是在论说〈明夷〉卦。

〈彖〉、〈象〉二传皆讲明夷之时韬光养晦之道,即"晦其明"、"用晦而明",其区别在于〈彖传〉偏重修身全生,〈象传〉则偏重临民治世。老子之不欲"昭昭""察察"而独"昏昏""闷闷",亦此旨。

三七、家人 ䷤（下离上巽）

家人[1]。利女貞[2]。

初九,閑有家,悔亡[3]。

六二。無攸遂,在中饋,貞吉[4]。

九三。家人嗃嗃,悔厲吉；婦子嘻嘻,終吝[5]。

六四。富家,大吉[6]。

九五。王假有家,勿恤,吉[7]。

上九。有孚威如,終吉[8]。

【今译】

筮得〈家人〉卦,女子占问有利。

筮得初爻,在家中有戒备,坏事消失。

筮得二爻,无所行往,在家中料理家务,占问吉利。

筮得三爻,家里人愁虑嗷嗷,悔事危险会转为吉利；老婆孩子淫乐嘻嘻,最终有害。

筮得四爻,使家庭富裕起来,非常吉利。

筮得五爻,有贵人来至于家,不用愁虑了。吉利。

筮得上爻,卦兆顺人心愿,最终吉利。

【注释】

[1] 家人：卦名。通行本为第三十七卦，帛书本为第六十三卦。〈家人〉卦上〈巽〉木，下〈离〉火。古人"构木以为宫室"(《淮南子·泛论训》)，《释文》"人所居称家"、《吕览·慎事》注"家，室也"，则〈家人〉卦上卦之〈巽〉木指居室；〈大过〉卦上〈兑〉泽，下〈巽〉木，为"泽灭木"，"木"亦指居室，故卦爻辞屡言"栋"。"火"指灶火而说，《淮南子》曰"炎帝作火，死而为灶神"，魏王朗《杂箴》曰："家人有严君焉，井灶之谓也。"室中有灶，故名为家或家人。而妇女为主灶者(《礼记·月令》"灶者，老妇之祭")，故卦辞说"利女贞"，六二说"在中馈"。

[2] 利女贞：利于女子占问。妇女不问外事，专修家内之事，故卦象为室中有灶、卦名为〈家人〉、卦辞说"利女贞"、六二说"在中馈"。若男子筮得此卦，则暂不宜有为于世，但可修治家务，"弄儿床前戏，看妇机中织"(鲍照诗)，等待时机。

[3] 闲有家，悔亡："闲"，戒防，戒备。"有"同"于"。位在〈家人〉之初爻，不宜有事于外，当先使家有戒备，无后顾之患，悔事则消亡。此爻恐人之不戒备于初，而使祸起萧墙。

[4] 无攸遂，在中馈，贞吉："遂"，或训成，或训坠，或训专。按：此与〈晋〉卦"不能遂"之"遂"同训，义为进往，《广雅·释诂》："遂，往也。"无攸遂，即无所行往。由下向上、由内向外为"往"，谓不外出离家(《春秋元命包》注"遂，出也")。"中馈"，家中饮食之事，"在中馈"，指在家中料理家务。就女子来说，筮得此爻，宜不问外事，只管料理好家务，则占问吉利，《诗·斯干》所谓"无非无仪，唯酒食是议"；就男子来说，筮得此爻，

不宜外出有为，只管照顾好家人，占问便吉利。

[5] 家人嗃嗃，悔厉吉，妇子嘻嘻，终吝："嗃嗃"读为"嗷嗷"（程传），愁虑的样子（《说文》"嗷，众口愁"）。"嘻嘻"，喜乐过度的样子。筮得此爻，愁虑忧患，处危而转吉；得意忘形，处安而生祸。《左传·襄公三十年》"或叫于宋太庙，曰嘻嘻出出"（杜预注："嘻嘻，热也。出出，戒伯姬"）。鸟鸣于亳社，如曰嘻嘻（杜预注："皆火妖也"）。甲午，宋大灾（火灾），宋伯姬卒。"鸟"当即雉鸟，为〈离〉。"甲"木"午"火，木生火。"灾"为火灾。〈家人〉卦九三为〈离〉之最上，则《左传》之"嘻嘻"即出典〈家人〉之"嘻嘻"，而〈家人〉九三之"吝"初当亦指火灾而言。

[6] 富家，大吉："富"，使家庭致富。处〈家人〉之时，筮得此爻，使家庭致富即为大吉；至于入仕显达之类不在此卦此爻。

[7] 王假有家，勿恤，吉：此"王"与"利见大人"的"大人"可能意思接近，均指贵人。"假"同"格"，至、到。"有"同"于"。"恤"，忧虑。此言有贵人来至于家，将得贵人相助，勿须再忧虑，非常吉祥。高亨以《吕览·音初》(亦见《论衡·书虚》) 夏帝孔甲至民家之古事说之，可供参考（高亨《周易古经今注》）。

[8] 有孚威如，终吉："孚"，卦兆。"威"帛书作"委"，顺随貌。

〈彖〉曰：家人，女正位乎內，男正位乎外[1]。男女正，天地之大義也。家人有嚴君焉，父母之謂也[2]。父父子子，兄兄弟弟，夫夫婦婦，而家道正。正家而天下定矣[3]。

【今译】

〈象传〉说:〈家人〉卦体现女子要端正在内的位置、男子摆正在外的位置的思想。男女的位置都摆正了,这便是天地间最大的道理。在一家人之中要有严正的君长,这就是父母。做父亲的就要像父亲的样子,做儿子的就要像儿子的样子;做兄长的就要像兄长的样子,做弟弟的就要像弟弟的样子;做丈夫的就要像丈夫的样子,做妻子的就要像妻子的样子,这样家道就能端正治理好。家道端正治理则天下就能安定有序了。

【注释】

[1] 女正位乎内,男正位乎外:"女"指六二,"男"指九五。六二阴爻,居柔位,处中得正,又在内卦,故云"女正位乎内",喻女子专修家内之事,端正在内之位置。九五阳爻,居刚位,处中得正,又在外卦,故云"男正位乎外",喻男子专主家外之事,端正在外的位置。又九五为尊位,象男子之于一家中的至尊地位。

[2] 家人有严君焉,父母之谓也:"君",长、君长。"焉",在……之中。"父"指九五,"母"指六二。

[3] 正家而天下定矣:"定",正定有序。按:〈象传〉之诸"正"字皆释卦辞之"贞",但所释不仅限于"利女贞"。

〈象〉曰:風自火出,家人[1]。君子以言有物而行有恆[2]。

閑有家,志未變也[3]。

六二之吉,順以巽也[4]。

家人嗃嗃,未失也[5];婦子嘻嘻,失家節也[6]。

富家大吉,順在位也[7]。

王假有家,交相愛也[8]。

威如之吉,反身之謂也[9]。

【今译】

〈象传〉说:风从火中生出,这便是〈家人〉卦的意象。君子应该言语有事实依据、行为有一定准则。

初九说家有戒防,是说要存戒备之心于变乱发生之前。

六二之所以吉利,是因为柔顺卑逊。

家人尽管愁虑不堪,而九三的言行并不算失误;老婆孩子如果嬉乐过度,则是有失家教礼数。

使家庭致富而获大吉,这是因为六四能够顺守其职。

国君来大臣家看望,这是说上下尊卑都要和睦相爱。

上九威严获吉,这是因为尊者首先能够严于律己。

【注释】

[1] 风自火出,家人:〈家人〉卦上卦为〈巽〉风,下卦为〈离〉火;〈巽〉风在外卦,〈离〉火为内卦,故曰"风自火出"。〈象传〉以〈离〉为自明之德;以〈巽〉为家之教化;家之教化出于君子自明之德;家庭教化之好坏,决定于君子明德自修的情况,君子的"反身"、"言有物而行有恒"便是这个意思。

[2] 君子以言有物而行有恒："物",事实(程传)。"恒",准则。君子反身自律,言行既信实有据而又有一定之则,方能教化家人。

[3] 闲有家,志未变也:"志",存心,存戒备之心。"未变",家中未发生变乱之前。爻在初九,能戒防于家,是能虑之于先者,此亦老子所谓"为之于未有,治之于未乱"(《老子·六十四章》)之意。〈象〉以初九比男子。

[4] 六二之吉,顺以巽也:六二无所行往,专持家务,是柔顺卑逊的表现;同时,六二与居于尊位的阳爻九五相应,又表明阴爻六二的能够柔顺卑逊于九五,妻子能够卑从丈夫、佐助丈夫。〈象〉以六二比女子。

[5] 家人嗃嗃,未失也:九三以阳居刚,又为下卦之极,处不得中位,威严有余,故使家人愁虑;但九三虽未尽善,仍不能算作失误。或读"失"为"佚",骄佚失度(《尚氏学》)。〈象〉以九三比男子。

[6] 妇子嘻嘻,失家节也:此承上而说。家教过于严猛,未为失误;反之,过于懈怠宽缓,则使家人嘻嘻放逸,失去家教礼数。"节",准度,礼数。

[7] 富家大吉,顺在位也:"顺在位"含二义:一谓六四勤俭持家,使家致富,与其所居位置相称,能顺守其职;二谓六四承应尊阳九五,九五在尊位,是六四能顺从九五。〈象〉以六四比女子。

[8] 王假有家,交相爱也:〈象传〉以君臣比况夫妇。九五象君、象夫,六二象臣、象妇。九五下应六二,象王至臣家看望,喻夫妇相爱和睦。古礼,臣有丧、有疾或有喜事,国君亲至臣家看望,

此所谓"王假有家"。

[9] 威如之吉,反身之谓也:"威",威严。"反身",谓反求诸己、自省自律。九三、上九均比夫,九三之严,是为严于家,故仅能"未失";上九之严,是反求诸己、以身作则,故能获吉。

▶ **通　说**

〈家人〉卦为家庭之专卦。下卦说持家治家,上卦说富家发家。总之,筮得此卦,不宜大事有为于外,只合小事自治于内。所以卦辞的"利女贞"与他卦的"小贞吉"其实是很接近的。

六爻爻辞,无论阳爻还是阴爻,都适用于所有问筮者。而〈象传〉则以阴爻(即六二、六四)比女子、阳爻(初九、九三、九五、上九)比男子。

卦象为居室内有灶火,象家或家人,这反映了古人家的概念。灶火为家之象征,所以成为古代七种重要的祭祀对象之一。

〈象传〉更强调〈家人〉卦的君子修身自治,〈彖传〉则建构起修身、齐家、治国的家国结构。

值得注意的是,《文子·上德》有一段话很像是在诠释〈家人〉卦,它与〈象传〉很相近,但又有不同。其文云:"风不动,火不出;大人不言,小人无述。火之出也必待薪,大人之言必有信。有信而真,何往不成。"这里的"风动火出"、"火出待薪"的说法似乎更合理一些。《集解》引马融说:"木生火。火以木为家,故曰家人。火生于木,得风而盛,犹夫妇之道相须而成。"这与《文子》的阐释较接近。这里的"大人之言必有信"与〈象传〉"君子以言有物"相同,区别只是一为"大人",一为"君子"。而"大人小人"之说似又与〈象传〉的"父父子子"相关联;其"有信而真,何往不成"即〈象传〉的"正家而天下定矣"。

另外,〈彖〉、〈象〉身、家、天下的修治次序与老子的"修之于身"、"修之于家"、"修之于天下"及"以身观身"、"以家观家"、"以天下观天下"的次序也是一致的(《老子·五十四章》)。

三八、睽 ䷥（下兑上离）

睽[1]。小事吉[2]。

初九。悔亡，喪馬勿逐自復，見惡人，無咎[3]。

九二。遇主于巷，無咎[4]。

六三。見輿曳，其牛掣，其人天且劓，無初有終[5]。

九四。睽孤，遇元夫，交孚，厲無咎[6]。

六五。悔亡，厥宗噬膚，往何咎[7]？

上九。睽孤，見豕負塗，載鬼一車，先張之弧，後說之弧，匪寇婚媾，往遇雨則吉[8]。

【今译】

筮得〈睽〉卦，占问小事吉利。

筮得初爻，不好的事情过去了；丢失了马匹，不用去追寻，它自己会回来的；遇见恶人，没有咎害。

筮得二爻，在小巷中遇见主人，没有咎害。

筮得三爻，遇见一辆牛车，车夫往后拽，牛往前拉，车夫是受过截发割鼻刑罚的人。此爻预示着开始不顺利，而其结局却很好。

筮得四爻，在四下惊顾之时，遇见贵人，与卦兆相合，虽处危险也可无害。

筮得五爻，坏事过去了，主人使其食肉，前往当然没有灾咎。

筮得上爻,在四下惊顾之时,遇见满身污泥的猪在沼泽中行走,又见一辆大车满载鬼怪,起初张弓欲射,后又放下弓箭,原来那不是寇抢的强盗,而是前来送婚的队伍,前往遇雨就会吉利。

【注释】

[1] 睽:卦名。通行本为第三十八卦,帛书本为第五十三卦。此与〈家人〉卦是卦爻翻覆的关系,故次列于〈家人〉卦后。

"睽"是张目而视(《文选·鲁灵光殿赋》注)、目少精采之义(《一切经音义》),归藏作"瞿","瞿"是惊顾无守之义。二字意义相通,四、上之"睽"即用此义,他爻皆说惊视而有所遇见之事。所惊顾者必为乖违之事,故卦名之"睽"用为"乖",帛书即作"乖",二字音义相通。

〈睽〉之为卦,上火下泽,火上炎,泽下流,其象为乖违,故可只为小事;然乖极必变,上下颠倒,则为大亨之〈革〉。

[2] 小事吉:占问小事吉利,但不可为大事,故二、四虽遇主、遇元夫,亦仅获无咎而已。〈遁〉之"小利贞"、〈家人〉之"利女贞"、〈旅〉之"小亨"与此"小事吉"意思接近。或以为阴柔居五而阳刚居二,故曰"小事吉"。但〈遁〉卦是阳刚居五而阴柔居二,卦辞仍言"小利贞",故不采此说。

[3] 丧马勿逐自复,见恶人,无咎:"逐",追索。"复",返。初九处乖离之渐,故有"丧马"之小失;渐而必盛,故不可逐,逐则愈远;盛而衰、极而反、乖极必合,故云"自复"。初九阳爻,于乖违之时,能以和柔安静之道处之,故虽遇恶人,亦得无咎害。

[4] 遇主于巷,无咎:"主",主人,犹今语之贵人。由初入二,故云

"巷",喻乖之渐深。乖违之时,二能以刚居柔,故得以遇贵人之助而免于咎害。"主"盖谓六五,二与五相应。

[5] 见舆曳,其牛掣,其人天且劓,无初有终:"曳",人往后拉。"掣",牛往前拉。此喻乖违。六三处下卦之终,介于上下卦之交,间乎二阳之间,二曳于后,四掣于前,乖违渐深。"其人",指曳车的车夫。"天",截发之刑。"劓",割鼻之刑。古俗以遇见或梦见刑人为不祥。"无初有终",指开始不好而结局好。舆曳牛掣象征乖违,又见刑人更为不祥,此即所谓"无初";六三与上九相应,自有出乖之时,故云"有终"。

[6] 睽孤,遇元夫,交孚,厉无咎:"孤",虞翻读为"顾"。"睽孤"即惊顾、张望。"元夫",大夫,在此喻贵人。"交",合、相合。"孚",卦兆。九四居上卦之初,以刚处柔,又遇贵人相助,所以处乖虽深,仍危而无害。九四以刚处柔位,亲比六五,故"元夫"盖与九二之"主"相近,皆指六五。旧注以"元"为"阳",故认为"元夫"指阳爻初九,似未必。常时以阳为夫,乖违之时,尊者皆得称夫。故二应六五,以六五为主,四比六五,以六五为夫,二遇之得无咎,四遇之得交孚而厉无咎。

[7] 厥宗噬肤,往何咎:"厥",其(按:帛书"厥"作"登",盖"其"字之讹)。"宗",主、主人,亦犹贵人,指上九。五承上九,上九为其主。"噬",食,在此作使动词。"肤",肉。"厥宗噬肤"即其主使之食肉。古以梦见食肉为吉。六五既有贵人食肉之邀,前往自然无害。六五即将出乖离睽,故有此象此占。

[8] 睽孤,见豕负涂,载鬼一车,先张之弧,后说之弧,匪寇婚媾,往遇雨则吉:"睽孤"即"睽顾",惊顾、张望。"负",背。"涂",泥。

"负涂"，背上满是污泥。下卦为〈兑〉泽，故见豕行于沼泽，满背污泥(《庄子》所言"曳尾于涂"之龟与此相近)。豕之与鬼与六三之天与劓相对而言。豕鼻上翻，犹人之劓；鬼皆披发，犹人之髡头，皆不祥之兆。《左传·庄公八年》齐侯田猎，见豕欲射，豕人立而啼，从者以为公子彭生(杜预注"皆妖鬼也")，齐侯田猎后即被杀，亦是豕妖之古事。"说"同"脱"，放下。先张弓欲射，以其为妖魅强寇；后放下弓箭，因其为婚媾也。这里的婚媾是指相应的六三阴爻而说，因此指送婚队伍。而〈屯〉卦六二的"匪寇婚媾"是指相应的九五阳爻而说，因此指迎亲队伍(〈贲〉卦六四的"匪寇婚媾"指阳爻初九而说，与此同)。既有婚媾，则合之象，已经出乖离睽。雨为阴阳合和之象，盖古俗本有婚娶遇雨为吉兆之说。

〈彖〉曰：睽，火動而上，澤動而下[1]。二女同居，其志不同行[2]。說而麗乎明[3]，柔進而上行，得中而應乎剛，是以小事吉[4]。天地睽而其事同也，男女睽而其志通也，萬物睽而其事類也[5]。睽之時用大矣哉[6]。

【今译】

〈象传〉说：〈睽〉的卦象是〈离〉火燃动而居上，〈兑〉泽流动而居下。就像两个女子同处，志向却相背。和悦而依附于光明，柔顺进往而上行，持守中道以应合阳刚，所以小事吉利。天地阴阳乖异而化育万物的事功却相同，男女性别乖异而相互追求的志向却相通，万物形质乖异而运动变化的生灭规律却相似。〈睽〉卦因时而用的道理太伟大了。

【注释】

[1] 睽,火动而上,泽动而下:〈睽〉卦上卦〈离〉火,下卦〈兑〉泽,火性上炎,泽性下润,二者相背,故为〈睽〉。睽,乖违之义。然而〈象传〉的两个"动"字是在说明无论是睽是合,都处于运动之中,非一成不变。火、泽之动〈睽〉而乖,火、泽再动〈革〉而合。

[2] 二女同居,其志不同行:〈离〉为中女,〈兑〉为少女,同处一卦,故云"二女同居"。〈离〉火上炎,〈兑〉泽下润,路径相背,故云"其志不同行"。此亦说睽乖之义。此二句是说同中之异,合中之睽,下文"男女睽而其志通"是说异中之同、睽中之合。

[3] 说而丽乎明:"说"同"悦",〈兑〉为悦。"丽",依附。"明"指〈离〉。下〈兑〉上〈离〉,有和悦而依附于光明之象。〈象传〉之意,并非凡睽皆合,要有条件。"说而丽乎明"便是睽而能合的条件和依据。一要和悦,二要有丽乎明的要求和努力。

[4] 柔进而上行,得中而应乎刚,是以小事吉:"柔"指阴爻六五。阴爻进往而上行至五,得居上卦之中位,而与阳爻九二相应,故曰"柔进而上行,得中而应乎刚"。六五居中应刚,故云"吉";但是第一中而不正,其二是阴居尊位五,而阳处卑位二,故仅限于"小事吉",阴柔不可为大事。

[5] 天地睽而其事同也,男女睽而其志通也,万物睽而其事类也:"天地"指两仪,即天地、阴阳。"其事类"的"事"指情事,即事理、规律。天地阴阳,尊卑主辅以及发生作用的性质有差异

（即所谓"乾元资始万物"、"坤元资生万物"、"乾知太始，坤作成物"），但是它们都在共同建立化育万物的事功。男女性别尊卑有异，但相互追求，共同繁衍人类的志向是相通的。世间万物在性质上千差万别，但其运动变化的生灭规律都是相类的。〈象传〉前半部是说同中之异，后半部说异中之同。〈象传〉的"君子以同而异"便是来源于此。

[6] 睽之时用大矣哉："睽"，举卦名。"时用"，因时而用。圣人通过对天地、男女、万物同中有异、异中有同的观照，可以因时而用，以资天下之治。

〈象〉曰：上火下澤，睽[1]。君子以同而異[2]。

見惡人，以辟咎也[3]。

遇主于巷，未失道也[4]。

見輿曳，位不當也[5]。無初有終，遇剛也[6]。

交孚無咎，志行也[7]。

厥宗噬膚，往有慶也[8]。

遇雨之吉，群疑亡也[9]。

【今译】

〈象传〉说：火在上，泽在下，这便是〈睽〉卦的意象。君子应该异中求同、同中求异。

谒见恶人，是为了避免咎害。

小巷中遇见主人，说明九二没有离失正道。

看到大车被人往后拽而牛却往前拉的情景,这反映了六三所处的位置不适当。没有好的开始而有好的结局,这是因为六三最终能与阳刚上九遇合。

互相信任而没有咎害,这是因为九四亲比六五,志意相合一道行进。

六五的主人使之食肉,这意味着前往必有喜庆。

遇雨而获得吉利,说明所有的疑惑都已经消除。

【注释】

[1] 上火下泽,睽:〈睽〉卦上〈离〉火,下〈兑〉泽。火性上炎,今又居上卦。是二者不相交合,故卦义为乖异。〈象传〉亦释"睽"为乖异。

[2] 君子以同而异:"同",谓把看来相异的事物统一起来,即异中发现同、个性中发掘出共性;"异",谓把看来相同的事物区别开,即同中发现异、共性中发掘出个性。"而",连词,无义。这里的"同"即〈象传〉的"男女睽而其志通",这里的"异"即〈象传〉的"二女同居,其志不同行"。

[3] 见恶人,以辟咎也:"见",谒见(《吕览·适威》注:"见,谒也"。《礼记·曲礼上》疏:"自下朝上曰见。")"恶人",指九四。初九与在上的九四敌应,其志相斥而不相合,九四又居高位,故当恭敬谒见,以避咎害,此为初九处睽之道。"辟"同"避"。

[4] 遇主于巷,未失道也:"主"指居尊位的六五。处睽之时,九二能以阳刚而自居柔位,又得中道,行于静僻之巷道,而不挺露圭角、招摇于市,故能遇主免咎,是以未失处睽之道。凡处下

卦〈兑〉之九二,多有"幽人"(幽隐之人)之象,如〈履〉、〈归妹〉等。

[5] 见舆曳,位不当也:"见舆曳"下省"其牛掣"。"位不当",是说六三以阴柔而居刚位,处下卦之极,介乎二刚之间,凌乘九二之刚。遇见人曳牛引之乖违景象自是不祥,此皆由六三居位不当,失处睽之道。

[6] 无初有终,遇刚也:"刚"指应爻阳刚上九。没有好的开始而有好的终局,是因为有强劲之上九为应援,同时反省内视以走上处睽之正道当亦在情理之中。

[7] 交孚无咎,志行也:"交",互相。"孚",信任。这是说九四亲比六五,二者互相信任。"志行",六五与九四志意相合一道行进。九四处柔比上,故得交孚志行。

[8] 厥宗噬肤,往有庆也:"厥宗",其主,指上九。"噬肤",使之食肉。"庆",喜庆、福庆。六五持中比上,故有噬肤之庆。

[9] 遇雨之吉,群疑亡也:"遇雨",谓阳爻上九应阴爻六三,阴阳遇合则为雨。又三、四、五互体为〈坎〉雨,上九应六三,故云"遇雨"。阴阳相疑则不合,不合则无雨;疑去则合,合则为雨。

▶ 通 说

〈睽〉卦讲乖违,讲乖违之时有所疑见、有所梦见。疑心生于内,乖违现于外;疑惑乖违之时,不可以为大事。

疑惑之极,必有异梦,故三见刑人,上见豕鬼;下卦为〈兑〉泽,因此所谓刑人豕鬼,皆疑梦所见之草泽精怪。欲除外睽,先解心疑,是〈睽〉卦之内蕴。疑极则倾,睽极则变,由睽而合,关键在于

"群疑亡",此由〈象传〉所勘破。

时处乖睽,而六爻皆得无咎,则《周易》始困终亨的乐天精神可见一斑。

〈彖〉、〈象〉二传讲由睽而合的处睽之道,这便是如何看待睽与同、合与异。《黄帝四经·称》说:"弗同同之,举而为同;弗异异之,举而为异"。"举"同"与",因顺、因时而用的意思,与〈象传〉的"时用"二字接近。这是说把看来相异的事物统一起来,这是因时而用的结果;把看来相同的事物区别开,这也是因时而用的结果。〈彖〉、〈象〉二传对睽合同异的理解与此相同,尤其〈象传〉的"君子以同而异"很像是〈称〉的缩写;高亨把"君子以同而异"解释为"同是综合相同的事物,异是分析相异的事物",与原意还是接近的。

三九、蹇 ䷦（下艮上坎）

蹇[1]。利西南,不利東北[2],利見大人[3],貞吉。

初六。往蹇,來譽[4]。

六二。王臣蹇蹇,匪躬之故[5]。

九三。往蹇,來反[6]。

六四。往蹇,來連[7]。

九五。大蹇,朋來[8]。

上六。往蹇,來碩[9],吉,利見大人[10]。

【今译】

筮得〈蹇〉卦,利于向西南行进,不利于向东北行进,遇见贵人有利,占问吉利。

筮得初爻,往前进有险阻,退回来有好处。

筮得二爻,王的臣仆处于重重险阻中,但这不是由于他自身的过失导致的。

筮得三爻,往前进遇到险阻,退回来反省自身。

筮得四爻,初往前行遇到险阻,后被牵连返回原地。

筮得五爻,处于重大险阻中,有朋友前来相助。

筮得上爻,往前进遇到险阻,退回来有大收获,吉利,遇见贵人有利。

【注释】

[1] 蹇：卦名。通行本为第三十九卦，帛书本为第二十卦。此与〈睽〉卦为卦爻反对的关系，故次列于〈睽〉卦后。

〈蹇〉字本义为跛，谓行路之难，六爻皆取此义。卦名之"蹇"谓水流之难。〈蹇〉卦上〈坎〉下〈艮〉。〈坎〉为水为险，〈艮〉为山为阻。泉水积滞于山上，遇阻不能下流，故为〈蹇〉；蹇，难也。若上〈艮〉下〈坎〉，则为"果行"之〈蒙〉。

[2] 利西南，不利东北："南"为温暖之乡，故"利"；"北"为寒凉之地，故"不利"。又，西南为〈坤〉方，东北为〈艮〉方；〈坤〉为阴卦，阴主退，〈艮〉为阳卦，阳主进，处〈蹇〉之时，利退不利进；并且〈坤〉为柔顺平易，〈艮〉为坚确阻碍，处〈蹇〉之时，宜履平地而不宜走险阻。筮得此卦辞，当随宜说解，不可过泥。

[3] 利见大人："大人"即贵人。若遇贵人相助则有利。"利西南，不利东北"是说主体之选择，就内而言；"利见大人"是说客观之环境，就外而言。主体努力固然重要，外部环境亦不可或缺。因此，六爻仅上六言"吉"，有贵人相助之故。

[4] 往蹇，来誉："往"谓往前进，"来"谓退回来，"誉"，好结果（《淮南子·本经训》注："誉，善"）。时处〈艮〉体，宜止不宜进。

[5] 王臣蹇蹇，匪躬之故："王臣"亦犹"主仆"，主人的仆从（帛书作"王仆"）。《吕览·本生》注："主谓王也"，《广雅·释诂》："王，大也"，上六〈象传〉"利见大人，以从贵也"，所以王、主、大人均谓贵人。本卦六二为仆、九五为主。"蹇蹇"谓重重险阻，犹〈坎〉卦的"坎坎"。"匪"同"非"，"躬"，自身。"故"，缘故。六二处〈艮〉体之中，故云重阻。六二居中得正而陷于重重险阻

之中,则非自身过失所致,乃由外部环境不利;所谓外部条件不利,是指本能给予其援助的主人(指应爻九五)尚处于"大蹇"之中。此爻不言"往"、"来",然准〈坎〉卦"来之坎坎"例,则此"蹇蹇"盖谓往来皆有险阻。

[6] 往蹇,来反:"反"盖即〈象传〉的"反身修德",谓反省自身。六二能持中,故其蹇非自身之故;九三恃刚不中,故戒之以反省自身,此有〈乾〉卦九三"终日乾乾,夕惕若"之意。"来"即"复",谓返回。故注家释"反"为返回亦通。九三"艮"体,故遇阻返回。

[7] 往蹇,来连:"来"同"复","连"同"牵","来连"犹〈小畜〉之"牵复",谓被牵连返回。

[8] 大蹇,朋来:"大蹇",严重的险阻。九五居尊位,故云"大"(《广雅·释诂》:"王,大也")。"朋来",谓朋友前来相助以共同济蹇(此"来"与他爻之"来"意义不同)。"朋"盖指应爻六二。

[9] 往蹇,来硕:"硕"犹"硕果"。"来硕",谓退返回来将有大收获。初云"来誉",终云"来硕",观其终始,处蹇之道可知。

[10] 吉,利见大人:此与卦辞"利见大人,贞吉"文同,可见卦辞"利见大人贞吉"是就全卦之终局而说。卦中诸"来"字并非单纯地返回,而是返回积蓄力量、等待时机;至上六得贵人之助,外部条件具备,则可化蹇为吉。

〈彖〉曰:蹇,难也,险在前也,见险而能止,知矣哉[1]。蹇,利西南,往得中也[2];不利东北,其道穷也[3]。利见大人,往有功也[4]。当位贞吉,以正邦也[5]。蹇之时用大矣哉。

【今译】

〈彖传〉说:卦名〈蹇〉是艰难的意思,艰险在前,见险阻而能停止下来,这是十分明智的。〈蹇〉卦卦辞说利于向西南方行进,因为只有这样才是得宜适当的;不利于向东北方行进,因为那结果必然是道路困穷。所谓遇见贵人有利,是说往西南行进必有事功。六二、九五居位适当、端正方向可以获吉,这是说它们有能力正定邦国。〈蹇〉卦因时而用的意义太伟大了。

【注释】

[1] 险在前也,见险而能止,知矣哉:〈蹇〉卦上卦为〈坎〉,〈坎〉为险,故云"险在前";下卦为〈艮〉,〈艮〉为止,故云"见险而能止"。"知"同"智"。

[2] 利西南,往得中也:西南是〈离〉、〈坤〉方向,〈离〉、〈坤〉合为〈晋〉卦(下坤上离),利于前进(此采清陈梦雷《周易浅述》说)。"往",指往西南行进。"得中",指得宜适当。"中",正也,指正道。

[3] 不利东北,其道穷也:东北是〈坎〉、〈艮〉方向,〈坎〉、〈艮〉合为〈蹇〉卦,故不利(《周易浅述》)。

[4] 利见大人,往有功也:"往"指往西南方行进。此与上六爻辞"来硕,吉,利见大人"语近。因此,可见爻辞"来"字似乎并非单纯指退回,而是说退回以后,再折往西南方,这样就能出险济蹇、建立硕功。旧注均以知险行险为济蹇,有误,观上六以

"往蹇"为终局,是知东北行险最终也不能济蹇。

[5] 当位贞吉,以正邦也:六二为臣位,阴爻居柔位,九五为君位,阳爻居刚位,是其居位适当。"贞",正。指能端正方向,东北遇阻,能及时折往西南。国家处险时,有如此明智君臣,邦国可定。

　　〈象〉曰:山上有水,蹇[1]。君子以反身修德[2]。
　　往蹇來譽,宜待也[3]。
　　王臣蹇蹇,終無尤也[4]。
　　往蹇來返,內喜之也[5]。
　　往蹇來連,當位實也[6]。
　　大蹇朋來,以中節也[7]。
　　往蹇來碩,志在內也[8]。利見大人,以從貴也[9]。

【今译】

　　〈象传〉说:水在山上,这便是〈蹇〉卦的意象,君子应该在面临险阻时反省自身、修养德行。
　　前进受阻、退回有好结果,这里面包含着等待时机的意思。
　　王的臣仆陷于重重险阻,但最终不会有过失。
　　前进受阻、退回反省,这是九三真心乐意这样做的。
　　前进受阻、退回与阳刚九三联合戮力,这表明六四居位适当并且力量得到充实。
　　处于重大险阻中而有朋友前来相助,这是因为九五有阳刚中正之节气。

前进受阻、退回有大收获,这是说上六的志意在于要与内卦阳刚九三相联合。遇见大人有利,这是说上六要依附尊贵的阳刚九五。

【注释】

[1] 山上有水,蹇:〈蹇〉卦上为〈坎〉水,下为〈艮〉山,水遇山之阻,积滞而不能下流,故为〈蹇〉;"蹇",难行。《正义》引陆绩曰:"水在山上,失流通之性,故曰蹇"。《管子·水地》"凝蹇而为人"(注:"蹇,停也",积滞凝止),即此义。

[2] 君子以反身修德:君子观〈蹇〉卦之象,应该反省自身、修养德行,以济蹇难。山下出泉(《蒙·象》),君子当"果行"以济蒙;山上有水,君子当"反身"以济蹇。要之,皆以育德、修德为其根基。

[3] 往蹇来誉,宜待也:"待",待时,等待时机。前往有阻,退为善策("誉",善也),退非终止,待机图南。

[4] 王臣蹇蹇,终无尤也:"蹇蹇",往来皆蹇、重重险阻之义。但六二居中得正,因此它最终不会有过失。〈坎〉卦六三〈小象〉云:"来之坎坎,终无功也",与此句法同,可证"蹇蹇"当理解为"来之蹇蹇"、"往来蹇蹇"。后引申为忠直貌,如《汉书·龚遂传》"遂为人忠厚……蹇蹇亡已",注:"蹇蹇,不阿顺之意",此即古语所谓"蹇蹇王臣,进尽忠而退补过"。又,《尚氏学》训"蹇蹇"为"劬劳"。

[5] 往蹇来返,内喜之也:"来反",谓退而反省,即〈象传〉的"反身

修德";"内喜之",谓内心乐意为之。又释"内"为内卦阴爻初六、六二,亦通。

[6] 往蹇来连,当位实也:"来连",指退回连接阳刚九三合力济蹇。"当位",指六四阴爻居柔位。"实",指得阳刚九三之助而充实了济蹇的力量(阳为实)。

[7] 大蹇朋来,以中节也:九五居尊位,故称"大"。"朋",朋友,指应爻六二。五为王,二为臣,然处蹇之时,欲戮力济难,臣亦得称为朋,所谓患难之友。《黄帝四经·称》云:"王者臣,名臣,其实友也",是古代大臣亦得称友之证。"中",刚中,指九五阳刚居中。"节",节操,节气。以九五刚中之节而感召朋类前来戮力济蹇。

[8] 志在内也:"内",指内卦的应爻阳刚九三。上六阴爻,又居柔位,才弱不足以济蹇,故志意在于与内卦阳刚九三相联合。

[9] 利见大人,以从贵也:"大人",指阳刚尊位的九五。阴柔上六必须亲比依从尊贵的阳刚九五方能最终济蹇。〈象传〉以"贵"释"大人",可见《易》中爻辞多次出现的"大人"释为"贵人"是准确的。

➡ 通 说

〈蹇〉卦是讲人处逆境之时如何选择的问题。

六爻爻辞基本上都是"往"与"来"对举,"往"不好("蹇"),"来"好。然而具体怎样正确理解"往"与"来",这必须结合卦辞以及〈象传〉。

〈蹇〉卦并不是讲人处逆境之时如何积蓄力量以破蹇济蹇,也不是等待时机而静候其自然转化，更不是处蹇之时如何逞刚用强，而是如何及时地调整方向，从而给出正确的选择。

所谓"往蹇"的"往"是指向东北阻难之方行进，这便是卦辞所说的"不利东北"；向东北执拗行进，即便到了终局也仍然是"上六往蹇"、"其道穷也"。既然往东北行进不行，那么首先退转回来，"见险而能止"、"反身修德"；然后给出明智的选择，折向西南平易之方，这便是卦辞所说的"利西南"、〈彖传〉的"利西南，往得中也"、上六爻辞的"来硕"。从〈彖传〉的"利西南，往得中也"可以看到上六的"来硕"以及六爻诸"来"字是包含着退转回来和折往西南这样的两层涵义。上六爻辞"往蹇，来硕"表明处蹇之时，执拗地往东北行进终究是行不通的，而退转回来折往西南则最终可以建立硕功。

当然这里还讲到外部条件的问题，这便是卦辞和上六爻辞的"利见大人"。要做出正确的选择，还须有明智之人的帮助。

四〇、解 ䷧（下坎上震）

解[1]。利西南[2]。無所往，其來復吉[3]。有攸往，夙吉[4]。

初六。無咎[5]。

九二。田獲三狐，得黃矢，貞吉[6]。

六三。負且乘，致寇至，貞吝[7]。

九四。解而拇，朋至斯孚[8]。

六五。君子維有解，吉，有孚于小人[9]。

上六。公用射隼于高墉之上，獲之，無不利[10]。

【今译】

筮得〈解〉卦，往西南行进有利。若无所行往，则七日内吉利。若有所行往，及早行动吉利。

筮得初爻，没有什么不好。

筮得二爻，田猎获得好几只狐狸，并得到黄金箭矢，占问吉利。

筮得三爻，乘坐大车而肩上还背着东西，将导致强盗寇抢，占问不利。

筮得四爻，放开你的足脚大步行进，必有得财之报。

筮得五爻，君子被松解系缚，吉利，而小人将得恶报。

筮得上爻，王公射获了高城之上的猛禽，非常有利。

【注释】

[1] 解：卦名。通行本为第四十卦，帛书本为第三十卦。此与〈蹇〉卦为卦爻翻覆的关系，故次列于〈蹇〉卦后。

卦名"解"字出自九四、六五两爻之"解"字，其义亦相近。〈解〉卦上卦〈震〉雷，下卦〈坎〉雨。云雷纠结、密云不雨的情况已经解除（上〈坎〉下〈震〉为云雷之〈屯〉），含雨的云层从震雷中解离开而下降为雨，这便是卦名"解"的基本涵义。乖蹇晦气已经解除，小人恶夫已被解去，爻辞即申说此义。肃冬之冰封解释、地冻消解，彖、象、杂、序即取此义。

[2] 利西南：西南为温暖之方，万物舒缓之地，解之时利于南行。

[3] 无所往，其来复吉："无所往"，谓若不向西南行而止于原处。"来复"，当指七日之内。一卦往复经七个爻位，故〈复〉卦说"七日来复"。此云若无所行往而止于原处，则只限于七日之内吉利，逾此期限则不吉矣。此戒人在解之时，不宜久滞原处，当速南行。〈蛊〉卦"利涉大川，先甲三日，后甲三日"、〈巽〉卦九五"先庚三日，后庚三日，吉"与此"来复（七日）吉"相近。

[4] 有攸往，夙吉："夙"，早、速。谓若打算南行，则不须犹疑，宜早行动为吉。

[5] 无咎：解之初，晦事已除，好事未形，故仅得"无咎"。

[6] 田获三狐，得黄矢，贞吉："田"同"畋"，猎。猎得狐、得黄矢，均为吉兆。狐象祥瑞，黄为吉色。《吴越春秋》说："涂山之歌曰：绥绥白狐，九尾庞庞，我家嘉夷，来宾为王"。狐为祥瑞，自可避邪，《中华全国风俗志》云："儿童小帽以五色绒丝织上，上复驯狐之毛，避邪祟也。"《山海经》郭璞注："九尾狐，太平则出而

为瑞。"

[7] 负且乘，致寇至，贞吝："负"，肩背货物。"且"，又。肩背货物，又乘坐车上，其货物贵重已经外泄，故招致强盗寇抢，占问不利。从爻位来看，六三阴爻不中，又处刚位，复居下卦之极，张扬其圭角，故有寇至之吝。而〈大有〉九二"大车以载，有攸往，无咎"，其财物以大车载之而无寇至之咎，因其阳刚居柔位，又处中，能含藏其密。〈系辞〉所谓"机事不密则害盈"即此之类。

[8] 解而拇，朋至斯孚："解"，松解、解脱、放开。"而"同"尔"，你。帛书作"其"，亦通。"拇"，足拇趾，在此指足。九四在上卦之下，故称足，〈鼎〉卦九四"鼎折足"同此。"解而拇"，谓放开脚步往西南行，因为卦辞说"利西南"、〈坤〉卦卦辞说"西南得朋"。九四之所以要"解其足"，是因为九四已入〈震〉体，震为动，故不宜"无所往"，而当迅速放开脚步往西南行进。"朋"，朋贝，钱财。"斯"，乃，于是。"孚"，《程传》、《本义》释为"验"，即为证验、报应。帛书作"复"，《论语·学而》皇侃疏"复犹验也"，《汉书·谷永传》注："复亦报也"，与"孚"同。然"孚"（报）有善报、恶报之分，下文"有孚于小人"则恶报也。此言放开脚步往西南行进，乃有得财之报验。

[9] 君子维有解，吉，有孚于小人："维"，系缚。"孚"，验、报。君子系缚得到开解而转吉，则小人将有恶报。所谓君子道长，则小人道消。

[10] 公用射隼于高墉之上，获之，无不利："隼"，凶猛之恶鸟。"墉"，城。射获恶禽，喻晦事解去，故云"无不利"。《金史·石土门传》载：太祖射获乌鸟，石土门解释说：乌为恶鸟，今射

獲之,乃為吉兆。與此事相同。

〈彖〉曰:解,險以動,動而免乎險,解[1]。解,利西南,往得衆也[2]。其來復吉,乃得中也[3]。有攸往,夙吉,往有功也[4]。天地解而雷雨作,雷雨作而百果草木皆甲坼[5]。解之時大矣哉[6]。

【今译】

〈彖传〉说:卦名为〈解〉,是说最初在险境中运动,通过运动而从险境中解脱出来,这便是〈解〉卦的意象。〈解〉卦卦辞说利于西南行,因为往西南方行进会得到众人拥戴。按照自然规律行动就能获吉,这是因为得到了正道。有所行往,及早行动则吉利,因为前往必建事功。天地舒解而雷雨兴动,雷雨兴动而百果草木的种子都绽开萌芽。〈解〉卦因时致用的涵义太伟大了。

【注释】

[1] 解,险以动,动而免乎险,解:两个"解"字是举卦名。〈解〉卦下卦〈坎〉险,上卦〈震〉动,故云"险以动"。〈震〉动为外卦而〈坎〉险为内卦,表明动而出险。传释"解"为避免、解脱(《左传·成公十六年》注:"免,脱也")。

[2] 利西南,往得众也:西南为〈坤〉方,〈坤〉为众,故云"往得众"。方解之时,正宜顺应人心,行往南〈坤〉平易之地,若反悖人心,复行折往北〈坎〉险难之境,是不能得众也。

[3] 其来复吉,乃得中也:"来复",是指遵循自然规律。〈复·彖〉"七日来复,天行也"就是这个意思。"中",正道。

[4] 有攸往,夙吉,往有功也:二"往"字指往西南方行进。

[5] 天地解而雷雨作,雷雨作而百果草木皆甲坼:此"解"字为松解,缓解之义。"天地解",是指天地否闭、阴阳闭隔的状态得以缓解,冰冻解释,冬寒解去。"作",兴起。〈解〉卦上卦〈震〉雷,下卦〈坎〉雨,故云"雷雨作"。"甲",种子的外壳。"坼",绽开。《释名·释天》:"甲,孚甲也。万物解孚甲而生也。"《说文》:"甲位,东方之孟,阳气萌动。从木,戴孚甲之象。"

[6] 解之时大矣哉:"解",举卦名。"时",因时致用。〈彖传〉以为,解之时,当顺应天地物理人心,遵循自然规律,行宽松之政,处简易之事;反此而为苛政,行险事,则有悖于〈解〉卦之意蕴。故云:"解之时大矣哉。"

〈象〉曰:雷雨作,解[1]。君子以赦过宥罪[2]。

刚柔之际,义无咎也[3]。

九二贞吉,得中道也[4]。

负且乘,亦可醜也[5]。自我致戎,又谁咎也[6]?

解而拇,未当位也[7]。

君子有解,小人退也[8]。

公用射隼,以解悖也[9]。

【今译】

〈象传〉说：雷雨兴作，这便是〈解〉卦的意象。君子应该赦免人们的过失，宽宥人们的罪恶。

刚柔交接，说明初九没有咎害是理所当然的。

九二守正获吉，是因为找到了正确的道路。

肩背货物又乘坐大车，这实在是值得怪异的事情。导致寇抢是自我招致的，又能责怪谁呢？

应该放开你的足脚大步南行，这是说九四处位不当。

君子得到解脱而通达，这意味着小人将被斥退。

王公射获猛禽，这是说以此解除掉悖逆者。

【注释】

[1] 雷雨作，解：〈解〉卦上〈震〉雷，下〈坎〉雨，雷动于上，雨降于下，故云"雷雨作，解"。"作"，兴起。

[2] 君子以赦过宥罪："宥"，宽大处理。有过失者赦免，有罪恶者宽大处理。天地万物解缓之时，圣人因之以行宽松之治。此推衍〈象传〉"解之时大矣哉"。

[3] 刚柔之际，义无咎也："际"，交接。"义"同"宜"。"刚柔之际"可有如下三种解释：其一，初六柔爻居刚位。其二，初六柔爻承比刚爻九二。其三，初六柔爻应刚爻九四，然据〈象传〉，当以第二种为是。因九二"得中道"，故柔爻初六承接刚爻九二为"宜无咎"。而九四"未当位"，初六应之不当说"义无咎"。

[4] 九二贞吉，得中道也：九二阳刚居柔位，又处卦之中，故云"得中道"，其次，"中"谓正，指选择了正确道路。此是就卦辞"利

西南"而说。九二西南进往，是得中道。

[5] 负且乘，亦可丑也："亦"，实在（《后汉书·窦融传》注："亦，实也"）。"丑"，怪异（《荀子·宥坐》注："丑，谓怪异之事"）。肩负货物而又身乘大车，实为可怪异之事。又从爻位上看，六三本当承负阳刚九四，而又凌乘阳刚九二，此为怪讶乖悖之事。

[6] 自我致戎，又谁咎也："戎"，寇，寇抢。"咎"，责怪。

[7] 解而拇，未当位也：九四已入〈震〉体，震为动，本当放开脚步迅速行动，今反居柔守静而"无攸往"，故〈象传〉责之为"未当位也"。

[8] 君子有解，小人退也："解"，谓解开系缚而获通达（《荀子·正论》注："解，达也。"《庄子·秋水》"爽然四解"，即四面通达之义）。"退"，被斥退、屏退。

[9] 公用射隼，以解悖也："隼"为猛禽，象征悖逆者。"解"，除去。处解之时，亦有悖逆之事（如"负且乘"、"未当位"）及悖逆之人（如所射之"隼"），故不宜过于懈怠。

▶ **通　说**

〈解〉卦与〈蹇〉卦是卦爻翻覆的关系，故次列于〈蹇〉卦后；而其卦爻上的翻覆关系可能也包含着蹇极必覆的意义，因此〈序卦传〉的"蹇者难也，物不可以终难，故受之以解。解者，缓也"是有道理的。

卦辞有三占，即"利西南"、"无所往，其来复吉"、"有攸往，夙吉"都是在说明处解之时的行动方向，即宜速向平易之方行进，而切忌行悖逆之事。初六处解之初，故虽"无所往"亦得"无咎"，当稍事休憩。九二则晦事解去，好事已形，故言"贞吉"。六三则说明处解之时，仍有悖逆之事，当及时解去。九四在阐明解已过中，恰值震体奋动之时，当放开脚步，以有为于解时。六五、上六则说君子道长、小人道消之事。

〈彖传〉强调处解之时，圣人应顺应天地物理人心，即"天地解而雷雨作，雷雨作而百果草木皆甲坼"，"利西南，往得众也"，遵循自然规律，即"其来复吉，乃得中也"，因时致用。〈象传〉的"君子以赦过宥罪"即是对〈彖传〉"解之时大矣哉"的申说。

《文子·上德》云："雷之动也万物启，雨之润也万物解。大人施行，有似于此。阴阳之动有常节，大人之动不极物"，这很像是对〈解〉卦的阐释。前半与〈彖〉合，后半与〈象〉合。《文子》并以阴阳为说（即"阴阳之动有常节"）。

四一、损 ䷨（下兑上艮）

损[1]。有孚，元吉，無咎，可貞，利有攸往[2]。曷之用？二簋可用享[3]。

初九。已事遄往[4]，無咎，酌損之[5]。

九二。利貞。征凶，弗損益之[6]。

六三。三人行，則損一人；一人行，則得其友[7]。

六四。損其疾，使遄有喜[8]，無咎。

六五。或益之十朋之龜，弗克違[9]，元吉。

上九。弗損益之，無咎，貞吉。利有攸往，得臣無家[10]。

【今译】

筮得〈损〉卦，卦辞显示出大吉、无害、利于占问、行往有利的兆头。二簋之食可用以做什么呢？可用来做享祀。

筮得初爻，祈福的祭事应迅速行之方无咎害，但要适度为之。

筮得二爻，占问有利。如果出征则有凶险，因为处损之时不应损害别人，而要帮助别人。

筮得三爻，三人同行共事，会损失一人而败事；一人独往单干，会得到友助而成功。

筮得四爻，疾患减轻，很快痊愈，没有咎害。

筮得五爻,有贵人以十朋大龟相助,不能拒绝,大吉大利。

筮得上爻,不损害别人而是帮助他们,没有咎害,占问吉利。出去做事,得食臣禄而不再闲居于家。

【注释】

[1] 损:卦名。通行本为第四十一卦,帛书本为第十二卦。
"损"是减损,敛抑。从卦象上看,内卦或曰下卦,为〈兑〉泽,外卦或曰上卦,为〈艮〉山;内卦谓己,外卦谓人;泽卑山高、己卑人高,正是自我减损、卑抑之象,故卦名题为〈损〉。《文子·上仁》"自卑下故能高人,自损弊故实坚",斯之谓也。另从卦爻上看,〈乾〉天高,〈坤〉地卑,内卦〈乾〉自损一阳以益外卦之〈坤〉,则己之〈乾〉天高而自损为〈兑〉泽卑,亦是卦名"损"之义。

[2] 有孚,元吉,无咎,可贞,利有攸往:"有孚"统领以下数句占辞,即谓有大吉、无害、宜于占问、行往有利等卦兆。

[3] 曷之用?二簋可用享:此或断句为"曷之用二簋,可用享",意思相同。"曷之用"即"二簋曷之用","二簋"两字蒙后而省。"曷"同"何"。"之",复指前面所省的宾语"二簋"。"簋",圆形食器。二簋之食,喻微薄之物。"享",祭祀。处损之时,祭物正宜简约,所谓"东邻杀牛,不如西邻之禴祭"。

[4] 已事遄往:帛书"已"作"巳",《集解》引虞翻作"祀"。高亨等从虞翻说。经中"祀"字两见,均见于〈困〉卦,而帛书不作"巳",亦作"祀"。因此"已事"读为"祀事",可能是汉后的事。然而读为"祀事"确实较他说为顺畅,理由一是此爻"祀事酌损之"

正承卦辞"二簋可用享"而说;理由二是〈益〉卦六三"凶事益之"与此爻"祀事损之"正相为对。参照"益"卦之"凶事",可知此爻之"祀事"是指祈福的祭事。"遄",速。

[5] 酌损之:酌量减损。处损之时,祈福之祭在规模、数量等方面要适度为之。

[6] 征凶,弗损益之:"征",谓征伐别人以自益。"弗损益之",谓处损之时,不应损害别人而是要帮助别人(《战国策·秦策》注:"益,助也")。这是对"征凶"的解释。上九"弗损益之"与此同训。

[7] 三人行,则损一人;一人行,则得其友:此谓人杂则不同心,不同心则事败;反之则同德,同德则事成。"损一人"、"得其友",比喻事成、事败。"三人行则损一人",即所谓"损有余";"一人行则得其友",即所谓"补不足"。

[8] 损其疾,使遄有喜:"损其疾",疾患减轻;引申之,凡不顺、晦气、毛病缺点等皆可谓之"疾"。"有喜",病愈(说见〈无妄〉卦注);引申之,由不顺转顺、由不良转良亦可谓之"有喜"。"其",指六四自身,即问著者。

[9] 或益之十朋之龟,弗克违:"或",不定代词,指有人。因六五处君位,故"或"可能是指大人、贵人。古以贝为货币,用绳串起,一串五贝,两串为一朋。"十朋",价值百贝。百贝之龟,盖即古所谓大宝龟,长一尺二寸(见《史记·龟策列传》)。贵人以大宝龟助益之,自是大吉之兆,不能拒绝("克",能。"违",背、拒绝)。

[10] 利有攸往,得臣无家:"往",出去做事,"得臣",谓得为国君之

臣而食朝禄。"无家",不再闲居于家。"得臣无家"可与〈大畜〉卦"不家食"对看(参〈大畜〉卦注)。经过不断地自损、益人,至上九自家始得受益也。

〈彖〉曰:損,損下益上,其道上行[1]。損而有孚,元吉,無咎,可貞,利有攸往[2]。曷之用,二簋可用享,二簋應有時[3];損剛益柔有時,損益盈虛,與時偕行[4]。

【今译】

〈彖传〉说:〈损〉卦的卦象是减损下卦而增益上卦,它的内涵就是臣民通过自我减损以奉献君上。臣民自我减损而能有诚意,那么就能像卦辞说的那样获得大吉,没有咎害,顺利走上正道,前往行事有利。卦辞说二簋薄物用来做什么、可用来供祭神灵,这说的是要在特定的情况下适当减少上奉的祭品;损下益上要适时而行,因为一切事物的减损增益,盈满虚亏都是遵循着客观规律自然运行的。

【注释】

[1] 損,損下益上,其道上行:"损",举卦名。"损下益上",释卦象。〈损〉卦卦象为减损下卦〈乾〉之一阳爻而增益上卦〈坤〉,使下卦〈乾〉变为〈兑〉,上卦〈坤〉变为〈艮〉。"下"兼指居下位的臣民,"上"兼指居上位的君上;抽取在下臣民之赋贡以增益国家之财政,亦即"损下益上"。"其道",指卦象"损下益上"的内涵。"上",君上。"行",奉(《吕览·恃君》"立其行君道者",

注:"行,奉也"),下给于上曰行、曰奉。

[2] 损而有孚,元吉,无咎,可贞,利有攸往:"损",指在下之臣民自我减损而奉上。"孚",诚。

[3] 曷之用,二簋可用享,二簋应有时:〈彖传〉把祭祀冥冥在上的神灵比喻为在下的臣民供奉在上的君主,因此便将卦辞"曷之用,二簋可用享"理解为在下的臣民减少对在上的贡物。〈彖传〉认为在特殊的时境下才可以减少向上的贡赋纳税,如疾疫、凶荒之年等,故云"二簋应有时"。

[4] 损刚益柔有时,损益盈虚,与时偕行:"损刚益柔"即"损下益上",是损下益上的换一种说法。因为〈损〉卦是通过损去下卦〈乾〉刚的一个阳爻以增益上卦〈坤〉柔而成了下〈兑〉上〈艮〉。"偕",共、同。此处强调损下益上要取法损益盈虚的客观规律。要因时而行、适可而止,陈梦雷说"当其可之谓时"(《周易浅述》)也是这个意思。如逢疾疫凶荒之年、战争衰败之际,则不可复行损下益上,而当发仓放粮、振乏救匮。

〈象〉曰:山下有泽,损[1]。君子以惩忿窒欲[2]。

已事遄往,尚合志也[3]。

九二利贞,中以为志也[4]。

一人行,三则疑[5]也。

损其疾,亦可喜也[6]。

六五元吉,自上祐也[7]。

弗损益之,大得志也[8]。

【今译】

〈象传〉说:高山之下有洼泽,这便是〈损〉卦的意象。君子应该惩止愤怒,窒塞贪欲。

祀神之事须迅速行之而不怠慢,这意思是说,初九要顺合尊上的意志。

九二之所以能顺利走上正道,因为它立志于居中持宜。

一人做事专一而事成,三人做事多疑而事败。

愤怒贪欲等疾患被损去,这实在是可喜的。

六五有获得宝龟的大吉,这是来自于冥冥之中贵人的佑助。

不损人益己而是损己益人,最终是可以大大地得志的。

【注释】

[1] 山下有泽,损:〈损〉卦上〈艮〉山,下〈兑〉泽,上卦也叫外卦,象他人;下卦也叫内卦,象自我,山高泽卑。因此,〈损〉卦即象征自损使卑,益人使高,损己益人;这种解释可以从下句"君子以惩愤窒欲"得到证明。所以,看来〈象传〉的〈大象〉对〈损〉卦的理解与经文接近,而与〈彖传〉有异;〈彖传〉是从"为君之道"的角度讲损民益君之理,而〈象传〉则从"为臣之道"的角度讲损己益人的君子修养之道。

[2] 君子以惩愤窒欲:"惩",抑止。"窒",阻塞。〈大象〉从损欲、损愤两个角度讲损己益人之道。膨胀一己之贪欲以满足其物质需求是为损人益己;反之,遏塞一己之物欲以救乏济困则是损己益人。泛滥一己之愤怒以满足其心理需求是为损人益己;反之,抑止一己之愤怒以宽和待人则是损己益人。《黄帝四

经·十大经·本伐》云:"世兵道三,有为利者,有为义者,有行愤者"。"为利"、"行愤"是兵道之大忌,亦为损道之大忌。

[3] 已事遄往,尚合志也:"尚"同"上",指在上的应爻六四。此条〈小象〉与〈彖传〉一样,也是以祭祀在上的神灵喻自损以益上。《管子·君臣上》"民不散而上合",与此"尚合"同。

[4] 九二利贞,中以为志也:"贞",正。九二居下卦之中位,故言"中"。

[5] 一人行,三则疑:"行",成,事成(《鬼谷子·摩》"行者,成也"。《黄帝四经·十大经·观》"如此者举事将不成……如此者举事将不行"。"行"与"成"换文同义)。"行"与"疑"在此互文见义,此言一人做事则专一而事成,三人共事则多疑而事败。

[6] 损其疾,亦可喜也:"疾",盖就愤怒贪欲而言,愤、欲为人之大患,故人能损去之,实可喜之事("亦",实,实在)。

[7] 六五元吉,自上佑也:"上",注家训为上天。疑"上"指在上之大人、贵人。

[8] 弗损益之,大得志也:损极则益。不损人益己,而是损己益人,到头来自己反会受益,这即是所谓"大得志"。

➡ 通 说

〈损〉卦的卦象、卦爻辞、卦名等都是讲损道。即人应如何自损及损极受益的道理(上九〈小象〉"弗损益之,大得志也"便是损极受益的最好说明)。但是,如果受益不止,也会出现益极而损的情况,这便是〈益〉卦上九的"莫益之,或击之"。

《周易》通常是内卦谓己、外卦谓人,故〈损〉卦以内卦损去一阳为损己,〈益〉卦以内卦得来一阳为益己。〈损〉、〈益〉二卦的〈大象〉与经文原义较合。其释〈损〉卦说"君子以惩忿窒欲",这是损己的解释;其释〈益〉卦益极而损时则戒之以"见善则迁,有过则改"。

〈彖传〉则从上下尊卑的角度释说〈损〉、〈益〉,分别解释为"损下益上,其道上行"、"损上益下,民悦无疆";并且认为无论是"损下益上"还是"损上益下"都要"与时偕行"。下对上有自损益上、缴纳贡赋的义务,上对下有自损益下、振乏救困的责任。两者相辅相成、与时偕行。这代表了战国时期黄老学家的思想。

《文子·上德》云:"河水深,壤在山;丘陵高,下入渊。阳气盛,变为阴;阴气盛,变为阳。故欲不可盈,乐不可极,愤无恶言,怒无作色,是谓计得。"这一段话好像是在通过〈损〉、〈咸〉二卦的相互转换(即〈艮〉、〈兑〉的相互易位)释说阴阳消长、盈虚变化之理,并由此指出人应遏阻贪欲、惩止愤怒、逸乐有度、与时偕行。其中"愤无恶言,欲不可盈"与〈象传〉"惩忿窒欲"很相近,应该是有一定的联系。其中"河水深,壤在山"似乎是说〈艮〉山居〈兑〉泽之上,是〈损〉卦;"丘陵高,下入渊"似乎是说〈艮〉山转居〈兑〉泽之下,是〈咸〉卦;"阳气盛,变为阴"是说由〈损〉变〈咸〉,〈损〉之上九变为〈咸〉之初六;"阴气盛,变为阳"是说由〈咸〉变〈损〉,〈咸〉之上六变为〈损〉之初九。如果我们这样解释不误的话,那么《文子·上德》对〈损〉、〈咸〉二卦的解释具有特殊的意义,因为通行本的《易传》及出土的帛书《易》说尚未见将〈损〉、〈咸〉二卦放在一起来阐述的例子,这很值得注意。但令人感兴趣的是,它与帛书《易经》的卦序有联系。帛书《易经》以坤、兑、离、巽四组阴卦与乾、艮、坎、震四组阳卦相对待。兑与艮相对,艮宫第四卦为〈损〉卦,而兑宫第四卦为〈咸〉卦;

也就是说，在帛书《易经》的卦序中，〈咸〉与〈损〉恰恰是相对的，这与《文子·上德》将〈损〉、〈咸〉相对待来论述是一致的。

四二、益 ䷩（下震上巽）

益[1]。利有攸往，利涉大川[2]。

初九。利用爲大作[3]，元吉，無咎。

六二。或益之十朋之龜，弗克違[4]，永貞吉。王用享于帝[5]，吉。

六三。益之用凶事[6]，無咎，有孚[7]，中行告公用圭[8]。

六四。中行告公從，利用爲依遷國[9]。

九五。有孚惠心，勿問元吉；有孚惠我德[10]。

上九。莫益之，或擊之，立心勿恆，凶[11]。

【今译】

筮得〈益〉卦，利于有所行往，涉险渡川顺利。

筮得初爻，利于做大事，大吉，没有咎害。

筮得二爻，有贵人赠以价值百贝的宝龟，不能违背神的意愿，占问长久之事则吉利。王祭祀东方青帝以祈农事，吉利。

筮得三爻，将所得财物用于除去灾祸之事，这样做没有害处。问著已经有了结果，筮者中行将卦兆告之于公，公以圭璧礼祀神灵。

筮得四爻，筮者中行告公顺从龟筮之占，利于依顺天意以迁徙国都。

筮得五爻,问著的结果大顺人心,不用解说,卦兆是大吉的;卦兆顺我心愿是因我有美好之德。

筮得上爻,没人来帮助,反有人来攻击,因为为善之心不能长久保持,导致了凶祸。

【注释】

[1] 益:卦名。通行本为第四十二卦,帛书本为第六十四卦。此与〈损〉卦为卦爻翻覆的关系,故次列于〈损〉卦后。

就通行本的卦序来说,〈损〉卦是内卦损去一阳爻,故卦题名为〈损〉;〈益〉卦则相反,是内卦受益了一个阳爻,故卦题名为〈益〉。从卦象上看,上卦〈巽〉风,下卦〈震〉雷,风得雷助其声益烈,雷得风播其声愈远;二者相互助益,故卦名为〈益〉。又:〈益〉卦下〈震〉雷,上〈巽〉木,震雷动地,万木进长,故卦名为〈益〉。"益",长也。

然而就帛书本卦序而言,〈益〉卦与〈恒〉卦相对,〈益〉卦是〈恒〉卦上下卦颠倒的结果。〈恒〉卦的卦象为雷在天上,风在地上,此为自然之"恒";〈震〉刚长男在上、〈巽〉柔长女在下,尊上卑下,此为社会之"恒"。反之,风越居雷之上,巽女越居震男之上,便是过分,过分则变,〈恒〉者不恒,变而为〈益〉;"益"即"溢",过分的意思;则卦名之"益"与爻辞之"益"不同。〈益〉上九说"立心勿恒,凶",这与〈恒〉卦九三"不恒其德,或承之羞,贞吝"可能有联系。〈恒〉卦〈大象〉说"君子以立不易方",强调不变;而〈益〉卦〈大象〉则说"君子以见善则迁、有过则改",强调变,二者似又有内在联系。伊川《击壤集·十七·大易吟》云"雷风相薄,恒益起意",将〈恒〉、〈益〉两卦对照起来考察,这是满有深意的。

[2] 利有攸往,利涉大川:《易》之卦辞通常有两种情况:一是概括卦之始或曰前半卦,二是概括卦之终或曰后半卦。〈益〉卦卦辞便是概括卦始的,所以初爻说"利用为大作";〈损〉卦卦辞便是概括卦之终的,所以上爻所述与卦辞基本一样。他皆如此。

[3] 利用为大作:"为",做。"大作",大事。大事,指为耕稼之事而祭祀天帝。《左传》云"国之大事,在祀与戎"。而〈益〉卦下卦为〈震〉,属东方木,为正、二月之卦;是知所谓初九之大事指春月"祈谷于上帝"之祭事。二爻"王用享于帝"亦可为证,说见下。

[4] 或益之十朋之龟,弗克违:这两句的注释已见〈损〉卦。但"弗克违"尚可有其他解释。本卦的"违"、"告"、"从"、"依"等皆为卜筮等之专用词,如〈乾·文言〉"天且弗违,况于鬼神乎",又《书·洪范》"龟筮共违于人"等。"弗克违",盖谓以宝龟占卜,龟不违人之愿。亦可能为贵人赠以宝龟,自当敬受之而不违神之意愿。

[5] 王用享于帝:"享",祭祀。"帝",盖东方木德太皞之帝,为农事而享祭之。六二在下卦〈震〉体,震为木,为东方之卦,属春。〈随〉卦下〈震〉上〈兑〉,兑为西方之卦,故上六云"王用享于西山",所祭盖西方金德少皞之帝,所谓"迎秋于西郊"也。《吕氏春秋·孟春纪》:"孟春之月……其日甲乙,其帝太皞……太史谒之天子曰:某日立春,盛德在木……天子亲率三公九卿诸大

夫以迎春于东郊……天子乃以元日祈谷于上帝。"

[6] 益之用凶事：将受益的财物用于除去灾祸之事，如祭祀祓除、施舍财物等。此即后来术士所谓"破财消灾"。"凶事"帛书作"工事"，盖声之误。

[7] 有孚：指占卦的征兆、问卦的结果。

[8] 中行告公用圭："中行"旧皆训为"中道"。然《易》凡言"中行"、"行中"者，皆在二爻、五爻，而本卦却在三爻、四爻，故知此"中行"与彼"中行"义有不同。"中行"当为筮者之名字。"告"即〈蒙〉卦"初筮告，再三渎，渎则不告"之"告"，谓告之以卦兆之吉凶。"中行告公用圭"为兼语式，即"中行告公，公用圭"。"用圭"者，以圭璧礼祀神灵。以圭祀祭神灵，古籍多载之，《书·金縢》"尔之许我，我其以璧与圭，归俟尔命"，《山海经·中山经》"其祠：毛用一雄鸡祈，瘗用一圭"。此用圭礼神盖与祓除凶祸相关联。

[9] 中行告公从，利用为依迁国："从"即《书·大禹谟》"枚卜功臣，唯吉之从"之"从"，谓听从龟筮之占。"为"，以，连词。"依"即《书·大禹谟》"鬼神其依，龟筮协从"之"依"，与"从"同义，依从、依顺，指依顺龟筮之占、顺从天意。关于"依"字尚有如下三种说法，尽管我们不同意这三种说法，但仍抄录如次：一是训为《左传·隐公六年》"周之东迁，晋郑焉依"的"依"，释为"依傍"、"依凭"；二是读为"殷"（高亨等）；三是从帛书作"家"（帛书何以作"家"？有如下可能：古"宸"、"依"同字，盖或本有作"宸"者，"宸"与"家"义近，《尔雅·释宫》云："庸户之间谓之宸，其内谓之家"，故"依"转为"家"。又："依"、"殷"声近相假，

而"殷"与"家"声近。《说文》:"家,豭省声。"《史记·酷吏列传》"殷仲",徐广曰:"殷,一作假。"《史记·建元以来侯者年表》"雩殷",《汉书》作"虖葭"。"依"在微部,"家"在歌部。微、歌古音相近。《释名·释床帐》"依,倚也",《诗·淇奥》"猗重较兮",安徽阜阳汉简"猗"作"依"。"倚"、"猗"即为歌部字)。

[10] 有孚惠心,勿问元吉;有孚惠我德:"惠心",顺心、顺人心愿(王引之《经义述闻》"《尔雅》曰:惠,顺也")。"有孚惠心",谓问蓍的结果顺人心愿。"问",言、解释。《集解》引崔憬云:"问犹言也",《尔雅》"问,讯也;讯,言也"。《书·洪范》"三人占则从二人之言","言"即解释龟坏卦兆。"勿问元吉",谓不用解说,龟坏卦兆显然是大吉的。"有孚惠我德",谓问卦的结果是龟筮顺从我的心愿(即《书·大禹谟》"龟筮协从"),因我有美好之德。《书·洪范》之"九畴",七为稽疑,八为庶征,九为五福,五福之一为"攸好德","有孚惠我德"盖即此也。

[11] 莫益之,或击之,立心勿恒,凶:"立心勿恒",谓持守为善之心不能长久。此就九五"惠我德"之"德"而言。此与〈恒〉卦九三"不恒其德,或承之羞"正相对照。

〈彖〉曰:益,損上益下,民說無疆,自上下下,其道大光[1]。利有攸往,中正有慶[2]。利涉大川,木道乃行[3]。益動而巽,日進無疆[4]。天施地生,其益無方[5]。凡益之道,與時偕行[6]。

【今译】

〈象传〉说:〈益〉卦的卦象是减损于上而增益于下,这样民众就会喜悦无比,在上位的尊敬在下位的,益道是大为光明的。卦辞说利于有所行往,因为益道能持中行正大有福庆,卦辞还说涉险渡川顺利,因为木舟强健其道畅通。〈益〉卦表现为下有所动而上则随合,相互协助就能不断上进。上天有所施授而大地化育有以报偿,共同创造的利益没有穷尽。损上益下的道理,要根据盈满虚亏的自然规律适时而行。

【注释】

[1] 益,损上益下,民说无疆,自上下下,其道大光:"益",举卦名。〈益〉卦本为上〈乾〉损去一阳而下〈坤〉受益一阳,故云:"损上益下。"〈乾〉喻在上之统治者,〈坤〉喻在下之民众,上自损而下受益,故云"民说无疆"。"说"同"悦"。"上"谓上卦。"下下",谓下居下卦,亦谓对下位的谦下、尊敬。〈震〉象阳尊,〈巽〉象阴卑,尊上卑下为恒定之则,故〈恒〉卦取此象;今〈震〉来下居于〈巽〉之下而为〈益〉卦,故云:"自上下下,其道大光。"

[2] 利有攸往,中正有庆:六二、九五皆居中得正,喻处益之时,上虽自损,下虽受益,但阳居五、阴居二不可废,如此方"有庆"。"庆",福庆。

[3] 利涉大川,木道乃行:上卦〈巽〉木,木为舟象;下卦〈震〉为强健(〈说卦〉"震为健")。"行",畅行、畅通。木舟强健故其道畅通。〈涣〉为上〈巽〉下〈坎〉,〈象〉云:"利涉大川,乘木有功也",〈中孚〉为上〈巽〉下〈兑〉,〈象〉云:"利涉大川,乘木舟虚也",与

此说相近。程传以"木道"为"益道"之误，似非。

[4] 益动而巽，日进无疆："益"，举卦名。下卦〈震〉，震为动；上卦〈巽〉，巽为顺随，应合，故云"动而巽"；又象雷动于地而木长于上（〈说卦〉"震为雷为动，巽为木为长"），故下云"日进无疆"；又比喻下有所求益而上必应而施之。如此上下协作互助，则必能不断进步，故云"日进无疆"。

[5] 天施地生，其益无方：上卦之〈乾〉下施一阳，下卦之〈坤〉受益阳气而化育万物，故云"天施地生"；天喻在上之统治者，地喻百姓，统治者施惠于下而百姓受益务业有以报之，如此协作而共创之利益必无穷尽。"方"，端、端际（又"无方"亦可译为不限于某一处、不限于某一物，即〈系下〉"天地絪缊，万物化醇"之义）。

[6] 凡益之道，与时偕行："益之道"，指"损上益下"的道理。据〈损·象〉，可知"与时偕行"上省"损益盈虚"一句，此谓损上益下的道理，应根据盈满虚亏的客观规律适时而行；非一味损上益下，如值财政赤字、府库空虚之类。损下益上既然有时，损上益下亦同样有时。此即〈象传〉对〈损〉、〈益〉的理解。

〈象〉曰：風雷，益[1]。君子以見善則遷，有過則改[2]。

元吉無咎，下不厚事也[3]。

或益之，自外來也[4]。

益用凶事，固有之也[5]。

告公從，以益志也[6]。

有孚惠心,勿問之矣;惠我德,大得志也[7]。

莫益之,偏辭也;或擊之,自外來也[8]。

【今译】

〈象传〉说:风雷交加,这便是〈益〉卦的意象。君子应该见贤善而努力去接近,有过失应尽快改正。

虽然初九大吉而无咎害,但在通常情况下初爻是不宜过分有为的。

有人赠以价值百贝的宝龟,这是说好处是来自于外而非自己主动索取的。

将受益来的财物用于除去灾祸之事,这是本当如此的。

告公听从龟筮之占以迁徙国都有所依傍,这是用神灵的意愿来坚定其志意。

心存诚信,自然不用占问也是大吉的;因我有美德而人皆顺从我,说明九五大得修养之志。

没有人再助益他,这是说大家都拒绝接受他;有人反而攻击他,这是说祸患是来自于外而非自己原本所追求的。

【注释】

[1] 风雷,益:"益"卦上〈巽〉风,下〈震〉雷。风雷交加,则成〈益〉卦。《广雅·释诂》:"益,加也。"

[2] 君子以见善则迁,有过则改:"迁",就、接近。"见善则迁"犹《论语》"见贤思齐"。君子见疾风迅雷交加之卦象,则知敬畏天威而急速迁善改过。《论语·乡党》"迅雷风烈必变",《礼

记·玉藻》"疾风迅雷甚雨则必变"。〈恒〉卦〈大象〉说"君子以立不易方",强调"不易";〈恒〉卦上下卦颠倒则成〈益〉卦,〈大象〉说"见善则迁,有过则改",强调"变"。见〈益〉之象,敬畏迅疾改过迁善;改过迁善又为人之大益。值得注意的是,这里的"迁善改过"似乎来于六四的"为依迁国",说详经文注[9]。

[3] 元吉无咎,下不厚事也:"厚",深(《吕览·辨土》注:"厚,深"),又训大训重,总之有过分之义。此言初九虽然做大事而获大吉无咎,但在通常情况下,初爻位在最下,本不宜过分有为的;如〈恒〉卦初六〈小象〉云"浚恒之凶,始求深也"等等都是如此。此戒人毋以本卦初九"利用为大作,元吉"为普遍规律。又,"不"字的解释尚有两种可能:一种可能是"而"字之讹。"不"与"而"篆文相近,如〈噬嗑〉注"不合",《释文》云"或作而合"。"而",能也,谓初九为大事而获吉且无咎,因初爻能慎重行事(《礼记·曲礼上》注"厚,慎重也")。二种可能是俞樾读"厚"为"后",释为"后",高亨从之(《释名》"厚,后也",说明二字音同可相假)。"下不后事",言下不怠慢于事。

[4] 或益之,自外来也:〈小象〉之意,六二居中得正,善于修养,所得宝龟,非自家求益而益反自外而来。此与上九恰相对照。

[5] 益用凶事,固有之也:所得本自外来而非自家求之,故以所益施之于除凶救险,本当如此("有"犹"如")。

[6] 告公从,以益志也:"告公从"下省"利用为依迁国"。"从"谓从龟筮之意。"为"犹"有";"依",依傍。"为依迁国",谓迁都使有依傍。之所以迁都,为原址不利,迁之以就善邻,此正〈大象〉"改过迁善"之所本。"益",加固,使坚定。"志",迁都向善之志。

[7] 有孚惠心,勿问之矣;惠我德,大得志也:"孚",诚。"惠",发语词(《左传·襄公二十六年》注:"惠、伊,皆发声")。"有孚惠心",即有诚信之心。"之",指代爻辞之"元吉"。"勿问之也",言毋须占问自然大吉("问",占问)。"惠",顺。"惠我德",人皆顺我因我有美德。所谓"德",即改过迁善之德。"大得志",谓大得修养之志,所谓"得道多助"即此。

[8] 莫益之,偏辞也;或击之,自外来也:"偏"或作"遍",普遍。"辞",拒绝。没有人再帮助他,是说所有人都拒绝接受他。此说明上九求益不已而终被拒绝,"失道寡助"即此之类。人或击之,来自于外,非自家原本所望,正是适得其反之意。求益不止反被寇击,亦是益极反损之谓。

▶ 通 说

〈益〉卦与〈损〉卦相对,此为通行本卦序;〈益〉卦又与〈恒〉卦关联,此又与帛书本相一致。

爻辞讲耕作、讲祭东帝、讲以圭祀神以除凶事、讲迁都、讲得人心、讲失人心等,关键是上爻"莫益之,或击之",此正与〈损〉卦上爻相对:〈损〉卦上爻讲损极则益之理,而〈益〉卦则讲益极而损之理。

〈彖传〉则发挥此卦为"损上益下",盛赞统治者的"自上下下",同时也指出益下之道是"与时偕行"的。

〈象传〉发挥为改过迁善的君子自我修养,与〈彖传〉毫无关系。

〈系辞〉"斫木为耜,揉木为耒,耒耜之利,以教天下,盖取诸益"则与〈彖〉及〈说卦〉一致(〈彖〉言"木道乃行",〈说卦〉言"巽为木"、"震、东方也",东方亦属木),与〈象传〉则不合。

四三、夬 ☱☰（下乾上兑）

夬[1]。揚于王庭[2]，孚號[3]，有厲告自邑[4]，不利即戎，利有攸往[5]。

初九。壯于前趾，往不勝，爲咎[6]。

九二。惕號，莫夜有戎，勿恤[7]。

九三。壯于頄[8]，有凶。君子夬夬獨行[9]，遇雨若濡，有慍，無咎[10]。

九四。臀無膚，其行次且[11]，牽羊悔亡，聞言不信[12]。

九五。莧陸夬夬中行[13]，無咎。

上六。無號，終有凶[14]。

【今译】

筮得〈夬〉卦，占卜人在王庭宣称，卦兆显示将有属邑人前来报告危险之事，不利于出兵，做其他事情有利。

筮得初爻，勇往直前，力不胜任，有咎害。

筮得二爻，警惕惊惧，夜晚有兵寇，无患。

筮得三爻，勇壮见于颜色，有凶险。君子果决独行，遇雨而淋湿，转为柔和，没有咎害。

筮得四爻，臀股肤肉受损，行动艰难，刚愎勇壮有所收敛，悔恨之事即将过去；但占问显示咎害尚未完全解除。

筮得五爻，陆地苋羊果决行于道中，没有咎害。

筮得上爻，不知警惕戒惧，最终遇到凶险。

【注释】

[1] 夬：卦名。通行本为第四十三卦，帛书本为第四十二卦。"夬"通"决"，果决，爻辞之"夬夬"即取此义。从卦象、卦辞来看，卦名"夬"取义于决断、占断，卦象为上〈兑〉下〈乾〉。按照〈说卦〉的解释，"兑为口，为巫"，"乾"为天，象天阙、朝廷。〈夬〉卦之卦象象征巫人在王庭占断卦兆，卦辞"扬于王庭，孚号"等即是此义。至于〈彖传〉、〈象传〉则对卦象有其他解释，说见后。《归藏》作"规"，"规"，谋断（《淮南子·主术训》注"规，谋也"）。与"夬"之决断意义相含。扬雄《太玄·断》准〈夬〉卦，云："阳气强内而刚外，动能有断决"，又云："决其聋聩，利有谋也"，可资参证。

[2] 扬于王庭："扬"，称说（《淮南子·说山训》注："扬，称也"。《广雅·释诂》："扬，说也"。《汉书·霍光传》注："扬，谓宣唱之"）。"扬于王庭"谓巫人在王庭占断卦兆。

[3] 孚号："孚"，卦兆。"号"，告，示（《广雅·释诂》："号，告也"。〈蒙〉卦《释文》"告，示也"）。

[4] 有厉告自邑："厉"，危险。"邑"即〈否〉卦"自邑告命"之"邑"，属邑。

[5] 不利即戎，利有攸往："即"，就，从。"戎"，兵。"即戎"即出兵征战（《论语·子路》"善人教民七年亦可以即戎矣"，《黄帝四

经·经法·君正》"七年而可以征",是"即戎"即征战)。"利有攸往"在这里指利于做出兵征战之外的事情。

[6] 壮于前趾,往不胜,为咎:〈大壮〉初九"壮于趾,征凶"与此"壮于前趾"同,喻勇于前进。初在最下,故以"趾"喻(按:古"前"字作"歬",疑"歬"为"趾"之讹衍)。初在最下而过于勇进,有往而不能胜任之象,故占为有咎("为"犹"有")。

[7] 惕号,莫夜有戎,勿恤:〈旅〉卦"旅人先号咷而后笑","号"即"号咷"之省,为"笑"之反面,喻惊惧。"莫",古"暮"字。"恤",忧,患。"勿恤",无有患害。朱熹云:"九二当决之时,刚而居柔,又得中通,故能忧惕号呼以自我戒备,而莫夜有戎,亦可无患也。""戎",兵寇、战事。

[8] 壮于頄:"頄",亦作"䪷",面颊。三在下卦之上,故以"頄"喻,此犹〈大壮〉初以趾喻、三以角喻,亦犹〈鼎〉卦初以趾喻,三以耳喻。壮于面颊,喻勇壮见之于颜色。壮形于外,过壮也,故云"有凶"。三爻以阳居刚,又处下卦之极,故云"壮于頄,有凶"。"頄"或作"頯",帛书即作"頯",有人读为"䠙",从《说文》训为"胫肉"。按:《易》之取象有两种:一种是就全卦而论,由下至上依次为趾、腓、股、脢、颊者(如〈咸〉卦);另一种是就单卦而说,则初与四近、三与上近,〈夬〉卦等就是属于后者。九四"臀无肤",〈困〉卦初六言"臀困于株木"就是这个道理。

[9] 君子夬夬独行:此从高亨断句,下文"苋陆夬夬中行"同。"夬夬",果决的样子。三居下卦之极,以阳居刚,故云"夬夬"。

[10] 遇雨若濡,有愠,无咎:阳刚九三与阴柔上六正应,以阴柔调节阳刚而使之和柔,有"遇雨"之象。

"若",而。"濡",沾湿。"愠"宜从帛书作"温",谓颜色和柔(《诗·燕燕》郑笺)。此对"壮于頄"而说。勇壮形于色则有凶,而果决独行本有咎,但调之以阴柔,外见之以和悦,则又无咎也。

[11] 臀无肤,其行次且:四爻居上卦之初,故以"臀"取喻。"无肤",谓刚决受惩而臀无完肤。"次且"又作"赵趄",难进之貌。

[12] 牵羊悔亡,闻言不信:"牵",收束、节制。"羊",喻刚愎之性。九四刚爻居柔位,故云"牵羊",谓以柔节其刚。若能如此,则悔事可以除去。"闻"同"问",占问。"言"同"愆",过咎。"信"同"伸",解除、开解。此言占问显示咎害尚未解除。〈困〉卦卦辞"无咎,有言不信"同此。

[13] 苋陆夬夬中行:"苋陆"有两种解释:一是解释为柔脆的植物("苋"即马齿苋,"陆"即商陆);二是以为"苋"当作"莧",释为细角山羊(《说文》),"陆"读为"踛",跳跃(吴澄、王夫之、高亨等说)。疑"陆"当如字,"苋陆"即来到陆地的山羊、陆行之山羊。"中行"为双关语,一为道中,一为行动适中。陆为平易之地,五又居中位,刚柔适中,故"苋陆夬夬中行"而能无咎。此即《庄子·秋水》"陆行不避兕虎"之意。四爻说"牵羊",五爻说"苋羊",而四、五皆为〈兑〉体,〈说卦〉"兑为羊"盖本于此。

[14] 无号,终有凶:"号"与九二"惕号"同。刚决之极,而不知惕惧,故终于有凶险,〈乾〉上九"亢龙,有悔"与此相同。〈夬〉至上爻,阴变为阳,则上六犹〈乾〉之上九。

〈彖〉曰：夬，決也，剛決柔也[1]。健而說，決而和[2]。揚于王庭，柔乘五剛也[3]。孚號有厲，其危乃光也[4]。告自邑，不利即戎，所尚乃窮[5]也。利有攸往，剛長乃終[6]也。

【今译】

〈彖传〉说：夬是决断的意思，表示以刚断柔。刚健而和悦，果决而温和。卦辞说小人得志于王庭，因为卦象是一阴爻凌乘于五阳爻之上。面临危险而仍能政令信实，那么危难就会转为光明。属邑传来不利出兵的消息，因为一味崇尚武力是行不通的。发展下去有利，因为阳刚增长的结果必然结束柔乘刚的局面。

【注释】

[1] 夬，决也，刚决柔也："决"有决断、冲决、毁坏之义（《淮南子·天文训》注："决，溢也。"《左传·成公十五年》注："决，坏也"）。〈夬〉卦五阳爻并进，其势有以刚断柔、以刚阳冲决阴柔之象。〈剥〉卦与此卦爻反对，为一阳在上、五阴在下，〈彖传〉云"柔变刚"，一决一变，反映〈彖传〉扶阳抑阴之义。

[2] 健而说，决而和：卦象为下〈乾〉上〈兑〉，乾为刚健果决，兑为和悦温和（"说"同"悦"）。从卦义看，〈彖传〉认为处夬之时，阳刚君子应同时具备刚健果决与和悦温柔之德。

[3] 扬于王庭，柔乘五刚也："扬"，得意、得志。〈夬〉卦一阴爻在

上，五阳爻在下，有"柔乘五刚"之象。一阴爻象得志之小人，下体〈乾〉象王庭，象小人得志于朝。

[4] 孚号有厉，其危乃光也："孚"，信实。"号"，号令、政令。"有"犹"于"。此言信实于政令，危险而转为光明。

[5] 所尚乃穷："所尚"，指一味崇尚兵戎之壮。"穷"，困穷，行不通。

[6] 利有攸往，刚长乃终："利有攸往"，谓局势发展下去对君子有利。"刚长"，五阳爻增长而冲决在上之一阴爻，喻君子势力增长。"终"，终结，结束"柔乘五刚"的局面。〈剥〉卦卦辞说"不利有攸往"，〈彖传〉说"不利有攸往，小人长也"；〈夬〉卦卦辞说"利有攸往"，〈彖传〉说"利有攸往，刚长乃终也"。〈彖传〉扶阳抑阴，为君子谋不为小人谋的意向是很清晰的。

〈象〉曰：澤上於天，夬[1]。君子以施祿及下，居德則忌[2]。

不勝而往，咎也。

有戎勿恤，得中道也[3]。

君子夬夬，終無咎也[4]。

其行次且，位不當也[5]。聞言不信，聰不明也[6]。

中行無咎，中未光也[7]。

無號之凶，終不可長也[8]。

【今译】

〈象传〉说：泽水上决于天，这便是〈夬〉卦的意象。君子应该布施德惠于下民，最忌屯积福泽自家占有。不能胜任而前往，这是说咎害是必然的。

虽有兵寇而结果无患，因为九二能够持守中道。

君子果决而行，是说九三最终能节之以柔而免于咎害。

九四前行艰难，因为没有处在适当的位置上。听到善言而犹豫猜疑，这说明九四不善于明断。

九五居于尊位又执守中道而仅免于害，这说明九五的中正之道尚未能光大。

上六不能号令于人而导致凶险，这是说小人之道最终是不能长久的。

【注释】

[1] 泽上于天，夬：〈夬〉卦上〈兑〉泽，下〈乾〉天，故云"泽上于天"。"夬"，决也，冲决、溃决。泽水上决，必下溃为雨露，故云"君子以施禄及下"。"泽"双关福泽、德泽，故下云"施禄及下"。又泽水冲决于天，是增益积聚所致，君子观此卦象，则当知"居德则忌"之理。《吕氏春秋·季春纪》有与〈大象〉相近之文，详见[通说]。

[2] 君子以施禄及下，居德则忌："君子"，指统治者。"禄"，指福泽、德泽、恩惠。"君子以施禄及下"，即《吕氏春秋·季春纪》的"天子布德行惠"。"夬"为季春三月之卦，故全同《吕览》。"居"即"囤积居奇"之"居"，谓屯居积聚、自家占有。"德"即德

泽、恩惠。"忌",可训为忌讳,亦可训为"怨"。释为"怨",则可译为屯积福泽不施于下则下生怨恨。

[3] 有戎勿恤,得中道也:"有戎勿恤"前省"惕号"。九二居下卦之中,阳爻处柔位,又能警惕惊惧,都是持守中道的意思,故理当无患。

[4] 君子夬夬,终无咎也:"君子夬夬"下省"遇雨若濡"。三与上应,阳阴刚柔相调节,故〈象传〉说"终无咎"。

[5] 其行次且,位不当也:"行",谓上行、上进、前进。"位不当",是说九四处上卦之初,与初爻同样为"不胜而往";又不中不正,宜其行进艰难。

[6] 闻言不信,聪不明也:"不信",谓猜疑犹豫。"不明",谓不能明断。

[7] 中行无咎,中未光也:"中行",谓九五居上卦中位。"光",光大、广大。九五居尊位,又得中正,爻辞却仅获"无咎",故〈象传〉断其中正之道尚未光大。二得无患,〈象传〉赞其能得中道;五得无咎,〈象传〉责之以"中未光"。职位不同,要求亦有异。

[8] 无号之凶,终不可长也:"无号",谓上六不能号令于下。上六,比当道之阴柔小人。"终不可长",则说小人之道不能长久。

▶ 通 说

〈夬〉卦为阳已过盛而将消之象,故六爻爻辞无一吉、利字样,老子所谓"木强则折";又云"人之生也柔弱,其死也坚强。草木之生也柔脆,其死也枯槁,故坚强者死之徒,柔弱者生之徒"(《老子·

七十六章》)。

《易经》多有趾、首等等字样,盖卦兆、爻象与龟兆之头、腹、足之占卜相关(《史记·龟策列传》)。

〈说卦〉所云"兑为羊",可能与本卦上卦〈兑〉体的"牵羊"、苋羊相关(高亨等云"羊性柔顺,为人喜悦,故兑为羊",说似不确。羊在《易》中多为壮贪抵狠之象)。

〈彖传〉的"夬,决也,刚决柔也",〈说卦〉与之相同。〈象传〉分〈大象〉、〈小象〉。〈大象〉释卦象、卦才,〈小象〉释爻辞。而细揣〈彖传〉实亦分为〈大象〉、〈小象〉。〈大象〉亦释卦象、卦才,如本卦"夬,决也,刚决柔也,健而说,决而和",〈小象〉则释卦辞,如"扬于王庭"以下。

〈象传〉云"泽上于天,夬",〈序卦〉的"益而不已必决,故受之以夬"与〈象传〉相同;并且《吕氏春秋》亦与之相一致。〈夬〉为季春三月之卦,《吕氏春秋·季春纪》云:"是月也,命司空曰:时雨下降,下水上腾……修利堤防,导达沟渎",此犹"泽上于天,夬"。又云:"是月也,生气方盛,阳气发泄,生者毕出,萌者尽达,不可以内"(纳,纳藏阳气),此犹"居德则忌"。又云:"天子布德行惠,命有司,发仓窌,赐贫穷,振乏绝,开府库,出币帛,周天下,勉诸侯,聘名士,礼贤者",此犹"君子以施禄及下"。

四四、姤 ☰（下巽上乾）

姤[1]。女壯，勿用取女[2]。

初六。繫於金柅[3]，貞吉。有攸往，見凶，羸豕孚蹢躅[4]。

九二。包有魚，無咎，不利賓[5]。

九三。臀無膚，其行次且[6]，厲，無大咎。

九四。包無魚，起凶[7]。

九五。以杞包瓜，含章，有隕自天[8]。

上九。姤其角[9]，吝，無咎。

【今译】

筮得〈姤〉卦，女子壮健，不宜娶之。

筮得初爻，控制住自己就像刹车的金柅制止车子行进一样，这样的话占问就吉利。有所行往，会遇凶险，但被系缚的猪仔仍有蠢蠢欲动的迹象。

筮得二爻，厨房有鱼，这意味着没有不好的事情，但入仕为官则不利。

筮得三爻，臀股无肉，行进艰难，虽有危险，但无大害。

筮得四爻，厨房无鱼，兆示着凶事。

筮得五爻，有人赠以匏瓜，内含文采，预示着将有福庆从天而降。

筮得上爻,受到他人的侵犯,很不利,但终无损害。

【注释】

[1] 姤:卦名。通行本第四十四卦,帛书本第八卦。此与〈夬〉卦为卦爻翻覆的关系,故次列于〈夬〉卦后。

卦名"姤"取自爻辞上九"姤其角"之"姤",传训"姤"为"遇",《释文》"古文作逅",也是遇合之义。帛书作"狗",与"姤"同音。

〈姤〉卦上"乾"天,下〈巽〉风,风上云天,两相遇合。又〈乾〉为日气、云气,则卦象为风云际会之象。最下一阴爻象地气,上面五阳爻象天气,天气下降,地气上腾,有阴阳遇合之象。

卦辞、初六、九三、九四、上九皆说不遇或不宜遇,唯独处中位的九二、九五说遇合或美善之遇。

[2] 女壮,勿用取女:〈姤〉卦一阴遇五阳,一女遇五男,故云"女壮",女子过于强壮。"勿用"即不宜、不利。郑玄以"壮健以淫,故不可取"释之,这与原意也许是接近的。〈姤〉卦上〈乾〉下〈巽〉,巽为长女,古代的不娶长女之说可能即来源于此。《大戴礼记》有"五不娶",其中就有"丧妇长女不娶";《韩诗外传》、《礼记·内则》疏引何休在解释不娶长女时说"不受命"、"无教诫",可能都与郑玄的"壮健以淫"相类似。

[3] 系于金柅:"系",拴系、控制住。"于",如(《经传释词》)。"柅",止车之具,与"轫"略同。"金"喻牢固,乾为金,巽为木,

故此云"金柅"。此言初六若能控制住自己,如同金柅牢固地制止车子行进,则占问吉利。爻意初六虽处姤遇之时,但时机尚不成熟,不可贸然上进以求与九四遇合。

[4] 有攸往,见凶,羸豕孚蹢躅:王弼训"孚"为"骛躁",焦循以为王弼读"孚"为"浮躁"之"浮"。按:"羸豕孚蹢躅"即"羸豕有孚蹢躅"之省文。"羸"同"累"(李道平《周易篡疏》云:"陆绩云:羸读为累,即缧继之缧,古字通也……"《释文》:羸,郑、虞作累,马君以为大索,是也),系缚(《左传·成公三年》"两释累囚",杜预注:"累,系也")。"累豕",即被系缚之豕。初六在最下,故此"豕"当指小猪、猪仔。〈大畜〉六五"豮豕之牙",谓大猪也。"孚"或曰"有孚",谓有某种迹象、卦兆显示。"蹢躅",义犹蠢蠢欲动(《释文》:"蹢躅,不静也"),初六在最下,虽与九四正应,但有二、三阳刚阻隔,当不遇之时,系之而静止则吉,虽累之而动往则凶。

[5] 包有鱼,无咎,不利宾:"包"同"庖"(《释文》:"包本亦作庖"),厨房。"鱼"为富庶、吉祥之象(说详〈剥〉卦)。"不利宾"即"不利宾于王"之省文。经文"宾"字两见,〈观〉卦六四"利用宾于王"。"宾于王",即"或从王事",为王之臣、入仕做官。《黄帝四经·称》:"霸者臣,名臣,其实宾也。"九二居中,庖厨中有鱼,自是富庶之象;但阳处阴位,处位不正,故又不利入朝做官为臣。

[6] 臀无肤,其行次且:此与〈夬〉卦九四同。九三居位不中,在下卦之极,上无应援,非遇合之时,而汲汲上进以求("行"谓上行、上进),故云"厉";而臀肤无肉,行进困难,为其上进不能

速、不能远，故虽厉而无大害。

[7] 包无鱼，起凶："起"同"启"。《素问·六元正纪大论》注："启，开坼也。""起凶"，即出现凶兆。九四不中不正，处非遇合之时，故有庖无鱼之凶兆。帛书作"正凶"，当为"贞凶"之音讹。"贞凶"与"启凶"相近。

[8] 以杞包瓜，含章，有陨自天："以"同"与"（《仪礼·乡射》郑注："今文以为与"），给与。"杞"，帛书作"忌"，读为"己"（《诗·大叔于田》郑笺："忌，读如彼己之子之己"）。"包瓜"，孔颖达《正义》读为"匏瓜"。匏瓜盖象征吉祥之物，则"与己匏瓜"犹〈损〉卦之"或益之十朋之龟"。"乾为圜，为木果"（〈说卦〉），故已入上〈乾〉之九五爻辞说"与己匏瓜"。匏瓜可为匏尊或曰匏爵，以之祭天祈福，故以之为吉物。"含章"，谓匏瓜内含文彩。《艺文类聚》卷八七引《神仙传》曰："有青登瓜，大如三斗魁，玄表丹里，呈素含红，揽之者寿，食之者仙。"所谓"含章"，盖即此"玄表丹里，呈素含红"之谓。"有陨自天"，谓预兆将有福庆陨自于天。〈损〉卦六五说"或益之十朋之龟"，〈象传〉说"自上佑也"，与此略同。又"杞"、"忌"皆读为"其"，"犹"之，指九五。"与之"犹〈损〉六五之"益之"。〈鼎〉卦"以其子"之"以其"与此同。

[9] 姤其角："姤"，遇。"角"，谓顶撞，侵犯。九三、上九分别处下、上卦之极，九三贸进而行缓，故虽厉而无大咎；上九遇到侵犯而知自戒，故虽吝而无害。

〈彖〉曰：姤，遇也，柔遇刚也[1]。勿用取女，不可與長也[2]。天地相遇,品物咸章也[3]。剛遇中正,天下大行也[4]。姤之時義大矣哉。

【今译】

〈彖传〉说:卦名〈姤〉是遇合的意思,是阴柔要与阳刚相遇合。卦辞说不宜娶女,这是说虽处阴阳遇合之时与过壮之女子也是不能长久相处的。天地阴阳相遇合,各类物种才能尽皆茂盛。与阴柔相遇合的阳刚能够持守中正之道,教化政令就能畅行于天下。〈姤〉卦因时随宜的道理太伟大了。

【注释】

[1] 姤,遇也,柔遇刚也:从卦象上看,上卦〈乾〉为阳卦,下卦〈巽〉为阴卦,故云"柔遇刚"。从卦爻上看,初六为阴爻,二至上为阳爻,所以说"柔遇刚"。因此,〈彖传〉认为〈姤〉卦是讲阴阳柔刚相遇合的卦。

[2] 勿用娶女,不可与长也:"与长",即与阴柔长久相处。〈姤〉卦一阴遇五阳,施之于男女婚姻,一女淫壮,心系五男,其情不专,若娶之则难以与之长久相处;施之于君臣政治,谋臣有外志,不能专一尽忠,若取而用之,则难以与之长久共事。《黄帝四经·经法·六分》"谋臣在外位者(既有外志、怀异心),其国不安"、〈经法·亡论〉"六危:三曰谋臣[外]其志"、〈称〉"臣有两位者,其国必危",帛书〈缪和〉"群臣虚位皆有外志"等,皆臣子不专之谓。

[3] 天地相遇,品物咸章也:阴阳遇合有道,"勿用娶女,不可与长

四四、姤　399

也"是说不合于道的阴阳相遇，以下则盛赞合于正道的阴阳遇合。"天地"，指阴阳刚柔。"品物"，各类物种。"章"，美盛、茂盛。"品物咸章"一语兼赅〈乾·彖〉和〈坤·彖〉的"大哉乾元……品物流行"、"至哉坤元……品物咸亨"。

[4] 刚遇中正，天下大行也：阴柔不正，即便与阳刚相遇也不可长久；但最重要的是，阳刚首先必须中、必须正。"刚遇"，谓阳刚与阴柔相遇。"中正"，指九二、九五皆处中，九五又居中得正。"大行"，谓政令教化畅行天下，〈象传〉"后以施命诰四方"即此"天下大行"。

〈象〉曰：天下有風，姤[1]。后以施命誥四方[2]。

繫于金柅，柔道牽也[3]。

包有魚，義不及賓也[4]。

其行次且，行未牽也[5]。

無魚之凶，遠民也[6]。

九五含章，中正也[7]。有隕自天，志不舍命也[8]。

姤其角，上窮吝也[9]。

【今译】

〈象传〉说：天下吹布着风，这便是〈姤〉卦的意象。君主因此发布政令传告四方。

被止车的金柅拴系住，这是说阴柔上行之道被牵制住了。

自家厨房中有鱼，这是说不宜以之款待他人。

虽然九三行进艰难迟缓而免遭咎害,但其行为并未完全被牵制住。

厨房中无鱼而导致凶险,这是说九四疏远并失去了百姓。

九五内含美德,这是说他能持守中正之道。有福祥自天而降,这是说九五不能拒绝上天之赐。

遇到外人的侵犯而发生不利的事情,这是因为上九走入穷困之境。

【注释】

[1] 天下有风,姤:〈姤〉卦上〈乾〉天,下〈巽〉风;风布天下,无物不遇,无物不触,故〈大象〉云"天下有风,姤"。"姤"是遇及、接触之义。

[2] 后以施命诰四方:"后",君主。"施命",发布政令。"诰",诰喻、传告。天象征朝廷,风为天帝使者、颁布号令者(说详〈小畜〉卦)。君主观天下有风,遍及万物之象,知广施教化以传告四方,亦即〈象传〉的"天下大行"。若卦象反之,上〈巽〉风,下〈乾〉天,则象风行天上,朝廷之号令教化尚未播及天下,是为〈小畜〉卦,所以其〈象传〉说"施未行"、〈象传〉说"君子以懿文德"。修美其德是内圣,故言"君子";"施命诰四方"是外王,故言"后"。

[3] 系于金柅,柔道牵也:"金"指阳,"金柅"谓九二。"柔"指阴爻初六。初六被九二拴系住,说明阴柔初六上行与其他四阳爻媾合之道被牵制住了。

[4] 包有鱼,义不及宾也:从下文看,〈象传〉以"鱼"喻百姓。厨房

有鱼喻国君拥有百姓。"义",宜。"宾",他人、他国君主,自己拥有臣民,当然要仔细珍惜而不宜拱手让给他国之君。帛书〈系传〉所谓"何以守位曰人"。上文"柔道"之"柔"与此"鱼"之比喻相同,皆指臣民;"柔道牵"亦是"义不及宾"之意。初承二,故二"有鱼"。

[5] 其行次且,行未牵也:九三无应无承亦无遇,但仍欲上行以求有所遇;故其行虽迟缓,仍未能自制也。

[6] 无鱼之凶,远民也:四与初应,但初六之"鱼"已为二所"有",四不遇,故云"远民"。鱼谓民。

[7] 九五含章,中正也:"含章",谓内含美德。"中正",谓九五居中得正,能自我修养积蓄中正之德。九五虽无应无遇,但能自修美德,则必将"有陨自天",臣民来归,阴阳遇合。

[8] 有陨自天,志不舍命也:"有陨自天",谓天降福祥、天赐遇合。"舍"犹"违",拒绝。"命",赐、天赐。"有陨自天,志不舍命"犹〈损〉卦"或益之十朋之龟,弗克违"。

[9] 姤其角,上穷吝也:"吝"是爻辞,"上穷也"为传,故此文即"姤其角吝,上穷也"。上九所遇非阴阳之合,而是他人的攻击,因其居卦之极,已失遇合之时,仍一味求遇,故姤角之吝来于困穷。

▶ 通　说

〈姤〉卦初、三、四、上说不遇和不宜遇,二、五说有遇,上九"姤"字本作"遘",是行有所遇之义。卦名之"姤"则与卦辞"女壮,勿用娶女"相联系,为婚媾之"媾"。盖或本作"冓",所以《归藏》卦名作

"夜"(《诗·墙有茨》)之"中冓之言",《释文》引《韩诗》云:"中冓,中夜",又《汉书·文三王传》晋灼注引《鲁诗》云:"冓,夜也")。

筮遇〈姤〉卦,则不宜娶女,而〈姤〉为五月之卦(《后汉书·鲁恭传》"《易》五月,姤用事",注引《东观汉记》:"五月,姤卦用事"),今西双版纳尚有五月不婚娶之遗俗。据说五月份结婚,娶一个就会死一个。由此衍申,古尚有讳举五月子之俗,即五月生子则弃而不养(《史记·孟尝君列传》、《论衡·四讳》等)。《燕京岁时记》:"端阳日,用彩纸剪成各样葫芦,倒黏于门阑上,以泄毒气",此与〈姤〉卦九五"以杞包瓜,含章可贞,有陨自天"当有联系,源于古人的植物崇拜。

〈彖传〉由男女遘遇而发挥为天地阴阳刚柔相遇,并认为合于中正之道的遇合会使教化大行于天下。〈系辞传〉"男女构精,万物化生"、"天地纲缊,万物化醇"与〈彖传〉是一样的思致。

〈姤〉卦与〈小畜〉卦是上下卦颠倒的关系,所以二卦可以参读。于〈小畜〉卦,〈彖〉、〈象〉说"施未行"、"君子以懿文德",于〈姤〉卦则说"天下大行"、"后以施命诰四方",可见阴阳遇合、君臣及君民遇合的意义所在。

四五、萃 ䷬（下坤上兑）

萃[1]。亨[2]，王假有廟[3]，利見大人，亨利貞[4]。用大牲吉，利有攸往[5]。

初六。有孚不終，乃亂乃萃[6]，若號一握爲笑[7]，勿恤，往無咎[8]。

六二。引吉[9]，無咎，孚乃利用禴[10]。

六三。萃如嗟如[11]，無攸利，往無咎，小吝。

九四。大吉，無咎。

九五。萃有位[12]，無咎，匪孚，元永貞[13]，悔亡。

上六。齎咨涕洟[14]，無咎。

【今译】

筮得〈萃〉卦，为享祀祖先，王亲至于宗庙，将遇贵人之助，亨通，占问有利。用大的牲体祭祀则吉利，利于有所行往。

筮得初爻，卦兆显示终局不好，因为悖乱和聚敛；开始号啕悲泣而后又笑逐颜开，不用忧虑，前往无害。

筮得二爻，非常吉利，没有咎害，卦兆显示薄祭神灵有利。

筮得三爻，聚敛财物、忧愁嗟叹，很不利，前往无害，但也小有麻烦。

筮得四爻，非常吉利，没有咎害。

筮得五爻，聚敛财物以保有其位，没有咎害，没有得到占问长久之事吉利的卦兆，但眼前不好的事情已经过去了。

筮得上爻，悲叹涕泣，结果无害。

【注释】

[1] 萃：卦名。通行本第四十五卦，帛书本第四十三卦。〈彖〉、〈象〉、〈序〉、〈杂〉诸传均训"萃"为"聚"，这是正确的。卦象是上〈兑〉泽，下〈坤〉地，泽潦停聚于地上，故卦名之"萃"是停聚、汇聚之义。而爻辞中的三个"萃"字则是聚敛、聚财之义。孟秋泽潦汇聚，又为聚蓄之时，正与〈萃〉卦相合。

[2] 亨：注家多以此"亨"为衍字，各本无此字，帛书本亦无，独王肃、王弼本有此字。按：疑此非衍字，疑本作"享"。"享，王假有庙"，谓为享祀祖先，王至于宗庙。〈彖传〉"王假有庙，致孝享也"正释此"享"字（参高亨说）。

[3] 王假有庙："假"，至。"有"读为"于"，帛书即作"于"。卦辞主语为"王"，六爻爻辞之主语可能均是"王"。

[4] 利见大人，亨利贞：言将遇贵人相助，亨通而占问有利。此盖祭祖问蓍而得之吉占。

[5] 用大牲吉，利有攸往："大牲"，指用牛作祭祀的牺牲（《说文》："牛，大牲也"）。《易》无"用俘"一词，可见有人读"孚"为"俘"，并认为以俘为人牲的说法是有问题的。

[6] 有孚不终，乃乱乃萃："不终"即"无终"，谓结局不好。两个"乃"字释为因、因为。"乱"，悖乱。"萃"，聚敛财物。初六阴爻居刚位，处位不正，故云"乃乱乃萃"。聚财当以正道，即〈象

传〉所谓"聚以正"。聚以正道则无咎,九五是也;聚不以正,则"乱"则"嗟",初、三是也。

[7] 若号一握为笑:"号",号啕。"一握",顷刻之间。《折中》引王宗传说:"一握之顷,变号啕而为笑乐矣。""一握"为四寸长,本谓度量之短,引申谓时间之短,又谓器量之短,如《史记·郦生陆贾传》集解引应劭:"握龊,急促之貌。""若号一握为笑"即〈同人〉九五"先号咷而后笑"。"号"喻惕惧知戒,善补过也;"笑"喻"不终"将转为"有终"。

[8] 勿恤,往无咎:"恤",忧愁、忧虑。此言若能惕号知戒,则无须再忧愁,前往无害。

[9] 引吉:"引",长、长远、长久,其大方能久远,故"引吉"谓大吉。《老子》所谓"大曰逝,逝曰远"(二十五章)、〈系辞〉所谓"可久则贤人之德,可大则贤人之业"。

[10] 孚乃利用禴:"孚"谓有孚,卦兆显示。"禴",春季之薄祭。

[11] 萃如嗟如:六三与初六一样,皆阴处阳位,居位不正。聚敛不以正道,故"乃乱"、"嗟如"。

[12] 萃有位:此"有位"之"有"与"有庙"之"有"不同。"有庙"之"有"用为"于",故帛书亦作"于";此"有位"之"有"如字,故帛书同样作"有"。"有",保有。"萃有位",指通过聚蓄以保有其位,此即〈系辞〉所谓"何以守位曰人,何以聚人曰财"。九五居中得正,聚蓄以正道,故云"无咎"。

[13] 匪孚,元永贞:"匪"同"非",无。"孚",卦兆、迹象。"元",善、利。"元永贞"犹"利永贞"、"永贞吉",此言问蓍没有得到占问长久之事吉利的卦兆。

[14] 赍咨涕洟："赍咨"，悲叹之辞。"涕洟"，眼泪鼻涕并流。

〈彖〉曰：萃，聚也。顺以说，刚中而应，故聚也[1]。王假有庙，致孝享也[2]。利见大人亨，聚以正也[3]。用大牲吉，利有攸往，顺天命也[4]。观其所聚，而天地万物之情可见矣。

【今译】

〈彖传〉说：卦名"萃"是聚蓄的意思。君顺民情而民心悦服，阳刚居中而下有应合，所以能聚财蓄民。王者来到宗庙，这是为表达孝敬祖先而举行享祀。将得到贵人相助并前途亨通，这是因为按照正道来聚蓄。用大的牺牲祭祀则吉利，利于有所行往，这是因为顺从了天道。观察聚蓄的道理，那么天地万物的内在规律就可以把握了。

【注释】

[1] 顺以说，刚中而应，故聚也："说"同"悦"。〈萃〉卦下卦〈坤〉顺，上卦〈兑〉悦，"顺"谓君顺民情，"悦"谓民悦服从，故云"顺以说"。九五阳刚居中，与六二正应，象居上位的阳刚尊者与居下位的臣民相应合，故说"刚中而应"。"故聚也"，谓因此能够广聚天下财物人民。

[2] 王假有庙，致孝享也："致"，表达。"享"，享祀、祭祀。

[3] 利见大人亨，聚以正也，"亨"下《集解》本有"利贞"二字，王引

之亦认为当从《集解》本。"聚以正"谓聚蓄当以正道,如刚中之九五。聚蓄以正则百姓应合("刚中而应"),反之则"乃乱"、"嗟如"。

[4] 顺天命也:"天命",天道,自然社会之规律。

〈象〉曰:澤上於地,萃[1]。君子以除戎器,戒不虞[2]。

乃亂乃萃[3],其志亂也。

引吉無咎,中未變也[4]。

往無咎,上巽[5]也。

大吉無咎,位不當也[6]。

萃有位,志未光也[7]。

齎咨涕洟,未安上也[8]。

【今译】

〈象传〉说:泽水汇聚于地上,这便是〈萃〉卦的意象。君子应该修治军械,常备不测。

悖乱暴敛,说明心志已乱。

能够长吉无害,因为六二持守中正、内心不乱。

前往无害,因为能够以阴柔之卑顺从居上位的阳刚之尊。

大吉无害,因为九四能够清醒地意识到自己是处在不适当的位置上。

聚人聚财以保有其位,但没有得到广泛信赖,这说明九五须意识到自己的德行尚未光大。

悲叹流涕而免于咎害,说明虽居高位而能不求安逸,时时戒备。

【注释】

[1] 泽上于地,萃:〈萃〉卦上〈兑〉泽,下〈坤〉地,象泽潦汇聚于地上,故云:"泽上于地,萃"。"萃",聚也。

[2] 君子以除戎器,戒不虞:"除",修治("除"或作"储",不确;或训"去",误)。"戎器",兵器,军械。"不虞",不测。泽潦积久则有泛滥之虞,故须完缮堤防以备不测;人众聚久则有纷争之患,故须修治军械以防不虞,所以君子观〈萃〉卦泽上于地,应知除戎器以戒不虞。

[3] 乃乱乃萃:两"乃"字训为"又"(《经传释词》)。

[4] 引吉无咎,中未变也:"中"谓六二居中守正,又指心中、内心。"变",变乱。

[5] 上巽:"巽",逊顺。上巽,谓六三以阴柔顺从在上的阳刚。

[6] 大吉无咎,位不当也:"位不当"是说九四阳爻处柔位,又近逼九五。此二句历来有两种解释:一是说九四因居位不当,所以虽大吉而仅得无咎;一是说九四因居位不当,所以必大吉然后得以无咎。按:本卦六爻〈小象〉皆与〈大象〉之"戒不虞"相联系,所以此二句应是说九四因为能时时提醒自己处位不利,常备不懈,所以得以大吉无害。

[7] 萃有位,志未光也:"萃有位"下省"匪孚"。"孚",信。"匪孚",谓未得到民众广泛信赖。这是说聚人聚财以保有其位,但尚未得到广泛信赖,所以九五须意识到德行还未能光大。

[8] 赍咨涕洟,未安上也:"赍咨涕洟"下省"无咎"。上六居高位而

能时时戒惧、不求安逸，故免于咎害，此正〈大象〉"戒不虞"之意。

▶ 通　说

〈萃〉卦卦象为地上聚泽，爻辞说王者如何聚人聚财以保有其位，〈系辞〉的守位、聚人、聚财之说与此卦有联系，黄老道家（如《黄帝四经》、《管子》等）多有此说。但聚敛有道，聚以正者，吉而无咎，如二、五爻；聚不以正，乃乱乃嗟，如初、三爻。〈象传〉非常准确地把握住了这一点。

〈象传〉则由〈萃〉卦的地上聚泽，引申为戒备不虞的忧患意识，此虽与爻辞、〈象传〉不合，但与卦象却相一致。〈萃〉卦当为孟秋之卦。孟秋为"天地始肃"的"始收敛"季节（《吕氏春秋·孟秋纪》），同时秋雨频至，当修缮堤防以备水潦之患。《吕氏春秋·孟秋纪》就说："孟秋之月，天地始肃……农乃升谷，天子尝新，先荐寝庙，命百官，始收敛，完堤防，谨壅塞，以备水潦，修宫室，附墙垣，补城郭"，又云"是月也，命有司，修法制，缮囹圄，具桎梏，禁止奸，慎罪邪，务搏执……戮有罪，严断刑"，又云"天子乃赏军率武人于朝，天子乃命将帅，选士厉兵，简练杰俊，专任有功，以征不义，诘诛暴慢，以明好恶"，这与〈象传〉的思路大体是一样的。这里的"天子尝新，先荐寝庙"也可能与卦爻辞的"王假有庙"、"用牲"、"用禴"有联系。

四六、升䷭（下巽上坤）

升[1]。元亨,用見大人,勿恤,南征吉[2]。
初六。允升[3],大吉。
九二。孚乃利用禴,無咎[4]。
九三。升虛邑[5]。
六四。王用亨于岐山[6],吉,無咎。
六五。貞吉,升階[7]。
上六。冥升,利于不息之貞[8]。

【今译】

筮得〈升〉卦,大通顺,见大人有利,不用忧虑,南行吉利。

筮得初爻,心存诚信而升进,非常吉利。

筮得二爻,卦兆显示举行薄祭有利,没有咎害。

筮得三爻,升进到城邑的高丘之上。

筮得四爻,王可享祭于岐山,吉利,没有咎害。

筮得五爻,占问吉利,步步高升。

筮得上爻,沉迷于升进,若占问返回则有利。

【注释】

[1] 升:卦名。通行本为第四十六卦,帛书本为第四十卦。此与

〈萃〉卦为卦爻翻覆的关系,故次列于〈萃〉卦下。帛书本卦名作"登",《归藏》作"称",升、登、称皆为蒸部字。

〈升〉卦上〈坤〉地,下〈巽〉木,象树木进长而上升,故卦名〈升〉;若反之,上〈巽〉木,下〈坤〉地,则象树木升长而可为人所观,故卦名为〈观〉。

[2] 用见大人,勿恤,南征吉:"用"犹可、利,本或作"利见大人",帛书即作"利见大人"。经文"利涉大川"亦作"用涉大川"(如〈谦〉卦),与此同。"恤",忧虑。"南征",南行。"南征吉"即所谓"利西南"、"西南得朋"之类。《易》凡言"南"者,皆利、皆吉,因南为温暖向日之方。程、朱释"南征"为"前进",亦通。

[3] 允升:经文"允"字两见,皆为"信"义。〈晋〉卦六三"众允,悔亡",此"允"为信赖之义。"允升"之"允"是心存诚信之义。"允升大吉"犹〈无妄〉初九"无妄往吉"。〈彖传〉"柔以时升"即谓诚信守时不妄升进,当指此爻而言。

[4] 孚乃利用禴,无咎:已见〈萃〉卦六二。

[5] 升虚邑:《说文》"虚,大丘也"。升进至城邑高丘之上,盖为一邑之主之象,故当为吉占。九三居下卦之极,故云升虚邑。〈乾〉卦九三戒之以"终日乾乾",〈坤〉卦六三戒之以"含章",〈渐〉卦九三有"夫征不复"之"凶",而本卦九三象传言"无所疑也",盖上有应援之故;而〈乾〉、〈坤〉、〈渐〉之三爻正无应援。

[6] 王用亨于岐山:"用"犹"可"、"宜"。"亨"同"享",享祭。"岐山"在镐京西,故亦称为"西山"(〈随〉卦上六"王用亨于西山")。山主安泰,宜于祭山,是此爻主平安,故下说"吉无咎"。

[7] 升阶:谓以次而升、步步升进。

[8] 冥升,利于不息之贞:"冥",昏昧,引申有沉迷之义。"冥升",谓沉迷于升进(参〈豫〉卦上六"冥豫,成有渝,无咎"注)。"不息",注家均训为"不止",龃龉难通。按:"贞"为占问,经文有"利永贞"、"利居贞"等,皆是占问安居、安行、回返等吉凶与否。"息"是返回、返归之义(《广雅·释言》"息,返也",《广雅·释诂》"息,归也")。"不"当作"来",形近而误(《荀子·大略》"从诸侯不",杨倞注:"不当为来")。"来息"犹〈蹇〉卦九三之"来返"。上六沉迷于升进,然"升而不已必困"(〈序卦传〉),故占问退而返回则有利,观〈杂卦〉"升,不来也",可知此"不息"为"来息"即"来返"。又"不"为发语辞,无义(《尔雅·释丘》注"不,发声"。《诗·文王》"帝命不时",郑笺:"不时,时也")。"不息"即"息",谓返也。又"不息"义犹"永"(陈梦雷《周易浅述》释〈坤〉卦用六"利永贞"云"永,谓健而不息"。上六升进不已,若能穷上返下,则"利永贞",即占问长久之事则有利。〈坤〉卦上六"龙战",或穷上返下,变而得通,则为用六"利永贞",与此同)。

〈彖〉曰:柔以時升,巽而順,剛中而應,是以大亨[1]。用見大人,勿恤,有慶也[2]。南征吉,志行也[3]。

【今译】

〈彖传〉说:阴柔因时而升进,谦逊而柔顺,阳刚居中而有应合,所以能大为亨通。见大人有利,不用忧虑,这是说升进必有福庆。南行吉利,这是说能够成就升进的志愿。

【注释】

[1] 柔以时升，巽而顺，刚中而应，是以大亨："柔"指阴爻初六。阴爻初六，诚信守时，依次升进，至四、至五、至上。所谓"以时"，即因时、随时、守时。具体体现在初爻升而诚信、进而不妄，即所谓"允升"；也体现在升至亢极之时，知及时退而回返，即所谓"利于来息之贞"。"巽"即逊，谦逊。〈升〉卦下〈巽〉逊，上〈坤〉顺，升进之时能谦逊柔顺而不傲睨于物，故云"巽而顺"。阳爻九二居中，故云"刚中"，与阴爻六五相应，故云"而应"；升进之时，内有刚健之德而上有得力之应援，故云"刚中而应"。"大亨"释卦辞之"元亨"。升进能审度时机，外则和之以逊顺，内则主之以刚健，上乃有强有力之应援，故必得大通顺。

[2] 用见大人，勿恤，有庆也："大人"盖谓"刚中而应"的应爻六五，居尊位者。"有庆"，有福。

[3] 南征吉，志行也：就卦爻而论，"南"谓上、谓前。"南征"即前往、上进。"行"，成。"志行"，谓成就升进之志。

〈象〉曰：地中生木，升[1]。君子以顺德，积小以高大[2]。

允升大吉，上合志也[3]。

九二之孚，有喜也[4]。

升虚邑，无所疑也[5]。

王用亨于岐山，顺事也[6]。

贞吉升阶，大得志也[7]。

冥升在上,消不富也[8]。

【今译】

〈象传〉说:地中生长出树木来,这便是〈升〉卦的意象。君子因此循序渐进地修养美德,就像树木由矮小逐渐积累为高大。

取得信赖的升进大为吉祥,这是说初六与居上位的志意相合。

九二心存诚信,这说明必然给它带来好运。

升进到城邑的高丘之上,这是说九三没有什么可疑虑的。

王可享祭于岐山从而得吉无害,这说明六四能够恭谨于行事。

守正得吉从而步步升进,这说明六五十分得志。

走到尽头而仍然沉迷于升进,这是说上六必将消损亏虚。

【注释】

[1] 地中生木,升:〈升〉卦下〈巽〉木,上〈坤〉地,象树木自地中生出,故云"地中生木,升"。"升",升进、上升。

[2] 君子以顺德,积小以高大:李鼎祚《周易集解》本"顺德"作"慎德",音之讹。"以高大"作"以成高大",衍一"成"字。"顺",循序渐进之义。"德"谓修养美德。"积小以高大"即老子"合抱之木,生于毫末"之义(《老子·六十四章》)。顺次修德、积小以大,即爻辞六五"升阶"、〈象传〉"柔以时升"之谓。

[3] 允升大吉,上合志也:"允"即〈晋〉卦六三〈小象〉"众允之志,上行也"之"允",信赖,获得九二、九三之信赖。"上"指居于初六之上的九二、九三。若为上司猜忌,则无法升进。

[4] 九二之孚,有喜也:"孚",信,心存诚信。九二居中,能持中则

能有信。"有喜",谓有好事,有好运。能怀诚守中,故能得在上之六五援手提携;有上司援手提携,故能有好运。九二与六五正应。

[5] 升虚邑,无所疑也:三爻居下卦之极,本当"乾乾"有所疑惧;而〈升〉卦九三有上六为应援,在上位者援而不忌,则三爻无所疑虑。

[6] 王用亨于岐山,顺事也:旧训"顺事"为顺从服事在上位者。按:《易》凡言顺从,皆柔顺刚、阴顺阳,此六四之上无阳爻,故疑"顺"当如高亨所说为"慎"音之讹。"事"谓行事,指升进之事。"慎事"言谨于升进之事。"王用亨于岐山"下省"吉无咎"。此六四之"慎事"即〈坤〉卦六四〈小象〉"慎不害也"、〈文言〉六四"盖言谨也"。

[7] 贞吉升阶,大得志也:"贞",守正。六五就九二言则为居尊位之君,就本爻说则为居显位之大臣。

[8] 冥升在上,消不富也:"在上",谓上六居于卦之穷极,升进已至尽头。"富",实。不实,谓虚。消虚,谓消损亏虚,为长盈之反面。沉迷于升进已至尽头,必不能长久,将消损亏虚。〈豫〉卦上六〈小象〉"冥豫在上,何可长也"与此同;然而穷上反下则有利,即爻辞"利于不息之贞"。又,"富"或可读为"复","消不复",谓若不知返则必消损也。〈杂卦〉"〈升〉,不来也","来"即"复"。

▶ 通 说

〈升〉卦讲升进之事。初爻诚信无妄,故升进大吉。二爻禴祭,升进无咎；祭献之对象，盖为六五之尊者；卦辞之"用见大人"即指此爻；何以知之，〈彖〉曰"用见大人，有庆也"，九二〈小象〉云"有喜也"，"有喜"即"有庆"，是九二为"用见大人"。九三则升虚邑为一邑之主。四爻则于升进中途稍微安步调整升进节奏，故祭山以求安泰。五爻则进一步高升。六爻升至亢极，则及时退返，占问乃有利。"息"训为返、训为归，"不"为"来"之讹，或作发声词，总之为"归根复命"、"功遂身退"之谓。又"息"亦可训生、训长，不复进长则是进极则止，动极而静之谓，即老子所谓"归根曰静，静曰复命"。

〈彖传〉讲升进有四大条件：其一是"以时"，即要审时度势；其二是"巽而顺"，即外能谦顺；其三是"刚中"，要内有刚健之德；其四是"而应"，即有尊者提携。

〈象传〉由树木积小以高，引申为道德之顺次修养，此即老子"合抱之木，生于毫末，九层之台，起于累土；千里之行，始于足下"（《老子·六十四章》）。

四七、困䷮（下坎上兌）

困[1]。亨,貞,大人吉,無咎;有言不信[2]。

初六。臀困于株木,入于幽谷,三歲不覿[3]。

九二。困于酒食,朱紱方來,利用享祀[4],征凶,無咎[5]。

六三。困于石,據于蒺藜[6],入于其宮,不見其妻,凶。

九四。來徐徐,困于金車,吝,有終[7]。

九五。劓刖[8],困于赤紱,乃徐有說,利用祭祀[9]。

上六。困于葛藟,于臲卼[10],曰動悔有悔,征吉[11]。

【今译】

筮得〈困〉卦,最终能亨通。大人占问则吉利,没有咎害;但眼前尚有咎害而未解除。

筮得初爻,受困而坐于木桩上,又迷路而误入深谷中,很长时间都找不到出路,有凶险。

筮得二爻,酒食匮乏,然而禄位即将到来,利于祭祀以谢神灵,但妄行进取仍有凶险,若止而待时则无咎害。

筮得三爻,困于险境,依于是非之地,结果就如同进入家中而不见了妻子,有凶险。

筮得四爻,犹豫不定地想要退回来,车子却出了故障,虽小有不利而终有好结果。

筮得五爻,内心不安宁,做官出了麻烦,但麻烦最终能摆脱,利于祭祀以祈求神灵保佑。

筮得上爻,被藤蔓纠缠,不得安宁,若行动后悔则有坏事发生,只有往前进取才能获得吉祥。

【注释】

[1] 困:卦名。通行本为第四十七卦,帛书本为第四十五卦。〈困〉卦上下卦颠倒则为〈节〉卦,象水在泽上,流行漫衍,当适度节制之,故卦名〈节〉。而〈困〉卦上〈兑〉泽,下〈坎〉水,水在泽下,失流通之性,困之象也,故名为〈困〉。叶适《习学记言序目》云:"坎之水以流行通达为用,当泽上之时,坎为所包,而流行通达之用失矣。"

[2] 亨,贞,大人吉,无咎;有言不信:"亨"谓虽处困而终得亨通,〈系辞〉"〈困〉穷而通"即指此。"贞,大人吉"为始困终亨的条件,即有德、有志之大人占得此卦方能有终亨之吉利,若无德、无志之小人筮得此卦则不能亨吉,〈系辞〉所谓"〈困〉,德之辨也"就是这个意思。"言"通"愆",咎害。"信"同"伸"(朱骏声《六十四卦经解》云:"信又读如屈伸之伸,开解,解除")。

[3] 臀困于株木,入于幽谷,三岁不觌:"株木",木桩(《说文》:"株,木根也",段注云:"今俗语云桩"),"臀困于株木",言受困而臀坐于木桩之上。"幽谷",深谷。"觌",见,指见到出谷之大路。帛书"觌"下有"凶"字。〈丰〉卦上六"三岁不觌"下通行本、帛

本皆有"凶"字,当据补。《敦煌遗书·斯六二〇·桥道门户篇第二十六》说:"梦见迷路,所求不成。"

[4] 困于酒食,朱绂方来,利用享祀:"困",匮乏。"困于酒食",言饮食匮乏、接济不上。"朱绂",贵族祭祀之服装,喻禄位,下"赤绂"同。"方",将。"利用享祀",利于祭祀以谢神灵。《易》凡言祭祀之事者,大抵为祈求平安、祈求保佑、谢神等,然亦含有行贿贵人之意,与"利见大人"很接近。

[5] 征凶,无咎:"征"谓妄行进取。"无咎",谓止而待时则无咎害。

[6] 困于石,据于蒺藜:"石"指坚刚之地,喻险境(参〈豫〉卦六二"介于石")。"据",依凭。"蒺藜",有荆刺之植物。"据于蒺藜",言处于是非之地、不祥之地。古之牢狱、墓冢四周树之以蒺藜,故古多以蒺藜、荆薪取譬不祥。

[7] 来徐徐,困于金车,吝,有终:"来",谓自上而下、由进而退。"徐徐"或本作"荼荼",心神不定的样子。"困于金车",言所乘车子出了故障;九四为阳爻,故云"金车",遇困而退,不能济困,故言"吝";车子出了问题,后退不得,只能振作前进,终能出困,故言"有终"。下卦三爻说困而不宜妄进,上卦三爻说宜进济困,故四言"有终"、五言"有说(脱)"、六言"征吉"。

[8] 劓刖:朱骏声《六十四卦经解》:"劓刖,一作臲卼,一作倪仉,一作槷䐃,不安貌。九五人君不当有劓刖之象。"按:"劓刖"与上六之"臲卼"宜同,均为心中不安宁的样子。若云"劓刖",则下不当复言"有说"。

[9] 困于赤绂,乃徐有说,利用祭祀:"赤绂"与九二"朱绂"同。"困于赤绂",言做官出了麻烦,如得罪了当权之类。"说"同"脱",

言麻烦不久会过去。"利用祭祀",宜祭祀以祈神灵护佑;亦含有行贿贵人之意。《集解》引陆绩曰:"二言朱绂,此言赤绂;二言享祀,此言祭祀,传互言耳,无他义也"。

[10] 困于葛藟,于臲卼:"葛藟",藤蔓。"困于葛藟",言为麻烦之事所纠缠、为小人所困扰。古以石喻阳性,以葛藟喻阴性,因葛藟依附于石。如《楚辞·山鬼》:"石累累兮葛蔓蔓"("石"喻公子,"葛"为山鬼自喻),汉乐府〈孔雀东南飞〉:"君当作磐石,妾当作蒲苇"等。六三之"困于石"为困之大者,上六即将出困,"则困于葛藟"为困之小者。"于",发声辞,无义;又或以为衍字。"臲卼"与九五之"臲卼"同。

[11] 曰动悔有悔,征吉:"曰",发语辞,又或疑为衍字。"动"谓行动进取。上"悔"为后悔之悔,下悔为咎悔之悔。"征"与"动"同,谓前行进取以最终济困。此言若后悔于进取则有咎害,前行进取必最终获吉。又按:"动悔有悔"帛书作"悔夷有悔",亦通。"夷"通"迟"(《诗·四牡》"倭迟",《韩诗》作"倭夷"。《淮南子·原道训》"冯夷",高诱注:"夷或作迟")。此"悔迟有悔"即〈豫〉卦六三"悔迟有悔"。言困于葛藟,臲卼不安,省悟迟缓则有咎害,及早行动则获吉祥。

〈彖〉曰:困,剛揜[1]也。險以說[2],困而不失其所,亨,其唯君子乎[3]?貞大人吉,以剛中[4]也。有言不信,尚口乃窮[5]也。

【今译】

〈彖传〉说:〈困〉卦是讲阳刚被掩蔽而处境困迫。身虽处于险境而心能从容自乐,虽困窘而不失立身之本,从而最终亨通,这大概只有有德之君子才能做到吧?持守中正的大人君子能够因困得吉,这是由于有内在的刚健中正之美德。只有虚浮的言辞而无信实的德行,这意味着处困之时,崇尚言辞而无行动,只能更加困穷。

【注释】

[1] 刚揜:"揜"同"掩"。"刚揜",阳刚被阴柔所掩蔽。〈困〉卦下卦为刚卦〈坎〉,上卦为柔卦〈兑〉,所以说"刚揜"。又,刚爻九二为柔爻六三所掩,刚爻九五为柔爻上六所掩,所以说"刚揜"。刚揜则谓处境困迫,《礼记·表记》郑注:"揜犹困迫也。"

[2] 险以说:"险"指下卦〈坎〉险,"说"同"悦",指上卦〈兑〉悦。谓身处险难之境而内心从容自乐。〈大象〉之"致命"(即乐知天命)、〈系辞〉之"困以寡怨"即此"险以悦"。反之,遇到困境而怨天尤人,则非君子大人。

[3] 困而不失其所,亨,其唯君子乎:"所",谓所处之位置、立身之本,谓美德。"其",大概。唯君子方能处于困境而固守立身之本,小人则否,〈系辞〉所谓"〈困〉,德之辨也"。

[4] 刚中:谓内心秉持刚健中正之德。九二、九五皆刚爻而居中,故云"刚中"。

[5] 有言不信,尚口乃穷:"尚口",崇尚口说,夸夸其谈而无实在的行动。此是小人处困之所为,君子则"不失所"而"刚中",亦即〈系辞〉所谓"不言而信,存乎德行"。

〈象〉曰:澤無水,困[1]。君子以致命遂志[2]。

入于幽谷,幽不明也[3]。

困于酒食,中有慶也[4]。

據于蒺藜,乘剛[5]也。入于其宮,不見其妻,不祥也。

來徐徐,志在下也[6]。雖不當位,有與也[7]。

劓刖,志未得也[8]。乃徐有說,以中直也[9]。利用祭祀,受福也。

困于葛藟,未當[10]也。動悔有悔,吉行也[11]。

【今译】

〈象传〉说:池泽里干枯无水,这便是〈困〉卦的意象。君子应该通达天命,成就志愿。

误入于深谷中,这是由于未能审明前途的情况。

酒食匮乏而忽有禄位将至,这是说只要持守中道必有福庆。

处於遍生蒺藜的窘境中,这是因为凌乘阳刚所至。回到家中,见不到妻子,这是不祥之兆。

徐徐返回而有咎吝,这是因为九四要退却下来以应合初六。但最终能有好结果,这是因为九四虽处位不当却有同志相助而一道上进济困。

内心不安宁,这是说九五尚未得志。不久将摆脱困境,这是因为九五有中正之德。利于祭祀神灵,这是说九五即将享受到上天赐福。

被藤蔓纠缠而内心不宁,这是由于上六处于凌乘阳刚的不适当的位置上。若后悔于前行进取则必有咎害,这是说只有进取才能吉祥亨通。

【注释】

[1] 泽无水,困:〈困〉卦上〈兑〉泽,下〈坎〉水,水在泽下,泽水下渗,有池泽干枯困窘之象,故云:"泽无水,困"。

[2] 君子以致命遂志,"致命"有多种解释,当以程传为接近。程传云:"君子当困穷之时,既尽其防虑之道而不得免,则命也。当推致其命,以遂其志。知命之当然也,则穷塞祸患不以动其心,行吾义而已;苟不知命,则恐惧于险难……"。叶适《习学记言序目》亦云:"命者,天之所以命我也。""致",谓推致而通晓之("致"同"至",《国语·楚语》注:"至,通也",《礼记·乐记》注:"至,达也"。"致"有通晓之义,故亦作"知"。《孟子·离娄》:"可坐而致也",《宋书·律志》"致"即作"知")。"命"谓"天命。"《庄子·人间世》:"莫若为致命",成疏:"直致率情,任于天命"。《庄子·天地》:"致命尽情"。此"致命"与〈象传〉之"致命"同。"致命"谓通达天命,虽处困境而不怨天尤人,即〈系辞〉"〈困〉以寡怨"之谓。处困之道,一是"致命",即〈象传〉"险以悦";二是"遂志",即成就志愿、践行理想。致命、遂志即所谓听天命、尽人事。

[3] 幽不明也:朱骏声《六十四卦经解》云:"一本无幽字"。"不明",不明审。

[4] 困于酒食,中有庆也:"困于酒食"下省"朱绂方来"。九二居中位,故言"中",谓能持中道自然终有福庆。

[5] 乘刚：六三凌乘阳爻九二之上，喻冒犯权贵之类。

[6] 来徐徐，志在下也："来徐徐"下省"吝"字。"下"谓退却下来而应合初六。初六已然"不明"，九四遇困怯而退下以应"不明"之初六，是愈发困窘而有吝。

[7] 虽不当位，有与也："虽不当位"上省"有终"。前言"吝"之由，此言"有终"之由。九四以阳居阴，故云："不当位"。"与"，助。但有居中得正（"中直"）的阳刚九五相助，故此"有终"。

[8] 劓刖，志未得也："劓刖"亦为"臲卼"之音讹。

[9] 乃徐有说，以中直也："说"同"脱"，摆脱困境。"中直"即"中正"（与"得"协职部韵，故易"正"为"直"），九五居中位，阳爻处刚位，故云"中直"。谓能持守中正之美德。

[10] 未当：未能处于适当之位置。上六阴爻而凌乘阳刚九五，故云："未当"。此与〈需〉卦上六凌乘九五而〈小象〉说"不当位"是一样的。

[11] 动悔有悔，吉行也：此引爻辞无"曰"字。"吉行"，前行进取可获吉祥，即〈大象〉之"遂志"。

➡ 通 说

〈困〉卦上〈兑〉泽，下〈坎〉水，〈彖传〉和〈象传〉释说卦象小有差异。〈彖传〉说"刚揜"，"刚"指内卦的刚卦〈坎〉，是说〈坎〉水为〈兑〉泽所掩而处境困窘（似又以〈兑〉泽为小人）。〈象传〉则以泽水下渗、泽中干枯无水为人处困窘之象。

〈困〉卦下卦三爻皆说处困知困、不宜妄动，即〈彖传〉的"险以说"、"不失其所"及〈象传〉的"致命"；上卦三爻则皆说处困宜进以求济困，即〈彖传〉的"刚中"及〈象传〉的"遂志"。

"困"有各种情况和原因。有因自己不明审而困于株木的，有中正不随俗而困于酒食的，有得罪权贵而困于险境的，有临危退却而困于金车的，有为官清正而遇到麻烦的，有开罪于小人而困于葛藟的。无论怎么困法，有两点是确定的：一个是终"亨"，一个是要正视眼前的困境，即"有言不信"（有愆不伸）。但终亨的条件必须是有德、有志、有行动的"大人"。

处困之时，经文两言利于祭祀。字面上看是祈求上帝保佑，但它包含两方面的意义：其一是系命于天，寻求一种精神力量、精神支柱；二是求贵人以冀其援手。

人处困境之中，有两点极为重要，〈彖〉、〈象〉二传同时勘破：一是达人知命，不怨天尤人，即〈彖传〉"险以说"及〈象传〉"致命"；所谓乐知天命，即包含不丧失气节的意思，即〈彖传〉的"不失其所"。二是秉持刚健之德，进取济困，即〈彖传〉的"刚中"和〈象传〉的"遂志"。

〈象传〉之"致命"与《庄子》之"致命"颇相一致。

《左传·襄公二十五年》载武子筮得〈困〉卦六三爻辞，陈文子说："困于石，往不济也；据于蒺藜，所恃伤也；入于其宫不见其妻凶，无所归也。"此所载陈文子之释爻辞文亦可以"逸象"视之，盖为今本〈象传〉的来源之一。六三〈小象〉"据于蒺藜，乘刚也"与"据于蒺藜，所恃伤也"显然是有内在联系的，只是不似〈象传〉严格以爻位承乘刚柔说之。

四八、井 ䷯（下巽上坎）

井[1]。改邑不改井[2]；無喪無得[3]，往來井井[4]。汔至亦未繘井[5]，羸其瓶，凶[6]。

初六。井泥不食，舊井無禽[7]。

九二。井谷射鮒，甕敝漏[8]。

九三。井渫不食[9]，爲我心惻[10]；可用汲，王明並受其福[11]。

六四。井甃[12]，無咎。

九五。井冽，寒泉食[13]。

上六。井收勿幕[14]，有孚元吉。

【今譯】

筮得〈井〉卦，城镇的居民有时会迁徙而水井却不会因之改移；人们无论是否使用它，井水都不会因此减少或增加，人们或者离去或者迁来，水井依旧是水井。如果汲水井绳将出井口而尚未提出井口就把汲瓶倾覆坠毁，那是很凶险的。

筮得初爻，水井淤泥堵塞不能食用，井已陈旧不能使人获益。

筮得二爻，井中干涸无水而只余下一些泥鳅，汲瓶也已破漏。

筮得三爻，井水污秽不能食用，使我内心伤悲；希望井水早些可以食用，祈求贵人圣明而使我获得福泽。

筮得四爻,修治水井四壁,不会再有咎害。

筮得五爻,井水变得清澈,寒泉可供食用。

筮得上爻,汲水井绳已提出井口,应恒久勉力,卦象显示非常吉利。

【注释】

[1] 井:卦名。通行本为第四十八卦,帛书本为第二十四卦。此与〈困〉卦为卦爻翻覆的关系,故次列于〈困〉卦后。

〈井〉卦下〈巽〉木,上〈坎〉水,有木桶由井中向上汲水之象,故卦名为〈井〉。汲桶称为瓶、又称为瓮,或为木制,或为陶制。又按《说文》:"井,象构韩形","韩,井桥也",段玉裁以为即汲水之桔槔。《集解》引郑氏云:"巽木,桔槔也",亦通。疑〈井〉卦之巽木兼汲桶、汲绳及桔槔(亦称辘轳)而言(巽为木,又为绳)。

[2] 改邑不改井:"改",更易迁徙。"邑",城镇村邑。此言城邑可移徙而井则不可移易。王弼注说:"井以不变为德者也"。或训"改"为改建、改变,不确。

[3] 无丧无得:"丧"谓减少,"得"谓增加。此言人们无论是取用它或不取用它,它都不会有减少或增加的变化。此与黄老道家对"道"的表述很接近。王弼注此句云:"德有常也"。程传云:"汲之而不竭,存之(按:指存而不用)而不盈,无丧无得也"。

[4] 往来井井:"往"谓人们徙去,"来"谓人们迁来。"井井",水井依然是水井。王弼注此句云:"不渝变也"。

[5] 汔至亦未繘井:"汔至"蒙后省"井"字,即意为"汔至井亦未繘

井"。"汔",几,几乎、将要。"至"即"至井",汲绳提至井口。"亦",犹,尚(徐仁甫《广释词》)。"亦未"即"犹未"。"繘",辘轳上的汲绳。荀爽曰:"繘者,所以出水"。从"矞"之字多有"出"义,《说文》:"矞,满有所出也。《广雅》:"矞,出也",《汉书·司马相如传》注引晋灼曰:"潏,水涌出声也"。"汔至(井)亦未繘井",言汲绳将提至井口而犹未出井口。王弼注云:"已来而未出井也"。或训"汔"为干涸,"繘"读为"矞",穿。

[6] 羸其瓶,凶:"羸",或训"覆"(王弼、孔颖达),或训"败"(程传),谓倾覆坠毁。〈比〉卦之"盈(倾)缶,终来有它"与此"羸其瓶,凶"相近。《方言·卷五》:"缶,其小者谓之瓶"。此源于古人日用器物之崇拜。《左传·襄公十七年》:"卫孙蒯田于曹隧,饮马于重丘,毁其瓶(指重丘人放置于井边的汲水瓶),重丘人闭门而诟之"。《淮南子·说林训》:"毋曰不幸,甑(疑当作"瓶")终不坠井"(此疑即出于〈井〉卦之"羸其瓶,凶")。《后汉书·周磐传》注引《汝南先贤传》亦有视井上桔槔朽坏为不吉的记载。《太平御览》引《杂五行书》说:把汲瓶悬于井中,可以驱除邪祟。桂馥《札朴》卷四"小儿汲瓶"条说:"俗以金银或桃核造为汲瓶,悬小儿腕间,何所依据"? 然后引《急就篇》颜注:"瓫,汲瓶。今人以杂宝为镒之属,带于婴儿颈下,此古之旧事",并说:"是即汲瓶之所由来也。其以桃核,盖祓除之遗"。

[7] 井泥不食,旧井无禽:"泥"谓淤泥堵塞。"不食",不能食用、无法食用。"禽"古"擒"字,训为获(《集解》引崔憬说)。言井已陈旧,不能再使人从中获益。关于"旧井无禽"尚有两种说法:一谓"禽"为"川禽",鱼虾之类。二谓"井"同"阱","禽"谓禽

兽。

[8] 井谷射鲋,瓮敝漏:"谷",干涸无水(《诗·桑柔》毛传:"谷,穷也"。《老子注》:"谷者,空虚不有",《释文》:"谷者,中央无者也")。"射"或作"邪"(《释文》:"射,荀作邪",《音训》引作"邪"),读为"余"(《诗·北风》《释文》:"邪音余"。《楚辞·七谏》王注引《诗·嵩高》"射"作"徐",亦可证"射"音近"余")。"鲋",小鱼、鲫鱼,即泥鳅之类。"瓮",汲瓶。"敝漏",残破漏水。此句帛书作"唯敝句"。"瓮"字缺残上下部即讹为"唯"。"漏"、"句"同为侯部字。或释"井谷射鲋"为井底射鱼。或读"敝句"为"敝笱",捕鱼器。

[9] 井渫不食:"渫",污秽(《汉书·王褒传》集注引张晏:"渫,污也")。"不食"与初六之"不食"义同,谓无法食用。旧释"渫"为"治污",则"不食"便被解释为与初六的"不食"相反的意思,即"不被食用"、"不许食用",有误。闻一多说:"此言井水污渫……旧说训渫为不停污……大谬"。

[10] 为我心恻:"为",使(王注)。

[11] 可用汲,王明并受其福:"可用",可以。"汲",取用。"并",且,连词。此为九三祭祀祈求的内容,即祈求王能垂赐圣明,使井水早些可以取用,并使九三获得福庆。〈象〉云:"求王明,受福也"亦可证此为祈求语。我们再看〈困〉卦九五〈小象〉说:"利用祭祀,受福也",可知祭祀的对象为天地神灵、先公先王,同时亦包含行贿权贵、贵人之意。或训"并"为"普"、"共"。

[12] 井甃:"甃"是指修治井壁。六爻仅此一爻言治井,而治井包

括掏污、浚深、修井壁等，此举一以赅之，象云"井甃无咎，修井也"就是这个意思。

[13] 井冽,寒泉食："冽"，井水清澈。"寒泉"，言井泉出于深壤，新鲜凉洁，非旧井停污之水可比。"食"，可以食用。

[14] 井收勿幕："收"，谓将放下去的汲绳收上来（虞注："收谓以辘轳收绠也"）。"幕"，旧皆训"盖"，谓盖上井口，如王弼注："幕犹覆也。不擅有,不私利"。按：疑此句是针对"汔至亦未繘井"而说，是戒人切勿半途而废，宜效井之恒德。"幕"同"莫"、"勿"、"莫"皆有勉义，故"勿幕"、"勿莫"盖犹"密勿"，谓恒久勉力。又或训"收"为"汲"、为"成"。

〈象〉曰：巽乎水而上水，井[1]。井养而不穷也[2]。改邑不改井，乃以刚中也[3]。汔至亦未繘井，未有功也[4]。羸其瓶，是以凶也[5]。

【今译】

〈象传〉说：木制的汲水器具下入水中而将水抽上，这便是〈井〉卦的意象。水井养人而永不穷竭。城邑迁改而井不移徙，这是因为水井象征着君子能持守刚健中正之美德。汲绳将出而尚未出井口，这表明水井的养人之功犹未能实现。如果倾覆坠毁手中的汲瓶，那么他自然是有凶险的。

【注释】

[1] 巽乎水而上水，井："巽乎水而上水"，释〈井〉卦卦象（〈井〉卦下

〈巽〉木，上〈坎〉水）。"井"，举卦名。"巽"，入。"巽乎水"是互文足义的写法，即"木巽乎坎水"。"巽"上省"木"而"水"上省"坎"（高亨以为"巽"上当有"木"字，转写脱去。失审）。"上水"，将水抽上，《庄子·天地》所谓的"挈水若抽"。

[2] 井养而不穷也：井水养人，而永不穷竭。井德无量，即〈系辞〉"井，德之地也"。人们日日取用之，故言"井养"；取之而不减，存之而不增，故言"不穷"，此正是卦辞"无丧无得"之义。据此，疑〈象传〉文字有脱倒，原文似当作"改邑不改井，乃以刚中也。无丧无得，往来井井，井养而不穷也"。李鼎祚《周易集解》有"无丧无得，往来井井"二句，只是次序有误，其文作"巽乎水而上水，井，井养而不穷也。改邑不改井，乃以刚中也。无丧无得，往来井井，汔至亦未繘井，未有功也"。《集解》无脱文，但次序有误。"井养而不穷也"是解释"无丧无得，往来井井"的，当在"往来井井"之下，虞翻注〈象传〉"井养而不穷也"说："往来井井，故养不穷也"可以为证。〈象传〉的"未有功也"也显然不是解释"无丧无得，往来井井"的。

[3] 改邑不改井，乃以刚中也：〈井〉卦阳爻九二、九五居中得正，故云"刚中"。井以持恒不变为德，叶适云："人实求水，水非求人，故邑可改而以就井，井不可改以就人"。因有刚健中正之德，故能如此。

[4] 汔至亦未繘井，未有功也：将至而未至，将成而未成，功败于垂成，故云："未有功也"。此言慎终如始的道理，即老子所谓"民之从事，常于几成而败之。慎终如始，则无败事"(《老子·六十四章》)。

[5] 羸其瓶,是以凶也:坠毁其瓶,几成而败,弃养人之道,故凶。

〈象〉曰:木上有水,井[1]。君子以劳民劝相[2]。

井泥不食,下也[3]。旧井无禽,时舍也[4]。

井谷射鲋,无与也[5]。

井渫不食,行恻也;求王明,受福也[6]。

井甃无咎,修井也[7]。

寒泉之食,中正也[8]。

元吉在上,大成也[9]。

【今译】

〈象传〉说:汲水木器上举则有水升上,这便是〈井〉卦的意象。君子因此抚慰百姓、勉励互助。

井底淤泥堵塞不能食用,这是说初六阴柔卑下不能自振以养民。井已陈旧不能再使人获益,这是说过时的废井自然会被人遗弃。

井中之水向下渗注而不能升上,这是因为九二上无应与援助之人。

井水污秽不能食用,这是说九三德行不正。祈求王公大人纯正明洁,因为只有这样大家才能享受福泽。

修治井壁而免于咎害,这是说六四自我修正以备时用。

凉洁的井泉可供食用,这是因为九五有中正德行。

尊居高位的上六至为吉祥,这是因为井养之功已告完成。

【注释】

[1] 木上有水，井：此与〈象传〉释说相同，言〈井〉卦象汲水木器上举则有水升上。

[2] 君子以劳民劝相："劳"，慰劳、抚慰。"劳民"犹养民。"劝"，勉励。"相"，助。"劝相"，使民相助。君子观〈井〉卦，应效井养无穷之德，然井养之功又依赖民之相助维护，故曰"劳民劝相"。

[3] 井泥不食，下也：初六阴柔居初，故曰"下"，言其卑弱不足以自抚养民。

[4] 旧井无禽，时舍也："舍"，弃。"时舍"，为时所弃。言旧井过时，自然被人遗弃。

[5] 井谷射鲋，无与也：水井犹如溪水聚谷，故谓"井谷"，犹言井中。"射"，注。"鲋"，帛书作"付"，〈象传〉似读为"柎"或"跗"，指足、底、下，"井谷射跗"（或"柎"），谓井中之水下注（《广雅·释诂》："柎，柢也"。《说文》："柎，阑足也"。《诗·常棣》郑笺："柎，鄂足也"。《庄子·秋水》："蹶泥则没足灭跗"，《释文》引司马："跗，足跗也"。《管子·地员》注："跗，花足也"）。《易》例以初爻为足、为下，九二上无应爻，下比初六，故言"射跗"，谓井水下渗而不升上。"与"，助，应与。"无与"，谓九二上无应爻相助援引，故水不升上。〈剥〉卦(䷖)六二亦无应爻，故〈象传〉亦云："剥床以辨，未有与也"。〈象传〉释"井谷射鲋"与爻义不同。

[6] 井渫不食，行恻也；求王明，受福也："行"，德行。"恻"疑当作

"侧",涉爻辞而讹(《平舆令薛君碑》:"恻"即作"侧"。)"侧",不正(《庄子·列御寇》《释文》)。井水渫污不能食用,是说九三德行不正。又,"行"犹爻辞之"为",训为使。"行恻",谓使人伤心。〈小象〉此四句可以有两种解释:先说第一种解释。"王"指九三而言(《易》言"王",多为五爻、上爻,但二、三、四爻亦可称"王"。如〈益〉卦六二"王用享于帝"。本卦三爻"求王明"。〈升〉卦六四"王用享于岐山")。"明"谓明洁(《礼记·中庸》注:"明犹洁也"),正就渫污而言。此言由于九三王公大人德行渫污不正而失井养之德,望其自修明洁,使人得受其井养之泽。再说第二种解释。"渫"谓去污秽而清洁,指德行修正之贤人。"不食"喻贤人不得举用。"求王明",谓祈求君王明察而任贤。"王"指应爻上六。

[7] 井甃无咎,修井也:"修井",谓六四自我修正以备时用。修正之时,尚未施用,故仅得无咎。此言备时之用,与初六之"时舍"相联系。

[8] 寒泉之食,中正也:"寒泉"谓井水明洁,"中正"谓德行中正(九五处于居中得正的爻位)。九三德行不正("行恻")故井水渫污("井渫"),正与此相对,此为九三〈小象〉"行恻"当作"行侧"之又一佐证。

[9] 元吉在上,大成也:"在上",指高居尊位的上六,亦兼指水已升上,即〈象传〉的"上水"。"大成",指井养之功大成。

▶ 通　说

〈井〉卦的思想内蕴突出体现在卦辞上,后来的道家由此卦获得了重要的启示，老子的"道"就与水有密切的关系。老子说"水善利物"等可以作为证明。

卦辞包含三方面思想：第一是说恒常之道，即"改邑不改井"。就其原始内含而言，正如朱骏声所说："古人立邑，必相泉源，不得则改邑以就之"(《六十四卦经解》)。井的这种恒定的特性，正与老子的"恒道"相一致。〈系辞〉所谓"〈井〉，居其所而不(按：原文脱'不'字，说见〈系辞〉注)迁"也是这个意思。这种恒定持久的特性，老子认为决定于雌柔，〈彖传〉则认为决定于"刚中"，〈系辞〉和〈序卦〉、〈杂卦〉则认为决定于变通(〈系辞〉："《易》穷则变，变则通，通则久。"〈序卦〉："井道不可不革，故受之以革。"〈杂卦〉："井，通"。)。第二是说终始之义，因为恒久之道即体现为终始之理，卦辞"汔至亦未繘井"即说此理。《老子·六十四章》："民之从事，常于几成而败之。慎终如始，则无败事"，是说人们行道之原则。〈系辞〉说"井以辨义"，"义"即终使相随之义。第三是说恒久的施予之德，即卦辞"无丧无得，往来井井"。〈彖传〉说"井养而不穷"，〈系辞〉说"〈井〉，德之地也"，都是就其恒久的施养之德而说。道家以此取譬"道"，古籍多有记载。如《黄帝四经·道原》："……皆取生('生'当作'之'或'焉')，道弗为益少；皆反焉，道弗为益多"。《庄子·知北游》："益之而不加益，损之而不加损"。《管子·白心》："道者，一人用之不闻有余，天下行之不闻不足"。《淮南子·原道训》："收聚畜积而不加富，布施禀授而不益贫……益之而不众，损之而不寡"。《荀子·儒效》说"井井兮其有理也"，"理"谓常理、常德，即井之恒久的施养之德。

六爻爻辞，下三爻说井水之不可食，上三爻则说经过修治而可食。

  如果说卦辞强调恒,则爻辞强调变。〈序卦〉"井道不可不革"、〈杂卦〉"井,通",则似乎更偏重于对爻辞的诠释。

四九、革 ䷰（下离上兑）

革[1]。己日乃孚[2]，元亨，利貞，悔亡。

初九。鞏用黃牛之革[3]。

六二。己日乃革之，征吉[4]，無咎。

九三。征凶，貞厲，革言三就，有孚[5]。

九四。悔亡，有孚，改命[6]，吉。

九五。大人虎變，未占有孚[7]。

上六。君子豹變，小人革面[8]，征凶，居貞吉[9]。

【今译】

筮得〈革〉卦，到了己日局面会发生好转，必有应验。大通顺，利于占问，不好的事情已经过去。

筮得初爻，要用黄牛皮绳牢固地约束住自己。

筮得二爻，到了己日，局面发生了好转，继续进取必获吉祥，没有咎害。

筮得三爻，继续进取有凶险，占问不利，卦兆显示应用皮绳反复约束自己。

筮得四爻，不好的事情已经过去，已经有了应验，局面好转，吉利。

筮得五爻，大人升迁而变得显贵，不须占问，已有应验。

筮得上爻，君子得到升迁而变得显贵，小人被罢黜而受到黥刑；但继续进取则有凶险，占问安居则有利。

【注释】

[1] 革：卦名。通行本为第四十九卦，帛书本为第四十七卦。〈革〉卦上〈兑〉泽，下〈离〉火，欲知卦象之义，当先知"革"字之义。

"革"谓除去兽皮之毛，因此又有皮革之义（初九之"革"即是此义）、革除之义、陈旧衰老之义（《方言十》："革，老也。"）、去旧之义（〈杂卦〉："革，去故也。"）、更新、更革、更变之义（兽去旧毛而生新毛，皮经革治而使新。六二、九四即取改变之义）。

〈睽〉卦上〈离〉火，下〈兑〉泽，火性炎上，泽水下流，二者乖离，故无革变之事。而〈革〉卦上〈兑〉泽，下〈离〉火，二者相遇，便会有变化发生。值得注意的是，〈革〉之〈兑〉泽为静定之水，而〈既济〉之〈坎〉水为流动之水。〈革〉卦之所以强调改变、革命，是因为事物已发展到失去活力而如同一潭死水，必须奋起改变它（《正义》："革是改变之名。"）。泽、火两种力量，守旧战胜革新，则事物维持老死状态；革新战胜守旧，方有新生之到来。〈革〉卦之水静，故更强调人为之奋起；〈既济〉之水动，故更强调必然之转化。〈革〉卦强调去旧开新，〈既济〉强调保成防乱。〈革〉卦强调促进事物之向好的方向转化，〈既济〉则希望防止事物向不好的方向转化，此与〈否〉和〈泰〉的关系相近。

[2] 己日乃孚：即"己日革之乃孚"的省文，是说局面发生好转，到了己日乃有应验。为什么要说"己日"？古人以干支记日，有

四九、革　439

刚日、柔日之说。奇为刚,如甲、丙、戊、庚、壬;偶为柔,如乙、丁、己、辛、癸。己日正为柔日,盖视为吉日;犹今人以双日为吉日(或以为当作"巳日",巳于地支中亦为柔日)。

[3] 巩用黄牛之革:"巩",以皮绳约束(《说文》:"巩,以韦束也"。"韦",皮革、皮绳)。当革之初,时机尚不成熟,要约束自敛。不言吉凶者,能则无咎,不能则有咎。

[4] 己日乃革之,征吉:"革",指局面发生了好转。"之",语辞。"征"往前进取。这里的"己日"即指六二所在的时位,非是指六二以上的其他时位。六二柔爻居柔位,正与柔日"己"相合。既然"革"是去故更新,因此所谓"革之"当然是指向好的方向转化。

[5] 征凶,贞厉,革言三就,有孚:《周易》一卦分为上、下卦,将事物发展分为两大阶段,下卦三爻代表始、中、小终,上卦三爻代表始、中、大终。〈乾〉卦九二说"见龙在田",而九三便要"终日乾乾";本卦六二说"己日乃革之,征吉",而九三便说"征凶"。第一阶段之末,须稍事调整,以防其过。但接着说"贞厉",则可知九三确有革过之嫌。"革言三就",改革多次才能获有成就。然依帛书本"革"作"勒"(帛书初九、六二、上六之"革"均作"勒",则卦名及九三所缺之"革"当亦作"勒"。又《诗·斯干》"如鸟斯革",《释文》:"革"《韩诗》作"勒"),羁络束缚(《释名·释车》:"勒,络也。"《楚辞·招魂》注:"络,缚也。")。"言"与〈师〉卦六五"利执言"之"言"同,语辞,犹"焉"(赵汝梅《周易辑闻》亦曰:"革言犹《诗》之驾言")。"三就",三重、三匝,喻牢固反复。九三居下卦之极,阳爻处刚位,急于躁进,又有"征凶贞

厉"之占,故卦兆示其当以皮绳反复约缚之。

[6] 改命:"改",改变,向好的方面转化。"命"在《周易》里多指命运、天命(亦有指"命令"的),即客观事物发展规律、趋势。

[7] 大人虎变,未占有孚:"大人",指问蓍者。因九五居尊位,故称"大人"。"虎"为兽中尊贵者。"虎变",谓变得尊贵,比喻升迁(《太玄·遇》注:"龙虎者,兽之贵者"。《风俗通·祀典》:"虎者阳物,百兽之长也"。《说文》:"虎,山兽之君")。"虎变"犹〈乾〉卦九五之"飞龙在天"。"未占有孚",谓不必占问,已有应验。〈升〉卦六五"贞吉升阶"与此爻接近。

[8] 君子豹变,小人革面:"豹变"犹"虎变"。区别是豹小于虎,九五之问蓍者("大人")盖本为官,占得此卦而官禄愈显;上六之问蓍者("君子")盖本无官,占得此爻则将得高官。《文选》刘孝标《辨命论》:"视彭韩之豹变,谓骛猛致人爵",即以"豹变"喻升迁。"革"通"勒",刻画。"勒面",黥其面,喻黜落、罢官。本卦上六之"君子豹变,小人革面"与〈剥〉卦上九"君子得舆,小人剥庐"句法、句义相同。又解"面"与"免"音同相假(《说文》:"㥛,勉也。"《释名》:"缅,勉也。")。"免",除去(《礼记·曲礼》:"免,去也。")。"小人革面",言小人被革除掉。

[9] 征凶,居贞吉:"征凶"即〈乾〉卦上九"亢龙有悔"之义;"居贞吉"则〈乾〉卦用九"见群龙无首吉"之义。

〈彖〉曰:革,水火相息,二女同居,其志不相得,曰革[1]。已日乃孚,革而信之[2]。文明以說,大亨以正,革而當,其悔乃亡[3]。天地革而四時成[4],湯武革命,順乎天而應乎人[5]。革之時大矣哉[6]。

【今译】

〈象传〉说:〈革〉卦表现的是水与火共处则相灭相消,二女子同居则两不相容,于是便发生变革、变化。卦辞说到了已日就能取信于人,这是说变革完成了大家才会信服。令德美政以使大家乐于接受,守持正道以使变革大为顺利,变革要符合客观规律,这样的话就可以避免失误。天地阴阳五行的消长变化而形成了四时节令的正常运行,商汤王、周武王的变革,是顺从天道而应合人心的。〈革〉卦因顺时宜的思想太伟大了。

【注释】

[1] 革,水火相息,二女同居,其志不相得,曰革:上"革"字举卦名,下"革"字训为变革、变化。"相息",相灭相消(《释文》:"息,灭"。《淮南子·览冥训》注:"息,消")。水盛则水灭火,火盛则火消水,总之必有一方发生变化。上〈兑〉为少女,下〈离〉为中女,故云"二女同居"。"不相得",不相合、不相容。两不相容,则必生变。

[2] 己日乃孚,革而信之:"孚",信,指变革者取信于人。"信",指百姓信服于变革者。

[3] 文明以说,大亨以正,革而当,其悔乃亡:上〈兑〉为悦,下〈离〉为文明,故曰"文明以说"。"文明",指变革者有令德而能行美政。"说"同"悦",指能使大家乐于接受变革。"当",字面意思是稳妥恰当。然"当"为黄老道家所习用,如《管子·宙合》说:

"应变不失之谓当"。也说成"天当"(如《黄帝四经》),指自然和社会所存在着的客观规律。"悔",不好的事情,指变革中的失误。"亡",无,避免。

[4] 天地革而四时成:"天"指阴阳,"地"指五行(帛书易说〈要〉:"《易》有天道焉,而不可以日月星辰尽称也,故为之以阴阳。有地道焉,而不可以水火金土木尽称也,故律之以柔刚")。"革",指阴阳五行的消息变化。

[5] 汤武革命,顺乎天而应乎人:商汤、周武革除旧命,灭夏桀、殷纣,故曰"汤武革命"。"天"谓天命、天意、天时。"顺乎天"即上文之"革而当","应乎人"即上文之"文明以说"。

[6] 革之时大矣哉:"时",因顺时宜。变革非是主观突发奇想,要因时,因时之革谓之"革而当",如六二、九四、九五即是。初九时未至,上六时已过,皆非革时。

〈象〉曰:澤中有火,革[1]。君子以治曆明時[2]。

鞏用黃牛,不可以有爲也[3]。

己日革之,行有嘉也[4]。

革言三就,又何之矣[5]。

改命之吉,信志也[6]。

大人虎變,其文炳也[7]。

君子豹變,其文蔚也[8]。小人革面,順以從君也[9]。

【今译】

〈象传〉说:水泽中有火,这便是〈革〉卦的意象。君子应该修治历法,审明时令。

用黄牛皮绳牢固地约束,这是说初九不宜有所作为。

己日可以推行变革,这是说六二往前进取必受嘉赏。

用皮绳反复约束,这是说九三何须汲汲前往。

革除旧命获得吉利,这是因为九四的变革之志获得了上下的信赖。

大人刚猛变革,这是因为九五有柔美德行。

君子刚猛变革,这是因为上六有柔美德行。小人改变了面貌,这是说他们最终顺从了君主的变革。

【注释】

[1] 泽中有火,革:与〈象传〉"水火相息"同。

[2] 君子以治历明时:"治历",修治历法。"明时",审明时令。君子观泽火相革相消之象,以明四时代序之理。四时依序相代,五德以次用事,皆有其必然之道;人类政治、文化、经济之更革递嬗同样遵循其必然规律。

[3] 巩用黄牛,不可以有为也:"巩用黄牛"即"巩用黄牛之革"。此就初九之爻位说。初九在最下,就时而说,时机尚不成熟;就位而言,位卑无权;就才而言,才弱不能胜任。故须约束自制,不宜有为。所谓"潜龙勿用,阳在下也"。

[4] 己日革之,行有嘉也:"行"谓行动进取,行使变革("行"释"革"字)。"嘉"谓嘉赏,即有美好的结果。与"往有尚"同。六二与

九五正应,有九五之君的支持,故"行有嘉"。

[5] 革言三就,又何之矣:"之",往,进取。九三阳爻居刚位,处下卦之极,有进而失之躁、革而失之过的嫌疑,故象诘之以"又何之"。六二居中,九四阳刚居柔位,是革之稳妥者,刚柔适宜。

[6] 改命之吉,信志也:"信志"释爻辞之"有孚"(象释"孚"为信),谓九四改革之志获得了上下的信赖。此就爻位说,九四处于二刚之间而有改革之吉,则上下均信任之的缘故。〈晋〉六三〈小象〉"众允之志,上行也"与此略同。

[7] 大人虎变,其文炳也:九五居尊位,故称"大人",如商汤、周武之类。"虎变",谓变革如虎之刚猛。水火之相息在于"势",变革之成功须有刚猛之势。"文",文德、柔德。"炳"喻文德之盛。"虎变"说其武功,"文炳"说其文德。文武兼备、刚柔并举,改朝换代方有可能。虎变方能趋时,文炳方能明时。

[8] 君子豹变,其文蔚也:上六无位,故称"君子",如商君、吴起之类。"豹变"与"虎变"相近。其区别是,大人虎变说改朝换代,君子豹变说同一朝代中的改革、变法。"文蔚"与"文炳"义同。

[9] 小人革面,顺以从君也:"小人",小民、庶民。"革面",改变面貌,即对变法改革由怀疑到信任、由反对到拥护。"顺以从君",最终顺从了君主的变革。

▶ 通 说

〈革〉卦是讲变化的,泽水与火相处,发生变化是早晚的事。

变化的发生既遵循自然规律,又离不开人的主观努力。换言之,人要看准时机。时机未到,不能盲动,因此初九要"巩用黄牛之革"。时机到了则须及时进取，因此六二说"己日乃革之，征吉"。事物发展有起伏、有歙张，故九三"革言三就"，九四"改命吉"；局面好转，命运转变，故九五"虎变"，上六"豹变"。但"富贵而骄，自遗其咎。功遂身退，天之道也"（《老子·九章》），故上六又曰"征凶，居贞吉"。

事物存在久了则必有乖睽出现，物壮则老，老则变，所以〈革〉卦自〈睽〉卦变来（〈睽〉卦上下卦颠倒则成〈革〉卦）。《易》例以两卦之性相交为好，不相交则不好，如〈泰〉之与〈睽〉。换言之，《易》承认变化，变革是好事，因为〈革〉卦正是水火相交，"元亨利贞"来自于变革。

旧去方能新来，旧灭方有新生，这便是泽火为〈革〉的道理。《庄子·则阳》也说："阴阳相照，相治相害（原文作'相盖相治'。俞樾读'盖'为'害'。又依协韵及文义当改为'相治相害'）；四时相代，相生相杀"。消息灭生，长久运转。

〈彖传〉明确地将〈革〉卦引入历史政治的领域，首次提出"革命"的概念。革命必须符合自然及社会规律，这便是"顺天应人"。

〈彖传〉说象似乎只取〈象传〉的"天地革而四时成"（至于"治历明时"与改朝换代之后的"改正朔"是否有关尚看不出来），"革命"的主语"汤武"在〈大象〉中也改为"君子"，这样，在对于〈革〉卦的义理推衍上较〈彖传〉为平和含蓄。不过，人类社会任何时代或任何性质的变革都离不开"时"，〈大象〉将这一点倒是凸显出来了。

九五、上六的〈小象〉强调了变革的刚柔并举的重要性。

革是皮革，其性韧，故"韧"字从革（"韦"是熟牛皮）。变革即取斯义，知变革是件坚韧持久的事情，变革者亦须有韧久之志。钱钟书《管锥篇》在理解这种"以难变之物为变改之名"时也说"盖以牛革象事物之牢固不易变更,以见积重难返,习俗难移,革故鼎新,其事殊艰也"。

五〇、鼎 ䷱（下巽上离）

鼎[1]。元吉，亨[2]。

初六。鼎顚趾,利出否[3],得妾以其子[4],無咎。

九二。鼎有實,我仇有疾,不我能即[5],吉。

九三。鼎耳革,其行塞,雉膏不食[6],方雨虧悔[7],終吉。

九四。鼎折足,覆公餗,其形渥[8],凶。

六五。鼎黃耳,金鉉[9],利貞。

上九。鼎玉鉉[10],大吉,無不利。

【今译】

筮得〈鼎〉卦,大吉,亨通。

筮得初爻,鼎足倒转,陈秽之物被倾倒出,很有利;新娶得妾并将为其生子,不会有什么不好的。

筮得二爻,鼎中有食物,仇人正患疾病,不能接近我,很吉利。

筮得三爻,鼎耳陈旧脱落,移动困难,烹熟的雉肉不能食用;天将落雨,悔事将过去,最终吉利。

筮得四爻,鼎足折断,打翻了肉羹,浑身被沾污,有凶险。

筮得五爻,鼎器更换了崭新金黄的耳和环,占问有利。

筮得上爻,鼎器更换了饰玉的鼎环,非常吉祥,无所不利。

【注释】

[1] 鼎：卦名。通行本为第五十卦，帛书本为第五十六卦。此与〈革〉卦为卦爻翻覆的关系，故次列于〈革〉卦后。〈杂卦〉说："〈革〉，去故。〈鼎〉，取新"。事实上，〈革〉卦与〈鼎〉卦的爻辞都包含有去故取新的意思。

　　〈鼎〉卦下〈巽〉木，上〈离〉火。木燃于下，火炎于上，有燃器烹饪之象；鼎为炊器之大者，故卦名为〈鼎〉。又〈巽〉为风，鼓动风箱以助柴火之势，亦是燃鼎烹饪之象。

[2] 元吉，亨：程、朱以为"吉"字衍，当本作"元亨"。按：疑经文不误，〈象传〉有误，说见〈象〉注。

[3] 鼎颠趾，利出否：初六与九四居下上卦之初位，因此"颠趾"、"出否"与"折足"、"覆悚"有内在联系。"颠趾"，谓鼎足颠倒。"出否"，谓倾倒出陈旧秽恶之物（"否"，恶，不善）。此说"去故"，下句"得妾以其子"说"取新"。此外尚有其他几种说法，如以为"否"当作"妻"，或认为"否"当读为"妇"（二说均训"出"为"休"、"去"）；或训"出"为出行，"否"释为疑问词。

[4] 得妾以其子："以"，予，给（《广雅·释诂》："以，予。"）。"以其子"，谓给他生儿子（也有释"以"为"与"，连词，犹"及"）。"得妾"是新娶，"予其子"是新生；皆含取新、更新之义。

[5] 鼎有实，我仇有疾，不我能即："有实"，谓鼎中装有食物。倾去陈滓，以实新物，亦有取新之义。"仇"，仇人、对立面。"不我能即"即"不能即我"。"即"，接近。不能即我，谓不能来谋算我。有人释"仇"为匹偶，"疾"读为"嫉"，"即"同"则"，读为贼。

[6] 鼎耳革，其行塞，雉膏不食："鼎耳"，鼎器上端两边的把手。

"革",谓因陈旧而脱落。"行",谓鼎之移动。鼎中食物烹熟,移至案前食用,故谓"行"。"塞",阻滞,艰难。耳上有环,插杠以行之,今耳落,故"行塞"。"雉膏"即鼎中烹熟的雉肉。"不食"犹〈井〉卦"井渫不食"之"不食",谓不能食用。鼎肉未能移至案前,故不能食用。此三句为有悔之象。

[7] 方雨亏悔:"方",即将。"亏",消、去(《广雅·释诂》:"亏,去。")。"亏悔"即悔去、悔亡。《易》例以"雨"为阴阳和合之象,皆为吉占,如〈睽〉上九"往遇雨则吉"之类。

[8] 鼎折足,覆公㻁,其形渥:鼎以立为用,足折则不能立,是凶象。"覆"犹打翻。"公"即九四本爻。九四为大臣之位,故谓"公"。"㻁",即九二之鼎实、九三之"雉膏",谓雉肉羹。打翻羹汤,亦是凶象。"其"指代"公"(或谓指"鼎")。"形",体,身。"渥",沾污(《说文》:"渥,沾也。"《广雅·释诂》:"渥,浊也。")。满身汤污,更是凶象。或释"形渥"为"刑渥"(训为重刑)或"刑屋"(帛书作"刑屋",谓刑于屋下)。按:此"其形"当与九三之"其行"对看,故知释为"刑渥"或"刑屋"似不确。

[9] 鼎黄耳,金铉:"黄"、"金"互文,"黄"谓其色,"金"谓其质(指铜)。"铉",耳上之环,所以插杠者。此"耳"及"铉"为旧革而新更之耳、铉。"黄"与"金"喻吉、坚、贵。

[10] 鼎玉铉:"玉铉",鼎环之嵌玉者,较"金铉"为更贵。二者皆大吉之象。

〈彖〉曰:鼎,象也,以木巽火,亨飪也[1]。聖人亨以享上帝,而大亨以養聖賢[2]。巽而耳目聰明[3],柔進而上行,得中而應乎剛,是以元亨[4]。

【今译】

〈象传〉说:〈鼎〉卦卦象为以木入火以烹饪食物。圣王烹煮食物以享祭上帝,同时又多多地烹煮食物以奉养贤人。内心谦逊并且耳聪目明,以雌柔之道不断进取上行,持守中道并配合刚健,所以能够大通。

【注释】

[1] 鼎,象也,以木巽火,亨饪也:"巽",入。木柴入火以燃鼎煮物。"亨"即"烹"。此言〈鼎〉卦有以木入火烹饪食物之象,所以《集解》引荀爽曰:"鼎镬,烹饪之象也",又引《九家易》曰:"是鼎镬,烹饪之象也。"(按:或许原文本有作"鼎,以木巽火,亨饪之象也")。旧说〈鼎〉卦有鼎器之象(初六象鼎之足,中间三阳爻象容物之鼎腹,六五象鼎耳,上九象鼎铉),故〈象〉曰:"鼎,象也。"又或以为"象也"当作"亨(烹)也",下文三个"亨"(烹)字即释此"亨也";所以下文"是以元亨"当作"是以元吉";否则,〈象传〉释卦辞的"元吉,亨"不是缺释"吉"便是缺释"亨"(见朱骏声《六十四卦经解》)。按:此说可以参考。

[2] 圣人亨以享上帝,而大亨以养圣贤:"圣人",指古之圣王(程传)。"亨"及"大亨"之"亨"皆用为"烹"。"享",享祭。圣王定鼎立国,在于"顺天应人";因此以鼎烹物,享祭上天,并奉养贤人。又或疑"而"下之"大亨"二字为衍文(郭京《周易举正》)。

[3] 巽而耳目聪明:"巽",谦逊。内卦为〈巽〉,谓内心谦逊。外卦

为〈离〉(〈离〉为明、为目),谓耳聪目明。心为内,耳目为外,正是内、外卦所象,《管子·内业》所谓"定心在中,耳目聪明"。

[4] 柔进而上行,得中而应乎刚,是以元亨:阴爻初六历经三个爻位而上行至六五,故云"柔进而上行",谓以柔道进取。六五居中而与刚爻九二相应,故云"得中而应乎刚",谓持守中道而配合以刚健。"是以元亨",或以为当作"元吉"(朱骏声《六十四卦经解》),或以为当作"元吉亨"(高亨)。

〈象〉曰:木上有火,鼎[1]。君子以正位凝命[2]。

鼎颠趾,未悖也[3]。利出否,以從貴也[4]。

鼎有實,慎所之也[5]。我仇有疾,終無尤也[6]。

鼎耳革,失其義也[7]。

覆公餗,信如何也[8]。

鼎黃耳,中以爲實也[9]。

玉鉉在上,剛柔節[10]也。

【今译】

〈象传〉说:木柴之上燃烧着火焰,这便是〈鼎〉卦的意象。君子应该端正职守、完成使命。

鼎足翻转,这是说看似悖理而实际并不违背事理。倾倒出陈滓有利,这是因为只有弃旧才能图新从善。

鼎中有食物,这是说人有真才实学就必须谨慎其行往。仇人有疾患,这是说九二最终能够避免怨责而上行进取。

鼎耳脱落，这是说九三自身的行为不合时宜。

打翻了王公的肉羹，这表明九四无法取信于人。

鼎器配换上了金黄崭新的鼎耳，这是说六五的殷实富贵是因为能持守中道。

饰玉的鼎环高居在上，这是因为上九刚柔适宜。

【注释】

[1] 木上有火，鼎：此与〈象传〉释说相同。

[2] 君子以正位凝命："正位"，正定职位、端正职守。"凝"，成，完成（虞注）。"命"，所委任之命、使命。鼎足正方能成其用，职位正方能胜其任。故曰君子观〈鼎〉卦之象以知"正位凝命"之理。

[3] 鼎颠趾，未悖也："悖"，违背。鼎足颠倒是悖理，然意在倾倒陈滓则又非悖理。从爻位说，初六与九四为应爻。初六之足颠倒向上是悖理，然以阴应阳、以卑应尊又非悖理。

[4] 利出否，以从贵也：倾出陈旧恶贱者，意在就新从善，故曰"以从贵也"。"贵"兼有"善"义（《论语·子罕》："求善贾而沽诸"，皇侃疏："善贾，贵贾"），与初爻"否"之贱恶者相对。初六上应阳爻九四，即所谓"从贵"。

[5] 鼎有实，慎所之也："之"，行往。九二为阳爻，阳为实；又在足上，鼎腹之象，所以说"鼎有实"（鼎中有食物）。此喻人之有真才实学。人有真才实学，则当慎其行往。如果过于呈露圭角，则必为小人嫉妒构陷；若掩其才学而不施用于世，则为君主所怨责。所以〈象传〉戒其"慎所之"。

[6] 我仇有疾，终无尤也："尤"，怨尤、怨责。二与五应，中隔三、四，"仇"指三、四，谓仇人、小人。阳爻九三、九四欲阻隔有实才之九二与六五之君相应，然而九三"耳革"、九四"覆悚"（"有疾"即指此），九二终不必掩才不用，从而上应六五，避免了君主怨责，故曰"终无尤也"。

[7] 鼎耳革，失其义也："义"，宜，时宜。"失其宜"，言陈腐不合时宜。鼎耳陈旧脱落，象征九三已不合时用。九三阳爻居刚位，处下卦之穷极，上无应爻，皆失宜之象。

[8] 覆公悚，信如何也："公"犹"君"，指六五。"覆公悚"，喻败君之事。"信如何"，言如何取信于人。"折足"是不能正位，"覆悚"是不能"凝命"，则〈大象〉"正位凝命"主要是就此爻而发。〈系辞〉发挥〈大象〉及此爻〈小象〉说"德薄而位尊，知小而谋大，力小而任重，鲜不及矣。《易》曰鼎折足，覆公悚，其形渥，凶，言不胜其任也"。

[9] 鼎黄耳，中以为实也："中"，指六五居中位，又谓持守中道。"实"，殷实富贵。阴虚阳实，六五虚中以待，得上下诸阳充实之（或指九二），喻六五持中守道，得群贤归依，以成就其富有之大业。

[10] 刚柔节："节"，调节适宜。上九阳爻而居柔位，故曰"刚柔节"。

▶ 通　说

〈革〉卦是〈睽〉卦上下卦的颠倒，因此变革是在变睽乖为和谐。〈鼎〉卦又为〈革〉卦的卦爻翻覆，从水火相息到木火相生，这是翻天覆地的变化，所以〈鼎〉卦次〈革〉。

〈鼎〉既是〈革〉的结果，同时也是〈革〉的延续，因此，〈鼎〉卦包含有去故与取新的双重内涵。"出否"、"耳革"是去故，"得妾以及子"、"有实"、"黄耳"则是更新。〈序卦〉说"革物者莫若鼎，故受之以〈鼎〉"，这看到了〈鼎〉卦革故的一面；〈杂卦〉说"〈鼎〉，取新"，这看到了〈鼎〉卦取新的一面。

〈彖传〉讲〈革〉卦时说"革命"必须"顺天应人"，而讲〈鼎〉卦时说"圣人亨以享上帝，而大亨以养圣贤"，这当中似乎包含着革命之后，定鼎立国，也应顺天应人这样一层涵义。但〈彖传〉只发挥〈鼎〉卦的烹饪祭养之义，而未言及取新之事。

〈象传〉的"正位凝命"包含有革命开新、定鼎立国之后应正定职位以使人人胜任职守的涵义，但也仍未涉及取新之事。它主要是对九四"鼎折足，覆公𫗧"的发挥，〈系辞〉则是完全按照〈象传〉的思路而进一步推衍。其所言"德薄位尊"是说位不正，所言"不胜其任"是说不凝(成)其命。

〈杂卦〉独言"取新"，这是很有见地的。通常认为〈杂卦〉是对〈彖〉、〈象〉的抽象概括，但从〈鼎〉卦看，则未必如此。〈杂卦〉的"〈井〉，通"、"〈鼎〉，取新"等见解新奇，很值得研究。

五一、震 ䷲（下震上震）

震[1]。亨[2]。震來虩虩，笑言啞啞[3]。震驚百里，不喪匕鬯[4]。

初九。震來虩虩，後笑言啞啞，吉[5]。

六二。震來厲，億喪貝，躋于九陵，勿逐，七日得[6]。

六三。震蘇蘇，震行無眚[7]。

九四。震遂泥[8]。

六五。震往來厲，億無喪有事[9]。

上六。震索索，視矍矍，征凶[10]。震不于其躬，于其鄰，無咎[11]，婚媾有言[12]。

【今译】

筮得〈震〉卦，亨通。霹雳轰响，人们恐惧戒备，然后笑语声声。百里之内为之震惊，有人却能不失落手里的羹匙和酒樽。

筮得初爻，霹雳轰响，起初恐惧戒备，而后笑语声声，吉利。

筮得二爻，霹雳轰响，有危险，匆忙登上高陵，估计丢失了不少财物，但不用着急追寻，不出七天必然失而复得。

筮得三爻，霹雳轰响，惶惧不安，战战兢兢行进则无灾祸。

筮得四爻，霹雳轰响，惊恐得坠入泥泞中。

筮得五爻，霹雳轰响，连续不断，有危险，但估计于事无损。

筮得上爻,霹雳轰响,恐惧畏缩,仓皇四顾,向前行进必有凶险。果然雷电没有劈着自己,却击着了邻近的人,没有咎害,不过在婚姻上将有麻烦。

【注释】

[1] 震:卦名。通行本为第五十一卦,帛书本为第二十五卦。〈震〉卦下震上震,震为雷,二者相重,雷之巨者,即所谓霹雳。帛书作"辰",与"震"音同,"震"本为"辰"之孳乳字。

[2] 亨:震,动也,变动也(《吕览·知士》注:"动,变也")。迅雷风烈必变,知自惕惧警戒,发扬踔厉,所以能因震变而亨通。

[3] 震来虩虩,笑言哑哑:"虩虩",帛书作"愬愬",即〈履〉卦"履虎尾,愬愬终吉"的"愬愬"(《释文》:"荀作愬愬")。"愬愬"与"苏苏"、"索索"音同义近,皆恐惧的形况字。若细加区别,则"愬愬"("虩虩")谓恐惧而戒备,"苏苏"谓恐惧不安,"索索"谓恐惧畏缩。"笑言"又作"笑语"(《释文》)。"哑哑",笑语的形况词。初惧而虩虩,后镇定而哑哑;惧而警戒自厉,后能转危为泰、笑言哑哑。

[4] 震惊百里,不丧匕鬯:"丧",失落。"匕",匙,羹匙,犹今之汤勺。"鬯",酒樽(《家语·哀公问》注:"鬯,樽也")。"不丧匕鬯",谓以匙舀酒于樽中,斟饮自如。霹雳之下,能不失匙樽,镇定自若,故亨而吉。按:旧注以此"匕鬯"专属于祼祭之事,似不必。另,《华阳国志》:"曹公从容谓先主曰:天下英雄,唯使君与操,本初之徒,不足数也。先主方食,失匕箸。会雷大震,先主曰:圣人言迅雷风烈必变,良有以也。一震之威,乃可

致此",或即出典于此卦。

[5] 震来虩虩,后笑言哑哑,吉:此与卦辞词句相近。初九之"吉"与卦辞之"亨"互足文义。"虩虩"之前蒙下文之"后"字而省略"先"字,言先虩虩而后哑哑。(《六十四卦经解》:"又一本无后字")。《易》之"先号咷而后笑"等即此文例。阳爻居刚得正,〈震〉卦唯此一爻,亦唯此一爻最佳,故有"吉"字。此爻为〈震〉卦主爻,故与卦辞相合。通常卦辞与主爻爻意相合,且词句亦相近,《易》有此例。故高亨疑卦辞"震来虩虩"二句为衍文,不可从。帛书有此二句,〈象〉文亦有。

[6] 震来厉,亿丧贝,跻于九陵,勿逐,七日得:"厉",危险(程传训为"猛"。按:《易》中之"厉"字皆为占辞,用为"危险"之义)。"亿"通"臆",臆度、估计。"贝",财物。"跻",升,登。"九陵",九重之陵,即高陵,高处(又疑"九陵"即"丘陵"。《山海经·西山经》郭璞注:"鸠或作丘")。"跻于九陵",有匆忙避之之义。"逐",追寻、追索、寻找。"七日得",言雷震过后自然失而复得。《易》每卦六爻,一个往复经七个爻位。经七个爻位而更换一卦,故"七日得"谓〈震〉后而复得(详见〈复〉卦注)。又按:此爻爻辞次序疑本作"震来厉,跻于九陵,亿丧贝,勿逐,七日得"。其证有二:其一,〈象传〉"震来厉,乘刚也"即"震来厉,跻于九陵,乘刚也"的省文("跻于九陵"即"乘"初"九"之刚);其二,"丧贝,勿逐"紧相承接,犹"丧马,勿逐"(〈睽〉初九)、"丧其茀,勿逐"(〈既济〉六二)。

[7] 震苏苏,震行无眚:"苏苏"(帛书作"疏疏"),惶惧不安的样子。"震行",震惧而行、战战兢兢行进(按:前已言"苏苏",则"震

行"或可释为雷霆震动时行进。又疑"震行"之"震"为衍字，"震苏苏，行无眚"与上六"震索索，征凶"相对为文）。"眚"，灾。六三阴柔，故临震"苏苏"；时处刚位，故能"行"而"无眚"。

[8] 震遂泥："遂"或作"队"，古"坠"字，坠入。"泥"，泥泞，读与〈需〉卦"需于泥，致寇至"之"泥"同。九四本为阳爻，然居于柔位，故惧震而坠陷泥泞中。三、四、五互体为"坎"，此入于坎陷，不吉之象。

[9] 震往来厉，亿无丧有事："往来"，霹雳连续不断（或谓人之往来）。此"亿"与六二"亿丧贝"之"亿"同。"有"犹"于"。"无丧于事"即于事无损（又"丧"或可训为"败"，言无败于事。五居中位，有"积中不败"之象）。

[10] 震索索，视矍矍，征凶："索索"与"蹜蹜"音通，畏缩不前的样子。"矍矍"，四下惊顾。"征凶"，有所行往则凶（"征"或作"往"）。上六阴爻居柔位，才弱不能自振，故占曰"征凶"。

[11] 震不于其躬，于其邻，无咎："其躬"，其身，指上六。上六才弱，未敢行进，故雷震未击其身而击其邻，得免于咎害；又雷击其邻，上六知戒，亦得免咎（帛书"无咎"前衍"往"字。既说"征凶"，则此不得复言"往无咎"）。

[12] 婚媾有言："言"读如"愆"，愆咎、麻烦。今民俗有婚娶忌雷鸣之说，盖为古俗。又"婚媾"喻阴阳和合。"婚媾有言"，言上六虽无咎，然尚不得通也。

〈彖〉曰：震，亨[1]。震來虩虩，恐致福也，笑言啞啞，後有則也[2]。震驚百里，驚遠而懼邇[3]也。[不喪匕鬯]，出可以守宗廟社稷,以爲祭主[4]也。

【今译】

〈彖传〉说:〈震〉卦表现的是在震动中得以亨通。卦辞说面临震雷而恐惧戒备,这是说因戒惧而能导致福祥;所谓谈笑自若,是说震雷过后方显出阳刚风度。百里之内为之震惊,是说远近之人皆惊惧失态。震雷之下仍能不失落手中的匙樽,是说只有这样的人才能保卫国家,成为一国之主。

【注释】

[1] 震,亨:"震",举卦名。"震为动"(〈说卦〉等),动为变(《吕览·知士》注),无论自然界还是人类社会,动则亨,变则通,故〈彖〉说"震,亨"(又《正义》说〈彖传〉或本无此二字)。

[2] 震来虩虩,恐致福也,笑言哑哑,后有则也:"恐致福",因恐惧知戒慎自修而致福祥。"则",威仪、气度。言然后有法度可循而不失英雄气度。此与初九〈小象〉文同,亦说明初九为〈震〉卦主爻。高亨疑此四句涉〈象传〉而纂入,似非。

[3] 震惊百里,惊远而惧迩:"迩",近。"远"指上、五、四爻,"迩"指三、二爻。此等皆不能如主爻初九之"笑言哑哑",故曰"惊远而惧迩"。主爻初九是可为诸侯者,远近之其他五爻则为侯国之臣民。诸侯国地方百里,"震惊百里",谓震惊一国。

[4] 不丧匕鬯,出可以守宗庙社稷,以为祭主:通行本无"不丧匕鬯"四字,郭京本有此四字,《程传》、《本义》亦以为当有此四字,王弼注"不丧匕鬯,则己出可以守宗庙",似王弼本原有此

四字。"鬯",用郁金草酿黑黍以祭神之香酒。"匕鬯",以匙舀鬯酒于樽中灌地祭神。"出",或以为即所脱"不丧匕鬯"的"鬯"字之讹(朱熹《本义》),或以为是衍字(朱骏声《六十四卦经解》)。"宗庙社稷"指代国家,"以为祭主",为一国之主,即为诸侯。面临自然界霹雳震动而能不丧匕鬯,则堪任祭祀之主;面临社会大震动而镇定自若,则堪任一国之领袖。

〈象〉曰:洊雷,震[1]。君子以恐惧修省[2]。

震来虩虩,恐致福也,笑言哑哑,后有则也[3]。

震来厉,乘刚也[4]。

震苏苏,位不当[5]也。

震遂泥,未光[6]也。

震往来厉,危行也[7]。其事在中,大无丧也[8]。

震索索,中未得也[9]。虽凶无咎,畏邻戒也[10]。

【今译】

〈象传〉说:震雷重叠,这便是〈震〉卦的意象。君子因此惶恐戒惧、修身自省。

面临霹雳而惶恐戒慎,这是说因戒惧而能导致福祥。所谓笑语和乐,是说霹雳过后行事能合于法度。

霹雳到来而有危险,这是因为六二凌乘了阳刚。

面临霹雳而惶惧不安,因为六三居位不当。

面临霹雳而恐惧得坠入泥泞中,这是说九四的阳刚之德未能光大。

　　霹雳往来不断而有危险,这是说六五应心存危惧而行进。大约不会受到什么损失,这是因为其所行之事合于中道。

　　面临霹雳而恐惧畏缩,这是因为上六未能合于中道。虽有凶险而终无咎害,这是因为见到邻人之灾而自身畏惧知戒。

【注释】

[1] 洊雷,震:"洊",再,重。震为雷。两个单卦〈震〉相重叠即为六十四卦的〈震〉。二雷相重,是雷之巨者,即所谓霹雳。

[2] 君子以恐惧修省:"修省",修身检省。古人视雷鸣为天谴,故君子闻雷,必恐惧修身,省思己过,所以敬畏天威。《礼记·玉藻》也说:"若有疾风迅雷甚雨则必变,虽夜必兴,衣服冠而坐。"孔颖达疏说:"所以敬畏天威也。"

[3] 震来虩虩,恐致福也,笑言哑哑,后有则也:此与〈象传〉全同,而其义则略有不同。"恐"即〈大象〉之"恐惧"。"哑哑",乐,和乐。"则",法度。"后有则也"即〈大象〉之"修省"。初在最下,才弱而知戒惧,能慎于始,故可致福。能修正自省,故后之行事能循法度。

[4] 震来厉,乘刚也:"震来厉"下省"跻于九陵"。"乘"释爻辞之"跻","刚"释爻辞之"九陵","九陵"谓刚爻初九。六二之"危"在于凌乘刚爻初九。六二与六五皆处中位,而六五言"中",六二不言"中"者,六二阴爻居柔位,有过弱之病。又,进谓往,退谓"来","震来厉,乘刚也"谓遇震而退则乘刚也,故有"危"。

[5] 位不当:六三不中不正(阴爻居刚位)无应,故曰"位不当"。

[6] 未光：阳刚之德未能光大。九四阳爻，却居于柔位，陷于二阴之中，入于坎陷（三、四、五互体为〈坎〉），故曰"未光"。

[7] 震往来厉，危行也："危行"，谓心存危惧而谨慎行进。六五阴爻，故能自知危惧；然处于刚位，则又能临危前行。又，"往来"谓进退，言进退皆有危厉（进则敌阴，退则乘刚）。

[8] 其事在中，大无丧也：此二句文义次序为"大无丧，其事在中也"，因为要与"行"协阳部韵，故倒其次序，〈小象〉此例甚多。"大"释"亿"（臆度、估计），大约、多半。六五居中位，故曰"在中"；阴爻处刚位，以刚辅柔，亦是"在中"之义。谓能持中道。〈大有〉六二居中，故〈小象〉亦曰"大车以载，积中不败也"，与此"大无丧，其事在中也"略同。

[9] 中未得也：即"未得中"，未合于中道。

[10] 畏邻戒也：畏惧邻人之灾而自身知戒备，故"虽凶无咎"。

▶ 通　说

　　古人源于自然崇拜，关于霹雷有各种传说（如《论衡》以为霹雳是上天取龙等），尤其霹雳有时是伴随着地震山崩海啸等（如《诗·十月之交》："烨烨震电，不宁不令，百川沸腾，山冢崒崩，高岸为谷，深谷为陵。"）。人们将其视为天谴和灾变，〈震〉卦所讲的便是面临震变灾异，人们如何应付以及各种不同的结果。

　　从〈震〉卦的卦爻辞看，它所反映出的人们应付震变的态度是客观的、积极的。

　　自然界发生震变而卦辞占为"亨"，这与人类社会发生革变而卦辞占为"元亨"（〈革〉卦卦辞）是有相近之处的。当然，这个"亨"

是有条件的,那就是首先要"虩虩"然知道戒备,谨慎应付;同时要有"不丧匕鬯"、镇定自若的大无畏精神。

六爻爻辞,为阳为刚者佳,如初九阳爻居刚位,为面临震变最有阳刚气度者,故六爻仅此一爻曰"吉"。六三虽为阴爻,但居于刚位,故仍能"震行无眚"。六五阴爻而能居刚位,占亦曰"亿无丧有事"。为阴为柔者不佳,如六二、上六皆阴爻居柔位,故占曰"丧贝"、"征凶"。九四虽为阳爻而居于柔位,不能自振其阳刚,故占曰"遂泥"。这很能反映卦爻辞作者对待震变的态度。

〈象传〉明显地继承了卦爻辞的这种崇尚阳刚的精神。

〈象传〉起首便说"震,亨",有人不理解这两个字的深义,所以或以为这两个字"更无他意",或者有的本子略去了这两个字。我们参证〈艮〉卦〈象传〉的"艮,止也",就会理解"震,亨"其实就是"震,动也,动则亨"的省文。接下来便是对初九爻辞的阐发和盛赞,即"可以守宗庙社稷,以为祭主",舜之"烈风雷雨弗迷"而"陟帝位"(《尚书·尧典》)正与此类。〈象传〉之所以盛赞初九,正由于初九阳爻为一卦之主爻,又居刚位,临震之所以能亨通,全在于有刚健之德,非初九不能胜任。叶适说:"所以震惊百里者,阳也;所以不丧匕鬯者,刚也。阳所以为震也,刚所以治震也。恐惧修省,治震之业也;不丧匕鬯,治震之德也"(《习学记言序目》),这把握得非常准确。面临自然界之震变而能"不丧匕鬯",这是取象;面临人类社会之震荡变乱而能处乱不惊,是其所象。

〈象传〉的〈大象〉说面临震雷,君子当知"恐惧修省",此与〈象传〉旨趣颇异。要而言之,〈象传〉偏重于讲为君主的刚健治震之德,〈大象〉则偏重于讲为人臣的阴柔自省之功。

〈象传〉的〈小象〉以爻位说《易》,凡中、凡正(即当位)皆好,不中、不正(不当位)皆不好。所谓当位与否,这里面包含有"时"(即时机、环境、主客观条件等)的思想,而有时又恰恰与"时"的思想相乖违。如六三爻辞说"震苏苏,震行无眚",这里明确地说"行"、说"无眚",〈小象〉依然释之以"位不当也"。这一方面与爻辞文义不合,更主要的是把爻辞尚刚的一面给抹杀了。六三本为阴爻,恰恰由于它居于刚位、不当位,才可能行而无眚。因此〈小象〉释解爻辞时常常泥于爻位,很有点作茧自缚的意思。在其他卦里也有这种情况,这是需要注意的。

本卦卦名《归藏》作〈厘〉。尚秉和认为震为喜乐为福,而厘与僖通,亦有喜乐、福义。

五二、艮 ䷳（下艮上艮）

艮[1]。艮其背[2]，不獲其身[3]，行其庭，不見其人[4]，無咎。

初六。艮其趾，無咎，利永貞[5]。

六二。艮其腓，不拯其隨，其心不快[6]。

九三。艮其限，列其夤，厲薰心[7]。

六四。艮其身，無咎[8]。

六五。艮其輔，言有序[9]，悔亡。

上九。敦艮[10]，吉。

【今译】

筮得〈艮〉卦，谨慎其背后，人不得伤害其身；行于庭中，人不得见其踪迹；没有咎害。

筮得初爻，谨慎足趾的行动，没有咎害，长久坚持则占问有利。

筮得二爻，谨慎小腿的行动，但不能收敛住足趾的行动，内心不快活。

筮得三爻，谨慎腰胯的行动，但还是撕裂了背脊肉，危险正薰灼其心。

筮得四爻，谨慎上身的行动，没有咎害。

筮得五爻，谨慎口唇不妄语，出言则有条理，不好的事情已经过去。

筮得上爻,宽厚谨慎,吉利。

【注释】

[1] 艮:卦名。通行本为第五十二卦,帛书本为第九卦。此与〈震〉卦为卦爻翻覆的关系,故次列于〈震〉卦后。单卦的〈艮〉(☶)象〈坤〉(☷)土上方隆起,故其象为山。山为险阻,两〈艮〉相重,谓重重险阻。此卦卦名与卦辞首字相重,故原文省卦名"艮"字,今补。

[2] 艮其背:"艮"疑假借为"谨"。艮、谨同为见母文部字,古为同音字。如《周礼·地官·遗人》注:"故书艰厄作撑厄……杜子春云:撑厄当作艰厄",《释文》:"撑音艰,又音谨"。又《老子·德经》"深根固柢",帛书甲本"根"作"槿"。帛本"艮"作"根",《归藏》作"狠",皆"谨"字之假。卦爻辞之诸"艮"字用法相同。盖卦象为重重险阻,故卦爻辞戒人处艮之时当谨其言行。"艮其背",谓谨慎其背后。此言防人于背后暗算之也。又,卦爻辞之"艮"字旧皆训"止"。高亨等以为"艮"之字形为反"见",释为顾、注视、照顾等。按:此二解亦讲得通。

[3] 不获其身:"获",得。不得其身,谓谨慎背后,使人不得伤害其身。又《广雅·释诂》"获,辱也",谓谨防背后,使身不受辱。高亨读"获"为"护",可参考。

[4] 行其庭,不见其人:"行其庭"的主语是初六,即问筮者。"其人",指问筮者,即初六。"不见其人",谓他人不得见其踪影。不得见其踪影,自然不能伤害于他,所以说"无咎"。

[5] 艮其趾,无咎,利永贞:"利永贞",谓长久坚持则占问有利。初六阴爻,本为柔静者,故能谨其足趾之行而无咎害;但处于刚位,恐其躁动,故又戒之以"利永贞"。

[6] 艮其腓,不拯其随,其心不快:"腓",腿肚子,指小腿。"拯",收敛(《广雅·释诂》:"拯,收也。")。"随",指初六。初六之"趾"随六二之"腓"而动,故初六为随(王弼注"随谓趾也"是正确的,"拯其随"与〈咸〉卦九三的"执其随"相同)。六二以阴居柔,又处中位,是能谨慎者;但初爻居刚位,常有躁动之意,六二阴柔,无力收止之,故"其心不快",盖恐其一旦影响自身也。

[7] 艮其限,列其夤,厉薰心:"限",在此指腰部。腰为上、下身之界限,故训为腰。"列"同"裂"。"夤"即"臏",脊背肉。"厉",危险。"薰",薰灼、烧灼。"厉薰心",言其心忧危有如烧灼。九三处艮体,故能谨慎其腰胯的行动;但另一方面,阳爻居刚位,处下卦之极,互四、五为〈震〉,震为动,故又躁动而撕裂其脊肉。此正是危厉灼心之象。九三心之薰灼在于自身之躁动,六二心之不快在于恐初六之躁动殃及自身。

[8] 艮其身,无咎:"身",上身。六四已入〈艮〉之上体,在腰胯之上,故指上身。六四以阴居柔,故能谨慎上身的行动而无咎害。

[9] 艮其辅,言有序:"辅",口颊,口。此谓谨其口而不妄语,出言则必有条理,〈坤·文言〉所谓"括囊,无咎无誉,盖言谨也"。《集解》本"序"作"孚"。

[10] 敦艮:"敦",质厚、质朴(《老子·十五章》"敦兮其若朴",注:"敦,质厚也")。时位至上九,即将出〈艮〉,至极则变,故质厚

之谨,谓谨之返朴,无心于谨而事无不周。此老子所谓"愚人之心"(《老子·二十章》)、庄子所谓"致道者忘心"(《庄子·让王》)。〈临〉卦上六之"敦临"("临",治),亦谓治极返朴,无心于治而事无不治,与此"敦艮"辞例相同(〈复〉卦六五"敦复"亦谓"还复于朴")。

〈彖〉曰:艮,止也[1]。時止則止,時行則行,動靜不失其時,其道光明[2]。艮其止,止其所也[3];上下敵應,不相與也[4];是以不獲其身,行其庭,不見其人,無咎也[5]。

【今译】

〈彖传〉说:卦名〈艮〉是息止的意思。时机环境都适宜息止就一定息止下来,而一旦时机环境适宜于行动了也必须马上行动起来,行动静止都能顺时,前途就光明。息止于背阴处,这是息止的最适宜的处所;处艮之时上下不相应合,不相交往亲与;所以说此时若能不让人察见自己的行迹,并且行于庭中好像也看不到别人的行迹,就可以免于咎害。

【注释】

[1] 艮,止也:"艮",举卦名。艮象山,为险阻,人面临重重险阻,当谨慎行止,息止脚步,故曰"艮,止也"。又艮山象征静止。

[2] 时止则止,时行则行,动静不失其时,其道光明:"时"谓时机环境。就《易》之整体而言,〈震〉动—〈艮〉止—〈渐〉进是互相联系的;就〈艮〉卦而言,四阴爻之静止与二阳爻之行动也是互相

联系的。行止相续、动静因时,这是〈象传〉所要说的,也是战国时期黄老道家所一再阐述的观点。

[3] 艮其止,止其所也:"艮其止"当作"艮其背"(朱熹引晁氏说:"艮其止,当依卦辞作背"。帛书作"艮其北",古"背"字。形近止,且涉下文之"止"而讹。若作"艮其止",则与"止其所"意思重复)。"背"谓阴(老子所谓"负阴而抱阳")。《史记·梁孝王世家》索隐:"背者,阴也"。山阴为北,山北为阴。息止于背阴隐蔽处,是止得其所,此正庄子所谓"处阴以休影,处静以息迹"(《庄子·渔父》)。阴为静,止于阴则得其静,人莫能见、莫能伤。

[4] 上下敌应,不相与也:"敌应",敌对、不相应合。"与",亲与交往。就爻画而说,〈艮〉卦六爻,上下皆不相应,故当各止其所;就"时"而论,上下不交,君臣不遇,故当独善自守。

[5] 是以不获其身,行其庭,不见其人,无咎也:"不获其身",谓不见其身(程传),言他人不见其踪影行迹。"不见其人",谓己亦不见他人之行迹(程传:"谓不交于物也")。《黄帝四经·称》所谓"时若可行,亟应勿言;时若未可,涂(杜)其门,毋见其端",《列子·说符》所谓"周谚有言:察见渊鱼者不祥,智料隐匿者有殃",并是斯义。

〈象〉曰:兼山,艮[1]。君子以思不出其位[2]。

艮其趾,未失正也[3]。

不拯其随,未退聽也[4]。

艮其限,危薰心也[5]。

艮其身,止諸躬也[6]。

艮其輔,以中正也[7]。

敦艮之吉,以厚終也[8]。

【今译】

〈象传〉说:两山叠峙,这便是〈艮〉卦的意象。君子因此虑度谋事不超越职限。

能约束足脚的行动,这说明初六未离失正道。

不能收敛初六的行动,而又未能退而听任初六,所以六二内心不快。

一方面约束了腰胯的行动,而同时又因腰背躁动而撕裂了脊肉,这便是忧危薰灼其心的原因。

约束上身的行动而免于咎害,这是因为六四能安守本分。

约束口唇而使言语有序,这是因为六五持中得宜。

以忠厚来自我约束而导致吉祥,这是因为上九能恒久保持宽厚自重。

【注释】

[1] 兼山,艮:〈艮〉卦为两个单卦的〈艮〉重叠而成,〈艮〉为山,故曰"兼山,〈艮〉"。"兼"是"重"的意思。山体静止而不移位,故〈象传〉亦训"艮"为"止"。《楚辞·灵怀》注:"止,制也"。《荀子·不苟》注:"止,谓不放纵也"。是"止"有约束之义,〈大

象〉、〈小象〉皆用此义。

[2] 君子以思不出其位:"思"谓考虑事情。君子观〈艮〉卦之山体静止而永不移位之象,当知日常虑度谋事不应超越本位职限。程传说:"位者,所处之分也"。"思不出位"即源于〈象传〉的"止其所"。又按:"位"一方面是指职限、本位、本分,同时也是指"时位",即时机环境。"出"谓不合,"不出"谓合。

[3] 艮其趾,未失正也:初六阴爻居刚位,本不正;但如能约束于始,则又未失正道。

[4] 不拯其随,未退听也:六二居中得正,但以阴居柔,无力收敛居于刚位的初六之躁动,而又未可退而听任初六(程传"退听,下从也"),故"其心不快"。〈小象〉之意,似乎认为六二之"不快"在于未能做到"思不出位"。"退听"《集解》本作"违听"。

[5] 艮其限,危薰心也:"艮其限"下省"列其夤"。九三属下卦〈艮〉体,故能约束其腰身的行动;而阳爻居刚,与四、五互体为〈震〉,主躁动,故又撕裂其背脊肉,忧危灼心。六爻仅九三言危厉,是为"出其位"而未守本位者。

[6] 艮其身,止诸躬也:"止",安定、安守。"躬",己(《礼记·乐记》注:"躬犹己也。"),犹本位、本分。六四阴爻居柔位,得正,故能安止于本位。

[7] 艮其辅,以中正也:"以",因为。"中",执中(六五居上卦中位)。"正",得宜(《国语·吴语》注:"正,适也。"《管子·法法》:"正者,所以止过或不及。")朱熹疑"正"为衍字。

[8] 敦艮之吉,以厚终也:"厚",厚实、厚重。上九为阳爻,故厚实。以阳居阴,故自重。居卦之极,故以厚终。"终"谓恒久保持。

初六言"未失正",上九言"以厚终",可见〈象传〉认为"思不出位"为君子终始之则。

▶ 通　说

〈艮〉卦讲人处重重险阻之时,当谨慎其言行以避害免咎。

清陈梦雷《周易浅述》说:"人莫大于言行。艮止、艮腓,慎其行;艮辅,慎其言也"。〈系辞上〉也说:"言行,君子之枢机,荣辱之主也……可不慎乎?"

〈象传〉对〈艮〉卦的释说思想极为丰富。首先,我们看看〈象传〉的整体性及其与〈序卦传〉的关系。

〈象传〉说:"时止则止,时行则行。"〈艮〉卦是谈"止"的,这里却提到了"行"。固然这是因为〈艮〉卦六爻,阳中有阴,阴中有阳,动静相因,行止相随。同时,由于动极则止,故〈震〉后次〈艮〉;止极则进,故〈艮〉后次〈渐〉,这也是〈艮〉卦论"止"而兼论"行"的主要原因。也可见〈象传〉与通行本卦序及〈序卦传〉有内在联系。〈震〉、〈渐〉之〈象传〉是讲兼善治世之道,而〈艮·象〉则讲独善自守之功。

另外,〈彖〉文谈到行止、动静之"时"。动静因时的思想屡见于黄老道家著述中,仅《黄帝四经》中就有多处论及,诸如"静作得时"、"行而行,处而处"等;《管子·宙合》也有"时则动,不时则静"等论述。尤其《黄帝四经·称》所说"行而行,处而处"则很像是〈象传〉"时止则止,时行则行"的出处。"而"即"则",谓当行则行、当止则止,较〈象传〉字句简约。追溯到老子,人人皆知老子主静,但老子也说"动善时"(《老子·八章》)。"动"有条件,即"善时";由此推测,老子之"静"亦有条件,也要"善时"。因此,老子的动、静"善时"

即为"行而行,处而处"、"时止则止,时行则行"的出处。

〈象传〉以君子处〈艮〉之时,当"思不出其位"释说〈艮〉卦。以六爻〈小象〉求之,唯六四〈小象〉之"止诸躬也"与〈大象〉"思不出位"契合。而六四爻辞说"艮其身,无咎",则〈象传〉之意,君子处〈艮〉之时,应思不出位,谨守本分,不求有成,但求无过,不以"吉"为佳,而以"无咎"为上。同时可见〈小象〉与〈大象〉也有一定的联系。

五三、渐 ䷴（下艮上巽）

渐[1]。女归吉[2]，利贞。

初六。鸿渐于干[3]，小子厉，有言无咎[4]。

六二。鸿渐于磐，饮食衎衎[5]，吉。

九三。鸿渐于陆，夫征不复，妇孕不育，凶，利御寇[6]。

六四。鸿渐于木，或得其桷，无咎[7]。

九五。鸿渐于陵，妇三岁不孕，终莫之胜，吉[8]。

上九。鸿渐于陆，其羽可用为仪[9]，吉。

【今译】

筮得〈渐〉卦，女孩出嫁吉祥，占问有利。

筮得初爻，鸿雁进至水边，小孩遭逢危险，虽遇到麻烦，但最终没有咎害。

筮得二爻，鸿雁进至水边石岸，酒食充裕，吉利。

筮得三爻，鸿雁进至小丘，男方远行一去不返，女方虽孕结果流产，有凶险，利于自卫以防侵侮。

筮得四爻，鸿雁进至丘林，可能会遇到强盗侵侮，主动出击，没有咎害。

筮得五爻，鸿雁进至高丘，女方三年没能怀孕，但最终也未能使之屈服放弃,吉利。

筮得上爻,鸿雁进至陂池,它的漂亮羽毛可作为最尊贵的仪饰,吉祥。

【注释】

[1] 渐:卦名。通行本为第五十三卦,帛书本为第六十卦。"渐"是逐渐进入的意思(王弼注:"渐者,渐进之卦"。《书·禹贡》注:"渐,入也")。六爻爻辞的"渐"都是以鸿雁渐入某种处所来象征人的逐渐进入某种环境,并以此占断吉凶休咎。上九的进至陂池则是经过渐进而得到的最终也是最佳归宿。卦辞的"女归吉"也是经过渐进而最终得到的归宿。

〈渐〉卦上〈巽〉木,下〈艮〉山,象林木在山上;而林木之生长亦有一渐进过程。林木在山,正是经过渐进过程而得到的最终归宿。

[2] 女归吉:"归",嫁。妇人谓嫁为"归",言以嫁人为终极归宿。古代婚娶有六礼,是有一个渐进过程,与卦名"渐"相合;又"渐"有"进"义,言筮得〈渐〉卦,占得卦辞,婚嫁可以进行。〈渐〉卦上为阴卦,下为阳卦,象阴阳交通;六二阴爻与九五阳爻正应,亦象阴阳交通。女子占得本卦卦辞谓出嫁吉,若男子占得,亦为娶女吉。

[3] 鸿渐于干:"鸿",水鸟,即雁。"干",水边。此为爻象,后半部为爻占。六爻均如此。

[4] 小子厉,有言无咎:此为爻占。"小子",男女孩的通称(朱骏声《六十四卦经解》:"小子者,女未笄、男未冠之称")。"言"同

"愆",愆过,麻烦。本为阴爻,位居最下,涉世未深之小子占得此爻,又上无应援,所以"厉";然进得其所(鸿为水鸟,正宜在水边),故虽有愆而无咎害。

[5] 鸿渐于磐,饮食衎衎:"磐",朱熹训为"大石",并以"磐"喻"安"。王引之读为"泮",引《汉书》注训为"小涯堆"。按:鸿为水鸟,六爻之中,鸿之所"渐"亦当皆与水相关。所以"磐"在此可训为"水边石岸",其势略高于"干"。"衎衎",旧多训为"和乐貌",然《释文》引马注训为"饶衍",朱骏声亦训为"宽饶衍溢之貌"。按:马、朱说是,其盖读"衎衎"为"衍衍",或马氏所见本即作"衍衍"。"衎"、"衍"古通,"饮食衎衎"帛书即作"酒食衍衍",当以帛书为是。〈需〉卦"需于酒食"、〈困〉卦"困于酒食",例以酒食为言(此"酒食衍衍"与"困于酒食"相反,而略同于"需于酒食")。鸿进于水边石岸,既得其进食之所,又得其退身之安,故为"酒食衍衍"之吉占,喻人小康之足或食禄之丰。

[6] 鸿渐于陆,夫征不复,妇孕不育,凶,利御寇:"陆",高平之地,指小土山、小丘。此为石岸上之小丘,其势高于"磐"。其势虽渐高,乐进忘忧,不知其距水鸟所宜之处愈远,故有"夫征不复,妇孕不育"之凶占。"不育",谓未产下婴儿,指流产。男子占得此爻,仕途或生意皆为不利;女子占得此爻,则有被弃之忧。"利御寇",谓谨慎防范侵侮则有利。盖亡羊而补牢于后,形势或可有转机。按:《集解》本作"利用御寇",涉〈象传〉衍"用"字(〈蒙〉卦"不利为寇,利御寇","不利"与"利"对言)。帛书本作"利所寇","所"与"御"音同,皆为鱼部字,故"所"音假

为"御"(《诗·下武》"来许",《后汉书》引作"来御";《诗·伐木》"许许",《说文》引作"所所"。可证"御"、"所"古音近相通)。

[7] 鸿渐于木,或得其桷,无咎:"木"指"陆"上之"木",谓丘林、山林。其势又略高于九三之"陆"。"桷",横平之枝似方椽者。按:鸿进愈高则去所宜之处愈远,其象则愈险;然此却谓得横枝而栖,似有乖悖;且乘九三之刚,亦不得谓得其栖处。"或得其桷,无咎",帛书作"或直其寇,毄,无咎"。通行本"得"为"直"之音假(皆为职部字),"桷"为"寇"之音假(皆为屋部字),并脱一"毄"字。"直"同"值",遇到、遭遇。"毄",击(《说文》:"毄,悬物毄击也")。四乘刚,故"或直其寇";四与三、五互体为〈离〉,〈说卦〉"离为甲胄,为戈兵",故四有遇寇之说;四承比九五,故曰击之无咎。此"毄寇"即〈蒙〉卦上九之"为寇"("为",攻取)。四承三而说,三爻说"利御寇",四爻说利击寇,此相互为文正与〈蒙〉卦"为寇"与"御寇"相互为文例同。六四进非所宜之处,又或遇寇,是不吉之象;但借乘刚之势,得九五之力,击之则可转为无咎。

[8] 鸿渐于陵,妇三岁不孕,终莫之胜,吉:"陵"为高丘、大丘,其势又高于"木",距鸿之所宜处更远。"妇三岁不孕"是为凶象,喻长久不能得志。"终莫之胜",言九五居中得正,最终未被险恶的环境所摧折挫败,始终不屈服、不放弃,故能转而为吉。下而应二,退返水边,故终"吉"。

[9] 鸿渐于陆,其羽可用为仪:〈渐〉卦六爻均协韵,而此爻失韵("仪"在歌部,"陆"在觉部);并且与九三重复。王引之等以为

"陆"当作"阿"。按：此虽协韵（"阿"亦为歌部字），但于理不合。六爻所进愈高，其象愈险，而此云"其羽可用为仪"，则显为吉象。〈晋〉卦、〈升〉卦等，凡爻至上，升进不已，皆为凶象；反之，穷上返下，则可转吉。因此，"陆"字当从高亨之说为"陂"字之讹（"陂"亦为歌部字）。"陂"义为池。上九不昏乱于升进（〈象〉所说"不可乱也"即其义），穷上返下，渐于陂池，得其所哉。"其羽可用为仪"是占辞，言其美羽可为仪饰，此即〈革〉卦上六〈小象〉"其文蔚也"的意思，喻人将走好运，如升迁之类，故继而占断曰"吉"。朱骏声说："此鸿羽为贤人之喻"。《诗·新台》"鱼网之设，鸿则离之"，亦是鸿当以近水为宜之证。

〈彖〉曰：渐，之進也[1]。女歸吉也[2]，進得位，往有功也；進以正，可以正邦也，其位剛得中也[3]。止而巽，動不窮也[4]。

【今译】

〈彖传〉说：卦名"渐"是渐进的意思。卦辞说女子出嫁吉祥并利于守正，这是说循序渐进便可得到适宜的居所，如此前往则能建立事功；遵循正道前进，此种精神可以善正国人之心，君主必须立足于刚健中正之道。内心安静不躁而外表谨敬和顺，那么其行动也就永远不会困穷。

【注释】

[1] 渐,之进也:"之"字朱熹疑为衍字,又疑"或是渐字"。按:后说是(若"之"字为衍字,则"渐,进也"与〈晋·象〉"晋,进也"混同,实则〈晋〉之"进"与〈渐〉之"进"不同。叶适说"渐者,进之序也",可见〈渐〉之"进"是循序渐进)。"之"当为"渐"字的重文号,后讹为"之"。"渐,渐进也",上"渐"字举卦名,下"渐"字训为逐渐。

[2] 女归吉也:此当作"女归吉,利贞",脱"利贞"而衍"也"字(朱骏声云:"〈象传〉女归吉,一本作女归吉利贞")。"贞",正,守正。下文"进得位,往有功也"释卦辞"女归吉";"进以正,可以正邦也,其位刚得中也"释"利贞"。

[3] 进得位,往有功也;进以正,可以正邦也,其位刚得中也:阴爻由初渐进至二,居中得正,所以说"进得位";二往应五,阴阳契合,犹男女和谐、君臣遇合,所以说"往有功"。此二句释"女归吉"。向上进往的六二居于正位(阴爻处柔位),所以说"进以正";臣吏如此进取则可端正民心(不以邪佞干进);当然还有一个重要的前提条件,就是君主必须首先立足于刚健中正,而九五阳爻恰居中位,所以说"其位刚得中也"。此释"利贞"。

[4] 止而巽,动不穷也:内卦为〈艮〉止,谓静而不躁;外卦为〈巽〉逊,谓谦敬和顺。所以说"止而巽"。止是体,巽是用。此即《管子·内业》的"内静外敬"。不躁乱于动,则进得时,返亦得时,故不至于困穷。上九鸿返于陂池,〈象传〉说"不可乱也"就是这个意思。陈梦雷《周易浅述》说:"止,不轻动。巽,不躁动"。

〈象〉曰：山上有木，漸[1]。君子以居賢德善俗[2]。

小子之厲，義無咎也[3]。

飲食衎衎，不素飽也[4]。

夫征不復，離群醜也[5]。婦孕不育，失其道也[6]。利用禦寇，順相保也[7]。

或得其桷，順以巽也[8]。

終莫之勝吉，得所願也[9]。

其羽可用爲儀吉，不可亂也[10]。

【今译】

〈象传〉说：山上有树木逐渐生长茂盛，这便是〈渐〉卦的意象。君子因此蓄养美德、纯正世风。

小孩子虽遇危险而最终无咎害，这是因为初六处在适宜的位置上。

饮食和乐而获得吉祥，这是因为六二守持中正而不索求过多。

丈夫远行而不能平安返回，这是因为他错误地离开了他的匹偶们。妻子虽孕而未能生产，这是因为不符合正道。防范强寇有利，这是说九三应该和顺相守。

偶或逢遇平枝而安栖，这是说六四能够从宜顺处。

最终未被取胜而获得吉祥，这是说九五如愿以偿。

可获美羽以为仪饰，吉祥，这是说上九不可昏乱于前进。

【注释】

[1] 山上有木,渐:〈渐〉卦下〈艮〉山,上〈巽〉木,木之生长,有渐进过程,所以说"山上有木,渐"。"渐",渐进。

[2] 君子以居贤德善俗:"居",蓄养。"善",使纯正。"善俗",王肃本作"善风俗",可从。内卦为〈艮〉,艮为山,山主蓄养,所以说"居贤德";此即〈象传〉的"进以正",是为君子之内圣。外卦为〈巽〉,巽为风,风主风教、风化、风俗,所以说"善风俗";此即〈象传〉的"可以正邦",是为外王。无论是蓄养德行还是善正风俗,都要有一个积累渐进的过程,所以〈大象〉说"山上有木,渐,君子以居贤德善风俗"(按:朱熹疑"贤"字衍,不可从。此"居贤德"与〈夬·象〉"居德则忌"之"居德"涵义迥异)。

[3] 小子之厉,义无咎也:此文可作"小子之厉无咎,义也"(释初六爻辞"小子厉无咎")来理解。"义",宜,谓处位得宜。小子阴柔才弱,涉世未深,故"有厉";正为其才弱,位在最下,进而不能躁,居位得宜,故又可无咎。

[4] 饮食衎衎,不素饱也:"衎衎",和乐,谓饮食适中有度。"素"为"索"字之音假(朱骏声说:"素,或曰当作索,求也。《论语》:食无求饱")。素、索皆为心母铎部字,古同音;形亦相近。《尚书序》:"八卦之说谓之八索,求其义也",《释文》:"索,求也。徐音素,本或作素"。可见素、索古本相通。"饮食衎衎,不索饱也"谓饮食只求适中,而不过多索取。喻速度适中,进不求快。六二居中得正故能如此,〈象传〉的"进得位"即指此爻。《管子·内业》:"凡食之道,大充,气伤而形臧(戕);大摄,骨枯而血冱。充摄之间,此谓和成",此之谓也。又解:"衎衎"读作

"衍衍",丰盛的样子。"素饱"即《诗》之"素餐",犹今语之吃白饭。"饮食衍衍,不素餐也"谓享禄丰厚但并不白吃官粮,此即〈象传〉"进得位(故'饮食衍衍'),往有功也(即'不素餐')"。

[5] 夫征不复,离群丑也:"丑",比配、匹偶(《礼记·学记》注:"丑,比也",又与"雠匹"之"雠"相通,《古今韵会》注引《孟子》赵岐注:"丑读如雠"。高亨读"丑"为"俦")。"群丑"指初、二。阴爻初、二比于阳爻九三,为九三之匹偶。九三不安其位,离弃初、二,上比阴爻六四,失于躁进,所以说"夫征不复,离群丑也"。

[6] 妇孕不育,失其道也:九三上比六四,离失正道,所以其妇孕而不育。妇之不育,责在其夫;夫道正则妻道正。

[7] 利用御寇,顺相保也:"保",守。九三稍安勿躁,与初、二和顺相守,方为正道,凶险可以御之。"御寇"即防范抵御爻辞所说的"凶"。

[8] 或得其桷,顺以巽也:"顺",从宜。"巽",顺,顺处。六四乘刚不中,又无应爻,但能承比九五,从宜顺处,故或可得其平枝而安栖。从乘刚的角度讲(凌乘九三),六四是"或值其寇";从承刚的角度讲(承比九五),六四是"或得其桷"。今本与帛书盖因说卦角度不同,故有此异文。然〈象传〉所据当为今本。

[9] 终莫之胜吉,得所愿也:"终莫之胜吉"上省"妇三岁不孕"。五与二为应,但因有强刚九三阻隔,阴四复离间其中,故使五与二不能相合,六二之"妇"亦三岁而不能孕;但九五最终未被挫败而放弃,终得实现与二相合之愿。

[10] 其羽可用为仪吉,不可乱也:时至上爻,退返于池,不可昏乱

于进。此其一义。上九之鸿羽可为君子仪法，当知升进有度不可乱也。此其二义。

➡ 通　说

〈渐〉卦卦辞说"女归吉"，古以女子嫁人为终极归宿，所以称"嫁"为"归"，"女归吉"就是女子进得其所。卦象是林木在山，木得其所，正是"女归"之象；阴卦与阳卦相应（上〈巽〉阴卦，下〈艮〉阳卦），阴爻与阳爻相应（六二阴爻与九五阳爻相应），正是"女归"得时。

六爻爻辞则说人如何选择最佳环境、如何进入最适宜的处所。通常说来，"出于幽谷，迁于乔木"为佳，升进愈高愈好；但〈渐〉卦所表现的是要根据自身条件而选择进入适宜于自己的处所。鸿为水鸟，近于水则佳，远于水则否；处愈下愈佳，进愈高则愈险。二近水边，本为"吉"者；五退应二，故初险而终吉；上能返于池，亦为"吉"者。

帛书与通行本有几处异文，它们也许仅仅是音近相假而造成的异文，也许是对爻位及爻义理解不同所造成的异文。〈大过〉卦（䷛）九五云："老妇得其士夫"，帛书可能以五为老妇，以上为士夫，故爻题九五、上六讹为六五、上九（此为〈鼎〉卦），这就不仅是对爻位理解上的分歧，而是改变了卦象，变成了另外一卦，帛书的爻题很多与通行本不同，似非皆是笔误。

〈彖传〉讲"进以正"和"正邦"的修治次序，是"修之于身"乃至"修之于邦"的内圣外王之道；〈大象〉的"居贤德"和"善风俗"即源于〈彖传〉。〈彖传〉的"止而巽，动不穷"很像是紧承〈艮·彖〉"时止则止，时行则行，其道光明"而说的。"巽"即"顺"，和顺于道则能顺时而动；动能顺时，"止"自然亦是顺时之"止"。〈艮〉止而能行，〈渐〉进而能止，可见在〈象传〉的体系中，〈艮〉与〈渐〉、止与进是相因的。由此可见，〈象传〉及〈序卦〉与通行本卦序是有一定联系的。

五四、归妹 ䷵（下兑上震）

歸妹[1]。征凶,無攸利[2]。

初九。歸妹以娣,跛能履,征吉[3]。

九二。眇能視,利幽人之貞[4]。

六三。歸妹以須,反歸以娣[5]。

九四。歸妹愆期,遲歸有時[6]。

六五。帝乙歸妹,其君之袂不如其娣之袂良,月幾望,吉[7]。

上六。女承筐無實,士刲羊無血,無攸利[8]。

【今译】

筮得〈归妹〉卦,行事有凶险,无所利。

筮得初爻,嫁出少女并以少女的妹妹陪嫁,处足跛之时而善于行走,前往做事是吉利的。

筮得二爻,处目眇之时却善于观察,问卦之人此时幽居独处等待时机吉利。

筮得三爻,嫁出少女并以少女的姊姊陪嫁,结果少女的姊姊被休遣归娘家而仍以妹妹陪嫁。

筮得四爻,嫁女拖延了时间,推迟出嫁是因为有所等待。

筮得五爻,贵人嫁女,此女子服饰朴素不像陪嫁女的服饰那样华贵,月亮将近圆满,嫁女吉利。

筮得上爻,女子捧着无物之筐,男子刺着无血之羊,无所利。

【注释】

[1] 归妹:卦名。通行本为第五十四卦,帛书本为第二十九卦。此与〈渐〉卦为卦爻翻覆及卦爻反对的关系,故次列于〈渐〉卦后。卦象上〈震〉雷,下〈兑〉泽,象雷迫近于泽,为季秋九月之卦,万物敛缩之时;万物由动归于静,由作归于息,故卦辞言"征凶,无攸利",谓筮得此卦,当静而待时。

[2] 征凶,无攸利:"征"在《易》中有三义:一为征伐,二为出行,三为"行",即行事、做事。此处用为行事、做事,至于行嫁、行娶之事亦在其中。筮得〈归妹〉卦,占得卦辞,则不宜行嫁娶等诸事,应静而待时;上六"无实""无血"之凶象及"无攸利"正与卦辞相照。《太玄·内》(准〈归妹〉卦)说"阴去其内而在乎外,阳去其外而在乎内,万物之既(尽,凋尽)",此有助于对卦辞"征凶,无攸利"的理解(所谓阴外阳内犹〈彖〉之"柔乘刚")。

[3] 归妹以娣,跛能履,征吉:"归",嫁。"妹",少女。"娣",女弟,犹今语之妹妹。"以娣",以少女的妹子陪嫁作为侧室或曰妾。"跛"同"蹇",一足瘸而难行。"能",善,善于(《荀子·劝学》注:"能,善也。")。"履",行。"征",前往做事,前往行嫁娶之事。"归妹以娣",喻行事合于常规。"跛",喻时之艰。动合于理,虽遇时艰,仍善处之,行事亦吉。足跛,喻处时不利。以身为腰,象因其时而自屈抑。因时顺处,不但能行,而且行可获吉。

[4] 眇能视，利幽人之贞："眇"，一目盲而难视。"能"，善。"视"，观察。"幽人"，女子占之，谓待字深闺、女行端正者；男子占得，则谓待贾椟中、抱道守正的君子（朱熹说"幽人，亦抱道守正而不偶者也"，朱骏声说"幽人，男未仕、女未嫁之名"）。九二处下卦〈兑〉泽之中位，象深居幽处者；虽目眇难视之时，却善于相时待机。所"视"者，上视应爻六五而待售；应爻六五，其在女子则为女之佳配，其在男子，则为臣之贤君。于《易》，处下卦〈兑〉之中位，多有"幽人"之象，如〈履〉卦下〈兑〉九二"履道坦坦，幽人贞吉"。又如〈中孚〉卦下〈兑〉九二"鸣鹤在阴"，亦为幽人之象。又如〈睽〉卦下〈兑〉九二"遇主于巷，无咎"，亦幽人深巷遇得贵人之象。又〈损〉卦下〈兑〉九二"利贞，征凶"，亦幽人占问有利而躁进则凶之象。总之，下卦〈兑〉泽中位，皆有虽逢时难而能守静待机、自处得宜之象（又朱骏声说"利幽人之贞"或本无"之"字。盖涉〈象传〉而衍）。

[5] 归妹以须，反归以娣："须"同"媭"，姊姊（朱骏声说："或曰楚人谓姊为须，屈原之姊曰女媭"）。"以须"，嫁女而以姊姊陪嫁（或训"须"为待，则"以须"与"以娣"辞例不合。或训"须"为妾，则"以须"与"以娣"重复）。"反归"即来归、遣归（古代女子被休而遣归母家称为"来归"）。古时女子出嫁，例以侄娣为媵（陪嫁），今以姊姊为媵，是为"未当"（〈小象〉语），故被遣归而仍以娣为媵。三与二、四互体为〈离〉，〈离〉为中女，为少女之姊，所以说"以须"。此爻为行为有失而被休弃、被黜免之象（六三〈小象〉说"未当也"，项安世《周易玩辞》说"三者女之自失也，四者女之自重者也"就是这个意思）。以姊姊的身份为

腾,是自己行为有失;"反归",是说因失而获咎。

[6] 归妹愆期,迟归有时:"愆",延误,拖延。"时"通"待"(《谷梁传·隐公七年》范注引作"待")。谓等待三、四易位反正(还为〈泰〉卦),则四之阴可与初之阳正配。今此〈归妹〉卦,九四失应无匹,故"有待"。〈归妹〉为季秋之卦,不宜嫁娶;而〈泰〉为孟春之卦,正为嫁娶之时。故"有待"谓待来年春季而行嫁。《诗·氓》之女亦有"愆期"之志("匪我愆期,子无良媒"),但惜其未迟归至来年之春,而于秋时行嫁("将子无怒,秋以为期"),故中道被弃。

[7] 帝乙归妹,其君之袂不如其娣之袂良,月几望,吉:"帝乙归妹"亦见于〈泰〉卦六五("帝乙归妹,以祉元吉",〈小象〉:"以祉元吉,中以行愿也")。"帝乙",纣父,据说曾嫁女于周文王。六五为尊位,疑"帝乙归妹"在此泛指贵族嫁女。"君"指所"归"(嫁)之"妹"(少女),训为"后",谓正妻、正室。"袂",衣袖,在此指衣饰、服饰,即《诗·硕人》"衣锦褧衣"之类。"良",善,美好,华丽。"几",将近。"望",十五。"月几望",将及月中,月亮将近圆满时(〈小畜〉、〈中孚〉皆有"月几望",或作"月既望",如荀本,帛本)。嫁为正室的新娘衣饰素朴,正是〈坤〉卦六五〈小象〉所谓的"文在中也"。"月几望吉",是筮得的送亲吉日。就其内蕴说,"其君之袂不如其娣之袂良",即所谓富而不骄;"月几望吉",即所谓满而不盈。《吕氏春秋·察微》引《孝经》所谓"满而不盈溢,所以长守富也"。月将满而未满,喻时之宜;"吉"者,趋时取福之谓。

[8] 女承筐无实,士刲羊无血,无攸利:"承",捧、奉。"刲",刺、割。

旧多以婚礼庙祭之仪释之,谓女奉筐筐奠菜而筐中无物,男刺羊血祭而羊牲无血,喻庙祭不成、约婚不终。按:筐无实、羊无血,皆为不祥之兆,又比喻婚姻一场空。"实"喻阳,"血"喻阴(〈坤〉卦"其血玄黄",九家注:"血以喻阴")。项安世《周易玩辞》说:"女无阳以为实,士无阴以为血,此象死而失偶及生而相弃者"。无实、无血为凶象,与卦辞"征凶"相照;"无攸利"则是复举卦辞。总之,此爻为阴阳相离、男女相失之象。"承",奉,侍奉。"女承筐"犹女侍奉男,"无实"("实"为阳),女失男之象。"士刺羊"犹男御女,"无血"("血"为阴),男失女之象。

〈彖〉曰:歸妹,天地之大義也[1]。天地不交而萬物不興,歸妹,人之終始也[2]。說以動,所歸妹也[3]。征凶,位不當也[4]。無攸利,柔乘剛也[5]。

【今译】

〈彖传〉说:卦名〈归妹〉,包含着天地阴阳的大道理。天地阴阳不交通则万物不能繁殖,而以女嫁人,正是为了保证人类始终不断地繁衍。彼此愉悦而兴动,所以可嫁女。但卦辞说此时做事有凶险,这是因为阴阳处位不当,又说行事不利,这是因为阴柔凌乘阳刚。

【注释】

[1] 归妹,天地之大义也:"归妹",举卦名。"天地",指天地阴阳。"义",道理。"归妹",是男女嫁娶之义。域中有四大(道、天、

地、人），人居其一，故男女嫁娶之事为天地阴阳之大义。阴阳交通氤氲为天地之大义，男女相交为阴阳交通之最显明者，所以说"归妹，天地之大义也"。

[2] 天地不交而万物不兴，归妹，人之终始也："兴"，生殖、繁衍。"终始"，不断繁衍下去。〈咸·彖〉"天地感而万物化生"同此。

[3] 说以动，所归妹也："说"同"悦"。下卦〈兑〉悦，上卦〈震〉动，所以说"说以动"，谓男女彼此慕悦而兴动。"所"，或本作"所以"。按：疑当作"故"。〈萃·彖〉"萃，聚也，顺以动，故聚也"，〈丰·彖〉"明以动，故丰"，〈大壮·彖〉"刚以动，故壮"皆其辞例。

[4] 征凶，位不当也：从卦象看，上为阳卦〈震〉，下为阴卦〈兑〉；阳轻上浮，阴重下沉，二气不相交，所以说"征凶，位不当也"；〈咸·彖〉说"柔上而刚下，二气感应以相与"（〈咸〉下〈艮〉阳，上〈兑〉阴），〈归妹〉正与〈咸〉相反。从卦爻看，〈归妹〉自〈泰〉（䷊）来，〈泰〉之柔爻六四下而居三位，刚爻九三上居四位（"柔下而刚上"），使得三、四失正（六三柔爻居刚，九四刚爻居柔），也是不当位，此又与〈咸〉卦相反。同时，〈兑〉阴在下，〈震〉阳在上，是为女主动下求男，也是位不当，此又与〈咸·彖〉"男下女，是以亨利贞，取女吉也"相反（可参考〈咸〉卦注）。

[5] 无攸利，柔乘刚也：六五乘九四，六三乘九二，所以说"柔乘刚也"；此象男制于女，所以说"无攸利"。项安世《周易玩辞》说"上卦以六五乘九四，下卦以六三乘九二，有夫屈于妇、妇制其夫之象，故为无攸利"。另外，参证〈恒·彖〉"利有攸往，终则有始也"及本卦〈彖传〉"人之终始也"，则"无攸利"亦包含男女

不能终始之义。

〈象〉曰：澤上有雷，歸妹[1]。君子以永終知敝[2]。

歸妹以娣，以恆也[3]。跛能履吉，相承也[4]。

利幽人之貞，未變常也[5]。

歸妹以須，未當也[6]。

愆期之志，有待而行也[7]。

帝乙歸妹，不如其娣之袂良也，其位在中，以貴行也[8]。

上六無實，承虛筐也[9]。

【今译】

〈象传〉说：泽上有雷兴动，这便是〈归妹〉卦的意象。君子应该保持夫妇之道，使其长久而预知防范其敝坏。

嫁女而以女妹陪嫁，这是遵循常规办事。虽足跛而能行走并获吉祥，这是说身非正室而能辅助正妻行侍夫之事。

利于幽居人守持正道，这是说九二能够守志不乱。

嫁女而以女姊陪嫁，这是说六三行事不合正道。

延期嫁女的意思，是因为要等待良机而出嫁。

帝乙嫁女，虽然公主的服饰不如陪嫁女的服饰华贵，但她谦柔持中，仍然是以尊贵的身份出嫁的。

上六女子失去了男子，这就好像手捧空筐。

【注释】

[1] 泽上有雷,归妹:〈归妹〉卦上〈震〉雷、下〈兑〉泽,雷动泽随、阳动阴随,有嫁女从男之象,所以说"泽上有雷,归妹",此源于〈彖传〉的"说以动,故归妹也"。

[2] 君子以永终知敝:"敝",敝坏。"永终知敝"是就夫妇之道而言,是说始终保持使能长久,预知防范使不敝坏(又"知"或可训为救治。《方言·三》:"知,愈也。南楚病愈者或谓之知。"《广雅·释诂》一:"知,愈也。")夫妇之道,正则久,不正则敝,六三、上六,不正而合,是不终而敝者也。雷在泽上,当永其终;雷入于泽,当知其敝。

[3] 归妹以娣,以恒也:"以恒",遵循常道(又朱骏声说:"以恒,或本无以字"。盖涉"以娣"而衍)。

[4] 跛能履吉,相承也:"相",助。"承",奉、侍奉。此言身非正室(不正为跛),而能佐助正嫡以行侍夫之事。就爻位而言,二与五为正应,初与五非正应;但行事得宜,故亦获吉。

[5] 利幽人之贞,未变常也:"贞",守持正道。九二居中,与六五正应,所以说"贞"。"未变常",未变乱其所守(《诗·闷宫》郑笺:"常,守也。")〈履〉卦九二〈小象〉"幽人贞吉,中不自乱也"与此同。

[6] 归妹以须,未当也:"未当",未合于正道("当",应合)。此即〈象传〉的"征凶,位不当也"。九四居位不正,又无应爻。因为不正,所以"征凶",所以"反归",所以敝坏。另外,乘九二之刚亦不合于正道,故无攸利(〈象传〉:"无攸利,柔乘刚也。")。

[7] 愆期之志,有待而行也:"志",意。"行",出嫁。四无应,待反正(与六三易位)而行嫁初九。九四为待贾而沽而能自重者。

三、四皆不正无应,但〈象传〉贬三褒四,因三自失而四自重。

[8] 帝乙归妹,不如其娣之袂良也,其位在中,以贵行也:"良也"之"也"当为衍字。"不如其娣之袂良"是省引爻辞"其君之袂不如其娣之袂良","其位在中以贵行也"为释文。〈小象〉之释文例以"也"字煞尾,故知"良也"之"也"为衍字。六五居中,又在五位,是中而尊者。"行",出嫁。六五阴爻居中,是能谦柔持中,而身又尊贵,则其饰素朴,正是所谓"文在中也"(〈坤〉六五〈小象〉"黄裳元吉,文在中也")、"被褐怀玉"(《老子·七十章》)。"俭故能广"(《老子·六十七章》),能长守其富,〈大象〉"永终知敝"正谓此爻。

[9] 上六无实,承虚筐也:"实"为阳。下无阳爻为应,所以说"无实";上已至终,更无所承,所以说"承虚筐"。五已"月几望",上则盈极而衰、盛极而虚。女过骄溢,则失其男,故〈大象〉戒其"知敝",〈杂卦〉谓"女之终"("终"谓保持至终,又谓走入困穷)。

▰ 通　说

〈归妹〉卦为雷薄于泽,象时将昧晦。其时宜静不宜动,故卦辞说"征凶,无攸利"。

《易》例以爻辞中字追题卦名。有的卦名以爻中原义释之即与卦象相合,而有的则须以另一义(如假借义)释之方与卦象相合。从本卦卦象看,卦名追题者盖读"归妹"为"归昧",汉石经残字可以为证。"昧"为昧晦,即将终穷之义,故〈象传〉说"永终知敝",〈杂卦〉说"〈归妹〉,女之终也;〈未济〉,男之穷也"(终、穷互文)。〈归妹〉上六"女承筐无实",正是女之终穷之义。

九二"利幽人之贞",九四"迟归有时",都是昧晦之时而能顺时守静者。初九之跛能履,六五君袂之素朴,都是自知屈抑、因时顺处者。

〈象传〉以"人之终始"的"归妹"为"天地之大义",但同时归妹又必须合于天地之道。不归妹则不能守天地之道,不合于天地之道的归妹又是"征凶无攸利"的,《黄帝四经·十大经·观》"不会不继,无与守地;不食不人,无与守天",表达的即是这样的意思。

〈象传〉以为君子观男女互动互随,应知使夫妇之道长久保持而预知防范其敝坏;观雷薄而将入于泽中,应晓持盈定倾之理。

《左传》亦载有此卦上六爻辞(僖公十五年),其文曰:"初,晋献公筮嫁伯姬于秦,遇〈归妹〉之〈睽〉(〈归妹〉上六爻),史苏占之曰不吉。其繇曰:士刲羊,亦无衁也。女承筐,亦无贶也。"按:《左传》将爻辞称为"繇",则"士刲羊,亦无衁也;女承筐,亦无贶也"均为〈归妹〉上六爻辞;但有没有可能《左传》将爻辞及解释爻辞的文字统称为"繇"呢?如果有可能,则"亦无衁也"、"亦无贶也"并非爻辞,而是解释爻辞的文字。因为《左传》所引繇辞皆无"也"字,今本《易经》中之爻辞亦皆不以"也"字煞尾;其有"也"字煞尾,则是带有判断性、解释性的〈小象〉。虽然不能据此说春秋中早期已有〈象传〉,但至迟在《左传》写定的战国早期已有解释爻辞的文字存在,我们可以称之为"逸象"。就本卦而言,二至上爻的〈小象〉均协阳部韵,与《左传》"亦无衁也"、"亦无贶也"协韵相同,足证今本〈象传〉是有所从出的,与《左传》之逸象有血脉联系。战国早期以前的"逸象"(包括《左传·襄公二十五年》所引〈困〉卦爻辞及解释性的文字等),可能即是今本〈象传〉的来源之一。

五五、丰 ䷶（下离上震）

豐[1]。亨，王假之，勿憂，宜日中[2]。

初九。遇其配主，雖旬無咎，往有尙[3]。

六二。豐其蔀，日中見斗，往得疑疾[4]，有孚發若，吉[5]。

九三。豐其沛，日中見沫，折其右肱，無咎[6]。

九四。豐其蔀，日中見斗，遇其夷主，吉[7]。

六五。來章，有慶譽，吉[8]。

上六。豐其屋，蔀其家，闚其戶，闃其無人，三歲不覿，凶[9]。

【今译】

筮得〈丰〉卦，亨通，大王将来到，不用忧愁，利在正午日在中天之时。

筮得初爻，遇到仁厚之主，十日内无咎害，前往会得到好处。

筮得二爻，好像被草帘遮蔽起来，中午梦见北斗，前往得疑惑之疾，但卦兆显示一切都将过去，即将获吉。

筮得三爻，好像被苇席遮蔽起来，中午梦见星星，折断了右臂，但结果不会有咎害。

筮得四爻，好像被草席遮蔽起来，中午梦见北斗，但遇到了仁厚之主,吉祥。

筮得五爻,光明降临,获得福庆,吉祥。

筮得上爻,房屋被覆盖,居室被遮蔽,透过门窗往里看,寂静无人声,三年也不见有人出来,凶险。

【注释】

[1] 丰:卦名。通行本为第五十五卦,帛书本为第三十一卦。〈丰〉卦上〈震〉下〈离〉。震为动。离即罗,罗网、法网、刑网、狱网。〈丰〉卦象人行为有失而动入狱网之中。爻中"丰蔀"、"丰沛"等均人在牢狱之象,而"王假之"、"遇主"、"来章"等则为遇赦之象。爻中之"丰"字是遮盖之义,亦是取义于蔽于牢中不见天日。

此卦可与〈噬嗑〉相比较。〈噬嗑〉卦与此相反,上〈离〉下〈震〉,象贪欲动于下而刑网威于上,故卦辞说"利用狱",〈大象〉说"明罚敕法";〈丰〉卦上〈震〉下〈离〉,象人行为有失而动入狱网,故〈大象〉说"折狱致刑"。〈噬嗑〉外卦为〈离〉,离又有明义,言先王法律明审,故"利用狱";〈丰〉卦内卦为〈离〉,言已得逢明主而遇赦,故卦辞言"王假之,勿忧,宜日中"。离取罗网、日明二象,即我们所说的"双取象"(参〈噬嗑〉注)。〈噬嗑〉虽言"用狱",而六爻之中,五爻皆得"无咎",仅上爻言"凶";〈丰〉卦虽说"折狱",而六爻之中,五爻皆得"吉"或"无咎",仅上爻言"凶"。此亦可见二卦之相类。〈杂卦〉"〈丰〉,多故也",近之。

[2] 亨,王假之,勿忧,宜日中:"王",泛指大人、贵人。"假",至、来

到。"王假之",言将有贵人降临。"宜"犹利。"日中",日在中天,正午时分。

[3] 遇其配主,虽旬无咎,往有尚:"配",帛书作"肥",厚、仁厚(《国策·秦策》"肥仁义",注:"肥,犹厚也")。"虽",帛书作"唯",语辞。"旬",十日之内(按:或本作"均"。当以作"旬"为是,卜辞"贞旬"一语习见,为殷周卜筮问旬日内休咎之证)。"尚",嘉尚、好处。此"遇其肥主"即卦辞的"王假之",所谓"利见大人"之义。此言旬日之内将有贵人相助。

[4] 丰其蔀,日中见斗,往得疑疾:"丰",旧皆训大训盛。按:"丰"当读为"蓬"。丰、蓬皆为东部字,声纽皆属并组,古同音。《国语·周语上》"逢福",《说苑·辨物》作"丰福",是其证。"蓬"作名词为帘薄,如《方言·五》:"薄,宋魏陈楚江淮之间谓之苗……南楚谓之蓬薄",清钱绎《方言笺疏》云:"薄之制书传虽未明言,大约如簟第之簟,故《史记·范雎传》索隐云:簟,谓苇荻之薄也,盖编苇为之,故字从草,亦如席之可舒可卷。"古汉语名动相因,"蓬"作动词谓以帘遮盖,《史记·老庄申韩传》索隐:"蓬者,盖也。"上六"蓬其屋,蔀其家",句法、句义相同,"蓬"、"蔀"皆名词作动词,谓以帘席遮蔽。扬雄《太玄·大》准〈丰〉卦,云:"阴虚在内,阳蓬(蔽)其外,物与盘盖……包无方,冥……资裹无方也",亦可见〈丰〉卦"丰"之为义。"蔀",草帘(朱骏声《六十四卦经解》:"蔀与薄同,帘也,草为之")。"蓬其蔀",身在牢狱之象(〈坎〉卦上六"系用徽纆,寘于丛棘",为丛薄所蔽,是牢狱之象,与〈丰〉卦"蓬其薄"盖同),亦象其处境不利。"斗",北斗星。"日中见斗",是说中午梦见北斗,此是梦

占。古人以梦见星辰多为不吉,如吃官司等,《敦煌遗书·伯三一〇五·天部第一》:"梦见北斗,有忧",〈伯三九〇八·天文章第一〉:"梦见星者,主官事",〈伯二八二九〉:"梦见星,忧官事"。"疑疾",忧疑不定而患病。

[5] 有孚发若,吉:"有孚",卦兆显示出某种迹象(《周易》之"孚"或本作"旉","旉"谓植物开花,同样是表示事物呈现出某种迹象)。"发",除去。"若",语辞。此言卦兆显示一切都会过去,即将转为吉利。

[6] 丰其沛,日中见沫,折其右肱,无咎:"沛"或本作"韦",通"苇";帛书作"䇀",与"苇"义同(《诗·七月》毛传:"葭为苇"。《淮南子·览冥训》注:"䇀,状如葴,葴如葭也")。蓬其苇(䇀),谓以苇席遮蔽。清钱绎《方言笺疏卷五》云:"《史记·绛侯世家》索隐引许慎《淮南子注》云:曲,韦薄也。《诗·豳风·七月篇》传云:豫畜萑苇,可以为曲。薄之制……盖编苇为之,故字从草,亦如席之可舒可卷"。〈丰〉卦上卦为〈震〉,〈说卦传〉"震为萑苇"盖本此卦。王弼注"沛"为"幡幔",盖王所见本作"韦"而读为"帏"(《一切经音义三》引《仓颉》"帏,嗛也",《文选·七发》张注:"帏,帐也")。然"丰韦"与"丰蔀"、"见沫"与"见斗"意义相含,故知不当读为"帏"而训为帐幔。"沫",小星(《六十四卦经解》:"沫,斗杓后小星也。星之小者如鱼沫,故名"。"沫"与"沛"协月部韵,帛书作"茉",亦从"末"声。旧多作"沬",物部字,失韵)。"肱"或本作"股",亦通。"折其右肱(股),无咎"义犹〈噬嗑〉初九"屦校灭趾,无咎"。三爻即将出狱网(〈罗〉),故云"无咎"。又"折其右肱"可能也是梦占。

[7] 丰其蔀，日中见斗，遇其夷主，吉："丰其蔀，日中见斗"与六二"丰其蔀，日中见斗"爻辞同。"遇其夷主"与初九"遇其配（肥）主"亦相同。"夷主"即"肥主"。夷、寅、肥音近相通（《左传·哀公十年》"薛伯夷"，《公羊传》作"薛伯寅"。〈艮〉卦九三"列其夤"，帛书作"列其肥"）。初九、九四之"肥主"盖皆指六五。

[8] 来章，有庆誉，吉："章"，明，光明。"来章"，谓光明降临。卦辞"王假之，宜日中"当主要是指此爻。"有庆"，有福庆。"誉"字疑涉〈蹇〉卦"来誉"一词而抄衍。"庆"与"章"协阳部韵，并且六五〈小象〉"六五之吉，有庆也"亦无"誉"字。

[9] 丰其屋，蔀其家，窥其户，阒其无人，三岁不觌，凶："丰"读为"蓬"。蓬、蔀皆为席帘，在此均作动词，谓以帘席遮蔽。"家"，屋宅、居室，与"屋"换文同义。"窥"，视。"阒"，空寂。"觌"，见。"无人"，是不闻人声；"不觌"，是不见人迹。居室遮蔽，牢狱之象；帘户无人，主大凶。《敦煌遗书·伯三九〇八·庄园田宅章第九》："梦见宅空者，主大凶"。

〈彖〉曰：豐，大也，明以動，故豐[1]。王假之，尙大也[2]。勿憂，宜日中，宜照天下也[3]。日中則昃，月盈則食，天地盈虛，與時消息，而況于人乎，況于鬼神乎[4]？

【今译】

〈彖传〉说：卦名〈丰〉是盛大的意思，用光明之德指导行动，所以事业盛大。君王能够达到如此境界，这是因为崇尚阳道的结果。所谓不用忧虑，应该让太阳保持在中天，这是说应该让君王盛德像正午的太阳一样长久普照天下。但是日至正午就会西斜,月到圆满就会亏缺,自然万物的盈满虚损,是与四时的消长递嬗一同进行的,人类与鬼神当然也无一例外地要遵循这一规律。

【注释】

[1] 丰,大也,明以动,故丰:上"丰"字举卦名,下"丰"字训为盛大。〈彖传〉训卦名之"丰"为"大",〈序卦〉与之同。"大"即〈系辞〉"可大则贤人之业"、"盛德大业"之"大"。〈丰〉卦内卦为〈离〉,离为明,象人有光明之盛德;外卦为〈震〉,震为行动。然则〈丰〉卦象人有光明之德以指导其行动,亦内圣外王之道。如此盛德,必建大业,所以说"故丰"。

[2] 王假之,尚大也:"王假之"上疑脱"亨"字。"假",至,谓达到使事业盛大的境界。"尚大",即"尚阳",崇尚阳道。阳主生,故能生大业。"亨,王假之,尚大也",是说事业昌盛亨通,王能达到此境界,是因崇尚阳道的结果。《文子·上德》"王公尚阳道则万物昌"就是这个意思。

[3] 勿忧,宜日中,宜照天下也:"宜日中",宜使太阳保持正中而长久不衰。此道家所谓"持盈"之谓。"宜照天下",宜使君王光明之德像正午之日恒久广施而不衰败。

[4] 日中则昃,月盈则食,天地盈虚,与时消息,而况于人乎,况于鬼神乎:"昃",侧斜、西斜。"食",亏缺。"时",四时(《说文》)。"消息",消长。前言宜持盈保盛,此言盛极必衰;前言勿忧,此言宜忧。保盛持丰之道,即〈文言〉所谓"知进退存亡而不失其正"。

〈象〉曰:雷電皆至,豐[1]。君子以折獄致刑[2]。

雖旬無咎,過旬災也[3]。

有孚發若,信以發志也[4]。

豐其沛,不可大事也[5]。折其右肱,終不可用也[6]。

豐其蔀,位不當也[7]。日中見斗,幽不明也[8]。遇其夷主,吉行也[9]。

六五之吉,有慶也[10]。

豐其屋,天際翔也[11]。闚其戶,闃其無人,自藏也[12]。

【今译】

〈象传〉说:雷鸣电闪,这便是〈丰〉卦的意象。君子应该严断狱案、明审刑罚。

旬日之内前往没有咎害,这是说若时机不对,前进就会有灾患。

诚信发挥于外,这是说发挥志向应该审时不妄。

廊屋被苇席遮蔽,这是说此时贤人不宜大有所为。折断了右臂,这是说九三终竟未能施用于世。

廊屋被草帘遮蔽,这是说贤人处于不当的位置上。日在中天而看见北斗,这是说君主昏聩不明。遇到了平正公允的君主,这是说此时进取才能获吉。

六五吉祥,这是说只有当明主到来才能获得福庆。

廊屋被遮蔽起来,这是说贤人此时应该高飞隐遁。窥视门窗,里面空无一人，这是说贤人已经遁迹敛藏。

【注释】

[1] 雷电皆至，丰：〈丰〉卦上〈震〉雷，下〈离〉电，所以说"雷电皆至，丰"。雷象威严之盛，电象光明之大，故〈大象〉以"丰"为盛大之义。

[2] 君子以折狱致刑："折"，断。"狱"，狱讼，狱案。君子法雷之威严，故严断狱案。"致"，审（《礼记·乐记》注："致，犹深审也"）。"刑"，刑罚。君子法电之光明，故明审刑罚。又震为动，离即罗，罗网、刑网（"罪"、"罚"等字皆从网，故〈噬嗑·大象〉云："明罚"，本卦〈大象〉云："致刑"），故〈大象〉以〈丰〉卦为折狱致刑。此亦所谓双取象。悬刑网于上，乃王之事，故〈噬嗑·大象〉说"先王以明罚敕法"（〈噬嗑〉上卦为〈离〉）；动用刑网乃臣之事，故〈丰·大象〉说"君子以折狱致刑"（〈丰〉卦〈离〉在下）。

[3] 虽旬无咎，过旬灾也："虽"通"唯"，帛书即作"唯"，语辞。"虽旬无咎"下省"往有尚"。旬日内前往无害而有利，超过一旬之期而前进则有灾患。"过旬"谓失时。

[4] 有孚发若，信以发志也："孚"，诚信，"发"即〈坤〉六三〈小象〉"含章可贞，以时发也"之"发"，抒发、发挥。"若"，语辞。"信"释"孚"，谓审时不妄（《国语·周语》注："信，审也"，《颜氏家训·归心》："信者，不妄之禁也"）。"信以发志"犹"以时发也"。

[5] 丰其沛，不可大事也："丰"读为"蓬"，遮蔽。"沛"读为"芾"，芾

席之属。上六"丰其屋,蔀其家"标示着被遮蔽的处所。所谓屋室即谓廊屋、廊庙,亦即朝廷。朝廷为小人所掩,故贤人此时不宜大有作为。〈二三子问〉论〈丰〉卦说"勿忧,用贤弗害也",亦是将〈丰〉卦理解为是用贤还是害贤之卦,与〈小象〉同。

[6] 折其右肱,终不可用也:臣为君之左右臂(《六十四卦经解》:"君视臣为手足,则臣视君为腹心"),右臂断,喻贤人被害。高亨据〈小象〉说经文九三爻辞当无"无咎"二字。按:〈噬嗑〉"屦校灭趾,无咎"与此"折其右肱,无咎"略同,可证今本确有"无咎"。然〈象传〉所据本非一,今本只是其中一种,〈象传〉所据之本当确无"无咎"二字(参见上六〈小象〉注)。

[7] 丰其蔀,位不当也:廊屋被帘席遮蔽,喻不肖当朝,贤人处于不当的位置上。九四阳爻而处于阴位,所以说"位不当"。《黄帝四经》屡言"贵贱有恒位"、"贤不肖有别"。

[8] 日中见斗,幽不明也:此喻君主昏聩不明,而使贤人无位。帛书〈缪和〉解〈丰〉卦九四爻辞说:"夫日者,君也;斗者,臣也。日中而斗见,君将失其光……几失君之德也",此解与〈小象〉同。

[9] 遇其夷主,吉行也:"夷",平也;平,正也。"夷主",即平正公允之君主。值得注意的是,帛书〈缪和〉在解释九四"遇其夷主"时说:"遇,见也。见夷主者,其始萌兆而亟见之者也"。"始萌兆"当就初爻而说,"亟见之者"当就九四而说。因此,盖〈缪和〉所据本初九、九四均作"遇其夷主"或"遇其配主"("夷"与"配"均假为"肥")。

[10] 六五之吉,有庆也:"有庆"上省"来章"。"来章"即降临光明,

谓明主到来。〈象传〉所据本可能无"誉"字。

[11] 丰其屋，天际翔也："丰其屋"，喻朝廷为小人所掩。"天际翔"，喻贤人高飞远遁（此〈遁〉卦上九"肥遁"之谓）。

[12] 窥其户，阒其无人，自藏也：室空无人，非朝廷无贤人，乃是贤人皆遁迹敛藏。〈遁〉卦上九说"肥（飞）遁，无不利"，本卦上六〈小象〉说"天际翔"、"自藏"亦非凶象，所以〈象传〉所据本可能无"凶"字（抑或有"凶"字，谓贤人飞遁敛藏乃朝廷之"凶"）。朱骏声说："天际翔者，贤人飞遁之象；自藏者，贤人蠖伏之象"（《六十四卦经解》），得之。《淮南子·泰族训》释此爻云："无人者，非无众庶也，言无圣人以统理之也"，与〈小象〉接近。

▶ 通 说

〈丰〉卦卦象为上〈震〉下〈离〉，与〈噬嗑〉卦为上下卦颠倒的关系；〈噬嗑〉卦卦辞说"利用狱"，〈大象〉说"明罚敕法"，六爻爻辞皆与刑罚相关，离即罗网刑网，〈丰〉卦〈大象〉也说"折狱致刑"，所以我们认为〈丰〉卦也可能是讲刑狱之卦。

罗又作离，网与火怎样发生了联系，这原因很复杂，有多种可能，我们将深入地进行研究。不过，在帛书〈缪和〉中也谈到火与网的关系，如："汤出巡守，东北有火，曰：彼何火也？有司对曰：渔者也。汤遂……祝曰：古者蛛蝥作网，今之人缘序……率突乎土者皆来（离）乎吾网……汤之德及禽兽鱼鳖矣"，这与帛书〈系辞〉及〈说卦〉对〈离〉（〈罗〉）卦的解释相吻合。

〈彖传〉释卦象震电为光明盛大，并根据盛极而衰的自然规律提出持盈保丰之道。

在先秦,《易》可能有多种版本,而解释爻辞的〈小象〉也有多种。由于对爻辞理解的不同或所据版本不同,因而导致了通行本爻辞与〈小象〉的占辞上的不同,这其实是很自然的。如九三〈小象〉"终不可用"与九三爻辞的"无咎"及上六〈小象〉"自藏也"与爻辞之"凶"等。

我们前面说过先秦有"逸象"的存在,如以〈归妹〉卦为例,《左传》中的"繇曰"可能不仅指卦爻辞而说,解释爻辞的象辞可能也被笼统地包括在其中了;因此我们认为《左传》中引〈归妹〉的"亦无盂也"、"亦无贶也"的"繇辞"可能即是先秦的"逸象"。比如〈易之义〉中云:"是故乾之亢龙,壮之触藩,姤之离角,鼎之折足,丰之虚盈,五繇者,刚之失也"。"虚盈"是〈彖传〉里的话,这里也统称为"繇",则象辞盖亦可称为"繇"。

关于〈丰〉卦,前人尚有多种解释。如以"丰其蔀"等为盛大光明被遮蔽,"日中见斗"等为日食现象,并认为这是奸臣当朝、不用贤人的意思。证之以史事,周幽王时曾有日食发生,《诗·十月之交》有"此日而食,于何不臧"、"烨烨震电"、"不用其良"、"皇父卿士……艳妻煽方处"等,与此说相合。又有以上六爻辞为盈极必败的意思,如《左传·宣公六年》说郑公子曼得〈丰〉卦上六,伯廖占之曰"无德而贪……弗过之矣"。果然郑公子"间一岁,郑人杀之"。这与扬雄《解嘲》"观雷观火,为盈为实……高明之家,鬼瞰其室"的说法相合,这也与其《太玄·大》(准〈丰〉)的"丰墙峭址,三岁不筑,崩"相一致。因此古人将上六〈小象〉"天际翔"释为"亢龙"、"自藏"释为"自戕"也有一定的道理。

五六、旅 ䷷（下艮上离）

旅[1]。小亨,旅贞吉[2]。

初六。旅琐琐,斯其所取灾[3]。

六二。旅即次,怀其资,得童仆,贞[4]。

九三。旅焚其次,丧其童仆,贞厉[5]。

九四。旅于处,得其资斧,我心不快[6]。

六五。射雉,一矢亡,终以誉命[7]。

上九。鸟焚其巢,旅人先笑后号咷,丧牛于易,凶[8]。

【今译】

筮得〈旅〉卦,小事通顺,旅人占问吉利。

筮得初爻,旅人疑心重重,这是他自取灾祸的原因。

筮得二爻,旅人就居客舍,怀藏资财,获得童仆,占问吉利。

筮得三爻,旅人就居的客舍发生火灾,丧失了童仆,占问有危险。

筮得四爻,旅人往求客舍,获得了资财,而内心并不畅快。

筮得五爻,射获雉鸟而射失一矢,最终获得名誉禄位。

筮得上爻,鸟儿栖居的巢穴被山林之火焚毁,旅人先喜后悲,牛在田地的边际丧失,有凶险。

【注释】

[1] 旅：卦名。通行本为第五十六卦，帛书本为第五十二卦。此与〈丰〉卦为卦爻翻覆关系，故次列于〈丰〉卦下。

〈旅〉卦上〈离〉下〈艮〉，其取象是多重的。离为雉鸟，艮为山；鸟依山林，象行人止于旅邸。又"离，丽也；艮，止也"，为行人依止于旅邸之象。又离为火，艮为旅人止处，又为鸟之所巢，象"旅焚其次"、"鸟焚其巢"，故〈序卦〉说"旅而无所容"。旅居在外而失其亲，爻辞又说"丧其童仆"，故〈杂卦〉说"亲寡，旅"，《太玄·装》(准〈旅〉卦，司马光集注说"装，治行也")说"装无俦"。卦名、卦辞、爻辞之"旅"皆犹上九之"旅人"。或释"旅"为"商旅"，实则在外行役、求官、问学、为宦、经商等皆为旅之属。

[2] 小亨，旅贞吉："小亨"，小有通顺、小事通顺。"旅贞吉"即"旅人贞吉"(与"幽人贞吉"辞例相同)，谓旅人问卦还算吉利(又解："旅贞吉"与"居贞吉"相对。"居贞吉"谓占问家居吉利，"旅贞吉"谓占问行旅吉利)。"旅贞吉"是就"柔中"之六二、六五两爻而说。

[3] 旅琐琐，斯其所取灾："琐琐"读为"惢惢"，多疑(高亨云："琐或借为惢，《说文》：惢，心疑也，从三心，读若《易》旅琐琐。可证琐惢古通用。许慎读惢为《易》之琐，或即本于汉人故训欤？旅惢惢，言旅人之多疑也")。东汉应劭《风俗通·怪神》"世间多有狗作变怪"条云："谨按：《易》曰其亡斯自取灾。若叔坚者，心固于金石，妖至而不惧"，此正是引《易》旅人多疑而自取其灾以证世人多疑而自取其祟。"斯"，此，指代旅人之多疑。

"斯其所取灾",谓此其所以自取灾祸("斯其所取灾"及"琐琐"尚有其他解释,证之以《风俗通》所引,则知其皆非)。初六之灾失之多疑,上九之凶失之寡虑,唯六二、六五得其中。

[4] 旅即次,怀其资,得童仆,贞:"即",就、就居(《左传·僖公二十四年》注:"即是依就之意也")。"次",旅邸、客舍。"怀",怀藏。"怀其资"或本作"怀其资斧"。"资斧",钱财。又按:疑本作"怀其斧资","资"与"次"为韵。后涉下文讹为"资斧",传者以"斧"与"次"失韵,故又夺去"斧"字。"斧资"当即"布货"("斧"音同"布"。"资",货也),谓钱币。"贞"下高亨以为脱"吉"字,可从。卦辞"旅贞吉"即指此爻而说。

[5] 旅焚其次,丧其童仆,贞厉:二以柔居中,得处旅之道,故能即次得仆;三与之相反,故焚次失仆。九三以阳居刚,躁而不能静;互四、五为〈兑〉,乐而忘其忧。故有焚次失仆之厉。仆为旅途之伴,亦为之助。丧伴失助,故贞厉。此即《太玄·装》"装无俪,祸且至也"("俪"同"俪")。

[6] 旅于处,得其资斧,我心不快:"于",往求、寻取(《诗·桃夭》传:"于,往也",《尔雅·释言》:"于,求也")。"处",住处。与"次"同。"资斧"为"斧资"之倒语,高亨释为货币、钱币("资",货;"斧",钱币之似斧形者)。旅人虽获资财而未得居处,故其心不快;身携资财而往寻住处,有为路人打劫之忧,故其心不快。《太玄·装》:"次二,内怀其乘(按:乘,《汉书·王莽传》集注云:"积也",此谓积蓄)。测曰:怀忧无快也"。当指此爻而说。六二得正位而有居处(阴爻居柔位),故怀其资斧而贞吉;九四失正位而无居处(阳爻居柔位),故得其资斧而不快。

九四〈小象〉"旅于处,未得位也,得其资斧,心未快也",得之。

[7] 射雉,一矢亡,终以誉命:"射雉",谓射获雉鸟。〈说卦〉"离为雉"即就本卦此爻而说。"亡"即〈中孚〉"马匹亡"之"亡",失去、丧失(或释"一矢亡"为一箭而毙雉,似非)。"射雉,一矢亡",谓射发二箭,一箭中而一箭射失。射获雉为大得,一矢亡谓小失。"誉",称誉,谓名;"命",爵命,谓禄。射获雉鸟为吉兆,如《列异传》载:"陈仓人得异物以献之,道遇二童子,云:此名媦,在地下食死人脑。媦乃言云:彼二童子名陈宝,得雄者王,得雌者伯。乃逐童子,化为雉。秦穆公大猎,果获其雌,为立祠,祭"。又《三国志·魏书·管辂传》:"有雄雉飞来,登直内铃柱头,直大以不安,令辂作卦,辂曰:到五月必迁。时三月也,至期,直果为勃海太守"。是获雉为封伯升迁之兆。〈噬嗑〉及〈解〉皆说得矢为吉,则此言"亡矢"是为不吉。之所以"终以誉命",因得大而失小。

[8] 鸟焚其巢,旅人先笑后号咷,丧牛于易,凶:"鸟焚其巢"喻"旅焚其次"。离为火、为雉(离及罗字本象以网捕鸟,故又有"鸟"义),艮为山,山林为鸟巢所在,故卦之上爻有"鸟焚其巢"之象。卦象以鸟止山林象人止旅次,此又以鸟之巢穴焚喻人之旅次焚,其象互见。"先笑",谓六五以柔居中而得誉命;"后号咷",谓上九以刚居亢极而焚巢。"牛"谓六五。六五阴爻,故此"牛"为"牝牛",喻柔顺之性。由阴柔六五上进而变为阳刚上九,故为"丧牛",喻柔顺之性丧失。"易"即"疆埸"之"埸",谓边际。上九居卦终,所以说"埸"。此可与〈大壮〉卦相参读。

〈大壮〉(䷡),由阳刚九四变为阴柔六五,故六五说"丧羊于易,无悔"。羊即羝羊,谓大壮之时丧失公羊刚强之性,故得无悔。朱骏声也说"〈大壮〉丧羊失其狠,〈旅〉丧牛失其顺"。

〈彖〉曰:旅,小亨,柔得中乎外而顺乎刚,止而麗乎明,是以小亨,旅貞吉也[1]。旅之時義大矣哉[2]。

【今译】

〈彖传〉说:〈旅〉卦的六五柔爻处得中位,居于外卦,顺从阳刚,其居止依凭于光明之道,所以卦辞说小有通顺,旅居在外守持正道还可获得吉祥。〈旅〉卦顺时随宜的道理是宏大的。

【注释】

[1] 旅,小亨,柔得中乎外而顺乎刚,止而丽乎明,是以小亨,旅贞吉也:"旅",举卦名。"旅贞吉"之"旅"谓旅居在外。〈彖〉释卦辞,前后不重出。故依〈彖〉例,"旅,小亨"之"小亨"二字当为衍文。"柔得中乎外而顺乎刚"是就六五而说。六五柔爻,居外卦之中位,所以说"柔得中乎外";上承阳爻上九,又有"顺乎刚"之象。下卦〈艮〉止,上卦〈离〉明,象人之居止遵依光明之道,所以说"止而丽乎明"。"贞",守持正道。行人旅居在外,行止谦柔,得乎中道,不卑不亢。在外为客,不可肆逞刚强、反客为主。行止光明磊落,不可流于邪昧;安静恬然,明察时境,不可昏愚于躁动。

[2] 旅之时义大矣哉:"旅"谓〈旅〉卦。"时义",顺时随宜、审度时境。行旅为旅,推而广之,凡为客者皆为旅,故处旅之道大矣。

"文王拘羑里,孔子周流四方,亦旅也"(朱骏声《六十四卦经解》);"诸侯之寄寓,大夫之去乱,圣贤之周游皆是"(梁寅《周易参义》)。老子说"俨兮其若客"(《老子·十五章》),庄子说"世人直为物逆旅耳"(《庄子·知北游》),此以柔节恭谨、与物宛转为处旅之道(《文子·上仁》:"俨兮其若客者,谨为恭敬也。")。黄老道家之论主客互易以动静得时失时为标准,《黄帝四经·十大经·姓争》云:"天道环周,于人反为之客;可作不作,天稽环周,人反为之客"。

〈象〉曰:山上有火,旅[1]。君子以明慎用刑而不留狱[2]。

旅瑣瑣,志窮災也[3]。

得童僕貞,終無尤也[4]。

旅焚其次,亦以傷矣,以旅與下,其義喪也[5]。

旅於處,未得位也,得其資斧,心未快也[6]。

終以譽命,上逮也[7]。

以旅在上,其義焚也,喪牛於易,終莫之聞也[8]。

【今译】

〈象传〉说:山上有火,这是〈旅〉卦的意象。君子应该明智审慎地使用刑罚而不拖延狱案。

旅人过于多疑,这是说胸臆不豁达而自取灾祸。

获得童仆而能以正道相处,这表明六二最终是不会出问题的。

旅人的客舍被焚，这表明九三确实是过于逞壮使强。身为旅客却以强刚役使下人，这表明丧失下人是理所当然的。

旅人寻求住处，这是说九四还未找到安身之所。虽得资财而未能安身，这是九四内心不快的原因。

最终获得名誉禄位，这是六五恭奉尊者而得到尊者的施与。

身为旅客而高傲居上，居所被焚是理所当然的。最后丧失了柔顺之性，其结果不问可知。

【注释】

[1] 山上有火，旅：〈旅〉卦下〈艮〉山，上〈离〉火，所以说"山上有火"。此袛释卦象而与卦名、卦爻辞之"旅"义无关（陈梦雷《周易浅述》云："此于旅之义无与，但取火在山上之象耳"，所说允当，注家皆以"山上有火"与"旅"义生硬牵扯，未免牵强附会）。

[2] 君子以明慎用刑而不留狱：此释与卦名之"旅"及卦辞、爻辞毫无干系，而是仅据卦象立说。上卦为〈离〉，离为明、为刑网，所以说"明慎用刑"；山林之火行过而不稽留，象刑狱诉讼及时审理而不拖延，所以说"而不留狱"。"留"，稽留、拖延。《焦氏易林·旅》说："罗网四张，鸟无所翔，征伐困极，饥渴不食"。此虽与〈大象〉别为一义，但以"罗网"说之，则与〈大象〉暗合。

[3] 旅琐琐，志穷灾也："志"，胸臆、心胸。"穷"，狭隘不豁达。

[4] 得童仆贞，终无尤也："贞"，以正道与仆从相处。六二居中得正，故〈小象〉说"贞"；处旅之时，以强刚暴虐与仆从相处，则非正道，九三是也（按：高亨以为"贞"下亦脱"吉"字）。"尤"，过误、麻烦。

五六、旅 513

[5] 旅焚其次,亦以伤矣,以旅与下,其义丧也:"亦"犹"允",的确、确实。"伤"疑借为"壮"(〈大壮〉释文引郭璞云:"今淮南人呼壮为伤",《方言·三》注:"壮,伤也")。九三阳爻处刚位,居下卦之极,所以说"壮"。"与"犹"以",使也,役使。"下",仆从,指初六、六二。"义"同"宜"。"丧",谓丧其童仆。九三以阳处刚,下乘二阴,过于逞强恃壮,处旅之时,又以此御下,宜其焚次丧仆。《黄帝四经·称》"亡者臣(流亡君主的臣子),名臣,其实虏(仆)也",即此之谓。

[6] 旅于处,未得位也,得其资斧,心未快也:旅人虽得资财而尚在寻求居所,是未找到安身的位置,所以其心不快。九四以阳居阴,不正不中,所以说"未得位也"。此亦〈乾〉卦九四"上不在天,下不在田,中不在人",未得时位也,孟子所谓"虽有镃基,不如待时",则"资斧"亦可视为"智慧"、"镃基"之类(《孟子·公孙丑》),《乾凿度》"孔子筮其命,得〈旅〉,请益于商瞿氏,曰:子有圣知而无位",即其类也。

[7] 终以誉命,上逮也:"逮",施与、施及(《尔雅·释诂》:"逮,与也。")。六五以阴柔承比阳刚上九,故得尊上施与名禄。又"逮"训为及,追随。言最终获得名誉禄位,是追随尊上的缘故。

[8] 以旅在上,其义焚也,丧牛于易,终莫之闻也:此当与九三"以旅与下,其义丧也"对看。上九以刚而居上爻之位,象处旅之时而高傲在上。"义"同"宜"。"易",疆埸,爻在上,所以说"埸",边际。"以旅在上"谓逞强高傲,"丧牛于易"谓终失柔顺之性;二者互文见义。"终"释"埸"。"闻",王念孙读为"问"。

"终莫之闻",谓其最终结果不问可知:"凶"之甚也。又〈小象〉"丧牛于易"或本作"丧牛之凶"(《六十四卦经解》)。

➡ 通 说

〈旅〉卦是讲羁旅之事。上〈离〉下〈艮〉,离为鸟、为附丽、为火;艮为山、为止,有鸟依山林、人依止于旅邸之象,又有鸟焚其巢、旅焚其次之象。

在旅为客。处旅之时,为客之道,当"柔中顺刚"(〈彖传〉)、"不进寸而退尺"(《老子》),然而九三、上九失其柔节,故自取厉凶。处旅为客,当"谨为恭敬"(《文子》),小心从事,然而小心不可过、也不可不及,初、上之取灾,初过而上不及也。

二、五柔中,无过或不及之病,但"材与不材之间"仍未免"似是而非"(《庄子·山木》),还要"止而丽乎明",此即老子所谓"涤除玄览",佛家论止观法所谓"止以静为体,观以明为体",庄子所谓"乘道德而浮游……一龙一蛇,与时俱化"。所以六二怀资待时、含章可贞,六五则发于事业。至于九四,则无位无时,虽有智慧,亦耿耿不快,古之哲人高士皆类乎此,庄子"人直为物逆旅耳",李白的"天地,万物之逆旅",正是达人知命。

〈大象〉与〈彖〉、〈序〉、〈杂〉不同,别设一义,亦与卦爻辞远隔。盖仍拘于离(罗)之罗网、刑网之象,而弃卦爻辞不顾,另立议论。卦名为后人追题,初与卦象本不相干;〈大象〉只释卦象,初亦与卦名无涉也。如〈丰〉卦〈大象〉说"折狱致刑"、〈旅〉卦说刑、狱,皆与丰、旅之字义无关。此与《左》、《国》占《易》而重卦名之传统迥异。

五七、巽 ☴☴（下巽上巽）

巽[1]。小亨,利有攸往,利見大人[2]。

初六。進退,利武人之貞[3]。

九二。巽在床下,用史巫紛若,吉,無咎[4]。

九三。頻巽,吝[5]。

六四。悔亡,田獲三品[6]。

九五。貞吉,悔亡,無不利。無初有終,先庚三日,後庚三日,吉[7]。

上九。巽在床下,喪其資斧,貞凶[8]。

【今译】

筮得〈巽〉卦,小有亨通,利于有所行往,见大人有利。

筮得初爻,欲进而退,刚勇之人占得此爻有利。

筮得二爻,伏于床下,用史巫辩明占断的结果是吉而无害。

筮得三爻,忧惧而敛伏,眼前有困难。

筮得四爻,不好的事情都已过去,田猎会获得多种野兽。

筮得五爻,占问吉利,坏事没有了,一切顺利。虽然开头不好但结果好,于丁日至癸日这七天内做事吉利。

筮得上爻,伏于床下,占断的结果是将丧失资财,有凶险。

【注释】

[1] 巽：卦名。通行本及帛书本均为第五十七卦。"巽"之本字象二人伏跽之形，其义为伏顺，〈杂卦〉"巽，伏也"即其本义。其于〈巽〉卦，初、四二阴均伏于阳下，爻辞的三个"巽"字均为"伏"义，即"伏于床下"之义。床上为阳，床下为阴，《诗·斯干》"载寝之床"、"载寝之地"即是此义。后"巽"字形变而有算术之义，挚乳为"选"为"算"，皆音近同源之字。帛书即作"算"，与"巽"同。或释本卦爻辞之"巽"（"算"）为占算、揲蓍，似非其朔。

[2] 小亨，利有攸往，利见大人：巽主于卑伏内敛，但随时境之变仍可适时而往，见大人而得其助；但处巽之时，未可大为以大通，仅可小为以得小有亨通。

[3] 进退，利武人之贞："进退"为偏义词，重点在"退"，谓欲进而退之使收敛。〈说卦〉、〈序卦〉训"巽"为"入"，"入"即卑伏、内敛、退守之义。经文"退"字三见（〈观〉卦六三"进退"、〈大壮〉卦上六"不能退"及本卦之"进退"），〈观〉、〈大壮〉之"退"帛书同，而本卦之"退"帛书作"内"；尽管"退"之古文本有"彻"、"迡"二形，与"内"相近，但帛书作"内"可能正反映帛书对本卦"进退"的理解，即释"进退"为收敛其进的意思（《礼记·月令》注："内谓收敛入之也"）。"武人"，刚武之人，勇于进者。处于巽初，勇进则有失；而初爻爻辞为收敛其进，故刚武勇进者占之可免勇进之咎，所以说有利。子路为刚愎勇进之人，故《论语》子曰"由也进，故退之"即其义。

[4] 巽在床下，用史巫纷若，吉，无咎："史巫"即帛书〈要〉"吾与史

巫同涂而殊归"之"史巫",主卜筮吉凶、祓除事神之事。"纷",旧训"盛",高亨读为"衅",训为祓除不祥。按:"纷",帛书作"忿",疑本作"分",辨明判断之义(《礼记·曲礼》注:"分、辨,皆别也",《吕氏春秋·察传》注:"分,明也",《说文》:"判,分也。")。"若",犹"之","分之",即〈系辞〉"辨吉凶"、"明吉凶"。盖夜有所梦或日有所遇,使人惊恐而伏于床下,问吉凶于史巫,史巫断之曰吉而无害。

[5] 频巽,吝:"频"读为"颦",忧惧(参〈复〉卦)。"吝"即"用史巫分之,吝"的省文。初六在最下,故收敛其进而有利,九二居柔位,故敛伏而无咎,九三以阳居刚,忧惧敛伏而有吝,时不同也。

[6] 悔亡,田获三品:"三"喻多。"品",种类。因猎获得多种野兽,自是吉兆。《易》凡言猎兽射禽,均是吉兆。虽在巽时,仍当因时制宜。六四顺时而小有所为,卦辞"小亨,利有攸往"当指此爻。

[7] 无初有终,先庚三日,后庚三日,吉:"日"与"利"协质部韵,或以"无初有终"属上,或以"无不利"连下,句读皆误。先庚三日为丁日,后庚三日为癸日。言自丁至癸七日内,占问吉利(参〈蛊〉卦卦辞注)。又解:〈革〉卦之"己日"为柔日,犹今语之双日,则本卦盖亦谓丁日及癸日之两柔日占问吉利(〈蛊〉卦"先甲三日"为辛日,"后甲三日"为丁日,亦是柔日。盖《易》尚柔日,以柔日为吉日)。

[8] 巽在床下,丧其资斧,贞凶:"下"与"斧"协鱼部韵。"贞凶"亦是"史巫"所占。上九居卦之终,已过巽时,而仍敛伏,无所作

为,故占得丧失资财之凶兆。六爻仅三、上各凶,皆过于疑惧怯懦,失处巽之道,〈象传〉于此二爻并言"穷",即嫌其过于窘蹙也。

〈彖〉曰:重巽以申命[1]。刚巽乎中正而志行[2],柔皆顺乎刚[3],是以小亨,利有攸往,利见大人[4]。

【今译】

〈象传〉说:两〈巽〉相叠象征重申教令。阳刚顺从中正之道而志意得以实行,阴柔又都顺从在上的阳刚,所以阴柔能够亨通并利于前往而参谒干禄于大人。

【注释】

[1] 重巽以申命:〈巽〉卦是两个单卦的〈巽〉相重叠而成,所以说"重〈巽〉"。巽为风,风为教令,两巽相叠,所以说重申教令。

[2] 刚巽乎中正而志行:"巽",顺(又可训为入、纳入)。九五阳爻居中得正,象统治者顺从中正之道而教化之志得以实行,所以说"刚巽乎中正而志行"。

[3] 柔皆顺乎刚:"柔"指阴爻初、四。初承刚中之九二,四承刚中之九五,所以说"柔皆顺乎刚",象百姓顺从统治者的教令。

[4] 是以小亨,利有攸往,利见大人:"小"指阴,谓在下之百姓,承上文"柔"字而说。百姓顺从统治者之教令,所以行事通顺,利于前往,利于参谒大人、干禄于君上而得君上之帮助和赐福。

〈象〉曰:隨風,巽[1]。君子以申命行事[2]。

進退,志疑也[3]。利武人之貞,志治也[4]。

紛若之吉,得中也[5]。

頻巽之吝,志窮也[6]。

田獲三品,有功也[7]。

九五之吉,位正中也[8]。

巽在床下,上窮也[9]。喪其資斧,正乎凶也[10]。

【今译】

〈象传〉说:风与风相随而吹,这便是〈巽〉卦的意象。君子因此申述教令、推行政事。

收敛其进,这是因为内心有所疑虑。勇武之人守正则吉利,这是说勇进之志得到了整饬。

史巫占断的结果是吉而无害,这是因为九二能得中道。

忧惧巽伏而导致吝害,这是因为九三心志过于窘蹙。

田猎获得多种野味,这是说六四适时有为而建立了事功。

九五吉利,这是因为守持了中正之道。

巽伏于床下,这是说上九之志过于穷蹙。丧失了资财,这表明其理当有凶险。

【注释】

[1] 随风,巽:〈巽〉卦上、下卦皆为〈巽〉,巽为风,象风与风相顺随,所以说"随风,巽"。〈大象〉亦训"巽"为顺,与〈彖传〉同。

[2]君子以申命行事：〈巽〉卦是风与风相重相随，风又为教令，所以说"申命"，谓反复申明教令而使百姓听从（"申"是反复、重复之义）。君子观〈巽〉卦，应知在推行政事时要反复向百姓申述号令，这样才能使政事得以顺利施行。

[3]进退，志疑也："志"，心。欲进而退、收敛其进，说明心有所疑虑。初六阴爻，位在最下，为二阳所乘，又处巽之初，故当有所收敛、有所疑虑。

[4]利武人之贞，志治也："治"谓整饬。阴柔处巽之初，勇进之志得到整饬，故于武人有利。

[5]纷若之吉，得中也：九二之吉，因得处巽之中道。九二居下卦中位，所以说"得中"。

[6]频巽之吝，志穷也：九三处下卦之极，阳爻处刚位，本应有所为；而仍然一味敛伏，不能适时而动，是其志意穷蹙，失之弱也。

[7]田获三品，有功也：此与九三正相反，故〈象传〉赞其"有功"，谓能适时而动、建立事功。六四虽阴爻居柔位，但已入上卦，又密比九五，依顺大人而建立事功，得处巽之道（即〈象传〉"柔皆顺乎刚"）。

[8]九五之吉，位正中也：九五阳爻处刚位，居上卦之中位，所以说"位正中也"，谓九五得中正之道，即〈象传〉"刚巽乎中正而志行"。

[9]巽在床下，上穷也：上九之失与九三同，故皆言"穷"。巽极当变，由敛伏而龙现；然上九志穷，顽而不化，一味巽伏，不能随时处变，未知"一龙一蛇，与时俱化"之理。

[10] 丧其资斧,正乎凶也:王引之训"正"为"当"。"正乎凶"当即宜乎凶,理当有凶险。

➡ 通 说

〈巽〉卦为阴卦,全卦是就阴爻起义。阴爻伏于阳下,巽为风,风为柔物,故卦爻辞讲处巽之时,阴柔敛伏之道。

但一蛇一龙,与时俱化。初、二如蛇之蛰伏,得处巽之道,故利吉。四、五则顺时而如龙之现跃,亦得处巽之道,故获吉。三本由蛰转现之时,上则飞龙济巽之际,然其皆拘执于巽,失处巽济巽之道,故或吝或凶。

处巽之时,柔顺伏于刚则有利;而〈彖传〉特强调必须以"刚巽乎中正"为前提条件,即如阳刚不中不正,柔之顺刚亦不一定有利。

〈系辞〉之"三陈九德"有〈巽〉卦,而此段文字不见于帛书〈系传〉而见诸〈易之义〉,在〈易之义〉的"三陈九德"中,没有〈巽〉卦,而是〈涣〉卦。

五八、兑 ䷹（下兑上兑）

兑[1]。亨,利貞。

初九。和兑[2],吉。

九二。孚兑,吉,悔亡[3]。

六三。來兑,凶[4]。

九四。商兑未寧,介疾有喜[5]。

九五。孚於剝,有厲[6]。

上六。引兑[7]。

【今译】

　　筮得〈兑〉卦,通顺,占问有利。

　　筮得初爻,适度豫悦,吉利。

　　筮得二爻,卦兆显示豫悦吉利,悔事消亡。

　　筮得三爻,勉强豫悦,有凶险。

　　筮得四爻,适度豫悦而不敢懈怠,身处疾患而很快痊愈。

　　筮得五爻,卦兆显示将被侵削,有危险,但终能无害。

　　筮得上爻,无止境地豫悦。

【注释】

[1]兑:卦名。通行本为第五十八卦,帛书本为第四十一卦。此与

五八、兑

〈巽〉卦为卦爻翻覆的关系，故次列于〈巽〉卦后。从卦画上看，此卦可与〈巽〉对参。〈巽〉卦象阴柔内伏于阳刚下，而〈兑〉卦则象阴柔外见于阳刚上；所以〈杂卦〉说"〈兑〉见（现）而〈巽〉伏"；可以这样理解：〈巽〉卦是说忧惧伏于内，〈兑〉卦是喜悦见于外。"兑"字本象人口上出气貌，故有"悦"、"现"等义。〈巽〉卦讲忧惧内伏之时的处巽之道，〈兑〉卦是讲豫悦外现之时的处兑之道，因此，理解〈兑〉卦，就应与〈巽〉卦、〈豫〉卦联系起来考察。

[2] 和兑："和"，适度。"兑"即"悦"。"和兑"即《庄子·德充符》"使之和豫通而不失于兑"。"失于兑"谓当悦不悦、不当悦而悦，豫悦失时失度；"和兑"则是当悦而悦、不当悦则不悦，豫悦得时得度。〈巽〉之初当伏而伏，故利；〈兑〉之初当悦而悦，故吉。

[3] 孚兑，吉，悔亡："孚"，卦兆显示。"兑"即"和兑"，因为九二居中，不言"和"而自和。〈巽〉二"得中"（〈小象〉语）故伏而无咎，〈兑〉二得中故悦而悔亡，其理一也。

[4] 来兑，凶："来"是勉强张大之义（《尔雅·释诂》注："来，强事也。"《广雅·释诂》："来，伸也"，伸即张大）。爻已至下卦之极，本当收敛其悦，而犹勉强张大其豫悦，故凶。爻已至三，不当悦反强大其悦，故凶；〈巽〉卦爻已至三，不当伏而仍忧惧敛伏，故吝；其理一也。〈兑〉卦六三"来兑凶"与〈豫〉卦六三"盱豫悔"思致相同（"盱"谓大。"来兑"、"盱豫"皆有自大自得之义）。又或"来"为"不"之讹，"不"即丕、大。

[5] 商兑未宁，介疾有喜："商"即商度控制。"商兑"犹"和兑"，裁

制之使中度。"未宁",未敢安逸懈怠。"介"同"介于石"之"介",处于、身处。"有喜",痊愈。〈巽〉四悔亡,〈兑〉四有喜,其理一也。〈兑〉之九四商度有喜,〈豫〉之九四由(犹)豫有得,思致相同。

[6] 孚于剥,有厉:"剥"谓侵削。观〈小象〉,疑"有厉"下夺"无咎"二字,与〈履〉卦九五脱"无咎"例同(参〈履〉卦九五注)。〈巽〉之九五虽无初而有终,〈豫〉之六五虽有疾而恒不死,与此卦九五虽有厉而无咎相同。

[7] 引兑:此下无吉或凶之占辞,则"引"字可有二解:一训长训大,犹〈萃〉卦"引吉"之"引"。时已至上,犹张大豫悦,则不言凶而凶已伏于其中。则此上六"引兑"犹〈豫〉卦上六之"冥豫"。〈巽〉至上,不当伏而仍伏,故贞凶;〈兑〉至上,不当悦而反张大其悦,故亦当有凶。此"引兑"犹下卦之极的"来兑"("来"训伸,伸与引同义,〈系辞〉"引而申之"是也),"来兑"既凶,"引兑"亦当凶也。又,"引"可训为"敛"(《素问·五常政大论》注"引,敛也",《礼记·玉藻》注"引,却也"),爻至上而敛收其悦,则占辞即当为吉或无咎。前一种可能性较大。"引兑"既有二解,则〈小象〉"未光"亦应有二解,详见〈象传〉注。

〈彖〉曰:兑,說也[1]。剛中而柔外,說以利貞,是以順乎天而應乎人[2]。說以先民,民忘其勞,說以犯難,民忘其死[3]。說之大,民勸矣哉[4]。

【今译】

〈彖传〉说:卦名〈兑〉是和悦的意思。刚健居中为本而以柔和处外接物,使和悦之道中正不偏方才有利,这是符合天道又顺从人心的。以和悦的态度来引导人民,则人民会不辞劳苦,以和悦的态度驱使人民冒险犯难,人民会舍生忘死。和悦之道之所以伟大,是因为百姓会因此而努力奋勉。

【注释】

[1] 兑,说也:"说"同"悦",下同。〈彖传〉讲悦道与柔和、德赏文治等概念属同一范畴,在《礼记·乐记》中又表述为"乐"。

[2] 刚中而柔外,说以利贞,是以顺乎天而应乎人:九二、九五阳刚居中位,所以说"刚中";又"中"谓内,初、二、四、五阳刚居上下卦之内,亦谓"刚中"。三、上阴柔居上下卦之外,所以说"柔外"。此象人君以刚健居中为本而以柔和处外接物为辅,刚健是体,柔和是用。摆正了它们的关系,便是"利贞","贞"是正的意思;关系搞错了,便不是悦道,便是色厉内荏。乾道刚健而必辅之以坤道之柔顺,人道刚健而必辅之以厚德,所以说"顺天应人"。

[3] 说以先民,民忘其劳,说以犯难,民忘其死:"刚中而柔外,说以利贞,是以顺乎天而应乎人"为一句,"说以先民,民忘其劳,说以犯难,民忘其死"为一句,"人"与"死"为真、脂协韵。"先"谓在前引导,有引导之义。《黄帝四经·称》及《慎子·因循》说"禄薄者弗与犯难",可证〈彖传〉之悦道与黄老之德赏属同一范畴。

[4] 说之大,民劝矣哉:"劝",努力奋勉,即上文之"忘其劳"、"忘其死"。

〈象〉曰:麗澤,兌[1]。君子以朋友講習[2]。

和兌之吉,行未疑也[3]。

孚兌之吉,信志也[4]。

來兌之凶,位不當也[5]。

九四之喜,有慶也[6]。

孚於剝,位正當也[7]。

上六引兌,未光也[8]。

【今译】

〈象传〉说:泽与泽相附丽,这便是〈兑〉卦的意象。君子因此与志同道合的朋友经常在一起讲论道理、研习学业。

平和愉悦而获得吉祥,这是说初九的行为无所狐疑挂碍。

诚心在中、形容愉悦而获得吉祥,这是说九二的诚心也必然会得到大家的信赖。

前来取悦于九二而遇凶险,这是因为六三没有摆正自己的位置。

九四处于疾患而得痊愈,这意味着九四将获得福庆。

九五坦诚正视将被剥蚀这一事实而最终化险为夷,这是因为九五摆正了自己的位置。

上六无止境地愉悦,这是说它太不明智了。

【注释】

[1] 丽泽,兑:"丽",或训连、训并,总之是附丽、相重之义。〈兑〉卦是由两个单卦的〈兑〉相重,兑为泽,所以说"丽泽,〈兑〉"。二泽重叠,相互增益、滋润,使人喜悦,所以"兑"有"悦"义。

[2] 君子以朋友讲习:两串贝壳相重为"朋"(五贝为一串),两手相合为"友",两物相交为"讲"("冓"),重复做一件事情为"习"。总之,朋、友、讲、习皆有相重之义。泽之相润相益,物所欣悦;朋友论道习业、相互滋益,人所欣悦。

[3] 和兑之吉,行未疑也:"疑"谓狐疑挂碍。初九内心平和自适,其行故无所狐疑挂碍。《管子·内业》"浩然和平,以为气渊"、"精存自生,其外安荣"即此。

[4] 孚兑之吉,信志也:九二居中,诚实和悦,其诚心能得初、三所信赖,故吉。"孚",诚信。

[5] 来兑之凶,位不当也:〈象传〉中,爻自下而上为"往",自上而下为"来"。六三来下取悦于九二,所以说"来悦"。六三阴爻居刚位,又无应爻,所以说"位不当"。

[6] 九四之喜,有庆也:"喜"即"介疾有喜",谓身处疾患而痊愈。"庆",福庆。〈象传〉之义,病愈是一种比喻,它比喻人将因祸得福。

[7] 孚于剥,位正当也:"孚",诚。"剥",侵削、剥蚀。九五阳爻居刚位,处中得正。〈小象〉之义,九五能坦诚正视将被阴爻上六侵削这一事实,又因居中得正,所以虽有危险而终可无咎。从〈小象〉"位正当也"来看,也许〈象传〉所据本作"有厉无咎";还有可能〈象传〉作者认为九五虽然有厉,但因居中得正而终可

无咎。《周易》各传本异文突出体现在占辞上,即有的本子有凶、悔的占辞,而有的则没有,有的本子有吉、无咎之占辞,而有的则没有。这其中有的异文可能与〈象传〉有关,即〈象传〉特重爻位,即重中和正,可能有的本子本来没有凶、悔之占,而由于〈象传〉说"位不当也",后来的传《易》者便衍出了凶、悔字样;可能有的本子本来没有吉、无咎之占,而由于〈象传〉说"位正当也",后来的传《易》者便衍出了吉、无咎字样(〈履〉卦九五爻辞及本卦九五爻辞中的占辞可能就属这种情况)。

[8] 上六引兑,未光也:"引"如训为张大,则"光"可释为明、明智;"引"如训为敛却,则"光"可释为彰显、张扬。前一种可能性较大。

➡ 通 说

单卦的〈兑〉与他卦重组,有表困境的,如泽水〈困〉、天泽〈履〉,而二〈兑〉重合,则取相互滋益而欣悦之义。

欣悦亦有道。欣悦和适则吉(如初九"和兑"),欣悦得中道亦吉(如九二之兑),悦不忘危则悦而无害(如九四"商兑未宁");然而勉强取悦则凶(如六三之"来兑"),悦而将亢则有厉(如九五),悦而过则凶伏于中(如上六之"引兑")。

〈彖传〉将悦道提升为牖民之道。欲使民忘劳忘死,则必先逸乐之。《管子·牧民》"民恶忧劳,我佚乐之……能佚乐之,则民为之忧劳"即此之谓。

〈象传〉将悦道理解为君子修身之道。此更偏重于对卦象的发挥。泽与泽相益相润而欣悦,朋与友相互切磋而欣悦。泽无滋益而枯竭,学无滋益则寡闻。

五九、涣 ䷺（下坎上巽）

涣[1]。亨，王假有廟，利涉大川，利貞[2]。

初六。用拯馬壯吉[3]。

九二。涣奔其机，悔亡[4]。

六三。涣其躬，無悔[5]。

六四。涣其群，元吉，涣有丘，匪夷所思[6]。

九五。涣汗其大號，涣王居，無咎[7]。

上九。涣其血去，逖出，無咎[8]。

【今译】

筮得〈涣〉卦，亨通，王至寝庙祭祀，卜问涉川济险是否有利，得吉利之占。

筮得初爻，乘用壮健之马，吉利。

筮得二爻，水势盛大而奔逃及时，悔事过去了。

筮得三爻，水势盛大将淹及自身，但终无咎害。

筮得四爻，水势盛大将淹及四邻，〔幸而得救〕，大吉；大水上涨到山丘，水势之大难以想像。

筮得五爻，水势浩瀚奔腾呼号，淹及王的住地，但终无咎害。

筮得上爻，大水的忧患过去了，但须时时警惕方可无害。

【注释】

[1] 涣：卦名。通行本为第五十九卦，帛书本为第六十二卦。"奂"本盛大之义，在本卦中当指水势盛大，卦象、卦爻辞均与水有关；盖本作"奂"，后增水旁为"涣"（〈归藏〉、帛书〈系传〉作"奂"，通行本经文及〈系辞〉、帛书本经文以及〈易之义〉、〈缪和〉均作"涣"）。卦象为上〈巽〉下〈坎〉，巽为风、为木，坎为水。其卦或象飓风洪水，或象洪水拔折树木及木舟漂于水上。

[2] 亨，王假有庙，利涉大川，利贞："假"，至。"有"，于。《易》中"王假有庙"两见，即〈萃〉卦和本卦。〈萃〉卦上〈兑〉泽，下〈坤〉地，象孟秋雨水频仍、泽潦汇聚，所以卦辞说"亨，王假有庙，利贞，用大牲吉，利有攸往"，与本卦卦辞相近。王至寝庙祭祀，以祷平安、除水患，并卜筮涉川济险是否有利，结果得到吉占。

[3] 用拯马壮吉："拯"读为"乘"（参见〈明夷〉注）。盖大水初来，乘壮健之马速退则吉。〈明夷〉六二"夷于左股，用拯马壮吉"与此同。帛书"吉"下有"悔亡"二字，阮元校勘记亦云："古本有悔亡二字"。所谓古本，盖指虞翻注本，王弼本无。

[4] 涣奔其机，悔亡："奔"谓奔逃。"机"同"機"，谓得其时、及时。此言水势盛大，奔逃及时而悔事消亡。疑"悔亡"为初六之占辞，九二无占辞。帛书本"机"作"阶"，盖以"机"为"下基"之义。

[5] 涣其躬，无悔："躬"谓自身。"无悔"帛书作"无咎"。此言大水将淹及自身而终无患害。本卦唯六三有应，而应爻上九为〈巽〉体，巽为木。盖六三有上九木舟为应援，故得济险无咎。

[6] 涣其群,元吉,涣有丘,匪夷所思:"群",指朋辈、四邻、他人。此谓大水将淹及邻人,幸而得救,故谓大吉。"丘"指高地。"匪夷所思"即很难想象,不可能。

[7] 涣汗其大号,涣王居,无咎:"汗",大,水势浩大,义与"涣"同。"涣汗"犹"浩瀚"。"大号",盖指飓风呼号(〈秋声赋〉:"其为声也,呼号愤发。")。九五为〈巽〉体,巽为风。"其",连词。"涣汗"说水势之盛,"大号"说飓风之烈(或训"大号"为人们大声呼号)。"王居"是呼应六四的"丘"。王居处于高地,故得无咎。

[8] 涣其血去,逖出,无咎:"血"谓忧患(同"恤",忧也)。"逖"同"惕"(或本即作"惕",帛书作"湯")。"出"疑当作"之",形近而讹(参见〈小畜〉六四"血去,惕出,无咎"注)。"去"与九五之"居"协鱼部韵,或以"出"与"去"、"居"协韵则非;"出"为物部字,韵部远隔;当本作"之",不入韵。此言大水之忧患已过,但须时时惕戒,方可长保无咎。

〈彖〉曰:涣,亨,剛來而不窮,柔得位乎外而上同[1]。王假有廟,王乃在中也[2]。利涉大川,乘木有功也[3]。

【今译】

〈彖传〉说:"涣"卦亨通,是说刚健来下而不至于困穷,阴柔居外而与尊上同心。王来到宗庙主持祭祀,是说王居于中正的尊位。涉渡大川有利,是说乘舟济险而能成功。

【注释】

[1] 刚来而不穷，柔得位乎外而上同："刚"指阳爻九二。"来"指由〈乾〉初下来至〈坤〉二。〈乾〉初来至〈坤〉二而成〈坎〉险，但九二刚健居中，"奔其机，悔亡"，入于坎中而不困陷，所以说"不穷"。〈需〉卦(☰)〈象传〉说"刚健而不陷，其义不困穷矣"与此"刚来而不穷"同；彼指九五说，此指九二说。"柔"指阴爻六四。六四为大臣之位，所以说"得位"。〈坤〉二入〈乾〉初而成六四，由内卦居外卦，所以说"外"。六四承比在上位的九五，与九五尊上同德，所以说"上同"。《黄帝四经·经法·四度》"命之曰上同"与此"上同"相同。

[2] 王假有庙，王乃在中也："王"指九五。九五居中得正，居于尊位，所以说"王乃在中"。此言王至宗庙主祭，象征王居尊位执掌权柄。六四"得位"，九五"在中"，即〈经法·四度〉所说的"君臣当位"。〈需·象〉"位乎天位，以正中也"同此。

[3] 利涉大川，乘木有功也：下〈坎〉水，上〈巽〉木，木指舟车，所以说"利涉大川，乘木有功也"。〈系辞〉"刳木为舟，剡木为楫，舟楫之利，以济不通，致远以利天下，盖取诸〈涣〉"即就此而说。又"木"指舟车，喻民众；九二变阴，则成"坤"众；九五乘之，犹君借民力以济险立功。《淮南子·主术训》"乘势以为车，御众以为马"即此。

〈象〉曰：風行水上，涣[1]。先王以享于帝立廟。

初六之吉，順也[2]。

涣奔其机，得願也[3]。

渙其躬,志在外也[4]。

渙其群元吉,光大也[5]。

王居無咎,正位也[6]。

渙其血,遠害也[7]。

【今译】

〈象传〉说:风行水上焕然成文,这便是〈渙〉卦的意象。先王因此享祭天帝、建立宗庙。

初六获吉,这是因为阴柔承比阳刚九二而顺合了客观法则。

大水骤至,九二奔赴几案安而无害,这是说它居中据阴得其所愿。

大水冲及其身而终能无害,这是因为阴柔六三志在与尊上同心。

大水冲及众人而最终获吉,这是因为众人聚合力量广大。

大水冲及王居而得以无害,这是因为九五处于中正之位。

水患已过而仍然乘舟远遁,这是为了远离祸患。

【注释】

[1] 风行水上,渙:上〈巽〉风,下〈坎〉水,所以说"风行水上"。"风行水上"与"渙"及"享帝立庙"有何关系呢?《周易·大象》例以〈巽〉风比教化,因此本卦的〈大象〉可能也与教化有关。"渙"之为义有两种可能:一种可能是释为"焕",有文章的样子。言风行于水上焕然成文,这便是〈渙〉卦的意象;所谓焕然

成文，即比喻推行文教。《太玄·文》准〈涣〉卦，即读"涣"为"焕"；《焦氏易林》释〈涣〉卦云："望幸不到，文章未就"，似亦读"涣"为"焕"。另一种可能是释"涣"为散、播散，以风行水上象征播散文教。〈观〉卦（☴☷）的〈大象〉说"风行地上，观。先王以省方观民设教"与此相类。至于"先王以享帝立庙"则是〈观·象〉所谓的"圣人以神道设教"的意思。

[2] 初六之吉，顺也：初六本为阴爻柔弱，但承比阳刚九二，以壮济弱，因此获吉，这是顺合事物法则的。〈明夷〉（☲☷）六二爻辞说"用拯马壮吉"，阴柔六二承比阳刚九三，以壮济弱，〈小象〉说"六二之吉，顺以则也"正与此同。

[3] 涣奔其机，得愿也："奔"，奔赴。"机"同"几"，几案，指阴爻初六。阳刚九二来至坎中，乘据阴柔，犹奔赴几案，据之得安而不困穷，正得其所愿。此即〈象传〉"刚来而不穷"之义。阴初承阳二而说顺则，阳二据阴初而说得愿，相互为文。

[4] 涣其躬，志在外也："涣其躬"下省"无悔"（或"无咎"）。"志在外"是说阴柔六三志在与外卦阳刚上九合力同心。上九为六三之应爻。〈泰〉卦（☰☷）初九〈小象〉说"拔茅征吉，志在外也"也是说阳爻初九志在与外卦六四合力同德，与此同。

[5] 涣其群元吉，光大也："元吉"下省"涣有丘"。"丘"，聚也。指众人在患难中聚合在一起。"光大"，广大，谓众力广大。阴爻三、四聚合在阳刚五、上周围，亦即〈象传〉的"上同"（"同"，合也，"上同"即"上合"），所以力量广大。

[6] 王居无咎，正位也：此即"涣王居，王居无咎"的省文。九五居中得正，所以〈小象〉说"正位"，〈象传〉说"王乃在中"；君主居

尊行权,臣民宾从,即是"正位"。

[7] 涣其血,远害也:足文当作"涣其血去逖出,远害也"。"远"释"逖"。上九居卦之外,有逖出远遁之象。水患虽过而依然远遁,此为永远离避祸患。有人以范蠡泛舟五湖说之,亦不无可取,有〈象传〉"乘木有功"为其证。

➡ 通 说

从〈涣〉卦的卦象、卦爻辞来看,〈涣〉卦是讲应付水患、乘舟济险之事;〈象传〉的"乘木有功",〈系辞〉的"刳木为舟,以济不通"与此接近。〈大象〉不说"木行水上"而说"风行水上",参照〈观〉卦〈大象〉"风行地上,先王设教"的说法,则〈涣〉卦〈大象〉可能是释"涣"为"焕"或"播散",谓播散文教、神道设教。

〈序卦〉、〈杂卦〉训"涣"为"离散",帛书〈缪和〉释〈涣〉卦六四的"涣其群"为"散其群党",也是释"涣"为"离散",后来程、朱等说《易》家皆取此说。然〈序卦〉、〈杂卦〉之说,显然不合经意。

从经文卦爻辞可以看出这是一则关于洪水的专卦。上古洪水为患,无论古代神话、传说或史书,多所记载,夏禹治水广为人知。本卦记述洪水的威胁及水患给人们带来的忧虑和警惕,至今仍有借鉴意义。

六〇、节 ䷻（下兑上坎）

節[1]。亨，苦節，不可貞[2]。

初九。不出戶庭，無咎[3]。

九二。不出門庭，凶[4]。

六三。不節若，則嗟若，無咎[5]。

六四。安節[6]，亨。

九五。甘節，吉，往有尙[7]。

上六。苦節，貞凶，悔亡[8]。

【今译】

筮得〈节〉卦，亨通；若苦于自我节制，则占问不利。

筮得初爻，居家不出，没有咎害。

筮得二爻，居家不出，有凶险。

筮得三爻，不知自我节制，会悲伤忧叹，最终可免咎害。

筮得四爻，安于自我节制，亨通。

筮得五爻，乐于自我节制，吉利，前往有好处。

筮得上爻，苦于自我节制，占问凶险，但最终悔事会除去。

【注释】

[1] 节：卦名。通行本为第六十卦，帛书本为第二十一卦。〈节〉卦

与〈涣〉卦是卦爻翻覆的关系，故次列于〈涣〉卦后。〈节〉卦上〈坎〉水，下〈兑〉泽，象水溢泽上，当修缮堤防以节制之使不泛滥。因此，卦爻辞之"节"字是节制、限制、约束之义。

就节制的对象而言，爻辞中之诸"节"字有三种可能：其一指自我节制。其二指节制民众。其三兼指节制民众和自我节制。参照〈临〉卦，则"节"字似兼指节制民众（"制数度"）和自我节制（"议德行"）。我们的译文虽取"自我节制"之义，实则并不排除后两种可能。

[2] 亨，苦节，不可贞：筮得〈节〉卦，懂得自我节制，自然亨通。反之，以自我节制为苦，不乐于自我节制，则占问不利。"不可"犹不宜、不利。还有一种可能，"节"是指节制百姓。"苦"是指过分、过度。过分节制百姓则失于苛暴，结果自然不利。〈临〉卦以"甘临"（临治百姓）与"咸临"（咸，苦也）对举和本卦以"甘节"与"苦节"对举其例相同，"苦节"即郑子产所谓"防川"也（《左传·襄公三十一年》）。《易》有取爻辞为卦辞之例，此即其一。

[3] 不出户庭，无咎："户庭"与下文"门庭"换文同义，都是指"家"、"家门"；帛书"户庭"作"户牖"以与"门庭"区别，似不必。高亨说"不出户庭无咎"、"不出门庭凶"，犹卜书之"不利出门"、"不利在家"，得之。然就〈节〉卦而言，"不出户庭"、"不出门庭"似指自我约束而言。初在最下，前有〈坎〉险，时止则止，约束于家，故得无咎。

[4] 不出门庭，凶：阳已升二，居于中位，互三、四为〈震〉，值宜动之时，时行则行，当有为于世；今反固执于节，自缚手脚无所行

动,故凶。此初九、九二之爻辞,颇似卜辞之正反对贞。

[5] 不节若,则嗟若,无咎:"若"犹"之",语辞。"无咎"承嗟之而说,即不节之,乃嗟之,嗟之无咎;此犹〈离〉卦六五"出涕沱若,戚嗟若,吉"及〈临〉卦六三"甘临,无攸利,既忧之,无咎"。九二持中,行而不偏,故宜动;六三不中不正,又乘阳刚,宜节不宜动。其不知约束而导致咎害而嗟叹;嗟叹则知悔,又互四、五为〈艮〉,过而知止,是终能节制而无咎者。此"节"亦有节己、节人之两种可能。

[6] 安节:安于自我节制。六四阴爻居柔位得正,互三、五为〈艮〉,是能安节自止者。若就节人而言,则安节为节制百姓使其安居乐业。

[7] 甘节,吉,往有尚:"甘",美、乐。"甘节"以自我节制为美为乐。"尚"犹"赏"。"往有尚",前往会得到好处。三无咎、四亨、五吉,正是"知之者不如好之者,好之者不如乐之者"。老子"甘其食,美其服,安其居,乐其俗"亦此甘节、安节之义。又"甘"亦可释为"和",谓节制适宜中度。若就节人而言,则"甘节"谓节制百姓宽缓适度。

[8] 苦节,贞凶,悔亡:"苦节",苦于自我节制、不安于自我节制,与九五乐于自我节制("甘节")相对。又"苦"亦可训为过分,谓自我节制太过,与九五节制适中("甘节")相对。若就节人而言,则"苦节"谓节制百姓疾切过分(参〈临〉卦"甘临"、"咸临"注)。苦于节制则占问凶险,然爻至极则变,凶而知改,则悔事消除。

〈彖〉曰:節,亨,剛柔分而剛得中[1]。苦節不可貞,其道窮也[2]。說以行險,當位以節,中正以通[3]。天地節而四時成,節以制度,不傷財,不害民[4]。

【今译】

〈彖传〉说:〈节〉卦之所以亨通,是因为刚柔平均有节度而刚健君主又能得中正之道。过分节制不可视为正道,这是因为这会使节道困穷的。以和悦的态度率众涉济险难,站在适当的位置上去推行节道,执中守正以使节道亨通。自然界有节度才有了四季的均匀形成,人类社会也要以节道来制定法度,不因无节而伤费资财,也不因节民过分而伤害百姓。

【注释】

[1] 刚柔分而刚得中:〈节〉卦三刚爻三柔爻,刚柔均分;上刚卦下柔卦,刚柔有分际。"刚"喻严、俭,"柔"喻宽、裕。严俭与宽裕均匀得当,便是有节。刚爻九二、九五居中位,所以说"刚得中"。"刚"喻统治者,"得中"喻得节道之中正,"刚柔分"为节,"刚得中"为制;刚柔不均、节之或过或不及皆不可谓节,刚不得中则不可为制。

[2] 苦节不可贞,其道穷也:"苦"谓过,"苦节"谓节制百姓过分。"不可贞",不可视为节道之正。"苦节"为上六爻辞,故言"穷",谓如此则使节道困穷。

[3] 说以行险,当位以节,中正以通:〈节〉卦下〈兑〉悦,上〈坎〉险,所以说"说以行险"("说"即悦),谓以令人愉悦的方法使民共

同涉险济难。六四阴居柔位,九五阳居刚位,便叫作阴阳当位,也即《黄帝四经》所说的"君臣当位";如此方能推行节道("以节")。四、五得正,五又居中,因此四亨通而五往有尚,所以说"中正以通"。

[4] 天地节而四时成,节以制度,不伤财,不害民:天地阴阳流行有节,才能形成四季的均匀递嬗。〈泰〉之〈乾〉三往〈坤〉二,上〈坤〉二来〈乾〉三,谓之"天地节"。人类社会取法自然,亦当以节道来制定各项法度,即所谓"节以制度"及〈大象〉的"制数度"。统治者若不知自节则伤财(六三"不节若,则嗟若"),若节制百姓过度则害民(上六"苦节贞凶");反之,若参照天地之节以制定法度,则可"不伤财,不害民"。〈象传〉是从节己、节民两个角度论节道的,〈象传〉与此同。"天地节"与"节以制度"即所谓"天制寒暑,人制取予"的推天道以明人事之思致(《黄帝四经·称》)。

〈象〉曰:澤上有水,節[1]。君子以制數度,議德行[2]。

不出戶庭,知通塞也[3]。

不出門庭凶,失時極也[4]。

不節之嗟,又誰咎也[5]。

安節之亨,承上道也[6]。

甘節之吉,居位中也[7]。

苦節貞凶,其道窮也[8]。

【今译】

〈象传〉说:泽上有水,这便是〈节〉卦的意象。君子因此制定礼数法度以约束百姓,评估自己的道德行为以自我约束。

不出家门以自我约束,这是说他懂得当行则行、当止则止的道理。

不出家门以自我限制而导致凶险,这是因为他丧失了适当的时机。

不知节制而终能嗟悔,又如何会受责罚呢?

安于受节制而亨通,这是说六四奉承尊上是合乎节道的。

节制臣民适度恰当而获吉利,这是因为九五自身持中行正。

节制臣民超过限度,虽然节制是正道而仍然招致了凶险,这是说上六使节道走入了困穷。

【注释】

[1] 泽上有水,节:〈节〉卦上〈坎〉水,下〈兑〉泽,象水溢泽上,当节制之,所以〈大象〉说"泽上有水,节"。"节",节制,以法度节制之。《太玄·度》准〈节〉卦,即取此义。

[2] 君子以制数度,议德行:"数度",礼数法度。"议"即〈系辞上〉"拟议以成其变化"之"议",犹"仪",量度、估量、评估。"制数度"以节民,"议德行"以节己。

[3] 不出户庭,知通塞也:"通塞"即"行止",知当行则行、当止则止之理。此偏重在"塞"上,因为前有〈坎〉险,初阳微弱,知止而待时之理,故得无咎。

[4] 不出门庭凶,失时极也:"极",中,适当。二互三、四为〈震〉,值

当动之时；又处中位，为动之适当时机。然九二拘泥于止，所以说"失时极"。《黄帝四经·称》："时极未至，而隐于德；既得其极，远其德，浅致以力"，《管子·势》作"天极"。极、时极、天极都是指客观条件和时机（"极"亦可训为"则"，客观法则）。

[5] 不节之嗟，又谁咎也："谁"犹"何"，如何、怎么会。"咎"，责罚。此言不知节制而终能嗟悔，又如何会受责罚呢？此释爻辞之"无咎"。

[6] 安节之亨，承上道也：六四为臣位，上承九五，象大臣安于受君主之节制，所以说"承上"。"道"，合于节道。

[7] 甘节之吉，居位中也："吉"下省"往有尚"。"甘"，和。"甘节"，是说九五之君节制臣民适度恰当。"尚"犹"赏"。"有尚"，在臣民指得君主之嘉赏；在君主则指得上天之嘉赏。总之都是指得到好处。之所以吉而有赏，是因为九五居位正中、节民节己中正有度。

[8] 苦节贞凶，其道穷也："苦"，过分、过度。"贞"，正。节制臣民超过限度，因此尽管节制本为正道而还是招致了凶险，这说明上六已使节道走向了困穷。

➡ 通 说

从卦象上看，〈节〉与〈困〉相反。〈困〉卦是讲人处涸辙，如何对待逆境和困境；〈节〉卦是讲人逢优裕之际，如何节制检省。

〈临〉卦彖、象讲如何临治百姓，〈节〉卦则讲如何节民和节己。节民、节己相互配合、达到适中，才是节道。统治者自身不知节制，穷奢极欲，则"伤财"；节民过度，则"害民"；想要节民有度，就必须

"制数度",有法可据;想要自节,就必须"议德行",身端行正。《晏子春秋·内篇杂上第五》:"景公游于纪,得金壶,乃发视之,中有丹书,曰:食鱼无反,勿乘驽马。公曰:善哉,知若言。食鱼无反,则恶其腥也。晏子对曰:不然。食鱼无反,毋尽民力乎?"食鱼务尽,凋蔽民力,亦是所谓苦节。鱼,即百姓之谓。

顺便谈谈占辞相互矛盾的问题。六三说"嗟若,无咎",上六说"贞凶,悔亡",高亨疑"无咎"、"悔亡"当为古文所衍、今文所无(依据便是《汉书·艺文志》)。《易》卦的有些爻占可能确有衍、脱者,在与帛书本参照时也可证明这一点,这与《汉志》的说法相合。造成或衍,或脱以及古文《易》及今文《易》爻占的差异原因很多,其中重要的原因可能是受〈象传〉的影响,这一点我们前面已经说过了。

另外,《易》卦爻占有两种情况值得注意:(一)相同或相近。如"吉,无咎"、"利××,吉"。(二)相反。如"贞凶,悔亡"、"吉,有悔"。造成这种现象,可能与占筮方法及爻占之特定内涵有关,而不属于衍、脱之例。古人占卜,常常是一事而多人占,数人占筮的结果可能相近,也可能完全相反,而记录者常常并存之,因而造成了上述两种情况。另外,占断完全相反,则可能反映如下特定内涵:(一)与卜辞正反对贞的情况相近,即从正、反两方面占卜同一事,如:"今日其雨?今日不其雨?"(二)前一占辞表示爻意,后一占辞表示人为。如"贞凶,悔亡",谓爻象显示凶,而通过人为或可除去。(三)表示事情进展过程,即初局与终局结果不同。如"贞凶,悔亡",可能是指开始有凶险,结局会转变。如"无成,有终"、"中吉、终凶"、"厉,终吉"等则是最明显的例子。第二、第三种情况常常交织在一起,如〈乾〉卦"厉,无咎"可能既包括爻象厉而人为得当则无咎的涵义,也有开始有厉而终得无咎这样一层意思。关于人为努力,爻辞中的"惕之"、"既忧之"、"嗟之"等等都属此范围。

六一、中孚䷼（下兌上巽）

中孚[1]。豚魚吉[2]，利涉大川，利貞。

初九。虞吉，有它，不燕[3]。

九二。鳴鶴在陰，其子和之，我有好爵，吾與爾靡之[4]。

六三。得敵，或鼓或罷，或泣或歌[5]。

六四。月幾望，馬匹亡，無咎[6]。

九五。有孚攣如，無咎[7]。

上九。翰音登于天，貞凶[8]。

【今译】

筮得〈中孚〉卦，祭祀江豚则出海吉利，利于涉渡大川，占问有利。

筮得初爻，因为有所虑度而能获吉，但眼前仍有他患，不可安宁。

筮得二爻，鹤鸟在树阴下低唱，小鹤在应和着它；我有美酒，与你共享。

筮得三爻，有所获，一方面鼓而歌之，一方面又疲而泣之（喜忧得失参半）。

筮得四爻，十五以后，丢失马匹，免于灾祸。

筮得五爻,卦兆很好,没有问题。

筮得上爻,高鸣飞上天,占问有凶险。

【注释】

[1] 中孚:卦名。通行本与帛书本均为第六十一卦。此与〈节〉卦下卦都是〈兑〉,所以次列于〈节〉下。此卦上〈巽〉木,下〈兑〉泽,象木舟行于泽水之上(〈彖传〉所谓"乘木舟虚也")。卦辞言祭祀水神、济涉大川,正与此象合。

所追题之卦名"中孚",与卦象、卦辞无合理的联系。九五居中位,爻辞言"有孚",故追题者增字而以"中孚"为卦名,《易》卦题名有此一例,如〈大有〉九二"大车以载",此为富有之象,故取九二之"大"字而增"有"字(详见〈噬嗑〉卦注);〈彖传〉"中孚……刚得中",正指九五而言。又按:本卦卦名、卦象、卦辞与六爻爻辞似无内在联系,故以下注释爻辞时不与之生硬牵附而曲为解说。

[2] 豚鱼吉:或以为鱼之似豚者为"豚鱼",即所谓江豚(吴澄《易纂言》),可从。江豚属鲸类,古人盖奉为水神,舟行者或从事渔业者行前祭之,以求顺当平安,所以下面说"利涉大川"。卦辞正与卦象相合。又或释为以豚与鱼薄祭神灵;或释"豚鱼"为小鱼、遁鱼等。此皆非确诂。又高亨以为卦名"中孚"当重,此说亦非。凡卦名当重者(如〈同人〉)皆爻辞中有之,而本卦爻辞并无"中孚"二字。

[3] 虞吉,有它,不燕:此"虞"即〈屯〉卦"即鹿无虞"之"虞",虑度。"它",意外之患。"燕",安宁。"它"为歌部字,"燕"为歌部阳

声元部字,歌、元协韵。下文"和"、"靡"、"罢"、"歌"皆歌部字,与"它"、"燕"协韵,帛书"燕"作"宁","靡"作"羸",均失韵。或释"虞"为安、为虞祭、为虞官,似皆不确。

[4] 鸣鹤在阴,其子和之,我有好爵,吾与尔靡之:"阴"同"荫"。在荫之鸣鹤,"幽人"之谓(《易》卦二爻多有"幽人贞吉"之象)。"子",就初九而言,则为子女;就六三而言,则谓女子(父子关系即犹夫妇、君臣之关系,《汉书·杜钦传》注:"子者,父之阴也。"九二互三、四为震,阳之长者,六三为〈兑〉体,阴之少者),即匹偶;就九五而言,则为男子,友朋之类。"爵",樽爵、酒杯。"好爵"谓美酒(帛书〈二三子问〉"好爵者,言旨酒也");然《易》言酒食皆兼指爵禄,则或训旨酒,或训爵禄,实则兼而有之,〈缪和〉即释为爵禄。"吾"字高亨疑为衍字,帛书〈二三子问〉引此文亦无"吾"字(〈缪和〉引此文有"吾"字)。"靡",共、共享。"鸣鹤在阴",君子得助之谓;"我有好爵",小康之象;"与尔靡之",不独富之谓。

[5] 得敌,或鼓或罢,或泣或歌:"敌",就与阳爻上九正应的角度说,可训为匹偶,就与阴爻六四的关系说,可训为敌人、敌方俘虏。总之,"得敌"是指有所获。"罢"同"疲",疲惫。"或泣或歌"即"或歌或泣",为与"罢"及上文之"和"、"靡"协韵(歌部韵)而颠倒句式。鼓歌,即"鼓缶而歌"(见〈离〉卦九三)。虽有所获,然一方面鼓而歌之,一方面又疲而泣之,此谓喜忧兼有、得失参半。从爻位上说,六三有应,所以有得;但同时又不中不正,互四、五成〈艮〉;当止而待时,却动有所得;虽有所得,不得其时;有得而鼓歌之,失时而疲泣之;刘备之得卧龙、凤雏者

似此。

[6] 月几望，马匹亡，无咎："几"，将近（又或作"既"，帛书亦作"既"）。"月几望"指将近阴历十五。月盈而亏，乾亢有悔，丢失马匹，破财消灾，故得无咎。又失去乘马则不能行，安止之而免灾。〈小畜〉上九"月几望，君子征凶"即是此义。又月望而亏，亏而复望，马之失得若此，故无有咎害，〈睽〉卦初九"悔亡，丧马勿逐自复"即此之谓。

[7] 有孚挛如，无咎："挛"同"娈"，好。"如"，语辞。〈小畜〉九五"有孚挛如"同此。〈大有〉六五"厥孚交如"即"厥孚姣如"，与此同（《史记·晋世家》索隐"交犹好也"，训与"姣"同）。《广雅·释诂》一："娈、姣，好也"。帛书〈二三子问〉："卦曰绞如委如。孔子曰：绞，日也"，则〈二三子问〉读"交"如"皎日"之"皎"（《庄子·渔父》释文："交，字书作皎"）。

[8] 翰音登于天，贞凶："翰音"，旧训鸡或泛言鸟属。按："翰音"疑承九二之"鹤鸣"而言。如〈小过〉初爻"飞鸟以凶"，而上爻则言"飞鸟离之"；又如〈乾〉二言"见龙"，而上则言"亢龙"等。"翰"犹《诗》"翰飞戾天"之"翰"，高。"翰音"犹高鸣。"翰音登于天"正刘禹锡"晴空一鹤排云上"之谓。九二幽人居中，潜鸣于荫；上九居亢极而高鸣于天，正相对言。所谓"贞凶"，即〈小过〉"飞鸟遗之音，不宜上，宜下"之谓。

〈彖〉曰：中孚，柔在內而剛得中，說而巽，孚乃化邦也[1]。豚魚吉，信及豚魚也[2]。利涉大川，乘木舟虛也[3]。中孚以利貞，乃應乎天也[4]。

【今译】

〈象传〉说:〈中孚〉卦象征君主内有柔顺之德而又刚健中正,使人民心悦诚服,用诚信教化天下。所谓豚鱼者,是说诚信广施于豚鱼等世间万物。卦辞说能顺利涉渡大河,这是因为有木舟可乘。中心诚信而利于守正,这才是符合天道的。

【注释】

[1] 中孚,柔在内而刚得中,说而巽,孚乃化邦也:"中孚",举卦名。〈中孚〉卦二阴爻在内,四阳爻在外,所以说"柔在内",象君主内有柔顺之德。阳爻九二、九五居中位,九五又居中得正,所以说"刚得中",象君主刚健中正。下〈兑〉悦("说"同"悦"),上〈巽〉顺,所以说"说而巽",象百姓心悦诚服(顺,顺服)。"孚",诚信。

[2] 豚鱼吉,信及豚鱼也:"豚",小猪。豚鱼,微贱之物,代表飞潜动植等世间万物。信及豚鱼,即帛书〈缪和〉所谓"汤之德及禽兽鱼鳖矣"。又豚鱼微贱阴物,象百姓。信及百姓,故下文说"乘木"。

[3] 利涉大川,乘木舟虚也:上〈巽〉木,木为舟,下〈兑〉泽;〈中孚〉卦二阴在中,象中虚;刳木中空以为舟;所以说"乘木舟虚也"。古语"水可载舟",此水喻百姓,舟比君主;人之乘舟,则舟比百姓,人指君主。上文说信及百姓,此则说百姓拥戴君主。又按:"舟"字疑衍。"乘木虚也"即"乘虚木也",为与上文"鱼"字协韵,故颠倒句式("虚"为鱼部字,"木"为屋部字)。"虚木",中空之木,指舟船,〈系辞〉"刳木为舟"即此"虚木"。〈涣·彖〉

"乘木有功也"亦无"舟"字。

[4] 中孚以利贞,乃应乎天也:"中孚",中心诚信。"贞",守正。"应乎天",顺应天道。从爻位上说,此取象于九五。九五居天位,处中得正而"有孚",所以〈象传〉说"中孚以利贞,乃应乎天也";这也可证明我们认为卦名"中孚"是取于九五爻辞的说法是有根据的。

〈象〉曰:澤上有風,中孚[1]。君子以議獄緩死[2]。

初九虞吉,志未變也[3]。

其子和之,中心願也[4]。

或鼓或罷,位不當也[5]。

馬匹亡,絕類上也[6]。

有孚攣如,位正當也[7]。

翰音登于天,何可長也[8]。

【今译】

〈象传〉说:泽水之上吹拂着和风,这便是〈中孚〉卦的意象。君子因此审议狱案,宽缓死刑。

初九安然自守而获吉祥,这是因为心志专一不改。

小鹤低低唱和,这是因为它们中心之愿相通。

一方面鼓缶而歌之,一方面又疲惫而泣之,这是因为六三时位不当。

马失匹偶而得以无害,这是因为断绝同伴而上承尊贵的九五。

有诚信而能牵系别人,这是因为九五处位中正恰当。

高鸣飞上天,如何能持久?

【注释】

[1] 泽上有风,中孚:上〈巽〉风,下〈兑〉泽,所以说"泽上有风"。风比教令,泽比民众,教令行于民众,必须持守忠信,《论语·卫灵公》所谓"言忠信,行笃敬,虽蛮貊之邦行矣"。〈大象〉似训"中孚"为忠信。

[2] 君子以议狱缓死:〈巽〉为风,比号令;〈兑〉为泽,比恩泽。巽之号令行于上,所以说审议狱案;兑之恩泽施于下,所以说宽缓死刑。然议狱缓死,皆必以忠信主之。《左传·庄公十年》:"公曰:牺牲玉帛,弗敢加也,必以信。对曰:小信未孚,神弗福也。公曰:小大之狱,虽不能察,必以情。对曰:忠之属也。"此可资对〈大象〉的理解。

[3] 初九虞吉,志未变也:〈象传〉训"虞"为安然自守,释"有它"为怀有其他想法、其他欲求。"志未变",安守之志专一不改。

[4] 其子和之,中心愿也:此唱彼和,中心之愿相通,皆由诚所感(〈二三子问〉释此爻曰:"其子随之,通也")。二言中,五言正,能中能正则能诚信。《程传》不释"子"具体指哪一爻,态度是审慎的。

[5] 或鼓或罢,位不当也:"位不当"是说六三不中不正。不中不正则不可言信,无信则非咎即凶。初、二、四、五非中即正,所以皆得无咎;三、上则反之。故三、上虽有应而鼓歌、高鸣一时,终必疲泣而凶也。

[6] 马匹亡,绝类上也:〈象传〉训"匹"为匹类、同伴。"绝",断绝。"类"同"匹"。"上",承上九五、奉承尊者。"匹"、"类"或指匹偶初九,或指同类六三,两通。

[7] 有孚挛如,位正当也:"孚",诚信。"挛",牵系。九五居中得正,所以能以忠信感通他人。

[8] 翰音登于天,何可长也:此犹〈乾〉上九〈小象〉"亢龙有悔,盈不可久也"。

通　说

〈中孚〉卦卦名取自居于中位的九五爻辞"有孚",其与卦象、卦爻辞无必然联系。卦象为木舟行于泽水之上,故卦辞与筮占水行平安相关。而卦象及卦辞似与六爻爻辞无甚联系。

六爻不以有应为佳,而以正、中为佳。初虽吉而仍有所不宁,四虽无咎而不免丧财之晦气,此由正而不中也。三虽鼓歌而终不免于疲泣,上虽自鸣得意于一时而终不免于贞凶,此由不中不正也。二得扶助而有好爵,五得好兆而始终无咎,此由居中故也。

〈象传〉训"孚"为"信",能居中故能有信,此盖与五行学信属中央土相关联。诚信非但及于人,尚且及于飞潜动植之宇宙万物,此是大信至信,此所谓楚人失弓而老子以为"去其人可也"。日月四时,天道周还,不失其信,《黄帝四经·经法·论》所谓"信者,天之期也"。人道法天道,所以〈象传〉说"中孚以利贞,乃应乎天也"。九五恰恰居于天位。

〈象传〉以"中孚"为"忠信",并施之于议狱缓死,此与《左传》相合。

六一、中孚

《归藏》题此卦名为"大明",此似亦取于爻辞九五,《太玄·中》准〈中孚〉卦,其次五曰:"日正于天,利用其辰作主,测曰:日正于天,贵当位也"可以为证;又其首曰:"阳气潜萌于黄宫,信无不在乎中"并与〈中孚〉卦的题名方法一致。"大明"谓日,明、日皆信实之谓,《左传·昭公十三年》疏:"明谓信义明著",《广雅·释诂》"日,实也",《黄帝四经·论》"日信出信入",《左传》等以"有如皦日"表信实,皆其证。因此,《归藏》题为"大明"与〈中孚〉本是相通的。《焦氏易林》以"鸟鸣譆譆,天火将下,燔我屋室,灾及妃后"释〈中孚〉,此盖以宋伯姬之事说之(《左传·襄公三十年》"或叫于宋太庙,曰譆譆出出。鸟鸣于亳社,如曰譆譆。甲午,宋大灾,宋伯姬卒"。灾即火灾。鸣叫者皆火妖),与上九爻辞"翰音登于天"也有联系(翰音为鸡雉之属,为离火)。然而,《归藏》之大明、《太玄》之日、《焦氏易林》之火,似属同一系列。

六二、小过 ䷽（下艮上震）

小過[1]。亨，利貞[2]，可小事，不可大事，飛鳥遺之音，不宜上，宜下，大吉[3]。

初六。飛鳥以凶[4]。

六二。過其祖遇其妣，不及其君遇其臣，無咎[5]。

九三。弗過防之，從或戕之，凶[6]。

九四。無咎，弗過遇之，往厲必戒，勿用永貞[7]。

六五。密雲不雨，自我西郊，公弋取彼在穴[8]。

上六。弗遇過之，飛鳥離之，凶，是謂災眚[9]。

【今译】

筮得〈小过〉卦，亨通，占问有利。只宜做小事，不宜做大事。飞鸟给人送来音讯，不宜进取，宜于退守，如此可获大吉。

筮得初爻，鸟儿向上飞而有凶险。

筮得二爻，最初想要越过阻隔而遇逢匹配，最后没有上进以求逢其君，而是下退遇逢臣仆，没有咎害。

筮得三爻，不要有所过越而要时时警惕过越之心，向前进往将受伤害，必有凶险。

筮得四爻，不要有所过越而希图得到什么，这样才没有咎害。前往有险必须戒备，占问长久之事不利。

六二、小过　555

　　筮得五爻，密云在西郊聚集却不见下雨，此人射获了洞穴中的小兽。

　　筮得上爻，毫无所得是因为行为太过了，这就好像飞鸟投网而遇到凶险，这是自取祸殃的。

【注释】

[1] 小过：卦名。通行本为第六十二卦，帛书本为第二十八卦。此与〈中孚〉卦为卦爻反对的关系，故次列于〈中孚〉后。

　　卦象为下〈艮〉山，上〈震〉雷，象雷在山上。雷在山下地上为〈豫〉，雷在天下山上为〈小过〉，雷在天之上为〈大壮〉。"小过"再进一步便是〈大壮〉，过于壮也。"小"与少、稍同义，表示物之微、事之渐。〈小过〉卦就是要人们防微杜渐，因此爻辞说防戒而弗过，卦辞说宜小事、宜退守，而不宜大事、不宜进往。

[2] 亨，利贞：雷在天为过壮，然而雷在山时察知事之微渐，则可亨通而得利占。

[3] 可小事，不可大事，飞鸟遗之音，不宜上，宜下，大吉："可"犹"宜"。"小事"谓求自安，"大事"谓图进取。"遗"，送给、带来。"飞鸟遗之音"，或以为即所谓"鸟占"，可从。"上"谓进取，犹"大事"；"下"谓退守，犹"小事"。若能从筮占之为小事而求安、听鸟占之下而退守，则可获大吉，爻辞"遇臣"（六二）、"取彼在穴"（六五）即此；反之则凶，爻辞"飞鸟"（初六）、"过之"（上六）即是。

[4] 飞鸟以凶："飞鸟"即"鸟飞"。处〈小过〉之初，不知退下以求自安，反而上行进取以图大事，故有凶险。《太玄·羡》准〈小

过〉,其初一云:"测曰:羡于初,后难正也"。

[5] 过其祖遇其妣,不及其君遇其臣,无咎:此当读为两句,中间不断,"妣"、"臣"为脂真协韵。旧或读为"过其祖,遇其妣,不及其君,遇其臣"似非。"过",超过。"祖"疑借为"阻"(《书·舜典》"黎民阻饥",今文《尚书》作"祖饥"。《汉书·食货志上》颜注"祖,古文言阻"),阻隔,指九三、九四两阳爻。"遇",遇逢,获得(《孟子·离娄上》注:"遇,得也")。"妣"疑借为"比"(《释名》:"妣,比也。"《诗·丰年》"祖妣",《文选注》一作"祖比"。帛书《周易》"妣"即作"比"),比配,匹配,指与六二相应的六五,下文的"君"即此"比"。〈丰〉卦☲初九的"遇其配主"即指相应的九四而言,则此"遇其比"、"及其君"即"遇其配主"的意思。"及"义犹"遇"(《诗·摽有梅》《释文》:"及,本作得。")。"臣"即臣仆(帛书作"仆")。"遇其臣"犹〈旅〉☲六二之"得童仆"。就爻位而言,本卦及〈旅〉卦六二的臣仆均指初六。六二本欲超过两刚爻之阻隔而上行与六五之君遇合匹配,结果未上进以求与君主遇合,而是下退得到了臣仆。本欲上行及五,终却下而得初,正与卦辞"可小事"、"宜下"偶合,所以没有咎害。《太玄·羡》:"次二,羡于微,克复,可以为仪。"本欲上进干禄是"羡于微",随即下退求仆是"克复",因其无咎,故"可以为仪"。

[6] 弗过防之,从或戕之,凶:"弗过",不要有所过越。"防",提防警惕。"从",进往(《小尔雅·广言》:"从,遂也";《广雅·释诂》:"遂,往也。")。"戕",伤害。若无所过越并时时提防则可无咎,若有所进往则会受到伤害而面临凶险。此爻与九四相

近。

[7] 无咎,弗过遇之,往厉必戒,勿用永贞:"弗过遇之"谓不要有所过越而希图遇逢获得什么("遇",得也),如此则无咎害。"往"犹九三之"从",进往。"戒"犹九三之"防",警戒提防。"用"犹"利",谓不利占问长久之事。

[8] 密云不雨,自我西郊,公弋取彼在穴:密云聚集,自西向东吹则无雨,谚所谓"云往东,一切空"(见〈小畜〉注)。此谓向上求则无所得。"公"指六五,即占得此爻者,可译为"他"、"此人"。分言之则"弋"、"射"有别("弋"指箭之带绳者),统言之则"弋"即"射",帛书即作"射"。"取"犹"获"。"彼",指所射之禽兽。"穴",穴洞,当指六二而言(在上为巢,在下为穴)。此谓下求则有获。此爻略同六二。"密云不雨",即卦辞所谓的"不宜上";"取彼在穴",即卦辞所谓的"宜下"。

[9] 弗遇过之,飞鸟离之,凶,是谓灾眚:"弗遇",无所遇逢、无所得。"过之",谓因为上六处卦之亢极而行为太过了。"离"同"罗",作动词,指投入罗网。祸自外来为灾、由己而生为眚。爻处上爻亢极之时,是自外来;行为太过,是由己而生。灾眚在此统指灾祸。"是谓灾眚",这是自取其祸。

〈彖〉曰:小過,小者過而亨也[1]。過以利貞,與時行也[2]。柔得中,是以小事吉也[3]。剛失位而不中,是以不可大事也[4]。有飛鳥之象焉[5]。飛鳥遺之音,不宜上宜下,大吉,上逆而下順也[6]。

【今译】

〈彖传〉说:〈小过〉卦的亨通,是说在阴柔过强的情况下而终能亨通。阴过之时而利于守正,这是说要顺合客观情况而决定行动取向。阴柔居中贵之位,所以只宜做小事。阳刚不正又不得中贵之位,所以不宜大有所为。飞鸟传来音讯,告诉人此时不宜进取而宜于退守,如此才是大吉。这是因为此时进取是逆时而动,只有退守才是顺合时宜的。

【注释】

[1] 小过,小者过而亨也:"小过",举卦名。"小"指阴,"过"谓强。〈彖传〉之意,〈小过〉卦是讲如何在阴强阳弱的情况下达到亨通。王念孙以为"小过"下脱"亨"字,可从。

[2] 过以利贞,与时行也:"过"指阴过。"利贞",利于守正、利于采取正确对策。"与",顺随。阴过之时而利于守正,是讲如何根据客观情况而采取相应的行动。

[3] 柔得中,是以小事吉也:"得中",谓阴柔二、五居中,五又为尊贵之位。就一人而言,阴柔主内则缺乏刚健;就一国而言,阴柔主事则君子道消,所以此时君子只可为小事而不可为大事。"小事吉"郭京本作"可小事",与经文合,当从之。

[4] 刚失位而不中,是以不可大事也:九三不中,九四不中又不正,总之都不在应有的尊贵之位,所以君子不可大有所为。

[5] 有飞鸟之象焉:《程传》以为"此一句不类〈彖〉体,盖解者之辞,误入〈彖〉中",宜据删。

[6] 上逆而下顺也:"上"谓进取有为,"下"谓退而安守。阴强阳弱

六二、小过

之时，进取有为是逆时而动，退而安守才是顺合时宜的。

〈象〉曰：山上有雷，小過[1]。君子以行過乎恭，喪過乎哀，用過乎儉[2]。

飛鳥以凶，不可如何也[3]。

不及其君，臣不可過也[4]。

從或戕之，凶如何也[5]。

弗過遇之，位不當也[6]。往厲必戒，終不可長也[7]。

密雲不雨，已上也[8]。

弗遇過之，已亢也[9]。

【今译】

〈象传〉说：雷在高山上轰响，这便是〈小过〉卦的意象。君子因此言行要尽量恭敬，丧事尽量悲哀，用费尽可能节俭。

鸟向上飞而导致凶险，这说明初六实在是不可救药的。

最终没有上进以求遇逢君主，这是说六二懂得在小过之时臣子不能有过分之想。

向上进往而遇到了伤害，这是说九三的凶险是不可避免的。

不要有所过越以希图得到什么，这是因为九四所处的时位不适宜。前往有险必须戒备，这是说九四最终不能长久守持正固而不进往遇害的。

云集不雨无所收获，这是因为六五一味上进。

无所遇逢是由于行为过分，这是说上六过于奢望了。

【注释】

[1] 山上有雷，小过：上卦〈震〉雷，下卦〈艮〉山，雷在高山之上而尚未及于天，是小有过越，所以〈大象〉说"山上有雷，小过"。

[2] 君子以行过乎恭，丧过乎哀，用过乎俭：稍有过越之时，君子当防微杜渐，退而求其正；恭、哀、俭皆退而不足之义，并可稍过，此为矫枉过正之义。陈梦雷《周易浅述》说："雷在天上为大壮，出于地而上于山，其声小过而已……可过乎恭，不可过乎傲；可过乎哀，不可过乎易；可过乎俭，不可过乎奢也"。

[3] 飞鸟以凶，不可如何也："不可如何"，无可奈何、不可救药。初九高飞之凶，是不知谦恭退守。在初势微，又处〈小过〉之时，尚且如此不识时务，是不可救药者也。此不能"行过乎恭"也。

[4] 不及其君，臣不可过也：最终没有贸然上进以求遇合君主，这是因为六二懂得处〈小过〉之时，臣子不能有过分之想，所以得以无咎。六二以柔居中，能"行过乎恭"者。

[5] 从或戕之，凶如何也："从"，进往。"如何"，怎么办、怎能避免（或可训为多么、何等）。向上进往而受到伤害，是不知戒防、不知忧患。此未能"丧过乎哀"者。

[6] 弗过遇之，位不当也："位"，时机条件。九四不中不正，所以说"位不当也"；九四若能意识到时位不当而无所过越以求遇逢，则可无咎患。

[7] 往厉必戒，终不可长也："终不可长"释"勿用永贞"。九四不中不正，故不能长久守持正道以防止进往遇害。"贞"，正。此亦忧患不足之谓。

[8] 密云不雨，已上也：云集不雨喻无所收获。"已"，太、过分（亦

可训为"以",因为。下文"已亢"之"已"同此)。"上"谓上进进取。上进求遇是所望过奢,未能"用过乎俭"也。

[9] 弗遇过之,已亢也:"亢",极,过于奢望。上六之过与六五同。

▶ 通 说

〈小过〉卦是讲在事物发展刚呈现超过适度的迹象时如何防微杜渐,以趋吉避凶。

防微杜渐、趋吉避凶的方法就是"可小事,不可大事"、"不宜上,宜下"。具体说,即退而安守自正,不要进而好大喜功。初六"不宜上"而反高飞,故凶。上六"宜下"而反过进亦凶。六二为"小事"而遇臣仆故无咎,六五不为"大事"而取彼在穴故小有得;此二爻皆柔而居中,举事得宜也。三、四两阳爻,不中不正,多有戒辞:若能防戒则无咎,若是进往则凶厉。扬雄《太玄·羡》"次二,羡于微,克复,可以为仪"有助于对本卦六二"过其祖遇其妣,不及其君遇其臣,无咎"的理解,亦可见汉人说《易》颇有得其朔义者。

〈彖传〉以阴阳、时中、逆顺释说此卦。在阴柔主内、用事之时,当顺从天道,与时偕行,安守自正,积小成大,畜蕴阳刚。〈大象〉进一步从矫枉过正的角度论说此卦。

本卦卦象、卦辞、爻辞、卦名、〈彖传〉、〈象传〉之间内在联系紧密,为六十四卦中之少见者。

六三、既濟 ䷾（下离上坎）

既濟[1]。亨,小利貞[2]。初吉終亂[3]。

初九。曳其輪,濡其尾,無咎[4]。

六二。婦喪其茀,勿逐,七日得[5]。

九三。高宗伐鬼方,三年克之[6]。小人勿用[7]。

六四。繻有衣袽,終日戒[8]。

九五。東鄰殺牛,不如西鄰之禴祭,實受其福[9]。

上六。濡其首,厲[10]。

【今译】

筮得〈既济〉卦,亨通,占问小事有利。开始还好而最终危乱。

筮得初爻,向后拖曳车轮使不前进,尾巴被水浸湿难以渡河,没有咎害。

筮得二爻,妇人失去了蔽车的帷幔,不用追寻,七日后可失而复得。

筮得三爻,高宗征伐平定鬼方的叛乱,三年后获胜。但小人不可施用。

筮得四爻,河水浸湿了衣絮,整天戒惧着。

筮得五爻,东邻杀牛盛祭,不如西邻之薄祭,为了祈求上天赐福。

筮得上爻,河水浸湿了头部,危险。

【注释】

[1] 既济:卦名。通行本为第六十三卦,帛书本为第二十三卦。上〈坎〉水,下〈离〉火,水下润,火上炎,阴阳相交之功大成。从卦爻看,六爻皆当位、皆有应(六十四卦仅此一卦),象征天地万物从无序最终实现有序。以火烧水煮水之功得成。

"既",兼尽、已二义;"济",成、定。一切已成,一切已定,便是卦名"既济"的涵义。〈杂卦〉:"〈既济〉,定也",《太玄》与〈既济〉相对应的是〈成〉,都可与本卦相发挥。

[2] 亨,小利贞:万事皆成,自然亨通。但成则必亏,无平不陂,无往不复,所以占问小事有利。小事,谓安守以保。或据〈彖传〉将此读为"亨小,利贞"。然既已皆成,不当小亨。〈贲〉卦"亨,小利有攸往"(〈彖〉:"分刚而柔下,故小利有攸往。")。唐石经作"小利贞",〈遁〉"亨,小利贞"(〈彖〉:"小利贞,浸而长也。"),并为"小利"、"小利贞"之辞例。

[3] 初吉终乱:既济之始,一切有序,故亨而吉。既济之终,向反面转化,有序变为无序,故乱而危厉,上六"濡其首厉"即是。

[4] 曳其轮,濡其尾,无咎:"曳轮"犹〈睽〉之"曳舆";曳轮则车不能进。"濡",浸湿。"尾",狐尾(〈未济〉卦辞"小狐汔济濡其尾");濡尾则狐不能涉。既济之时,宜安守保成,故轮曳尾濡不得进涉而无咎。

[5] 妇丧其茀,勿逐,七日得:"茀",障蔽车子的帷幔。"逐",追寻、索觅。妇人所乘之车为安车,四周有帷幔以障蔽,车无帷幔则

妇人不得出行。刘向《列女传·贞顺传·齐孝孟姬》载:"公游于琅邪,华孟姬从。车奔,姬堕,车碎。孝公使驷马立车载姬以归,姬使侍御者舒帷以自障蔽,而使傅母应使者曰:妾闻妃后逾阈,必乘安车辎軿……今立车无軿,非所敢受命也",此即妇人乘车无帷不行之事。车无帷而不得行进,不能行进而得以无咎,故无须追索,七日后失帷必得,自可行也。"七日",谓爻经七位而变〈未济〉,自可进取求济。初、二〈离〉体,"离为日",日轮有车轮之象。"茀"字旧亦训为大巾(盖头者,也叫面巾、面衣,妇人出门必蒙之),或假发,或统称为首饰。

[6] 高宗伐鬼方,三年克之:"高宗",殷王武丁。"鬼方",西北国名,猃狁部落之一。盖鬼方为乱,高宗往伐之,历经多年,平定之功乃成。此似以高宗平乱以喻保既济之成而救既济之"终乱";然三年乃克之,以见持盈定倾之不易。

[7] 小人勿用:此爻不可施用于小人。九三阳爻居刚位,面临〈坎〉险,象刚强有为之君救成而复乱之险难,挽狂澜于既倒;然或柔弱,或逞强之小人则不宜施用此爻而取以为法则,如初弱,二、四柔,上逞强,皆所谓小人也,难堪其任。

[8] 繻有衣袽,终日戒:"繻",王弼读为"濡",《说文系传》亦引作"濡"(帛书作"襦"。盖初作"濡",涉"袽"字而讹为"襦",又讹为"繻")。"衣袽",衣絮(或谓絮衣,棉衣)。"有"同"于"。河水浸湿衣絮,犹谓水浸其身,已见"濡首"之兆,喻成已将乱。六四阴柔,无力拯救既成之复乱,只有终日戒惧以防其大乱而已;然其虽无救乱之才,亦胜于"濡首"逞强之上六。

[9] 东邻杀牛,不如西邻之禴祭,实受其福:"东邻杀牛"蒙后省

"祭"字(帛书作"东邻杀牛以祭")。东邻杀牛之祭,为太牢盛祭;西邻之禴祭,为菜果之薄祭。"实"犹"惟",语辞。九三以阳刚之才,尽人事而力保既济;九五虽以阳刚居中得正,然已近亢极,乱不可免,唯有听天命而祈求上天赐福。

[10] 濡其首,厉:"首",或谓狐首,或谓人首。然〈未济〉"饮酒濡首"乃指人首,则此"首"宜与彼同。"濡首"犹〈大过〉"过涉灭顶"之"灭顶"。上六阴居亢极,无拯乱之才而逞强恃威,乱已成而犹未悟,故有濡首灭顶之危。

〈彖〉曰:既濟亨,小者亨者[1]。利貞,剛柔正而位當也[2]。初吉,柔得中也[3]。終止則亂,其道窮也[4]。

【今译】

〈彖传〉说:〈既济〉卦辞说亨通,是指小事亨通。利于守正,是说此时阳刚阴柔皆正定有序而各居于适当的位置上。开始吉利,因为能以柔弱之才而行中正之道。最终危乱,是因为安定至极必将转化,既济之道也会随之走向困穷。

【注释】

[1] 既济亨,小者亨也:"既济",举卦名。"小"即"柔得中"之"柔",指阴柔六二;亦指小事。总之是指以阴柔行安守之事。〈彖传〉读"亨,小利贞"为"亨小,利贞",与卦辞不同。或以为〈彖传〉"小"字脱重文号,当作"既济亨小,小者亨也",又或以为当作"既济小亨,小者亨也"。

[2] 利贞,刚柔正而位当也:"贞",正,守正。初九、九三、九五三阳爻居刚位,六二、六四、上六三阴爻居柔位,是"刚柔正而位当";又六二阴爻居下卦中位,九五阳爻居上卦中位,亦是正而位当。此在六十四卦中绝无仅有者。"刚柔"包括阴阳、刚柔、上下,即天道、地道、人道(见帛书〈要〉),总之是指世间万物。世间万物皆正定有序,各得其所,各正性命,即所谓"刚柔正而位当也"。

[3] 初吉,柔得中也:"柔",指阴爻六二。六二居中得正,所以说"柔得中"。爻辞说"勿逐七日得",所以说"初吉"。六二才弱,而能以中正之道以保既济,所以〈象传〉说"初吉,柔得中也"。

[4] 终止则乱,其道穷也:此与上文"初吉,柔得中也"相对为文,并释卦辞"初吉终乱"。所以,"终止则乱"即"终乱,止则乱,其道穷也"之省文。"止",定(《尔雅·释诂》注:"止亦定")。〈象传〉之意:既济之终,一切皆定,而安定至极必向危乱转化,既济之道也随之走向困穷。所谓"穷",指上六处既济穷终之时,亦指上六穷其威强。

〈象〉曰:水在火上,旣濟[1]。君子以思患而豫防之[2]。

曳其輪,義無咎也[3]。

七日得,以中道也[4]。

三年克之,憊也[5]。

終日戒,有所疑也[6]。

東鄰殺牛,不如西鄰之時也[7]。實受其福,吉大來也[8]。

濡其首厲,何可久也[9]。

【今译】

〈象传〉说:水在火上,这便是〈既济〉卦的意象。君子应该思虑忧患而预先防备。

止住车轮,这表明初九理当没有咎害。

妇人丧失车帷不去追寻而静待其七日后复得,这说明六二采取的是正确的方法。

高宗讨伐鬼方三年才获胜,这说明平乱保成是很艰难的。

整日里警惕,这表明六四对成而复乱早有疑惧。

东邻杀牛盛祭以祈求更大的福祥,这不如西邻薄祭而顺知天时。以信实而受到天赐之福,这是说尽管小祭而仍然可得大吉。

河水浸湿头顶而导致危险,这是说时至既济之极,上六恃强不悟是不可能持久下去的。

【注释】

[1] 水在火上,既济:上〈坎〉水,下〈离〉火,水下润,火上炎,一阳一阴,二者相交而万物通、百事成,所以说"水在火上,既济"("既济"举卦名。"既",尽、皆。"济",定、成)。

[2] 君子以思患而豫防之:"豫"同"预"。"思患预防"即居安思危、居治防乱之义。客观事物都遵循着物极必反、盛极而亏的必然规律,所以在一切成功安定之后,就面临着如何尽量守定成

功的任务,这便是〈大象〉"思患预防"、〈杂卦〉"既济,定也"的内蕴所在,也是先秦道家一再讨论的"持盈定倾"之主题。

[3] 曳其轮,义无咎也:"义"同"宜",又指时义,即顺时处宜。一切皆成而未乱之初,止轮不进,能顺时处宜,理当无咎。

[4] 七日得,以中道也:"中",正也。一指六二居中得正,一指六二采取的方法是正确的。防止既济之转化,一是安静守成,初弱而二柔,正任此事;一是主动治乱以保成,九三堪任其事。

[5] 三年克之,惫也:"惫",困、困难、艰难。尽管九三阳爻处刚位,有防危平乱之才,但毕竟三年克之,可见其不易。人们"无所逃于"盛极而亏、成极而乱的客观规律,但君子持盈定倾的使命感又"不可解于心"(《庄子·大宗师》),此即"知其不可而为之"之意(《论语》)。

[6] 终日戒,有所疑也:"疑",疑惧。六四过中,已入〈坎〉体,险乱已生,但居上卦之初,又阴爻居柔位,无救乱之才,然对成而复乱早有戒备,能效〈乾〉四终日乾乾夕惕,则虽不能救必乱于终归,仍可保无咎于一时。

[7] 东邻杀牛,不如西邻之时也:"时",知天时、顺天时。"东邻"盖指上六。成已接近亢极,成之倾覆已为时不久,此时不当求进而当求守,东邻盛祭而复求大成,此不知时也。"西邻"指九五。九五知"时盈事绌"之理(《黄帝四经》),薄祭以诚,反身修德,以冀保成除乱于万一,是知时顺时者也。

[8] 实受其福,吉大来也:"实",信实。洗濯其心,薄祭以信,则祭之虽小,而吉来可大。乱之初萌,九三以力治之于外;成之即倾,九五以诚修之于内;九三当力尽人事,九五则信听天命可

也。

[9]濡其首厉,何可久也:时处上六亢极,成将倾而不守,乱大作而不悟,一味亢进,岂可久长?

▶ 通　说

〈既济〉卦水在上,火在下,六爻皆当位有应,表示阴阳交通,万物有序。而在一切皆成之时,一方面天道周还,成极而亏;另一方面又要尽人事以保成防乱。

《周易》说"亨"常常包含有开始亨、终局亨、卦象本亨、人为而亨这样诸种涵义。而〈既济〉云"亨"是指〈既济〉之初一切亨通;同时也包含有通过人为使其长亨以防止终局的困而乱。

在〈未济〉及〈否〉时,如何促使其〈既济〉和〈泰〉;在〈既济〉和〈泰〉时,如何防止其转化为〈未济〉和〈否〉。一方面要顺应天道,化〈未济〉和〈否〉为〈既济〉和〈泰〉;另一方面又希望天道顺听人愿,而不使〈既济〉及〈泰〉转化为〈未济〉和〈否〉。古人始终在探讨如何跳出周而复始的轮转。是"天稽环周,人反为之客",还是"天道环周,于人反为之客"的关键,古人认为是"静作得时"(《黄帝四经·十大经·姓争》)。

陈梦雷《周易浅述》说:"水在火上则水火有相济之功,而其终也有相克之患。盖水能灭火,火亦能干水。思其患而预防,则相为用而不相为害"。相为用是说巩固其成,相为害是说成极转乱。

保定〈既济〉不使转乱也有另外一种可能,即活水之〈坎〉变为死水之〈兑〉(〈革〉),如此则保成守济的一方就有可能变成腐朽守旧的势力,革命开新便成为势所必然。因此,应该说防止由成转乱的最佳方法是不断完善和开新、革旧除弊,古人所谓单纯的保与守,则是受思维定式使然。

六四、未济 ䷿（下坎上离）

未濟[1]。亨,小狐汔濟,濡其尾,無攸利[2]。
初六。濡其尾,吝[3]。
九二。曳其輪,貞吉[4]。
六三。未濟,征凶,利涉大川[5]。
九四。貞吉,悔亡,震用伐鬼方,三年有賞于大國[6]。
六五。貞吉,無悔,君子之光有孚吉[7]。
上九。有孚于飲酒,無咎,濡其首,有孚失是[8]。

【今译】

筮得〈未济〉卦,最终会亨通;但若像小狐济渡将成而中途浸湿尾巴不再继续前进,则无所利。

筮得初爻,小狐湿尾不进,占问不利。

筮得二爻,拽住车轮防其速进,占问吉利。

筮得三爻,若半渡而止则占问凶险,利于继续前进涉渡大川。

筮得四爻,占问吉利,不好的事情已经过去;震攻伐鬼方,三年成功并得到大国之君的奖赏。

筮得五爻,占问吉利,没有什么不好的,卦兆显示君子的气运吉利无比。

筮得上爻,卦兆显示将有饮酒成功的喜事,没有什么不好;但若酒污头发得意忘形，则必有倒楣之验。

【注释】

[1] 未济：卦名。通行本为第六十四卦，帛书本为第五十四卦。〈未济〉卦次列于〈既济〉卦后，因为它与〈既济〉卦既是上下卦颠倒的关系，又是卦爻反对及卦爻翻覆的关系，六十四卦中同时包含此三种关系者，除这两卦外，还有〈否〉和〈泰〉。

　　六三爻辞有"未济"二字，故取以为卦名，与卦象、卦爻辞相合。

　　上〈离〉火，下〈坎〉水，火上炎、水下润，象阴阳未交；六爻皆不当位，象万物无序。就其现状而言，有物未成、事未定之乖睽；就其终局之转化而言，则有向〈既济〉发展之余地及可能性。

[2] 亨，小狐汔济，濡其尾，无攸利：〈既济〉之"亨"是就初局的现实性而言；〈未济〉之"亨"是就终局的可能性和必然性而言；〈既济〉在于保持亨，〈未济〉在于争取亨，陈梦雷《周易浅述》说："未济有既济之理，故亨"，又说"象（经文）未济之亨，就天运之自然言之；夫子（〈象〉文）又专指六五一爻，言人事有致亨之道也"。"汔"，几乎、将要。"汔济"，将要渡过河岸、渡河将要成功。"濡其尾"，是说在渡河将成之际而浸湿其尾不再继续前进；即所谓半途而废，功亏一篑。《太玄・将》准〈未济〉卦，即是就卦辞之"汔"及卦辞全体而言。〈井〉卦卦辞"汔至亦未繘井，羸其瓶，凶"与本卦卦辞"汔济，濡其尾，无攸利"文义相近。或训"汔"为涸、为勇貌（读为"仡"）、为直行貌（读为"趁"）等，

六四、未济

似皆不确。帛书〈二三子问〉引〈未济〉卦辞说"涉川几济,濡其尾,无攸利。孔子曰:此言始易而终难也",与今本大致相同,读"汔"为"几"(几乎、将要),《韩诗外传》引文相同。"济"与"尾"为脂、微协韵。帛书"济"作"涉",失韵("涉"为叶部字),当为"济"字之讹,亦或涉他本而误。《史记·春申君传》作"《易》曰:狐涉水,濡其尾。此言始之易终之难也",此与〈二三子问〉相近("水"与"川"形近,"水"、"尾"微部协韵,则〈二三子问〉之"川"盖本当作"水")。

[3] 濡其尾,吝:〈既济〉之初在于守成,故湿尾不进而无咎;〈未济〉之初在于求济,故湿尾不进而有吝。时不同也。

[4] 曳其轮,贞吉:求济之时,戒在急于求成。九二阳刚,当有所戒;居柔处中,能有所戒。故曳住车轮,占问得吉。初阴柔,戒在畏缩,故进之;二阳刚,戒在冒进,故退之。此《论语》所谓"求也退,故进之;由也兼人,故退之"。

[5] 未济,征凶,利涉大川:"征凶"与"利涉大川"相矛盾,所以或疑"利"上脱"不"字(朱熹《本义》),或疑"征"当作"贞"(朱骏声《六十四卦经解》)。按:"征凶"当作"贞凶",〈象传〉同。〈困〉上六"征吉",帛书作"贞吉"。九二、九四之"贞吉"与此"贞凶"相对而言(〈小畜〉"妇贞厉"与"夫子征凶"相对,"征凶"似亦当作"贞凶")。六三处不当位,又居上下体之间,未出〈坎〉而又互四、五为〈坎〉,若济渡未成而止则占问凶险,继续前进涉渡则有利。

[6] 震用伐鬼方,三年有赏于大国:"震",旧皆如字作训(震动)。然从《易》之辞例看,"震"当为人名,与"公用射隼"、"康侯用锡

马蕃庶"、"王用出征"等辞例相同;同时,此与〈既济〉九三"高宗伐鬼方"所记之事亦相近。因此,朱骏声说"震,挚伯名",高亨说"震疑为人名,盖周臣也"。盖伐鬼方时,震为周之将帅,商灭后盖受封为"公"、"侯"。"大国"指商。征伐之事非阳刚不能胜任,故〈既济〉、〈未济〉于九三、九四言"伐";然〈既济〉之"伐"在于平定已然成功之乱,而〈未济〉之〈伐〉在于攻克阻碍成功之乱。

[7] 贞吉,无悔,君子之光有孚吉:帛书"贞吉无悔"涉九四爻辞而讹为"贞吉悔亡",由此我们怀疑通行本、帛书本中"无悔"与"悔亡"互讹的情况也许还很多。"悔亡"是过去完成时态或现在完成时态,表示不好的事情已经过去、已经结束;"无悔"是将来完成时态,表示将不会有悔恨之事。"光"本指日光气,古人常以之占卜吉凶;引申之则指一国一人之气运。"君子之光有孚吉",谓卦兆显示君子的气运吉利无比(参〈乾〉卦、〈观〉卦注)。

[8] 有孚于饮酒,无咎,濡其首,有孚失是:《易》凡言得酒食者,或谓小康之象,或谓得爵得禄,或谓功成之喜,总之是遇逢喜庆之象;反之,则谓人处困顿之中。"有孚于饮酒无咎",是说卦兆显示获得成功、得到爵禄,没有咎害。"濡",沾湿、沾污。酒污其首,喻得意而忘形。〈未济〉之终则济,济而忘形则必复乱,《庄子·人间世》:"以礼饮酒者,常始于治而卒乎乱。"乱则本无咎而有咎。"是",有正、常、道、则等义。酒污其首,失清醒保济之常道。《庄子·列御寇》"告之以危而观其节,醉之以酒而观其则"即此之谓。按:失正、失常、失道、失则等为《易

传》习语,而无一见诸经文,故疑"有孚失是"之"有孚"为衍文。"失是"为"濡其首"之逸传,解释"濡其首"的,误入正文。"濡其首"是有厉之象,不言有厉而有厉自明;"酒"、"首"幽部协韵,"是"为支部字,失韵。又按:李境池读"是"为"题",释为"首",朱骏声云"下有孚即上文有孚字重出,失是即上文无咎字讹而重出",可以参考。

〈彖〉曰:未濟,亨,柔得中也[1]。小狐汔濟,未出中也[2]。濡其尾,無攸利,不續終也[3]。雖不當位,剛柔應也[4]。

【今译】

〈彖传〉说:〈未济〉卦最终能亨通,是因为阴柔六五能持守中道。卦辞说小狐将要涉渡成功,这表示尚未走出险境。中途浸湿尾巴而无所利,这是说要防止在接近成功时不能继续坚持到终点。六爻虽然都没有处在恰当的位置上,但阴阳刚柔却都能彼此呼应。

【注释】

[1] 未济,亨,柔得中也:"未济",举卦名。"亨",终亨。〈未济〉卦有最终亨通的可能。"柔"指六五,六五居上卦中位,所以说"柔得中"。柔得中是终亨的主要原因。六五居明体(〈离〉),有信("有孚"),象六五明智诚信,时行则行;又为阴柔,能功成而止,深得涉济之中道。

[2] 小狐汔济,未出中也:"汔",几乎,将要。既说"汔",则表示济

渡尚未成功；未出〈坎〉险之中（小狐指初六，尚在下〈坎〉中），则小狐仍须努力。

[3] 濡其尾，无攸利，不续终也："不续终"是说不能继续坚持到终点。世间万事，初有余勇，故始行之也容易；气竭志穷，故终成之也艰难。事常功败垂成于小人，而既济于"得中"之君子（如六五）。帛书〈二三子问〉所谓"此言始易而终难也，小人之贞也"即就此而言。

[4] 虽不当位，刚柔应也：三阴爻居刚位，三阳爻居柔位，是居位不当；三阴三阳皆相应，是刚柔呼应。王弼注说："位不当，故未济；刚柔应，故可济"。不当位则有向当位发展之余地，皆有应则是向当位发展之条件。不当位喻世界之混乱无序，刚柔应喻人类群体如君臣、君民等反而能相互救助以济险难。

〈象〉曰：火在水上，未濟[1]。君子以慎辨物居方[2]。

濡其尾，亦不知極也[3]。

九二貞吉，中以行正也[4]。

未濟征凶，位不當也[5]。

貞吉悔亡，志行也[6]。

君子之光，其暉吉也[7]。

飲酒濡首，亦不知節也[8]。

【今译】

〈象传〉说：火在水上，这便是〈未济〉卦的意象。君子因此审慎地辨别物类使各得其所。

小狐湿尾不进,这实在是不识时务的。

九二守正得吉,这是说它守持中道而行动取向正确。

尚未渡过险难而守持正道以防凶险,这是因为六三没有处在适当有利的位置上。

守正得吉、悔事过去,这是说九四成就了济渡的志向。

君子有光明的气象,这是说六五气运吉祥无比。

饮酒喜庆之时而酒污头发,这实在是太不知节度了。

【注释】

[1] 火在水上,未济:上〈离〉火,火上炎;下〈坎〉水,水下润;水火不交,烹饪之事未成,阴阳不通,成物之功未就。

[2] 君子以慎辨物居方:"物"谓六爻,象水火以及万物。"方"兼正当、方所二义。〈系辞下〉说"爻有等,故曰物,物相杂,故曰文",又说"六爻相杂"、"刚柔杂处"、"杂物撰德"。爻之称为物,因为卦爻象征万物。〈未济〉六爻失位,象万物无序,故当慎辨之使各居其正当之位;火上水下,失其正位,当审辨之使归正位;〈未济〉之时,万物无序,当使各得其所。王弼释"辨物居方"为"令物各当其所也"(《释文》作"各得其所")。

[3] 濡其尾,亦不知极也:〈小象〉"当"、"行"协阳部韵,"吉"、"节"协质部韵,初、二〈小象〉之"极"与"正"失韵,所以王引之以为"正"当作"直",与"极"同协职部韵;又有人以为"极"当作"敬"或"儆"或"拯",与"正"协韵。按:王说是。"直"、"正"同训,为协韵而易"正"为"直",〈同人〉及〈困〉九五〈小象〉"以中直也"

即其辞例。"极"即〈节〉卦九二〈小象〉"失时极也"的"时极"，有时机、准则、时务等涵义。"亦"，实，实在。〈既济〉之始，当安止保济，故初九濡尾而无咎；〈未济〉之始，当进而求济，今反效〈既济〉初九之濡尾，裹足不进，实在是不知时极不同，不识时务。

[4] 九二贞吉，中以行正也："贞"，正，守正。"正"当作"直"，训为正确。九二居下卦中位，所以说"中"，即行止中度。又为阳刚，能曳轮以防躁进，所以说"行直"，即行动取向正确。《程传》释九二说"杀其势，缓其进"，得之。

[5] 未济征凶，位不当也：六三仍在〈坎〉中，尚未渡过险难，所以说"未济"。"征凶"当作"贞凶"，与前后文之"贞吉"相对（见经文注释）。"贞凶"，谓当守正以防凶险。六三阴柔，居不当位，半渡之时，止于重重险难之中（本在〈坎〉体，又互四、五为〈坎〉），若止于所不当止，则有凶险。上"贞吉"因位"中"，此"贞凶"因"位不当"，相互为文。

[6] 贞吉悔亡，志行也：九四已出〈坎〉，象险已过、川已涉、乱已平，所以说"悔亡"，过险、涉川、平乱之志已然成就，所以说"志行"。行，成也。

[7] 君子之光，其晖吉也："光"，光明气象。"晖"，即《周礼·春官·宗伯·眂祲》"十晖"（也作"晕"）之"晖"，日光气，古人据之以占人之气运（参见〈乾〉、〈观〉卦注）。六五处上卦〈离〉体之中，离为日为明，所以说"其晖吉"。此言君子之光明气象，表征君子之气运吉祥无比。

[8] 饮酒濡首，亦不知节也："亦"，实在。"节"，节制、节度。"饮

酒"喻成功之喜。"濡首",说得意忘形。居安不知思危,居成不知防其复乱,富贵而骄,得意忘形,实在是太不知节度了。《诗·宾之初筵》:"其未醉止,威仪抑抑;曰既醉止,威仪怭怭。是曰既醉,不知其秩。"《国语·周语》:"威仪怭怭,是无则矣",并可参证。朱骏声说:"初而不知极,不知求济之中道也;上而不知节,既济而不知止也。"

▶ 通 说

〈未济〉卦与〈既济〉卦相反,是讲在无序之时如何济而使之有序。

初六不知求济而吝,六三有始无终而凶,此二爻是〈未济〉之时最宜戒者。老子所谓"天下难事,必作于易"(《老子》六十三章),又说"民之从事,常于几成而败之。慎终如始,则无败事"(《老子·六十四章》)。上九饮酒濡首,是〈既济〉之后已萌乱端,君子当察几知微,戒之于逾节失度之先,即老子所谓"为之于未有,治之于未乱"(《老子》六十四章)。

初爻有不进之责,六三有中途不进之毁,九四有进取之誉,此正如陈梦雷所说"〈既济〉之世利用静,〈未济〉之世利用动"(《周易浅述》);〈未济〉之与〈既济〉,亦黄老所谓攻守之势。

〈未济〉之与〈既济〉,构成事物发展"始卒若环"的趋势,所以王弼说"〈未济〉之始,始于〈既济〉之上六也"。

系　辞

〈系辞传〉初名为〈大传〉或〈系〉,是通论、总论的意思(《吕览·勿躬》注"大,通也",段玉裁《说文解字注》"系"字下说"引申有总持之义")。这篇《周易》的通论涉及如下内容:

首先是关于《周易》卦画、卦爻辞的作者以及创作时代的推测。关于《易》卦的创作,作者推测历经伏羲、神农、黄帝尧舜三个时期;关于卦爻辞的创作,作者又推测也历经衰世、中古、周之盛德三个时期。这对我们研究有关单卦、重卦及三《易》等问题可能会有帮助。

其次是介绍揲蓍成卦的具体操作方法、观物取象的创作过程、占辞义例、爻位的承乘比应及变动规则,阐明《周易》易简、生生的性质及观象制器、通变应事、建立盛德大业的作用,并通过对一些卦爻辞的选释来引导人们正确的理解和掌握《周易》。

第三,在介绍《易》的创生过程和卦爻的变动规则时,也寓托了作者的宇宙观和辩证法,这即是朱熹所说的"或言《易》以及造化,或言造化以及《易》",〈系辞〉的全部精华也都在此。

〈系辞传〉上、下篇结构相呼应,因此尽管帛本〈系传〉没有上下篇的标记,亦不可匆忙遽定原本〈系传〉不分上下篇。

〈系辞传〉后半部分问题较多,这表现在:一个是很多内容不见于帛本〈系传〉,甚至也不见于〈二三子问〉、〈易之义〉和〈要〉;另一个是内容重复、舛误之处甚多;最后一个便是在释说卦爻辞上与前半部分的体例迥异。这似乎表明通行本〈系辞传〉经历了一个陆续纂辑的过程，而汉初"正《易传》"的工作也许主要是就〈系辞传〉而说的。帛本〈系传〉也有讹舛之处，如〈系上〉十一章"天一地二"等二十字的突然插入；既有此讹舛，而这二十字的位置次序又与通行本完全一致，则其是否也有抄漏的部分也是值得考虑的。

〈系下〉"三陈九德"章，其九个卦的先后次序与今本《易经》序次相同；〈系上〉"大衍之数"章论揲蓍成卦法，今本《易经》各卦序次的排定亦当为揲蓍所成。这两章文字均不见于帛本〈系传〉，则其所据的《易经》本子非今本可知。

〈文言〉、〈说卦〉、〈序卦〉皆出于〈系辞〉之后。〈系上〉一章"天尊地卑，乾坤定矣"，此为乾、坤〈文言〉所本。〈系下〉一章"八卦成列，象在其中矣"，此为陈说八卦序列及卦象的〈说卦传〉所本。至于"是故君子居而安者，《易》之序也"及"杂物撰德"、"杂而不越"可能也是〈序卦〉、〈杂卦〉所本。所以说〈系辞〉为〈彖传〉、〈象传〉与〈文言〉、〈说卦〉、〈序卦〉、〈杂卦〉相联系的枢机，在《易传》中地位特别重要。

系 辞 上

【一】

天尊地卑,乾坤定矣;卑高以陳,貴賤位矣;動靜有常,剛柔斷矣[1];方以類聚,物以群分,吉凶生矣;在天成象,在地成形,變化見矣[2]。是故剛柔相摩,八卦相蕩[3]。鼓之以雷霆,潤之以風雨,日月運行,一寒一暑[4]。乾道成男,坤道成女;乾知大始,坤作成物[5],乾以易知,坤以簡能[6]。易則易知,簡則易從[7]。易知則有親,易從則有功。有親則可久,有功則可大。可久則賢人之德,可大則賢人之業。易簡而天下之理得矣,天下之理得而成位乎其中矣[8]。

【今译】

天高地低,因此代表阳性的乾道尊贵,而代表阴性的坤道卑微的道理也就因此确定。这种自然尊卑理序一经设定,社会贵贱等差也就因此确立。天动地静的自然规律永久不变,阳刚阴柔的人事规律也就因此分明。事物走向按其性质聚合,阴阳爻画按其规律分布,这样或吉或凶便因此产生。在天而成为日月星辰,在地而形成山泽动植,阴阳变化的道理也就因此显现出来。所以阴阳刚柔相互交错而生出八卦，八卦相互推衍而生出六十四卦。雷霆鼓动于天，风雨润泽于地，日月往来运行，寒暑交相更替。乾道构成阳性物质，坤道构成阴性物质，乾阳的功能是创始万物，坤阴的作用是成就万物。乾阳以平易的方式发挥功能，坤阴以简约的方式产生作用；由于平易所以容易被人认知，由于简约所以容易被人遵从；容易了解所以有众人亲近它，容易遵从所以能建立事功；有众人亲附所以乾道长久，能建立事功所以坤道广大；能够长久便体现出贤人美德，能够广大便体现出贤人的事业。了解了《易》道的平易简约便把握了天下所有的道理，便可以成就天地之中万物万事了。

【注释】

[1] 天尊地卑，乾坤定矣；卑高以陈，贵贱位矣；动静有常，刚柔断矣："尊"，高。"卑"，低。自然之象，天地为大；天地与人，又作一体观。因此天地高尊低卑，那么包罗天、地、人的乾道坤道的尊卑秩序也就因之而确定，这即是《黄帝四经·十大经·果童》"观天于上，视地于下，而稽之男女"的天人一体观的思维。以下皆围绕着这个中心展开议论。"卑高"即低（卑）高（尊）的互文足义的写法，犹《老子》"知其白（荣），守其黑（辱）"的笔法。"以"同"已"（或可如字训为因为、由于）。"陈"，设定。"位"同"立"（帛书作"立"），确定。"卑高"说自然等差，"贵贱"说人类级别。"动静"，天动地静。"刚柔"，阳刚阴柔。"断"，分、分明。

[2] 方以类聚，物以群分，吉凶生矣；在天成象，在地成形，变化见

矣:"方"、"物"即〈未济·象〉"辨物居方"的"方"、"物"。"方",方向、事物的走向。"物",阴阳爻画。事物走向及阴阳爻画按其类别性质分合,皆有其规律。其走向聚合正确、爻画分布恰当则吉;反之则凶,如〈未济〉水火走向不对、爻画分布不当等即是。"在天成象",如日月星辰。"在地成形",如山泽动植。"见"同"现",指阴阳变化的道理因此显现出来。又阴阳爻交错变化而成〈乾〉天、〈坤〉地、〈坎〉水、〈离〉火、〈艮〉山、〈兑〉泽等。〈系辞〉使用两套语言,一说天人,一说爻卦。

[3] 是故刚柔相摩,八卦相荡:"刚柔",指阴阳爻。"摩",交错。"八卦",即乾、坤、震、巽、坎、离、艮、兑八经卦。"荡",激荡推衍。这是说阴阳爻相互交错而生出八经卦,八经卦相互推移而衍生出六十四别卦。又指阴阳流通而生出世间万象。

[4] 鼓之以雷霆,润之以风雨,日月运行,一寒一暑:此指在阴阳作用下自然万象之生成变化,亦指八卦之形成。〈震〉为雷、〈离〉为霆、〈巽〉为风、〈坎〉为雨、〈离〉为日、〈坎〉为月、〈艮〉为寒、〈兑〉为暑。

[5] 乾道成男,坤道成女;乾知大始,坤作成物:就物质世界而言,"男"为阳性物质,"女"为阴性物质;就八卦而言,"男"谓乾、震、坎、艮,"女"为坤、巽、离、兑。"知",王念孙训为"为",与"作"同义,作为、作用。按:"知"在此作名词,与"知政"训为"为政"之动词不同。"知"与"能"同(《列子·黄帝》《释文》"能,一本作智",《庄子·盗跖》"知维天地,能辨诸物",知、能对举,下文"乾以易知,坤以简能"亦是知、能对举),即"智"字,训为功能、性能(《韩非子·显学》"智,性也")。"大始"即"太

始",谓创始万物。"作",作用。"成",蓄养、成就。这是说乾道的功能是创始万物,坤道的作用是养成万物。

[6] 乾以易知,坤以简能:"易",平易。"知"同"智",作动词,指发挥功能。"简",简约。"能"亦作动词,产生作用。按:"智"同"能",其区别是在内为智,外化为能,智为体,能为用(《汉书·公孙弘传》"智者,术之原也"即此)。乾犹道,故智为体;坤犹德,故能为用。

[7] 易则易知,简则易从:上"易"为平易,下"易"为容易。"知",了解。"从",遵从、按……去行事。老子所谓"吾言甚易知,甚易行"。

[8] 天下之理得而成位乎其中矣:"成位"即"成立",指成就。言把握了天下所有的道理就可以成就天地之中万物万事了。

▶ 通 说

以上是〈系辞上〉的第一章。帛书〈系辞〉不分上下,亦不分章,文字少于通行本〈系辞〉,内容亦有出入。关于帛书〈系辞〉与今本〈系辞〉的研究请参看《易传与道家思想》一书中的有关部分。

帛书尾题残泐,似有"系"字。疑本名为〈系〉,习称为〈系传〉。"系"即总理全篇、通论全篇之义,与〈易大传〉的名称涵义相同。后"系"字的总理之义讹为系属之义,并又增一"辞"字,遂使〈系传〉的名目失其朔义。

本章论阴阳变化与八卦、吉凶、大业的生成,后文两仪八卦吉凶大业之论与此相同。

乾道阳尊、坤道阴卑,此被视为"不易"之论。阴阳变化,而生万物吉凶,此为"变易"之说。久长广大之功德业绩的建立在于乾坤二道的易知易从,此为"易简"之说。

乾始坤成、乾尊坤卑的理论来源于对老子"道生之,德畜之"的转译。《文子》将乾始称为上德,将坤成称为下德,都是同样的思路。老子"吾言甚易知,甚易行"为"易简"说之祖,帛书〈五行篇〉亦大谈"简"道,不过其大抵围绕着"不以小道害大道"而论"简",与《淮南子》更接近。"易简"说的兴盛,透露出诸子纷争末期学界期待一统之信息。

【二】

聖人設卦[1],觀象繫辭焉而明吉凶,剛柔相推而生變化[2]。是故吉凶者,失得之象也;悔吝者,憂虞之象也;變化者,進退之象也;剛柔者,晝夜之象也[3]。六爻之動,三極之道也[4]。是故君子所居而安者,《易》之序也;所樂而玩者,爻之辭也[5]。是故君子居則觀其象而玩其辭,動則觀其變而玩其占[6],是以自天祐之,吉無不利[7]。

【今译】

圣人创制了六十四卦,观察卦爻之象而撰写系属文辞于卦爻之下以表明悔吝吉凶,通过阴阳刚柔诸爻的相互推移而生出无穷变化。所以吉凶是表示外在行为的得失,悔吝是表示内在的忧虑,变化是表示进退取向,刚爻柔爻是表示昼夜等阴阳现象。六爻的变动，体现了天、地、人的运动规律。所以君子平居时而考察《周易》卦序承接转化的内在哲理，闲暇逸乐时而揣摩爻辞的潜在内涵。所以说君子闲静时则观察卦爻之象而揣摩卦爻之辞，决定行动时则观察卦爻象的变化而玩味卦爻辞的占筮，这样的话就能得到上天的佑助，从而吉利无比。

【注释】

[1] 圣人设卦："设卦"，创制八卦、六十四卦。或断句为"圣人设卦观象"，并理解为圣人观察宇宙万象而创设了六十四卦。按：本章只讲"圣人作易，君子学易之事"（朱熹语），而未及《易》之创制过程，后文才是讲观物取象作卦之事；此处"观象"之"象"似是指卦爻之象而非客观物象，故当属下读；并且如是观察物象而设卦，则原文就该作"圣人观象设卦"而非"设卦观象"。《本义》"圣人作易，观卦爻之象而系以辞也"的读法是正确的。

[2] 观象系辞焉而明吉凶，刚柔相推而生变化："观象系辞"是说通过观察卦爻之象而撰写系属文辞于卦爻之下。《释文》说："虞本更有悔吝二字"，似虞本作"而明吉凶悔吝"。按：从下文的承接次序看，虞本可能本作"而明悔吝吉凶"。此处是悔吝吉凶、刚柔变化的次序，下文则是吉凶悔吝、变化刚柔的次序；下文先言"变化"再举"刚柔"、先言"吉凶"再举"悔吝"，亦可见"悔吝"当在"吉凶"之上。"刚柔"指阴阳爻，似亦包括阴卦阳卦（单卦）、刚位柔位。阴阳爻在刚柔位上的移动和单卦的阴阳卦的位置转换而导致了六十四卦的生成变化，所以说"刚柔相推而生变化"。按：帛本亦无"悔吝"二字。

[3] 是故吉凶者,失得之象也;悔吝者,忧虞之象也;变化者,进退之象也;刚柔者,昼夜之象也:朱熹说:"悔,自凶而趋吉;吝,自吉而向凶"。高亨说:"悔,小不幸也;吝,难也"。按:从〈系辞〉的理解来看,"吉凶"是就外而言,迹之已明者;"悔吝"是就内而言,迹之未著者。"虞",愁虑。内心忧虑将有不好的事情发生便称为"悔"、"吝"。爻之往来(上下)象征人的进退,它决定卦体的变化和事物的转换,所以说"变化者,进退之象也"。"刚柔",刚位柔位,也包括阳爻阴爻、阳卦阴卦。"昼夜",动静("日出而作,日入而息"),也包括所有的阴阳现象。上文说"进退",此处说"动静"(昼夜),相互应照;但进退也包括客观事物的转换,则动静也包括阴阳世界的推移。

[4] 六爻之动,三极之道也:"三极"及〈系辞下〉十章的"三才"都是指天、地、人。"极",高大、至大。天、地、人的三个至大即老子的"天大,地大,人亦大"。六爻的往来变动,体现着自然界和人类社会的运动规律;六爻变动有序、居位得当,则天人泰和;反之,则天人乖否。就单卦(三画卦)而言,在下者为地道,在中者为人道,在上者为天道;就重卦(六画卦)而言,初、二爻为地道,三、四爻为人道,五、上爻为天道。疑"三极之道"(或"三才之道")初是就单卦而言,而〈系辞〉"六爻"、"三极"连言,则是混重卦与单卦而说。

[5] 是故君子所居而安者,《易》之序也;所乐而玩者,爻之辞也:"居",平居、闲居。"安",高亨读为"案"(即"按"),可从。指按察、考察。"《易》之序",是指《周易》卦序承接转化的内在哲理。"序",《释文》引虞本作"象",《集解》本同。按:作"象"亦

通。王弼注:"序,《易》象之次序",似是折中两说。"乐",指闲暇逸乐之时,"玩",玩味、揣摩。"辞",帛书作"始","辞"、"始"形音相近古通。不过帛书"辞"字屡见,无一作"始"者。所以其作"始",一方面与后文"观始"相照,同时可能也与道家重始重初的思想相联系。"乐",虞本作"变",此与东汉以降卦变互体之说泛滥有关。

[6] 是故君子居则观其象而玩其辞,动则观其变而玩其占:"居"与"动"相对,指静、闲静。"象",卦爻之象。"辞",卦爻之辞。"变",卦爻象的变化。"占",卦爻吉凶悔吝之占辞,通过观变玩占以指导裁决其行止。

[7] 是以自天佑之,吉无不利:此为〈大有〉上九爻辞。本章结尾之所以引用〈大有〉上九爻辞,一是可能从功利角度讲,谓君子研《易》,可致"大有";二是谓君子研《易》,即当顺听天命,因为〈大有·彖〉说"应乎天而时行",〈大有·象〉说"君子以顺天休命"。

▶ 通 说

朱熹《本义》说"此第二章言圣人作易,君子学易之事"。其于圣人之作《易》,主要论述卦爻象之变化推移象征着天地人的运动规律;其于君子学《易》,则主要论述观其象变、玩其辞占而对君子之行止的指导意义。此与"善为易者不占"的传统颇有不同。

"《易》之序"也作"《易》之象",虽然二者皆可讲通,但却透露出很多消息。下文是象、辞、变、占连续论述,第十章"《易》有圣人之道四焉"也是连续论述象、辞、变、占,因此"《易》之序"本作"《易》之

"象"的理由是充分的,并且全部〈系辞〉似乎也未对卦序所含之哲理进行发挥;其作"序"者,盖与〈序卦传〉的写作有关,亦即"象"改作"序",与〈序卦传〉的写成时间可能是一致的。

【三】

彖者,言乎象者也[1]。爻者,言乎變者也[2]。吉凶者,言乎其失得也。悔吝者,言乎其小疵也[3]。無咎者,善補過也[4]。是故列貴賤者存乎位[5],齊小大者存乎卦[6],辯吉凶者存乎辭[7],憂悔吝者存乎介,震無咎者存乎悔[8]。是故卦有小大,辭有險易[9]。辭也者,各指其所之[10]。

【今译】

卦辞,是表达卦象的涵义。爻辞,是表达各爻的变化。吉凶,是表示行为得失。悔吝,是表示小有毛病。无咎,是说明善于补救过失。所以通过爻位来排列尊卑贵贱次序,通过卦体来确定阴阳小大等差,通过卦爻辞来辨别吉凶。能够忧虑悔吝在于察几知微,能够戒惧而无咎在于及时省悟。所以说卦有阴阳大小之别,卦爻辞也有凶险平安之异。这里所谓的带有凶险平安差异的卦爻辞,都分别指示着人们所趋避的方向。

【注释】

[1] 彖者,言乎象者也:"彖"指卦辞,非"彖传"之"彖"。"彖"音义同"断",指判断一卦吉凶的卦辞。"象",卦象。卦辞吉凶来源于卦象,用以传达卦象之意。

[2] 爻者,言乎变者也:"爻"指爻辞。"变"指变爻、变爻之辞。爻由阳变阴、由阴变阳,称为变爻。《周易》占变爻之辞,六爻爻辞皆由变而来,所以说"爻者言乎变者也"。

[3] 悔吝者,言乎其小疵也:"疵",毛病。悔吝为迹之未著者,所以说"小疵"。

[4] 无咎者,善补过也:善于补救过失所以能够无咎。下文之戒惧省悟即此"善补过"。按:这些都是后人所创之义例,不一定都与《易》相吻合。《易》中"无咎"之占甚多,都是指没有祸害、没有什么不好,似乎看不出有"善补过"等意思。

[5] 是故列贵贱者存乎位:"位",爻位。〈系辞〉作者认为《易》通过不同的爻位来排列人之贵贱差等,如初无爵位,二为臣位,四为重臣之位,五为君位等。这种说法似与〈象传〉相合。

[6] 齐小大者存乎卦:"齐",或训"定"或训"列",两通。"小"谓阴卑,"大"谓阳尊。六十四别卦每一卦体皆由两个单卦重叠而来,乾、震、坎、艮为阳,为尊,为大;坤、巽、离、兑为阴,为卑,为小;就阳卦本身而论,则乾大艮小;就阴卦本身而论,则坤尊兑卑。卦之小大尊卑亦体现出社会之级差。

[7] 辩吉凶者存乎辞:"辩"同"辨",辨别。"辞",卦爻辞。

[8] 忧悔吝者存乎介,震无咎者存乎悔:"介",纤介、微小。能够对悔吝之事有所忧惧戒备,在于对微小迹象的察觉。"震"与

"忧"换文同义,指忧惧戒备。"悔",悔悟。能忧惧戒备而无咎害者,在于及时悔悟。

[9] 辞有险易:"辞",卦爻之吉凶占辞。"险",凶险,如占辞中之"凶"、"厉"等。"易",平易、平安,如占辞中之"吉"、"安贞无咎"等。

[10] 辞也者,各指其所之:"辞"即"辞有险易"之"辞",指带有凶险平安等的占辞。"指",指示。"之",去、往。"所之",谓所趋避的方向。

➡ 通 说

朱熹《本义》说"此第三章释卦爻辞之通例"。

此章所说的义例包括两部分:一部分是占筮义例,即"爻者,言乎变者也",这是说《周易》占筮皆占变爻,这与先秦古籍如《左传》、《国语》的占筮实例相一致。另一部分是占辞义例,如"无咎者,善补过也"之类;但这是后人所归纳和猜测的,不一定都与实际情况相合。

这里所说的爻有贵贱、卦有小大之说与〈彖传〉、〈象传〉相吻合;结尾的"辞也者,各指其所之"则进一步明确《周易》对现实行动的指导意义。

另外,卦辞称"彖"、爻辞称"爻",这是最初的情况;之后则称"彖辞"、"爻辞",再后则称"卦辞"、"爻辞"。然而〈系辞下〉又出现"彖辞"一词(此不见于帛书〈彖传〉),可见今本〈系辞〉非一时之作。

【四】

　　《易》與天地準,故能彌綸天地之道[1]。仰以觀於天文,俯以察於地理,是故知幽明之故[2]。原始反終,故知死生之說[3]。精氣爲物,遊魂爲變,是故知鬼神之情狀[4]。與天地相似,故不違[5]。知周乎萬物而道濟天下,故不過[6]。旁行而不流[7],樂天知命,故不憂;安土敦乎仁,故能愛[8]。範圍天地之化而不過,曲成萬物而不遺[9]。通乎晝夜之道而知[10],故神無方而《易》無體[11]。

【今译】

　　《易》的创制是取法天地的,所以掌握了《易》道的圣人就能普遍了解天下的道理了。《易》是通过仰观天象以取法天道和俯察地貌以取法地道而创造的,所以掌握了《易》,也就能够知晓所有隐微神秘的事情了;《易》可以推原事物的本始而反求事物的结局,所以掌握了《易》,也就懂得了关于死生的理论;《周易》揭示了精气凝聚则形成生物而飘散之后则形成变化的道理,所以掌握了《易》,也就同时了解了关于鬼神的真实情况;《易》与天地相配合,所以掌握了《易》,就不会违背天地规律;《易》的知识广及宇宙万物而《易》的道理能够成就天下万事,所以掌握了《易》,就不会有所过失;《易》的泽惠广被万物而无所遗落,懂得了《易》,也就能够坦然正视天命而无所忧愁,安守地道而诚笃于仁爱。《周易》可以包罗天地的化育之功而无所过差,能够通过各种方式成就万物而无所遗漏,能够洞悉阴阳之道而无所不知,所以说宇宙的神妙变化不定,而《周易》也同样是无固定形态。

【注释】

[1]《易》与天地准,故能弥纶天地之道:"与",以。"准",拟,效法、取法。此言《易》的创制是以天地为取法的对象。下文"仰以观于天文,俯以察于地理"即是对"《易》与天地准"的补充说明。"故能弥纶天地之道"的主语是省略了的"圣人"而非《易》,《黄帝四经·称》作"圣人麋论天地之纪"可以为证。本章所论都是前言《易》而后言掌握了《易》道的圣人的议论形式,而注家皆以此句主语为《易》,大谬。帛书〈系传〉作"弥论天下之道"、《黄帝四经》作"麋论天地之纪"。按:作"弥论"是。"弥",尽、遍。"论",知晓、了解(《吕览·直谏》注:"论,知也",《淮南子·说山训》注:"论,知也"),下文"知幽明"、"知死生"、"知鬼神"等即是对此"弥论"的展开。此言圣人掌握了《易》道,所以能普遍了解天地间的道理。旧训"弥纶"为合络、包裹,似不确。

[2] 仰以观于天文,俯以察于地理,是故知幽明之故:《黄帝四经·称》作"知天之始,察地之理,圣人麋论天地之纪"与此次序小异。"天文",天象,如日月星辰。"地理",地貌,如山泽动植。一章"在天成象,在地成形"即此天文地理。仰观俯察即上句的"《易》与天地准",是说《易》是通过仰观天象以取法天道和俯察地貌以取法地道而创制的。"幽",幽微隐秘。"明",显

明。此似是偏义词,偏重在"幽"(或说"幽"谓地,"明"谓天)。"故",事。《易》既天地万象万物无所不包,因此掌握了《易》,也就能够知晓天地间所有隐微神秘的事情了。

[3] 原始反终,故知死生之说:帛书作"观始反终",亦通。犹《黄帝四经·称》"观前知反"、《列子·说符》"观往知来"。推原事物的本始叫"原始",反求事物的终局叫"反终"。此为《易》之重要功能。如一卦之始爻承于前卦之终爻,而一卦之终爻又启下卦之始爻,此道家所谓"始卒若环"、"徼终反始"(王弼注〈未济〉卦也说"未济之始,始于既济之上六也")。"说",论、理论。"生死"犹始终,《易》能原始反终,掌握了《易》,也就可以懂得死生的道理。〈系辞下〉"《易》之为书也,原始要终以为质也"同此。又"反终"盖当作"及终","原始及终"谓溯原其始而推及于终(《史记·乐书》集解引郑玄"反当为及")。

[4] 精气为物,游魂为变,是故知鬼神之情状:"精气",阴阳之气,创生宇宙万物的本原。"游",散。"魂",气(《论衡·纪妖》:"魂者,精气也")。"物"是就有生命、有形质而言,"变"则是"物"之转化。"精气为物,游魂为变"与《庄子》"气之聚则为生,散则为死"相近。"鬼神"是指精气作用于天地之间所产生的各种奇异现象,《管子·内业》论精气"流于天地之间谓之鬼神"的"鬼神"与此相同。"情",实、真实。《易》既揭示"精气为物,游魂为变"之理,掌握了《易》的圣人就能生出智慧以察知天地间之所有奇异现象,这即是《管子·内业》论精气时所说的"藏于胸中谓之圣人"。

[5] 与天地相似,故不违:"相似"即相类、相合。"与"上省"易"字。

"《易》与天地相似"即一章"《易》与天地准"。《易》既与天地相合,掌握了《易》道的圣人就能"德合天地"而不会违背天地规律。帛书"似"作"枝"(张政烺释文),《史记·鲁仲连传》索隐"枝犹拟也","似"与"枝"音义相近。陈松长隶定为"校"。"校"与"交"、"效"古通。

[6] 知周乎万物而道济天下,故不过:"周",遍及。"济",成就。此言《易》所蕴涵的知识可遍及成就天下万物万事,故掌握了它就不会有过失。

[7] 旁行而不流:帛书作"方行不遗"。"流"或本作"留"(见《释文》)。"方行"、"旁行"即溥行、广行,言《易》之德泽广被,即下文"推而举(行)之天下之民"。"不遗"即无所遗留、无所遗漏,下文"曲成万物而不遗"即照应此句。或本作"留","留"为"遗"字之训(《史记·孝文帝纪》索隐:"遗犹留也");"流"则为"留"之音讹。《黄帝四经·十大经·本伐》"道之行也,由不得已,则无穷……是以方行不留",此"不留"与"无穷"(无有穷因)相对,则"方行不留"是说掌握了出于不得已而使用的兵道,就可以横行天下而无所滞碍("不留"即"无有留滞"之义)。《淮南子·主术训》"常一而不邪,方行而不流",此"不流"与"不邪"相对,谓不流于世俗、不流于邪僻,与直正之行("方行")相反,即屈原《橘颂》"横而不流"之意。所以〈系辞〉之"方(旁)行不遗(留、流)"与《黄帝四经》之"方行不留"及《淮南子》之"方行而不流"字同而义殊。

[8] 乐天知命,故不忧;安土敦乎仁,故能爱:"安土敦乎仁",帛书作"安地厚乎仁"。上句说《易》道广被,此四句则说掌握了

《易》道就能乐天安地。乐知天命故不忧,是乐守天道之意。安地厚仁故能爱,是安守地道之意。此乐天安地大概就是《黄帝四经·十大经·观》的"守天"、"守地"的意思。

[9] 范围天地之化而不过,曲成万物而不遗:此下四句专论《易》。"范围",包罗。"曲成",通过各种方式成就万物,即所谓"殊途同归",也即韩注、孔疏所说的"乘变以应物,不系一方者也"、"随变而应,屈曲委细,成就万物"(或训"曲"为俱、皆,亦通)。《黄帝四经·经法·六分》"唯王者能兼覆载天下,物曲成焉",主语为"王者",与〈系辞〉不同。

[10] 通乎昼夜之道而知:"昼夜"即阴阳。先秦早期之天气、地气或昼气、夜气,即后来的阳气、阴气(如《黄帝四经》),盖早期习以"昼夜"代称阴阳。

[11] 故神无方而《易》无体:"神"即上文之"鬼神",指天地间的奇妙作用或状态。"无方",变化不定。"无体",无固定形态,即所谓"不可为典要,唯变所适"。

➡ 通 说

本章论《易》道广大及圣人掌握《易》道的意义,朱熹《本义》说"此第四章言《易》道之大,圣人用之如此",这是非常精辟的。

"精气"一词见于《管子》的〈内业〉、〈心术下〉及《文子》等,它是稷下道家宇宙本体论的重要范畴,它是创生宇宙万物的本原。在《管子》中,"精气"有多种称呼,如言其神秘莫测则曰"神"、"鬼神",言其妙化万物则曰"神明",言其滋养身心、克谐万物则曰"德"曰"和",言其包罗万象则曰"宙合"等等;而这种现象在〈系辞〉当中也有类似的情况。《管子》中的"精气"有两个层面的涵义：一个是等同于老子的"道"，一个是在"道"的领属下；而从〈系辞〉"一阴一阳之谓道"、"阴阳不侧之谓神"、"《易》有太极，是生两仪"来看，似乎"精气"也同样具有这样的属性。

【五】

一陰一陽之謂道[1]。繼之者善也，成之者性也[2]。仁者見之謂之仁，知者見之謂之知，百姓日用而不知，故君子之道鮮矣[3]。顯諸仁，藏諸用，鼓萬物而不與聖人同憂，盛德大業至矣哉[4]。富有之謂大業，日新之謂盛德[5]。生生之謂易，成象之謂乾，效法之謂坤[6]。極數知來之謂占，通變之謂事，陰陽不測之謂神[7]。

【今译】

阴与阳的对立依存和相互转化便是宇宙的根本规律。衍生万物是《易》道的美德，成就万物是《易》道的本性。仁者从仁的角度去观察《易》道，而智者则从智者的角度去观察《易》道，致使大家虽然每天都在应用《易》道却并未真正了解它，所以圣人君子所谓的《易》道很少有人懂得。圣人仁慈无畏，他能鼓动化育万物而不像众人那样患得患失，他的盛德大业无与伦比。使物质财富不断充裕便是伟大功业，使精神面貌不断更新便是伟大功德。不断变易新生便是所谓"易"的内蕴，合成天空万象便是"乾"的内蕴，呈现大地法象便是"坤"的内蕴。推究蓍数以预知未来便是《易》的占筮意义，通晓变化以趋时取福便是《易》的事功所在，阴阳化育之功不可测量便是《易》的神妙作用。

【注释】

[1] 一阴一阳之谓道：任何事物的内部都包含着阴与阳这样相对待的两方面，它们相互对立，又彼此依存，并在一定条件下相互转化。这便构成了所谓的《易》道，也即宇宙的根本规律。

[2] 继之者善也，成之者性也："继"是衍生孕育之义（《黄帝四经·十大经·观》"夫民之生也，规规生食与继。不会不继，无与守地"。"会"即男女交合。"继"即衍生后代。又说"夜气闭地孕者，所以继之也"）。"善"，美德（又"善"有"大"义，即大本、根本）。"成"，成就、畜养。"性"，本性。两"之"字均指代万物。"继之"、"成之"犹〈彖传〉"资始"、"资生"及〈系辞〉一章的"大始"、"成物"。不同的是，前二者阴、阳分论，此则"一阴一阳"合论，"继"与"成"乃阴阳相会之功。帛书"继"作"系"，《一切经音义》卷一〈系下〉说"古文系、继二形，同"。

[3] 仁者见之谓之仁，知者见之谓之知，百姓日用而不知，故君子之道鲜矣："见"，观察。"之"指代《易》道。"知"同"智"。"谓之仁"、"谓之智"，意为这只是从仁的角度、这只是从智的角度。言其各有偏执。譬如仁者观察《易》道仅从坤阴成物的角度，而智者观察《易》道仅从乾阳继物的角度，如此机械分割则阴阳合会之功，其对立依存及转化关系便被忽略。"百姓"也作"百生"，指民众、众人，即上文"仁者"、"智者"之类；因为下

文的"君子之道"即"圣人之道",〈系辞〉例以圣人与民众这两个层面相对举(旧注谓仁者智者为一个层面、百姓为一个层面、君子为一个层面,亦通)。"君子之道"即圣人之道。"鲜"承上"不知"而说,谓少、少有人知。从阴阳对立依存和相互转化的角度观察《易》道才是全面的,才是圣人君子所理解的《易》道。

[4] 显诸仁,藏诸用,鼓万物而不与圣人同忧,盛德大业至矣哉:这里的主语是《易》道,但是,此是承上文"君子"(圣人)而说,所以主语似乎应该是"圣人";下文"圣人……鼓之舞之以尽其神",则"鼓万物"的主语也应是"圣人";至于"日新盛德"无疑是指"圣人"。帛书作"圣者仁勇,鼓万物而不与众人同忧"。此"圣者"和"众人"相对与上文"君子"(圣人)与"百姓"相对是一样的。"仁"即"安地厚乎仁故能爱"的"仁",圣人鼓动化育万物以泽惠天下是其能"仁";"勇"谓无忧无惧,圣人深解《易》道而乐天知命,故能勇而无忧惧,此照应前文"乐天知命故不忧";众人日用《易》道而不知其理,故不能乐天知命,因而有所忧惧。《论语·宪问》"仁者必有勇"、"仁者不忧,勇者不惧",是"仁勇"之辞例。"盛德大业"即是承"圣者仁勇"而说。

[5] 富有之谓大业,日新之谓盛德:"富有"是就物质财富而言,〈系辞下〉也说"何以聚人曰财";"日新"是就精神面貌而言,它包含更新民众的精神面貌(《礼记》"新民")和更新圣人自身的精神面貌(《大畜·象》"日新其德")这样的双重涵义。上文说"盛德大业",此处先说"大业"而后说"盛德",〈系辞〉的这种启承法值得注意。

[6] 生生之谓易,成象之谓乾,效法之谓坤:"生生"与"成象"、"效法"都是动宾结构,即动词加宾语的结构。上"生"字为创生化育之义(即"资始"和"资生"或曰"大始"和"成物"),下"生"字指新的生命。"生生之谓易"是说变易化生便是《周易》之"易"的涵义。一章"在天成象,在地成形,变化见矣"与此三句相类。"效",呈现(《本义》)。"法"即"象"(《吕览·情欲》注:"法,象也",后文"法象莫大于天地")。乾、坤为易之两极,为六十四卦之祖宗,天地万象万法均合成、呈现于其中,为人们认识天地之道提供了现实可能性。"生生之谓易"强调《易》道的变易流动,但恐人们因此导向不可知论,所以又说"成象之谓乾,效法之谓坤",此则强调《易》道的相对稳定的一面,揭示《易》道的简易、不易的可知性。

[7] 极数知来之谓占,通变之谓事,阴阳不测之谓神:"极",推究。"数",蓍策之数。"占",占筮、占卦。"通变",谓通晓变化而趋时取福以利天下。"事",事功、事业。虞翻注说"事,谓变通趋时以尽利天下之民,谓之事业也"。十二章说"化而裁之谓之变,推而行之谓之通,举而错之天下之民谓之事业"。"阴阳不测",阴阳妙化万物之功不可测量。"神",《易》道的神妙作用。此三句讲《易》的现实功利性。

➡ **通　说**

本章始于阴阳而终于阴阳,所以朱熹《本义》说"此第五章言道之体用不外乎阴阳"。

就其体而言,它既具有流动变易的不可知性一面(即"生生之谓易"、"阴阳不测之谓神"),又有相对稳定的可认知性一面(即"成象之谓乾,效法之谓坤");前者即所谓"变易",后者即所谓"不易"、"简易"。就其用而言,掌握《易》的阴阳之理便可以知来通变而建立盛德大业。

阴与阳的矛盾转化关系被〈系辞〉表述为"一阴一阳之谓道",此实为对老子"反者道之动"的转译。以阴阳概括《易》道,与《庄子》"《易》以道阴阳"相合。

〈彖传〉"大哉乾元,万物资始"、"至哉坤元,万物资生"和〈系辞〉"乾知大始,坤作成物"等是就阴阳在创化万物时的异质功能区分的角度而说,并不是割裂二者的关系;而所谓仁者、智者们却偏执一隅,陷入认识上的误区。他们看不到二者的依存转化关系,因此也就不懂得否泰相因、祸福倚伏的道理,从而失去了《易》对人生的指导意义。

【六】

夫《易》廣矣大矣,以言乎遠則不禦,以言乎邇則靜而正[1],以言乎天地之間則備矣。夫乾,其靜也專,其動也直,是以大生焉;夫坤,其靜也翕,其動也闢,是以廣生焉[2]。廣大配天地,變通配四時,陰陽之義配日月,易簡之善配至德[3]。

【今译】

《易》道是无比广大的,用它预言来事则无有过差,用它论知今事则精当正确,用它表述天地间万事万物都能无所不包。乾阳静时抟聚,动时伸张,所以《易》道宏大;坤阴静时敛闭,动时开张,所以《易》道宽广。其宏大宽广与天地化物相配,其通变应化与四季更迭相合,其阴阳流转与日月运行相当,其平易简约与至上之德相等。

【注释】

[1] 以言乎远则不御,以言乎近则静而正:此二句帛书作"以言乎远则不过,以言乎近则精而正"。按:帛书是。此"不过"即四章"知周乎万物故不过"的"不过",言无过差。"精正"即精审正确。"远"谓来,"近"谓今。"言乎远"谓预知来事,"言乎近"谓论知今事。盖"过"形近"遇"而初讹为"遇"(《易·解》《释文》"遇,一本作过",《列子·说符》《释文》"遇,一本作过"),"遇"音近"御"又讹为"御"("遇"在侯部,"御"在鱼部,侯、鱼邻韵)。"不过"与"精正"正相对文。旧注据今本训"不御"为不尽、不止,与"静正"("静"亦训"审")义不相属。

[2] 夫乾,其静也专,其动也直,是以大生焉;夫坤,其静也翕,其动也辟,是以广生焉:"专"即老子"抟气"之"抟",抟聚、收聚。"直",伸直、直挺、伸张(《老子·四十五章》"大直若屈"之"直"与此近)。"翕",敛闭、闭阖。"辟",打开、开张。乾坤代指牝牡、雌雄、女男等阴阳事物。此以抟聚、伸直象征男性生殖器静动时之状态,以闭阖、张开象征女性生殖器静动时之状态;

而此二者是取喻阴阳交通依存之理。其一，以阳之伸缩与阴之开闭说阴阳授受交通之理。其二，以阳有动亦有静、阴有静亦有动说阳中有阴、阴中有阳的阴阳依存之理。阴阳交通依存故能"生生"，能生生故能"广大"。乾、坤静之抟翕，阴阳未通也；动时之直辟，阴阳相合也。老子"牝牡之合而朘作"即此。

[3] 广大配天地，变通配四时，阴阳之义配日月，易简之善至德：此承"夫乾"、"夫坤"而进一步伸说。天阳为乾，地阴为坤，春夏为乾阳，秋冬为坤阴，日为乾阳，月为坤阴。天施（授）地养（受），春夏生长（授）而秋冬收藏（受），日授其明而月受其光。

▶ 通 说

此第六章是承第五章进一步伸说阴阳之义，所以朱熹《本义》于此章无说。

《黄帝四经·称》论"阴阳大义"中有"伸者阳而屈者阴，予阳受阴"等论述，可以参考。老子之"翕张"、"直屈"说可能对〈系辞〉有影响。

【七】

子曰[1]：《易》其至矣乎。夫《易》，圣人所以崇德而广业也。知崇禮卑，崇效天，卑法地[2]。天地設位，而《易》行乎其中矣[3]。成性存存，道義之門[4]。

【今译】

　　孔子说:《易》道真是美妙至极。圣人通过《易》来光大美德而增广事业。圣人既认识到崇高的一面而又能履行卑顺的一面,因为崇高是效法天道的,卑顺是取法地道的。〈乾〉、〈坤〉两卦一经确定,那么全部的《易》理就运行于其中了。正定万物的本然之性而维护其合理的生存,这便是通往道义的门径。

【注释】

[1] 子曰:〈系辞〉中之"子曰"有二十余条,皆为《易》学经师之语而依托孔子以立言。另外,"子曰:《易》其至矣乎"当连上入六章之末尾,是对"广矣大矣"的评述,其例与九章、十章相同。

[2] 知崇礼卑,崇效天,卑法地:"礼"字帛书作"豊"。按:帛书"礼"、"履"二字均作"豊",此"礼卑"疑读为"履卑"。"履",行也。《管子》、《文子》中"戴圆履方"、"履地德"及《大戴记》"地道以履"等即此"履卑"。"知崇履卑"犹老子之"知雄守雌"。此言圣人既认识到崇高的一面而又能履行卑顺的一面,因为崇高是效法天道的,卑顺是效法地道的。所谓"德合天地"即此之谓。陈梦雷《周易浅述》说"圣人以《易》践履,则礼之卑如地而业广矣。所见高于上,所行实于下",是兼履、礼二义而释之。

[3] 天地设位,而《易》行乎其中矣:天崇地卑之位既已设定,则全部《易》理皆可运行包罗于其中了。〈履·象〉说"上天下泽,履。君子以辩上下,定民志",《文子·上德》说"高莫高于天也,下莫下于泽也,天高泽下,圣人法之,尊卑有叙,天下定

矣",并可与此相发挥。此二句也兼指〈乾〉、〈坤〉卦定,则六十四卦皆行于其中。十二章"乾坤成列,而《易》立乎其中矣"即此。

[4] 成性存存,道义之门:"成性"义犹〈乾·彖〉的"各正性命"之"正性"(《周礼·小司徒》注"成犹定也"、《周礼·宰夫》注"正犹定也"),言正定万物各自的本然之性,即遵循其生存法则而使之各得其所。"存存"义犹〈乾·彖〉的"保合大和"。上"存"字谓保护、维护,下"存"字谓生存之权。此言维护万物合理的生存之权。做到这两点,便是通往"道义"之门径。孔颖达疏说:"性谓禀其始也,存谓保其终也",又说"道谓开通也,义谓得其宜也"。何楷《古易订诂》说"理之当然曰道,事之合宜曰义"。按:遵其本然曰道,"成性"是也;循其合宜曰义,"存存"是也。虞注"乾为道门,坤为义门"。

▶ 通 说

本章申说尊卑之序为天地之常道,圣人虽自知尊崇却又能履行卑顺。其谦下待物,能定万物之性而保其存;如此则物皆归之而乐效其死,此谓之得道义之门径。《老子·二十八章》"知其雄,守其雌",河上公注:"雄以喻尊,雌以喻卑。人虽知自尊显,当复守之以卑微"。帛书〈缪和〉说"君子处尊卑卑",又说"天之道崇高神明而好下,故物归命焉;地之道精博以尚而安卑,故万物得生焉"、"贵而守以卑"、"君人者,以德下其人,人以死力报之"等等,并是"知崇履卑"之意。

〈系辞〉中的"子曰"出现二十余次,帛书〈二三子问〉、〈易之义〉、〈要〉中则称之为"子曰"、"夫子曰"、"孔子曰",此皆为《易》学经师之言而假托孔子者。从《鲁论语》作"五十以学,亦可以无大过矣",而《齐论语》作"五十以学《易》,可以无大过矣"这一异文情况看,〈系辞〉中的二十余条"子曰"盖为齐稷下诸生所为。

【八】

聖人有以見天下之賾,而擬諸其形容,象其物宜,是故謂之象;聖人有以見天下之動,而觀其會通,以行其典禮,繫辭焉以斷其吉凶,是故謂之爻[1]。言天下之至賾而不可惡也,言天下之至動而不可亂也[2]。擬之而後言,議之而後動,擬議以成其變化[3]。鳴鶴在陰,其子和之,我有好爵,吾與爾靡之[4]。子曰:君子居其室,出其言善,則千里之外應之,況其邇者乎;居其室,出其言不善,則千里之外違之,況其邇者乎;言出乎身,加乎民,行發乎邇,見乎遠;言行,君子之樞機,樞機之發,榮辱之主也;言行,君子之所以動天地也,可不慎乎[5]。同人先號咷而後笑[6]。子曰:君子之道,或出或處,或默或語;二人同心,其利斷金;同心之言,其臭如蘭[7]。初六,藉用白茅,無咎[8]。子曰:苟錯諸地而可矣,藉之用茅,何咎之有,慎之至也;夫茅之爲物薄而用可重也,慎斯術也以往,其無所失矣[9]。勞謙,君子有終,吉[10]。子曰:勞而不伐,有功而不德,厚之至也，語以其功下人者也；德言盛，禮言恭；謙也者，致恭以存其位者也[11]。亢龍有悔[12]。子曰：貴而無位，高而無民，賢人在下位而無輔，是以動而有悔也[13]。不出戶庭，無咎[14]。子曰：亂之所生也，則言語以爲階；君不密則失臣，臣不密則失身，幾事不密則害成；是以君子愼密而不出也[15]。子曰：作《易》者其知盜乎；《易》曰負且乘，致寇至；負也者，小人之事也；乘也者，君子之器也；小人而乘君子之器，盜思奪之矣；上慢下暴，盜思伐之矣；慢藏誨盜，冶容誨淫；《易》曰負且乘，致寇至；盜之招也[16]。

【今译】

圣人洞见天下繁杂之事，根据《易》理来比拟其形态，象征其内蕴，所以有卦象之称；圣人洞见天下之运动现象，根据《易》理来观照其融会变通，推行等级礼数，所以有卦爻之称。谈到天下至为繁杂之事那是不可妄为的，谈到天下众多之运动现象那是不可乱行的。必须比量以后再发表见解，思考之后再采取行动，通过比量思考而在变化中成就功业。〈中孚〉卦九二爻辞说，鹤鸟在树荫下低唱，小鹤在应和着它，我有好酒，与你共享。这是什么意思呢？孔子解释说：这意思是说君子虽然不出家门，但如果言论美善，那么千里之外的人都会响应他，更何况近处的人呢？尽管他不出家门，但如果言论丑恶，那么千里之外的人也会离弃他，更何况近处的人呢？自身有所言说，它会影响到民众，身边有所举动，远处有人也会见到；言语行为，这是君子处事的关键，关键启动的情况，直接掌握着君子的荣辱成败；君子是通过言语行动来感动天地万物的,怎么可以不慎重呢？〈同人〉卦九五爻辞说,聚合民众的君子先悲伤而后欣喜。这是什么意思呢？孔子解释说：这意思是说君子处事之道,无论是行动还是静处,是沉默还是议论,只要与人同心同德,便无坚不摧,锐不可当；沟通心灵的言语,像花一样的芬芳。〈大过〉卦初六爻辞说,礼神的祭品用白茅衬垫,没有咎害。这是什么意思？孔子解释说：这意思是说如果把祭品直接放在地上也是可以的,现在又用洁白的茅草来衬垫,对祭祀如此之慎重,那还能有什么咎害呢？茅草虽为微薄之物却能产生重大作用,遵循这种慎重的准则去行事,那就不会有过失了。〈谦〉卦九三爻辞说,君子有功劳而仍能谦虚谨慎,这样就会有好结果从而获得吉祥。这是什么意思？孔子解释说：这意思是说有功劳而不自我夸耀,有业绩而不以德能自居,这是敦厚至极的,这说明有功劳更要待人谦下。功德要讲求盛大,而礼节要讲求谦恭。所谓谦道,是说以谦恭来保有其立身的地位。〈乾〉卦上九爻辞说,龙飞过高而有悔恨之事。这是什么意思？孔子解释说：这意思是说身居尊位却没有居于尊位的美德,高高在上却得不到人民的拥戴,贤人居于下位而得不到他们的辅佐,所以他的行动必然带来悔恨之事。〈节〉卦初九爻辞说,居家不出,没有咎害。这是什么意思？孔子解释说：祸乱的产生,往往是由言语不慎所引发；君主不守机密就会损失臣子,臣子不守机密就会丧失性命,机要之事不能保密就会造成危害；所以君子慎守机密而不妄出言语。〈解〉卦六三爻辞说,乘坐大车而肩背货物,所以导致了强盗寇抢。这是什么意思？孔子解释说：创作《周易》的人大概是很了解强盗一词的内涵罢。肩背货物,这是小人的本分,供人乘坐的车子,这是君子享用的器具;小人却要乘用君子的车具,这就意味着小人将像强盗一样图谋夺取了;身居高位的人懈惰怠慢而居于下位的人便强暴不安分,这样的话他们就会像强盗一样图谋攻取了;不谨慎藏物就意味着引人来寇抢,不端庄仪容就意味着引人来淫亵;《周易》所说的"负且乘,致寇至",正是在揭示自我招来强盗的道理。

【注释】

[1] 圣人有以见天之赜,而拟诸其形容,象其物宜,是故谓之象;圣人有以见天下之动,而观其会通,以行其典礼,系辞焉以断其吉凶,是故谓之爻:"赜"字或如字训为"幽深",或又作"啧"训为"杂乱",即繁杂之事。帛书作"业",训为"事"(《国语·鲁语》注:"业,事也"),亦通。"物宜"也作"物义",适宜于该事物的涵义。"象",卦象。"会通",天下事物运动中所包含的融会变通的现象和道理。"典礼",旧训典法礼仪。但《释文》说京本作"等礼",帛书作"挨礼",张政烺亦读为"等礼"。按:作"等礼"是。所谓"爻有等"、"贵贱之等"即此"等礼"。"系辞焉以断其吉凶"当为衍文,因为此处强调的是"爻等"而非"爻辞"。删掉这一句,则此处八句正相俪偶。"爻"与"象"相对,"象"谓卦象,"爻"谓卦爻。"爻"承"等礼"而说,三章"列贵贱者存乎位(爻位)"、〈系下〉九章"三多凶,五多功,贵贱之等也"、十章"爻有等,故曰物",并是以卦"爻"说"等礼"之例。

[2] 言天下之至赜而不可恶也,言天下之至动而不可乱也:此承上文之"赜"、"动"而进一步申说。"动"字或本亦讹作"啧",而帛

书也同样讹为"业",可见这两个本子有内在联系。"不可恶"谓不可妄为(《说文》"恶,过也",《榖梁传·隐公四年》注"恶,谓不正"),"不可乱"谓不可乱行。下文又说"拟之而后言,议之而后动",则前后文所论"言"、"事"、"动"正可与《黄帝四经》"动有事,事有害……事必有言,言有害"(〈经法·道法〉)之论述次序相印证。

[3] 拟之而后言,议之而后动,拟议以成其变化:"拟",比量、掂量。"议",思考、考虑。"拟议以成其变化",谓人之一言一行都经过审慎的掂量思考就可以在纷纭变化中成就其功业。"拟"字帛书作"知",《庄子·外物》说"心彻为知"。"知之而后言"谓心里想明白了,再发表见解(帛书〈系辞〉释文作"知之而后言,议之而后动矣,议以成其变化"。按:"矣"字当为"知"字之讹。应属下读,作"知议以成其变化")。

[4] 鸣鹤在阴,其子和之,我有好爵,吾与尔靡之:此为〈中孚〉卦九二爻辞,见该卦注。按:以下连续阐释七个卦的爻辞内蕴,为《易》学师生问答体而依托于孔子,所以在每条爻辞下皆当有"何谓也"三字,而在〈系辞〉的流传中被省略掉了(即如同〈乾·文言〉"上九曰:亢龙有悔,何谓也?子曰:贵而无位,高而无民,贤人在下位而无辅,是以动而有悔也"这种议论形式)。

[5] 子曰君子居其室,出其言善,则千里之外应之,况其迩者乎;居其室,出其言不善,则千里之外违之,况其迩者乎;言出乎身,加乎民,行发乎迩,见乎远;言行,君子之枢机,枢机之发,荣辱之主也;言行,君子之所以动天地也,可不慎乎:此承上之

"言"、"动"而说,论述审慎言行的重要性。"枢机",启动门户的关键(启动门户的转轴为"枢",枢之所处为"机"。或训"机"为弩牙,弓箭发动的机关;又或释"枢机"为弩机,所以发动弓箭者。总之,皆喻事物的关键)。"主",掌握、决定。

[6] 同人先号啕而后笑:此为〈同人〉卦九五爻辞,见该卦注。

[7] 子曰君子之道,或出或处,或默或语;二人同心,其利断金;同心之言,其臭如兰:此论言行慎则可正,正则可有好结果。"利"谓锐不可当,"断金"谓无坚不摧。

[8] 初六,藉用白茅,无咎:此为〈大过〉卦初六爻辞,详该卦注。

[9] 子曰苟错诸地而可矣,藉之用茅,何咎之有,慎之至也;夫茅之为物薄而用可重也,慎斯术也以往,其无所失矣:"错",置。"而","亦"也,又同"既"、"已"(见徐仁甫《广释词》)。"慎",或本作"顺"。此以"失"释"咎",与"无咎者善补过也"一致。此论敬慎从事,不可苟且妄为,似是就"言天下之至赜(业)而不可恶也"而说。

[10] 劳谦,君子有终,吉:此为〈谦〉卦九三爻辞,详该卦注。

[11] 子曰劳而不伐,有功而不德,厚之至也,语以其功下人者也;德言盛,礼言恭;谦也者,致恭以存其位者也:"伐",夸耀功劳。"劳而不伐"源于老子的"不自伐,故有功"、"自伐者无功"。"不德",不以有功德自居。"言",讲究、讲求。"存",保有。谨慎于言、行、事,关键在于"谦"。

[12] 亢龙有悔:此为〈乾〉卦上九爻辞,详该卦注。

[13] 子曰贵而无位,高而无民,贤人在下位而无辅,是以动而有悔也:上九虽居尊贵之位而无居尊之德,高高在上而无民众拥

戴,不知敬贤故无贤人之助。骄亢不谦,则言、行、事必妄乱。〈乾·文言〉释上九文与此文重。

[14] 不出户庭,无咎:此引〈节〉卦初九爻辞,详该卦注。

[15] 子曰乱之所生也,则言语以为阶;君不密则失臣,臣不密则失身,几事不密则害成;是以君子慎密而不出也:"阶",作动词则释为引导、引发,作名词则释为根苗。《诗·瞻卬》"妇有长舌,维厉之阶"与此同。"密",保守机密。"几事",机要之事。"害成",形成祸害、造成危害(帛书作"害盈","盈"与"形"、"呈"同,形成、出现)。此处以"害"训"咎"。"不出",不妄出言语。此专论慎言。

[16] 子曰作《易》者其知盗乎;《易》曰负且乘,致寇至;负也者,小人之事也;乘也者,君子之器也;小人而乘君子之器,盗思夺之矣;上慢下暴,盗思伐之矣;慢藏诲盗,冶容诲淫;《易》曰负且乘,致寇至;盗之招也:准前文及〈系下〉文例,此当作"《易》曰负且乘,致寇至。子曰:作《易》者其知盗乎;负也者……""负且乘,致寇至"为〈解〉卦六三爻辞,详见彼注。"其",大概。"乘",供人乘坐的车子。"慢藏",轻慢于藏物,不谨慎收藏。"诲",诱导、招引。"冶容",妖冶其容,不端正仪容。"盗之招",自我招来强盗,即〈解·象〉所说的"自我致戎"。此论不慎行事之危害。

> **通　说**

本章论天下之事形之于卦象,天下之动见之于卦爻,人若能谨慎其言、事、动,则可于纷繁之变化中成就其事功。然后论述七个

《易》卦,以证审慎言、事、动之重要性。言、事、行(动)并列论述,因为"动有事,事必有言"(《黄帝四经·经法·道法》),此与《老子·八章》"言善信,事善能,动善时"之言、事、动并列论述是一致的。

〈系上〉论〈易〉与〈系下〉论《易》之形式显异。〈系上〉先直引爻辞而后说子曰,而〈系下〉则皆为"易曰……子曰……"或"子曰……易曰……"的形式,可见〈系上〉与〈系下〉之作不一定是同时的,详见〈系下〉五章。

【九】

大衍之數五十,其用四十有九[1]。分而爲二以象兩,掛一以象三,揲之以四以象四時[2],歸奇於扐以象閏,五歲再閏,故再扐而後掛[3]。天數五,地數五,五位相得而各有合,天數二十有五,地數三十,凡天地之數五十有五[4],此所以成變化而行鬼神也[5]。〈乾〉之策二百一十有六,〈坤〉之策百四十有四,凡三百有六十,當期之日[6]。二篇之策萬有一千五百二十,當萬物之數也[7]。是故四營而成《易》,十有八變而成卦[8]。八卦而小成,引而申之,觸類而長之,天下之能事畢矣[9]。顯道神德行,是故可與酬酢,可與祐神矣[10]。子曰:知變化之道者,其知神之所爲乎[11]。

【今译】

　　《易》的演算蓍数共五十根,在操作的时候只用四十九根。将蓍草任意分作上下两堆以象征阴阳两仪,从任意一堆中抽取一根悬挂于中央以象征太极和阴、阳,将上堆蓍草每四根为一组地揲数以象征四季,把剩余的蓍草(或一根,或二根,或三根,或四根)归并在一旁以象征闰月,为了象征每五年有两次闰月,所以要再将下堆蓍草每四根为一组地揲数并同样把剩余的蓍草(或一根,或二根,或三根,或四根)归并在一旁,这样数三次便得出一爻,然后再挂一、分二、揲四、归奇重复操作五遍,便能最终得出一卦。天数有五个,即一、三、五、七、九,地数也有五个,即二、四、六、八、十;天数及地数的五个数字相加都各自有和数,天数相加之和数为二十五,地数相加之和数为三十,天地之数总共是五十五,这些数字便是用以决定各爻爻性的变化和感通神灵的。〈乾〉卦六爻所包含的蓍草根数有二百一十六,〈坤〉卦六爻所包含的蓍草根数有一百四十四,总共是三百六十根,相当于一年的日数。《周易》上下篇六十四卦总共包含的蓍草根数共一万一千五百二十,相当于宇宙万物的数目。所以总的说经过运算求得老阳、少阳、老阴、少阴四个数而得出《周易》的一爻,每三次运算变化得出一爻,而十八次变化便可得出《周易》的一卦。所得出的乾、坤、震、巽、坎、离、艮、兑八卦是成就事物的基础,再将其意象引申扩展,触类旁通,则凡天下所能取象之事都包罗其中了。《易》可以彰显天道并使天道的作用出神入化,因此掌握了《易》,不但可以应付人事,还可以辅助神灵的化育之功,这正如孔子所说的懂得了《周易》的变化道理,大概也就懂得了天地间的神妙作用是怎么回事了。

【注释】

[1] 大衍之数五十，其用四十有九："衍"即推演，演算。"五十"为满数，为大数，故称"大"；《周易》"广大悉备"，以大满之数推衍广大悉备的《周易》为演算之中最大者，故又称"大衍"。古籍中有孔子"五十而知天命"、"五十而学《易》"、"蘧伯玉行年五十而知四十九年非"等，可以推知五十之数为大满之数、天命之数。五十根蓍草而用四十九根，所不用的一根就是"《易》有太极"的"易"或曰"易道"；而下文"挂一"的"一"即"《易》有太极"的"太极"。

[2] 分而为二以象两，挂一以象三，揲之以四以象四时：演卦时，将四十九根蓍草随意分为上下两份，用以象征阴、阳两仪；然后从任意一份中抽出一根悬挂于中央用以象征太极、阴、阳；再将上堆蓍草四根为一组地数用以取法四季（"揲"，数）。下文说"易有太极，是生两仪，两仪生四象"，这与我们的注释是相合的。《庄子·应帝王》说"南海之帝为倏，北海之帝为忽，中央之帝为浑沌"，此方位次序亦与我们对"挂一以象三"的解释相一致。旧注谓"象两"为象征天地，"象三"为象征天、地、人三才，恐未必。王弼说"其一不用也……斯《易》之太极也"。按：五十之中不用之"一"为《易》道，"挂一"之"一"乃为"太极"。

[3] 归奇于扐以象闰，五岁再闰，故再扐而后挂："奇"谓四根一组数剩之余，其或为一根，或为二根，或为三根，或为四根。"于扐"之"扐"用为名词，所以高亨说："扐疑借为肋。肋者胸之两旁，此指所挂蓍草之两旁"。今从高说。扐、勒、肋古字相通。

《穆天子传》注"扐音勒",《释名·释形体》"肋,勒也",《文选·景福殿赋》"勒分翼张",注:"勒与肋古字通";《诗·斯干》《释文》引《韩诗》说"勒,翅也",《说文》"肋,胁骨也"。训翅为胁,皆为身体之旁;在此指把剩余的蓍草归并在一旁。闰月为年数之余,所以说此剩余之草象征闰月。每五年大致有两次闰月,所以说"五岁而再闰"。因为象征"再闰",所以要再把下堆蓍草四根一组地数("揲之以四"),并且同样地再把剩余之草归并在一旁("归奇于扐"),所以说"再"。如此数三次便可得出一爻,然后再挂一、分二、揲四、归奇重复操作五遍,就可最终求出一卦,所以说"后挂"。要注意的是,这里的"再扐"是"揲之以四,归奇于扐"的省文;"后挂"则是"分二、挂一、揲四、归奇"的省文。

[4] 天数五,地数五,五位相得而各有合,天数二十有五,地数三十,凡天地之数五十有五:〈系辞〉经历了一个陆续纂辑的过程,疑"天数五,地数五"至"当万物之数也"这一段文字是传《易》者对演卦过程的解说而后来被收入正文,如果删去这段文字,便是"……五岁再闰,故再扐而后挂,是故四营而成《易》,十有八变而成卦",成爻成卦之法叙述完备。第十一章开头又有"天一地二天三地四天五地六天七地八天九地十"这二十字,程颐、朱熹、高亨等认为当移至"天数五,地数五"之上。按:这二十个字可能又是后来的传《易》者对衍出的"天数五,地数五"的解释而被抄入正文并错出在第十一章,可谓衍中有衍。天数有五个,地数也有五个,传《易》者用小字注释说天一、天三、天五、天七、天九是"天数五",地二、地四、地六、地

八、地十是"地数五"。若无"天数"这两个字,那么"天一"就不知道是指什么,显然"天一地二"等等是对"天数"、"地数"的解释。因此,这一段文字若按其原貌排版,则是"天数五,地数五"至"当万物之数也"以双行小字排列于"故再扐而后挂"和"是故四营而成《易》"之间;而"天一地二"等二十个字则以再小一号的字或以括号括起排列于"天数五,地数五"之下。"相得"犹相加,"合"犹和,即和数(高亨说)。五位奇数和五位偶数相加都各自有和数,作为天数的奇数相加之和为二十五,作为地数的偶数相加之和为三十,天地之数总和便是五十五。

[5] 此所以成变化而行鬼神也:"此"指代上面的"天数五,地数五"。"成变化",决定爻性的变化,如天数三十六策为老阳,二十八策为少阳,地数三十二策为少阴,二十四策为老阴。"行鬼神",成卦以后可与鬼神沟通、感通神灵("行",通)。

[6] 〈乾〉之策二百一十有六,〈坤〉之策百四十有四,凡三百有六十,当期之日:〈乾〉卦六爻皆为老阳九,而九数是由三十六蓍草("策"指蓍草)得来,六个三十六策便是二百一十六策。〈坤〉卦六爻皆为老阴六,而六数是由二十四蓍策得来,六个二十四策便是一百四十四策。"期"也写作"朞"(音基),一周年。"当期之日",谓〈乾〉、〈坤〉蓍策共三百六十,大致相当一年之天数。天地之间寒暑更迭、万物荣枯,一年一循环,正与〈乾〉、〈坤〉之策相当。此四句文字与"以象四时"、"以象闰"相联系。

[7] 二篇之策万有一千五百二十,当万物之数也:"二篇"指今本《周易》的上、下经。上、下经共六十四卦,每卦六爻,共三百八十四爻,阳爻与阴爻各一百九十二爻;阳爻为九数三十六策,

阴爻为六数二十四策；一百九十二阳爻乘以三十六策为六千九百一十二策，一百九十二阴爻乘以二十四策为四千六百零八策；因此上、下经六十四卦合计一万一千五百二十策，此与万物之数大致相当。

[8] 是故四营而成《易》，十有八变而成卦：此当是紧承"再扐而后挂"而说，此前为一变，"四营"则是就三变而言。也即分二、揲四、归奇操作三次，则归奇之和数有十二、十六、二十、二十四这样四种可能；用四十八分别减去这四个数就会有三十六、三十二、二十八、二十四这四个结果，这便是爻策之数；为了"以象四时"，则这四个数分别被四除，就会有九（老阳）、八（少阴）、七（少阳）、六（老阴）这四个结果，这便是爻性之数；这即是三变；三变后的爻策之数通过被四除而求出老阳（九）、少阴（八）、少阳（七）、老阴（六）这四个爻性之数，这便是"四营"（"营"，求）；经过三变四营而求出《周易》的一爻，便是"四营而成《易》"。应该注意的是："四营"与"十八变"互文足义，"成《易》"与"成卦"互文足义。也就是说"四营"是指三变四营，"十八变"指十八变四营；"成《易》"是指成《易》爻，"成卦"是指成《易》卦。按：关于揲蓍求卦的具体方法，可参看高亨《周易古经今注·周易筮法新考》。

[9] 八卦而小成，引而申之，触类而长之，天下之能事毕矣："八卦"是指三画卦的〈乾〉、〈坤〉、〈震〉、〈巽〉、〈坎〉、〈离〉、〈艮〉、〈兑〉八经卦。"小成"谓成就事物的基础（小少为大多的基础，《后汉书·陈忠传》注"小者，大之源"）。八经卦相重，则其本身所象之有限事物可以触类旁通，得到无限的引申和增长，凡天下

所能够取象的事物可以全部包罗其中。按："十有八变而成卦"是属于揲蓍法的六画卦系统,而"八卦而小成"则是属于重卦法的三画卦系统,今本〈系辞〉糅合了两种成卦系统。

[10] 显道神德行,是故可与酬酢,可与佑神矣："显道",是说《易》能够彰显天道。"神",神化。"德"与"行"都是指用、作用(〈系下〉"德行恒易"之"德行"与此同),"神德行"是说《易》可以使形上之道神奇地发挥形下之用。两"与"字同"以"。"酬酢",应对,"可与酬酢",是说掌握《易》道可以应付人事;"可与佑神",是说掌握《易》道可以辅助天功。

[11] 子曰知变化之道者,其知神之所为乎："其",大概。"神",天地间的神妙作用。

▶ 通　说

本章介绍揲蓍求卦的方法,最初文字可能比现在所见到的还要简略(朱熹《本义》说"此第九章言天地大衍之数,揲蓍求卦之法,然亦略矣。意其详具于太卜筮人之官,而今不可考耳"),"故再扐而后挂"与"是故四营而成《易》"之间的"天数五,地数五"一段文字可能是传《易》者的解说之辞而误入正文的,错简在第十一章开头的"天一地二"等二十字可能最初是作为"天数五,地数五"的解释,而后来也被抄入本就属于衍出的"天数五,地数五"之下,最后又错出在第十一章开头(或者是第十章末尾)。

很多迹象表明今本〈系辞〉与帛本〈系辞〉属于不同的系统。从帛本《易经》卦序看,它属于重卦成卦法,所以与它同属一个系统的帛本〈系辞〉就没有介绍揲蓍求卦的第九章,也即"大衍之数"章;反之，今本《易经》的卦序应是属于揲蓍成卦法，所以与之相应的今本〈系辞〉就有"大衍之数"章文字。今本《易经》和〈系辞〉都分上下篇，所以第九章有"二篇之策"云云，而帛本《易经》和〈系辞〉不分上下篇，当然也就没有"二篇之策"等文字。

【十】

《易》有聖人之道四焉，以言者尙其辭，以動者尙其變，以制器者尙其象，以卜筮者尙其占[1]。是以君子將有爲也，將有行也，問焉而以言，其受命也如響，無有遠近幽深，遂知來物[2]。非天下之至精，其孰能與於此[3]。參伍以變，錯綜其數[4]。通其變，遂成天地之文；極其數，遂定天下之象[5]。非天下之至變[6]，其孰能與於此。《易》無思也，無爲也，寂然不動，感而遂通天下之故[7]。非天下之至神，其孰能與於此。夫《易》，聖人之所以極深而研幾[8]也。唯深也，故能通天下之志；唯幾也，故能成天下之務[9]；唯神也，故不疾而速，不行而至[10]。子曰：《易》有聖人之道四焉者，此之謂也[11]。

【今译】

《周易》所包含的圣人之道有四个方面，用《易》来指导言论的人尊尚它的卦爻辞，用《易》来指导行动的人尊尚它的卦爻变化，用《易》来指导制作器物的人尊尚它的卦爻取象，用《易》来问卜决疑的人尊尚它的卦爻占断。所以君子将要有所作为、有所行动之前,都要把心中所想告之灵蓍以问其可否,而灵蓍必会如响应声地及时准确地接受请求并告人以吉凶,所问之事无论是眼前的还是将来的、是幽微不清还是深广难测,它都能推断出将会出现的事态。若不是天地间的至上精灵,又如何能达到这个地步。从不同角度观察卦变,颠倒反复地玩味爻数。精通卦变,探究爻数,便可以判定天地万物之象。若不是天地间的绝顶奇妙,又如何能达到如此程度。《周易》本身无所思虑和作为,寂静不动,而一旦揲动蓍卦使阴阳相感,它便可以精通天下之事。若不是天地间的至为神异,又如何能达到这样的境界。《周易》是圣人用来探究深广和研讨几微的书。《易》道深广,所以能洞察天地万物之情理;《易》道幽微,所以能成就天下大小之事物;《易》道神异,所以能和缓不躁而使万事速成,安静无为而达到天下大治。孔子说:《易》包含有四个方面的圣人道理,指的就是这些。

【注释】

[1]《易》有圣人之道四焉,以言者尚其辞,以动者尚其变,以制器者尚其象,以卜筮者尚其占:"辞"、"变"、"象"、"占"即为"四道"。"以言"即"以之言",谓用《易》来指导言论。下文"以动"等等词法相同。"尚",尊尚、遵从。"辞",卦爻辞。"艮其辅,言有序"(〈艮〉六五)即"以言"之类。"变",卦爻变化。根据卦爻变化以决定行动之进退,如"潜龙勿用"、"亢龙有悔"之类。前文"拟之而后言,议之而后动",所拟议者,亦是以《易》为参照。"象",卦爻之象、上下卦之取象。制作《易》卦的原则是

"近取诸身,远取诸物";而《易》卦制成之后,又可以反过来指导器物的制作(如〈系下〉"刳木为舟,剡木为楫,盖取诸〈涣〉"之类)。卦象来源于客观器物,又可反过来指导客观器物之制作;此犹理论源于实践又反过来指导实践。"占"与"辞"意相含;析而言之,"辞"谓象、事之辞,如"飞龙在天"、"括囊"之类;"占"为占断之辞,如吉凶悔吝等。按:〈系上〉二、三、八、十一、十二及本章大致都是围绕此"四道"(辞、变、象、占)而展开论述,只不过各有所侧重。

[2] 是以君子将有为也,将有行也,问焉而以言,其受命也如响,无有远近幽深,遂知来物:"问焉"即"问之",谓问蓍求卦。"而"字疑衍("而"与"以"音义相通而误重)。"言",问蓍之语、问蓍者心中所想之事。"受命",接受问蓍者的请求。"如响",如回响应声,迅速而准确。"无有",无论。"幽"谓几微未明。"深"谓深广难测。下文"极深研几"即此。"物",事。

[3] 非天下之至精,其孰能与于此:"至精",无与伦比的精灵。《易》可洞知一切,故为至上精灵。稷下道家称"气"、"道"为"精",此则称《易》为"精"。"孰",如何、怎么。"与",及、达到。

[4] 参伍以变,错综其数:"参伍"与"错综"换文同义(《荀子·成相》杨倞注:"参伍,犹错杂也"),指从不同角度颠倒反复地变化组合、观察玩味。"变"指卦变,不同的单卦反复变化其组合而形成不同的卦性。"数"指爻数,决定一卦性质的不同。这两句包含双重意思,即一个是指卦之未成时的重卦揲蓍过程,则"参伍错综"谓颠倒反复地变化其单卦和奇偶数的组合排列;一个是指卦之已成后的观察揣摩过程,则"参伍错综"谓从

不同角度观玩其卦变和爻数,也即二章所谓的"观象玩辞,观变玩占"。译文只译其一而实兼有二义。

[5] 通其变,遂成天地之文;极其数,遂定天下之象:"成",帛书作"定"。"天地",或本作"天下"。这四句与上两句同样是包含了双重意思。第一层意思也是指卦之未成时的重卦揲蓍过程;"通其变"、"极其数"两句互文足义,是说精通探究单卦和阴阳奇偶数的组合变化;"遂成天地之文"是说可确定六十四卦各爻的性质(按:六十四卦中的三百八十四爻,一万一千五百二十策正相当于天文、人文、鸟兽之文等天地间万物之数,所以"天地之文"也即指六十四卦之爻,〈系下〉所谓"爻有等,故曰物,物相杂,故曰文"即是说"爻"、"物"、"文"的关系);"遂定天下之象"是说可确定六十四卦各卦之象。第二层意思则是指卦之已成后的观摩玩味的意义;"通其变,遂定天地之文"是说精通卦变,便可判定天地万物之理("文"指物理);"极其数,遂定天下之象"是说探究爻数,便可判定天地万物之象。

[6] 至变:绝顶奇妙(《文选·西京赋》注:"变,奇也。")。"至精"、"至变"、"至神"意思相近,《管子》说"一气能变曰精",《黄帝四经》说"精则神"。

[7] 《易》无思也,无为也,寂然不动,感而遂通天下之故:此所谓《易》道无思无为即老庄之道的"无思无虑始知道"、"道常无为"。《易》静之时,抟聚禽敛,浑然无觉,沌然无为,若浑沌之状;然一旦揲动蓍卦使阴阳相感则其立可伸展开张而广知天下之事("感"字兼揲动和相感二义)。此当与前文"夫乾,其静也专(抟聚),其动也直;夫坤,其静也禽,其动也辟"合看。乾

静之时,无阴相感,故抟聚而无思为;动之时,阴来相感,则直而遂通。同理,坤静之时,无阳相感,故翕敛而无思为;动之时,阳来相感,则开而遂通。"蓍之德圆而神,卦之德方以智",当其静时,无人揲动而使其阴阳相感,则无思无为,神智藏于内;然当其动时,揲动蓍卦而使阴阳相感,则神智发于外而遂通天下之事。"故",事。

[8] 极深而研几:"极"即"极其数"之"极",探究。"研",研讨。"深"和"几"即上文的"深"和"幽"。"深"谓深广难测,"几"、"幽"谓几微、幽微未明。"研"字帛书作"达","达"即"通"("通"字帛书均作"达")。则"极深通几"似是承"极数通变"而说。

[9] 唯深也,故能通天下之志;唯几也,故能成天下之务:"通",洞察。"志",情、情理(《楚辞·惜诵》注:"情,志也。")。此言《易》道深广,故能洞察天地万物之情理。〈乾·文言〉"旁通情也"、〈咸·象〉"天地万物之情可见"、〈系下〉"以通神明之德,以类万物之情"即此。"务",事务。此言《易》道幽微,故能成就天下大小事务。《易》道既深广,又幽微,即《管子》论精气之"其大无外,其小无内"。帛书"志"作"诚"。"诚",情也(《淮南子·缪称训》注)。

[10] 唯神也,故不疾而速,不行而至:"不疾"谓安静不躁,"速"谓百事速成,"不行"谓安静无为("行",为),"至",达到、达到物自正、事自定之天下大治。老子所谓"静胜躁,我好静而民自正",庄子之浑沌即安而不躁,静而无为;若倏之与忽,则是躁疾有为者也。

[11] 子曰《易》有圣人之道四焉者，此之谓也：此为《易》学经师对本章起首"圣人之道四焉"的评述而假托孔子之言。在章段末尾缀以"子曰"者有第六章"子曰《易》其至矣乎"、第九章"子曰知变化之道者，其知神之所为乎"以及本章，是〈系上〉特有此例，因此或以为本章起首的"《易》有圣人之道四焉"至"以卜筮者尚其占"为错简，似不可信。

➡ 通 说

本章起首说"《易》有圣人之道四焉"，结尾说"子曰《易》有圣人之道四焉者此之谓也"，首尾有照，是一个整体，帛书与此文同。

"四道"之"以言"、"以动"，呼应八章的核心内容"拟之而后言，议之而后动"，而主要论述"变"和"象"。"参伍以变，错综其数，通其变，遂成天地之文，极其数，遂定天下之象"兼论揲蓍成卦和观变玩象。就帛书〈系辞〉的系统而言，八章与十章相衔接，文义紧凑而完足；并且八章也涉及辞、变、象、占四道，而其主要偏重于言、行；十章"《易》有圣人之道四焉"则似为八章与十章相承接的关节。

就今本〈系辞〉而言，十章与九章的关系有两种可能：一种可能是十章的"参伍以变，错综其数"等也许是紧承九章的"大衍之数"等而总结申说，如果是这样的话，则今本〈系辞〉与帛本〈系辞〉仅仅是两个不同的系统，在撰作上不好定其先后；另一种可能是九章的"大衍之数"等文字是后来传《易》者针对十章的"参伍以变，错综其数"等文字的推衍发挥，如果是这样的话，则帛本〈系辞〉当在今本〈系辞〉之前。

【十一】

天一地二天三地四天五地六天七地八天九地十[1]。子曰：夫《易》何爲者也，夫《易》開物成務，冒天下之道[2]，如斯而已者也。是故聖人以通天下之志，以定天下之業，以斷天下之疑。是故蓍之德圓而神，卦之德方以知[3]，六爻之義易之貢[4]。聖人以此洗心，退藏於密，吉凶與民同患[5]；神以知來，知以藏往[6]。其孰能與於此哉，古之聰明睿知、神武而不殺者夫[7]。是以明於天之道，而察於民之故，是興神物以前民用[8]。聖人以此齋戒，以神明其德夫[9]。是故闔戶謂之坤，闢戶謂之乾，一闔一闢謂之變，往來不窮謂之通[10]。見乃謂之象，形乃謂之器，製而用之謂之法，利用出入，民咸用之謂之神[11]。是故《易》有太極，是生兩儀，兩儀生四象，四象生八卦[12]，八卦定吉凶，吉凶生大業[13]。是故法象莫大乎天地，變通莫大乎四時，懸象著明莫大乎日月[14]；崇高莫大乎富貴，備物致用、立成器以爲天下利，莫大乎聖人[15]；探賾索隱，鉤深致遠，以定天下之吉凶，成天下之亹亹者，莫大乎蓍龜[16]。是故天生神物，聖人則之[17]。天地變化，聖人效之；天垂象，見吉凶，聖人象之[18]。河出圖，洛出書，聖人則之[19]。《易》有四象，所以示也[20]。繫辭焉，所以告也。定之以吉凶，所以断也。

【今译】

　　孔子说:《周易》有什么作用呢?《周易》能够沟通物情而成就事功,并包罗天下所有的道理,如此而已。因此圣人利用《易》来了解天下之物情,成就天下之事业,决断天下之疑难。蓍数的性质运动变化而神奇,卦体的性质安宁静定而多智,六爻的特性简易而工巧。圣人因此洁净心神,敛伏形体,吉凶之事使百姓同等地忧虑对待;通过蓍数的神奇而预知将来之事态,通过卦体的多智而积累以往的经验。谁能做到这些呢?大概只有古代聪明智慧、神勇而不自夸的圣人了吧。圣人能明了天地之规律,体察百姓之事理,推行蓍占并帮助引导百姓去运用它。圣人因此虔诚恭敬,用以神化《易》的作用。坤阴犹如闭户孕育万物,乾阳犹如开户吐生万物,一闭一开才有变化,往来不止才有亨通。显现于天可以感知的称为象,成形于地能够触摸的称为器,根据这些制成器物供人使用便称为法式,利用这些法式以应付变化,百姓可以尽情享用便称为神奇。《易》道孕育了太极一气,太极又生出了天地阴阳两仪,两仪又生出了少阳、老阳、少阴、老阴四象,四象生出了八卦,八卦可以指导人们判定吉凶,懂得趋吉避凶就可以创建大业。可以取法的对象没有比天地更巨大的了,能够表现变通之理的没有比四季更清楚,高悬在天以显示运动规律的没有比日月更明显的了;崇高尊尚没有比富有天下、贵为天子更显赫的了,尽物之用,观象制器以利天下,没有比圣人更伟大的了;探讨复杂而考索幽隐,钩沉深邃而究极未来,以此判定天下吉凶之事,并成就天下芸芸众物,没有比蓍龟更灵验的了。所以大自然生出了蓍龟这样的神灵之物,圣人便取法它创制了筮卜。天地呈现出动静辟阖的变化,圣人效法它制造了〈乾〉、〈坤〉。天垂万象,显示吉凶,圣人效法它而创造了八卦。黄河出现龙图,洛水出现龟书,圣人取法它而撰作了《易》卦和九畴。《周易》有少阳、老阳、少阴、老阴四种爻象,它是用来显示变化的。系属于卦爻之下的卦辞爻辞,是用来告诉人们具体的处境和事态的。判定祸福吉凶的占辞,是用来决断人们的行动取向的。

【注释】

[1] 天一地二天三地四天五地六天七地八天九地十:此二十字放在此处,前后不相衔接,给人突如其来之感。因此,旧说此当从《汉书·律历志》所引前移至第九章"大衍之数"之上。然而"大衍之数五十",此则为五十五,可见放在"大衍之数"上也是不合适的。我们认为这二十个字应在第九章"天数五,地数五"之下,是"天数五,地数五"的注解,"天一地二"等正承"天数地数"而省"数"字。那么大衍之数与天地之数在作用上有何不同呢?大衍之数五十是用来揲卦成爻的,天地之数五十有五是用来确定变爻位置的(高亨《周易古经今注·周易筮法新考》说:"五十五之数,为变卦而言,所云此所以成变化而行鬼神也者,谓五十五之数所以定卦之变化也")。

值得注意的是,帛本〈系辞〉虽无"大衍之数"章,但却有"天一地二"等二十字,也在本章"子曰夫易何为者也"之上。可见帛本虽然以另一个系统的本子为底本,但在抄写时,作为今本〈系辞〉所从出的有衍有错的本子已经存在。可参看第九章注[4]。

[2] 开物成务，冒天下之道："开"，通（《国语·晋语》注："开，通也"）。"开物"，沟通物情，即上章及下文的"通天下之志"（《鹖冠子·能天》："道者开物者也……道者通物者也。"）。"务"，业，功业。"冒"，包罗。帛书此二句作"古物定命，乐天下之道"。"古物"费解，有人疑为"占物"之讹。按："古"似读为"苦"，《广雅·释诂》三"苦，开也"。又疑抄写次序有误，当作"命物定古"。"命"同"名"，命名。"古"同"故"，事。命名万物，正定万事，而乐随天下之道。此与黄老道家的"物自命（名）也，事自定也"的无为之道相合。

[3] 蓍之德圆而神，卦之德方以知："蓍"指蓍数，"卦"指由蓍数所得之卦体。二"德"字谓性质、特性。"圆"是指蓍数在排列组合中犹如圆形滚动变化，"方"是指筮成之卦犹如方形安宁静定。"知"同"智"。《管子》、《黄帝四经》、《庄子》中都有"天圆地方"、"天动地静"之说。因为日月运动于天成圆周状，故有天圆、天动之说；日月运动于天而在大地上形成春夏秋冬四季，四个分、至点（春分、秋分、夏至、冬至）的联线所组成的正方形不能滚动，所以有了地方、地静之说。而蓍数运动变化的始卒若环而形成了卦体的道理正与天圆动、地方静相合，所以这里说"蓍圆卦方"。按：下面的"神以知来，知（智）以藏往"疑本当在此二句之下。蓍数运动变化，所以能预知将来莫测之事情；卦体安宁静定，所以能储存以往既成之经验。"神以知来，知以藏往"二句虞翻注说"乾神知来，坤知藏往"，李道平《周易集解纂疏》说"乾神知来，谓蓍之德圆而神也；坤知藏往，

谓卦之德方以知也"。《管子·形势》"不知来者视之往",则卦方之藏往亦非被动者。

[4] 六爻之义易以贡:"义"犹上文之"德",指性质、特性。旧训"易"为变易,"贡"为告。按:"易"当训为简易。"贡",或本作"功",帛本作"工","工"当为本字,"贡"、"功"为借字。"工",工巧、巧能(《广雅·释诂》"工,巧也",《大戴礼记·文王官人》注"工,能也")。此言六爻的特点简易而工巧。卦仅六爻,是其简易;然变易多端,是其工巧。变异多端为巧,简单平易是拙,正老子所谓"大巧若拙",《管子·形势》所谓"巧者有余"。"贡"当作"工"而训为"巧",正与"神"、"智"并举(《庄子》"巧者劳而智者忧"亦巧、智并举,古籍多有此例)。

[5] 圣人以此洗心,退藏于密,吉凶与民同患:"洗心",帛本作"佚心"。"佚心"可以讲通,并且〈系下〉帛本有"能悦之心"之语。但"佚心"似与下文之"斋戒"不合。"洗心"谓洗净其心,"退藏于密"谓敛伏其体。此"洗心退藏"与《列子》之"斋心伏形"相近。《列子·黄帝》"(黄帝)退而间居大庭之馆,斋心服形"(《国语·楚语》注:"斋,洁也。""服"同"伏",敛伏),唐卢重玄注说:"斋肃其心,退伏其体。"《礼记·月令》也有"阴阳争,君子斋戒,处必掩身"之语。圣人之洗心退藏,言恭敬于蓍卦之神智也。"吉凶与民同患"与前文"乐天知命故不忧"、"圣者仁勇,鼓万物而不与众人同忧"相矛盾,考之帛本"与"字作"能"。按:疑本作"以","以"与"能"、"与"古通作(《老子·十四章》"能知古始",帛本"能"作"以",《诗·桑柔》笺"以犹与也"),所以帛本作"能"而今本作"与"。"以",使也(《国策·秦策》注

"以犹使也")。"患",虑、忧虑。吉凶之事使民同等忧虑对待,是因为凶固可虑,但吉而不戒则亦可转为凶,所谓祸福倚伏、吉凶轮转,六十四卦爻辞不乏其例。老子"宠辱若惊"(《老子·十三章》)亦此"吉凶同患"之类。

[6] 神以知来,知以藏往:前面已说过,如果是错简,这两句就应紧接在"卦之德方以知"下,是补充说明蓍卦之神智的;而且〈系下〉也说"夫《易》彰往而察来",同样是说《易》之蓍卦的。如果不是错简,那么就是针对圣人而说,是说圣人通过蓍数的神奇而预知将来之事态,通过卦体的智慧而积累历史的经验。陈梦雷说"蓍未有定数,故曰知来;卦已有定体,故能藏往;圣心之神智亦然也"(《周易浅述》)。

[7] 其孰能与于此哉,古之聪明睿知、神武而不杀者夫:"与",及,达到。帛本"与"作"为",做到。作"与"作"为"义同。"武",勇(《广雅·释诂》)。神勇即前文"圣者仁勇"之"勇",指"鼓万物"。化育万物为神,乐天知命为勇。"不杀"二字费解,考之帛本,"杀"字作"杰"(张政烺隶定),或"恙"(陈松长隶定)。疑"杰"或"恙"当为"德"(《说文》或体作"悳")字之讹,〈系下〉"天下之大德曰生","德"字帛本讹为"思",与此处"德"之讹为"杰"或"恙"相同。"不德",谓不伐其德、不夸耀功劳。此言圣人聪明智慧有鼓化万物的神勇之功,却不自我夸伐以骄傲于人,此即八章所说的"劳而不伐,有功而不德"及帛书〈缪和〉"圣君之道,尊严睿知,而弗以骄人"。盖"不德"或本作"不伐",传《易》者误解"伐"为"杀伐"之"伐",故又讹为"杀",致使龃龉难通。五章说仁勇鼓物之盛德大业,此说神勇不德,正相

呼应。又解:"不杀"之"杀"用为〈秋声赋〉"物过盛而当杀"之"杀",释为衰减。

[8] 是以明于天之道,而察于民之故,是兴神物以前民用:"兴"可释为发、起、作,义犹首创;亦可释为推行(《论语·子路》皇疏:"兴,行也。")。"神物"指蓍占。"前",旧训前导、引导。按:"前"盖读为"赞"("前"声"赞"声二字相通,如《汉书·严助传》注"赞,与翦同",《文选·魏都赋》注"赞,张揖以为古翦字"),助。"以赞民用"谓以助民用。"兴"字帛本作"阖",亦通。"阖"同"合"。天道、民事、神物并提屡见于黄老道家著述中,如《黄帝四经》"圣人举事也,阖于天地,顺于民,祥于鬼神"("祥",合顺),《淮南子·泛论训》"故圣人当于世事,得于人理,顺于天地,祥于鬼神"。

[9] 圣人以此斋戒,以神明其德夫:"斋戒"与"洗心"同,喻对《易》虔诚恭敬。"神明其德",神化《易》的作用("德",作用、功能)。

[10] 是故阖户谓之坤,辟户谓之乾,一阖一辟谓之变,往来不穷谓之通:此兼二重涵义:其一是就爻卦揲数而言。坤阴犹闭户之锁,乾阳犹开户之钥(〈系下〉"乾坤其易之门邪。乾,阳物也;坤,阴物也"。阴牝为锁,阳牡为钥)。"一阖一辟"即一阴一阳。"往来不穷"与"一阖一辟"互文足义,谓阴阳爻交互排列组合。"变"、"通",谓于是可以产生六十四卦之变化,并能会通天下万物之情。其二是就天地之道而说。是说坤地闭藏孕育万物,乾天开发吐生万物(《黄帝四经》"夜气闭地孕,昼气开民功",《淮南子》"静则与阴俱闭,动则与阳俱开"),孕育吐生往来配合,才有了天地万物的化变亨通。

[11] 见乃谓之象，形乃谓之器，制而用之谓之法，利用出入，民咸用之谓之神：此承乾天坤地而说。"见"同"现"。显现于天可以感知的称为象，如日月雷电；成形于地可以触摸的称为器，如山泽动植；根据这些象器而制成日用器物供人使用便称为法式（制物有法，依法类推以至于无穷）。这即是"见乃谓之象"等三句的涵义。"出入"，指变化、应付变化（《庄子·知北游》注："出入者，变化之谓也"）。"利用出入"是指利用这些法式可以应付自然社会之无穷变化。"咸"，尽。百姓可以尽情享用它的恩惠并且用之不竭，这便称为神奇。变化无已，用之不竭，谓之"神"。

[12] 是故《易》有太极，是生两仪，两仪生四象，四象生八卦：此当与"大衍之数"章合看。它包含双重涵义：一方面是讲《周易》八卦的揲数过程，另一方面是讲八卦所象征的宇宙万物的创生过程。"《易》"指《易》道，犹如老子"道生一"的"道"；"大衍之数五十"而"其用四十有九"，所不用的"一"即此"《易》有太极"的《易》道。"有"，蕴含（《诗·苤苢》毛传："有，藏之也"）。又疑"有"当本作"育"，训为"生"（《庄子·人间世》《释文》："有，崔本作育"。《易·渐》虞注："育，生也"）。"太极"即浑沌未分的一气，犹如老子"道生一"的"一"；四十九根蓍草所"挂"之"一"即此"太极"；老子的"惚恍"，《黄帝四经》的"困"，庄子的"浑沌"等并与此同；《乾凿度》"太易始著太极成"、"夫有形生于无形"（郑注："太易，无也；太极，有也。"），陆九渊"太极之上有无极"，皆此"《易》有太极"之谓，都源于老子的"道生一"。"是"，复指代词，复指"太极"。"两仪"即阴阳，犹

如老子"一生二"的"二";"大衍之数"章"分而为二以象两"即此;老子的惚和恍,庄子的倏和忽,《黄帝四经》"判而为两,分为阴阳"等即此。"四象"指揲数后所得的少阳、老阳、少阴、老阴四个爻象,又象征春、夏、秋、冬四季,犹如老子"二生三"的"三"("三"为和气,可生万物;四象可生象征万物的八卦);"大衍之数"章"揲之以四以象四时"即此;《黄帝四经·观》"……为一囷……今始判为两,分为阴阳,离为四时"与此序列同。"四象生八卦"犹老子的"三生万物"(八卦取象于万物,又象征万物),"大衍之数"章"十有八变而成卦"即此。帛本"太极"作"大恒",指"阴阳未定,天地未分"(《黄帝四经·观》)之前的恒常一气,与"太极"略同。二者皆指宇宙未开时的浑沌一气,"太极"强调一气的大远无限,"大恒"强调一气的久远恒常。

[13] 八卦定吉凶,吉凶生大业:"大业",就圣人而言,谓富有天下;就百姓而言,谓创造物质财富。所谓"富有之谓大业"即兼此二者而言。八卦可以指导人判定吉凶并懂得如何趋吉避凶,如此便能避免失败而走向成功。

[14] 法象莫大乎天地,变通莫大乎四时,悬象著明莫大乎日月:"法象",可以取法的对象,天大地大,取法天地之象,则万物之象已在其中。天地谓〈乾〉、〈坤〉。三时生长,一时煞刑(《鹖冠子》),四季变更有序,所以说"变通莫大乎四时"。四时谓〈震〉、〈兑〉、〈巽〉、〈艮〉。"著明",显明。悬象于天以显明运动规律,没有比太阳出入、月亮盈亏更清晰的了。所以说"悬象著明莫大乎日月"(《鹖冠子·泰鸿》:"日信出信入,

南北有极,度之稽也。月信生信死,进退有常,数之稽也。")。日月谓〈离〉、〈坎〉。就卦序而言,此三句当与"天尊地卑,乾坤定矣……鼓之以雷霆,润之以风雨,日月运行,一寒一暑"、"日往则月来,月往则日来,日月相推而明生焉;寒往则暑来,暑往则寒来,寒暑相推而岁成焉"(李光地《周易折中》注:"艮山在西北严凝之方为寒,兑泽在东南温热之方为暑。")合看,其制成卦图正是伏羲先天卦图(见图一),而帛书《易经》的卦图与此相近,只是向右错了一位(见图二)。

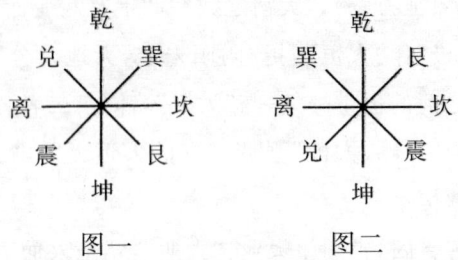

图一　　　　图二

[15] 崇高莫大乎富贵,备物致用、立成器以为天下利,莫大乎圣人:前三句说天道,此三句说人道,后四句则说神道。"富贵",指富有天下、贵为天子。"备",尽、皆。"备物致用"谓使物尽得其用。"立成器",《汉书》引作"立功成器"。按:疑当作"立象成器"。"立"同"莅",视(《周礼·地官·小司徒》注:"故书莅作立"。《尔雅·释诂》:"莅,视也。")。"莅象成器"即观象制器,言圣人观察物象以制成器用。此正呼应"见乃谓之象,形乃谓之器,制而用之谓之法,民咸用之谓之神"。又解:"立象成器"谓创立卦象并以之制器,即前文"以制器者尚其象"。

[16] 探赜索隐,钩深致远,以定天下之吉凶,成天下之亹亹者,莫大乎蓍龟:"赜",杂。"钩",钩沉、研讨。"致",帛书作"至",极、究极。"远",未来、将来。此言《易》可以探讨复杂而考索幽隐,钩沉深邃而究极未来。"成",帛书作"定","亹亹",帛书作"勿勿",或本作"娓娓",旧训为勉勉,《文选·广绝交论》注引《易》王弼注"亹亹,微妙之义也",《一切经音义》注引刘瓛《易注》"亹亹犹微微也"。按:以音求之,疑"亹亹"犹老子"夫物芸芸"之"芸芸"(或读为"纷纷"、"芬芬"),言《易》可成就天下众物(或正定天下芸芸众物)。"蓍龟"谓占卜。蓍曰占,龟曰卜。此为偏义词,指蓍占。

[17] 天生神物,圣人则之:"神物"是就蓍龟而说。"则之",谓取法它而创制蓍占龟卜。此是复申神道。

[18] 天地变化,圣人效之;天垂象,见吉凶,圣人象之:"天地变化"五句是承"是故法象莫大乎天地"三句而说。言天地呈现动静辟阖等变化,圣人效法之而创造了〈乾〉、〈坤〉祖宗卦;天垂万象,显现吉凶,圣人取法之而创制了八卦。此是复申天道。

[19] 河出图,洛出书,圣人则之:据说伏羲之时,有龙马出于黄河,伏羲取法其背上之图象制成《周易》之八卦;夏禹之时,有神龟出于洛水,禹即取法其背上之纹象撰成《洪范》九畴之书。按:此三句疑为衍文,秦汉间窜入。"天生神物,圣人则之"已经重申了"蓍龟"之神道,此不当赘出。"圣人则之"两见,亦觉重复。"河出图,洛出书"盖本为经师对"天生神物"的注解,秦汉间被窜入正文,又衍出"圣人则之"一句。帛书亦有此三句。

[20]《易》有四象，所以示也："四象"指少阳、老阳、少阴、老阴四种爻象。四象交互组合，可显示卦变；亦象春夏秋冬四时递嬗，可显示岁更。

▶ 通 说

本章所论包括筮法、筮仪、易赞、圣人之功等，最后天道、人道、神道三道合一论赞。

其讲论筮法的文字以"《易》有太极，是生两仪，两仪生四象，四象生八卦"为代表，此最值得注意。它源于老子的"道生一，一生二，二生三，三生万物"，道家的宇宙万物创生说在〈系传〉中转化为《周易》八卦创生说。此为引道入《易》之典范。另外，帛书所无的"大衍之数"章很可能最早是《易》学经师对"《易》有太极"等的衍释，而后来被增入正文。

"圣人以此洗心，退藏于密"、"圣人以此斋戒，以神明其德"四句文字很像是讲筮仪的，犹如朱熹《周易本义·筮仪》所说的"择地洁处为蓍室"、"炷香致敬"、"洒扫拂拭"之类。

本章谈到了"利用出入"。"出入"一词为先秦道家所常见之论题，如《管子·白心》"审量出入，而观物所载"等。"出入"指应付变化。《管子》中以静因之道应付出入，而〈系辞〉则是以《易》道来应付出入；二者是有内在联系的。

"《易》有太极"的《易》道在〈系辞〉中已经等同于老子的"道"，那么到了秦汉，太极、太一、一、元气等进而升格而等齐于老子的"道"便是自然而然的事情了，"道"的向下落实的轨迹，清晰可见。

【十二】

《易》曰:自天祐之,吉無不利[1]。子曰:祐者,助也;天之所助者順也,人之所助者信也;履信思乎順,又以尚賢也,是以自天祐之,吉無不利[2]也。子曰:書不盡言,言不盡意[3]。然則聖人之意其不可見乎[4]?子曰:聖人立象以盡意,設卦以盡情僞,繫辭焉以盡其言,變而通之以盡利,鼓之舞之以盡神[5]。乾坤,其《易》之緼邪[6]。乾坤成列,而《易》立乎其中矣;乾坤毀則無以見《易》。《易》不可見,則乾坤或幾乎息矣[7]。是故形而上者謂之道,形而下者謂之器,化而裁之謂之變,推而行之謂之通,舉而錯之天下之民謂之事業[8]。是故夫象,聖人有以見天下之賾,而擬諸其形容,象其物宜,是故謂之象;聖人有以見天下之動,而觀其會通,以行其典禮,繫辭焉以斷其吉凶,是故謂之爻[9]。極天下之賾者存乎卦,鼓天下之動者存乎辭,化而裁之存乎變,推而行之存乎通,神而明之存乎其人,默而成之、不言而信,存乎德行[10]。

【今译】

《周易》的〈大有〉卦上九爻辞说:获得上天的佑助,吉祥无比,无所不利。这是什么意思?孔子说:佑是帮助的意思;顺应天道的人就会得到上天的帮助,履行信义的人就会得到众人的帮助;能履行信义而又顺应天道,所以能获得天助,吉祥无比,无所不利。古语说文字不能完全表达人的语言,而语言又不能完全表达人的思想。那么圣人的思想和语言能够完全传达体现出来吗?孔子说:圣人是通过设立爻象来表达思想,设立卦象来反映真伪,撰系卦爻辞来传达语言,变异卦爻来施利于天下,摆弄蓍占来体现《易》的神奇作用。〈乾〉、〈坤〉两卦象,它是把握《易》理的门径。〈乾〉、〈坤〉两卦象确立之后,全部的《易》理也就存在于其中了;〈乾〉、〈坤〉两卦象一旦毁坏,则全部的《易》理就不能察见;反之,如果不能察见《易》理,那么〈乾〉、〈坤〉两卦象也就几乎等于名存实亡。无形象可见者称为道,有形象可见者称为器,根据道与器的转化之理而总结规律并指导实践就称为变化,将此道理推行于万物万事就称为通达,将其应用于天下众人的日常生活就称为事业。至于爻象和卦象,是指圣人洞见天下繁杂之事,根据《易》理来比拟其形态,象征其内蕴,这便称为卦象;圣人洞见天下的运动现象,根据《易》理来观照其融会变通,推行等级礼数,这便称为爻象。究极天下繁杂之事都表现在卦爻象之中,占断天下各种运动现象都体现在卦爻辞之中,根据道器转化而总结规律、指导实践的道理都呈现在卦爻象的变化里,把这个道理扩展到万物万事都反映在阴阳爻的融通之内,神化彰显《易》理依赖于圣人,安静无为而成就万物万事、无所言语而取信于人依赖于德行。

【注释】

[1]《易》曰自天佑之,吉无不利:此引〈大有〉卦上九爻辞。下省"何谓也"。

[2] 子曰佑者，助也；天之所助者顺也，人之所助者信也；履信思乎顺，又以尚贤也，是以自天佑之，吉无不利："履信思乎顺"承"顺"、"信"而说，本章与"尚贤"无关，疑"又以尚贤也"为衍文（"又"即"有"。"有以尚贤也"盖本为"人之所助者信也"之注，后误入正文）。〈大有〉卦〈大象〉的"顺天休命"和六五〈小象〉的"信以发志"即〈系辞〉的"顺"、"信"。圣人则天神物以立象系辞，是"顺天休命"；以象与辞尽其言意，有不言而信之德，是"信以发志"。朱熹疑此数句为错简，似有可商。

[3] 子曰：书不尽言，言不尽意："书"，文字。"意"，思想。朱熹疑此"子曰"和下面的"子曰"二者必衍其一。按：疑此"子曰"可能为"传曰"之类，即古书说、古语说、古人说。此当为老庄道家之语，犹结尾"不言而信"之引《黄帝四经·经法·名理》。

[4] 然则圣人之意其不可见乎：帛书作"然则圣人之意，其义可见已乎"。准帛书下文"以尽意"、"以尽其"（"其"为"言"字之讹）之讹误例，此当作"然则圣人之意言可见已乎"，"其"为"言"讹，"义"字或为衍字，或为"不"字之讹。下文"圣人立象以尽意，系辞焉以尽言"即是对此设问的回答（"意言"倒承上文之"言"、"意"，犹上文"信"、"顺"倒承"顺"、"信"。〈系辞〉多此倒承之例）。

[5] 圣人立象以尽意，设卦以尽情伪，系辞焉以尽其言，变而通之以尽利，鼓之舞之以尽神："立象"与"设卦"互文，"立象"谓设立爻象，即少阳、老阳、少阴、老阴四象；"设卦"谓设立卦象，即乾天、坤地、震雷、巽风、坎水、离火、艮山、兑泽八卦之象。"情伪"，真伪（按："情伪"一词屡见于《黄帝四经》及帛书《易》说

〈缪和〉等中）。八卦取象于阴阳、动静、真伪等诸多范畴，如〈说卦〉"坎为盗"、"兑为巫"之类，此亦犹《黄帝四经·十大经·果童》所谓"地有山有泽，有黑有白，有美有恶"。"系辞"，撰写文辞系属于卦爻之下。"变"谓错综爻象、组合卦象。"通"即"以通天下之志"之"通"，谓沟通物情。"以尽利"即〈系下〉"服牛乘马，引重致远，以利天下，盖取诸〈随〉"之类。"鼓舞"谓摆弄蓍占（《庄子·骈拇》《释文》"鼓"，动也。《汉书·汲黯传》注"舞犹弄也"。弄动即摆弄），《易略例》注"鼓舞犹变化也"，陈梦雷《周易浅述》说"鼓舞，占也"，得之；亦兼指鼓舞振作万物。

[6] 乾坤，其《易》之缊邪："乾坤"，指〈乾〉卦、〈坤〉卦。七章"天地设位，而《易》行乎其中矣。成性存存，道义之门"（虞注"乾为道门，坤为义门"）、〈系下〉六章"乾坤，其《易》之门邪"，两处均作"门"，"门"谓门径、关键（《淮南子·原道训》"万物有所生而独知守其门"，注："门，禁要也"）。此"缊"字当为"经"字之讹，帛本即作"经"。《广雅·释言》"经，径也"，《左传·僖公二十五年》《释文》"径读为经"，《吕览·当染》"得其经也"，注："经，道"，谓得门径、得其关键。"〈乾〉、〈坤〉，其《易》之经邪"，谓〈乾〉〈坤〉两卦象，是把握《易》理的门径。"邪"同"耶"。

[7] 乾坤成列，而《易》立乎其中矣；乾坤毁则无以见《易》，《易》不可见，则乾坤或几乎息矣："成列"犹言确立。〈乾〉、〈坤〉为六十四卦之祖宗卦，因此〈乾〉、〈坤〉两卦象一旦确立，则全部《易》理便都存在于其中了。即前文"立象以尽意，设卦以尽情伪"。〈乾〉、〈坤〉两卦象为《易》理之载体，《易》理为道，〈乾〉、

〈坤〉为器;〈乾〉、〈坤〉之器不存,则《易》理之道焉附?反之,若流于表象而不知把握《易》理,则〈乾〉、〈坤〉之器也就近于名存实亡("息"、亡)。《老子·十一章》"凿户牖以为室,当其无,有室之用"。〈乾〉、〈坤〉犹墙室,《易》理犹其中空之"无"。

[8] 形而上者谓之道,形而下者谓之器,化而裁之谓之变,推而行之谓之通,举而错之天下之民谓之事业:"形而上",有形之上,无形象可见者,此指《易》理。"形而下",有形之下,有形象可见者,此指〈乾〉、〈坤〉天地间之万象万物(所谓"在天成象,在地成形"、"见乃谓之象,形乃谓之器")。"裁"本当作"制"。帛本作"施"。"裁"为"制"字之训(《广雅·释言》:"裁,制也。"),"施"为"制"之音讹("施"在歌部,"制"为歌部入声字)。"制",创制。"化",转化。"化"与"制"均包含双重意义。"道"向下落实,用《易》理规律来指导创制器物的实践活动,这便是"道"向"器"转化;"器"向上提升,在创制器物的实践活动中不断总结《易》理规律,这便是"器"向"道"转化。同样,就前一个转化而言,"制"谓创制生产器物;就后一个转化而言,"制"谓创制总结规律。如果能把这个道器互相转化之理推行于万物万事,就能触类旁通,这即是"推而行之谓之通"的涵义。"举"承"推行"而说,"举"亦"行"也(《周礼·师氏》注:"举犹行也。")。"错"同"措",放置,"举而错之"义犹应用于。如果能将这种道器互相转化之理应用于天下百姓的日常生活之中,就能建立伟大功业,这即是"举而错之天下之民谓之事业"的涵义。

[9] 是故夫象,圣人有以见天下之赜,而拟诸其形容,象其物宜,是故谓之象;圣人有以见天下之动,而观其会通,以行其典礼,系

辞焉以断其吉凶，是故谓之爻：" 夫象"高亨疑为"爻象"之讹。按："象"谓卦象、爻象，上承"立象（爻象）设卦（卦象）"而下启"谓之象（卦象）"、"谓之爻（爻象）"。"赜"，繁杂之事。"谓之象"，称为卦象。此承"设卦以尽情伪"说。"典礼"，帛书作"挨礼"，读为"等礼"，等级礼数。"系辞焉以断其吉凶"疑为衍文。"谓之爻"，称为爻象，此承"立象以尽意"说。这一段文字与八章相重。

[10] 极天下之赜者存乎卦，鼓天下之动者存乎辞，化而裁之存乎变，推而行之存乎通，神而明之存乎其人，默而成之，不言而信，存乎德行："赜"，虚实真伪等繁杂之事。"卦"，卦爻之象。"鼓"，簸动，弄动蓍草以占卦。"辞"，卦爻辞。此即"系辞焉以断其吉凶"。"裁"当作"制"，帛书即作"制"。"变"，卦爻象的变化。"通"，指阴阳爻的融会交通。"神而明之"，神化彰显《易》理。"默而成之，不言而信"谓无为而治，与十章"不疾而速，不行而至"同。"默而成之"是"顺天"，"不言而信"是"应人"。

▶ 通　说

本章主要论述道、器、利、用。道之用以器载之，器之利亦依托于道。道器利用彼此依存，相互转化。此即朱熹所谓"或言造化（器）以及《易》（道），或言《易》以及造化"（《朱子语类》）。然造化与《易》亦各有道、器。造化之理为道，造化之功为器；《易》理为道，《易》象为器。老子"有无相生"亦是此理。

道器利用的转化之功的实现关键还在于"存乎其人"、"存乎德行",在于圣人对《易》的体悟和实践。

今本〈系辞〉分上下传,帛本不分上下。

系辞下

【一】

八卦成列，象在其中矣[1]。因而重之，爻在其中矣[2]。剛柔相推，變在其中矣[3]。繫辭焉而命之，動在其中矣[4]。吉凶悔吝者，生乎動者也[5]。剛柔者，立本者也[6]。變通者，趣時者也[7]。吉凶者，貞勝者也；天地之道，貞觀者也；日月之道，貞明者也；天下之動，貞夫一者也[8]。夫乾，確然示人易矣；夫坤，隤然示人簡矣[9]。爻也者，效此者也；象也者，像此者也[10]。爻象動乎內，吉凶見乎外；功業見乎變，聖人之情見乎辭[11]。天地之大德曰生，聖人之大寶曰位，何以守位曰仁，何以聚人曰財，理財正辭、禁民爲非曰義[12]。

【今译】

八卦的卦象确立以后，全部的卦象也就都包括在其中了。八经卦重叠为六十四别卦，全部的爻象也就都包含在其中了。阴阳爻的错综排列，卦象和爻象的变化也就表现在其中了。撰系卦爻辞而告人以吉凶，卦爻的变动也就反映在其中了（比如吉凶悔吝等占断之辞，就是产生于卦爻的变动）。阴爻和阳爻是确立《易》卦的根本，阴阳爻的变化流通，反映顺合时宜的道理。了解吉凶的道理，贵在于懂得阴阳制克的是否得宜；了解天地规律，贵在于观照时宜变化；了解日月运行规律，贵在于体悟消息盈虚；了解天下各种运动现象，贵在于把握动静之常道。乾道刚健而平和，坤道柔顺而简约。卦爻便是对乾坤之道的仿效，卦象便是对乾坤之道的取象。卦爻卦象变动于卦内，吉凶则呈现于卦外；建功立业表现在顺应卦爻的变动上，圣人的思想体现在卦爻辞之中。天地最大的德泽就是化生万物，圣人最可宝贵的是守住天子之位，通过聚拢人心来守位，通过创造财富来聚人，善理财物而正定制度、仁爱于民而安静行止，这就是处事得宜。

【注释】

[1] 八卦成列，象在其中矣：“成列”，确立。“象”，六十四卦卦象。〈说卦〉论八卦之象，而六十四卦之象已在其中。

[2] 因而重之，爻在其中矣：八经卦重组为六十四卦，则三百八十四爻尽在其中。

[3] 刚柔相推，变在其中矣：“刚柔”，阴阳爻。“相推”，错综排列。"变"，指卦象和爻象的变化。

[4] 系辞焉而命之，动在其中矣：“命”，告（《尔雅·释诂》）。“系辞焉而命之”即〈系上〉十一章"系辞焉所以告也"。"动"，卦爻的变动。

[5] 吉凶悔吝者，生乎动者也：按：此当为经师举例以释“系辞焉而命之，动在其中矣”，后误入正文。前后文的语句排列，可以证明此为衍文。这两句是说：比如吉凶悔吝等占辞就是源于卦

爻的变动。

[6] 刚柔者,立本者也:"刚柔"即"刚柔相推"的"刚柔",阴阳爻。"立本",确立《易》卦的根本。

[7] 变通者,趣时者也:"变通"即"刚柔相推"的"相推",指阴阳爻的错综变化、往来流通。"趣时",顺合时宜。

[8] 吉凶者,贞胜者也;天地之道,贞观者也;日月之道,贞明者也;天下之动,贞夫一者也:四个"贞"字朱熹训为"正"、"常"。按:帛书作"上"。"上"即"尚",帛书之"尚"字均作"上"(如"尚其辞"、"尚其占"等)。疑本作"尚",帛书以"上"字为之,而今本初讹为"占",又易为"贞"。"尚",贵、重。

"胜",指阴阳制克(《素问·金匮真言论》注:"胜,谓制克之也")。或吉或凶,重在阴阳制约是否得宜(又按《释文》说姚信本"胜"作"称","称"指阴阳相配得宜,亦通)。"尚观",重在对时宜变化的观照。〈观·象〉"观天之神道而四时不忒",〈贲·象〉"观乎天文,以察时变",都是这个意思。"尚明",重在对消息盈虚之理的体悟("明",晓悟、体悟)。"日信出信入"、"月信生信死"(《鹖冠子》),观日月之道,"君子尚消息盈虚"(〈剥·象〉)。"动",兼动静而言。"夫"犹"于","一"犹"常"。了解天下各种运动现象,重在把握动静之常道。〈系上〉一章所谓"动静有常,刚柔断矣"。

[9] 夫乾,确然示人易矣;夫坤,隤然示人简矣:"确然",刚健貌。"隤然",柔顺貌。〈系下〉末章"至健"、"至顺"即此。"易"、"简"即〈系上〉一章"乾以易知,坤以简能"。

[10] 爻也者,效此者也;象也者,像此者也:"此"指乾坤易简之道。

卦爻卦象即是对乾坤易简之道的效法取象。

[11] 爻象动乎内，吉凶见乎外；功业见乎变，圣人之情见乎辞：卦爻卦象变动于卦内，而吉凶则呈现于卦外，掌握其变动规律则吉，反之为凶。"情"，思想意志。"变"与"辞"似皆含有二义："变"谓卦爻之变动，亦兼指客观环境之变动。建功立业表现在适应反映客观环境变化的卦爻变动上。"辞"谓卦爻辞，亦兼指制度号令。

[12] 天地之大德曰生，圣人之大宝曰位，何以守位曰仁，何以聚人曰财，理财正辞、禁民为非曰义："生"，化生万物。"位"，天子之位。"仁"，当从帛书作"人"。"辞"犹老子、《管子》中之"言"，指制度教令。"禁民为非"帛书作"爱民安行"。《黄帝四经》"优未（惠）爱民"、〈同人〉九三〈小象〉"三岁不兴，安行也"，是此"爱民安行"之辞例。"安行"即安舒行止。〈系上〉"安地厚乎仁，故能爱"与此相近。"义"，合宜。《淮南子·齐俗训》"义者，循理而行宜也"，《韩诗外传四》"节爱理宜谓之义"，与此"义"同。〈节·象〉"节以制度，不伤财，不害民"即此"理财正辞，爱民安行"。

➡ 通 说

本章言《易》之理、用。由八卦易简之理而推及圣人守位聚人之用。下一章则是对《易》用的具体展开。

本章与〈系上〉一章架构重合。〈系上〉一章亦是由八卦相荡的易简之理而言及圣贤之人的功业之用。下章伏羲氏之始作八卦即此"八卦成列"，神农氏之取诸〈益〉即此"因而重之"。

【二】

古者包犧氏之王天下也，仰則觀象於天，俯則觀法於地，觀鳥獸之文，與地之宜，近取諸身，遠取諸物，於是始作八卦，以通神明之德，以類萬物之情[1]。作結繩而爲網罟，以佃以漁，蓋取諸〈離〉[2]。包犧氏沒，神農氏作，斲木爲耜，揉木爲耒，耒耨之利，以教天下，蓋取諸〈益〉[3]。日中爲市，致天下之民，聚天下之貨，交易而退，各得其所，蓋取諸〈噬嗑〉[4]。神農氏沒，黃帝、堯、舜氏作，通其變，使民不倦，神而化之，使民宜之，《易》窮則變，變則通，通則久，是以自天祐之，吉無不利[5]。黃帝、堯、舜垂衣裳而天下治，蓋取諸〈乾〉、〈坤〉[6]。刳木爲舟，剡木爲楫，舟楫之利，以濟不通，致遠以利天下，蓋取諸〈渙〉[7]。服牛乘馬，引重致遠，以利天下，蓋取諸〈隨〉[8]。重門擊柝，以待暴客，蓋取諸〈豫〉[9]。斷木爲杵，掘地爲臼，臼杵之利，萬民以濟，蓋取諸〈小過〉[10]。弦木爲弧，剡木爲矢，弧矢之利，以威天下，蓋取諸〈睽〉[11]。上古穴居而野處，後世聖人易之以宮室，上棟下宇，以待風雨，蓋取諸〈大壯〉[12]。古之葬者，厚衣之以薪，葬之中野，不封不樹，喪期無數，後世聖人易之以棺椁，蓋取諸〈大過〉[13]。上古結繩而治，後世聖人易之以書契，百官以治，萬民以察，蓋取諸

〈夬〉[14]。

【今译】

　　上古伏牺氏统治天下，仰观天象，俯察地貌，观察鸟兽的纹理，以及天地万象的内蕴，援取人身及自然物的象征，于是首创八卦，用以会通阴阳造化之性质，类别天地万物之情态。编草为绳并制成罗网，用以捕兽网鱼，这可能就是取象于〈离〉卦的象征吧。伏牺氏之后，神农氏兴起，削木制成起土工具的耜，曲木制成犁地工具的耒，并把耒耜的用途教给天下之人，这可能就是取象于〈益〉卦的象征。在中午时分开设集市，招致天下人民，会聚天下货物，交易后散去，各得其所需，这可能就是取象于〈噬嗑〉卦。神农氏之后，黄帝、尧、舜氏兴起，对前人的创造加以融通改造，使百姓用之不穷，通过神奇的改造，使百姓使用便易，这即是《周易》所反映的事物发展到尽头就要发生变化，只有变化才能亨通，亨通就能长久发展下去的道理，所以能得到上天的佑助，吉祥无比、无所不利。黄帝、尧、舜通过裁量衣服制度而使天下得到治理，这可能就是取于〈乾〉、〈坤〉二卦的象征。挖空树木制成舟船，削治木材制成船桨，船桨的用途是涉渡不通车马的水路，这可能就是取于〈涣〉卦的象征。驾乘牛马拉运重物以行远路，便利天下之人，这大概就是取象于〈随〉卦。层层城门敲梆巡夜以防强盗，这可能就是取象于〈豫〉卦。截木制杵，挖地成臼，杵臼的用途在于助民日常之用，这可能就是取象于〈小过〉卦。弯木设弦制成弓弩，削尖木棍制成箭矢，弓箭的用途在于威慑天下，这可能就是取象于〈睽〉卦。上古时人居住在穴洞或野外，后代圣人建构屋室以改变以往的居住形式，上置屋栋下设墙宇，用来防御风雨，这可能是取象于〈大壮〉卦。上古时的丧葬方式是把死者厚裹柴草葬埋在野地里，不堆坟植树以作标记，没有确定的守丧期限，后代圣人用棺椁葬殓改变以往的丧葬方式，这可能就是取象于〈大过〉卦。上古时人用打绳结的方法来处理日常事务，后代圣人用契刻文字改变以往的理事方法，百官因之治理公务，万民因之明察私事，这可能就是取象于〈夬〉卦。

【注释】

[1] 古者包牺氏之王天下也，仰则观象于天，俯则观法于地，观鸟兽之文，与地之宜，近取诸身，远取诸物，于是始作八卦，以通神明之德，以类万物之情："古"即后文所说的"上古"。"包牺"也作"伏牺"、"伏羲"，传说中的人物。从"伏牺"二字看，可能暗示着原始狩猎时代。"法"亦"象"。"与地之宜"或本作"与天地之宜"。"宜"字帛书作"义"。按：当作"与天地之义"。"天地"承上文天地法象而说。〈系上〉两见之"象其物宜"及此处之"宜"帛书均作"义"，而下文"使民宜之"，帛书同。可见"义"与"宜"有别。"与天地之义"，即观察天地万象之内蕴。"身"指人的形体器官。"物"指自然物。"八卦"指八经卦，即三画的单卦。"通"谓会通，归纳。"神明之德"谓阴阳造化之性。"类"谓类别分析。

[2] 作结绳而为网罟，以佃以渔，盖取诸〈离〉："网"，田猎（"佃"）取兽之网。"罟"，捕捞水产之网。"离"，帛书经文及〈系传〉均作"罗"，罗网。〈说卦〉"离为鳖、为蟹、为蠃、为蚌、为龟"，亦可证当作"罗"。此与"伏牺氏"（伏取动物）之传说亦相吻合。又

按：此"〈离〉"（〈罗〉）当是指八经卦即单画卦而说。罗网编制是四周为绳框，中空为网眼，与〈离〉卦（☲）外实中虚之卦画亦相合。可参读〈离〉卦经文注释。

[3] 包牺氏没，神农氏作，斲木为耜，揉木为耒，耒耨之利，以教天下，盖取诸〈益〉："神农氏"，传说中的人物。从"神农尝百草"及发明耒耜的传说看，当为原始采集或原始种植时代中之人物。"斲"同"斫"，砍削。"耜"，木制掘土农具。"揉"，经过加工使木弯曲。"耒"与"犁"声近，耜端所装之曲木，用以犁地，犹后世之犁头。"耨"当为"耜"字之讹（〈系辞〉多为倒承法，即前文说耜、耒，此则说耒耜；犹下文"断木为杵，掘地为臼，臼杵之利"等），《汉书·食货志》即引作"耒耜"。〈益〉卦上〈巽〉为木，为入，下震为动，属东方木，木动而入土，故曰"盖取诸〈益〉"。按〈益〉卦为单卦的〈巽〉与〈震〉相重，因此〈系辞〉认为重卦工作始于神农而完成于尧舜。

[4] 日中为市，致天下之民，聚天下之货，交易而退，各得其所，盖取诸〈噬嗑〉：〈噬嗑〉卦上〈离〉为日为罗，下〈震〉为动。象日中时分设置集市以网罗天下民人、货物，"交易"即流动、变动。

[5] 神农氏没，黄帝、尧、舜氏作，通其变，使民不倦，神而化之，使民宜之，《易》穷则变，变则通，通则久，是以自天佑之，吉无不利："黄帝、尧、舜"，传说中的五帝，当父系氏族之铜石并用时代。"通变"，变通改造。"倦"，穷（《广雅·释诂》："倦，止也，极也。"）。按："通其变"等等是讲伏牺所创之八经卦已不敷民用，故当改进之而重为六十四卦；然上文已明言重卦工作始于神农而非黄帝尧舜。因此，疑"通其变"至"吉无不利"一段文

字当在"包牺氏没,神农氏作"之下。

[6] 黄帝、尧、舜垂衣裳而天下治,盖取诸〈乾〉、〈坤〉:"垂"疑"揣"之借字,度量、裁定(《说文》:"揣,量也。一曰捶之。")。此言黄帝裁定衣服制度而天下治理,这是取象于上乾天、下坤地的象征(上衣下裳象征上乾下坤)。衣裳乾坤,尊卑有等,民不逾等,则各守其分而天下自然治理。《黄帝四经·经法·君正》"衣服不相逾,贵贱等矣"就是这个意思。《黄帝四经·十大经》即有黄帝定君臣名分之说,则黄老道家很早就有关于黄帝建立等级名分的传说。又按:此接前文"神农氏没,黄帝、尧、舜氏作,垂衣裳而天下治","黄帝、尧、舜"四字衍。又按:此〈乾〉、〈坤〉为重卦后的六画卦。

[7] 刳木为舟,剡木为楫,舟楫之利以济不通,致远以利天下,盖取诸〈涣〉:"刳",挖空、掏空。"剡",刮削、削尖。"楫",船桨。"致远以利天下"朱熹疑为衍字。"以济不通",涉渡不通车马的水路。〈涣〉卦上〈巽〉为木、为舟,下〈坎〉为水,舟行水上,所以说"盖取诸〈涣〉"。〈涣·象〉"利涉大川,乘木有功也"。

[8] 服牛乘马,引重致远,以利天下,盖取诸〈随〉:"服"、"乘"指驾驭牛车马车。"引重",拉运重物。〈随〉卦上〈兑〉为悦,下〈震〉为动、为雷、为车、为龙、为马(《国语·晋语》:"震,车也。"《黄帝四经·称》:"雷以为车,隆以为马。""隆"即"龙"。〈说卦〉:"震为雷,为龙。")。下面车马行动而上面物乐随之,所以说"盖取诸〈随〉",〈随·象〉"动而悦,随"即此。又按:《归藏》之〈随〉卦作〈马徒〉。"徒"同"途",车马行于途,与〈系辞〉相合(又《诗·车攻》毛传:"徒,辇也","马徒"即以牛马驾车)。

[9] 重门击柝,以待暴客,盖取诸〈豫〉:"重门",层层城门。"击柝",敲梆巡夜。"待",防备。"暴客",强盗。〈豫〉卦上〈震〉为雷、下〈坤〉为地、为众,敲梆巡夜如雷动于地以警众也。又〈坤〉有夜深阖户之象,故曰"重门"(李光地《周易折中》)。

[10] 断木为杵,掘地为臼,臼杵之利,万民以济,盖取诸〈小过〉:"万民以济"即"以济万民","济",助。〈小过〉卦上〈震〉为动,下〈艮〉为止,象杵动于上而臼止于下。又〈震〉属东方木,〈艮〉为手,有持杵捣臼之象。

[11] 弦木为弧,剡木为矢,弧矢之利,以威天下,盖取诸〈睽〉:"弦木",弯木使曲而两端设绳。"弧",弓弩。"威",威慑。〈睽〉卦上〈离〉下〈兑〉,与弧矢无关(高亨说〈离〉为绳并引虞翻说〈兑〉为小木或小竹,似不可靠)。疑此取于〈睽〉卦上九爻辞"先张之弧,后脱之弧"("后脱之弧"疑当作"后脱之矢","张弧"与"脱矢"互文足义)。

[12] 上古穴居而野处,后世圣人易之以宫室,上栋下宇,以待风雨,盖取诸〈大庄〉:"上古"指伏牺时代。"后世圣人"指黄帝尧舜时代,传说黄帝时已伐木构材建筑宫室(见《春秋内事》)。"宇",四周墙宇。"待",防备。〈大壮〉卦上〈震〉为雷、为动,下〈乾〉为屋顶(〈说卦〉"乾为圜",象屋顶)、为健。雷雨兴动于上,屋宇壮固不拔于下(此参酌高亨说)。

[13] 古之葬者,厚衣之以薪,葬之中野,不封不树,丧期无数,后世圣人易之以棺椁,盖取诸〈大过〉:"古"即上古。"衣之以薪",裹以柴草。"中野",野中。既穴居野处,故亦葬之于野。"封"谓堆土为坟。堆坟植树,皆以为标记。"无数",守丧之

期无确定之限。"椁"，棺外之套棺。〈大过〉卦上〈兑〉指低洼之地，下〈巽〉指棺木。

[14] 上古结绳而治，后世圣人易之以书契，百官以治，万民以察，盖取诸〈夬〉："结绳"，用打系绳结的办法来记事记物。"书契"，文字契刻。〈夬〉卦上〈兑〉下〈乾〉，于象无所取（高亨说〈兑〉为竹木，〈乾〉为金刀，所以刻画之，似未可信）。疑此仅取义于卦名之〈夬〉。"夬"同"决"，决断、谋断。书契所以决断谋划。又《归藏》卦名作"规"。"规"字正有谋断、刻画之义。如《淮南子·主术训》注："规，谋也。"又《国语·周语》"其母梦神规其臂而以墨注之"，注："规，画也。"此与〈系辞〉相合。帛书作"盖取诸〈大有〉"。此异文盖由五、上爻画讹倒所致。按：上古伏牺之时无书契，故仅创卦画；而迄至尧舜之时已有书契，故疑此处暗示作辞工作自此始。

▶ 通　说

本章详论"观象设卦"与"制器尚象"二事以及二者之互动关系，反映了道家的《周易》创兴说，其中对卦象的释说盖为古之逸象。

伏牺氏仰观俯察而始作八卦及神农氏对八卦的通变神化，这是论述"观象设卦"。它一方面论述了设卦的过程，即"仰则观象于天，俯则观法于地，观鸟兽之文与天地之义，近取诸身，远取诸物"，同时也论述了重卦的缘由，即"使民不倦"、"使民宜之"，亦即〈系上〉的"以前（赞）民用"。伏牺氏之"盖取诸〈离〉"及神农、黄帝、尧、舜之"盖取诸〈益〉"等等则是论述"制器尚象"。"观象设卦"与"制器尚象"二者之互动关系,实即〈系上〉所论及到的道与器、无与有、利与用、理论与实践的互动关系,也即朱熹所谓"言《易》以及造化或言造化以及《易》"。稷下道家向下落实"道"的努力亦辐射到《易》学领域中。

伏牺设卦,神农重卦,黄帝尧舜作辞,此盖为道家《周易》创兴说。后文几段"《易》之兴也"的文字不见于帛本〈系传〉,这有几种可能。也许它反映了不同学派的《周易》创兴系统,也可能是经师在传《易》中认为本章讲的仅仅是《易》卦之兴,所以又陆续补入"《易》之兴也"几段文字以论《易》辞之兴。

其论"制器尚象"时论述了十三个卦的卦象,其中有些与〈彖传〉及〈象传〉的〈大象〉不同,这证明先秦的确存在着多种系统的《易经》读本这样一个事实。其论卦象,有取于单卦之卦画者,如〈离〉卦;有取于重卦之象者,此居多数;有取于卦名者,如〈夬〉卦;有取于爻辞者,如〈睽〉卦。其中可能保存了很多原始材料,如对〈离〉〈罗〉卦的解释;有些则与《归藏》重合,如说"服牛乘马,引重致远""盖取诸〈马徒〉"、"后世圣人易之以书契""盖取诸〈规〉"等。另外,对卦名的解说既与〈彖〉、〈象〉有异,则史载"繇辞则异"的不同《易》本即为其所从出。

【三】

是故《易》者象也,象也者像也,彖者材也[1],爻也者效天下之动者也。是故吉凶生而悔吝著[2]也。

【今译】

《周易》的实质就是象。所谓象就是对客观事物的取象。卦辞是裁断一卦之意,卦爻是效法天下事物的运动变化。吉凶悔吝皆出于其中并得以显现。

【注释】

[1] 彖者材也:"彖"指卦辞,音近"断",所以断一卦之意。"材"通"裁",裁断、判断。帛书作"制"。前文"化而裁之存乎变",帛本作"化而制之存乎变"。或以卦才、卦德释之,殊谬。详见后。

[2] 吉凶生而悔吝著:吉凶出于象辞而悔吝显现于其内。

▶ 通 说

本章进一步申说卦爻之象及辞与客观事物的情态及变动之关系,因此可以从中窥见吉凶悔吝之征兆及原因。〈系上〉三章"彖者言乎象者也,爻者言乎变者也",〈系下〉一章"爻也者效此者也,象也者像此者也",皆当与此参读。

【四】

陽卦多陰,陰卦多陽[1]。其何故也。陽卦奇,陰卦耦[2]。其德行何也。陽一君而二民,君子之道也;陰二君而一民,小人之道也[3]。

【今译】

阳卦中多阴爻，阴卦中多阳爻。这是什么原因呢？因为阳卦中阳爻为单数一，阴卦中阳爻为偶数二。它们的各自性质怎样呢？阳卦是一主统治二民，这是符合君子之道的；阴卦则是一民事奉二主，这是属于小人之道。

【注释】

[1] 阳卦多阴，阴卦多阳：八经卦除〈乾〉、〈坤〉为纯阳纯阴，其余六卦都是阳中有阴、阴中有阳。〈震〉（☳）、〈坎〉（☵）、〈艮〉（☶）三阳卦皆阳少阴多；〈巽〉（☴）、〈离〉（☲）、〈兑〉（☱）三阴卦皆阴少阳多。

[2] 阳卦奇，阴卦耦："耦"即"偶"。三个阳卦都是一个阳爻，为单数。三个阴卦都是两个阳爻，是偶数。阳卦一阳奇、二阴偶即下文的"一君二民"，阴卦二阳偶、一阴奇即下文的"二君一民"。

[3] 阳一君而二民，君子之道也；阴二君而一民，小人之道也：阳卦一阳爻二阴爻，象征百姓事奉一主，政出一门，此为君子治国之道。阴卦二阳爻一阴爻，象征百姓事奉二主，政出多门，此为小人乱国之道。

➡ 通说

此章论阴阳卦卦爻所象及其意义。

一君一民，政出一门，为治国之道；二君一民，政出多门，此为乱国之道。此先秦黄老道家多有论及。如《黄帝四经·经法·六分》说:"嫡子父,命曰上佛;大臣主,命曰雍塞"、"主两则失其明;男女争威,国有乱兵,此谓亡国",《黄帝四经·称》说"立天子者,不使诸侯拟焉"等。诸侯等拟于天子、后妃与君主分权、大臣行使君主的权力、太子争夺君父的权力,这些都是所谓"二君一民",是亡国之道。

【五】

《易》曰:憧憧往來,朋從爾思[1]。子曰:天下何思何慮[2]。天下同歸而殊塗,一致而百慮。天下何思何慮。日往則月來,月往則日來,日月相推而明生焉。寒往則暑來,暑往則寒來,寒暑相推而歲成焉[3]。往者屈也,來者信也,屈信相感而利生焉;尺蠖之屈,以求信也;龍蛇之蟄,以存身也[4]。精義入神,以致用也;利用安身,以崇德也;過此以往,未之或知也;窮神知化,德之盛也[5]。《易》曰:困於石,據於蒺藜,入於其宮,不見其妻,凶[6]。子曰:非所困而困焉,名必辱;非所據而據焉,身必危[7]。既辱且危,死期將至,妻其可得見邪?《易》曰:公用射隼於高墉之上,獲之無不利[8]。子曰:隼者,禽也。弓矢者,器也。射之者,人也。君子藏器於身,待時而動,何不利之有[9]。動而不括,是以出而有獲,語成器而動者也[10]。子曰:小人不恥不仁,不畏不義[11],不見利不勸,不威不懲。小懲而大戒,此小人之福也。《易》曰:屨校滅趾,無咎[12],此之謂也。善不積不足以成名,惡不積不足以滅身[13]。小人以小善爲無益而弗爲也,以小惡爲無傷而弗去也,故惡積而不可掩,罪大而不可解。《易》曰:何校滅耳,凶[14]。子曰:危者,安其位者也;亡者,保其存者也;亂者,有其治者也[15],是故君子安而不忘危,存而不忘亡,治而不忘亂,是以身安而國家可保也。《易》曰:其亡其亡,繫於苞桑[16]。子曰:德薄而位尊,知小而謀大,力小而任重,鮮不及矣[17]。《易》曰:鼎折足,覆公餗,其形渥,凶[18]。言不勝其任也。子曰:知幾其神乎,君子上交不諂,下交不瀆,其知幾乎,幾者動之微,吉之先見者也,君子見幾而作,不俟終日[19]。《易》曰:介於石,不終日,貞吉[20]。介如石焉,寧用終日,斷可識矣;君子知微知彰,知柔知剛,萬夫之望[21]。子曰:顏氏之子,其殆庶幾乎[22]。有不善,未嘗不知;知之,未嘗復行也。《易》曰:不遠復,無祗悔,元吉[23]。天地絪縕,萬物化醇;男女構精,萬物化生[24]。《易》曰:三人行,則損一人;一人行,則得其友[25]。言致一也[26]。子曰:君子安其身而後動,易其心而後語,定其交而後求,君子修此三者,故全也[27]。危以動則民不與也,懼以語則民不應也,無交而求則民不與也[28]。莫之與,則傷之者至矣。《易》曰:莫益之,或擊之,立心勿恆,凶[29]。

【今译】

　　《周易》的〈咸〉卦九四爻辞说,往来交际,朋友乐于随从。这是什么意思?孔子说天下万事何须思考谋虑?路径有别而归宿相同,谋虑各异而目的一致。天下事又何必思虑呢?这就如同太阳西沉而月亮东升,月亮西沉则太阳东升,日月升沉交替而光明自然产生;也如同寒季过去则暑季到来,暑季过去则寒季到来,寒暑往来更迭而一年四季自然形成。往就是屈缩,来就是伸展,屈伸自然相应便产生好结果。尺蠖之虫通过屈伸而达到伸展,龙蛇通过蛰伏而得以保身。精研社会规律的内蕴并深究自然规律的神奇来指导实践,通过安静修养自身来增广道德;除此而外,不知道还能讲些什么;总之,探究自然规律的神奇以了解社会变动的规律,这是最大的德行。《周易》的〈困〉卦六三爻辞说,困于险境,依于是非之地,结果就如同进入家中而不见了妻子,有凶险。这是什么意思?孔子说穷守于不应穷守的地方,声名必受侵辱;依据于不当依据的地方,生命必有危险。遇到侵辱和危险,离死不远,哪里还能见到妻子呢?《周易》的〈解〉卦上六爻辞说,王公射获了高城之上的猛禽,非常有利。这是什么意思?孔子说隼鸟是禽类,弓箭为器具,执弓箭射隼的是射手。君子能够怀藏器具,待时而动,怎会有不利呢?时至则动而无滞塞,因此一旦动出则有收获,这说的就是先修治好优良的器具然后待机而动的道理。孔子说小人不因为不仁而感到羞耻,不因为不义而感到畏惧,不见到利益就不知勉力,不受到刑罚威慑就不知戒惧。所以说受到小的惩罚从而能防范大的过失,这对小人来说是好事。《周易》的〈噬嗑〉卦初九爻辞说,脚上戴着刑具,被割掉了脚趾,但没有大的灾祸,讲的就是这个意思。此外,善行积累到一定程度就能成就美名,恶行积累到一定程度就会亡身。小人认为小善无益于己而不愿去做,又认为小恶无伤于己而不愿去除,所以最终导致恶德积满而无法掩去,罪行重大而不能解脱。〈噬嗑〉卦上九爻辞说,肩披刑具,被割掉耳朵,遇到凶祸,讲的就是这个意思。孔子说:危难是由于安逸其位而放松警惕,灭亡是由于保守现状而忘记忧惧,祸乱是由于自恃整治而不知戒惕。所以君子安而思危,存而忧亡,治而虑乱,就能够使自身安全并且保有国家。《周易》的〈否〉卦九五爻辞说,时时忧虑良好的局势会失去,这样的话好的局面就能像系缚在密聚的桑树中那样牢固,说的就是这个意思。孔子说:德能浅薄却居位尊显,智慧不足却图谋过分,能力有限却担负重任,这很难避免祸难。《周易》的〈鼎〉卦九四爻辞说,鼎足折断,打翻了肉羹,浑身被沾污,有凶险。这说的就是力不胜任的意思。孔子说,能够体察事物的几先之兆大概也就是把握了宇宙的神妙底蕴。君子与上交往不谄媚,与下交往不轻渎,这个大概就是能够体察几先之兆的表现。所谓几先之兆是指事物变动的细微表现,是事先呈露出的吉凶征候。君子察见几先之兆而立即行动,不过久拖延。《周易》的〈豫〉卦六二爻辞说,身处安逸而如置身于险境中,意识到安逸不会长久存在,占问吉利。能够视居安如履险,那么哪里需要很长时间,很快就会察觉安危转化的几微之兆的。君子察见细微之兆便能明确推知其结果,晓悟阴柔的一面便可推知阳刚的一面,这样的君子为万民所仰望。孔子说:颜回这个人在道德修养方面大概是做得不错的了。行有过失便能察觉,察觉了便不再重犯。《周易》的〈复〉卦初九爻辞说,出行不远就往回返,这样就不至于有什么不好,非常吉利。讲的也就是这个意思。天地阴阳流通交融，使万物化育匀和；雌雄牝牡精气构合，使万物化育长养。《周易》的〈损〉卦六三爻辞说，三人同行，则损失一人而败事；一人独往，则得到友助而事成。这讲的就是专一合作的意义。孔子说君子处境安稳然后有所行动，心平气和而后言语，结成友谊而后求助，君子能做到这三点，其言语行事才万无一失。反之，如果处境危险却要有所行动，则不会得到人民的援助，心怀震惧却发出指令，则不会得到人民的响应。没有交谊却有所求助则不会得到人民的回应；其言行期盼得不到反应，那么就会受到人的伤害了。《周易》的〈益〉卦上九爻辞说，没有人来帮助，反有人来攻击，因为不能恒久确立为善之心，导致了凶祸，这讲的就是这个意思。

【注释】

[1]《易》曰：憧憧往来，朋从尔思：此引〈咸〉卦九四爻辞，见该卦注。后面的"子曰"是从自然感应的角度对此卦做发挥。〈咸〉卦（䷞）九四与初六阴阳爻相感，而"子曰"中的日月、寒暑、屈伸等亦是讲阴阳、进退的自然相感。按：本章论爻辞皆为"《易》曰……子曰"或"子曰……《易》曰"的形式。与〈系上〉直引爻辞而后说明"子曰"的议论形式不同（〈系上〉只有最后一条为"《易》曰……子曰"或"子曰……《易》曰"）。是〈系上〉删去了"《易》曰"还是〈系下〉增出了"《易》曰"，或者〈系辞〉本无确定体例，或者〈系上〉与〈系下〉非一人一时之作，这些问题留待讨论。

[2] 天下何思何虑：天下万事一出于阴阳自然相感而无须人为思

虑。《论语·阳货》"子曰：天何言哉？四时行焉，百物生焉。天何言哉"与此同。〈系上〉十章也说"《易》无思也，无为也，寂然不动，感而遂通天下之故"，与此同。

[3] 日往则月来，月往则日来，日月相推而明生焉。寒往则暑来，暑往则寒来，寒暑相推而岁成焉：此论天道之何思何虑。月寒日暑阴阳相感而明与岁自然生成。

[4] 往者屈也，来者信也，屈信相感而利生焉；尺蠖之屈，以求信也；龙蛇之蛰，以存身也：此论人道之何思何虑。"信"同"伸"。"尺蠖"，以身体屈伸蠕动的毛虫。"蛰"，潜伏。日月之往犹事物之屈退，日月之来犹事物之进伸，屈蛰之与伸存，乃自然相感之理；若人为于屈蛰或人为于伸存，则非也。此正《文子》、《韩非》所谓"欲在于虚而不能虚"之谓。

[5] 精义入神，以致用也；利用安身，以崇德也；过此以往，未之或知也；穷神知化，德之盛也："精义入神"承上文之天道、人道而说。"精义"，精研人道之内蕴。"入"，深入，深究。"入神"，深究天道之神妙。"以致用"，以此来指导实践。"利用安身，以崇德也"谓通过安静修养以增广道德。〈系上〉七章"夫《易》，圣人所以崇德而广业也"，"致用"即此"广业"。"过此以往，未之或知"，谓除致用崇德之外，不知还有什么可说的。"穷神知化"与"精义入神"同，谓探究天道之神妙以了解人道之变动。按：疑"穷神之化，德之盛也"二句当在"过此以往，未之或知也"之上，抑或为衍文。

[6] 《易》曰：困于石，据于蒺藜，入于其宫，不见其妻，凶：此引〈困〉卦六三爻辞，见该卦注。

[7] 非所困而困焉,名必辱;非所据而据焉,身必危:"困",困守,执守。"非"谓不宜。出于自然,则所执守依据者为"宜";出于人为,则所执守依据者为"非"。

[8]《易》曰:公用射隼于高墉之上,获之无不利:此引〈解〉卦上六爻辞,详该卦注。

[9] 君子藏器于身,待时而动,何不利之有:"器"喻修养德能。已有德能,尚需逢时。《孟子》所谓"虽有镃基,不如待时"即此。

[10] 动而不括,是以出而有获,语成器而动者也:"括"谓闭结滞碍。《庄子·养生主》技经肯綮无碍于进刀,因其固然也;此则动而无碍,顺其时宜也。"出",动出。"语"义犹"这是说"。"成器",善器(《礼记·少仪》"毋訾衣服成器",注:"成犹善也")。所谓"工欲善其事,必先利其器"。

[11] 子曰小人不耻不仁,不畏不义:此下先言"子曰"而后言"《易》曰",体例有变。小人不羞耻于行不仁之事,不畏惧于行不义之事,其所惧者刑罚之祸,此即"君子不犯非礼,小人不犯不祥"。

[12]《易》曰屦校灭趾,无咎:此引〈噬嗑〉卦初九爻辞,详见彼注。按:变例后,则下言"此之谓也",示引《易》属上读。

[13] 善不积不足以成名,恶不积不足以灭身:此即《黄帝四经》"观其所积,乃知祸福之乡"。按:此仍论〈噬嗑〉卦而承前文说,故此处省"子曰"。

[14] 何校灭耳,凶:此引〈噬嗑〉卦上九爻辞,见彼注。初九小惩知戒,上九恶积灭身。

[15] 危者,安其位者也;亡者,保其存者也;乱者,有其治者也:这

可以有两种译法：一种译法是：今日之危难是由于昔日安逸其位而放松警惕，今日之败亡是由于昔日苟安现状而忘记忧惧，今日之祸乱是由于昔日自恃整治而不知戒惕。此强调转化之理。另一种译法是：常虑其危则能安其位，常虑其亡则能保其存，常虑其乱则能有其治。此强调知几之理。又按：自此以下文字多不见于帛书〈系传〉而见于帛书〈要〉，文字亦有出入，最明显的是"子曰"作"夫子曰"。

[16]《易》曰其亡其亡，系于苞桑：此引〈否〉卦九五爻辞，详见彼注。此论君子知几而能预防转化。

[17] 德薄而位尊，知小而谋大，力小而任重，鲜不及矣：此说力不胜任之事而〈鼎〉卦九四象之。"鲜"，少。"不及"，不及于祸。

[18]《易》曰鼎折足，覆公𫗧，其形渥，凶：此引〈鼎〉卦九四爻辞，见彼注。按：此处文字不见于帛书〈系传〉而分别见于〈二三子问〉和〈要〉。〈二三子问〉"《易》曰：鼎折足，覆公𫗧，其形渥，凶。孔子曰：此言下不胜任也。非其任而任之，能毋折乎"，〈要〉"夫子曰：德薄而位尊，……鲜不及。《易》曰：鼎折足，覆公𫗧，言不胜任也"。〈二三子问〉先言"《易》曰"而后言"子曰"，与前半章体例同，而作"孔子曰"；〈要〉则先言"子曰"而后言"《易》曰"，与后半章体例同，而作"夫子曰"。

[19] 知几其神乎，君子上交不谄，下交不渎，其知几乎，几者动之微，吉之先见者也，君子见几而作，不俟终日："谄"与"渎"，败事之几。又按：《汉书·楚元王传》引穆生说："《易》称知几其神乎。几者动之微，吉凶之先见者也。君子见几而作，不俟终日"。"吉"下有"凶"字是。"君子上交不谄，下交不渎，其

知几乎"当是衍文或错简("其知几乎"当为"知几其神乎"之误重)。谄与渎与"几"无关,所以《汉书》、帛书〈系辞〉无此三句。下文论〈益〉时有"定其交"、"无交"等语,此处的"上交"、"下交"可能为彼处文字或彼处之注文而错出于此。

[20]《易》曰介于石,不终日,贞吉:此引〈豫〉卦六二爻辞,见彼注。

[21] 介如石焉,宁用终日,断可识矣;君子知微知彰,知柔知刚,万夫之望:"宁",岂。"识",谓察知安危转化的几先之兆。"微"谓事先之兆,"彰"指事后之果。知微便可推及于彰,知柔便可推及于刚,皆知几之妙。

[22] 子曰颜氏之子,其殆庶几乎:"颜氏",颜回,字子渊,孔子弟子,于《史记·仲尼弟子列传》中入"德行"类。"之子",这个人。"殆",大概。"庶几",近于完备、很不错。按:此下至章末,均不见于帛书〈系传〉而见于〈要〉。

[23]《易》曰不远复,无祇悔,元吉:此引〈复〉卦初九爻辞,见彼注。

[24] 天地絪缊,万物化醇;男女构精,万物化生:"天地",指天地阴阳二气。"絪缊"也作"氤氲",指阴阳二气感通交融,犹老子的"惚兮恍兮,恍兮惚兮"。"醇",均匀(焦循说"醇与淳同,不偏化一物也。《史记》言淳化鸟兽虫蚁,亦此义")。〈咸·象〉"天地感而万物化生"、《吕览·贵公》"阴阳之和,不长一类;甘露时雨,不私一物"并是此义。"男女"谓雌雄牝牡。"构精",精气构合。

[25]《易》曰三人行,则损一人;一人行,则得其友:此引〈损〉卦六三爻辞,见彼注。

[26] 言致一也:专一合作。六三与上九阴阳相应,所以说"致一"。

按：章首引〈咸〉卦以证日月相推、屈伸相感之理，此处又引〈损〉卦以明天地氤氲、男女构精之事，因为这两卦阴阳六爻皆有应。

[27] 君子安其身而后动，易其心而后语，定其交而后求，君子修此三者，故全也：" 易"，平和。"全"，安全、万无一失。"定其交而后求"，是说上与下结成交谊而后求助有应，此即《黄帝四经·称》所谓"不受禄者天子弗臣也，禄薄者弗与犯难"（亦见《慎子·因循》）。后引〈益〉卦以证此理，而〈益·彖〉说"损上益下，民说无疆，自上下下，其道大光"，也是讲上下交谊之事。帛书〈要〉作"定其位而后求"（下文作"无立而求"），〈益〉卦上九无位，所以作"定位"、"无位"似可讲通；但本段文字是讲上下相交相应之理，似与"位"无涉，"位"作"立"，"立"为"交"字之形讹。

[28] 危以动则民不与也，惧以语则民不应也，无交而求则民不与也："与"、"应"、"与"及下文"莫之与"之"与"，四字意思无别，皆是回应、响应之义。

[29] 《易》曰莫益之，或击之，立心勿恒，凶：此引〈益〉卦上九爻辞，详彼注。

▶ 通说

本章对十个卦的十一条爻辞进行诠说。

值得留意的是：其一，〈系上〉八章对七个卦的爻辞进行了诠说，其在诠说形式上，二者可以进行比较。其二，本章后半部文字多不见于帛书〈系传〉而见于〈要〉及〈二三子问〉(如释〈鼎〉卦几句文字），在诠说形式上也有区别。

〈系辞〉是综论的性质，包括论述《易》的起源、成卦法及其对部分《易》卦的爻辞进行诠释。

〈系上〉对爻辞的诠释体例是：先引爻辞，再言"子曰"，"子曰"便是对爻辞的诠解。这正与〈系辞〉综论的性质相合。本章前半部及〈易之义〉是"《易》曰……子曰……"的形式，与〈系上〉大体一致（增出"《易》曰"），〈二三子问〉的诠释形式与此也基本一致（只不过"《易》曰"也作"卦曰"，"子曰"则一律作"孔子曰"）。而本章后半部分则都改为"子曰……《易》曰……"的论证形式，帛书〈要〉与此相近（"子曰"也作"夫子曰"）。此是引《易》以证"子曰"，属读《易》心得一类，与〈系辞〉的性质似不相合。

诠释体例的差异，有助于我们对〈系辞〉上、下和帛书〈系辞〉以及〈二三子问〉、〈易之义〉、〈要〉的撰作时间的研究。我们的初步看法是：〈系辞〉的写作也许经历了四个时期。〈系上〉是第一个时期，〈系下〉一部分及〈易之义〉、〈二三子问〉为第二个时期，〈系下〉一部分及〈要〉为第三个时期，今本〈系辞〉做汇总工作则为第四个时期。

【六】

子曰：乾坤，其《易》之門邪[1]。乾，陽物也；坤，陰物也。陰陽合德而剛柔有體，以體天地之撰，以通神明之德[2]。其稱名也，雜而不越，於稽其類，其衰世之意邪[3]？夫《易》，彰往而察來，而微顯闡幽[4]，開而當名辨物，正言斷辭則備矣[5]。其稱名也小,其取類也大[6],其旨遠,其辭文,其言曲而中,其事肆而隱[7]。因貳以濟民行,以明失得之報[8]。

【今译】

孔子说:〈乾〉、〈坤〉两卦,是把握《易》理的门径。〈乾〉为阳物的象征,〈坤〉为阴物的象征。阴阳爻的相互配合便有了刚柔卦体的变化,以此来体现天地化育之功,并会通宇宙的神妙规律。《周易》所指称之事物繁杂而其理不散漫,考察其所述之事则有殷末之迹象。《周易》能够彰明往事而察知来事,它既能从显明的事象中抽象出精微之理,又能使幽隐之事得到阐明;其卦爻辞所陈述的都能做到用恰当的概念来辨析事物,用准确的言辞来判断事理,这些在《周易》中都已完备了。其指称事物所用之概念虽有限,而其所取喻之事类却无限,其旨意深远,辞语讲究,语言委曲而合于事理,所述之事看似直白而义蕴深奥。《周易》便是以此来助民之用,并使人们在实际应用中不断明了得失应验之理。

【注释】

[1] 子曰乾坤,其《易》之门邪:此即〈系上〉"乾坤,其《易》之经与?"按:本章及七、八、九、十、十一章基本上不见于帛书〈系传〉而大都见于〈易之义〉。

[2] 阴阳合德而刚柔有体,以体天地之撰,以通神明之德:"阴阳合德",谓阴阳爻性相配合。"刚柔有体",谓于是有刚柔卦体之变化。此与前文"阳卦多阴,阴卦多阳"相呼应。"撰"字,古人

或训为"数",或训为"事"。按:帛书〈易之义〉作"化",〈系上〉"范围天地之化"与此宜同。盖"化"与"作"形近而初讹为"作"(〈系上〉"坤作成物",《释文》"作,本作化"),汉人又以为"撰作"之义而易为"撰"。

[3] 其称名也,杂而不越,于稽其类,其衰世之意邪:"杂"谓其所指称之事物繁杂。〈系上〉"极天下之赜者存乎卦"即此。"越",散漫、散乱(《左传·昭公四年》注:"越,散也。"),言其理不散乱而能会通。"于",发语辞。"稽",考察。"类",事(《孟子·告子》注:"类,事也。")。"衰世",末世,殷之末季。按:"稽"与"指"古音近相通,帛书〈易之义〉即作"指"。先秦"名"与"指"常对举(《庄子·知北游》:"异名同实,其指一也。"),此似可读为"其称名也杂,而不越于指,其类(下衍"其"字)衰世之意邪",此与下文"其称名也小,其取类也大"相照。

[4] 彰往而察来,而微显阐幽:朱熹认为下句当作"微显而阐幽"以与上句句法相对,高亨以为"微显"当作"显微",即使微者显、便幽者明("阐",明)。按:帛书〈易之义〉亦作"微显"。"微显",是说能从浅显的事物表象中提升出精微的义理。"阐幽",是说能使幽隐之事得以显明。此为《易》之两大功能。

[5] 开而当名辨物,正言断辞则备矣:"开",《韩注》训为"开释卦爻",高亨训为"开《易经》而读之"(汉〈孔雀东南飞〉"视历复开书",则"开"可训为"开视")。按:"开而"可有两解:其一,"开"训为"陈述"(《汉书·邹阳传》注:"开,谓陈说也。"),谓卦爻辞所陈述的都能"当名辨物"("而"犹"能")。其二,准〈系上〉"开物成务"帛书作"古物"("古"同"故",下文《易》之兴也,其于

中古乎"，〈易之义〉"古"即作"故"之讹例，此"开而"似当作"故而"（盖本作"故"，形近而讹为"啟"，因同训又作"开"）。"当名辨物"，用恰当的概念（"名"指概念）来辨析事物。"正言断辞"，用准确的言辞来判断事理。《管子·心术上》"物固有形，形固有名。名当谓之圣人……督言正名，故曰圣人"即此。

[6] 其称名也小，其取类也大："小"谓有限，"大"谓无限。言其指称事物之概念有限而取喻之事类则无限。

[7] 其旨远，其辞文，其言曲而中，其事肆而隐："其旨远，其辞文"谓其意旨深远，其辞语讲究。《论语》"言而不文，行之不远"，《孟子》"言近而指远者，善言也"即此。又按：此"辞"、"旨"盖即前文之"名"、"指"（"稽"）。"言曲而中"，语言委曲而合于事理。"肆"，虞注训为"直"，即直白、直露，言所述之事看似直露而义蕴深奥。"肆而隐"帛书〈易之义〉作"隐而单"（当读为"阐"，明白），与通行本的意思正相反，可译为其述事虽隐晦而道理昭彰，此正与"曲而中"相对。

[8] 因贰以济民行，以明失得之报："贰"字虞翻解为乾坤，朱熹释为"疑"。按："因贰以济民行"，〈易之义〉作"因赍人行"，当从之（今本之"贰"为"赍"字之讹，又衍"以济"二字）。"因"，以。"赍"通"济"，助。"行"，用（《国语·吴语》注："行犹用也。"）。此以助民用即〈系上〉"以前（读为"赞"，助）民用"、"万民以济"。"报"，应验。

➡ **通 说**

本章首言"乾坤"，而接着说"其称名也"，似不衔接，朱熹亦说

"此第六章多阙文疑字，不可尽通，后皆仿此"；"其衰世之意"与"其称名也"亦不相涉（若从〈易之义〉读为"其称名也杂，而不越于指"，则与下句亦不相属）。

本章可说者有如下几点：

其一，三《易》的创作时间：本章提到"衰世"。这里的"衰世"可以理解为即下文的"中古"、"殷之末世，周之盛德，文王与纣之时"，若如此，则此指《周易》（包括卦序、卦爻辞）。但〈系辞〉的卦序不只一种，则"衰世"、"中古"、"殷末周初"似分别暗示夏、商、周，即夏《连山》、商《归藏》、《周易》。《孟子·滕文公》"尧舜既没，圣人之道衰"，同书〈万章〉"至于禹而德衰"，则"衰世"指世道衰微的夏世。〈系上〉撰构出单卦、重卦兴于伏牺、神农、黄帝尧舜三阶段的传说体系，〈系下〉则撰构出三《易》卦爻辞兴于衰世之夏、中古之殷、盛德之周三阶段的传说体系。二者亦相映成趣。

其二，有几处"不可尽通"的文字如"以体天地之撰"（当从帛书作"以体天地之化"）、"其称名也，杂而不越，于稽其类"（似可从帛书读为"其称名也杂，而不越于指"，"其类"属下读）、"开而当名辨物"（朱熹疑"而"字有误，据帛书与今本相讹例当作"故而当名辨物"）、"肆而隐"（可从帛书作"隐而阐"）等等，根据帛书颇可校正疏通。

其三，本章"名"字三见，似有名指论、名实论（"当名辨物"，"物"即实）等名家的意味，包含有利用概念进行推理判断的形式逻辑思想，"其称名也小，其取类也大"则进一步标榜《易》的超越以往"书不尽言"的功能。包括名家在内的诸家思想对《易》的染指由此可见一斑。

【七】

《易》之興也,其於中古乎[1],作《易》者其有憂患乎[2]?是故〈履〉,德之基也[3]。〈謙〉,德之柄也[4]。〈復〉,德之本也[5]。〈恆〉,德之固也[6]。〈損〉,德之修也[7]。〈益〉,德之裕也[8]。〈困〉,德之辨也[9]。〈井〉,德之地也[10]。〈巽〉,德之制也[11]。〈履〉和而至[12]。〈謙〉尊而光[13]。〈復〉小而辨於物[14]。〈恆〉雜而不厭[15]。〈損〉先難而後易[16]。〈益〉長裕而不設[17]。〈困〉窮而通[18]。〈井〉居其所而遷[19]。〈巽〉稱而隱[20]。〈履〉以和行[21]。〈謙〉以制禮[22]。〈復〉以自知[23]。〈恆〉以一德[24]。〈損〉以遠害[25]。〈益〉以興利[26]。〈困〉以寡怨[27]。〈井〉以辨義[28]。〈巽〉以行權[29]。

【今译】

《周易》卦爻辞的创作大概是始于中古时候,创作者大概是怀有某种忧患意识罢。所以〈履〉卦是建立修德的根基。〈谦〉卦是决定修德的柄把。〈复〉卦是体现修德的根本。〈恒〉卦表现修德的牢固程度。〈损〉卦是德行美好的体现。〈益〉卦反映美德充裕。〈困〉卦是道德修养的检验。〈井〉卦是美好德行的大本营。〈巽〉卦是体现自制力的道德修养。〈履〉卦是通过和悦来实现道德修养的。〈谦〉卦是说虽身处尊贵而仍能光大谦虚的美德。〈复〉卦是说能察知几微而分辨物理。〈恒〉卦是说能长守美德而无穷已。〈损〉卦是说明自我减损的过程先难而后易。〈益〉卦是讲美德长久充裕而非预设机心求取。〈困〉卦是讲处穷守德而终必亨通的道理。〈井〉卦是讲坚守道德之地而不随俗移志。〈巽〉卦是讲权衡时势而韬光养晦。〈履〉卦可以调和人的行为。〈谦〉卦可以控制人如何守礼。〈复〉卦可以促进人自我省知的能力。〈恒〉卦可以培养人慎终如始的美德。〈损〉卦可以使人远离祸害。〈益〉卦可以使人获得道德充裕的利益。〈困〉卦可以培养人身处逆境而不怨天尤人的品德。〈井〉卦可以用来检验人对道德遵守的情况。〈巽〉卦可以培养人权宜制变的能力。

【注释】

[1]《易》之兴也,其于中古乎:"《易》"指《易》的卦爻辞。"兴",创作。"中古",旧释为即上章的"衰世"及十一章的殷周之际。按:〈系上〉论六十四卦的创作为三阶段,此则论六十四卦卦爻辞的创作时代次序。既是揣测之词,则把衰世、中古、殷末周兴理解为夏《连山》、殷《归藏》及《周易》也不是绝对不可以的。

[2] 作《易》者其有忧患乎:按:上章言"衰世"而不言"忧患",则"衰世"与"中古"看来所指不同。下面列举的九卦与忧患意识也并无内在联系,因此这句话放在这里很可疑。有可能是秦汉人杜撰"文王囚而演周易"的十一章文字错入此章中。

[3] 是故〈履〉,德之基也:此读"履"为"礼"(与〈象传〉、《文子》同)。遵礼而行,是修德之根基。按:以下便是所谓的"三陈九德"。然而〈易之义〉在此句之上有"上卦九者,赞以德而占以义者

也"两句文字。"上"同"尚",义犹重要。言《易》中重要的卦有九个,以下的"一陈"是"赞以德",二陈、三陈则是"占以义"。

[4] 〈谦〉,德之柄也:人能谦虚,则犹执道德之柄把(〈说卦〉"艮为手",〈谦〉卦上〈坤〉下〈艮〉,故此以"柄"喻)。

[5] 〈复〉,德之本也:意识到行为有过而及时复返于正道,此为修德之根本。此与〈复〉卦初九"不远复,无祗悔"及五章释〈复〉卦初九的"有不善未尝不知,知之未尝复行"相一致。此与〈象传〉的"七日来复,天行也"、"复,其见天地之心乎"及道家的"观复"、"既雕既琢,还复于朴"的天道、人道之"复"可能也有联系。

[6] 〈恒〉,德之固也:"恒",久也(〈恒·象〉)。"德之固"及下文"恒以一德"都是"君子以立不易方"(〈恒·象〉)的意思。

[7] 〈损〉,德之修也:"修",美善。损己以予人、损己之不善以向善(〈损·象〉:"君子以惩忿窒欲。"),都是德行修美的体现。

[8] 〈益〉,德之裕也:"益",以己之物增益别人,此"益"之一义;施物于人而自己在道德上获得充实,此"益"之二义。老子说"既以与人己愈多"(《老子·八十一章》),"多"即"裕",谓道德充裕也。帛书〈易之义〉"裕"字作"誉",与〈象传〉"中正有庆"(即有庆誉)、九五〈小象〉"惠我德,大得志也"有合。

[9] 〈困〉,德之辨也:"辨"即"君子小人之辨"的"辨",分辨、检验。君子处困而不失所守,小人则否(《论语》所谓"君子固穷,小人穷斯滥矣")。此即〈象传〉的"困而不失其所,亨,其唯君子乎"?

[10] 〈井〉,德之地也:井水养人无终已之时(〈井·象〉:"井养而不

穷。"),此正犹"坤厚载物,德合无疆"(《坤·象》),所以说"〈井〉,德之地也"。

[11]〈巽〉,德之制也:巽谓逊让柔顺,以柔逊培养自制力。〈易之义〉"巽"讹为"涣",盖由卦画相近。

[12]〈履〉和而至:按:以上为"一陈",即"赞以德";自此至章末之"二陈"、"三陈"为"占以义",因此〈易之义〉在此句上有"是故占曰"四字。赞德是言其性,占义是论其理。"和",和悦、柔和。"至",达到修养道德的目的。〈履〉卦下〈兑〉上〈乾〉,兑谓和悦,即〈象传〉"柔履刚也,悦而应乎乾"。

[13]〈谦〉尊而光:虽处尊贵而仍能光大谦德;与此相反的,则是"富贵而骄"。

[14]〈复〉小而辨于物:"小"谓初始几微。"物",物理、事理。〈复〉卦于初九过之微小时即能及时察知而复返于正道,即是"小而辨于物"的意思。

[15]〈恒〉杂而不厌:"杂"与"匝"通,周遍持久(王引之亦读"杂"为"匝")。"厌"可训为倦怠,亦可训为终止。〈象传〉"恒久而不已"即此"匝而不厌"。按:帛书"杂"作"久",更切原义。"久而不厌"即"久而不已"。此言〈恒〉卦是讲长守美德而无穷已之时。"久"与"德之固"的"固"相照(《汉书·礼乐志》集注:"久,固也。")。

[16]〈损〉先难而后易:愤欲之情人所固有,故初损之为难;修损之道既成习性,故其后为易。此君子之道也。反之,有初无终、始易终难,则小人之道也(《二三子问》"卦曰:小狐涉川几济,濡其尾,无攸利。孔子曰:此言始易而终难也,小人之贞

也")。

[17]〈益〉长裕而不设:"长裕",谓美德长久充裕。"不设",是说此令德美誉非预设机心求取来的。预置机心以求名利为"设"(《管子·心术上》"无藏则奚设矣。无求无设则无虑"、《文子·符言》"无思虑也,无设储也"并为此"不设"之义)。"而不设",〈易之义〉作"而与"。

[18]〈困〉穷而通:"通",不穷。身穷而志不穷、守志修德则终必亨通。

[19]〈井〉居其所而迁:按:"而"下当脱"不"字。"而"与"不"形近而抄漏。"居其所而不迁"即〈井·象〉"改邑不改井,乃以刚中也"("迁",改变)。世俗改易而井道养人之德不迁。

[20]〈巽〉称而隐:"称",称量、权衡。"隐",退藏。〈巽〉卦柔在刚下(☴),当知称量时势而退藏于密。初六"进退,利武人之贞"即是斯义。〈易之义〉说"涣〈巽〉之象辞,武而知安"也是这个意思。"隐"字,〈易之义〉作"敉",《说文》"敉,止也"。谓有所权衡,知时而止。

[21]〈履〉以和行:"和",调和、调制使和。

[22]〈谦〉以制礼:"制礼",谓控制人在各种情形下都能守礼。具体说,人处尊贵时而仍能光大谦德,人处卑贱时而他人不可凌辱,此即〈谦·象〉所说的"谦,尊而光,卑而不可逾也"。

[23]〈复〉以自知:"自知",培养自我省知的能力。

[24]〈恒〉以一德:"一德",守持美德始终如一,即〈恒·象〉"君子以立不易方"。

[25]〈损〉以远害:祸害由不善所致。不善之德既损,则祸害亦远

离。

[26] 〈益〉以兴利：道德充裕之利由益人而起，即老子"既以与人己愈多"。此"利"非〈系上〉"斫木为耜，揉木为耒，耒耜之利，以教天下，盖取诸〈益〉"的物质利益。

[27] 〈困〉以寡怨："寡怨"谓虽处困境，而能乐天知命、不怨天尤人。〈彖传〉的"险以悦"、〈象传〉的"致命"即此。

[28] 〈井〉以辨义：施养而无已，不随俗而移志，是〈井〉之道义所在。

[29] 〈巽〉以行权："权"与"〈巽〉称而隐"的"称"义同，权宜制变。柔在刚下，能以退制进，是善权宜也（初六"进退，利武人之贞"）。

◆ 通 说

本章论述《周易》中重要的九个卦的德义，今本〈系辞〉及〈易之义〉的"作《易》者其有忧患乎"这一句前后不衔接，可能是他章文字错简于此。今本〈系辞〉脱去了〈易之义〉"上卦九者，赞以德而占以义"两句。〈系上〉与〈系下〉共有四处涉及卦的次序，〈系上〉八章是〈中孚〉、〈同人〉、〈大过〉、〈谦〉、〈乾〉、〈节〉、〈解〉，〈系下〉二章是〈离〉、〈益〉、〈噬嗑〉、〈乾〉、〈坤〉、〈涣〉、〈随〉、〈豫〉、〈小过〉、〈睽〉、〈大壮〉、〈大过〉、〈夬〉，五章是〈咸〉、〈困〉、〈解〉、〈噬嗑〉、〈否〉、〈鼎〉、〈豫〉、〈复〉、〈恒〉、〈损〉、〈益〉、〈困〉、〈井〉、〈巽〉。我们可以发现，各卦排列的先后次序只有〈系下〉七章及〈易之义〉多次涉及的各卦次序与今本《易经》一致，属揲蓍法的成卦系统。〈系下〉五章包括〈鼎〉、〈复〉、〈损〉、〈益〉与〈要〉完全一致。至于〈系上〉八章与

〈系下〉二章的次序则与今本、帛本《易经》都不相同，而传说的《连山》、《归藏》之次序亦不可考，不知它们有没有联系。

〈易之义〉及全章与〈要〉联系密切，〈要〉篇"文王仁，不得其志以成其虑，纣乃无道，文王作，讳而避咎，然后《易》始兴也"与〈易之义〉及本章"作《易》者其有忧患乎"一致；〈要〉篇"子曰：《易》，我复其祝卜矣，我观其德义耳也"即〈易之义〉的"赞以德而占以义"。而〈要〉篇既说"尚书多阙矣，周易未失也"，则此皆成于秦火之后是明显的。

《易》之兴也，或言衰世，或言中古，或言殷末周兴，其时不一，叶适说《易》之或远或近，不能自必其时也，皆以意言之而已"。由夏、商、周的传说时间的不同，便有了《连山》、《归藏》、《周易》的三《易》说法，而所谓三《易》亦由"国各为繇"的缘故，叶适说"韩宣子聘鲁，见易象与鲁春秋（按：事见《左传·昭公二年》）。然则当时国各为繇，而周易之不见者多矣"（见叶适《习学记言序目》）。

另外，三次出现的"〈巽〉"字〈易之义〉均作"涣"，从"称而隐"、"以行权"等看，"涣"显然应是"巽"字之讹（"涣"也作"奂"，形与"巽"近，两卦之卦画亦相近）。但此章之后紧接着"巽（〈易之义〉作"涣"）以行权"的，在〈易之义〉中尚有"子曰涣而不救，则比矣"。这很令人费解：

其一，这里多出"子曰"。

其二，这是承前文"涣称而救"（〈系辞〉"〈巽〉称而隐"）而说。

其三，〈缪和〉释〈涣〉卦"涣其群"为"散其群党"，并说"夫群党朋……比(周)相誉，以夺君明"，可见〈易之义〉可能确本作"涣"而非"巽"字的讹写。"涣而不救则比"是说〈涣〉卦讲论君主不行使权力制止("救",止也)群党则小人将比周为奸。这与"涣以行权"可以联系上,但与"称而隐"则绝无关系。

〈易之义〉汇杂两说而致前后矛盾,其可信度是可以商量的。

【八】

《易》之爲書也不可遠,爲道也屢遷[1]。變動不居,周流六虛;上下無常,剛柔相易;不可爲典要,唯變所適[2]。其出入以度,外內使知懼[3]。又明於憂患與故,無有師保,如臨父母[4]。初率其辭,而揆其方,旣有典常[5]。苟非其人,道不虛行[6]。

【今译】

《周易》一书很难探究清楚,它所体现的阴阳之道处于不断变化中。卦爻运动不止,循环运行于各爻爻位之间;上下往来没有定规,阴阳刚柔相互变化;不要视为固定模式,而要跟着变化走。然而六爻往返都有内在法度制约,内外卦组合皆有内在规矩支配。它能使人明了忧患之事,虽无师保教诲,却如亲聆父母之教。初时仅遵其辞占,继而更揆度其旨归,则会发现它们都有规律可循。但若非贤明之人,则《易》道不妄为其所用。

【注释】

[1]《易》之为书也不可远,为道也屡迁:"不可"义犹不能、很难。

"远",究极、探究(《淮南子·说山训》注:"远,极也")。"不可远"〈易之义〉作"难前","前"读为"赞",探明(〈说卦〉王弼注:"赞,明也")。"道"即阴阳变化之道。〈易之义〉开篇说"《易》之义唯阴与阳,六画而成章",与此先言阴阳之道而继言六爻之次序同。

[2] 变动不居,周流六虚;上下无常,刚柔相易;不可为典要,唯变所适:此论六爻之变动,就其现象而言,其无定则。"不居",不止。"六虚",指六爻之位。六爻所成之卦象宇宙太虚,故言"六虚"。"上下",爻之往返。"典要",犹言固定模式。"适",从、随往。"唯变所适",犹言跟着变化走。

[3] 其出入以度,外内使知惧:朱熹说"此句未详,疑有脱误"。按:"以"犹"有"。〈易之义〉作"出入有度,外内皆瞿"。"出入",六爻的往返(《楚辞·国殇》"出不入兮往不返","出入"与"往返"换文同义)。"外内",外内卦的组合。"惧"与"度"对举,疑"惧"当为"戄",与"度"同义("惧"〈易之义〉作"瞿",当为"蒦"字之讹,读作"戄"。《周礼·甸师》《释文》"攫,或作搚"。《周礼·乡大夫》《释文》"戄,又作瞿"),《诗·小雅·楚茨》"礼仪卒度,笑语卒获"("获"即"矩戄"之"戄"),正是"度"、"戄"对举,与此同。此论六爻及外内卦变动,是就其理而言,其有法度规矩。

[4] 又明于忧患与故,无有师保,如临父母:"故",事。〈易之义〉作"又明于患故"。"师保",家庭教师(《礼记·文王世子》:"入则有保,出则有师,是以教喻而德成也。")。"如临父母",〈易之义〉作"亲如父母"。言《易》之所告之事令人警醒,虽无师保之

诲，而如亲聆父母之教。

[5] 初率其辞，而揆其方，既有典常："率"，遵循。"方"，旨归。"既"同"即"，则。此言初学者但遵其辞占行事，继而不断揆度其旨归，则可发现其皆有规律可循。"既"，尽、皆。〈易之义〉"既有典常"作"无有典常"。"无"当是"既"字之缺讹。

[6] 苟非其人，道不虚行："苟"，如果。"虚"，虚妄、随便。"行"，用。此言苟非知《易》之人，则《易》道不妄为其所用。按：〈易之义〉此下尚有"□（按：当为"苟"字）无德而占，则《易》亦不当"两句。此承上而说，言苟非有德之人，则即便占用《易》卦亦不准确。

■ 通 说

本章论变与不变的辩证规律。

就其现象而言，动而无常，即所谓变易；就是理而言，静而有度，即所谓不易。初之习《易》者，但见动而无常之现象，故只能率循其辞占；而习《易》既深，则可洞见静而有度之理，故能揆度其方而唯变所适，遂得因物应变之道。

【九】

《易》之爲書也，原始要終以爲質也，六爻相雜，唯其時物也[1]。其初難知，其上易知，本末也[2]。初辭擬之，卒成之終[3]。若夫雜物撰德，辨是與非，則非其中爻不備[4]。噫亦要存亡吉凶,則居可知矣[5]。知者觀其彖辭,則思過半矣[6]。二與四同功而異位,其善不同,二多譽,四多懼,近也[7]。柔之爲道,不利遠者,其要無咎,其用柔中也[8]。三與五同功而異位,三多凶,五多功,貴賤之等也[9]。其柔危,其剛勝邪[10]。

【今译】

　　《周易》一书是以推原事物起始而预测其终局为本质的,六爻相互错杂也都是顺其时宜而辨别事理。初爻象征之事隐微而难知,上爻象征之事彰显而易知,这就如同了解一件事情的开头和结尾。初爻的爻辞对全卦做出拟测,到了上爻就可以成就全卦的终极涵义。至于错综爻画以确定卦德,辨别是非与否,则非中间四爻不能完备。初爻是最重要的,掌握了它,那么存亡吉凶之事就将把握住了。聪明的人具体考察一下卦辞和爻辞,那么对《周易》所陈说的思想就可以领会多半了。二爻与四爻同具阴柔功能但处位不同,因此好坏也就不一样,二爻多美誉,四爻多戒惧,这是由于与五爻或远应或近逼的缘故;就阴柔道理而言,近逼于尊位是不利的,若欲求无咎,当以柔位居中。三爻与五爻同具阳刚功能但处位不同,因此遭遇也就不一样,三爻多凶险,五爻多事功,这是由于贵贱等差不同的缘故;一般说来阴爻居刚位有危险,阳爻居刚位则可胜任。

【注释】

[1]《易》之为书也，原始要终以为质也，六爻相杂，唯其时物也："原"，溯原、推原。"要"，约、预测。"质"，实质、本质。"时物"，随其时位不同而分辨其不同事理(《周易浅述》释为"随其时而辨其物")。按："《易》之为书也"五字〈易之义〉作"《易》之义"。此上尚有"(苟)无德而占，则《易》亦不当"两句。前文有"赞以德而占以义"，此处又是以"义"、"占"相应。"义"，大义、要义。以下对六爻功能概要性的介绍，相当于《易》的部分义例。

[2]其初难知，其上易知，本末也："初"，初爻。初爻象事物几微之时，故难知。"上"，上爻。上爻象事物彰显之时，故易知。"本末"，始末。一件事情处于起始时，难以对全过程进行分析。按：此三句〈易之义〉作"其初难知而上易知也，本难知而末易知也"。又按：此与帛书〈系传〉第五章在意思上相承接(五章章末"君子知微知彰"即此"难知易知")。

[3]初辞拟之，卒成之终："初"即上文之"初"。"初辞"，初爻爻辞。"拟"，拟测一卦所象事物之全过程。"卒"犹上文之"上"，指上爻爻辞。〈易之义〉作"初如拟之，敬以成之，终而无咎"。按："辞"、"如"似皆当作"始"。此二句疑本作"初始拟之，卒终成之"，言初爻开始对全卦做拟测，上爻最终完成对全卦的判定。

[4]若夫杂物撰德，辨是与非，则非其中爻不备："若夫"犹言"至于"。"物"指爻画(物以爻象，故爻曰物，下章"爻有等，故曰物")。"杂物"，错综爻画(或以为即指爻画互体，张政烺曾以出土的四画数字卦证明古确有互体一说)。"撰德"，确定卦德

(《广雅·释诂》四"撰,定也")。"中爻",一卦中间的二、三、四、五爻。"则非"之"非",帛书〈系传〉作"下"。按:"下"当作"不",与"匪"通(《易·损》上九王弼注"不制于柔",《释文》"不制,一本作下制"。〈离〉卦"获匪其椎",帛书"匪"作"不"),"匪"即"非"。初爻与上爻均不能错综互体,所以说"若夫杂物非中爻不备"。

[5] 噫亦要存亡吉凶,则居可知矣:"噫"王引之说读为"抑"(《诗·十月之交》笺:"抑之言噫")。此处当有讹字,帛书作"初大要,存亡吉凶,则将可知矣",当从帛书。"亦"字为"大"字之讹。今本〈系辞〉八章"初率其辞",〈易之义〉"初"讹作"印",与此处帛书作"初"而今本讹作"噫"正相同。"印"即"抑"字之讹。盖"初"字"刀"旁左置则与"依"形相近,"依"与"噫"、"抑"为一声之转。"初大要",是说初爻非常重要。此正紧承上章(帛书五章)"见几"、"知微"而说。作者之意,初上两爻侧重于"知吉凶",中间四爻侧重于"辨是非"。

[6] 知者观其彖辞,则思过半矣:"彖辞",卦爻辞(郑玄注引师说谓指〈爻卦之辞"。〈易之义〉"涣〈巽〉之彖辞,武而知安",这是就〈巽〉卦初六爻辞"进退利武人之贞"而说。可见秦汉之际亦称爻辞为"彖辞")。"思",指对《周易》所陈说之内容的思考领悟。〈易之义〉作"说过半矣"。

[7] 二与四同功而异位,其善不同,二多誉,四多惧,近也:二与四同为柔位,阴柔功能相同,所以说"同功"。二处下卦中位,四处上卦初位,所以说"异位"。"善",好。在这里兼好坏而言。二居下卦中位,多有美誉;四处上卦初位,多有戒惧。"近也",

高亨疑当作"远近也",可从。此与下文"贵贱"相照。下文不单言"贵也",则可知此处亦不当单举"近也"。此"远近"即十二章"远近相取"之"远近"。二之所以多誉,因远应于五;四之所以多惧,因近逼于五。按:自此至章末,疑皆当在"非其中爻不备"之下,为经师对"中爻"的解说。

[8] 柔之为道,不利远者,其要无咎,其用柔中也:"远"疑当作"近"(《大戴礼记·曾子立事》注:"远,当字误为近"),承上文"远近"之"近"而说,谓近逼于尊位五,指四。"要",求(《孟子·告子》注:"要,求也。")。"柔中",柔位居中,指二。

[9] 三与五同功而异位,三多凶,五多功,贵贱之等也:三与五同为刚位,阳刚功能相同,所以说"同功"。三处下卦之上位,五处上卦之中位,所以说"异位"。按:〈易之义〉在"异位"下有"其过□□"四字,当从之。此与上文"其善不同"相对。此当作"其遇不同"。"过"为"遇"字之讹("过"与"遇"在今本及帛书《易传》中常常互讹),遭遇、境遇。三居下卦之极,故多凶;五居一卦尊贵之中位,故多功。五之多功、三之多凶,是贵贱等差不同的缘故。

[10] 其柔危,其刚胜邪:"柔"指阴爻,"刚"指阳爻。阴爻居三、五刚位则因才不胜任而有危险,阳爻居三、五刚位则因才能胜任而无咎害(或可释为:阴爻居三位则危,阳爻居五位则胜任)。

▶ 通 说

本章论六爻爻位性质与作用的异同,带有义例的性质,这段文字起首的"《易》之为书也"在〈易之义〉中作"《易》之义",可能即是出于这样的理解。

本章文字在帛书〈系传〉中仅有中间几句。这有两种可能:一种是帛书〈系传〉抄漏了前半和后半。另一种是〈易之义〉及今本〈系辞〉的前半是推衍"初"("初大要")而后半是推衍"中"("中爻不备")。但〈易之义〉所有文字一律不见于帛书〈系传〉,所以抄漏的可能性太小。

我们可以设想一种圆通的解释,即〈系辞〉经历了几个陆续纂作的时期,帛书〈系传〉可能为第一个时期,而〈易之义〉肯定不是第二个时期,应是第三时期,理由很多,比如:三次出现的"易曰",所引"二与四同功"等等,从论述形式看,这个"二与四同功"之类的"易曰"绝不可能是《易传》中〈彖〉、〈象〉、〈说卦〉等文字,只能是带有通论性质的〈系传〉中的文字,而它们又不见于帛书〈系传〉,所以可以设想这部分文字应是〈系传〉第二阶段所创作的。第四时期今本〈系辞〉汇纂时删掉了带有明显的引证推衍痕迹的"《易》曰"等字样,同时增益出十章、十一章等文字。

另外,从〈易之义〉前文"赞以德而占以义"("赞",明。"占",数)来看,〈易之义〉这类以阐明卦德而论数卦义为宗旨的《易》说当与著录中〈易赞〉、《易论》之类的撰作相近。

【十】

《易》之爲書也,廣大悉備。有天道焉,有人道焉,有地道焉,兼三才而兩之,故六。六者非它也,三才之道也[1]。道有變動,故曰爻[2]。爻有等,故曰物[3]。物相雜,故曰文[4]。文不當,故吉凶生焉[5]。

【今译】

《周易》所包含的道理,广大周备。它包含有天地法则和人类规律,把象征天地人的三道儿重叠起来就成为了组合《易》卦的六道儿,这六道儿不是别的,仍然是象征天地人的道理。天地人的道理都在变化运动,所以仿效这种变动规律的六道儿就称为卦爻。卦爻与千差万别的事物一样也有等差,所以也称为物。卦爻错杂交互,所以也称为爻画。爻画所处时位的得当与否,便产生了或吉或凶不同的结果。

【注释】

[1] 有天道焉,有人道焉,有地道焉,兼三才而两之,故六。六者非它也,三才之道也:单卦三画,由上至下,上画象天道,中画象人道,初画象地道,此三画即天、人、地"三才"的象征。三画重叠,则成为组合重卦的六画。这六画仍然是象征天、人、地三才,即上、五象天道,四、三象人道,二、初象地道。按:这里有两个问题应该指出:一个是先秦提到"三道"均为天、地、人的次序,如《老子》、《黄帝四经》,还包括〈易之义〉("立天之道"、"立地之道"、"立人之道",〈说卦〉同)、〈要〉("故《易》有天道焉"、"有地道焉"、"有人道焉")等,汉以后才有了天、人、地或地、人、天这样的次序(如今本〈系辞〉及《京氏易》)。另一个是"三才"的问题("才"后来也写成"材"、"财")。"才"在这里很

不好解释。〈系上〉"三极之道"的"三极"我们可以解释为三个至大至极,这可以从老子的"三大"(天大地大人亦大)中找到依据。这里为什么又出来个"三才"?我们怀疑这可能也如"三道"的次序一样是受了汉人的影响。汉人习惯释"极"为"中",如《尚书·洪范》"建用皇极",孔传"皇,大。极,中"。又如郑玄注"太极"时说"极中之道,淳和未分之气也"。再如《汉书·律历志》说"太极元气,函三为一,极,中也。元,始也"、"太极,中央元气",等等。汉人既习惯释"极"为"中",则可能就把"三极之道"理解为三个中正之道。"三才"可能本写作"三中",是"三极"的另一种说法而已。《淮南子·主术训》"人有其才,物有其形",在帛书《黄帝四经·十大经·果童》中"才"即形讹为"中"。

[2] 道有变动,故曰爻:"道"即"三才之道"的"道",指天地法则和人类规律。天地人的道理在运动变化中,而《易》卦的六画即是仿效这种变化的,所以这六画就称为"爻";"爻"与"效"读音相近。

[3] 爻有等,故曰物:"等",等差。爻由初至上,有贵贱等差的不同;而这种等差正是效仿万物之等差。由于这个共性,所以爻也称为物。"物"在〈系辞〉中的确兼有事物及爻画双重涵义。

[4] 物相杂,故曰文:"物"即爻。物象错杂而成天文人文(〈贲·象〉"观乎天文以察时变,观乎人文以化成天下"),而卦爻错杂即象天地之道(〈系上〉十章"参伍以变,错综其数,通其变,遂成天地之文"),又有如文画(《说文》"文,错画也"),所以爻不但可称物,亦可称为画。〈易之义〉及〈说卦〉说"六画而成卦"

即六爻而成卦。本章之"文"即"六画"之"画"。

[5] 文不当,故吉凶生焉:"文"即爻。"文不当"即"文有当有不当"的省文(高亨以为当作"文当不","不"犹"否")。"当"谓当位得时。当位得时则吉,否则不吉。〈象传〉释"吉"时多言"当也"、"时也",言"凶"则言"不当也"、"失时也"。

➡ 通 说

本章言六爻所象以及不同的称呼。

这里的六爻三才是对〈系上〉"六爻之动,三极之道也"的申述。爻又称物、文与上章"杂物撰德"及〈易之义〉"六画成卦"(〈说卦〉同)有联系。

本章天、人、地的三道次序是汉代《易》学家的习惯,与先秦及〈易之义〉、〈要〉的天、地、人次序判然有别。

〈彖〉、〈象〉释卦爻辞习用"中正"一词,汉人又习惯以"中"释"极",或许由于这个缘故,"三极之道"又表述为"三中之道",后又形讹为"三才之道",以后"三才"之说确定下来,而三极、三中遂泯。

【十一】

《易》之兴也,其当殷之末世,周之盛德邪,当文王與紂之事邪[1]。是故其辭危[2]。危者使平,易者使傾[3]。其道甚大,百物不廢[4]。懼以終始[5],其要無咎,此之謂《易》之道也。

【今译】

《周易》卦爻辞大概创作于殷朝末年,也就是周族盛大德业正在兴建之时,反映周文王与殷纣王之间的事情。所以卦爻辞多危惧之意。危惧戒慎使人平安,慢易骄倨使人倾覆。这个道理具有普遍意义,万物皆可赖以长兴不废。自始至终保持惕惧,乃可求得无咎,这即是《周易》所要阐述的道理。

【注释】

[1]《易》之兴也,其当殷之末世,周之盛德邪,当文王与纣之事邪:〈系辞〉作者见卦爻辞多危惧之义,故揣测其制作之时当殷末周初,所反映之事为文王与纣。文王危惧,故周道坦坦;殷纣慢易,故殷道倾颓。

[2] 危:危惧戒惕。

[3] 危者使平,易者使倾:危惧者可使最终平安,慢易者可使最终倾覆。

[4] 废:废坏、倾覆。

[5] 惧以终始:危惧在于终始如一,先惧后易,不能"使平"而难免于倾废。

➡ 通 说

本章为〈系下〉第三次揣测《易》的卦爻辞制作时代。〈系辞〉作者忧患危惧之心耿于心怀,盖由秦之覆倾所刺激而使然也。证之于帛书〈要〉:"尚书多阕矣,周易未失也……纣乃无道,文王作,讳而避咎,然后易始兴也……〈益〉之始也吉,其终也凶;〈损〉之始凶,其终也吉……此谓《易》道"。"危者使平,易者使倾"像是论〈否〉〈泰〉,也像是论〈损〉〈益〉。无论怎样,〈系下〉与〈要〉是有联系的;并且撰作不早于秦。

【十二】

夫乾,天下之至健也,德行恆易以知險;夫〈坤〉,天下之至順也,德行恆簡以知阻[1]。能說諸心,能研諸侯之慮[2],定天下之吉凶,成天下之亹亹者[3]。是故變化云爲,吉事有祥[4]。象事知器,占事知來[5]。天地設位,聖人成能;人謀鬼謀,百姓與能[6]。八卦以象告,爻彖以情言[7]。剛柔雜居而吉凶可見矣[8]。變動以利言,吉凶以情遷[9]。是故愛惡相攻而吉凶生,遠近相取而悔吝生,情僞相感而利害生[10]。凡《易》之情,近而不相得則凶,或害之,悔且吝[11],將叛者其辭慙,中心疑者其辭枝[12],吉人之辭寡,躁人之辭多[13],誣善之人其辭游,失其守者其辭屈[14]。

【今译】

乾道是天下至为刚健的,它的特性常常是让人在平易中意识到险难;坤道是天下至为柔顺的,它的特性往往是使人在简约中意识到阻难。以乾坤为代表的《易》道可以愉悦诸侯的心思,也能够筮决诸侯的疑虑,判定天下的吉凶,成就天下芸芸众物。所以阴阳变化之道有所运作,吉祥之事便有所显现。《周易》通过模拟事物可以使人晓悟器物如何制作,人们通过占卦可以懂得未来怎样发展。〈乾〉、〈坤〉两卦的确立,可以帮助圣人成就事功;无论是圣人的智慧筹画还是卜筮的占断谋虑,事功的创建还需要百姓的参与。八卦通过卦象爻象的组合变动告人利害之事,卦辞爻辞通过事理的变化转移告人如何趋吉避凶。阴阳爻错杂交互,吉凶的道理便可以显现出来。变化运动是否得当是以利不利而论定,结局是吉是凶是以合不合道理而推移。爱与恶的是否冲突,便有了吉凶与否的产生;远与近的是否相得,便有了悔吝与否的出现;情实与虚伪如何相感,便有了利害与否的产生。根据《周易》可以窥知问蓍者的内在情绪,比如包藏反叛之心的则词句紊乱混杂,内心疑惑的则词句支吾不清,吉善之人则词句简约,焦躁之人则词句繁复,诋毁善人者则词句虚浮游移,丧失操守的则词句屈曲梗塞。

【注释】

[1] 夫〈乾〉,天下之至健也,德行恒易以知险;夫〈坤〉,天下之至顺也,德行恒简以知阻:此申说〈系上〉一章"乾以易知,坤以简能"及〈系下〉一章"夫乾,确然示人易矣;夫坤,隤然示人简矣"之意。"知险",兼有告知险难和告知处险之道这样的双重涵义。"知阻"亦同。"呈象"、"效法",乾坤易简也;"极数"、"通变",知险知阻也(〈系上〉五章"成象之谓乾,效法之谓坤,极数知来之谓占,通变之谓事")。乾坤之道有恒,易简也;阴阳变化莫测,险阻也。易简而能知险阻,能知险阻而易简常存。

[2] 能说诸心,能研诸侯之虑:"诸心"帛书作"之心","研"帛书作

"数"。当从帛书。"说"同"悦"。"之心"之上蒙后文而省"诸侯"二字。"数",筮决、决疑。易简故能悦心,知险阻故能决疑。旧说"侯之"二字为衍文,似不当。前后文四举"天下",则此"之心"、"之虑"指诸侯可知。"诸侯"当指战国之诸侯而非汉代之侯王。《易》学家以《易》游说诸侯,由此可见一斑。

[3] 定天下之吉凶,成天下之亹亹者:此重出〈系上〉十一章文。"亹亹"读为"芬芬"或"芸芸"(《汉书·礼乐志》注"芬亦谓众多"。《鹖冠子·能天》"芬芬份份",即况物之众多),详见〈系上〉十一章注。

[4] 是故变化云为,吉事有祥:"云",帛本作"具"。盖本作"员",形近而帛书讹为"具",音近而今本又作"云"(《诗·烈祖》笺:"员,古文作云。")。"员",有(《广雅·释诂》)。"有为",指阴阳变化之道有所运作。"祥",显现征兆。"有祥",吉祥之事有所呈现。又按:"云为"盖本作"有为",形近而帛书讹为"具为"(前文"有以见天下之情",帛书"有"即作"具"),训同而今本作"云为"(《经传释词》:"云,有也。")。

[5] 象事知器,占事知来:"象事"与"知器"是《周易》的两个功能。《易》卦既可以模象事物,又可以使人通过《易》卦之所模象而知晓如何制作器物。《易》卦既可以占断眼前之事,又可以预测未来之事,此即"占事知来"。"象事"是旧经验之积累,"知器"是新事物之创造。"占事知来"同此。

[6] 天地设位,圣人成能;人谋鬼谋,百姓与能:"天地",指〈乾〉〈坤〉两祖宗卦。"设位",确立。"能",功(下"能"字同)。"圣人成能",言圣人借此成就事功。"人谋",圣人的智慧筹划。

"鬼谋",卜筮的占断谋虑。"与能",参与事功的建立。圣人创《易》以赞民用,若无百姓之日用,则亦不能成其事功。

[7] 八卦以象告,爻彖以情言:"象"指卦象的组合变动,下文"变动"承此而说。"告",告人以利害之事,下文"变动以利言"的"利"承此而说。"爻彖",卦爻辞。"情",理、事理,指事理的变化转移。"言"同"告",告人如何趋吉避凶,下文"吉凶以情迁"承此而说。

[8] 刚柔杂居而吉凶可见矣:"刚柔杂居",阴阳爻错杂交互。按:此句疑为下文"爱恶相攻而吉凶生"的注解而误入正文,割断了前后文气。

[9] 变动以利言,吉凶以情迁:"变动",卦象爻象的变化运动;同时也兼指人的行动趋就。"利",兼指利害。"言",论定、判定。此言卦爻之象及人之动静的变化是否得当,应以利与不利来论定。"情",是否合于道理,此亦兼指卦爻之搭配及人之行动。"迁",推移、转移。

[10] 是故爱恶相攻而吉凶生,远近相取而悔吝生,情伪相感而利害生:"爱恶"、"远近"、"情伪"均兼指卦爻和人事而言。"相攻",是说是否相冲突、相矛盾。就人事而言,此爱彼而彼亦爱此,则吉生;此爱彼而彼恶此,则凶生。就卦爻而说,阴阳异性相应为爱,则吉生,如〈家人〉卦(☲)阴爻六二与阳爻九五相应,所以九五〈小象〉说"王假有家,交相爱也";而〈睽〉卦(☲)阳爻初九与阳爻九四敌应,所以爻辞说"见恶人"。"相取",是说是否相得(《公羊传·成公三年》注:"得曰取。")。"悔吝",是指悔吝与否。就人事而言,疏亲相得则无悔,疏亲

不相得则有悔吝；就卦爻而说，阴与阳远应为相得，无悔吝；若近逼为不相得，有悔吝。"情"，情实、真实。就人事而言，情实感动虚伪则利，虚伪感动情实则害；就卦爻而言，"情"谓实，指阳爻，"伪"谓虚，指阴爻，阳爻乘感阴爻为利，阴爻乘感阳爻为害。

[11] 凡《易》之情，近而不相得则凶，或害之，悔且吝：按："近而不相得则凶，或害之，悔且吝"疑为上文"远近相取而悔吝生"的注文。"近"谓近逼之，"害"谓凌乘之，"相得"释"相取"。"将叛者其辞惭"等正与"凡《易》之情"相接，中间插入"近而不相得则凶"三句已然割断文气。"凡《易》之情"可译为用《易》来占筮可发现如下情形，比如"将叛者"……；或可译为用《易》占可窥知问蓍者的内在情绪，比如"将叛者"……。

[12] 将叛者其辞惭，中心疑者其辞枝："辞"及下文诸"辞"字皆兼指问卦者的问蓍之辞及所筮得的卦爻辞。"惭"，帛本作"乱"，当从帛本。《左传》说"《易》不可以占险"，问卦者包藏反心而未敢明言，故问蓍之辞必紊乱。"枝"谓支离散漫。内心疑惑者，问蓍之辞必散漫无主，此《荀子·解蔽》所谓"心枝则无知"。《文子·道德》"仁绝义灭，诸侯背叛"，而此章"将叛者"似非指诸侯，因上文已说《易》可服务于诸侯（即悦心数虑），故此处的"将叛者"当指诸侯之属臣藏有贰心，与敌国沟通，《黄帝四经》中屡言其事。又按："枝"亦可训为"枝梧"或"歧"，谓问蓍之辞前后牴牾，有分歧和矛盾。就筮得之卦爻辞而言，谓乱而支离，一时难以疏通，据此可窥知问蓍者之心态。

[13] 吉人之辞寡,躁人之辞多:吉人天相,辞不必多;安静无为,有如浑沌,惠而不费,岂必多辞？浮躁之人,其欲逐逐,数数然若倏忽,其辞必大费。辞寡者吉,多者反凶。《韩非子·解老》"众人之用神也躁,躁则多费……圣人之用神也静,静则少费"、《汉书·天文志》"静吉躁凶"皆此之谓。就筮得之卦爻辞而言,吉人所得者易简,躁人所得者繁复。

[14] 诬善之人其辞游,失其守者其辞屈:"诬",诋毁、诬陷。帛书"诬"作"无",亦通。陷害善人者,心必虚,问筮之辞则虚浮游移;丧失操守者情必惭,问筮之辞则屈曲梗塞。就所筮得的卦爻辞而言,诬善之人所得者虚而难断,失其守者所得屈曲难占。

▶ 通说

本章论《易》之功能、爻位之承乘比应及占筮之实践经验。

首先论乾坤易简、刚健柔顺之道以与〈系上〉、〈系下〉之首章呼应,然后着重指出其知险知阻的重要功能。〈系上〉首章言乾坤易简,末章则言存乎其人;〈系下〉首章言乾坤确然隤然的刚柔之道,末章言知险知阻及百姓与能。整篇从总体说尚能自成体系。接着论《易》的实践功能,即能悦诸侯之心并能数诸侯之虑。以《易》干诸侯,在客观上起到了推广《易》的作用。

再接下去论《易》占之义例。爻位的承乘比应是否得当决定吉凶悔吝利害,正犹人事之爱恶远近情伪之关系处理决定吉凶悔吝利害。

最后总结《易》占之实践经验,即根据问卦者的问筮之辞以断其情伪,《管子·心术下》说"全心在中不可匿,外见于形容,可知于颜色",再续补一句:"能察于问辞"也。另外《鹖冠子·能天》在篇末说"口者,所以抒心诚意也",接着提到了"诐辞"、"淫辞"、"诈辞"、"遁辞"、"正辞",并说圣人据此五辞可察知其所离、合、饰、极、立。此二者有异曲而同功之妙。

说　　卦

〈说卦传〉即陈说八卦之卦序及卦象。

所陈说的八卦卦序概括起来有两大类：一类是先天卦序，它的特点是分阴、分阳、阴阳对待；而其六子卦序又分为由少至长顺数的序次和由长至少逆数的序次；另一类则为后天卦序，它的特点是八卦与四时八节相比配。

其所罗列的卦序有与帛书本相合的卦序，可能也包含通行本及《归藏》、《连山》和当时所存在的多种卦序，这在"帝出乎震"等章节文字中可以窥见这一消息。

所陈说的八卦卦象可分为连类取象、从属取象、卦爻辞及《易传》取象等几种形式，它们多数都与经义相合。值得注意的是，有些意象似乎是文字的错出，如〈乾〉与〈离〉、〈坤〉与〈坎〉；然而这可能恰恰反应了由于卦图的变化，〈乾〉〈离〉、〈坤〉〈坎〉位置的错位，因而导致了意象的交错和分流。同时，可能也因此说明〈说卦传〉保存了很多较为原始的材料。

《晋书·束晳传》记载《汲冢竹书》中有〈卦下易经〉一篇，说它"似〈说卦〉而异"，这反映了两个问题：一个是陈说八卦卦序及卦象的类似于〈说卦〉的《易传》古已有之，战国中晚期业已存在；另一个是其在流传中，尤其是经汉初的"正《易传》"，它发生了很大的变异，比如有些文字与〈易之义〉、〈要〉相重合。

〈说卦〉陈说八卦序列及卦象，盖本于〈系下〉一章"八卦成列，象在其中"。

【一】

昔者聖人之作《易》也,幽贊於神明而生蓍[1]。參天兩地而倚數[2],觀變於陰陽而立卦,發揮於剛柔而生爻[3],和順於道德而理於義,窮理盡性以至於命[4]。

【今译】

往昔圣人创作《周易》,深明于宇宙神奇现象而创造出蓍占之法。通过度量天地现象而论定奇偶之数,考察阴阳现象而确立两类卦象,通过对刚柔现象的理解和发挥而制造出组成卦象的刚柔爻画,顺和于宇宙的规律和现象,并使二者统一于合宜的关系中,又以此来探究事理,究极物性并最终通晓自然和人类的终极命运。

【注释】

[1] 幽赞于神明而生蓍:"幽",深。"赞"通"阐"(〈系下〉"微显阐幽","阐"〈易之义〉作"赞"),明(〈要〉"幽赞而达乎数,明数而达乎德","赞"与"明"对举,正用为"阐")。"神明",宇宙神奇作用和现象。"生蓍",创立用蓍草占筮之法。〈易之义〉作"生占",义同。又"赞"可训助。"幽赞于神明"谓暗得神明之助。

[2] 参天两地而倚数:"参两"犹言考察度量。"天地",指天奇数,地偶数。古人认为天圆地方,圆周上找不到对称点,所以其数皆奇;方形上任何一点中分后都有对称点,所以其数皆偶(如

天空日做圆周运动而在大地上形成的春分秋分、夏至冬至的分至点等）。"倚"，立（虞翻说）。〈易之义〉作"义"，即"议"，论定。两通。"议数"，论定奇偶之数。

[3] 观变于阴阳而立卦，发挥于刚柔而生爻："变"与"辨"通。"观辨"即观察辨别。自然现象有阴有阳，天阳地阴，天之阳，雷、雨、山（山之高可与天接），地之阴，风、火、泽。由阴阳现象而确立乾震坎艮与坤巽离兑两类卦象。客观物性有刚有柔，通过对客观事物刚柔之性的理解和发挥而创造了组成卦象的刚柔爻画。

[4] 和顺于道德而理于义，穷理尽性以至于命："道"，宇宙规律。"德"，宇宙现象，即宇宙规律的具体体现。"理"，统理、统一。"义"，宜，合宜。这是说圣人顺和于宇宙规律和现象而创造了《易》，并使《周易》与宇宙规律及现象统一于合宜的状态中。"理"，事理。"性"，物性。"命"，自然与人类的终极命运，"和顺于道德而理于义"讲《易》之生，"穷理尽性以至于命"讲《易》之用。

➡ 通 说

〈系辞〉总论《周易》之义理凡例。〈文言〉论说〈乾〉、〈坤〉之天文、地文。〈说卦〉则陈说八卦之义。

本章分三个层次：一言数、象、爻之生（即倚数、立卦、生爻），二言《易》之作（即顺道德而理于义），三言《易》之用（即穷理尽性至命）。

本章文字见于〈易之义〉。另外，〈要〉篇起首有"……至命者也",与〈易之义〉及〈说卦〉首章的"穷理尽性以至于命"当有联系；〈要〉篇之中还有"幽赞而达乎数，明数而达乎德"，与本章之幽赞、倚数、顺德可能也有联系。

【二】

昔者聖人之作《易》也，將以順性命之理[1]。是以立天之道曰陰與陽，立地之道曰柔與剛，立人之道曰仁與義[2]。兼三才而兩之，故《易》六畫而成卦；分陰分陽，迭用柔剛，故《易》六位而成章[3]。

【今译】

往昔圣人制造《周易》，就是要顺合宇宙万物的规律性。所以用阴阳来论定天道，用柔刚论定地道，用仁义论定人道。把象征天地人三道的三画重叠起来，这样《周易》就由六画而组合成各卦，再分别爻性的阴阳、交错于柔位刚位上，这样《周易》就由六个不同的爻位而形成各卦的文理。

【注释】

[1] 顺性命之理："性"，先天之本性。"命"，发展之命运。人类及天地的飞潜动植皆有其性有其命，因此"性命"在这里统指宇宙万物。"理"，规则、规律性。

[2] 是以立天之道曰阴与阳，立地之道曰柔与刚，立人之道曰仁与

义:宇宙万物之性不外乎两类,析而言之,天道有阴与阳,如月与日;地道有柔与刚,如木与金;人道有仁与义,如赏与罚。

[3] 兼三才而两之,故《易》六画而成卦;分阴分阳,迭用柔刚,故《易》六位而成章:宇宙有三道(天地人),每道分两类(阴阳、柔刚、仁义),《易》取象之,故"兼三才而两之"。组成六十四别卦的六画具备了,再分别把不同的阴阳爻性交错施之于不同的柔位刚位上,这样六个不同的爻位就可形成各卦以表现天文、地文、人文(即宇宙现象和规律)。"章",文理,即天地人的道理、规律。

▶ 通 说

本章论六爻之象(象天道、地道、人道)、性(阴与阳)、位(柔与刚)、德(仁与义)。这段文字也见于〈易之义〉,"故《易》六位而成章","六位"作"六画",《集解》本同。

〈要〉篇的"故《易》有天道焉,而不可以日月星辰尽称也,故为之以阴阳;有地道焉,不可以水火金土木尽称也,故律之以柔刚;有人道焉,不可以父子君臣夫妇先后尽称也,故要之以上下"一段文字似是对〈易之义〉(即本章文字)的推阐。

【三】

天地定位,山澤通氣,雷風相薄,水火〔不〕相射[1]。八卦相錯[2]。數往者順,知來者逆,是故《易》逆數也[3]。

【今译】

　　天与地确定高下位置，山与泽彼此互通气息，雷与风相互应和接触，水与火冲激往来。八卦所象征的八种物象是两两交错彼此联系的。筮知往事则将卦序由少至长顺数下去，占知来事则六子卦序由长至少逆推上来，所以《周易》通常是由长至少逆推的卦序。

【注释】

[1] 天地定位，山泽通气，雷风相薄，水火[不]相射：按：这四句文字次序有误，文字有衍。当从〈易之义〉作"天地定位，山泽通气，水火相射（原讹为"火水"），雷风相薄"。"天地"即〈乾〉、〈坤〉。天地确定了高下的位置，此即老子"高下相呈"（"盈"、"倾"均读为"呈现"之"呈"）。"山泽"即〈艮〉、〈兑〉。山气泽气相互沟通，亦"高下相呈"之意。"雷风"即〈震〉、〈巽〉。"薄"，迫，义犹接触。雷声与风声相互应和接触，即老子"音声相和"之意。"水火"即〈坎〉、〈离〉。"射"，激射、往来。水与火相消相长，即《庄子·则阳》"阴阳相照，相治相害"之意。

[2] 八卦相错："八卦"，指八经卦所象征之天地、山泽、水火、雷风八种物象。"相错"，相互交错联系。八种物象构成四对范畴，象征宇宙万物皆存在着对立统一的关系。

[3] 数往者顺，知来者逆，是故《易》逆数也：关于这三句文字，古今人有各种各样的说法，纷繁复杂，盖由前四句文字次序有误使然，今皆不取。"数"，筮，筮知。"顺"，是指六子卦序由少至长顺数下去；"逆"，是指六子卦序由长至少逆推上来。"数往者顺"即本章山泽（艮兑）、水火（坎离）、雷风（震巽）的卦序，此与

帛书《易经》卦序一致。"知来者逆",即下章雷风(震巽)、雨日(坎离)、艮兑的卦序。

▶ 通 说

本章论八经卦的基本意象及其相互之间的对立统一关系。

"水火不相射",帛本作"水火相射"。从辞法上看,四句皆当四字为句,故今本当删去"不"字。在意思上,今本作"水火不相射"并无大错误,它的意思是水与火并不是纯粹对立的;六章"水火相逮"或本作"水火不相逮"也是反映了这样的问题;《鹖冠子·天则》"水火不相入"则是从相反的角度说,是说水与火相对立而不相得("入",得也、合也)。其实,这些都是只注意到或统一或对立的一个方面,而忽略了还有对立或还有统一的另一个方面;因此,对"射"字的解释也就有了问题。比如,"薄"字有人认为读为"搏"、"射"训为"克"(高亨),就是犯了这样的错误。"薄"即接触,"射"即激射、激荡。"薄"与"射"犹〈系上〉一章的"相摩"、"相荡"("刚柔相摩,八卦相荡"),下句"八卦相错"即是对"定位"、"通气"、"相薄"、"相射"的归纳。这种对立统一的关系,被《庄子·则阳》精确地表述为"阴阳相照,相治相害;四时相代,相生相杀"。

〈说卦〉即是陈说八卦之义,便有一个陈说的次序问题,所以接下来的"数往者顺,知来者逆,是故《易》逆数也"就是讲这个问题。

"天地设位,而《易》行乎其中"、"有天地然后有万物",这是《易传》所沿袭的传统说法,因此谈到《易》序,可能并不将〈乾〉、〈坤〉考虑进去,而是只讲六子卦的次序。〈说卦〉作者当时肯定是见到过很多种卦序的本子,其中一种是山泽水火雷风(艮兑坎离震巽)的六子卦次序(即本章所提到的,它恰好与帛书卦序相同),是由小到大(犹如三、四、五……)顺数的次序,作者将这种次序的《易经》理解为偏重于"数往"。还有一种六子卦次序即震巽坎离艮兑(即第四章及七、八、九、十、十一章),是由大到小(犹如三、二、一……)逆数的次序,作者将这种次序的《易经》理解为偏重于"知来";而当时可能这种次序的本子较多,所以作者认为《易经》六子卦次序大多是逆数的。

《易》可彰往察来,往者彰,故由小到大;来者微,故由大到小。

〈易之义〉"逆数"作"达数",〈要〉篇也有"幽赞而达乎数,明数而达乎德"。但本章讲卦序而非通达蓍数的问题,所以"达数"可能是讹字。

【四】

雷以動之,風以散之,雨以潤之,日以烜之,艮以止之,兌以說之,乾以君之,坤以藏之[1]。

【今译】

〈震〉雷可以兴起万物,〈巽〉风可以播散万物,〈坎〉雨可以滋润万物,〈离〉日可以干燥万物,〈艮〉山可以静止万物,〈兑〉泽可以愉悦万物,〈乾〉天可以主宰万物,〈坤〉地可以藏养万物。

【注释】

[1] 雷以动之,风以散之,雨以润之,日以烜之,艮以止之,兑以说

之,乾以君之,坤以藏之:前四卦(震、巽、坎、离)举其象而不言其名,后四卦(山、泽、天、地)举其名而不言其象,此互文足义的写法;并为三、五章之衔接(三章仅举八卦之象而五章仅举八卦之名)。"动之",鼓动万物、兴起万物。"散",播散物种、花粉。"烜",照射使干燥。"止",终、成,终止,完成。"说",指果实饱满愉悦。"君",主宰。"藏",藏养、孕育。〈系上〉一章"鼓之以雷霆,润之以风雨,日月运行,一寒一暑,乾道成男,坤道成女"与此有联系又有区别,〈系上〉与四时寒暑相联系(《文子·精诚》:"天设日月……张四时……日以暴之,夜以息之,风以干之,雨露以濡之",《淮南子·泰族训》、《新语·道基》与此文近),而本章则否。

▶ 通 说

本章陈说八卦之名、象、用。

与上章相同的是仍然以阳卦(震、坎、艮、乾)与阴卦(巽、离、兑、坤)两两相对,不同的是其次序正好相反。这里有如下几点需要指出:

其一,就六子卦而言,它们是由长至少、由大到小的"逆数"次序。

其二,尽管中间次序有所出入,但它与伏羲先天图都是始于〈震〉而终于〈坤〉。

其三,如果本章八卦次序倒数,则会发现:(一)〈坤〉、〈乾〉居首位;(二)六子卦也是由少至长,与帛书本同。因此,《归藏》的次序是否与此有些联系呢?

其四，如果本章八卦次序倒数，则与北周卫元嵩的《元包》次序完全一致。其卷前目录恰是太阴（坤）第一，太阳（乾）第二，少阴（兑）第三，少阳（艮）第四，仲阴（离）第五，仲阳（坎）第六，孟阴（巽）第七，孟阳（震）第八。

【五】

帝出乎震，齊乎巽，相見乎離，致役乎坤，說言乎兌，戰乎乾，勞乎坎，成言乎艮[1]。萬物出乎震，震東方也[2]。齊乎巽，巽東南也；齊也者言萬物之絜齊也[3]。離也者明也，萬物皆相見，南方之卦也；聖人南面而聽天下，嚮明而治，蓋取諸此也[4]。坤也者地也，萬物皆致養焉，故曰致役乎坤[5]。兌，正秋也，萬物之所說也，故曰說言乎兌[6]。戰乎乾，乾西北之卦也；言陰陽相薄也[7]。坎者水也，正北方之卦也；勞卦也，萬物之所歸也，故曰勞乎坎[8]。艮東北之卦也，萬物之所成終而所成始也，故曰成言乎艮[9]。

【今译】

造物主使万物萌出于〈震〉方，齐备于〈巽〉方，呈现于〈离〉方，得助于〈坤〉方，欣悦于〈兑〉方，战栗于〈乾〉方，劳倦于〈坎〉方，终始于〈艮〉方。万物萌生于〈震〉方，震代表东方春分时节。齐备于〈巽〉方，〈巽〉代表东南方立夏时节，所谓的"齐"是指万物周备整齐。〈离〉象征光明，万物纷纷呈现，代表南方夏至时节，圣人面南向明而上朝听政、治理天下，大概即取象于此。〈坤〉象征地，万物得到养护，所以说得助于〈坤〉方。〈兑〉代表西方秋分时节，万物盛壮欣悦，所以说欣悦于〈兑〉方。战栗于〈乾〉方，〈乾〉代表西北方立冬时节；此时阴阳相弃而不交通。〈坎〉象征水，代表北方冬至时节；此卦象征劳倦，万物至此而休息归藏，所以说劳倦于〈坎〉方。〈艮〉代表东北方立春时节，万物至此终结而又重新开始，所以说终始于〈艮〉方。

【注释】

[1] 帝出乎震，齐乎巽，相见乎离，致役乎坤，说言乎兑，战乎乾，劳乎坎，成言乎艮："帝"，造物主，天地万物的主宰者。造物者出于东方〈震〉，万物随之而生；造物者历经四时八方，万物亦随之生、长、成、藏。此"帝"犹《庄子·徐无鬼》"时为帝者也"（主宰）之"帝"，即所谓"五行依次转用事"，《集解》引崔憬以八卦之"王"说之，近之。《吕氏春秋·孟冬纪》高诱注"天宗"说"天宗之神。凡天地四时皆为天宗。万物非天不生，非地不载，非春不动，非夏不长，非秋不成，非冬不藏"，此亦"时为帝"、"依次转用事"之义。《吕览》四时八节均以"其帝"说之，亦近于此。"役"，助（《广雅·释诂》二）。"致役"犹言得助。"言"同"焉"，语辞。"战"，战栗（《尔雅·释诂》："战，栗惧也。"）。说详注[7]。"劳"，劳倦。"成"即"成终成始"，犹言终始。日月运行而构成天圆地方、天动地静、四时八节，由上述文字而制成卦图，即宋人所谓文王后天图。

[2] 万物出乎震,震东方也:造物者摧动万物萌出于东方,东方为〈震〉,代表春季春分节气;此是就一年四时而论。若就一日而论,则太阳亦由〈震〉方升起,一天之生机萌动于此。《吕氏春秋·仲春纪》也说:"仲春之月……其帝太皞,……是月也,日夜分(按:即春分)。雷乃发声始电,蛰虫咸动,开户始出",下章也说"动万物者莫疾乎雷"。震为动,故万物动出。

[3] 齐乎巽,巽东南也;齐也者言万物之絜齐也:"齐",齐备。东南方为〈巽〉,代表夏季的立夏节气。"絜齐",周备(《文选·过秦论》注引《庄子》司马注:"絜,匝也",《说文》:"匝,周也。")。"巽"本有具备之义(《说文》:"巽,具也。"),故万物于巽方而齐备。

[4] 离也者明也,万物皆相见,南方之卦也;圣人南面而听天下,向明而治,盖取诸此也:"离"为日,故曰明。南方为〈离〉,代表夏季的夏至节气。万物花实先后呈现于此时,犹葵之向日。圣人坐北朝南听天下之政,面向光明治理天下,大概即取象于此。按:"圣人南面而听天下,向明而治,盖取诸此也"当为后人仿〈系上〉之文而作的注解,误入正文。

[5] 坤也者地也,万物皆致养焉,故曰致役乎坤:〈坤〉为地,故万物得其养护。西南方为〈坤〉,代表秋季的立秋节气。八卦独〈坤〉不言四时方位,因〈坤〉地属土,土王于四时之故(《正义》引郑注:"坤不言方者,所言地之养物不专一也。");此亦可见释"帝"为"五行依次转用事"的"时为帝"之"帝"是有根据的。

[6] 兑,正秋也,万物之所说也,故曰说言乎兑:〈兑〉代表正西方秋分节气,万物至此成熟欣悦。

[7] 战乎乾,乾西北之卦也;言阴阳相薄也:〈乾〉代表西北方立冬节气。此处之"战"字及"阴阳相薄"均费解。如训"战"为"龙战于野"的"战",释为交争、交合,则与"阴阳相薄"一致(《太玄·中》注"阴阳争为战",《小尔雅·广言》"战,交也")。但是,古人认为夏至(离卦)、冬至(坎卦)才是"阴阳争"(如《吕氏春秋·仲夏纪》"是月也,日长至,阴阳争,死生分",〈仲冬纪〉"是月也,日短至,阴阳争,诸生荡"),而立冬之时,无阴阳相战之说。"乾"字有敬慎惕惧之义(《乾·文言》"乾乾因其时而惕",《文选·东京赋》注"乾乾,敬也"),〈乾〉卦又为寒凝栗冽之方(〈说卦〉十一章"乾为寒,为冰"),万物于此战栗,故"战"字当训为战栗(《尔雅·释诂》"战,栗惧也")。"薄"字不训为迫近接触,而当训为轻薄之薄,谓嫌弃而不合(《汉书·张安世传》集注"薄,嫌也")。《吕氏春秋·孟冬纪》"孟冬之月,水始冰,地始冻,雉入大水为蜃,虹藏不见……是月也,以立冬……天气上腾,地气下降,天地不通,闭而成冬"。雉入虹藏,犹万物之栗惧;阳气上而阴气下,犹言两相嫌弃而不交通。又按:"言阴阳相薄也"有可能是后人对"战"字的错误注解而衍入正文。

[8] 坎者水也,正北方之卦也;劳卦也,万物之所归也,故曰劳乎坎:〈坎〉代表正北方冬至节气。"劳"可如字解释为劳倦,万物至此劳倦而归藏休息。以五行说之,则水属智,智者劳。然而"劳"又与"牢"、"牢"相通(《归藏》"坎"作"牢",《说文》"牢,从牛劳省声",李过亦说"牢者劳也";《后汉书·应劭传》注"牢,或作劳"),陷牲为坎,关牲为牢(《周礼·充人》注"牢,闲也"),

因此"劳乎坎"盖即"牢乎坎",言万物闭藏于〈坎〉;"劳卦也,万物之所归也",谓〈坎〉卦象征闭阖,万物至此而归藏。《吕览·仲冬纪》也说"无发盖藏,以固而闭"、〈音律〉篇说"仲冬日短至,则生黄钟。黄钟之月,慎无发盖,以固天闭地"。又按:《归藏》卦名之"坎"既然写作"荦"(牢、劳),又有闭阖归藏之义,则其卦序很可能是首〈坤〉、〈乾〉而终于〈坎〉(荦、牢、劳)。参见〈坎〉卦经文注[1]。

[9] 艮东北之卦也,万物之所成终而所成始也,故曰成言乎艮:〈艮〉代表东北方立春节气,万物至此而成就其终亦成就其始。〈艮〉山为阴阳之界、终始之限(山之北、西为阴,山之南、东为阳;〈坎〉在〈艮〉之西北,〈震〉在〈艮〉之东南。"艮"音同"垠",《后汉书·班彪传》注"垠,界也"、《汉书叙传》音义引韦昭注"垠,限也,谓桥也"),连接〈坎〉终之藏物与〈震〉始之出物,则本章盖即《连山》之卦序(即首〈艮〉,历经震、巽、离、坤、兑、乾而终于〈坎〉)。〈易之义〉"岁之义,始于东北,成于西南","始于东北"即谓始于〈艮〉,盖即《连山》之遗说。

➡ 通 说

本章仍然是论八卦之序。

此与三、四章的区别在于:三、四章皆从两两相对的角度论八卦之序(其中三章之序正与帛书《易经》相合),而本章则是以四时八节、万物生灭之更迭轮转配八卦之序,宋人所谓文王后天图即此;然而这个卦序既不同于帛书《易经》,亦不同于今本《易经》。

本章有如下几点需要指出:

其一，关于本章前八句，马国翰《玉函山房辑佚书·连山》条说"干宝《周礼注》引云：此《连山》之《易》也"。也就是说，《连山易》是首〈艮〉，历经震、巽、离、坤、兑、乾而终于〈坎〉。之所以名为"连山"，盖由于〈艮〉山连接藏物之〈坎〉终与出物之〈震〉始，即所谓"成终成始"。〈易之义〉说"岁之义，始于东北，成于西南"，始于〈艮〉者，盖亦《连山易》；其释〈益〉卦䷩说"春以授夏之时也，万物之所出也，长日之所至也"，亦即下卦春分之〈震〉经立夏（"春以授夏"）乃至夏至（"长日之所至"）；又释〈损〉卦䷨说"秋以授冬之时也，万物之所老衰也，长夕之所至也"，亦即下卦秋分之〈兑〉经立冬（"秋以授冬"）乃至冬至（"长夕之所至"），此当与《连山易》亦相关。

其二，据说《归藏易》首卦〈坤〉、〈乾〉，而《归藏》"坎"作"荦"，与牢、劳相通，本章又说〈坎〉为"劳卦也，万物之所归也"，则《归藏》盖亦终于〈坎〉（〈荦〉）。

其三，《连山》与《归藏》之卦序皆与四时八节相配合，则此二《易》最初皆兼有"治历明时"之功用。从"帝出乎震"及〈坤〉不言方位来看（坤土王于四时），其与相生的五行说及四时的关系也是十分明显的。

其四，〈系辞〉有四处提及六十四卦的卦名和爻辞，而只有"三陈九德"一处是今本《易经》的卦序，另外三处会不会与《连山》、《归藏》有关系呢？

其五，"战乎乾"、"言阴阳相薄也"有些费解，西北之立冬节气，绝无阴阳相战相迫之事，而南方〈离〉卦的夏至节才是"阴阳争"之地，在"天地定位"的伏羲先天图中，〈乾〉卦恰好是在后天图（即本章)〈离〉卦的位置上。因此"战乎乾"、"阴阳相薄"及"乾西北之卦也"可能是误将两种序列混杂了的缘故。

另外,高诱以八卦卦气释《吕览·有始》之"八风"可与此相参读。〈有始览〉说:"东北曰炎风(高注'艮气所生'),东方曰滔风(高注'震气所生'),东南曰熏风(高注'巽气所生'),南方曰巨风(高注'离气所生,一曰凯风'),西南曰凄风(高注'坤气所生')。西方曰飂风(高注'兑气所生'),西北曰厉风(高注'乾气所生'),北方曰寒风(高注'坎气所生')"。此先说东北炎风,与〈易之义〉"岁之义始于东北"相同。《庄子·齐物论》《释文》引简文注"炎炎,美盛貌",与〈说卦〉下章"终万物始万物者,莫盛乎艮"相合。《说文》"夲,进趣也,读若滔"、"趣,疾也",则"滔"借为"夲"而训为迅疾,与下章"动万物者莫疾乎雷"相合。"厉"有危惧之义,与"战乎乾"合;又为阴阳不和之名(《左传·昭公七年》疏:"厉者,阴阳之气相乘不和之名。"),此与"阴阳相薄"合。

又按:三《易》之《连山》亦作《厉山》。风在西北曰厉风,盖山在西北则曰厉山;如此,则《厉山易》(《连山易》)为先天之序(先天"天地设位"图〈艮〉在西北)。同时,〈说卦〉在"天地设位"的先天序中说"坤以藏之",此与《归藏》之名合;但注家又疑《归藏》为"坤乾"之序,这很矛盾;可能"坤乾"并非指〈坤〉卦居六十四卦之首,而是指阴卦居前、阳卦居后,同时〈坤〉又居阴卦之末,其八卦之序为兑、离、巽、坤、艮、坎、震、乾。而《连山》之序盖为艮、坎、震、乾、兑、离、巽、坤。

【六】

　　神也者,妙萬物而爲言者也[1]。動萬物者莫疾乎雷,橈萬物者莫疾乎風,燥萬物者莫熯乎火,說萬物者莫說乎澤,潤萬物者莫潤乎水,終萬物始萬物者莫盛乎艮[2]。故水火相逮,雷風不相悖,山澤通氣,然後能變化既成萬物也[3]。

【今译】

　　所谓宇宙的神奇作用,是就妙化万物而说的。鼓动万物没有比〈震〉雷更猛烈的,吹拂万物没有比〈巽〉风更迅疾的,干燥万物没有比〈离〉火更炎热的,愉悦万物没有能超过〈兑〉泽的,滋润万物没有能超过〈坎〉水的,终始万物没有能超过〈艮〉山的。水与火相互接触,雷与风不相乖违,山与泽气息交通,这样就能变生化育而成就万物。

【注释】

[1] 神也者,妙万物而为言者也:"神"即"神明",宇宙的神奇作用,下文之雷动、风桡、火燥、泽悦、水润及艮之终始等即是宇宙神奇作用的具体体现。"妙",妙化、奇妙化育。或说此"神"即上章之"帝",帝为体、神为用。

[2] 动万物者莫疾乎雷,桡万物者莫疾乎风,燥万物者莫熯乎火,

说万物者莫说乎泽,润万物者莫润乎水,终万物始万物者莫盛乎艮:此继续申说卦序,与上章同。"桡"同"挠",犹言吹拂。"熯"同"嘆",热。

[3] 故水火相逮,雷风不相悖,山泽通气,然后能变化既成万物也:"逮",及,犹言接触。水火相及则为〈既济〉（☲☵）,则能"成万物"。或本作"水火不相逮"。可能因"逮"、"迨"同训音近而有作"相迨"者;"迨"与"殆"通,因此传者恐人误解为水火相害,故又增"不"字。"悖",乖违。"既",尽。"既成万物"即"曲成万物而不遗"之意。

➡ 通　说

本章继续申说卦序。

三章、四章之论卦序,虽有顺数、逆数之别,但都是从两相对待的角度而论之;五章则是以八卦依次配之以四时八节;本章则是合两者而综论之。

前半部分申说五章卦之时序而仅言六子,后半部分则申说卦之对待亦仅言六子。"水火相逮,雷风不相悖,山泽通气"不知属于哪种卦序,然而如将"风"(巽)、"山"(艮)对调,则与今本《易经》相同;如果从两相对待的角度视之,而三章之"山泽通气,雷风相薄,水火不相射"的次序如果无误的话,则此又恰为其逆数之序。总而言之,〈说卦〉并存了作者当时所见到的多种六十四卦排列次序,这是显而易见的,不一定求其必然合理或必与哪种卦序相吻合。

【七】

乾,健也;坤,順也;震,動也;巽,入也;坎,陷也;離,麗也;艮,止也;兌,說也[1]。

【今译】

乾之性强健,坤之性逊顺,震为振动,巽为渐入,坎为险陷,离为附着,艮为静止,兑为乐悦。

【注释】

[1]乾,健也;坤,顺也;震,动也;巽,入也;坎,陷也;离,丽也;艮,止也;兑,说也:三章"天地定位,山泽通气"等已言八卦之体(即基本意象),本章则言八卦之性。乾、坤、震、巽、坎、离、艮、兑八卦的基本意象究竟是何时确定为乾天、坤地、震雷、巽风、坎水、离火、艮山、兑泽,已不可考;但这也许并不是最初的原始意象。乾本象上出之日或日气(日可燥干万物),阳气积聚而为天,又因日之周行于天而有天圆、天动之说,天体健行不已,故有"乾,健也"之说。"坤"于帛书中作"川",本象下注之川流,川水居下又顺物而行;同时阴气积聚而为地,地亦居下又顺物之性,所以这里说"坤(川),顺也",谓逊顺也("顺"字从"川",亦可见其朔义与川水相关)。震雷奋动,又可鼓动万物,所以说"震,动也"。巽风之性,无孔不入,所以说"巽,入也"。"坎"字初文作"凵",象阱陷,用以陷人陷兽,所以"坎"有险陷

之义;又坑坎为水所积注,所以坎水有险陷之义。"离"字帛书作"罗",象罗捕禽兽之网,为禽兽之所附着,所以说"罗,丽也"("丽",附丽、附着);"离"又有火之意象,火性附着于物,所以说"离,丽也"。艮山有静止、阻止、蓄止之义,所以说"艮,止也"。兑泽可给养、愉悦万物,所以说"兑,悦也"("说"同悦)。

▶ 通 说

本章至篇末,皆是由大至小的逆数的六子卦序,且是阴阳两两相对。

三章说八卦之基本意象,或曰自然取象,本章说其性,八章为动物取象,九章为人身取象。

说到八卦意象,震雷、巽风、艮山、兑泽历来没有争议,比较一致;而乾天、坤地、坎水、离火则较有周折,我们在经文卦名的注释中都有辨析,请参考。

"离"本作"罗",为罗网;其为日、为火之意象从何而来?"坎"为坎陷,其为月、为水之意象从何而来?这可能是由于在卦位的排列中与乾、坤的错位而导致的。乾本为日之上出,日、火性相近;川为水流,又积阴成坤地,先天图中,乾南坤北,乾南日照之时,正是坤北藏月之际;而在后天图中,离、坎取代了先天图中的乾、坤位置,因此乾、坤部分之意象会不会也因此转移到离、坎之中?

还有,坎水何以为阳卦,离火何以为阴卦?旧说"水以天一为牡"(《汉书·王莽传》集注)、"阳奇为牡"(《汉书·五行志上》),这与"阳卦奇,阴卦耦"((系下)四章)一致;然而也可能坎水离火随其所从出的天地阴阳卦性而定,天生水而地生火(《鹖冠子·度万》):

"地湿而火生,天燥而水生。"),故其卦性亦因此归入乾阳及坤阴。

总之,八卦与四时八节相配,可能是离、坎分流乾、坤意象的关键。

【八】

乾爲馬,坤爲牛,震爲龍,巽爲雞,坎爲豕,離爲雉,艮爲狗,兌爲羊[1]。

【今译】

乾象马,坤象牛,震象龙,巽象鸡,坎象猪,离象雉,艮象狗,兑象羊。

【注释】

[1] 乾为马,坤为牛,震为龙,巽为鸡,坎为豕,离为雉,艮为狗,兑为羊:乾性为健,骡马驾车健行,所以说"乾为马";先天图中,乾在午位,午属马;又马与龙连类(《黄帝四经·称》"雷以为车,隆以为马","隆"即"龙"),乾卦以六龙说之即其证。坤性为顺,牛之性亦逊顺,所以说"坤为牛";五行中坤属中央土,《贾子·胎教》说"牛者,中央之牲也"。古人认为雷之出入与龙之现藏在时间上一致,所以以龙为雷震之化身,因此这里说"震为龙";在后天图中震居东方春分之位,与古代四象"东方苍龙"一致;"震"字从辰,帛书"震"即作"辰",十二支中辰为龙。巽为风,古之风神皆鸟形;而"鸡"字本从"鸟"(鷄),与鸟

是一回事(《山海经》"有鸟焉,其状如鸡,五采而文,名曰凤凰");风为号令,鸡之守时似之;巽又为木,鸡为木畜(《礼记·月令》注);所以这里说"巽为鸡"。坎为低湿陷溺,豕喜湿溺,故"坎为豕";坎为水,豕属亥水;后天图中坎居正北,《贾子·胎教》说"彘者,北方之牲也"。离为火、为文明,雉鸟五彩而文;离为南方之卦,四象中"南方朱雀",雉亦雀属;古亦有雉鸣则预兆火灾的说法;所以说"离为雉"。艮为阻止,狗之守户止人似之(《隋书·五行志》引《洪范五行传》"犬,守御者也");先天图中,艮在戌位,戌为狗;所以说"艮为狗"。兑为泽,羊牧于大泽中;兑为西方之卦,羊亦为"西方之牲"(《贾子·胎教》);所以说"兑为羊"(按:旧说兑为悦,羊性柔顺悦人。然羊在《周易》中皆刚狠之象,《史记·项羽本纪》亦说"羊狠狼贪")。

▶ 通说

本章申说八卦之象征,为八卦基本意象的连类意象或引申意象,与八卦之性或有关或无关。

所论之象,与五行、四象、方位、干支等均有交叉错综之关系,即所谓"远取诸物";下章则是"近取诸身"。其合理性似不必劳神深究,大抵为占筮者实际操作之用。

【九】

乾爲首,坤爲腹,震爲足,巽爲股,坎爲耳,離爲目,艮爲手,兑爲口[1]。

【今译】

乾象首,坤象腹,震象足,巽象股,坎象耳,离象目,艮象手,兑象口。

【注释】

[1] 乾为首,坤为腹,震为足,巽为股,坎为耳,离为目,艮为手,兑为口:乾在上,高而圆,象人首。坤在下,包藏万物,象人腹(此"天地定位"之先天图)。雷之动地以起物,足之动地以行身,所以说"震为足"。巽风善行,象人股("股"字古有腿、脚二义,在此兼腿脚而言,《山海经·海外西经》"长股之国,一曰长脚"即其证)。坎陷之能积水,象耳窝之能聚声。五行中肾亦属水,耳为肾之窍(或谓肾之候),所以《汉志》也说"水主听"。离日明照,象目之明察(又"离"即"罗",罗之网眼象人之目)。离之明察为南方火卦,所以《汉志》也说"火主视"。就"帝出乎震"的后天图而说,离为南方之日,主视,则与之相对的是坎为北方之月,主听,《淮南子·精神训》即说"耳目者,日月也"。艮山有人之手臂之象,又艮为止,人手亦有止物之用。兑为泽,可吞吐百物以愉悦之,象人口之吞吐并以言语愉悦人;"兑"字又本象人口出气言语之形(老子"闭其兑"即用其义);兑又为西方金卦,所以《汉志》也说"金主言"。

▶ 通 说

上章远取诸物,本章近取诸身。其象多与"帝出乎震"的后天方位相合。

上章及本章言八卦之象而与五行、方位等之联系,其说产生之先后次序多为交叉的关系(即有的是〈说卦〉在前,而有的则相反)。另外,此八卦之象与人之五官肢体相联系,而不与人之脏器发生关系。

【十】

乾,天也,故稱乎父;坤,地也,故稱乎母;震一索而得男,故謂之長男;巽一索而得女,故謂之長女[1];坎再索而得男,故謂之中男;離再索而得女,故謂之中女;艮三索而得男,故謂之少男;兌三索而得女,故謂之少女。

【今译】

乾象征天,所以称为父;坤象征地,所以称为母;震是乾阳首次求合于坤阴所得之男,所以称为长男;巽是坤阴首次求合于乾阳所得之女,所以称为长女;坎是乾阳第二次求合于坤阴所得之男,所以称为中男;离是坤阴第二次求合于乾阳所得之女,所以称为中女;艮是乾阳第三次求合于坤阴所得之男,所以称为少男;兑是坤阴第三次求合于乾阳所得之女,所以称为少女。

【注释】

[1]乾,天也,故称乎父;坤,地也,故称乎母;震一索而得男,故谓

之长男；巽一索而得女，故谓之长女：乾为天，纯阳(☰)之卦，其尊如父；坤为地，纯阴(☷)之卦，其尊如母。《黄帝四经·经法·君正》"父母之行备则天地之德也"，是先秦以天地比父母之例。父母相合而生六子，三男为震(☳)、坎(☵)、艮(☶)，三女为巽(☴)、离(☲)、兑(☱)。"索"，求，求合。〈屯〉卦(䷂)六四"求婚媾，往吉"，〈小象〉"求而往，明也"，此"求"是指阴四求合于阳五。据此，本章三阳卦之震、坎、艮是指乾阳求合于坤阴而依次所得，三阴卦之巽、离、兑是指坤阴求合于乾阳而依次所得。

▶ 通　说

本章论八卦阴阳之性、长少之序。

【十一】

乾爲天，爲圓，爲君，爲父，爲玉，爲金，爲寒，爲冰，爲大赤，爲良馬，爲老馬，爲瘠馬，爲駁馬，爲木果[1]。

坤爲地，爲母，爲布，爲釜，爲吝嗇，爲均，爲子母牛，爲大輿，爲文，爲衆，爲柄，其於地也爲黑[2]。

震爲雷，爲龍，爲玄黃，爲旉，爲大塗，爲長子，爲決躁，爲蒼筤竹，爲萑葦，其於馬也爲善鳴，爲馵足，爲作足，爲的顙，其於稼也爲反生，其究爲健，爲蕃鮮[3]。

巽爲木，爲風，爲長女，爲繩直，爲工，爲白，爲長，爲高，爲進退，爲不果，爲臭，其於人也爲寡髮，爲廣顙，爲多白眼，爲近利市三倍，其究爲躁卦[4]。

坎爲水，爲溝瀆，爲隱伏，爲矯輮，爲弓輪，其於人也爲加憂，爲心病，爲耳痛，爲血卦，爲赤，其於馬也爲美脊，爲亟心，爲下首，爲薄蹄，爲曳，其於輿也爲多眚，爲通，爲月，爲盜，其於木也爲堅多心[5]。

離爲火，爲日，爲電，爲中女，爲甲胄，爲戈兵，其於人也爲大腹，爲乾卦，爲鱉，爲蟹，爲蠃，爲蚌，爲龜，其於木也爲科上槁[6]。

艮爲山，爲徑路，爲小石，爲門闕，爲果蓏，爲閽寺，爲指，爲狗，爲鼠，爲黔喙之屬，其於木也爲堅多節[7]。

兌爲澤，爲少女，爲巫，爲口舌，爲毀折，爲附決，其於地也爲剛鹵，爲妾，爲羊[8]。

【今译】

乾有天象，有圆形车盖之象，有君象，有父象，有玉象，有金象，有寒象，有冰象，有大红色之象，有良马之象、有老马之象、有瘦马之象、有驳马之象，有植物果实之象。

坤有地象，有母象，有泉币之象，有锅釜之象，有吝啬之象，有平均之象，有子母牛之象，有方形车厢之象，有文采之象，有众民之象，有根本之象，就土地而言有黑色之象。

震有雷象，有龙象，有玄黄混合颜色之象，有植物绽开吐布之象，有大车之象，有长子之象，有迅疾之象，有青竹象，有绿苇象；就马而言，有马匹善鸣之象、有马足白色之象、有前足振蹄之象、有马额白色之象；就农作物而言，有果实茎叶倒长之象，有长势鲜盛之象，其终究为刚健的象征。

巽有木象，有风象，有长女之象，有准绳取直之象，有乐工之象，有清明之象，有物长之象，有物高之象，有进退两可之象，有优柔寡断之象，有气味之象；就人而言，有头发稀疏之象、有大脑门之象，有眼露四白之象，有贪图利益而购物必少出多入之象，其终究为浮躁的象征。

坎有水象，有沟渎之象，有隐伏之象，有可直可曲之象，有曲弓转轮之象；就人而言，有重重忧患之象、有内心病痛之象、有耳痛之象，有血象，有赤色象；就马而言，有脊背美好之象、有内心忧急之象、有行止习惯低头垂首之象、有后蹄踢地尥蹶之象、有向后拖曳不进之象；就车而言，有事故频繁之象、有终能通行之象，有月亮之象，有寇盗之象；就树木而言，有硬而多刺之象。

离有火象，有日象，有闪电之象，有中女之象，有盔甲之象，有戈矛兵器之象；就人而言，有大腹之象，有干燥之象，有鳖象，有蟹象，有螺象，有蚌象，有龟象；就树木而言，有中间蛀空而上部枯槁之象。

艮有山象，有小路之象，有小石之象，有门户台观之象，有植物果实之象，有守护门巷的阍人寺人之象，有手指之象，有狗象，有鼠象，有黑嘴禽兽之象；就树木而言，有硬而多节之象。

兑有池泽之象，有少女象，有巫师之象，有口舌之象，有毁败之象，有溢出冲决之象；就地而言，有土质坚硬而多盐碱之象，有妾室之象，有羊象。

【注释】

[1] 乾为天，为圜，为君，为父，为玉，为金，为寒，为冰，为大赤，为良马，为老马，为瘠马，为驳马，为木果："圜"即"圆"，古人有"天圆地方"之说（《管子》、《文子》等书就有"戴大圜而履大方"之说，即所谓顶天立地），〈文言〉有"坤至静而德方"与此相对；又下文说"坤为舆"，"舆"是指方形车厢，则此"乾为圜"是指圆形车盖。玉、金之质坚刚，其色泽清明，有乾天刚健清明之象（《礼记·乐记》"清明象天，广大象地"），乾在后天图中居西北，亦属金。后天图中，乾为西北立冬，《吕览·孟冬纪》"孟冬之月，水始冰，地始冻"，所以说"乾为寒，为冰"。按："为天，为圜，为君，为父"是先天图之序列。"为寒，为冰"则是后天图之序列。乾字本义是日之光气上出，其色红，所以说"乾为大赤"。《集解》引虞翻亦说"太阳为赤"，《正义》说"为大赤，取其盛阳之色也"；尚秉和说"乾舍于离，南方火，故为大赤"（《尚氏学》）。事实正相反，在后天图中离取代先天图中乾卦所在之位置，才有了日、火、赤之意象。乾性健，为老阳，故说"为良马，为老马"。"瘠马"即瘦马，亦健行。"驳"喻强猛壮健（《尔雅·释畜》"驳如马，倨牙食虎豹"）；又"驳马"即花马（"驳"谓毛色多花纹，此高亨说），盖先天图乾在南方，取南方明灿之象。果形亦圆，所以说"乾为木果"。荀爽《九家集解》在此下尚有"为龙，为直，为衣，为言"四象。乾义为日之光气上出，日之光气、云气本有龙象，〈乾〉卦又以六龙说之，所以说"乾为龙"。〈系辞〉"乾，其动也直"，所以说"乾为直"。〈系辞〉"垂衣裳而天下治，盖取诸乾坤"，所以说"乾为衣"。"言"谓言辞教

令,政令颁布于君,乾既为君,故亦为言。

[2] 坤为地,为母,为布,为釜,为吝啬,为均,为子母牛,为大舆,为文,为众,为柄,其于地也为黑:"坤"本作"川",为水泉流通遍布(《汉书·地理志》"川,水之通流者也"),货币之流通似此,所以"布"在此训为货币(《周礼·外府》注"布,泉也,其藏曰泉,其行曰布,取名于水泉,其流行无不遍")。地容万物,成熟万物,锅釜象之,所以说"坤为釜"。又疑"为釜"本作"为斧",是"为布"之注(谓"布"读为"资斧"之"斧",训为货币),"釜"(斧)"布"古同音。〈系辞〉说坤,其静也翕",地性收敛,所以说"坤为吝啬",〈坤〉卦所谓"括囊"即此;地滋生万物又收敛万物,亦有吝啬之义,即《文子·上德》所谓"地载万物而长之,与而取之,故骨骸归焉;与而取者,下德也,下德不失德,是以无德"。地之于物,"不长一类",平均对待,"定宁无不载,广厚无不容"(《文子·上德》),故有平均之象。"子"读为"牸",《广雅·释诂》"牸,雌也",牸母牛即牝牛之俗称(此采高亨说)。又"子"可释为幼、小,"子母牛"即小母牛。又疑"子"读为"牸",训为"雌","母"为注文。又"子"通"慈",顺也,慈顺之母牛与坤之性相合。或释"子母牛"为子牛(即童牛)、母牛,然《易经》"童牛"为刚猛之象,与"坤顺"不合。地之载物犹大车之载物,所以说"为大舆"。天圆地方、天圜地舆,乾就形言,坤就质言,圜为车盖,舆指车厢。〈剥〉卦(䷖)下坤上艮,上九"君子得舆",即取象于此。《归藏》〈坤〉卦作"𡘩","𡘩"字盖与"舆"字相关。地有山川草木之文理,所以说"坤为文"。又古以父母比天地、文

武、严慈(《黄帝四经·经法·君正》即以"父母之行"与"天地之德"、文武之道对举),《周书·谥法》"慈惠爱民曰文"。"文"谓文德(亦有文静义)。"地广厚,万物聚"(《文子·上德》),地载众物,故"坤为众"。"柄",本、根本(〈系辞〉"谦,德之柄也",虞注"柄,本也",《礼记·杂记》"刊其柄与末",《仪礼·特牲馈食》作"刊其本与末")。万物之生,皆以土地为根本,所以说"坤为柄"。〈谦〉卦(上坤下艮)、〈复〉卦(上坤下震)皆含〈坤〉,所以〈系辞〉分别说"谦,德之柄也","复,德之本也"。土地色黑,象阴暗、静默,所以说"坤于地也为黑"。天开地阖,开为亮,为明,为言;阖为黑暗,为默,《黄帝四经·称》"天阳地阴,言阳默阴"(上文"乾为言",与天为辟、言为阳有关),老子"知雄守雌,知白守黑"皆此之谓。又先天图乾南坤北,五行中南赤北黑、四象中南朱北玄,与此"乾为大赤,坤为黑"合。荀爽《九家集解》本此下尚有"为牝,为迷,为方,为囊,为裳,为黄,为帛,为浆",前六项分别与〈坤〉卦经文、〈系辞〉及〈坤〉卦〈文言〉相合。"坤"即"川",为水,所以说"为浆"。帛有黼文,"地有黑有白"(《黄帝四经·观》),有文理;又地有币布之象,所以这里又说"坤为帛"。又按:〈文言〉及《九家易》之"地黄"当属后天土王于四时之序列。

[3] 震为雷,为龙,为玄黄,为旉,为大涂,为长子,为决躁,为苍筤竹,为萑苇,其于马也为善鸣、为馵足、为作足、为的颡,其于稼也为反生,其究为健,为蕃鲜:"玄黄",《集解》引虞翻说"天玄地黄,震,天地之杂物,故为玄黄",这是以"震"为天地玄黄之混杂颜色。我们前面说过,疑《归藏》卦图为始〈坤〉次〈震〉之

序次；震雷出地升天，则正介于地黄天青（玄）之间，所以说"震为玄黄"。"旉"谓植物开花。《正义》说"为旉，取其春时气至，草木皆吐旉布而生也"。震为东方春分之卦，照《吕览·十二纪》的说法，此时正是雷乃发声、蛰虫开户、品物开坼之际（《文子·上德》也说"雷之动也万物启"。"启"即开坼）。〈解〉卦（下坎上震）的〈象传〉说"天地解而雷雨作，雷雨作而百果草木皆甲坼"；〈震〉卦在《归藏》中作〈厘〉，"厘"从"荴"声，即用为"荴"。《说文》"荴，坼也，果熟有味亦坼"。此并与"震为旉"相合。"大涂"即"大徒"，指大车。〈随〉卦（下震上兑）在《归藏》中作《马徒》。"涂"、"徒"同为定母鱼部字，古通用。《诗·车攻》毛传"徒，辇也"，《国语·晋语》注"辇，辇车也"。震雷为动、有轰响，大车之响动似之，所以震有大车之象。"决"同"趹"。"趹"、"躁"皆疾速之义，"决躁"义犹"决骤"（《庄子·齐物论》"麋鹿见之决骤"）。《史记·张仪列传》索引"趹，谓后足抉地，言马之走势疾也"。此与六章"莫疾乎雷"说同。又按："趹躁"当就马而说（《史记》索引之释"趹"可证），故疑此句当在"其于马也为善鸣"之下。"苍筤"为青色（《集解》引《九家易》），震为东方苍色，所以说"震为苍筤竹"。"萑苇"亦称"蒹葭"、"荻"、"蘋"、"葴"、"苇"，皆取东方青色之象。〈丰〉卦（下离上震）"丰其蔀"、"丰其沛"与此相关，详见彼注。震为龙，与马连类，其行动之疾亦与马同，故又以马取象。马之善鸣如雷之鸣，故"为善鸣"。"䮯足"谓马后左足白色，"的颡"亦曰"的颅"，谓马额白色。毛色有此种特征之马，盖行走皆迅疾（辛弃疾〈破阵子〉词"马作的颅飞快"即是）。"作"，振。"作足"谓前足踢空振起。此亦喻马行迅疾。"稼",农作物,包括禾稼,蔬菜等。"反生",谓果实茎叶倒长,即茎叶在地上而果实反在地下,如土豆、山药、大蒜等。盖此类作物收获时皆须振动而使泥土脱落方能取食之,所以说"震为反生"。"其究为健"当在"为蕃鲜"之下,是震象之总结,犹如下节言巽象而以"其究为躁卦"作归结。同时,"为蕃鲜"是承"其于稼也"而说,谓农作物长势鲜盛("蕃",长育茂盛)。"鲜"谓鲜洁、鲜亮,与"的"(即"旳",白亮)、"白"义近,日出于东方震则东方既白(苏子〈赤壁赋〉"不知东方之既白")。综〈震〉之意象,终以刚健为主,所以说"其究为健"。又"健"下似当有"卦"字,"卦"谓"象"(〈说卦〉韩注"卦,象也"),言其究为刚健之象征。荀爽《九家集解》下有"为玉,为鹄,为鼓"三项,玉色苍,鹄羽亦苍(所谓苍鹄),与震为东方苍色合。鼓声如雷,《管子》所谓"疾如雷鼓"。

[4] 巽为木,为风,为长女,为绳直,为工,为白,为长,为高,为进退,为不果,为臭,其于人也为寡发、为广颡、为多白眼,为近利市三倍,其究为躁卦:"绳"为工匠取直取齐之具,五章言"齐乎巽",风又象号令法度,所谓"引得失以绳而明曲直者也"(《黄帝四经·经法·道法》),所以这里又说"为绳直"。"工",似指乐工(《左传·襄公四年》注"工,乐人也")。风之挠物,"枞枞铮铮,金铁皆鸣"(欧阳修〈秋声赋〉),"前者唱于而后者唱喁"(《庄子·齐物论》),风可为天籁地籁,所以这里说巽为乐工。又《说文》"工,巧饰也,象人有规矩",所以《正义》解释说"为工,亦正取绳直之类",亦通。"白",清洁,明亮(《汉书·王莽传》注"黑白,谓清浊",《汉书·陈余传》注"白,明也")。《吕

览·有始》"东南曰熏风",高诱注"巽气所生。一曰清明风"。白有清明之义,所以说"巽为白"。"正义"谓"取其风吹去尘,故洁白也",则是读五章"万物之絜齐"之"絜"为"洁白"。巽为木,木之生必长,必高;又风之播长远,旋风曲戾高扬,所以说"巽为长,为高"。风之上下往来,遇物应变,进退两能,所以说"巽为进退"。〈观〉卦(下坤上巽)六三说"观我生进退",〈巽〉卦初六"进退利武人之贞",并取此象。进退两可,亦常失之优柔寡断,所以又说"为不果"。"臭",气味。万物之气味,皆待风以播散,所以说"巽为臭",非风有气味也。"为寡发、为广颡、为多白眼"似皆形容丑陋之象("广颡"犹今语之大脑门),疑特指女子而言。如《新序·杂事二》"齐有妇人,极丑无双,号曰无盐女。其为人也,臼头深目,少发",《今古奇观》谓苏小妹"额颅凸起,双目微抠",《乾野佥载》"妇人目有四白,五夫守宅"。此种女子盖为"壮女"之象,而〈巽〉为长女亦为壮女,如〈姤〉卦(下巽上乾)卦辞说"女壮,勿用取女",《韩诗外传》说"丧妇之长女不娶"。"近利",追求、贪图利益。"市",购。"市三倍",谓购物必少出资而多入利。盖风之吹物,唯孔隙是趋,有近利之象。"躁",浮躁。风之性清浮而急疾,所以说"究为躁卦"。荀爽《九家集解》本尚有"为杨,为鹳"。

[5] 坎为水,为沟渎,为隐伏,为矫輮,为弓轮,其于人也为加忧、为心病、为耳痛、为血卦,为赤,其于马也为美脊、为亟心、为下首、为薄蹄、为曳,其于舆也为多眚、为通,为月,为盗,其于木也为坚多心:"坎"字本义为陷阱、陷坑,后又有了水的意象,这可能与八卦同四时八节相配后,坎取代了坤的位置有关;坤、

坎错位之后，坎便继承了坤的部分意象。"坤"本作"川"，〈坎·彖〉虞注"坎，川也"，《广雅·释水》"川，坑也"，此即可见"坎"、"坤"（川）之关系。"沟渎"，水沟，水坑，此合"坎"（欿）、"坤"（川）而言之。坎为坑陷，阴设伏而取兽，所以说为"隐伏"。使曲者直为矫，使直者曲为輮（《正义》）。水随地势而行，可直可曲；又五行中水属智，智者亦可曲可直，所以说为"矫輮"。弓为曲、弦为直，轮为曲、辐为直；水即可曲可直，故亦"为弓轮"。阱陷对人来说为忧患之事，"加"为重、重重；"坎"卦为二坎相重，故〈坎〉卦有重重忧患之象。五章说坎为劳卦，《归藏》作"荦"，通"劳"，"劳"亦有"忧"义。阱陷为心腹之患，故又"为心病"。坎有耳象，又有病患之象，所以又说"为耳痛"。坎为水，血亦类水；坎为忧患，血亦忧患之象（《汉书·武五子传》"血者，阴忧之象"），所以说"为血卦"（"卦"，象）。又"坤"本作"川"，有"血"象（"坤"卦上六"其血玄黄"），此意象后转至"坎"中。血色赤，故又"为赤"。又"赤"与"斥"通（《史记·晋世家》索隐"赤即斥"），《广雅·释诂》"斥，池也"，这是说坎有池塘之象。水之动焕然有文采，坤（川）又"为文"，所以这里说"为美脊"。"亟"谓忧急，似就马入坎陷而说，所以说"为亟心"。坎有忧愁之象，而"水下流"，马之行止低头垂首似之，所以说"为下首"。"薄"同"迫"，谓后蹄踢地尬蹶（与震之"作足"相反），喻前有险陷焦急不进。"曳"谓向后拖曳不进，亦与险陷有关；〈未济〉（下坎上离）九二"曳其轮"即此。"眚"指事故。车舆遇逢坑坎故多事故，所以说"多为眚"。多眚为困，然而"困穷而通"（〈系辞下〉），〈困〉卦（下坎上兑）卦辞说

"困,亨"(终能亨通),〈序卦〉说"困乎上者必反下,故受之以井",〈杂卦〉说"井,通",所以这里继"其于舆也为多眚"之后又说"为通"。坎为坑陷,故云多眚,流通为水之性,故又说为通。"水气之精为月"(《淮南子·天文训》),乾本为南方日,与之相对的则为北方之坤月(先天图),离、坎取代乾、坤位置,则离为南方日,坎则为北方月。苏轼〈赤壁赋〉亦以水月之性连类而为文曰"客亦知夫水与月乎? 逝者如斯而未尝往也,盈虚者如彼而卒莫消长也"。坎为隐伏、为陷阱,故又有寇盗之象。《易》中包含〈坎〉卦(或互体为〈坎〉者)多有寇盗之象,如〈需〉卦(下乾上坎)九三"需于泥,致寇至",〈解〉卦(下坎上震)六三"负且乘,致寇至"等。"心"有纤细、尖刺之义(《释名·释形体》"心,纤也"),尖刺与忧痛连类,所以说"其于木也为坚多心"。荀爽《九家集解》本坎后有八象,即"为宫,为律,为可,为栋,为丛棘,为狐,为蒺藜,为桎梏"。宫属中央土,"可"读为"夥",众。此二象当由〈坤〉移植而来。"为丛棘"等四象皆源于含〈坎〉卦的卦爻辞,〈坎〉卦上六"置于丛棘",〈未济〉卦卦辞"小狐汔济",〈困〉卦六三"据于蒺藜",〈蒙〉卦初六"用脱桎梏"。"为律"、"为栋"未明,疑为巽之意象而错入此中。巽风为号令、为绳直,所以又说为律令、法律("律"若释为音律,则与为乐工相合)。巽为木,木可为屋栋,故〈大过〉卦(下巽上兑)卦辞及九三说"栋桡"。

[6] 离为火,为日,为电,为中女,为甲胄,为戈兵,其于人也为大腹,为乾卦,为鳖,为蟹,为蠃,为蚌,为龟,其于木也为科上槁:

"离为火,为日,为电"盖皆由乾为日出之意象而来,所谓"为乾卦"即说明这一点；日出可干燥万物。"离"卦二阳刚在外，一阴柔在内，刚可护身卫体，故有"为甲胄（"胄"谓盔）、为戈兵，为鳖，为蟹，为蠃（即"螺"）、为蚌，为龟"之象；鳖、蟹等五种软体动物皆硬壳在外，柔肉在内，〈离〉卦（☲）似之。又鳖、蟹等皆水族动物，盖亦与罗网（〈离〉又作〈罗〉）之"以佃以渔"有关。〈离〉卦外实中虚（☲），有罗致容物之象，故又说"为大腹"。"科"，空（《广雅·释诂》三），此谓蛀空。树木蛀空，则上端先枯槁，"离"卦中爻虚空，所以说"为科上槁"。《九家集解》下有"为牝牛"，此出于〈离〉卦卦辞"畜牝牛吉"。

[7]艮为山，为径路，为小石，为门阙，为果蓏，为阍寺，为指，为狗，为鼠，为黔喙之属，其于木也为坚多节：山中必多小路、小石，故艮又为径路、为小石。"阙"，门两旁之台观。守护门、巷者称阍人、寺人。山之峙立，如门户台观，所以止人出入，又有似阍寺，所以说为门阙，为阍寺。"果蓏"，植物果实（树生为果，地长为蓏），皆出于山谷，所以说"艮为果蓏"。山峰有手指之象，与艮为山相合；指画发号施令所以禁止人，与艮为止相含；又指谓指归，与止处相含。"狗"，虞翻以为当作"拘止"之"拘"。鼠性犹疑，合于山之险阻之义；山有径路、小石、门阙之象，盖亦有岩穴之象，为鼠之所栖止；鼠止于人家，亦合于山为止之象。〈晋〉卦（䷢）九四"晋如鼫鼠"，二、三、四互体为艮。"黔喙"，黑嘴禽兽，鹰隼豺狼之类。此类禽兽集栖于山林，所以艮又为黔喙之属。"节"，节目，枝干相连接的突起处，即树疙瘩。《礼记·学记》"善问者如攻坚木，先其易者，后其节目"，节目为树木艰阻不易之处，与艮之险阻意象相合。荀爽

《九家集解》本下有三项,即"为鼻,为虎,为狐"。"鼻",始也。艮为东北立春之位,四季之始。虎为山君(《说文》),狐称山魅(《搜神记》),皆栖止于山。

[8] 兑为泽,为少女,为巫,为口舌,为毁折,为附决,其于地也为刚卤,为妾,为羊:兑字象人口出气息以讲论,故为口舌、为巫(巫师口讲指画占论吉凶,故"占"字亦从"口")。〈夬〉卦下乾上兑,故卦辞说巫师决断吉凶于王庭("扬于王庭")。"附",益、增益(《广雅·释诂》"附,益也")。"决",冲决。泽水增益泛滥,必冲决堤岸而毁折房屋、禾稼、树木等,故为毁折、为附决。"刚卤",谓坚硬而多盐碱的土质。泽水泛溢则为毁折、为附决,泽水干枯则为坚硬盐碱之地,所以又说为刚卤。兑为阴之最末,为少女,泽处低洼卑贱之地,与妾之处境同,所以说为妾。《九家集解》本下有"为常,为辅颊"。"常"与"祥"通(《仪礼·士虞礼》郑注"古文常为祥")。"祥",顺从(《淮南子》高诱注)。〈随〉卦(下震上兑)即取兑悦顺随之义。"辅颊"与"舌"连类,又取于〈咸〉卦(下艮上兑)上六"咸其辅颊舌"。

▶ 通 说

本章杂录八卦之象征,其说象大致有以下几种情况:其一为连类取象,如乾为天、为圜、为君、为父等;其二为从属取象,如"巽为臭"、"艮为径路、为小石、为黔喙之属"等;其三为卦爻辞取象,即所述之象直接出自该重卦或单卦之卦爻辞,如"巽为进退"出自〈巽〉卦及包含单卦〈巽〉的〈观〉卦等;至于荀爽《九家集解》本"坤为牝牛,为迷,为方,为囊,为裳,为黄"则不但出自〈坤〉卦经文,亦出自

〈坤〉卦之《易传》。

所述八卦之象有些看似相互重叠，实则立象角度不同，如"坤为大舆"，此就地方之形而立象；又说"震为大涂"（徒，车辙，《左传·僖公十五年》解《易》也说"震为车"），此是就震雷之声而立象。此外，还有一个重要原因就是由于卦序的错位而造成意象的分流，如"坤为众"（此与"乾为君"相对）；而荀爽《九家集解》本又说"坎为可"（读为"多夥"之"夥"。《左传》、《国语》解《易》也说"坎为众"），这是由于后天图中〈坎〉占居了先天图中〈坤〉的位置而导致的（尤其《九家集解》本"坎为宫"，则显然源于坤为中央土）。

前面讲"帝出乎震"章时已经说过，〈说卦〉中保存了很多非常早的原始材料，而本章说象亦复如此；从有些论象的文字看，先秦当确有以互体说卦的情况。

序　卦

〈序卦传〉以今本《周易》上、下经的卦序为依据，论说六十四卦排列序次及前后相承的哲学内蕴。

今本《周易》的卦序本是揲蓍成卦的自然结果，卦与卦的承继，除两两一组存在着卦爻"非覆即变"的关系外，组与组之间并无必然联系(如一与二为一组，三与四为一组，五与六为一组。一与二，三与四，五与六，它们之间存在着卦爻的联系；而二与三，四与五则无内在联系)。因此，〈序卦传〉在释说其前后承继的必然性时，有些地方就不免牵强，甚至为后世《易》学家所讥。但是，为今本卦序寻找合理性也许并非是〈序卦传〉作者的核心动机，而是以此为依托而融入作者的哲学思考，从而建立自己的《易》学释说体系。

李光地《周易折中》引蔡清说："〈序卦〉之义，有相因者，有相反者。相反者，极而变者也；相因者，其未至于极者也"。高亨也说："〈序卦〉中含有古朴而简单之辩证法因素。认为客观事物总是运动变化，有时向正面发展，有时向反面转化"。《易》卦之间的相生递嬗与相胜制约(如"屯者物之始生也，物生必蒙故受之以〈蒙〉"、"震者动也，物不可以终动，止之，故受之以〈艮〉")，其所反映的即是事物"逝曰远，远曰反"的运动规律。

〈序卦传〉以今本《易经》为底本，但可能也受了帛本《易经》的影响。如帛本〈履〉作〈礼〉，〈序卦〉说"物畜然后有礼，故受之以〈履〉"；〈临〉卦帛本作〈林〉("林"，有君、众、大等义)，〈序卦〉说"临者大也";帛本〈睽〉作〈乖〉,〈序卦〉说"睽者乖也"。这三个卦,〈杂卦传〉的解说与〈序卦〉明显不同,如"〈履〉,不处也"、"〈临〉、〈观〉之义,或与或求"、"〈睽〉,外也",由此亦可见〈序卦〉与帛本《易经》有关系。

《淮南子》有征引〈序卦〉之文而标"《易》曰"。可见汉代中早期〈序卦〉已取得近乎经的地位。

〈系辞〉"君子居而安者,《易》之序也",此盖为〈序卦〉所本。但〈序卦〉所陈说之《易》序,却不一定是〈系辞〉作者所言之《易》序。

有天地然後萬物生焉;盈天地之間者唯萬物,故受之以〈屯〉,屯者盈也,屯者物之始生也[1]。物生必蒙,故受之以〈蒙〉,蒙者蒙也,物之穉也[2]。物穉不可不養也,故受之以〈需〉,需者飲食之道也[3]。飲食必有訟,故受之以〈訟〉[4]。訟必有衆起,故受之以〈師〉,師者衆也[5]。衆必有所比,故受之以〈比〉,比者比也[6]。比必有所畜,故受之以〈小畜〉[7]。物畜然後有禮,故受之以〈履〉[8]。履而泰,然後安,故受之以〈泰〉,泰者通也[9]。物不可以終通,故受之以〈否〉。物不可以終否,故受之以〈同人〉[10]。與人同者物必歸焉,故受之以〈大有〉。有大者不可以盈,故受之以〈謙〉[11]。有大而能謙必豫,故受之以〈豫〉。豫必有隨,故受之以〈隨〉。以喜隨人者必有事,故受之以〈蠱〉,蠱者事也[12]。有事而後可大,故受之以〈臨〉,臨者大也[13]。物大然後可觀,故受之以〈觀〉。可觀而後有所合,故受之以〈噬嗑〉,嗑者合也[14]。物不可以苟合而已,故受之以〈賁〉,賁者飾也[15]。致飾然後亨則盡矣,故受之以〈剝〉,剝者剝也[16]。物不可以終盡剝,窮上反下,故受之以〈復〉[17]。復則不妄矣,故受之以〈无妄〉[18]。有无妄然後可畜,故受之以〈大畜〉[19]。物畜然後可養,故受之以〈頤〉,頤者養也。不養則不可動,故受之以〈大過〉[20]。物不可以終過,故受之以〈坎〉,坎者陷也[21]。陷必有所麗,故受之以〈離〉,離者麗也[22]。

　　有天地然後有萬物,有萬物然後有男女,有男女然後有夫婦,有夫婦然後有父子,有父子然後有君臣,有君臣然後有上下,有上下然後禮儀有所錯[23]。夫婦之道不可以不久也,故受之以〈恆〉[24],恆者久也。物不可以久居其所,故受之以〈遯〉,遯者退也。物不可以終遯,故受之以〈大壯〉。物不可以終壯,故受之以〈晉〉,晉者進也[25]。進必有所傷,故受之以〈明夷〉,夷者傷也。傷於外者必反其家,故受之以〈家人〉。家道窮必乖,故受之以〈睽〉,睽者乖也。乖必有難,故受之以〈蹇〉,蹇者難也。物不可以終難,故受之以〈解〉,解者緩也[26]。緩必有所失,故受之以〈損〉[27]。損而不已必益,故受之以〈益〉。益而不已必決,故受之以〈夬〉[28],夬者決也。決必有所遇,故受之以〈姤〉,姤者遇也[29]。物相遇而後聚,故受之以〈萃〉,萃者聚也。聚而上者謂之升,故受之以〈升〉。升而不已必困,故受之以〈困〉。困乎上者必反下，故受之以〈井〉。井道不可不革，故受之以〈革〉[30]。革物者莫若鼎，故受之以〈鼎〉。主器者莫若長子，故受之以〈震〉[31]，震者動也。物不可以終動，止之，故受之以〈艮〉，艮者止也[32]。物不可以終止，故受之以〈漸〉，漸者進也。進必有所歸，故受之以〈歸妹〉。得其所歸者必大，故受之以〈豐〉，豐者大也[33]。窮大者必失其居，故受之以〈旅〉。旅而無所容，故受之以〈巽〉，巽者入也。入而後說之，故受之以〈兌〉，兌者說也。說而後散之，故受之以〈渙〉，渙者離也[34]。物不可以終離，故受之以〈節〉。節而信之，故受之以〈中孚〉。有其信者必行之，故受之以〈小過〉[35]。有過物者必濟[36]，故受之以〈既濟〉。物不可窮也，故受之以〈未濟〉終焉[37]。

【今译】

有了天地万物才能够萌生，充盈于天地之间的是创生万物的混沌一气，所以《周易》继象征天地絪缊的〈乾〉、〈坤〉两卦之后便是〈屯〉卦。屯是孕育生机的气体充盈的意思，又是指万物开始萌生。物初生时肯定是处于草创萌芽的状态，所以继〈屯〉卦之后便是〈蒙〉卦。蒙是鸿蒙草创的意思，象征事物的幼稚阶段。事物稚小有待于培养，所以继〈蒙〉卦之后便是〈需〉卦，濡泽浸润就如同人需要饮食滋养的道理。有了私有生活材料就必然会引起群体之间的争讼，所以继〈需〉卦之后便是〈讼〉卦。争讼必然有众人兴起参预，所以继〈讼〉卦之后便是〈师〉卦,师就是众人的意思。人群众杂就必然需要相互亲比,所以继〈师〉卦之后便是〈比〉卦,比就是相互亲比的意思。使民众亲密君主则君主必定要有财物的积蓄,所以继〈比〉卦之后便是〈小畜〉卦。有财物的积累然后民众就能知守礼义,因此继〈小畜〉卦之后的便是〈履〉卦(履即是遵守礼义的意思)。遵守礼义则万事万物通泰安和,所以继〈履〉卦之后的便是〈泰〉卦,泰是亨通的意思。事物不可能一直亨通下去,所以继〈泰〉卦之后的便是象征不通的〈否〉卦。人际关系不能永久阻隔不通,所以继〈否〉卦之后的便是象征人际和同的〈同人〉卦。能与民和同则众物归附,所以继〈同人〉卦之后的便是〈大有〉卦。拥有众物则不可以骄傲自满,所以继〈大有〉卦之后的便是〈谦〉卦。拥有众物又能谦虚则必然和乐,所以继〈谦〉卦之后的便是象征和乐的〈豫〉卦。恬然和乐为众物所依,所以继〈豫〉卦之后的便是象征依从的〈随〉卦。以和乐恬然之心顺随人性的人,必有所为,所以继〈随〉卦之后的便是〈蛊〉卦,蛊是有所作为的意思。有所作为就能建立盛德大业,所以继〈蛊〉卦之后的便是〈临〉卦,临是德业盛大的意思。德业盛大而后可为人所观仰,所以继〈临〉卦之后的便是〈观〉卦。有所观仰取法而后就能合于正道,所以继〈观〉卦之后的便是〈噬嗑〉卦,嗑就是相吻合的意思。使事物相吻合不能苟且随便,所以继〈噬嗑〉卦之后的便是〈贲〉卦,贲是文饰的意思。文饰过分则亨通也就发展到了尽头,所以继〈贲〉卦之后的便是〈剥〉卦,剥就是剥落倾覆的意思。事物不可能永远剥落下去,走到头还会返回来,所以继〈剥〉卦之后的便是〈复〉卦。能够回复于正道的就不会妄行乱动,所以继〈复〉卦之后的便是〈无妄〉卦。不妄行乱动就能够有所蓄聚,所以继〈无妄〉卦之后的便是〈大畜〉卦。财物积累之后就能养蓄贤人，所以继〈大畜〉卦之后的便是〈颐〉卦，颐便是养蓄的意思。不养蓄群贤便不可有为兴动，所以继〈颐〉卦之后的便是象征大过常俗的〈大过〉卦。大过常俗之举也是难以持久的，所以继〈大过〉卦之后的便是〈坎〉卦，坎就是沟坎险陷的意思。遭遇险陷必须有所附丽依托，所以继〈坎〉卦之后的便是〈离〉卦，离是附丽依托的意思。

有了天地之后才能有万物的产生，有了万物之后才能出现人类的男性女性，有了男女之后才能结合成夫妇，有了夫妇之后才能有父子关系，有了父子关系之后才能有君臣之分，有了君臣之分之后才能有上下尊卑之别，有了上下尊卑之别后才能使礼义纲常制度有所措置。夫妇相互感通的道理不可以不恒久延续，所以继象征夫妻之道的〈咸〉卦之后的便是〈恒〉卦，恒就是持久保持的意思。客观事物不可能永远停留在一个地方，所以继〈恒〉卦之后的便是〈遁〉卦，遁就是退避离去的意思。事物不可能永远处于退避敛缩的状态，所以继〈遁〉卦之后的便是象征伸展盛壮的〈大壮〉卦。事物不可能永久停留在盛壮阶段，所以继〈大壮〉卦之后的便是〈晋〉卦，晋是向前发展的意思。向前发展必然遇到损伤，所以继〈晋〉卦之后的便是〈明夷〉卦，夷即是伤损的意思。在外面受到伤损必然要返还于家，所以继〈明夷〉卦之后的便是〈家人〉卦。家庭伦常之道衰败就必然出现乖违之事，所以继〈家人〉卦之后的便是〈睽〉卦，睽是乖违的意思。有乖违必有艰难，所以继〈睽〉卦之后的便是〈蹇〉卦，蹇是困难的意思。但事物不可能永久艰难，所以继〈蹇〉卦之后的便是〈解〉卦，解是缓解松弛的意思。有所松懈也会带来损失，所以继〈解〉卦之后的便是〈损〉卦。不断受到损失也会因为自我省察而转为增益,所以继〈损〉卦之后的便是〈益〉卦。增益过分便会满溢冲决,所以继〈益〉卦之后的便是〈夬〉卦,夬是冲决的意思。阴柔被冲决必会带来美善的遇合,所以继〈夬〉卦之后的便是〈姤〉卦,姤是遇合的意思。事物遇合方能汇聚,所以继〈姤〉卦之后的便是〈萃〉卦,萃是汇聚的意思。积累汇聚就能逐渐升进,所以继〈萃〉卦之后的便是〈升〉卦。升进不止必然困穷,所以继〈升〉卦之后便是〈困〉卦。困穷不通发展到至极必然走向反面,所以继〈困〉卦之后的便是象征通畅的〈井〉卦。水井的道理是时间久了不能不变革治理,所以继〈井〉卦之后的便是〈革〉卦。变革事物最明显的便是鼎器了,所以继〈革〉卦之后的便是〈鼎〉卦。执掌鼎器权柄的最适当人选便是长子,因此继〈鼎〉卦之后的便是象征长子动用权威的〈震〉卦,震是霹雳震动的意思。事物不能只是一味地运动,所以继〈震〉卦之后的便是〈艮〉卦,艮是静止的意思。事物不能停留在静止状态,所以继〈艮〉卦之后的便是〈渐〉卦,渐是逐渐前进发展的意思。前进就必然有所趋附依归,所以继〈渐〉卦之后便是象征女子有所归附的〈归妹〉卦。得到适宜的归宿就必然会有大发展,所以继〈归妹〉卦之后的便是〈丰〉卦,丰是大的意思。穷奢极大者必将失去立足之地,所以继〈丰〉卦之后的便是象征漂泊羁旅的〈旅〉卦。旅居于外不能永远无所容身,所以继〈旅〉卦之后的便是〈巽〉卦,巽是凭借逊顺而进入容身之所的意思。进入安身之所后而欣悦,所以继〈巽〉卦之后的便是〈兑〉卦,兑是欣悦的意思。相互愉悦久了必然要离散,所以继〈兑〉卦之后的便是〈涣〉卦,涣是离散的意思。但事物不能永久处于游离分散的状态,所以继〈涣〉卦之后的便是象征抑止节制的〈节〉卦。有节度必然要讲究诚信,所以继〈节〉卦之后的便是象征中心诚信的〈中孚〉卦。讲究信义的人必然要履行承诺,所以继〈中孚〉卦之后的便是象征有大为而小有过失的〈小过〉卦。有大为而小有过失的人做事必然成功,所以继〈小过〉卦之后的便是象征一切都已然成功的〈既济〉卦。事物的发展是没有穷尽的,所以继〈既济〉卦之后的便是象征尚未成功的〈未济〉卦,并以此作为六十四卦的终结。

【注释】

[1] 有天地然后有万物;盈天地之间者唯万物,故受之以〈屯〉,屯者盈也,屯者物之始生也:"天地"亦兼指阴阳二气及〈乾〉、〈坤〉二卦。"万物"亦兼指象征万物的六十二卦,〈系辞〉所谓"天地设位而《易》行于其中"。"盈",充盈、充满、充塞。先秦道家讲"盈天地之间者唯气",因此这里的"盈天地之间者唯万物"即指充盈于天地之间的是创生万物的浑沌一气。"受",继(《广雅·释诂》)。是说继〈乾〉、〈坤〉卦之后的便是〈屯〉卦。〈彖传〉在〈乾〉、〈坤〉中说"乾元资始"、"坤元资生",在〈屯〉卦中说"刚柔始交而难生",又说"天造草昧",所以〈屯〉卦继〈乾〉、〈坤〉之后,在〈彖传〉、〈序卦〉看来是有其合理性和必然性;但自〈屯〉卦以后,今本《易经》卦序的内在逻辑性在〈彖传〉中是看不出来的,〈序卦〉的解说自不免牵强。"屯者盈也"的"盈"是指化育万物生机的气体充盈,因此〈序卦〉似读"屯"为"浑沌"之"沌",也即《黄帝四经》的"困",这源于〈彖传〉的"雷雨之动满盈"和"天造草昧"。"屯者物之始生也",此出"屯"之二义,源于〈彖传〉的"刚柔始交而难生";《说文》也说"屯,象草

木之初生,屯然而难"。这几句文字与〈系辞〉"天地絪缊,万物化醇"相类。又按:〈屯〉卦下〈震〉上〈坎〉,此"物之始生"与〈说卦〉"帝出乎震"可能也有些关系。

[2] 物生必蒙,故受之以〈蒙〉,蒙者蒙也,物之稚也:"蒙"有鸿蒙、芽萌(《集解》引郑玄"蒙,幼小之貌,齐人谓蒙为萌也")、蒙稺(即"稚",《说文》"稚,幼禾也")等义。〈序卦〉认为屯是物之始生,蒙是始生之貌。〈蒙〉次〈屯〉后,是〈蒙〉卦为〈屯〉卦之卦爻翻覆,其在内在意义上可能本无必然联系,而〈序卦〉则力图找出内在联系以建立其释说体系。

[3] 需者饮食之道也:"需"读为"濡",谓濡泽、浸润、滋养。上句说"养",此处说饮食之道,可见〈序卦〉读"需"为"濡",与经义及〈象传〉("君子以饮食宴乐")一致。

[4] 饮食必有讼,故受之以〈讼〉:"饮食"指生活资料私有观念、生活资料分配等。《庄子·列御寇》"齐人之井,饮者相捽也"亦是此理。群体当中,没有剩余的生活资料,便没有私有及争讼之事;若生活资料极大丰富,则亦可避免争讼之事,即下文"物畜然后有礼"。

[5] 讼必有众起,故受之以〈师〉,师者众也:"起"谓群起参预。〈师〉卦讲军队作战之事,国与国之间的战争也与生存资料的争讼有关。〈师〉卦下〈坎〉上〈坤〉,先秦古籍解《易》及〈说卦〉中,〈坎〉、〈坤〉皆有"众"义,所以这里说"师者众也"。

[6] 众必有所比,故受之以〈比〉,比者比也:"比",相亲比。人群众杂,不相亲比则一盘散沙。

[7] 比必有所畜,故受之以〈小畜〉:此"比"指在下位者顺比在上位

者,更接近〈象传〉。在上位者有所蓄积才能使在下位者顺比亲密于上,〈系辞〉所谓"何以聚人曰财"。

[8] 物畜然后有礼,故受之以〈履〉:"物畜然后有礼"即《管子》"仓廪实然后知礼义"。《集解》本"故受之以〈履〉"下有"履者礼也"四字。按:有"履者礼也"的本子可能是从今本《易经》卦名而读"履"为礼;无"履者礼也"的本子可能是从帛本《易经》卦名,因为帛本作〈礼〉,故无须释义。

[9] 履而泰,然后安,故受之以〈泰〉,泰者通也:疑本作"履而后泰","然后安"盖是后人所作之注,因为〈序卦〉释"泰"为"通",〈彖〉、〈象〉并无训"泰"为"安"者。"履"谓知守礼义,"履而后泰",是说知守礼义则万事万物通泰。"通",亨通。具体说是指阴阳相通、上下相通,〈彖〉、〈象〉同。

[10] 物不可以终否,故受之以〈同人〉:"否",不通。具体讲是指阴阳不通,上下不通。"同人"指人际关系的和同。〈同人〉卦的经文及〈象传〉是讲在上位者如何会同聚集在下位者,〈序卦〉"与人同者物必归焉"则是讲在上位者如何与民和同亲近。〈杂卦〉"同人,亲也"与此相近。

[11] 有大者不可以盈,故受之以〈谦〉:"有",拥有。"大",众多、众物。"盈",骄傲自满。

[12] 以喜随人者必有事,故受之以〈蛊〉,蛊者事也:"喜"承谦、豫、随而说。"豫"是和乐之义。谦之于内必和乐于外,即《管子》"人能正静,皮肤裕宽";满能招损,谦能受益,受益则亦所以和乐。"谦"或作"嗛",《荀子·正名》注"嗛,足也,快也",亦可见"谦"与"豫"之关系。能谦而和乐者必为众人所依随,即

〈象传〉所谓〈天下随之〉。〈随〉卦下〈震〉上〈兑〉,〈兑〉谓悦,"随人"谓因顺人性。"以喜随人"谓恬然和乐,无巧故机心而顺随人性。〈杂卦〉"〈随〉,无故也"(《周易折中》"无故,犹《庄子》言去故"),此与〈序卦〉相发明。"有事"犹言有为,〈系辞〉所谓"不疾而速,不行而至"即此。"蛊者事也"之"事"谓治事有为,〈杂卦〉"〈蛊〉,则饬也"谓有为则一切整饬。

[13] 有事而后可大,故受之以〈临〉,临者大也:"有事",有为,有所作为。"大",德业盛大,即〈象传〉所谓"天下治也"。帛书〈临〉作〈林〉,"林"有君义、众义,"临"有监临、临治之义,谓君主临治众人,其德业事功盛大。

[14] 可观而后有所合,故受之以〈噬嗑〉,嗑者合也:"可观"谓有所观仰取法。"合",合于正道。可观而合即〈象传〉的"下观而化"。"嗑",帛书〈系辞〉作"蓋",〈象传〉说"雷电合",〈序卦〉说"有所合",皆读"嗑"为"合"。

[15] 物不可以苟合而已,故受之以〈贲〉,贲者饰也:这里的"饰"近于〈象传〉的"文明",是指文教礼仪等,即《东坡易传》所说的"礼以饰情"。通过文教礼仪使人合于正道,这是中国古代典型的乐感教育和规范教育。

[16] 致饰然后亨则尽矣,故受之以〈剥〉,剥者剥也:"致",极。饰极则反,故〈贲〉卦上九说"白贲",〈杂卦〉说"〈贲〉,无色也";否则其亨必尽,亨尽则必剥落倾覆。"剥也"之"剥"兼剥落、倾覆二义(《归藏》作"仆",〈象传〉说"山附于地",其义皆兼"仆"、"踣"之义)。

[17] 物不可以终尽剥,穷上反下,故受之以〈复〉:高亨疑"尽"涉上

文"亨则尽"而衍（按：也可能"尽"是"终"字之注）。事物不可能一直剥落下去，穷极于上必还复于下。〈剥〉卦（䷖）阳爻上九复返于〈复〉卦（䷗）之初九，是穷上反下不可终剥之义。

[18] 复则不妄矣，故受之以〈无妄〉：能复返于正道则无妄作乱动之凶。能复则不妄，则元吉（〈复〉"不远复，无祗悔，元吉"）；不能复则为迷复，则为妄，则凶（〈复〉上六"迷复，凶"）。老子说"静曰复命……妄作凶"即是这个意思。

[19] 有无妄然后可畜，故受之以〈大畜〉：《集解》本"然后"之上涉下文而衍"物"字。"畜"谓蓄积，似兼经文、〈彖〉、〈象〉之蓄物、蓄贤、蓄德而言之。

[20] 不养则不可动，故受之以〈大过〉："养"谓自我修养和养蓄贤人。〈大过〉谓君子独立不惧的大过常俗之壮举。〈杂卦〉释"颐"为"养正"，孟子讲养浩然之正气，能如此则可有为兴动，则可有大过常俗之举；不能如此则不可动，若妄动则大过之举必导致大过误。

[21] 物不可以终过，故受之以〈坎〉，坎者陷也：大过常俗则必遭构陷，故〈大过〉之后继之以〈坎〉。

[22] 陷必有所丽，故受之以〈离〉，离者丽也："丽"谓附丽依托，所以助人摆脱坎陷。又"离"、"丽"训为"罹难"，谓遭人构陷必有所罹难。屈原〈离骚〉之"离"（释为"遭忧"）同此。又捕兽者坎陷在下而罗（〈离〉）网在上，坎水润下而离火炎上，坎下离上（〈杂卦〉），陷溺于下者必待附丽依托于上方可出坎，故〈坎〉之后继之以〈离〉。

[23] 有天地然后有万物，有万物然后有男女，有男女然后有夫妇，有

夫妇然后有父子,有父子然后有君臣,有君臣然后有上下,有上下然后礼仪有所错:"错"同"措",措置。"夫妇"指〈咸〉而说,源于〈彖传〉的"二气相感"、"男下女",《荀子·大略》也说《易》之〈咸〉,见夫妇"。〈要〉篇说"有人道焉,不可以父子、君臣、夫妇、先后尽称也,故要之以上下"与此"夫妇、父子、君臣"之次序小异。《诗》以〈关雎〉为四始之一,与此以〈咸〉卦居下经之首用意略同。〈序卦〉所据《周易》亦分上下经。

[24] 夫妇之道不可以不久也,故受之以〈恒〉:男女相悦,夫妇相感,是人类生息之正道,不可以不恒久保持。《黄帝四经·十大经·观》"不会不继,无与守地",《荀子·大略》"夫妇之道不可不正"即包含这个意思。

[25] 物不可以终壮,故受之以〈晋〉,晋者进也:"终壮",终止于盛壮阶段。"进",向前发展,指由盛壮向衰老发展,也即老子"物壮则老"的意思。

[26] 物不可以终难,故受之以〈解〉,解者缓也:〈蹇〉卦上六"往蹇来硕"即包含着"物不可以终难"之意,但蹇极而解的事物运动法则是要通过人的行为去落实,即〈解·彖〉所说的"动而免乎险,解"。

[27] 缓必有所失,故受之以〈损〉:〈象传〉说"雷雨作,解;君子以赦过宥罪",《文子·上德》说"雷之动也万物启,雨之润也万物解,大人施行,有似于此,阴阳之动有常节,大人之动不极物",都认为处天地万物解缓之时,圣人遵循客观规律,行宽松之政,处简易之事。但是宽松过极,失其常节,则松解即沦为松懈,解缓转为懈怠;如此则必然带来损失。

[28] 益而不已必决,故受之以〈夬〉:〈损〉卦上九"无咎,贞吉",〈大象〉说"君子以惩忿窒欲",这说的是经过自我省察而损极转益的道理;〈益〉卦上九"莫益之,或击之",这包含着增益不已必满溢冲决的道理(《淮南子·天文训》注"溢,决也)。〈损·象〉说"损益盈虚,与时偕行",〈杂卦〉说"〈损〉,盛衰之始也",都是损益转化的道理。〈夬〉卦䷪五阳一阴,〈夬·象〉说"刚决柔也",言阴柔被阳刚冲决而去;〈夬·象〉说"利有攸往,刚长乃终也",阴柔被冲决的最终结果必是阳刚增长,并且前往必有遇合。

[29] 决必有所遇,故受之以〈姤〉,姤者遇也:〈姤〉卦的〈彖传〉说"柔遇刚"、"天地相遇"、"刚遇中正"并此"遇"字之义。

[30] 井道不可不革,故受之以〈革〉:〈升〉卦上六"冥升"不返(〈杂卦〉"〈升〉,不来也",韩注"来,还也"),故困,困极("困乎上"之"上"谓极至)而变("反下"谓向相反方向转变),变则通(〈系辞〉"困穷而通",〈说卦〉"〈井〉,通"),井道之通,久则陈旧,陈旧则必革治之。

[31] 主器者莫若长子,故受之以〈震〉:鼎之革物,多可变少、有可变无、固态变液态、生食变熟食等,其变化有形态的、内容的、量变的、质变的;而主持革故鼎新者唯有德之君主、贤人,继承君位以执掌鼎器权柄者为正嫡长子,〈震〉又象长子,所以〈鼎〉卦之后继之以象征动用权威的〈震〉卦。

[32] 物不可以终动,〔止之〕,故受之以〈艮〉,艮者止也:"止之"疑涉下文"终止"而衍(岳本、古本、足利本"止之"上更衍"动必"二字)。事物不能总是一味地运动,而是"与时偕行"、"动静

参于天地",所以〈震〉动之后继之以〈艮〉止。

[33] 得其所归者必大,故受之以〈丰〉,丰者大也:"得其所归"谓得到适宜的归宿,如良臣遇明主之类。丰大谓大有可为,如家大业大之类。〈丰〉卦九四"遇其夷主,吉"即此。

[34] 说而后散之,故受之以〈涣〉,涣者离也:"说"同"悦"。"悦而后散之"可有多种解释。就〈序卦〉上下文看,谓相互愉悦、相互取悦久了必然要离散,即"天下没有不散的筵席"、"小人之交甘以绝"的意思。而从帛书〈缪和〉释〈涣〉卦"涣其群"为"散其群党"来看,谓群臣朋比取悦则君主必离散之。

[35] 有其信者必行之,故受之以〈小过〉:有信诺必履行之,则德配天地(《管子·形势》"有无弃之言者,必参于天地也")。践行信诺是大节,矫枉而过正为小节;主忠信者未免小有过误,故〈中孚〉之后继之以〈小过〉。《管子·形势》"大山之隩,奚有于深",《淮南子·泛论训》"小恶不足以妨大美",帛书《五行》"不以小道害大道,简也"等均可与此参读。

[36] 有过物者必济:"过"承上文"小过"而说,指有大为而小有过失。"物"字疑涉下文"物不可穷"而抄衍。"济",成就事功。

[37] 物不可穷也,故受之以〈未济〉终焉:"物",事,事物发展的进程。"故受之以〈未济〉终焉"一句,在修辞学上称为兼语式,其意为"故受之以〈未济〉,且以〈未济〉终焉"。遵循事物发展"始卒若环"的规律,故《周易》以〈未济〉卦继〈既济〉卦,并以此卦作为六十四卦之终结,以示事物进程之"终则有始"。一切未成,皆处大路椎轮之时,即〈乾〉、〈坤〉、〈屯〉、〈蒙〉之类。

杂　　卦

"杂"字有错杂、归总之义,〈杂卦传〉即是错杂众卦而总论其义。〈系辞〉习用"杂"字,此盖出于〈系辞〉"杂物撰德"、"杂而不越"。

各卦皆按照卦爻"非覆即变"的原则两两排列(〈大过〉以下的后八卦除外)而错杂打散今本《易经》原有卦序,并从矛盾对立的角度释说卦义。文字简约,通篇协韵,易于记忆。

今本《易经》以卦爻"非覆即变"为原则分为两两相对的三十二组卦,在这一点上〈杂卦传〉与之正相同;今本《易经》上经首卦为〈乾〉、〈坤〉,下经首卦为〈咸〉、〈恒〉(第三十一、三十二),〈杂卦传〉也是〈咸〉三十一、〈恒〉三十二,亦与今本《易经》相合。因此,〈杂卦传〉当属今本《易经》的系统。

末尾八卦,"卦不反对,或疑其错简,今以韵协之,又似非误,未详何义"(朱熹《本义》),今从朱子之意而暂存疑。

〈杂卦传〉既以今本《易经》为读本,为何要错杂打散原有卦序? 盖〈杂卦传〉作于〈序卦传〉之后,作者见其有牵强附会之病,特有意打散原卦序,以见六十四卦每组的两卦之间有内在联系,而组与组之间本无必然关系,使习《易》之人不必为〈序卦〉所拘而画地为牢。其次,与严格的协韵形式可能也有关系。至于是否有另外一种卦序的《易经》为其读本,则无从得知。其以〈夬〉卦作结,与〈系下〉二章论"作结绳而为网罟"的八卦取象之终于〈夬〉卦相同,不知二者是否有一定联系。

　　〈乾〉剛〈坤〉柔[1]。〈比〉樂〈師〉憂[2]。〈臨〉、〈觀〉之義,或與或求[3]。〈屯〉見而不失其居[4],〈蒙〉雜而著[5]。震起也,〈艮〉止也[6]。〈損〉、〈益〉,盛衰之始也[7]。〈大畜〉,時也[8];〈无妄〉,災也[9]。〈萃〉聚而〈升〉不來[10]。〈謙〉輕而豫怠也[11]。〈噬嗑〉,食也[12];〈賁〉,無色也[13]。〈兑〉見而〈巽〉伏也[14]。〈隨〉,無故也[15];〈蠱〉則飭也[16]。〈剝〉,爛也;〈復〉,反也[17]。〈晋〉,晝也;〈明夷〉,誅也[18]。〈井〉通而〈困〉相遇也[19]。〈咸〉,速也;〈恆〉,久也[20]。〈渙〉,離也;〈節〉,止也[21]。〈解〉,緩也;〈蹇〉,難也。《睽》,外也;〈家人〉,內也[22]。〈否〉、〈泰〉,反其類也[23]。〈大壯〉則止,〈遯〉則退也[24]。〈大有〉,衆也。〈同人〉,親也。〈革〉去故也,〈鼎〉取新也[25]。〈小過〉過也,〈中孚〉信也[26]。〈豐〉多故也,親寡〈旅〉也[27]。〈離〉上而〈坎〉下也[28]。〈小畜〉,寡也[29]。〈履〉,不處也[30]。〈需〉,不進也[31]。〈訟〉,不親也。〈大過〉,顛也[32]。〈姤〉,遇也,柔遇剛也。〈漸〉,女歸待男行也[33]。〈頤〉,養正也。〈既濟〉,定也。〈歸妹〉,女之終也;〈未濟〉,男之窮也[34]。〈夬〉,決也,剛決柔也,君子道長,小人道憂也[35]。

【今译】

　　〈乾〉卦表示阳道刚健,而〈坤〉卦表示阴道柔顺。〈比〉卦表示相互亲比之和乐,而〈师〉卦表示师旅征战之忧愁。〈临〉卦之义为垂教施政,而〈观〉卦之义为求民督察。〈屯〉卦生机呈现而不离失所宜之处,〈蒙〉卦表示事物蒙稚而终必显大。〈震〉为起始而〈艮〉为终止。〈损〉卦之极为茂盛之始,而〈益〉卦之终为衰败之初。〈大畜〉卦是讲大蓄美德以备时用。〈无妄〉卦是讲谨慎行止以防患于未然。〈萃〉卦讲蓄聚之道,而〈升〉卦则论不返必困之理。〈谦〉卦轻己则己必重,而〈豫〉卦乐极则必懈怠。〈噬嗑〉卦讲欲盛伤身。〈贲〉卦讲饰极返朴。〈兑〉卦喜悦见诸外,而〈巽〉卦忧惧伏于内。〈随〉卦无为,〈蛊〉卦治事。〈剥〉卦至极剥落,〈复〉卦穷终返始。〈晋〉卦显盛,〈明夷〉衰微。〈井〉卦通畅而〈困〉卦受阻。〈咸〉卦相互感召,〈恒〉卦保持长久。〈涣〉卦离散,〈节〉卦制止。〈解〉卦舒缓,〈蹇〉卦艰难。〈睽〉卦乖违于外,〈家人〉卦和睦于内。〈否〉卦与〈泰〉卦,事类正相反。〈大壮〉知时而止,〈遁〉卦见机而退。〈大有〉拥有众多,〈同人〉相互亲近。〈革〉卦除去陈旧,〈鼎〉卦迎取新鲜。〈小过〉是小节有过失,〈中孚〉是大节讲信诺。〈丰〉卦多忧患之事,〈旅〉卦少亲近之人。〈离〉火上炎而〈坎〉水下流。〈小畜〉卦积蓄不多。〈履〉卦行进而不留止。〈需〉卦待机而后进。〈讼〉卦相争而不和。〈大过〉有灭顶之灾。〈姤〉卦有所遇合,阴柔遇合阳刚。〈渐〉卦女嫁待男行聘而成婚。〈颐〉卦以正道养己养人。〈既济〉卦象事物已然成功。〈归妹〉卦象女子有终极归依。〈未济〉卦象男子遇穷途末路。〈夬〉为冲决,阳刚冲决阴柔,君子之道盛长,小人之道困厄。

【注释】

[1] 〈乾〉刚〈坤〉柔:"刚"谓阳道刚健,"柔"谓阴道柔顺。〈乾〉与〈坤〉卦爻反对。"柔"与"忧"、"求"协幽部韵。

[2] 〈比〉乐〈师〉忧:君臣、君民相互亲比自然和乐。师旅征战必有凶忧,所谓"师之所处,荆棘生焉;大军之后,必有凶年"(《老子》三十二章)。〈比〉卦与〈师〉卦为卦爻翻覆与上下卦颠倒关系。

[3] 〈临〉、〈观〉之义,或与或求:"与",施与,指施政、施教。卦象为君临民,〈大象〉说"教思无穷",即施政、施教之义。〈观〉卦"大观在上"、"下观而化"(〈彖传〉),有求民督察之象,所以这里说〈观〉之义为"求"。又〈大象〉说"观民设教",欲设教必先求民情,亦有求义。〈临〉与〈观〉为卦爻翻覆关系。

[4] 〈屯〉见而不失其居:"见"同"现"。"屯"象物之初生,生机显现,所以说〈屯〉见;又"屯"训"聚",聚则有形象显现。屯象物之初生,内卦为动,外卦坎险,动不犯险,不离所宜之处(《礼记·王制》注"居,当也")。所谓"〈屯〉见"即"帝出乎震"之义。

[5] 〈蒙〉杂而著:"杂"谓物之初萌,错杂不齐。又疑"杂"为"稚"字之讹(〈序卦〉所谓:"蒙者蒙也,物之稚也")。"著"谓显大(《礼记·中庸》注"著,形之大者也")。〈蒙〉能"育德"(大象),故虽初时蒙稚,终必显大。〈屯〉与〈蒙〉为卦爻翻覆关系。"居"与"著"协鱼部韵。

[6] 〈震〉,起也;〈艮〉,止也:后天图中,〈震〉为起始("万物出乎震"),〈艮〉为终止("万物之所成终")。"起"又有动义,雷之性动;"止"有静义,山之性静。〈震〉与〈艮〉为卦爻翻覆关系。

起、止、始、时、灾、来、怠，之部协韵。

[7]〈损〉、〈益〉，盛衰之始也：〈损〉至极为盛之始，即〈损〉卦上九"无咎贞吉"，〈序卦〉"损而不已必益"；〈益〉至极为衰之始，即〈益〉卦上九"莫益之，或击之"，〈序卦〉"益而不已必决"。〈损〉与〈益〉为卦爻翻覆关系。

[8]〈大畜〉，时也：韩康伯注："因时而畜，故能大也"。〈彖传〉讲君主蓄贤要"应乎天"，〈象传〉讲臣子蓄德以备时用。

[9]〈无妄〉，灾也："灾"，患。此谓〈无妄〉卦是讲谨慎行止，不妄作为，以求防患于未然。〈大畜〉与〈无妄〉为卦爻翻覆关系。

[10]〈萃〉聚而〈升〉不来也：〈萃·彖〉"顺以说"、"聚以正"，能顺时以聚、聚而民悦，是聚蓄之正道，可知〈萃〉卦是讲蓄聚之道的。韩康伯注"来，还也。方在上升，故不还也"。〈升〉卦上六冥升不已，不知来返，所以说"〈升〉，不来也"。"来"谓自上返下，往谓由下升上。〈萃〉与〈升〉为卦爻翻覆关系。

[11]〈谦〉轻而〈豫〉怠也："轻"谓不自重大（韩注）。《文子·道原》也说："俭薄无名，无名者贱轻也"。人能轻己则己愈重，所谓"有名尊崇也……有名产于无名"（《文子·道原》）。"豫"谓逸乐，然乐极则易懈怠，〈象传〉所谓"冥豫在上，何可长也"。《集解》引虞翻"怠"作"怡"。〈谦〉与〈豫〉为卦爻翻覆关系。

[12]〈噬嗑〉，食也：〈象传〉说"颐中有物曰噬嗑"，所以这里说"〈噬嗑〉，食也"。食、色为人之欲，上九说"灭耳"，〈象传〉说"明罚敕法"，则〈噬嗑〉之义谓人之欲盛则必伤身。

[13]〈贲〉，无色也："贲"是装饰、雕琢之义，然〈贲〉卦上九说"白贲"，是饰极无色、雕琢返朴之谓。〈噬嗑〉与〈贲〉为卦爻翻覆

关系。食、色、伏、饬,职部协韵("故"为鱼部字,与职部合韵)。

[14]〈兑〉见而〈巽〉伏也:"见"同"现"。"伏"谓敛。〈兑〉为喜悦见诸外,谓显扬,即庄子之"龙现";〈巽〉为忧惧伏于内,谓敛抑,即庄子之"尸居"或"伏于大山嵁岩之下"。韩注说"〈兑〉贵显说,〈巽〉贵卑退"即此。〈兑〉与〈巽〉为卦爻翻覆关系。

[15]〈随〉,无故也:"故",事,为。〈随〉卦之义,因随物情,无事无为。"故"为鱼部字,与伏、饬等职部字隔韵,所以疑"故"可能本作"事",为职部阴声字。

[16]〈蛊〉则饬也:〈随〉为无事,〈蛊〉则有事(〈序卦〉"蛊者,事也"),"饬"谓治事。〈随〉、〈蛊〉之义,老子"无为而治"、"无为而无不为"之谓。〈随〉与〈蛊〉为卦爻翻覆与卦爻反对关系。

[17]〈剥〉,烂也;〈复〉,反也:韩注谓"物熟则剥落",训"烂"为熟。又疑"烂"用为"阑",尽也(《文选·谢灵运永初三年诗》注)。言物至极则剥落,即〈序卦〉所谓"饬极然后亨则尽矣,故受之以〈剥〉"。"反"谓终则返始,即〈序卦〉"穷上反下"。老子所"观"之"复",即"道之动"的"反"。〈剥〉与〈复〉为卦爻翻覆关系。烂、反,元部协韵。

[18]〈晋〉,昼也;〈明夷〉,诛也:"诛",灭没、衰微(《释文》引荀注"诛,灭也")。日出于地为白昼,为显盛;日入于地为灭没,为衰微。〈晋〉与〈明夷〉为卦爻翻覆或上下卦颠倒关系。

[19]〈井〉通而〈困〉相遇也:井以通畅为用,所以这里说"〈井〉通",帛书《易之义》说"〈井〉者,德之彻"(彻,通也)。又井道以清洁为用,陈旧则革之,故"通"又有变通之义,变革则通畅。

"遇"犹言受阻。通畅既源于变革,则困阻由于守旧。〈井〉与〈困〉为卦爻翻覆关系。遇与昼、诛协侯部韵。

[20] 〈咸〉,速也;〈恒〉,久也:天地万物,相感在于速,相守在于久,所以说"咸速恒久"。又"速"可训为感召(《国语·楚语》注"速,召也")。又"速"盖"通"字之讹,谓感通。〈咸〉与〈恒〉为卦爻翻覆。久与止,协之部韵。

[21] 〈涣〉,离也;〈节〉,止也:〈涣〉卦支离而披散,〈节〉卦则止之以制度。〈涣〉与〈节〉为卦爻翻覆关系。

[22] 〈睽〉,外也;〈家人〉,内也:"外"谓疏远遗弃,"内"谓和睦相得。〈睽〉卦火泽不交,彼此疏弃(〈象〉"火动而上,泽动而下"),〈家人〉卦则反之。《礼记·大学》疏"外,疏也",《说文》"外,远也",《庄子·大宗师》注"外,遗也",《吕览·有度》注"外,弃也",是"外"有疏远遗弃之义。《礼记·大学》疏"内,亲也",谓和睦;"内"又训入,谓相得。〈睽〉与〈家人〉为卦爻翻覆关系。内与类、退,协物部韵。

[23] 〈否〉、〈泰〉,反其类也:否是不通,泰是通,其事类相反。〈否〉与〈泰〉为卦爻反对、卦爻翻覆及上下卦颠倒关系,此三者兼而有之者只〈否〉〈泰〉和〈既济〉〈未济〉。

[24] 〈大壮〉则止,〈遁〉则退也:大壮之时,"君子用罔"(九三爻辞),"大者正也"(〈象传〉),"非礼弗履"(〈象传〉),所以说〈大壮〉卦之义为君子知时而止。处遁之时,君子"好遁""以远小人",从而获吉(九四爻辞及〈象传〉)。〈大壮〉与〈遁〉为卦爻翻覆关系。

[25] 〈革〉,去故也;〈鼎〉,取新也:〈革〉卦除去陈旧(九四说"改

命"),〈鼎〉卦迎取新生(初六说"得妾以其子")。〈革〉与〈鼎〉为卦爻翻覆关系。新与亲、信协真部韵。按:〈彖〉、〈象〉、〈序〉之于〈鼎〉卦无"取新"之说,〈杂卦〉独具慧眼。

[26]〈小过〉,过也;〈中孚〉,信也:就〈序卦〉看,此"过"谓小节有过失,"信"谓大节讲信诺。〈小过〉与〈中孚〉为卦爻翻覆关系。

[27]〈丰〉多故也,亲寡〈旅〉也:〈丰〉卦有动入狱网之象,〈象传〉说"折狱致刑",〈序卦〉说"穷大者必失其居",所以"多故"当从韩注释为"多忧故",谓〈丰〉卦多忧患之事。又〈丰〉卦有"遇夷主"、"遇配主"之辞,故或解"多故"为多旧故。仅供参考。〈旅〉卦说人旅居于外,故少亲近之人。旅与故、下、寡、处协鱼部韵。又或疑"亲寡〈旅〉"当作"〈旅〉寡亲"与"〈丰〉多故"相对,"亲"与信、新等协真部韵。〈丰〉与〈旅〉为卦爻翻覆关系。

[28]〈离〉上而〈坎〉下也:离火上炎,坎水下流(《文子·上德》"火上炎,水下流")。后天图中〈离〉在上而〈坎〉在下。离为罗网,设于地上;坎为陷阱,设于地下。〈离〉与〈坎〉为卦爻反对关系。

[29]〈小畜〉,寡也:〈小畜〉之象,蓄积不多,所以说"寡也"。既说"〈大畜〉时也",则〈杂卦〉之义,〈小畜〉非时也。〈小畜〉与〈履〉为卦爻翻覆关系。

[30]〈履〉,不处也:"处",止。"履"训"行",所以说"不处"。〈履〉卦卦辞说"履虎尾",〈象传〉说"柔履刚",皆处境危险之义,当行去而莫留止。

[31]〈需〉,不进也:此从〈彖传〉读"需"为"须待"之"须"。险在前,

故须待不进。〈序卦〉从〈象传〉读"需"为"濡",与此异。〈需〉与〈讼〉为卦爻翻覆及上下卦颠倒关系。进与亲、颠协真部韵。

[32]〈大过〉,颠也:〈大过〉上六"过涉灭顶,凶"。"颠",顶也,言〈大过〉卦有灭顶之象。〈大过〉卦上卦〈兑〉为巫,下卦〈巽〉为绳直(〈说卦〉),卑泽而居高木之上,巫邪小人而居正直君子之上,是世道颠倒。泽之灭木(〈象传〉),毁折屋栋(〈说卦〉"兑为毁折",九三"栋桡"),是〈大过〉卦有颠陨之象。按:自此以下八卦,其排列无卦爻反对、卦爻翻覆或上下卦颠倒之关系。宋、元、明人或有改订此后八卦之序列者,今暂存疑。

[33]〈渐〉,女归待男行也:"渐"谓渐进,即叶适所说"进之序也"。"归",女嫁。"行"可释为女子出嫁而行往男家,或释"行"为"成",谓女子与男子成婚,两通。女子婚嫁,当待男方行就聘礼,循序而渐成婚配。〈归妹〉九四"迟归有时",〈小象〉"有待而行",即〈杂卦〉所从出。行、刚协阳部韵。

[34]〈归妹〉,女之终也;〈未济〉,男之穷也:"女之终"有二义:其一,女子谓嫁为归(《说文》),所以〈归妹〉谓女子有终极归依,此亦〈大象〉之"永终"。其二,〈归妹〉上六"女承筐无实",是女之穷也("终",穷也),此亦〈大象〉之"知敝"。〈未济〉上九"饮酒濡首"而不知节,是男之穷也。〈归妹〉与〈未济〉,其上爻为一阴一阳,故谓女终、男穷。终、穷协冬部韵。

[35]〈夬〉,决也,刚决柔也,君子道长,小人道忧也:"忧",困厄(《吕览·开春》注"忧,厄也")。忧、柔协幽部韵。《集解》本涉〈泰·彖〉而改"忧"为"消"。虽然〈归妹〉、〈未济〉为阴、阳

之穷,然既以〈夬〉卦终结,则刚决柔、阳决阴之理不变。按:〈系下〉二章论"作结绳而为网罟"之八卦取象时,亦以〈夬〉卦作结,似与〈杂卦〉相关。

校 后 记

我自一九八八年至一九九四年间，从哲学史角度对《易传》所受道家思想的影响，连续发表了十五篇文章，汇成《易传与道家思想》。那几年工夫，只专注在《易传》与道家思想的关联，而未暇着眼于《易经》卦爻辞和道家思想的内在联系。《易传与道家思想》出书（台湾商务印书馆一九九四年出版），我开始通盘思考道家易学之重构的课题。《先秦道家易学发微》一长文（发表于《道家文化研究》第十二辑，一九九八年）对老学之"引易入道"及《易传》的"引道入易"作了一番系统性的论述。最近几年，我和赵建伟教授着手对《周易》经传进行全面注释的工作。建伟系北京大学古典文献研究所毕业，对经典有严谨的训练，又精于周易象数，本书译注工作全由他承担。我一向主张道家在《周易》经传所担负承先启后的角色，并试图重建道家易学，建伟同意我这个观点。本书脱稿全有赖建伟的辛劳。古典文献学者和哲学工作者的合作是一项新的尝试，若有不足之处，还有待专家学者们给予教正。

本书承蒙台湾商务印书馆同仁的协助，得以在短期内出版，特此致谢。

陈鼓应
一九九九年五月于台湾大学哲学系